범죄수사학 각론

조철옥 著

21세기사

머리말

범죄수사학 총론의 뒤를 이어 각론을 출판하게 되었다. 범죄수사학 각론은 개별범죄 수사에 관한 수사기법을 핵심적인 내용으로 하고 있다. 시대상황의 변화에 따라 범죄 역시 신종범죄와 특수범죄가 수사의 대상이 되는 변화를 가져오게 되었다. 그러나 기존의 범죄수사에 관한 서적들로는 수사실무에 별다른 기여를 하지 못하고 있는 것으로 보여 진다.

본서는 기존의 수사 관련 서적들의 내용을 뛰어 넘어 실제로 수사관들이 범죄를 수사하는데 필요한 수사기법 등에 관한 지식을 심층적으로 전달하려고 한다. 기존의 수사 관련 서적들은 개별범죄수사 기법에 관한 정보가 단편적이고 개별 범죄유형의 분석 역시 형법의 틀을 벗어나지 못하고 있다. 물론 범죄수사가 형법이나 개별특별형법, 형사소송법과 범죄수사규칙 등 법적인 지식을 필요로 하지만, 형법은 형법총론과 각론에서 별도로 다루어지고 있으므로 수사 관련 서적에서 다루는 개별범죄유형이나 특징은 수사기법적인 측면에서 접근될 필요가 있다. 따라서 본서는 개별범죄 유형이나 특징을 수사실무적인 측면에서 접근하여 범죄수사에 도움이 되도록 내용의 충실화를 기하였다. 특히 2009년 까지 범죄수사 관련 개별형법과 형사소송법, 범죄수사규칙 등의 개정된 내용을 확인하여 반영함으로써 폐지된 법규를 적용하는 오류가 발생하지 않도록 하나하나 꼼꼼히 검토하였다.

본서의 구조는 제1편 대인범죄론, 제2편 대물범죄론, 제3편 특수범죄론으로 나누어 접근하였다. 제1편 대인범죄론에서는 살인범죄의 사인분석을 최근에 발표된 다양한 법의학 서적을 기초로 보강하였고, 아동성폭력범죄, 통신제한조치, 가정폭력범죄 등에 관해서도 새로운 수사기법과 개별법규 내용을 전달하기 위하여 심혈을 기울였다. 제2편 대물범죄론은 강도범죄의 유형과 특징을 최근에 출간된 미국의 문헌들을 기초로 정교화 하였으며, 절도범죄의 경우에는 최근에 사회적인 문제로 대두되고 있는 ID절도와 보이스 피싱(voice phising) 및 메신저 피싱(messenger phising) 등을 그 유형과 수사기법을 중심으로 체계화하려고 하였다.

제4편 특수범죄론에서는 신종마약의 종류와 특징, 컴퓨터범죄의 유형과 수사기법, 여신전문금융법에 의한 신용카드 관련 범죄, 다양한 환경범죄, 외국인 범죄. 보험사기, 산업 스파이 등의 특징과 수사기법에 관한 학문적·실무적 체계화를 시도하였다. 특히 신종범죄에 대한 연구에 박차를 가하여 실무자들이나 학생들에게 수사실무나 공부에 도움을 주려고 하였다.

본서를 집필하면서 범죄수사학 총론과 각론의 경계를 분명히 하기가 어렵다는 점이 하나의 고충이었다. 개별범죄 수사기법이 수사학 총론에서 다루어진 수사기법에서 벗어날 수 없고 특히 개별범죄의 수사와 관련 과학수사기법은 총론과 각론의 경계를 구분하는 데 갈등을 초래하였다. 따라서 총론과 각론의 중복을 피하기 위해 최선을 다하였으며 총론에서 다루어진 수사기법은 각론에서 응용하는 수준에 머물도록 하였다.

한권의 전공서적을 출간한다는 것은 언제나 힘들다. 항상 무엇인가 부족하다는 느낌도 여전하다. 실제로 신종범죄나 특수범죄는 아직 전문 수사기법이 개발되지 못했다는 문제도 인식하였다. 학문은 점진적으로 발전한다는 측면에서 이 책이 미래의 발전을 위한 영양소가 되리라 믿는다. 다른 서적들과는 무엇인가 차별화를 시도했다는 점은 분명히 말할 수 있다.

책을 펴낼 때 마다 그랬듯이 언제나 옆에서 같이 고생한 신선희 권사, 아들 수현과 수정에게 좋은 선물이 되었으면 한다. 끝으로 어려운 여건 속에서도 흔쾌히 본서의 출판을 맡아주신 21세기사 이범만 사장님께도 진심으로 감사의 말씀을 드린다.

2010. 4

서귀포 앞바다가 내려다보이는 연구실에서

曹 鐵 玉 씀

차 례

제1편　대인범죄 수사

제5장 폭력사건 수사 ─────── 152

제2편 대물범죄수사

제6장 절도범죄 수사 ─────── 195

제12장 화재사건 수사 ——— 322

제1절 화재사건의 개념과 특징 • 322

제2절 화재사건의 수사과정 • 330

제3절 화재감식 • 340

제4절 화재피해액 산정기준 • 342

제13장 폭발사건 · 사고수사 ——— 346

제1절 개념 • 346

제2절 폭발물의 종류 • 347

제3절 폭발물의 단속과 수사 • 352

제4절 폭발사건 수사 • 355

제5절 가스폭발사고 · 사건 수사 • 362

제21장 환경범죄 수사 —————— 483

제23장 생활경제사범 수사 —————— 550

제1절 농수축산물 관련 사범수사 • 550

제2절 건축비리 관련사범 수사 • 553

제3절 아파트 관리 · 운영 비리수사 • 559

제4절 의료사고 수사 • 560

제5절 방문판매 관련사범 • 565

제24장 열차 · 항공기사고 수사 —————— 571

제1절 열차사고 • 571

제2절 항공기사고 수사 • 577

제 1 편

대인범죄 수사

Criminal Investigation

제 1 장

살인사건 수사

I. 의 의

(1) 개 념

살인범죄(criminal homicides)란 사람이 고의(malice aforethought)로 타인을 살해하는 행위, 즉 타인의 생명을 빼앗는 행위를 말한다. 이러한 경우에 범인은 타인을 살해하거나 치명적인 중상을 입힐 의도를 가지고 있으며 그러한 침해행동으로 타인을 사망에 이르게 할 수 있다는 것을 알면서 범행을 했을 때에 살인범죄가 성립한다.[1] 일반적으로 살인을 할 의도의 존재와 의도한 결과의 발생에 대한 인식이 있으면 고의는 성립한다.

악의적인 고의는 범행 당시의 범인의 특별한 마음의 상태를 의미한다. 그것은 ① 변명할 수 없고(inexcusable), ② 정당화될 수 없고(unjustified), ③ 완전히(unmitigated) 사람을 죽음에 빠뜨리는 마음의 상태를 말한다.[2] 고의에 추가하여 수사관이 밝혀야 하는 살인의 필수적인 요소는 범죄사실(corpus delicti)을 입증하는 것이다.

---

1) James J. Gilbert, Criminal Investigation, 7th ed., Upper Saddle River, 2007, p.238.
2) Paul B. Weston & Kenneth M. Wells, Criminal Investigation, Prentice Hall, 1997, p.212.

(2) 악의적인 고의입증을 위한 필수적 요소

악의적인 고의의 필수적인 요소는 다음과 같은 몇 가지 요소들의 증명과 관련이 있다.3)

① 사망이나 치명적인 상해의 원인이 된 특별한 의도, ② 무기나 흉기, 또는 폭행이나 독극물의 사용 같은 사망의 원인행위, ③ 살인 같은 흉악범죄를 범하려는 특별한 의도의 존재, ④ 체포에 대한 저항이나 도주

2. 살인사건의 특징

(1) 범죄현장 수사단서 필존성

1) 범죄현장의 중요성

범죄현장은 증거의 보고이다. 그러므로 범죄현장에서 수사자료나 증거와 같은 수사단서를 확보하는 것이 범죄의 진상 규명과 범인특정을 위해 가장 중요하다. 살인사건은 다른 범죄행위와 비교해 볼 때 범행과 관련된 혈흔, 타액, 피부조각, 모발, 지문 같은 생체적 유류물이나 무기, 흉기, 범죄도구, 족흔, 치흔 등의 유류품, 수법이나 동기 같은 무형적 범적 등이 범죄현장에 존재한다는 것이 특징이다. 따라서 살인범죄는 범죄현장에서 단서를 확보하지 못하면 대체로 사건해결이 어려워진다.

2) 범죄현장의 수사단서

살인사건의 현장에 ① 피해자의 사체, ②피해자의 항거로 인한 범죄흔적, ③ 흉기 등 범행도구를 비롯한 담배꽁초, 씹던 껌, 휴지나 손수건 등 유류품, ④ 혈흔이나 지문, 모발, 침, 대·소변, 피부조각 등 각종 유류물이 현장에 남아 있어 이러한 범적들이 수사단서가 된다.

(2) 피해자의 사체 존재

1) 중요한 증거로서의 사체

살인사건의 경우 범죄현장에는 피해자의 사체가 존재한다. 사체는 그 자체가 범

---

3) *Ibid.*, p.212.

죄의 중요한 증거이다. 일단 피해자의 몸에는 범인의 지문, 혈흔 치흔, 모발이나 기타 체액이 남아있을 수 있고, 사망에 이르게 한 범죄수단의 흔적이 반드시 존재한다.

2) 사체상태에 따른 사망시간 추정

살인사건으로 인한 사체의 사망시간 추정은 용의자 압축과 알리바이수사에 있어서 중요한 수사의 단서이다. 사체의 냉각, 사체얼룩, 동공과 각막의 혼탁, 사체경직 등은 사망시간 추정을 가능하게 한다.

3) 피해자 신원 식별에 의한 수사단서 확보

피해자의 사체는 그 신원을 아는 사람들의 진술에 의해 여러 가지 수사단서를 확보할 수 있다는 점에서 중요하다. 또한 피해자의 배경조사를 통해서 다른 사람들과의 인간관계를 파악함으로써 수사의 단서를 확보할 수 있다.

살인 사건의 경우에 대체로 사체의 신원확인은 그다지 어려움이 없다. 이미 신원이 확인 되어 있거나 가족이나 친척, 친구 등에 의하여 확인이 될 수 있다. 피해자 식별의 문제는 공공장소, 호텔, 또는 피해자의 주거지가 아닌 장소에서 사망한 경우이다. 이러한 경우에 십지지문채취를 비롯한 과학수사기법과 탐문수사 등을 통하여 신원을 식별하여야 한다.

(3) 동기와 목적의 필존성

1) 살인범죄의 동기와 목적

일반적으로 살인은 원한, 치정, 탐욕 등의 동기, 복수와 재물강취와 같은 목적이 존재한다는 것이 특징이다. 원한은 직장이나 사업관계, 못 가진 자의 가진 자에 대한 원망, 사회에 대한 원망, 각종 이권관계, 남녀의 애정관계 등에서 발생하고 물욕은 가진 자의 재물을 빼앗으려는 가진 자의 욕망으로 인해 발생한다.

2) 특정인 대상

살인범죄는 특정인을 범죄대상으로 한다는 점이 특징이다. 이러한 경우엔 범행대상은 서로 잘 아는 관계에 있는 사람 사이에 발생한다. 서로 잘 안다고 해서 친하거나 좋은 관계를 의미하는 것은 아니기 때문이다. 그래서 살인범죄 수사는 주로 감수사를 통하여 이루어진다.

그러나 드물게는 불특정인을 대상으로 발생하는 경우도 있다. 특히 연쇄살인은 불특정 다수를 대상으로 범행이 이루어진다. 불특정인을 대상으로 하는 연쇄살인은 사회에 대한 원망, 또는 가진 자나 여성과 같은 특정집단에 대한 보복 등이 동기가 된 증오 범죄라는 점이 특징이기도 하다. 따라서 연쇄살인이 불특정인들을 범행대상으로 하지만, 살인의 동기가 분명히 존재한다는 것이 특징이다.

3) 범죄수법과 탐문수사 등을 통한 동기 발견

① 범죄수법에서 동기파악

범죄동기는 범행수법의 잔인성이나 재물의 강취 여부에 의해 그 동기를 추정할 수 있다. 재물의 강취 없는 잔인한 수법은 원한이나 치정에 의한 복수가 범행동기이고 재물의 강취가 있었지만 살인수법이 잔인하지 않을 경우에는 물욕이 범행동기로 추정된다.

② 피해자 주변에 대한 탐문수사

수사관은 피해자 주변에 대한 탐문수사를 통하여 범인의 범행동기를 추정할 수 있다. 피해자의 남녀관계, 부채나 사업관계 , 직장이나 주변사람들과의 인간관계 등을 탐문수사를 통하여 파악함으로써 범행동기를 추정할 수 있다. 범행동기 발견은 용의자 추정에 의한 수사선 형성을 가능하게 한다는 점에서 중요하다. 그러나 살인 사건은 수법범죄의 대상이 아니므로 수법자료에 의한 수법조회는 불가능하다.

3. 의심스러운 주검과 부검

(1) 의 의

경찰 수사관이 변사체의 발견과 관련된 신고를 받고 현장에 출동하였을 때 주검의 상황이 타살을 의심하게 하는 사건을 발견하는 경우 이를 의심스런 주검 (suspicious death)이라 한다.4) 대체로 피해자의 시신이 자신의 집과는 다른 장소에서 발견되었을 경우 또는 사망 당시에 피해자가 병원의 치료를 받고 있는 상태가

---

4) Weston & Wells, *op.cit.*, p.216.

아닐 경우에, 또는 자신의 집에서 발견된 시체라 할지라도, 피해자의 시신에 수건이나 이불, 또는 비닐봉투 등으로 얼굴을 가려 놓았을 경우 등은 의심스러운 주검(suspicious death)으로 보아야 한다. 즉, 이러한 변사체는 범죄에 기인한 사망이 의심되는 사체를 의미한다.

(2) 사체부검과 범죄수사

범죄에 기인한 사망으로 의심되는 변사체를 발견한 경찰 수사관은 범죄행위에 의한 타살여부를 규명하기 위한 수사를 전개해야 한다. 이러한 변사체의 사인 규명은 사법검시를 요구한다. 검시의 결과 살인으로 감정될 때에는 수사를 개시해야 한다. 경찰 수사관은 의심스러운 변사체가 자연사나 사고사 또는 자살이라고 인정할만한 객관적인 증거에 의해 입증될 때에는 수사를 종결할 수 있다.

부검(autopsy)은 살인을 규명하기 위한 가장 중요한 감정절차이다. 변사체에 대한 부검이 필요한 검시는 사법검시Ⅱ이다. 사법검시Ⅱ의 대상은 ① 살인, 강도살인, 강간 살인 등 강력사건에 의한 변사체, ② 범죄기인 여부 또는 사인이 불명하여 부검을 요하는 변사체, ③ 유족이 사인을 다투는 변사사건, ④ 사회의 이목이 집중된 변사사건 또는 중요인사의 변사사건 등이다. 부검은 압수·수색·검증영장을 발부받아야 가능하며, 법의학자들이 변사체를 해부하여 범죄에 의한 타살여부를 의학적으로 규명하는 검증 또는 감정활동을 말한다. 부검 후 법의학자들은 검증조서와 감정서를 작성해야 하며, 부검의 결과 사망의 원인이 타살로 판정되면, 범죄수사의 단서가 되고 수사가 개시된다.

경찰 수사관은 사망의 원인에 관한 부검의의 전문적인 결정에 어떤 관여도 할 수 없다. 다만, 그들은 사망을 유발한 수단에 관련된 정보를 제공함으로써 부검의들을 도울 수 있다. 즉, 경찰 수사관은 범죄현장의 상황, 사용가능한 흉기나 무기, 기타 사망과 관련된 범적 등에 관한 자료들을 제공해야 한다. 또한 부검의들은 범인의 특정, 즉 범인이 누구인가에 대해서는 관여하지 않는다. 그들이 타살이라고 규정하면 범인을 특정하고 체포하는 것은 경찰 수사관의 임무이다.5)

---

5) *Ibid.*, pp.216-217.

(3) 부검을 통하여 알 수 있는 정보

부검은 법의학적으로 변사체의 사망원인과 관련된 다음과 같은 정보를 제공한다. ① 사망시간의 추정, ② 사망에 이르게 한 치명적인 원인, ③ 사용된 무기나 흉기의 종류나 형태, ④ 혈액속의 독극물, 알코올, 마약 존재여부, ⑤ 사망에 이르게 한 범행수법에 관한 의견, ⑥ 성폭행과 임신, 성병여부, ⑤ 질병상태

4. 수사심리학

(1) 개 념

수사심리학(Investigative psychology)은 연쇄살인이나 다중살인 같은 심각한 중범죄행동의 수사에 심리적 연구와 원리를 적용하는 것을 말한다. 따라서 수사심리학은 범인발견·체포에 도움이 되는 범행의 특징 및 범인특징에 대한 추리, 범인의 재범가능성과 같은 범죄수사에 중요한 요인에 대한 해답을 제시하려는 것이 목적이다.[6]

(2) 범죄현장 수사기법

1) 범인의 행동유형

수사심리학이 추구하는 세 가지 요인에 대한 해답은 범죄현장의 수사기법에 의하여 찾아질 수 있다. 범인이 범죄현장에서 보일 수 있는 범죄행동의 특징은 세 가지로 나누어 접근할 수 있다.

① 범죄수법(Modus operandi : MO)

범죄수법은 말 그대로 범인이 범행을 성공적으로 수행하기 위하여 사용하는 행동과 절차를 말한다. 그것은 범인이 범행의 경험에 의해 학습하는 행동유형이다. 범인은 보통 어느 수법이 가장 효과적인가를 학습할 때까지 MO를 변화시키기 때문에, 수사관이 범죄수사 시에 MO에 너무 많은 의미를 부여한다면 심각한 오류를 초래할수 있다.[7]

---

6) D. Canter & L. Allison, Profiling property crimes, In D. Canter & L. Allison(Eds.), Profiling Property Crimes, Burlington, VT : Ashgate, 2000, p.3.

7) J. E. Douglas & C. Munn, Violent crime scene analysis, FBI Law Enforcement Bulletin,

② 개인화 또는 서명(Personation or Signature)

개인화나 서명은 범행을 직접 범하기 위하여 필요한 것과는 관련성이 없다. 즉, 연쇄살인범은 범행에 따라서 반복적이고 거의 의식주의적인 행동이나 범행과는 직접 관련성이 없는 특이한 행동유형을 보여준다.

서명은 범죄현장에 무엇인가를 남기거나 제거하기도 하며, 또는 벽에 글을 남기는 것과 같이 상징적인 유형을 하는 행동을 의미한다. 피해자가 살해되었을 경우에 사체의 훼손이나 사체의 체형을 특이한 형태로 만들어 놓기도 한다. 아주 드문 경우에 서명은 DNA방화범(DNA torch)의 형태로 나타나기도 한다. 즉, 범인은 성폭행의 어떤 증거를 파괴하기 위하여 피해자의 성기부분에 가솔린을 붓고 피해자의 몸과 구조물 또는 자동차에 방화를 한다. 또한 서명은 연쇄강간범의 경우에 피해자에 대한 반복적인 지배, 속임수, 통제행동을 포함한다.[8] 서명은 흔히 범인의 특이한 인지적 과정과 관련이 있다는 의미에서 본다면, 수사관에게 범죄수법(MO)보다 더 중요할 수 있다.

③ 연출하기(Staging)

연출하기는 경찰이 범죄현장에 도착하기 전에 범인이나 제3자가 의도적으로 범죄현장을 변질시키는 행동을 의미한다. 범죄현장에 대한 변질은 논리적으로 가장 진범으로 의심받는 용의자에게 수사방향이 향하지 못하도록 하거나 피해자나 그 가족을 보호하기 위해서 시도된다.

제3자에 의한 범죄현장 연출은 자기색정적 주검의 경우에 주로 발견된다. 자기색정(Autoeroticism)은 상대방 없이 자기 혼자 성욕충족과 성적 흥분을 추구하는 행동을 말한다. 자기색정은 네 가지 유형, 즉 ① 가장 공통적인 자기색정적 목맴, ② 물에 의한 자기색정(Aquaeroticism), ③ 화학적 색정, ④ 자기질식에 의한 색정으로 나누어진다. 물에 의한 자기색정은 성적 흥분을 느끼기 위해서 익사 수준의 물을 사용하는 것을 말하고, 화학적 색정은 성적 흥분을 위해 가사상태(Erotic asphyxiation)가 될 수 있는 프레온(Freon) 같은 화학적 약물을 사용하는 것을 의미한다. 자기질

1992c, pp.1-10.

8) J. E. Douglas & C. Munn, Modus operandi and the signature aspects of violent crime, In J. E. Douglas, A., W. Burgess, & R. K. Ressler(Eds.), Crime classification manual, New York : Lexington Books, 1992b, pp.10-25.

식은 사람이 거의 의식을 잃을 정도로 의도적으로 질식을 시도하는 행동유형을 말한다. 이러한 네 가지 유형은 산소의 부족이 성적 흥분을 가져온다는 사실에 기초하고 있다. 미국에서는 심지어 올렌스피겔 소사이어티(Olenspiegel Society)라고 하는 가사상태의 색정을 추구하는 국가적 조직이 존재하는 것으로 알려져 있다.9)

어떤 경우에 자기색정 방법은 목맴에 의한 질식사와 같은 주검을 초래한다. 자기색정적 주검은 30%가 나체 상태이거나 남자의 경우에는 여자 옷을 입고 있다. 그러한 상황에서 친구들이나 가족은 피해자를 보호하기 위해서 현장을 변질시키기도 하고 어떤 경우에는 심지어 살인으로 연출하기도 한다.10)

2) 원상복구 시키기(Undoing)

원상복구 시키기는 범인이 범죄현장에서 심리적으로 살인을 하지 않은 것처럼 보이게 하려는 행동유형을 말한다. 그러한 행동 유형은 ① 피해자의 얼굴을 깨끗하게 세수를 시키고 옷을 단정하게 입히는 등의 정중한 예를 갖추거나, ② 사체를 침대에 옮기고 머리를 베개위에 올려놓고 담요나 이불을 덮어 놓는 형태로 이루어진다. 이러한 행동 유형은 범인이 피해자의 주검에 대하여 특히 곤혹스러움을 느끼게 될 때 발생한다. 또 다른 행동 유형은 범인이 피해자의 동일성을 확인할 수 없게 하기 위하여 사체의 얼굴에 대한 과도한 훼손 같은 비인간적인 행동으로 나타나기도 한다. 또는 피해자의 얼굴을 보자기나 검은 비닐봉투 등으로 가려 놓거나 얼굴이 아래쪽으로 향하도록 사체를 엎어 놓는다.

연출과 원상복구 시키기 사이의 차이는 그러한 행동을 하는 이유에 있다. 연출은 범인이나 제3자가 범인의 범죄혐의를 회피하기 위해 범죄현장을 변질시키려고 시도하는 것을 말한다. 전형적으로 범인은 흉기의 지문을 제거하고 피해자가 자살한 것처럼 사체 가까운 곳에 그 흉기를 놓아두는 행동유형이 바로 연출이다.11)

---

9) R. M. Holmes, Sex crimes, Newbury Park, CA : Sage, 1991, pp. 8-17.
10) Curt R. Bartol & Anne M. Bartol, Criminal Behavior, A Psychosocial Approach, Pearson International Edition, 2008, p.332.
11) *Ibid.*, pp.332-333.

(3) 범죄현장의 유형

1) 조직화된 범죄현장(Organized crime scene)

조직화된 범죄현장은 범인이 계획적·고의적으로 범행을 자행했다는 것을 보여주는 현장을 말한다. 범죄현장은 범인이 자신과 피해자를 통제했다는 단서를 남기는데, 피해자의 유괴와 은밀한 장소로 옮기기, 사체의 유기나 은익 등이 조직화된 범죄현장의 대표적인 단서이다.

특히 조직화된 범죄자는 연쇄살인범인 번디(Bundy)가 젊고 매력적인 용모를 가진 여성들만을 선택하는 것과 같이 어떤 개인적 기준에 의해 피해자를 선택한다는 점이 특징이다. 이러한 범죄자들은 해수욕장, 대학 캠퍼스, 스키장 같은 아주 가시적인 장소에서 젊은 여성들을 성공적으로 납치하게 되는 데 이러한 행위는 범행이 상당히 계획적이고 고의에 의해 자행되었다는 사실을 입증한다.

미국의 FBI가 분류한 조직화된 살인범죄의 특징은 ① 계획적인 범행, ② 범인과 피해자는 모르는 관계(비면식범), ③ 피해자에 대한 범인의 개인화(범인이 좋아하는 사람을 피해자로 선택), ④ 절제된 대화, ⑤ 범죄현장에 대한 통제단서, ⑥ 피해자의 승복을 요구, ⑦ 구속수단의 사용, ⑧ 살해 전에 공격적인 행동, ⑨ 사체은익, ⑩ 흉기와 증거 부재, ⑪ 피해자나 사체 유기 등으로 세분된다.

또한 FBI가 분류한 조직화된 살인범죄자의 프로파일 특징은 ① 평균 이상의 지능, ② 사회적으로 유능, ③ 전문기술직 선호, ④ 상류층 출신, ⑤ 안정된 아버지 직업, ⑥ 성적으로 유능(강력한 성 능력), ⑦ 비일관적인 아동시절 훈육, ⑧ 범행동안 정서적 안정, ⑨ 범행시 음주, ⑩ 급격한 상황적 긴장, ⑪ 결혼이나 동거상태, ⑫ 고급 자동차에 의한 기동력, ⑬ 대중매체의 범죄보도에 관심, ⑭ 직업 바꾸기나 집 옮기기 등이다.[12]

2) 비조직화된 범죄현장

비조직화된 범죄현장이란 살인범인이 고의나 계획 없이 범행을 함으로써 발생한 현장을 말한다. 범죄현장에서 발견되는 단서는 범인이 충동이나 격정상태, 또는 극한적인 흥분상태에서 범행을 했다는 사실을 보여준다. 비조직화된 범인은 피해자를

---

12) *Ibid.*, pp.333-334.

우연히 만나고 특히 마음속에 특별한 기준 없이 피해자를 선택한다.

FBI에서 분류한 비조직화된 살인범인의 특징은 ① 우발적인 범행, ② 면식범, ③ 피해자에 대한 비개인화(범인의 특정개인 선택과 무관), ④ 대화의 최소화, ⑤ 무작위적이고 조잡한 범죄현장, ⑥ 피해자에 대한 돌발적인 공격, ⑦ 구속수단 사용 최소화. ⑧ 살해 후 성적 행동, ⑨ 사체 비 은익, ⑩ 흉기와 증거 범죄현장에 존재. ⑪ 범죄현장에 사체방치 등이다.

또한 FBI가 분류한 비 조직화된 살인범죄자의 프로파일 특징은 ① 평균 이하의 지능, ② 사회적 부적격자, ③ 비기술직 직업, ④ 사회적 하류계층 출신, ⑤ 불안정한 아버지 직업, ⑥ 성적으로 무능, ⑦ 엄격한 아동시절 훈육, ⑧ 범행동안 정서적 불안, ⑨ 범행동안 음주 최소화, ⑩ 최소한의 상황적 긴장, ⑪ 독신, ⑫ 주거나 직장 주변에서 범행, ⑬ 대중매체의 범죄보도에 무관심, ⑭ 직업 바꾸기나 이사는 아니지만 유의한 행동변화 등이다.[13]

3) 혼합된 범죄현장

혼합된 범죄현장은 조직화된 그리고 비 조직화된 범죄현장 측면의 성질을 모두 내포하는 현장을 말한다. 범죄는 주의 깊게 계획될지라도, 범행이 계획된 대로 안 될 경우에는 비 조직화된 범행으로 악화된다.

조직화된 그리고 비 조직화된 분류 시스템은 직관적으로는 논리적일지라도, 그 효과성은 제한적이다. 따라서 범죄현장은 조직화된 범죄현장과 비 조직화된 범죄현장을 양극단으로 하는 연속선 상에 존재한다고 보는 것이 현실적인 것으로 보인다.

(4) 프로파일링(Profiling)

1) 개 념

프로파일링은 사람에 대한 다양한 종류의 정보 수집을 위하여 사용되는 개념이다. 즉, 범죄자에 대한 정보는 범죄자의 프로파일링에 따라서 그 종류와 수집방법 등이 결정된다. 범죄자 프로파일링은 범죄자의 특이한 행동유형을 의미하며, 범죄자의 유형에 따라서 수집되는 정보가 달라진다.

---

13) *Ibid.*, pp.333-334.

2) 유 형[14)

① 심리적 프로파일링(Psychological profiling)

심리적 프로파일링은 보통 범죄자나 비 범죄자를 불문하고 모든 사람에 대한 심리적 상태를 서술할 경우에 사용된다. 심리적 프로파일링은 반드시 범죄성향을 나타내기 위하여 사용되는 것이 아니라 성향, 괴상한 취미, 결점, 선호, 관심, 강점 등의 보다 광범위한 행동영역에 걸쳐서 형성된 특이한 심리유형을 말한다.

② 범죄자 프로파일링(Criminal profiling)

범죄자 프로파일링은 범행의 특징에 기초하여 범인의 성격 특징, 행동유형, 지리적 습성, 인류학적 특징을 확인하는 과정을 말한다. 이러한 과정은 수사심리학의 부분인 기술이나 활동에 해당된다. 따라서 수사심리학은 범죄를 해결하기 위한 심리학적 연구와 원리를 광범하게 적용하는 분야이고, 프로파일링은 범인의 행동특징, 용모, 행동 습성에 초점을 두는 보다 좁은 활동과정이다.

③ 지리적 프로파일링(Geographical profiling)

지리적 프로파일링은 다양한 범행장소의 위치 및 범행장소 사이의 공통적인 공간적 관계에 기초하여 식별되지 않은 범죄자의 다음 범행의 가능한 주거지나 범행지역을 식별하는 방법이다. 따라서 그것은 수사관으로 하여금 범죄자에 의한 다음 범행이 발생할 가능성이 높은 장소나 지역을 수색함으로써 식별되지 않은 범죄자에 대한 범죄수사에 도움을 줄 수 있다. 범죄자는 자신이 익숙한 지역을 찾아서 그곳에서 피해자를 찾아 범행을 하는 것이 더 안정적이라는 생각을 가지고 있다는 데에서 지리적 프로파일링이 성립한다.[15) 지리적 프로파일링은 연쇄살인범의 추적뿐만 아니라 연쇄주거침입 절도와 같은 재산범죄자의 추적에도 유용하다.

④ 의심스러운 주검분석(Equivocal death analysis)

의심스러운 주검 분석은 변사자의 정서적 생활, 행동유형, 인지적 특징에 대한 재구성을 통하여 특이유형을 확인하고자 하는 것을 말한다. 이러한 의미에서 그것은

---

14) *Ibid.*, pp.335-336.

15) R. T. Guerette, Geographical profiling, In D. Levingson(Ed.), Encyclopedia of crime and punishment, Thousand Oaks, CA : Sage, 2002, pp. 30-37.

사후 변사자에 대한 심리상태의 분석이며, 흔히 심리적 부검(psychological autopsy)
이라고도 한다. 심리적 부검은 변사자의 주검이 자살인지, 자살이라면 그 이유가 무
엇인지를 변사자의 심리상태에서 찾으려고 하는 것이다. 그것은 두 가지 측면, 즉
① 프로파일링이 변사자를 대상으로 한다는 점, ② 사람의 신원이 이미 확인 되었다
는 점에서 범죄자 프로파일링과는 다르다.16)

⑤ 인종적 프로파일링(Racial profiling)

인종적 프로파일링은 범행을 한 특정 개인의 행동이나 범행정보 보다는 인종, 민족,
또는 국적에 기초한 경찰 주도적인 활동 유형을 말한다. 범죄에 관한 다양한 프로파
일링은 결국 인종, 민족, 국적에 따라 다르다는 것이 인종적 프로파일링의 개념이다.17)

제2절 살인사건의 수사과정

I. 의 의

살인사건 수사는 대체로 범죄인지에 의한 초동조치, 현장관찰, 기초수사, 수사방
침의 결정, 수사활동의 단계를 거쳐 진행된다.

2. 초동수사

(1) 초동수사의 과정

초동수사는 이미 수사총론에서 논의된 내용과 마찬가지로 ① 범죄현장 긴급출동,
② 범죄현장과 그 주변에서 범인체포, ③ 부상자 구호와 임상조사, ④ 경찰통제선
설치와 현장보존, ⑤ 목격자 등 기타 참고인 확보, ⑥ 긴급수사배치, ⑦ 현장관찰 등
의 순서로 진행된다.

---

16) D. A. Brent, The psychological autopsy : Methodological issues for the study of adolescent
suicide, Suicide and Life Threatening Behavior4, 19, 1989, pp.43-57.

17) D. RamireZ, J. McDevitt, & A. Farrel, A resource guide on racial profiling data collection
systems : Promising practices and lessions learned, Boston, MA : P Northeastern University
Press, 2000, p.3.

(2) 현장관찰

1) 현장관찰의 범위와 순서

현장은 협의의 현장뿐만 아니라 현장 주변까지 포함하는 광의의 현장관찰을 실시해야 한다. 현장관찰은 외부에서 내부로, 전체에서 부분으로, 좌에서 우로(또는 우에서 좌로), 위에서 아래로, 그리고 협의의 현장의 순서로 이루어져야 한다.

2) 현장관찰의 초점

현장관찰의 초점은 ① 범인의 침입구와 도주구, ② 유류물 및 유류품, ③ 범행일시 및 범행장소에 관한 자료 발견, ④ 범행의 동기와 수법의 발견, ⑤ 흉기 등 범행도구의 발견, ⑥ 사인규명과 피해자 신원확인, ⑦ 사망시간 추정, ⑧ 공범유무의 판단 등이다.

3. 기초수사

(1) 의 의

기초수사는 수사방침을 수립하기 위한 자료를 수집하는 수사활동으로서 ① 피해자중심수사, ② 현장중심수사, ③ 피해품 수사 등으로 나누어진다.

(2) 현장관찰과의 차이

현장관찰은 다양한 수사단서와 증거를 수집하는 활동이라는 점에서 기초수사(preliminary investigation)에 해당한다. 그러나 현장관찰은 범죄현장과 그 주변을 중심으로 범죄발생 시점에서 이루어지는 수사과정을 의미하고, 기초수사는 현장관찰을 포함하는 보다 넓은 범위와 현장관찰 이후의 시간에 걸친 수사를 의미한다.

(3) 피해자 중심수사

1) 신원확인 가능한 경우

살인사건은 피해자가 일단 사망한 시체이므로 피해자의 신원을 확인하고, 그 신원이 확인되면 피해자의 배경, 피해자 주변 사람들과의 원한, 치정 등 인간관계에

얽힌 범행동기를 파악하는 수사를 전개해야 한다. 따라서 피해자의 신원확인은 범행동기의 파악과 함께 용의자의 인적사항을 추적할 수 있는 단서를 확보할 수 있다는 점에서 중요하다.

2) 신원불상인 경우

피해자의 인적사항 확인과 관련된 중요한 문제는 범인이 피해자와 유류품을 불에 태워 제거하거나 깊은 물속에 수장 또는 토막살인을 한 경우. 또는 화학약품으로 시신을 파괴함으로써 피해자를 식별하지 못하게 할 경우에 발생한다. 때로는 사체를 완전히 파괴하지 않고 사체의 일부분만을 훼손함으로써 식별을 방해거나 지연시키기도 한다.

피해자의 신원이 불상이면 다음과 같은 조사방법을 통해 그 신원을 확인해야 한다. ① 피해자의 착의 제작처 등 조사, ② 수사종합검색시스템의 미아·실종자 데이터베이스에서 실종·가출신고자 대상조사, ③ 혈액형 검사, ④ 십지지문 채취에 의한 지문조회, ⑤ 항공기·열차사고·대형화재사고로 인한 변사체, 부패가 심한 변사체의 경우는 슈퍼임포즈 기법사용, ⑥ 치아·모발 등의 감식, ⑦ DNA 검사 등이다.

(4) 범죄현장 중심수사

1) 범죄현장의 파악

① 제1의 현장

제1현장은 실제로 범행이 이루어진 현장을 말한다. 제1현장은 대체로 사체의 절단이나 토막과 같은 사체훼손, 매장 등과 같은 사체를 은폐하려는 흔적이 없고 사체가 온전한 상태로 존재한다.

또한 현장에는 범인의 것으로 추정되는 휴지, 담배꽁초, 의류, 손수건, 다양한 자국흔 등의 유류품과 지문, 혈흔, 정액, 치아, 소변, 모발 등의 유류물이 발견된다. 법의곤충학적으로는 범죄현장이 주택 내인 경우에는 사체에서 집파리가 발견되고, 범죄현장이 야외인 경우에는 사체에서 금파리, 녹색병파리, 쉬파리가 발견된다.

② 제2의 현장

범죄현장이 제1현장이 아니라 제2현장으로 추정되는 경우 객관적인 증거에 의해

제2현장이라는 사실을 규명함으로써 제1현장을 추적해야 한다. 제2현장은 ① 사체를 옮겨서 매장하거나 버린 장소인 경우, ② 사체가 매몰되거나 산속이나 물속 등에 유기된 경우, ③ 사체가 소각되거나 화물로 위장하여 철도나 자동차편으로 수송된 경우, ④ 피해자 스스로 죽기 전에 살려고 다른 곳으로 피신하여 이동한 후에 사망한 경우 등에 의하여 발생한다. 제2현장의 특징은 야산인 경우에도 집파리가 사체에 붙어 있거나 유류물이나 유류품이 현장에서 발견되지 않는다. 또한 현장 주변에 사체를 옮긴 자국흔적이 존재한다.

2) 범죄현장의 위장여부 판단

목맴은 자살을 위장한 교살이 많고 살해 후 화재로 인한 사망으로 위장하는 경우가 흔히 발견되므로 그 위장여부를 확인해야 한다. 목맴으로 위장된 교살은 목 뒷부분에 끈자국을 발견할 수 있으며 끈자국 주변에 타박상과 손톱자국, 방어손상을 발견할 수 있다. 화재로 인한 소사체의 기도에서 그을음이 발견되지 않으면, 살해 후 범죄은폐를 위한 방화로 추정할 수 있다.

(5) 피해품 수사

살인사건 현장에서 피해품이 있었는지를 확인하고 그 이동경로를 추적하여 피해품을 확보하는 수사를 전개해야 한다. 피해품의 확보는 범죄의 동기를 파악하고 장물수배와 장물조회, 장물수배서 등에 의한 장물수사를 통하여 범죄사실의 규명 및 범인발견을 할 수 있는 유력한 자료가 된다.

4. 수사방침의 결정

(1) 수사자료에 의한 수사방침결정

경찰서장 또는 수사과장은 초동수사 및 기초수사를 통하여 수집한 수사자료를 토대로 수사회의를 개최하여 수사방침을 결정한다. 즉, 감수사, 탐문수사, 과학수사, 장물수사, 알리바이 수사, 미행·잠복 등 어느 수사기법을 중심으로 수사를 할 것인가 등을 결정한다.

(2) 수사관별 임무분담

수사방침이 결정되면 그에 따라서 수사관별로 임무분담을 함으로써 체계적이고 신속한 수사가 이루어지도록 해야 한다.

5. 수사활동

(1) 기초수사에 연속된 심층수사

수사활동은 기초수사(preliminary investigation)의 후속수사 또는 계속수사로서 심층수사(in-depth investigation)단계이다. 심층수사는 기초수사 단계에서 수집한 수사자료와 단서를 이용하여 수사를 전개한다.

1) 범죄입증할 결정적인 증거수집 및 범인체포

심층수사는 범죄를 입증할 결정적인 증거를 수집하여 범죄사실규명과 범인의 특정·체포, 그리고 기소에 이르는 수사활동을 말한다. 따라서 기초수사 단계에는 지구대와 파출소의 순찰경찰관들이 범죄현장에 출동하여 초동조치 단계의 임무를 수행하기도 하지만, 심층수사단계에서는 수사와 관련된 모든 임무와 책임은 오직 수사기능의 수사요원들에게 있다.

2) 기초수사보다 장기간의 수사

심층수사는 보통 기초수사보다 그 기간이 훨씬 길다. 물론 사건의 유형에 따라서 몇 시간이나 며칠만에 끝나는 경우도 있다. 그러나 기초수사는 대체로 몇 시간 또는 1~2일 안에 완료되지만, 후속수사인 심층수사는 며칠, 몇 주, 심지어 몇 달 또는 몇 년간 걸리기도 한다.[18]

(2) 기초수사 단계에서 수집한 수사자료 검토

다음과 같은 질문은 기초수사가 만족할만한 방법으로 수행되었는가를 점검하는 것으로 이러한 절차를 거친 후 기초수사와는 독립적인 정보수집이 개시된다.[19]기초수사는 이미 앞에서 논의되었듯이 초동수사를 포함하는 개념이다.

---

18) Gilbert, *op.cit.*, pp.60-61.
19) *Ibid.*, p.61.

1) 범죄현장 처리의 적절성

범죄현장은 적절한 방법으로 처리되었는가? 즉, 범죄현장보존과 현장관찰, 그리고 현장주변에서의 참고인 확보의 적설성이 검토의 대상이다.

2) 용의자 체포의 적법성

용의자가 체포되었다면, 그 체포는 법적으로 완전한가? 용의자 체포시에 형사소송법상의 절차, 즉 임의수사의 원칙, 영장에 의한 체포, 미란다 원칙고지와 진술거부권의 고지 등이 검토의 대상이다.

3) 과학적 감정 대상 증거물 검토

수집된 물리적 증거 중에서 어느 것이 범죄실험실, 즉 과학수사연구소에서 검사되어야 하며, 어떤 특별한 검사가 요청되어야 하는가? 유류물과 유류품, 미세증거물 중에서 과학수사연구소에 감정의뢰가 필요한 증거물의 선별과 준비, 그리고 혈액형검사나 DNA 지문검사. 물질의 성분검사 등 특별한 검사요청 등이 검토의 대상이다.

4) 피해자와 목격자 등 참고인 대상 탐문자료 검토

기초수사단계에서 피해자와 목격자 및 관계인 등 참고인 확보의 적절성과 충분성, 참고인 대상으로 실시한 탐문내용의 정확성, 수사단서의 가치성 등에 대한 검토를 하고, 초동수사보고서에 없는 수사단서 수집을 위한 보다 광범한 탐문실시 여부를 확인한다.

(3) 심층수사 활동의 내용

1) 범죄현장 재방문

수사관들은 다음과 같은 목적을 달성하기 위하여 심층수사단계에서 범죄현장을 재방문한다.[20]

---

20) *Ibid.*, p.61.

① 범죄현장의 위치와 특징파악

수사관들은 범죄현장의 위치, 주변의 건물이나 특정 물체 등을 파악하고 익숙하게 하기 위하여 범죄현장을 재방문한다. 특히 범죄현장을 본 일이 없는 새로운 수사요원들이 보강되었을 경우에 범죄현장 재방문이 요구된다.

② 추가적인 물적 증거 수집

초동수사에서 수집한 물적 증거가 부족할 경우에 범죄현장에 대한 완전한 수색을 통하여 추가적인 물적 증거를 수집하기 위하여 재방문한다.

③ 용의자와 참고인 등의 진술 진실성확인

용의자, 피해자 또는 목격자의 진술에 대한 진실을 범죄현장의 특징들과 관련하여 확인할 필요가 있는 경우에 재방문한다.

④ 피해자나 목격자 발견

기초수사단계에서 수사관은 범죄현장 주변에서 발견하지 못한 피해자나 목격자를 발견하기 위하여 재방문한다.

2) 수사방침과 관련된 보고서, 기록물, 서류 등에 대한 재검토

① 용의자에 대한 범죄경력 조회

수사자료표는 피의자에 대한 수사경력자료와 범죄경력자료로 구성되어 있다. 수사경력자료란 수사자료표 중의 벌금 미만의 형의 선고 및 검사의 불기소 처분에 관한 자료를 말한다. 수자자료표에 입력되어 있는 범죄경력자료는 ⓐ 벌금 이상의 형의선고·면제, ⓑ 선고유예, ⓒ 보호감호, ⓓ 치료감호, ⓔ 보호관찰, ⓕ 선고유예실효, ⓖ 집행유예 취소, ⓗ 벌금이상의 형과 함께 부과된 몰수, 추징, 사회봉사명령, 수강명령 등에 대한 조회 등이 포함된다. 그러나 ⓐ 즉심대상자 또는 즉심불복 정식재판 청구 피의자. ⓑ 고소 고발사건의 불기소 의견 및 참고인 중지의견 송치, ⓒ 단순물피 교통사고 합의사건, ⓓ 형사미성년자 등은 범죄경력에서 제외된다.[21]

---

21) 지문및수사자료표등에관한규칙 제2조 및 제4조, 경찰청훈령 제64호, 1991.7.31.

② 범죄수법자료 및 목격자 기타 참고인 대상 탐문자료 재검토

피해자나 목격자 기타 참고인들에 대한 탐문수사기록에 대해서 참고인 확보의 적절성과 탐문자료의 수사단서 여부를 재검토한다. 탐문수사의 기록으로 특정 단서를 확보하기 어려울 경우에는 목격자 등 기타 참고인 확보와 수사자료 수집을 위한 탐문수사를 전개해야 한다.

③ 공개수사 여부 결정

기초수사과정에서 수집한 수사자료와 정보가 미흡하고 추가로 수사자료를 수집하는 것이 불가능할 정도로 한계에 도달한 경우에는 대중매체나 주민조직 등을 통한 공개수사 실시 여부 결정해야 한다. 물론 이 경우에 피해자 가족의 요구나 동의 등이 필요하다.

3) 과학수사(criminalistics) 기법의 적용

① 과학수사연구소에 감정 의뢰할 물리적 증거의 포장과 송부
② 물리적 증거의 개별적인 검사요청 내용에 대한 설명서 작성
③ 필요할 경우 과학수사 전문가의 범죄현장 감식을 요구

제3절 | 범인체포 전의 수사

I. 살인범 검거단서

(1) 직접적인 증거

1) 직접적인 증거로서의 목격자 증언

살인사건의 현장을 목격한 증인의 증언은 직접적인 증거에 해당된다. 목격자의 증언이 위증이 아닌 한 범죄를 직접적으로 입증하는 증거능력을 가진다. 그러나 목격자의 증언은 가장 신뢰성이 떨어지는 증거이므로 물증에 의해 그 증언이 입증될 필요가 있다.

2) 직접적인 물적 증거

살인사건의 직접적인 물적 단서는 ① 범죄현장에 남아 있는 범인의 지문, 혈흔, 정액, 타액, 모발, 치아, 살점, 뼈조각, 장문, 소변 등과 같은 유류물, ② 신분증, 영수증, 의류, 담배꽁초, 문서, 손수건, 모자, 장갑, 휴지, 칫솔 등과 같은 유류품, ③ 범죄현장의 다양한 자국흔, ④ 피해품인 장물 등이 해당한다.

그러나 유류물이나 유류품은 지문이나 장문과 같은 일부의 유류물, 신분증·영수증·의류·문서 등의 일부 유류품, 기타 족적, 도구흔(공구흔), 치흔(교흔), 차량흔, 바퀴흔 등의 자국흔을 제외하고는 과학적인 감정을 거쳐서 증거로 채택될 수 있다는 점에서 간접적인 물적증거에 해당한다. 특히 혈흔, 정액, 침, 모발, 사람의 살점이나 뼈조각 등의 유류물은 과학적 감정을 거쳐서 증거로 인정받을 수 있다는 점에서 사실상 간접증거에 해당한다.

(2) 간접적인 물적 단서

간접적인 물적 단서는 일반적으로 우리가 말하는 사건에 대한 정황을 의미하는 것이 아니라 정황증거(circumstantial evidence)를 말한다. 정황증거는 범죄현장이나 그 주변에서 유류물품이나 다양한 물질을 채취하여 과학적인 검증을 거쳐 범죄를 입증할 수 있는 물증을 말한다.[22] 모발이나 혈흔, 피부조각, 침, 정액, 땀 등과 같은 유류물이나 담배꽁초, 버린 껌, 칫솔, 범행흉기, 토양 등을 확보하여 법의학적 감정 결과에 의해 범행의 물적 증거를 발견하는 경우를 말한다. 정황증거는 증거물이 과학적인 검증과정을 거쳐 증거로 채택된다는 점에서 간접증거이다.

(3) 인적·무형적 단서

인적·무형적 단서란 ① 수사관의 수사경험을 통한 판단이나 상상, ② 피해자나 목격자 등 참고인들에 대한 탐문을 통한 수사단서, ③ 전과자·불량배 등에 대한 탐문수사에 의해서 확보되는 수사자료, ④ 범죄수법이나 동기를 말한다.

---

22) *Ibid.*, p.52.

⑷ 수동적 단서

범죄사건에 대한 피해신고, 고소·고발, 밀고, 자수 등은 타인의 체험에 대한 청취를 통하여 범죄인지를 하는 것이기 때문에 수동적 단서에 해당한다.

2. 사인규명

⑴ 목맴(의사)

1) 의 의

목맴이란 줄의 한쪽 끝을 높은 곳에 고정시키고 올가미를 만들어 목에 걸고 체중을 이용하여 줄을 잡아당김으로써 사망에 이르는 질식사를 말한다. 목을 매어 줄을 잡아당기는 즉시 사람은 줄에 목이 졸려 뇌에 혈액공급이 중단되어 의식을 잃고 동시에 공기 공급이 차단되어 호흡을 못하게 된다. 그러나 심장은 계속 박동하므로 수분 후에 실제로 사망하게 된다.

목맴은 목을 매단 상태로 사람의 몸이 어딘가에 매달려 있을 때에만 목매는 효과가 나타나는 것은 아니다. 문의 손잡이 같은 곳에 줄을 걸고 한 쪽 끝의 올가미를 목에 감고 늘어진 상태로 어떤 물체에 사람이 기대져 있거나 무릎을 꿇었거나 앉아 있거나 누운 자세에서도 목매는 효과가 나타난다. 일단 목이 졸리기 시작하면 미주신경 장애가 급속히 나타나 높이가 낮은 곳에서도 그 누구라도 조여진 올가미에서 빠져나오지 못한다.23)

일부에서는 높은 곳에 목을 매달아 자살한 것은 정형적 목맴(완전목맴)이라 하고 문의 손잡이나 문고리 같은 낮은 곳에 줄을 매달아 앉거나 누운 자세에서 목을 매달아 자살한 것은 비정형적 목맴(불완전목맴)자살이라고 하면서 목맴자살은 정형적 목맴만을 의미한다고 주장하나 이는 목맴자살에 대한 근거없는 주장이다. 줄을 높은 곳에 매달았든 낮은 곳에 매달았든 목맴자살이면 동일한 것이다.

---

23) 홍성욱·최용석 역, 현장감식과 수사, CSI, 수사연구사, 2006., p.460.

2) 특 징

① 끈자국

끈자국은 목의 앞부분에 생기고 귀의 뒷부분에는 생기지 않는다. 끈자국은 턱밑에서 귀 뒤편으로 비스듬하게 올라가서 머리 위로 향하기 때문에 끈자국은 목의 윗부분에 생기고 목의 뒷부분에는 생기지 않는다. 끈자국이 엇갈리는 경우는 없다. 목맴은 자살인 경우가 대부분이고 끈자국 주변에 피부밑 출혈과 피부까짐이 생긴다. 행위자가 반사적으로 끈을 제거하려고 할 때가 있으므로 자기 손톱에 의해 목부위에 손톱자국이나 손에 의한 타박상이 생길 수 있다. 오랫동안 물속에 잠겨 있거나 시신이 부패하면 끈자국이 사라질 수도 있다.

② 시반(시체얼룩)

목맴의 경우 팔, 다리 및 끈자국 바로 윗부분에 시반색(시체얼룩)이 생기며 이때 시신의 등 부위가 시체얼룩으로 변하여 있다면 살해 후 시신을 매달았을 가능성이 높다.[24]

③ 혀의 돌출과 점출혈 및 정액과 대변배설

목맴의 경우에 사후경직이 빠르게 나타난다. 혀가 밖으로 나오고 눈알은 울혈로 인하여 돌출되는 경우가 많다. 눈에는 점출혈이 발생하지만 교살보다는 미약하다. 대부분 정액을 배설하고 사체의 바로 밑에 대변을 배설한다. 얼굴은 창백하다.

④ 올가미에 끼인 손가락 발견

매달린 사람의 손가락이 올가미와 목 사이에 끼워 있을 수 있다. 이는 올가미를 느슨하게 하려고 한 것이 아니라 올가미가 당겨진 후 손가락을 빼지 못하여 생기는 현상이다.

⑤ 목맴타살과 상처자국

살아 있는 사람의 목을 매달아 살해하는 목맴타살은 흔치 않지만 어린이나 의식을 잃은 사람 혹은 자신을 방어할 능력이 없는 사람에게 사용할 수 있다. 이러한 경우 피해자 몸에는 끈자국 이외의 다른 상처가 있을 수 있다.

---

24) 앞의 책., pp.461-462.

⑥ 올가미 매듭의 위치

목맴의 경우 오른손잡이는 보통 목 오른쪽에, 왼손잡이는 왼쪽에 매듭이 위치한다. 이 위치가 바뀌었다면 타살을 의심할 수 있다.

(2) 교살(끈졸림사)

1) 의 의

교살(strangulation)이란 살인의 도구가 끈, 즉 허리띠, 넥타이, 빨랫줄, 전깃줄 기타 이에 준하는 물건으로서 피해자의 목을 졸라매어 질식하게 함으로써 죽음에 이르게 하는 행위를 말한다.

2) 특 징

① 끈자국과 저항흔

끈자국의 위치는 목맴보다 낮게 형성되며 끈이 목부위를 수평으로 돌아가며 목둘레에 생긴다. 끈을 여러 번 회전하였을 때에는 여러 개의 끈자국이 발견되기도 하며 끈의 매듭위치에서 피부까짐이 발견된다. 끈 자국이 엇갈린 형태가 발견된다.

② 피해자의 저항흔과 범인의 손톱자국

끈으로 목을 졸라 살해하는 동안 피해자의 저항에 의해 끈자국 주변에서 방어손상(저항흔)인 피해자의 손톱자국이나 손에 의한 타박상이 흔히 발견된다. 또한 범인이 피해자를 공격하는 동안 피해자의 목의 앞부분이나 뒷부분에 범인의 손톱자국이 남는 경우가 많고 목, 인후, 후두의 내부구조에 손상을 초래한다.[25]

그러나 피해자를 뒤쪽에서 덮치거나 취침상태, 무의식상태 혹은 항거능력이 없는 사람의 목을 조른 경우는 방어손상이 나타나지 않을 수도 있다.[26]범행에 사용한 끈이 대개 현장에 남아 있는 경우가 많다.

③ 눈의 점출혈과 얼굴의 암적색 부종상 및 청색증

눈에는 다수의 점출혈이 발견되고 혀의 돌출과 정액배설, 대변배설 등이 발견된

---

25) Vermon J. Geberth, Practical Homicide Investigation, Tactics, Procedures, and Forensic Techniques, Taylor & Francis Group, 2006, p.341.
26) 홍성욱 · 최용석 역, 앞의 책., pp.452-463.

다. 얼굴은 암적색 부종상을 띠며 청색증이 나타나기도 하고 눈, 귀, 코 등에 울혈이 심하게 나타난다.

(3) 액살(손졸림사)

1) 의 의

액살이란 손이나 팔로 피해자의 목을 눌러 압박함으로써 질식하게 하여 죽음에 이르게 하는 행위를 말한다.

2) 특 징

① 손톱자국의 위치

손졸림사는 기도를 중심으로 한쪽방향에는 엄지손톱, 다른 한쪽 방향에는 나머지 손톱자국이 남게 된다. 범인이 오른 손잡이이면 엄지손톱흔은 기도의 오른쪽에, 왼손잡이이면 왼쪽에 생긴다.

② 피부에 찰과상이나 의복에 혈흔 존재

피해자의 피부에는 손가락으로 움켜진 흔적이나 손가락이 미끄러지면서 피부가 벗겨진 흔적이 생기는 경우가 종종 있다. 보통 목을 조르기 전에 몸싸움이 먼저 일어나므로 피해자나 범인의 얼굴에 할퀸 흔적이나 혈흔, 의복에 특이 손상흔 등이 생길 수 있다.[27]

③ 점출혈과 정액 배설

액살은 질식사이므로 목맴자살이나 교살과 마찬가지로 눈의 점출혈, 정액과 대변 배설, 암적색 얼굴, 눈·귀·코 등의 울혈현상이 나타난다.

(4) 익 사

1) 의 의

익사(drowning)란 액체가 기도를 통해 흡입됨으로써 공기가 폐에 들어가지 못하게 되어 질식하여 사망에 이르는 것을 말한다. 여기서 액체란 반드시 물만을 의미하는 것

---

27) 홍성욱·최용석 역, 앞의 책., p.462.

이 아니라 진흙, 슬러지 및 기타 점성이 있는 물질이 포함된다. 또한 익사란 몸 전체가 물속에 잠겨 있어야 하는 것도 아니다. 입과 코만 물속에 잠겨 있으면 익사할 수 있다.

목욕 또는 물속에서 심장마비, 뇌출혈, 쇼크 등에 의한 건성익사는 익사라고 볼 수 없고 물을 흡입하여 질식사하는 습성익사만이 사실상의 익사에 해당된다.

2) 익사의 특징

① 자 살

자살은 익사자의 의복이 벗겨져 있거나 수심이 깊어 돌이 많은 바닥에 충돌할 위험성이 적은 지역에서 빠져 사망한 경우가 대부분이다.

② 타살에 의한 익사

타살은 자살과는 반대로 피해자가 옷을 입고 있고 비교적 얕은 물에서 발견된다. 또한 다른 사람에 의한 것으로 추정되는 외상 등이 피해자의 몸에 남아 있는 경우가 많다. 익사 이외의 다른 사인이 없다면 타살의 가능성은 상대적으로 낮아지고 보통은 어린아이에게만 이런 종류의 타살이 가능하다.

③ 과실에 의한 익사

사고사인 경우는 피해자가 물가의 바위나 돌에 미끄러진 흔적이 있고 물에서 빠져나가려고 허우적거리다 피해자의 손의 피부가 벗겨지고 손톱이 부러지거나 찢겨지는 등의 상처가 발견된다.

④ 플랑크톤의 발견

익사여부를 추정할 수 있는 여러 가지 검사방법이 있지만 익사를 확정할 수 있는 방법은 없다. 플랑크톤이 검출되었다고 해서 익사라고 단정할 수 없고, 검출되지 않았다고 해서 익사가 아니라고 할 수 없다. 다른 요인들과 종합적으로 검토하여 익사여부가 결정된다.

익사는 익사자의 기관 및 폐장 내에 플랑크톤 및 부유생물 등의 이물질을 발견할 수 있다. 그러나 사후투수인 경우에도 폐와 위장 내에 물이 들어갈 수 있으며 이 물로 인해 위장내의 음식물 중에 들어 있는 플랑크톤이 검출될 수 있다. 따라서 피해자의 폐와 위장 내에 플랑크톤이 있다고 해서 이를 익사로 단정할 수는 없다.[28]

---

28) 사법연수원, 과학수사론, 2009, p.494.

⑤ 사체의 부상

익사체의 20~30%는 가라앉지 않고 뜬다. 습성익사의 경우, 즉 사람이 물에 빠져 익사를 하면 일단 가라앉았다가 여러 조건에 따라 복부팽만으로 여름철에는 약 2~3일, 겨울철에는 5~7일 또는 몇 주 심지어 3~4개월 뒤에 수면으로 떠오른다.[29] 그러나 사후투수일 경우에는 몇 시간이 지난 후 바로 수면으로 떠올랐다 다시 가라 앉기 때문에 자·타살의 구별이 가능하다.

3) 익사추정 의학적 소견

비교적 익사를 진단하기 쉬운 시기는 수흡성 익사로서 사망한 지 오래 지나지 않은 주검이다. 익사의 의학적 특징은 대체로 다음과 같다. ① 손이나 발에 주위의 물체를 잡고 있다. ② 익사한 사람을 물 밖으로 꺼내면 입과 콧구멍에서 백색 거품이 나오는 경우가 많고 이 거품에는 점성 물질이 들어 있기 때문에 상당한 시간 동안 없어지지 않는다. ③ 기도나 기관지에 점액성 거품, 진흙, 모래 등이 발견된다. ④ 익사폐, 위나 십이지장의 익수 등이 존재한다. ⑤ 호흡근육의 출혈이나 관자뼈(측두골) 암석부위 속 출혈, 코의 나비굴 안의 익수, ⑥ 구토, 시반, 대소변과 정액배설, ⑦ 폐나 위장에 플랑크톤이 발견된다.[30]

(5) 벤상처(절창)

1) 의 의

절창(cutting wounds)이란 면도칼, 나이프, 깨어진 유리 등 예리한 도구에 의해 조직의 연결이 절단된 손상을 말한다.

2) 특 징

절창은 ① 손상 부위가 매끈하고 예리하게 나타나며 일반적으로 상처의 깊이보다는 길이가 더 길다. 피해자의 손이나 팔에 방어흔 발견된다. ② 절창은 보통 피부와 바로 밑의 조직에 상처를 남기는 것이지만, 뼈나 인체기관에 가볍게 상처를 낼 수도 있다.[31] ③ 일반적으로 흉기가 처음 닿은 부분에 절창이 가장 깊게 생기고, 타박상

---

29) 앞의 책., p.495.
30) 앞의 책., p.494.

이 같이 존재하면 절창은 살아 있을 때 생긴 것으로 추정된다. ④ 절창 모양만으로는 생전의 것인지 사후의 것인지 확인하기 어렵고 또한 어떤 물체에 의한 손상인지에 대한 정확한 정보를 얻기 어렵다. 따라서 사인에 대한 법의학적 부검이 요구된다.

(6) 찔린 상처(자창)

1) 의 의

자창(stabbing wounds)은 끝이 뾰족하고 예리한 가늘고 긴 흉기, 즉 단도, 나이프, 과도, 가위, 송곳 등으로 피해자의 신체를 찔러서 생기는 손상을 말한다. 자창은 조직과 뼈를 통과하여 인체의 중요장기에 까지 상처를 입힐 수 있는 심각한 상처이다.

2) 특 징

① 자창은 구멍형태로 열려 있을 수도 있고 좁고 닫힌 형태로 남아 있을 수도 있다. ② 자창의 모양은 어떤 종류의 무기나 칼날이 사용되었는가를 가리킬 수 있다. 그러나 실탄흔처럼 자창은 피부의 신축성으로 인해 실제 사용된 칼날의 크기보다 적을 수 있다. ③ 때때로 칼자루는 피부에 타박상을 입히고 식별가능한 흔적을 남길 수 있다. ④ 상처는 폭보다 깊이가 더 깊다. ⑤ 상처 내부에는 출혈이 많지만 외부에는 출혈이 전혀 없거나 거의 없다.

(7) 큰 칼 상처(할창)

도끼, 검, 커다란 칼, 전투용 도끼 등 무겁고 큰 흉기로 피해자를 내리쳐서 생기는 손상을 할창이라고 한다. 주로 도끼 종류에 의해 생긴다. 보통 할창은 절창과 비슷하지만 상처주변에 고리모양의 타박상이 생긴다.[32]

(8) 박 살

1) 의 의

박살은 둔기의 가격에 의해 사람을 살해하는 행위를 말한다. 둔기는 두 가지 종류

---

31) Geberth, *op.cit.*, p.331.
32) 홍성욱·최용석 역, 앞의 책., p.448.

로 나누어진다. 하나는 망치, 야구방망이, 벽돌 등과 같이 날이 없는 둔탁한 도구나 흉기 등이 있고, 다른 하나는 도끼처럼 날을 가진 도구나 흉기가 있다.

2) 특 징

① 날이 없는 둔기에 의한 손상

ⓐ 망치 등에 의한 가격은 좌창이라고 하는 피부 밑의 출혈을 초래하고 멍의 형태로 나타난다. 좌창은 그 부위가 부풀어 오르고 붉은 색으로 변한다. 그 후 검푸른 색, 혹은 보라색으로 변하고 서서히 강한 녹색이나 노란 색을 띤 갈색으로 변한다. 그러나 피부가 찢기는 손상에 이르지는 않는다.

ⓑ 둔기로 가격한 경우 아주 드물게 둔기 가격면과 똑 같은 모양의 좌창이 생기는 경우도 있으며, 시신의 좌창은 그 사람이 살아 있을 때 형성된 것으로 추정된다. 또한 가격부위와 다른 부위에 좌창이 생기는데 뒤통수를 가격하면 눈 가장자리에 멍 자국이 생긴다.33)

② 날이 있는 둔기에 의한 손상

ⓐ 도끼 같은 날을 가진 둔기의 가격을 받아 생긴 상처는 찍힘흔이 생긴다. 이러한 손상은 좌창과 함께 좌열창, 그리고 찍힘흔으로 나타난다.

ⓑ 도끼 등의 둔기공격은 피해자의 머리를 주로 목표물로 하고, 머리의 상처는 좌창, 좌열창과 찍힘흔 그리고 눈에 외상이 발생한다.

ⓒ 많은 중요장기가 있는 복강부위에 대한 좌열창이나 좌창은 심각한 내부출혈로 사망에 이르게 한다. 가장 흔한 취약 부위는 비장(지라)이다. 그러나 복부 타박상으로 간, 창자, 방광이 손상을 당하기 쉽다.

(9) 총 살

총기에서 발사된 총알에 의하여 생긴 손상을 총알상처라 한다. 총알이 피부를 뚫고 들어간 부위를 총알입구(사입구), 뚫고 나온 부위를 사출구라 하며, 체내로 지나간 길을 사창관이라 한다. 총기에 의한 손상사의 경우 사입구, 사출구, 사창관이 모두 있는 관통총알상처가 대부분이나 발사각도 등에 따라 반드시 그렇지는 않다.

---

33) 앞의 책., p.444.

⑽ 중독사

중독사란 사람이 독물이나 약물, 또는 가스 등에 의해 신체의 중요기능이 마비되어 사망에 이르게 되는 경우를 말한다.

⑾ 소 살

1) 의 의

소살은 사람을 불에 태워 죽이는 화재에 의한 사망을 말한다. 화재사는 실화에 의한 소사일 수도 있으며, 사람을 고의로 태워서 살해하는 방화일 수도 있고 다른 방법으로 살해한 다음 범죄은폐를 위해 불로 태운 결과일 수도 있다.

2) 화재발생 당시 피해자 생사판단

법의학자는 화재발생 당시 피해자의 생사를 판단할 수 있다. ① 피해자의 기도, 콧구멍 주변, 코 안에서 연기흔적(smoke strains)이나 검댕이 발견되지 않는다면 불이 나기 전에 이미 사망한 것으로 인정된다. ② 피 속에는 일산화탄소의 농도가 높아진 상태로서 피부가 붉게 변하고 물집이 생겨 있으면 화재 당시에 살아 있었다는 증거이다. ③ 살아 있는 사람이 화재로 사망한 경우에는 권투형 자세(pugilistic attitude)를 취하고 피부에는 화상으로 인한 균열흔이 발견된다. 이는 살아 있는 사람의 근육이 열에 수축반응을 한 결과이다.[34] 이미 죽은 사람의 근육은 열에 수축반응을 하지 못한다.

⑿ 폭 살

화약이나 폭약을 사용하여 사람을 살해하는 행위를 폭살이라 한다. 폭발물에 의한 살인은 주로 정치적인 테러나 암살수단으로 사용된다는 점이 특징이다. 따라서 일반범죄에는 잘 사용되지 않는다.

⒀ 소극적인 행위에 의한 살인

살인은 반드시 적극적인 행위에 의해 발생하는 것이 아니다. 부양 의무자가 피부

---

34) Geberth, *op.cit.*, pp.348-350.

양자에게 음식물을 제공하지 않는다든지 유아에게 모유를 주지 않아 사망에 이르게 할 수 있다. 이처럼 부작위에 의해서도 살인이 가능하므로 살해방법이 어떤 살해행위에 의해 이루어지는 것은 아니다.

제4절　사망일시와 장소

Ⅰ. 사망일시의 중요성

살인사건 수사는 피해자의 사망시간을 확정하는 것이 중요하다. 알리바이수사는 물론이고 탐문수사의 가능성은 사망시간의 정확성에 달려 있다. 또한 범행시간은 상습범의 소행여부를 결정하는 단서가 될 수 있다는 점에서 중요하다.

2. 사체의 초기현상

사체의 초기현상이란 사람이 사망한 후 체온의 냉각, 사체건조, 각막의 혼탁, 시체얼룩, 시체경직, 그리고 시체의 자가용해 등 시체의 부패 전 단계까지를 초기현상이라고 한다.

(1) 사체냉각(algor mortis)

1) 의 의

사람이 사망하면 신체적 대사작용은 중지되기 때문에 사망 후 시체의 체온은 즉시 하강하기 시작한다. 사체의 냉각은 주변의 물체로 열이 전도되는 현상이다. 사체의 체온은 주변의 대기온도에 도달할 때까지 하강한다. 보통 그 시간은 18~20시간 정도 걸린다.35) 그러나 체온하강 속도는 사망 당시의 체온, 주변기온과 날씨, 입고 있는 옷이나 시신을 덮어 놓은 상태 등에 의해 달라진다.

---

35) Paul B. Weston and Charles A., Lushbaugh, Criminal Investigation, 10th ed., Prentice Hall, 2006,, p.198, 홍성욱·최용석 역, 앞의 책., p.436.

2) 특징 및 측정방법

체온은 사망 후 10시간 이내에는 매시간 1℃하강하고, 10시간 이후에는 매시간 0.5℃씩 하강한다.[36) 체온은 체온계를 가지고 직장(항문)을 통하여 측정할 수 있다. 수사관이 시체의 겨드랑이에 손바닥을 올려놓았을 때 온기가 있으면 사망한지 2~3시간 정도 되었다는 것을 알 수 있고, 차고 축축할 경우에는 사망한 지 18시간에서 24시간 정도 되었다는 것을 의미한다.[37)

사망시간 추정과 관련하여 체내온도(core body temperature)는 사망시간의 측정에 있어 보다 신뢰할 수 있는 지표중의 하나로 인정되고 있다. 사람의 간에 체온계를 투입하여 측정하는 체내 온도는 사망 후 18시간까지는 사망시간을 가장 신빙성 있게 추정할 수 있는 수단이다. 수사관은 간의 체내 온도를 범죄현장의 주변 온도와 비교하여 사망시간을 추정하게 된다.[38)

(2) 사후경직(rigor mortis)

1) 의 의

변사체는 사망 직후에 근육 내에 일어나는 화학적 변화로 인하여 근육이 경직된다. 즉, 근육작동에 필요한 효소가 부족해지고 단백질의 응고로 인하여 신체 근육 전체가 뻣뻣해지는 현상을 사후경직이라 한다.[39)

2) 과정과 특징

① 과 정

사후경직은 보통 사후 2~4시간 이내에 일어난다. 사람들이 일반적으로 생각하는 것과는 달리 사후경직은 사체 전체를 통하여 동시에 발생한다. 사망직후 처음에는 시신의 근육은 부드러워진다. 사후경직은 턱, 목에서 시작하여 머리와 발로 진행되며 사후 약 8~12시간 안에 거의 완전히 경직된다. 사후 18~36시간이 경과하면 점차 경직이 풀리기 시작하는데 사후 48~60시간이 경과되면 경직은 완전히 사라지

---

36) 사법연수원, 과학수사론, 2009., p.475.
37) Geberth, *op.cit.*, p.236.
38) *Ibid.*, p.236.
39) *Ibid.*, p.236.

고[40] 그 순서는 경직이 나타나는 순서와 동일하다[41]. 초기 사후 경직단계인 시신을 제외하고는 일단 사후경직이 풀리면 다시 경직되지 않는다.

② 특 징

① 급사체는 시체경직 지속시간이 길고, ② 근육이 발달할수록 경직정도가 강하고 빠르게 형성되고 ③ 만성질환 환자나 노인, 유아에게는 약하게 나타나고 빨리 풀리고, ④ 사망전에 고열·경련이나 심한 근육활동, 감전이나 근육수축제 사용후에는 사체경직이 빠르고 강하게 나타난다.[42] 사후경직은 많은 변수가 작용하기 때문에 사망시간 추정에 있어서 가장 정확성이 떨어지는 척도이다.

3) 카다베릭 스파슴(cadaveric spasm)

어떤 경우에 손이나 팔의 경직은 사후 즉시 일어날 수 있다. 이러한 현상이 바로 카다베릭 스파슴으로 알려져 있으며 흔히 사후경직과 혼동된다. 즉, 사망 당시에 손에 총이나 칼을 가진 사람들이 사망시의 순간적인 경련으로 인하여 사망 후에도 그것들을 놓지 않으려고 꽉 잡을 경우에 대부분 발생하는 현상이다. 또한 총기로 자살한 사람들도 사후에 손에 총기를 놓지 않고 꽉 붙잡고 있는 것으로 알려져 있다.

수사경찰의 입장에서 죽은 사람이 손에 무기를 꽉 잡고 놓지 않는다는 지식은 중요하다. 이러한 지식은 사람이 사망 당시에 무기를 소지하고 있었다는 사실을 증명하기 때문이다. 수사경찰은 이러한 사후 경련에 의한 경직상태를 인위적으로 되풀이 할 수는 없다. 사후경련에 의한 손의 경직현상은 시체의 부패시까지 계속된다. 즉, 사체의 손에 꽉 잡힌 무기나 흉기는 사체의 부패시에 풀어진다. 이러한 카다베릭 스파슴 현상은 수 많은 사건에서 발견되었으나 법의학자들은 이러한 현상을 인정하지 않으려 한다.[43]

(3) 각막의 혼탁

사망 후에는 각막이 우유빛깔이나 구름색깔처럼 혼탁해지고 눈동자에 피막이 생

---

40) *Ibid.*, p.236.
41) Weston and Lushbaugh, *op.cit.*, p.198.
42) 사법연수원, 앞의 책., p.472.
43) *Ibid.*, p.238.

긴다. 이런 현상은 눈까풀이 감겨있는 지 여부, 온도, 습도, 환기 여부 등에 따라 달라지지만, 보통 30분에서 수 시간 이내에 일어난다. 이런 다양한 요인의 영향을 받는 관계로 동공의 혼탁은 사망시간을 추정하는 신빙성 있는 근거로 인정받지 못한다.[44]

각막은 12시간을 전후하여 흐려져서 24시간이 되면 현저하게 흐려지고 48시간이 되면 불투명해진다는 주장도 있다. 대체로 24시간 이내에 각막의 혼탁이 발견된다.

(4) 시체얼룩(posmortem lividity)

1) 의 의

사람이 사망하여 혈액순환이 멈추면 중력의 영향으로 혈액은 신체 중 가장 낮은 부분으로 가라앉게 되는 혈액침전 현상으로 시체의 하부에 청색 혹은 적자색(blue or reddish) 얼룩이 나타나는데 이를 시반이라고도 한다. 시체가 누운 상태라면 시반은 뒤통수부위, 등 부위, 팔·다리 후면에 생긴다. 시반은 당연히 시체의 아래쪽에 생기지만 바닥에 눌린 부위는 혈관도 눌리므로 시반이 생기지 않는다. 시반은 사망시간 추정을 가능하게 하고 또한 사후에 시신이 이동되었는지 여부를 확인할 수 있게 한다는 점에서 범죄수사에 중요하다.[45]

2) 특 징

① 시체얼룩의 형성

시체얼룩은 사망 후 약 30분에서 1시간 경과시 점의 형태로 나타나기 시작해서 3~4시간 후에 뚜렷하게 나타난다.[46] 8~12시간 내에 거의 다 완성되고 고정된다. 시반고정 시간은 사후 8~10시간이라는 주장도 있다. 시체얼룩은 사후 15시간 전후에 최고조에 이른다.[47]

주위온도가 높을수록 시반은 빠르게 나타난다. 시반은 멍 혹은 검푸른 반점과 혼동될 수도 있으나 부검을 통해 이들을 구분할 수 있다. 멍은 응고혈액이 닦이지 않지만 시반은 피가 응고한 것이 아니므로 잘 닦인다.

---

44) 사법연수원, 앞의 책., p.436.
45) Geberth, *op.cit.*, p.240.
46) Weston and Lushbaugh, *op.cit.*, pp.198-199.
47) 사법연수원, 앞의 책., p.475.

② 시체얼룩의 색깔

시체얼룩은 일반적으로 암적색의 색깔을 띠나 ① 일산화탄소 중독 사망, ② 청산칼리 중독사망, ③ 동사인 경우는 선홍색 얼룩, ④ 염소산칼륨에 의한 중독 사망은 연한 갈색의 얼룩이 나타난다. 동사 등 저체온사와 청산칼리 중독사는 손톱이 청자색, 일산화탄소 중독사는 손톱 색깔이 적색을 띤다.

③ 사후경과시간과 시반의 발생위치 변화

시신이 옮겨지거나 위치가 바뀌면 시반의 위치가 바뀔 수 있다. 사후 4~5시간 이내에 시신의 위치가 바뀌면 처음 생겼던 시반이 사라지고 시신의 아랫부분에 새로운 시반이 생긴다. 그러나 사후 10시간까지는 처음 생겼던 시반이 사라지고 아랫부분에 새로운 시반이 생긴다는 주장이 있으며, 또한 처음에 생겼던 시반이 완전히 없어지지 않고 약해진다는 주장도 있다.

④ 양쪽 시반 형성

사망 후 7~10시간이 경과한 후에도 시신을 옮기면 점차 약해지기는 하지만, 새로운 시반이 계속 생긴다. 그러나 처음에 생긴 시반은 이때까지도 변하지 않고 남아 있는 경우가 많아 시체의 아래 위에 시반이 형성된다. 피를 많이 흘린 경우에는 시반이 약하게 나타난다.[48]

⑤ 침윤성 시체얼룩

사후 10시간이 경과하면 자가용해가 시작되어 적혈구가 혈관벽을 통과하여 주위 조직으로 침입하게 되는데 이를 침윤성 시체얼룩이라 한다. 침윤성 시체얼룩이 형성되면 체위를 변경시켜도 시체얼룩이 소멸되지 않는다.

⑥ 시체얼룩의 고정

사후 8~10시간이 경과하면 시반은 고정되고 그 이후에는 시신의 위치를 변화시켜도 결코 시반은 이동하지 않는다.[49] 따라서 일반적으로 사망후 10시간까지는 체위를 바꾸면 처음에 생긴 시반이 없어지거나 약해진다.

---

48) 홍성욱·최용석 역, 앞의 책., pp.436-437.
49) Geberth, *op.cit.*, p.240.

3) 시체얼룩과 피부밑 출혈의 차이

① 사체얼룩

사체가 땅과 같은 바닥과 접촉한 저부위에 나타나는 사후현상이다. 사후 5~10시간 이내에는 손가락으로 누르면 하얗게 일시적으로 지워지며 이를 지압퇴색이라고 한다. 사체얼룩은 피가 응고한 것이 아니므로 피부를 절개하여 닦으면 닦인다. 또한 모세혈관이 파괴되지 않아서 혈구나 파괴물이 없다.

② 피부밑 출혈

생존 중에 일어나는 활력반응의 결과이다. 활력반응이란 사망하기 전에 어떤 외부요인이 작용하면 생체는 그것에 반드시 반응하고 이 반응의 결과는 사후에도 소멸되지 않고 멍의 형태로 남는 현상을 말한다. 즉, 신체의 고·저부위에 관계없이 둔기에 의한 타격을 받으면 그 부위에 피하출혈이 발생하고 멍의 형태로 나타난다. 이 경우에 혈액이 응고된 상태이기 때문에 지압을 해도 지워지지 않고, 조직간에 혈액이 응고되어 있어서 닦이지 않으며. 모세혈관이 파괴되어 혈구나 파괴물이 있다.

(5) 자가용해

실질장기나 연조직 등의 단백질분해효소, 지방질분해효소, 탄수화물분해효소 등에 의해 사체가 분해되어가는 과정을 자가용해라 한다. 부패와는 다른 개념으로서 세균의 관여 없이도 사람의 세포 가운데에 존재하는 각종 효소에 의하여 자가용해가 일어나 세포구성 성분은 분해되어 변성되고 세포 간 결합의 붕괴로 조직은 연화된다. 자가용해는 혈관의 피가 사람의 살 내부로 흘러들어가는 변화를 초래하여 침윤성 시체얼룩을 생기게 한다.

(6) 위장관 내용물을 통한 사망경과시간 추정

1) 의 의

위장관 내용물에 의한 사망시간 추정은 보통 위의 내용물을 대상으로 검사를 하는 것을 의미하지만, 또한 사체 내부의 소화된 물질이나 소화되지 않은 물질을 대상으로 한다는 점이 중요하다. 병리학자에게는 위나 상부 십이지장에 음식물이 발견되면, 사망원인에 관한 정보를 얻게 되고, 수사관에게는 식탁위의 음식물이 피해자의 식사시간에 대한 정보를 제공한다.

2) 사망시간 추정

① 위내에 음식물이 가득하고 전혀 소화되지 않은 경우는 식사직후에 사망한 것으로 추정된다. ② 위 및 십이지장에 음식물이 남아 있고 소화가 어느 정도 진행된 경우는 식후 약 2~4시간 후 사망한 것으로 추정된다. ③ 위는 비어 있고 십이지장에 음식물의 일부가 남아 있는 경우는 식후 약 4~6시간 후에 사망한 것으로 추정된다. 사람이 음식을 먹은 후 보통 4~6시간이 지나면 음식물은 완전히 소화되고 위는 비게 된다. ④ 위 및 십이지장이 전부 비어 있으면 식후 적어도 약 12시간 이후에 사망한 것으로 추정된다.[50]

3. 사체의 후기현상

사체의 후기현상은 부패 이후에 발생하는 사체의 변화현상을 말한다. 시체의 초기현상과 후기현상은 시체의 부패를 기준으로 나누어진다. 후기현상은 정형적인 부패와 미라화, 시체밀랍과 같은 비정형적인 부패, 부패이후의 백골화 등으로 나누어진다.

(1) 부 패

1) 의 의

사체의 부패(putrefaction)는 자가용해와 부패균의 작용으로 인하여 인체 내부에 존재하는 질소화합물이 분해되는 현상을 말한다. 자가용해나 부패는 화학적 과정이기 때문에 고온에서 촉진되고 저온에서 늦어지며 영하의 온도에서는 중지된다. 부패균은 사체의 부드러운 조직을 액체와 가스로 바꾸는 작용을 한다.

사체부패는 사후경직(rigor mortis)과 마찬가지로 많은 변수의 영향을 받기 때문에 부패정도에 의한 사망시간 추정은 그 정확도가 떨어진다. 따라서 사체부패에 의한 사망시간 추정은 사체 해부와 범죄현장에서 수집한 다른 자료와 종합적으로 검토되어야 한다. 심지어 동일한 환경조건에서 동일한 원인으로 발생한 사체의 경우에도 하나의 사체는 부패가 아주 빠르고 다른 사체는 아주 느리게 나타난다.[51]

---

50) *Ibid.*, p.242.
51) Geberth, *op.cit.*, p.244.

(2) 부패의 3대 조건

1) 공기의 유통정도

공기의 유통이 좋을수록 부패속도는 빠르다. 시체의 부패는 공기 중에서 가장 빠르고 물속 또는 흙속에서는 느리다. 대기 중의 1주일간 부패정도는 물속에서 2주일간, 땅속에서는 8주일간 경과된 것과 같다. 이를 캐스퍼(Casper)의 법칙이라 한다.

2) 온 도

사체의 부패는 주변온도가 20~30도일 때 가장 빠르다. 온도가 그 이상이면 건조현상이 생긴다. 5℃ 이하에서는 부패가 거의 일어나지 않고 6℃ 이하에서는 부패가 정지된다.

3) 습 도

사체의 부패는 주변 습도가 60~66%일 가장 촉진된다. 말하자면, 주변습도가 낮거나 높으면 사체부패가 늦어진다.

(3) 특 징

1) 사천왕 현상

부패는 사후 24~36시간이 경과하면 사체의 아랫배가 암녹색의 부패변색으로 변하면서 시작하고, 사후 3~5일이 경과하면 사체의 얼굴과 목 부위가 암녹색 또는 검정이 되면서 전신이 부풀어 오르고 안구와 혀의 돌출, 눈꺼풀, 입술 등이 부풀어 올라 커져서 이른바 사천왕 현상이 나타난다. 코와 입에서는 붉은 색의 부패액이 흘러나와 피가 나오는 것으로 오인되기도 한다.

2) 특유의 냄새와 부패망

부패된 시체에서는 사체의 유황과 질소를 함유하고 있는 단백질의 분해시에 발생하는 황화수소와 암모니아가스 등으로 인해 특유의 냄새가 난다.[52] 또한 전신이 부풀어 오르고 피부가 벗겨지거나 물집이 생긴다. 혈관은 혈색소와 황화수소의 결합

---

52) 이한영 외, 과학수사, 경찰수사보안연수소, 2001, pp.33-34.

으로 검정 또는 암녹색의 나뭇가지 모양이 되는데 이를 부패망(arborization)이라고
한다. 머리카락이나 손·발톱이 빠지고 햇빛에 노출된 부위는 가죽처럼 갈색이나 검
은색으로 단단해지고, 뇌조직은 죽처럼 변한다.[53]

3) 장기의 부패

캐스퍼(Casper)에 의하면, 조직이나 장기의 부패는 기관, 신생아의 뇌, 위장, 비장,
대장, 장간막, 간, 뇌, 심장, 폐, 신장, 식도, 췌장, 횡경막, 혈관, 자궁, 힘줄, 인대의
순으로 진행된다. 이러한 조직들이 부패하여 없어지면 머리털, 손톱 등도 부패하여
없어지고 사체 전체가 뼈만 남는 백골화로 진행된다.

4) 사체부패와 구더기

① 사후 30분 이내에 파리가 알을 산란하기 시작한다. ② 알이 부화하여 구더기
가 생겼을 경우는 12~24(10~24)시간 내외, ③ 배꼽 주위 및 사타구니의 피부가
부패로 변색되고 여러 곳에 부패(수)포가 생기면 사후경과 시간은 2~3일 내외, ④
구더기가 번데기로 되었을 경우는 7~14(8~14)일 내외, ⑤ 번데기가 파리로 되었
을 경우는 12~14일(8~16), ⑥ 번데기가 빈 껍질로 된 경우는 3주 이상이다.[54]이
들의 성장속도는 전적으로 주변 온도에 좌우되므로 주변지역에서 측정된 정확한 온
도를 상수로 계산하여야 신뢰성 있는 사후경과 시간을 산정할 수 있다.

(4) 부패의 유형

1) 대기속의 부패

대기 속의 부패는 사망 직후에 시작되어 보통 24시간 이내에 눈에 띌 정도가 된
다. 24시간 이내에 하복부와 사타구니의 피부부터 피부의 변색이 현저하게 나타난
다. 피부가 녹자색이나 청녹색으로의 변화는 36시간 이내에 현저하게 나타난다. 박
테리아의 활동은 시신을 부풀게 하고 악취를 풍기는 가스를 생산한다.[55] 특히 성기,
음낭, 가슴 및 기타 부드러운 피부가 부풀어 오른다. 피부에서 수액으로 가득 찬 수

---

53) 사법연수원, 앞의 책., p.473.
54) 앞의 책., p.475.
55) Geberth, *op.cit.*, p.243.

포와 가스가 나오기 시작하고 시간이 지나면서 피부는 점차 검은 색으로 변한다. 조직이 분해되면서 생성된 물질이 입, 코, 항문을 통해 나오기 시작하고 3일 이내에 시신 전체에서 부패의 징후가 나타난다. 찬 공기는 자가분해를 방해하고 기온이 높아질수록 자가분해를 촉진한다.[56]

2) 물속의 부패

물속은 대기에 비해 온도가 낮고 산소가 부족하기 때문에 부패속도가 느리다. 시신은 물보다 비중이 크기 때문에 처음에는 물속에 가라앉지만, 따뜻한 물속에서 3～4일, 차가운 물속에서 7일 정도 잠겨있으면 시신에서 가스가 발생해 시신이 물위로 떠오른다. 가스의 영향으로 피부조직이 터지면서 시신은 다시 물속으로 가라앉는다 그러나 시신은 다시 가스의 영향으로 떠오르고 가라앉는 과정을 반복한다.[57]

3) 땅속의 부패

땅을 깊게 판 것보다는 땅을 얕게 파고 시신을 넣은 후 흙을 얇게 덮은 경우에는 시신이 빨리 부패한다. 1～3년 이내에 조직은 사라지고 뼈는 훨씬 오래 남는다. 부패에 걸리는 시간은 토양의 종류, 수분의 양, 배수상태 등에 달라진다. 습지에 묻힌 시신은 수년이 지나도 비교적 잘 보존되며, 점토에 묻힌 시신은 다른 토양에 묻힌 시신에 비해 서서히 부패한다.[58]

4) 미라화(Mummification)

미라화와 밀랍화는 비정형적 부패현상으로서 정확히 반대현상이다. 고온 건조지대에서 사체의 건조가 부패·분해보다 빠를 때 생기는 시체의 후기현상이다 또한 시신이 따뜻하고 건조한 기후조건에 위치하거나 건조하고 공기가 잘 통하는 땅에 묻혀 있으면 미라화가 될 수도 있다. 성인의 미라화는 약 3개월이 걸린다.

---

56) Weston and Lushbaugh, *op.cit.*, p.199. 홍성욱·최용석 역, 앞의 책., p.437.
57) 홍성욱·최용석 역, 앞의 책., p.437.
58) 앞의 책., p.437.

5) 사체밀랍(Adipocere)

사체밀랍은 화학적 분해에 의해 사체가 고체형태의 지방산 혹은 그 화합물로 변화한 상태로서 사체 피부가 미끄럽고 비누같은 물질로 변화하는 것을 말한다. 보통 사체의 얼굴과 엉덩이 부분에 잘 나타나지만 다른 부분에도 나타나는 경우도 있다. 고약한 냄새가 나고 물에 잘 뜬다.

사체밀랍화는 비정형적 부패형태로 늪이나 진흙이 많은 연못 또는 수분이 많은 땅속에서 발생한다. 습지, 축축한 토양, 물속 등에 방치된 시신은 사체밀랍으로 시체지방이 생성되면 지방으로 덮인 내부는 잘 보존되어 외형이 그대로 유지되는 특징이 있다. 이러한 밀랍화는 대부분 따뜻한 기후에서 발생하고 사망 후 약 6~8주가 경과하면 생긴다. 이 시기에 시체지방이 생기기 시작하는 것을 알 수 있으며, 약 18개월에서 2년이 지나면 시체지방의 생성이 완료된다.[59]

6) 백골화

백골화는 부패가 진행되어 사체가 뼈만 남게 되는 상태를 말하며 백골화되는 시간은 사체내부의 조건과 주변환경에 따라 다르다.

일반적으로 지상사체의 백골화는 몇 주에서 1년, 땅속 사체의 백골화는 3~5년 정도로 알려져 있다.[60] 이 경우의 백골화는 사체가 뼈, 연골, 인대, 힘줄 등으로 분해되는 현상을 의미한다. 뼈만 남는 완전한 백골화는 소아의 경우에 사후 4~5년, 성인사체의 경우 7~10년 걸린다. 일반적으로 30년 정도가 경과하면 큰 뼈는 파괴되고, 작은 뼈는 원형으로 남는다. 두개골은 비교적 오랫동안 남는다.[61]

---

59) 앞의 책., p.439.
60) 사법연수원, 앞의 책., p.475.
61) 이한영 외, 앞의 책., p.34.

제5절 | 범행장소의 확정

1. 범행장소의 중요성

범행장소는 범죄사실규명과 범인특정을 위한 유류물품의 발견, 목격자 등 참고인의 확보, 범인의 연고감이나 지리감의 존재여부 확인 등을 위한 중요한 기초가 된다. 또한 어떤 범죄자는 유사한 장소를 반복적으로 범행장소로 선택하는 경향이 강하다는 측면에서 상습범의 판단기준이 되기도 한다.

2. 사망장소의 구분

(1) 제1의 현장

일반적으로 살인사건의 경우 사체가 발견된 장소가 바로 살인이 발생한 장소이다. 이를 제1의 현장이라 하고 범죄현장보존과 관찰을 통하여 다양한 수사자료와 물적 증거를 수집하기 용이하다. 또한 범죄현장과 그 주변에서 목격자와 참고인을 발견하여 확보할 수 있다.

(2) 제2의 현장

살인이 발생한 장소와 사체가 발견된 장소가 다른 경우도 있는데 이를 제2의 범죄현장이라고 한다. 즉, 살인사건의 경우에 범행 후에 사체를 다른 곳으로 옮겨서 매장 또는 유기하거나 수중에 투기하는 경우도 있다. 또는 총상이나 독살 또는 중상을 입은 피해자가 피신하다 사망하는 경우에도 실제 범행장소와 사체가 발견된 장소는 다르다.

제2의 현장의 경우에는 본질적인 범죄현장이라는 개념이 존재하지 않는다. 따라서 범죄현장 보존이나 관찰에 의한 수사자료나 증거수집은 극히 한정적이다. 이러한 경우에는 피해자의 사체 자체에 대한 감식을 통하여 물적 증거 발견에 최선을 다해야 하고 사체발견장소 주변에서 유류품 등의 발견을 시도해야 한다. 아울러 신원확인을 한 후 탐문수사를 통하여 수사단서를 포착해야 하며 피해자가 제2의 현장까지 오게 된 과정을 역추적하는 수사를 전개해야 한다.

제6절 │ 범행동기의 파악

1. 살인동기의 중요성

살인범죄 수사는 그 동기의 파악이 사건해결에 있어서 대단히 중요하다. 살인동기 파악은 사건수사에 필요하고도 유용하기 때문이다. 살인범죄는 접촉의 빈도가 높은 사람들 사이에 주로 발생한다.[62] 그들 사이에는 오랜 접촉관계에서 치정, 원한, 증오, 분노 등이 생기게 되기 때문에 범죄동기가 파악되면 피해자와 가장 접촉관계가 많은 사람, 즉 서로 잘 아는 관계에 있는 사람들을 용의자로 선정하여 수사하는 연고감 수사가 가능하다. 그 반대로 살인범죄의 동기가 재물이나 탐욕으로 판명된 경우에는 면식관계가 없는 범죄자의 우발적인 범죄일 수도 있다.

2. 살인동기의 종류

(1) 재물(탐욕)

1) 특 징

① 강도살인

강도살인은 재물을 동기로 하여 발생한다. 이러한 경우에 범죄동기를 탐욕이라고도 한다. 강도가 재물을 목적으로 침입하였으나 피해자에게 자신의 신분이 발각되거나 피해자의 저항으로 우발적으로 살인행위를 범하게 된다. 따라서 강도살인은 살인을 처음부터 계획한 것이 아니라는 점이 특징이다.

② 물색흔적

강도살인은 금품이 목적이기 때문에 그것이 보관되어 있을만한 장소를 물색한 흔적이 존재한다. 물론 금품을 물색할 시간적 여유 없이 범행을 감지 당하여 살해 후 도주할 경우에는 별로 물색의 흔적을 찾을 수 없는 경우도 있다. 또한 피해자가 은밀하게 숨겨 놓은 재물을 잘 아는 관계에 있는 자가 절취하려다 강도살인으로 돌변한 경우에는 재물을 물색한 흔적이 발견되지 않는다.

---

62) Weston & Lushbaugh, *op.cit.*, p.204.

2) 수사방향

탐욕이 동기가 된 강도살인은 살해행위가 참혹하거나 잔인하지 않고 흉기를 사전에 준비하는 것이 아니라 현장에 있는 것을 사용한다는 점이 중요한 특징이다. 또한 침입구나 도주구가 쉽게 발견된다. 이러한 특징을 기초로 수사단서와 증거를 수집하고 탐욕에 의한 살인은 피해물품이 존재하므로 장물수사를 통해 범인을 추적·체포한다.

(2) 이익(profit)

1) 특 징

이익이 살인범죄의 동기가 된다. 특정인이 없다면 이익을 얻는 사람이 그를 제거하기 위해 살인을 하게 되므로 이익이 살인동기가 된다. 이 경우에 이익은 남자와 여자사이의 삼각관계에 의해서 한 사람이 살해됨으로써 다른 한 사람이 이익을 얻는 것과 같이 반드시 물질적 이익에 한정되는 것은 아니다. 물론 거액의 보험에 가입해 놓고 남편이나 아내를 살인하는 경우는 물질적 이익이 동기가 된다.

2) 수사방향

이익이 동기가 된 범죄수사는 누가 이익을 얻게 되는가에 초점이 맞추어지게 된다. 이익이 동기가 되어 살인범죄가 발생한 경우에 용의자는 피해자 생존시에 마지막으로 본 사람들을 선정하면 된다. 이익을 위한 살인은 삼각관계 살인 상황과 아주 유사하다.[63]

(3) 원 한

1) 특 징

① 특정인에 대한 복수

원한은 여러 가지 원인에 의해 발생하지만, 대체로 남녀관계, 경제적 거래관계, 고용관계, 모욕 또는 치욕관계에 의해 발생하고 범행은 복수의 형태로 이루어진다. 주로 접촉이 많은 잘 아는 사람들 사이에 발생하고 남녀관계에 의한 복수는 주로 질투, 또는 여성의 냉대나 배신에 대한 여성혐오가 그 원인이 되기도 한다.

---

63) *Ibid.*, p.203.

② 불특정 다수에 대한 증오범죄

때로는 사회전체에 대한 불만이 복수의 형태로 살인범죄를 유발하는 원인이 된다. 이처럼 여성혐오나 사회불만이 동기가 되어 복수를 하는 경우 불특정 다수를 범행의 표적으로 삼기도 한다. 복수를 위한 범죄를 증오범죄(hate crime)라고 하는데 개인, 재물, 또는 사회의 일부분이나 전체를 증오의 대상으로 삼는다.[64] 특히 여성혐오나 사회 전체나 일부에 대한 증오범죄는 연쇄살인의 형태로 나타난다.

③ 범행의 사전 계획과 수법의 잔혹성

원한에 의한 범죄나 증오범죄는 범행도구를 사전에 준비하는 등 대체로 사전 계획적이며 토막살인이나 매장, 장기와 성기부분의 훼손 같은 잔혹한 수법이 그 특징이다.

2) 수사방향

① 피해자의 신원파악과 탐문수사

복수를 위한 살인은 우선 피해자의 신원을 확인해야 한다. 다음으로 피해자의 배경과 가족 및 주변인물들에 대한 탐문수사를 통하여 용의자를 선정한다.

② 알리바이 수사와 물증 확보

용의자로 압축된 사람들의 사건 당일 알리바이를 추적하고 범행도구나 현장에서의 유류물·품 등의 증거를 수집함으로써 범인을 특정하여 체포한다.

(4) 치 정

1) 특 징

남녀관계의 치정이 동기가 된 살인은 그 수법이 잔인하고 간음 기타 사체에 성적인 가혹행위를 한 흔적이 남는다. 시신의 성기나 가슴부위에 공격을 가하거나 깨물고 목조른 행위, 다발성 자창 등의 손상 흔적이 남는다.

---

64) Gilbert, *op.cit.*, p.426.

2) 수사방향

피해자의 신원을 확인후 피해자의 배경과 가족이나 친구 또는 주변 인물들을 대상으로 한 탐문수사를 통하여 용의자의 수사선을 선정한다. 또한 유류물·품 수사, 감수사, 알리바이 수사 등을 통하여 범인을 특정하여 체포한다.

(5) 분 노

1) 특 징

공격적·충동적 성격의 소유자는 여러 사람 앞에서 모욕을 당하거나 멸시를 당할 경우에 분개하여 언쟁을 하다가 현장주변에 있는 흉기, 돌, 몽둥이 등으로 순간적으로 상대방을 살해하는 경우가 있다. 뿐만 아니라 일단 그 현장을 떠났다가 생각할수록 분노가 치밀어 올라 흉기를 소지하고 와서 살해하는 일도 있다.

2) 수사방향

일시적 분노에 의한 살인을 한 범인은 범행직후 뉘우치고 자수한다든지 현장에서 도주하여 자살하는 경우가 있다. 범행방법이 대개 공공연하여 범인특정은 용이하나 자살의 우려가 있으므로 적절한 조치를 취하여야 한다.

(6) 범죄은폐

1) 특 징

범죄은폐를 위한 살인이란 범죄자가 강도나 강간, 약취·유인 또는 다액절도행위를 한 자신을 알고 있는 자를 살려 둔다면 언젠가 그 범죄가 발각될지 몰라 불안한 상태에서 살해하는 경우이다. 또는 타인에게 범죄현장을 발각당하여 그 목격자를 살해하는 경우도 있다. 이러한 경우는 대개 우발적으로 발생하기 때문에 그 범행방법은 계획성이 없다.

2) 수사방향

범죄은폐를 위한 살인은 현장에 사체를 방치하고 도주하는 경우도 있고. 사체를 알아볼 수 없도록 훼손하거나 은닉 또는 화재로 위장하는 경우도 있다. 이러한 경우에 범죄수사는 현장관찰에 의한 유류물·품의 발견, 탐문수사, 장물수사 등을 통하여 범인을 발견하고 체포한다.

(7) 미 신

1) 특 징

피해자의 인체의 일부가 불치병의 특효약이라든지 사이비 종교의 잘못된 교리의 맹신으로 살인사건이 발생하는 경우가 있다. 사체의 일부분이 사라진 흔적이 있거나 집단살해 또는 집단자살의 경우에 미신에 의한 살인 사건으로 보고 수사를 전개해야 한다.

2) 수사방향

미신이 동기가 된 살인사건은 수사의 대상이 어느 정도 한정되어 있으므로 수사계획을 세워 접근해야 한다. 탐문수사 등을 통하여 불치의 병에 걸린 자나 특정종교의 비리사실 등을 은밀하게 추적하면 사건해결을 위한 단서를 포착할 수 있다. 특히 사이비종교의 운영과 관련된 범죄는 신도들에 대한 접근이 어렵고 저항에 부딪칠 수 있으므로 계획을 세워 주도면밀하게 접근해야 한다.

(8) 정신장애

1) 특 징

정신분열증 환자나 망상증 환자가 사람을 살해하는 경우가 있는데 실제로는 그렇게 흔한 일은 아니다. 그들의 살인행위는 피해망상증으로 현실과 격리된 상태에서 발생한다.[65] 대체로 계획적인 범죄가 아니고 정신착란이나 정신이상 상태에서 돌발적으로 발생하는 것이 특징이다.

2) 수사의 방향

정신장애에 의한 살인사건은 대체로 범죄현장에서 범인이 체포되는 경우가 많다. 또는 범행후에 용의자의 압축이 용이하여 사건 수사가 비교적 단순하다. 그러나 중

---

65) *Ibid.*, p.244.

요한 것은 과연 범인이 정신장애 상태에서 범행을 하였는가 하는 점이다. 정신장애는 크게 정신분열증과 정신병질로 나누어진다. 전자는 의학적으로 정신병이라고 진단을 받은 경우이고 후자는 의학적으로는 정신병이라고 진단을 받지는 않았지만 비정상적인 정신상태에 있는 경우를 말한다.[66] 망상증, 조울증, 다중성격 장애, 반사회적 성격장애, 외상후 스트레스 장애, 기억상실증, 도박 강박증, 간질 등은 정신병질에 해당한다.[67]

정신장애로 인한 살인사건은 범인의 정신감정 유무에 유의할 필요가 있다. 때로는 정상적인 자가 정신이상항변(insanity defence)을 이용하여 처벌을 면하려고 하기 때문이다. 대체로 정신분열증과 망상증은 정신이상 항변이 인정되어 형사처벌이 면제된다. 우리나라 대법원은 범죄자의 형사책임 면제 또는 감경과 관련된 정신장애를 정신병, 정신박약 또는 비정상적 정신상태 등으로 보고 있으며,[68] 학계에서도 대체적으로 정신병, 정신박약, 정신병질, 심한 의식장애 등을 정신장애로 분류하고 있다.[69] 따라서 정신병질자들 역시 행위 당시에 정신착란에 의한 의사무능력을 이유로 정신이상 항변을 주장한다. 심지어 계획적이고 비인간적으로 범죄를 범하는 사이코패스(psychopath)까지도 정신이상 항변으로 형사처벌을 면하려고 한다.

정신장애자의 정신이상항변은 정신과 전문의의 감정을 기초로 한 법관의 결정사항이다. 따라서 수사관은 범인의 정신병 전력과 치료기록, 평상시 생활환경 등을 파악하여 법관의 판단을 위한 기초자료를 제공해야 한다.

---

66) 조철옥, 현대범죄학, 대영문화사, 2008, pp.132-134.
67) Bartol & Bartol, *op.cit.*, pp.266-268.
68) 박상식, 정신장애범죄자의 형사책임 능력 판단기준에 관한 연구, 형사정책연구 제18권 제1호, 2007, p.108.
69) 이재상, 형법총론, 박영사, 2005, p.303.

제7절 | 범인체포후의 수사

I. 피의자 조사

(1) 6하 또는 8하 원칙에 따른 조사

피의자조사는 다음과 같은 사항에 초점을 두고 상세히 조사해야 한다.

① 범인의 인적 사항과 경력, ② 피해자와의 관계, ③ 살인의 동기, ④ 범행의 일시와 장소, ⑤ 살해방법, ⑥ 흉기의 입수경로, 흉기 기타 범행에 사용한 도구처분 경로, ⑦ 사체 기타 증거를 인멸한 상황 등 범행후의 상황, ⑧ 강도살인의 경우 장물처분 경로, ⑨ 공범의 유무 등을 조사한다.

(2) 피의자 범행 부인 시 대비

수사관은 조사과정에서 피의자가 범행을 부인할 경우 목격자의 증언, 지문, DNA 지문, 족적, 흉기의 종류, 창상의 부위 및 정도, 약품의 치사량, 기타 물증 등을 상세히 조사하여 이러한 증거를 기초로 하여 추궁한다.

(3) 정신이상 항변에 대한 준비

정신이상(insanity)은 정신질환으로 인하여 사물의 변별능력과 의사결정 능력이 없는 상태를 말한다.

우리나라 「형법」 제10조의 "심신장애로 인하여 사물을 변별할 능력이 없거나 의사를 결정할 능력이 없는 자의 행위는 벌하지 않는다, 그리고 그러한 능력이 미약한 자의 행위는 형을 감경한다"고 한 규정은 심신상실자에 대해서는 형사책임을 면제하고, 심신미약자는 형사책임을 감경한다고 규정하고 있다. 따라서 「형법」 제10조는 심신장애 상태에서 범행을 한 후 기소된 피고인들의 정신이상 항변(insanity defence)의 근거가 된다.

살인범들, 특히 연쇄살인범들은 정신이상 항변을 주장한다. 일반적으로 그들의 정신이상 항변을 재판부는 잘 받아들이지는 않는다. 그러나 수사기관은 피고인의 정신이상 항변에 대비한 모든 자료를 준비해야 한다. 그러한 자료는 ①피고인의 정신병력 전력, ② 치료기록, ③ 학력과 경력, ④ 범죄경력, ⑤ 생활환경, ⑥ 가족관계 등에 관한 자료를 수집하여 정신이상 항변이 처벌을 면하기 위한 거짓이라는 사실을 입증해야 한다.

정신이상 항변과 관련하여 중요한 것은 주취자 항변이다. 판례는 명정(酩酊)이라는 이름으로 술에 만취한 자를 정신장애 또는 의식장애에 해당한다고 인정하고, 명정으로 인하여 행위자가 규범에 따른 행위를 결정할 능력이 없을 정도에 이르면 책임능력이 없는 것으로 인정되고 결국 무죄가 된다.70) 살인범들은 행위 당시에 술에 만취하여 사물변별능력과 의사결정 능력의 부재, 행위에 대한 기억이 전혀 나지 않는다는 식으로 주취항변을 할 수 있다. 이러한 경우에 ① 피고인의 평소의 주량, ② 당일의 음주량, ③ 범행에 전후하여 일어난 다른 사실의 기억여부, ④ 특히 피의자에게 유리한 사실의 기억여부를 신문하여 주취항변의 허위성을 입증해야 한다.

(4) 정당방위 항변에 대비

자신의 범행이 정당방위라고 항변할 경우에 현장의 범죄 상황을 범인의 범죄수법과 범행도구 등에 관한 물증을 근거로 항변내용과 비교하여 모순점의 유무를 조사한 후 판단해야 한다.

2. 방증자료수집 결과의 재검토

(1) 현장검증을 통한 범행재현과 물증에 의한 피의자 진정성 확인

피의자가 범행사실을 부인하는 경우에는 압수·수색·검증영장을 발부받아 현장에서 범행을 재현시켜 보고 현장의 상황과 비교하여 모순점 유무를 발견해야 한다. 또한 지문, 혈흔, 정액, 모발 등의 유류물과 흉기 등 유류품 및 족적 등의 자국증거를 수집하여 물증을 확보하고 사체 부검결과 등을 종합하여 피의자 진술의 진정성을 확인한다.

---

70) 이재상, 형법, 박영사, 2005, p.304.

(2) 범행의 동기 입증 자료 확보

목격자, 피해자의 가족, 기타 참고인 등에 대한 조사나 탐문수사를 통하여 피해자와 피의자의 관계 및 범행동기를 뒷받침할 수 있는 자료를 조사해야 한다.

(3) 범행흉기의 발견 및 장물처분 조사

범행에 사용된 흉기 기타 범행에 사용된 물건을 버린 곳을 수색하여 이를 확보하고, 강도살인의 경우 장물처분 경위를 조사하여 장물을 확보한다. 또한 흉기 등 범행 도구 입수처를 확인하여 범행 전에 범인이 입수한 사실을 확인 한다.

(4) 확보한 수사자료와 피의자 신문내용 비교

수사과정에서 확보한 수사자료와 피의자 진술내용을 비교하여 의문점이 있으면 다시 추궁한다. 특히 범인의 알리바이를 부정하는 자료를 재검토하고 부족할 경우 자료를 추가 수집하여 보강한다.

(5) 참고인 조사

피의자가 범행을 부인할 경우에는 이미 조사한 목격자라도 피의자와 다시 대질시킨다든지 피의자의 진술 중 주요 사항에 관련된 참고인에 대한 재조사를 실시한다. 또한 유족을 대상으로 처벌 희망여부를 참고사항으로 확인한다.

제**2**장

강도사건 수사

제1절 강도죄의 본질

I. 의 의

강도죄는 범인이 상대방의 반항과 그 의사를 억압할 정도의 폭행 또는 협박으로 타인의 재물을 강취하거나 기타 재산상의 이익을 취득하는 행위, 또는 이러한 재물을 제3자의 점유로 옮기거나 재산상의 이익을 제3자로 하여금 취득하게 함으로써 성립하는 범죄이다.

2. 특 징

(1) 절도죄와의 구별

강도죄는 재물을 탈취한다는 점에서 절도죄와 차이가 없으나 피해자에게 폭행·협박 등의 유형력을 행사한다는 점과 재산상의 이익도 탈취의 대상에 포함되며 친족상도례의 적용이 없다는 점에서 본질적인 차이가 있다.[71] 절도죄는 재산범죄 중에서 유일하게 재산만을 범죄의 객체로 한다.

---

71) 이재상, 형법각론, 박영사. p.291.

(2) 공갈죄와의 구별

강도죄의 폭력은 물리적 폭력까지 포함한다는 점에서 상대방의 의사에 영향을 주는 의사폭력만을 의미하는 공갈죄와 구별된다.

(3) 피해자와 목격자의 동일성

강도죄는 상대방의 반항과 그 의사를 억압할 정도의 폭행 또는 협박을 행사하는 폭력범죄이지만, 비록 피해자가 중상을 입었을 경우에도 살아 있기 때문에 피해자가 바로 범인의 인상착의를 본 목격자이다. 피해자는 범인의 얼굴특징, 흉터나 문신, 두발형태와 색깔, 착의(옷), 말투, 흉기의 종류 기타 특이한 습관이나 신경질적인 행동 등을 직접 목격하였기 때문에 용의자 선정에 도움이 된다.

피해자가 범인의 가면이나 변장, 어두운 불빛, 기타 이유로 범인의 얼굴을 식별하지 못할 경우에는 신체 전반적인 구조나 착의, 말투, 침입수단과 도주수단, 피해품, 사용한 흉기의 종류 등을 알 수 있다.[72]

(4) 높은 재범률

강도범죄는 폭력범죄 중에서도 재범률이 높은 범죄이다. 따라서 강도범은 대부분 상습범들로서 동일한 범죄수법을 반복적으로 사용하는 수법범죄자들이다.[73] 강도죄는 수법범죄이므로 수사종합검색시스템에 전산화되어 있는 수법원지를 활용하여 범인을 발견하고 체포할 수 있다. 체포된 범인 중 구속 피의자와 재범의 우려가 있는 불구속 피의자, 그리고 수법범죄를 범하여 구속된 농아자에 대해서는 반드시 수법원지를 작성해야 하며, 범인이 특정되지 않아 체포하지 못한 상태에서는 피해통보표를 작성해야 한다.

---

72) Weston & Wells, *op.cit.*, p.258.
73) *Ibid.*, pp.261-262.

3. 강도범죄의 유형

(1) 강도범의 성격에 의한 분류

1) 전문적 · 집중적 강도범(professional intensive offenders)

　전문적 · 집중적 강도범들은 일반적으로 범죄, 특히 강도를 그들 자신의 평생직업으로 생각한다. 그들은 일생을 통하여 수많은 강도행위를 하면서 자신을 가장 용감하고 사나이다운 남자(macho)라는 생각에 빠져 있다. 그러한 자기 이미지가 과장된 것이지만, 그들은 범죄자 하위문화내에서 비교적 높은 지위를 차지한다. 교도소의 수형자들을 대상으로 한 연구에 의하면, 모든 범죄자들이 다양한 범죄기록을 가지고 있었지만, 그들 중 30%는 전문적 · 집중적 범죄자인 것으로 확인되었다.74)

2) 비지속적인 아마추어 강도범(amateur intermittent offenders)

　비지속적인 아마추어 강도범은 반드시 자신을 평생강도범으로 생각하지 않는다. 이러한 형태의 강도범은 강도행위를 자주 범하지도 않고 무자비하게 범하지도 않는다. 전문 강도범은 재물을 가진 피해자를 범행대상으로 선택하지만, 아마추어 강도는 일반적으로 범행대상을 무작위적으로 선택한다. 그들은 여성이나 노인 같은 손쉬운 범행대상을 선택하여 범행을 하는 경향이 강하다. 따라서 그들은 범행시에 거의 무기를 휴대하지 않는다.75)

3) 특정 목적 강도범(specific-objective offenders)

　특정 목적 강도범은 강도범 중에서 수적으로 가장 적은 유형에 속한다. 그들은 금전강취보다는 특정 목적을 달성하기 위하여 범행을 한다. 말하자면, 그들은 마약이나 도박습관을 지원하기 위하여 범행을 한다. 소수의 범죄자들은 단순히 피해자의 두려움에서 맛볼 수 있는 심리적 만족을 즐기기 위하여 범행을 하기도 한다. 그들은 흔히 초범이고 범행후 단시간 내에 체포되는 것이 특징이다. 일반적으로 그들은 강도를 범행으로 선호하지는 않지만, 범죄경력을 가지고 있는 경우가 많다. 피해자로부터 만족감을 얻으려는 범죄자를 제외하고는 특정목적 강도범들은 대인적인 무장

---

74) Gilbert, *op.cit.*, p.210.
75) *Ibid.*, p.210.

강도행위를 하지 않는다. 그들은 재물범죄를 통하여 목적을 달성하고 싶어하지만, 그러한 범행을 하기 위한 기술이나 수단이 부족하다.76)

(2) 범행장소별 분류

1) 노상강도(street robbery)

노상강도는 길거리, 도로, 또는 일반시민들이 방해받지 않고 마음대로 볼 수 있는 기타 실외 지역에서 일어나는 강도행위를 말한다. 모든 강도범의 43% 정도가 노상강도에 해당된다. 노상강도의 전형적인 형태는 청년 범인과 명백하게 손쉬운 피해자 간에 발생한다는 점이다. 무장강도는 재빠르고 무기를 사용하므로 피해자는 범인을 제대로 식별하지 못한다. 이러한 경우에 흔히 피해자는 범인에 대하여 전혀 아무것도 진술하지 못하는 것이 특징이다.

흔히 노상강도는 한 사람 이상의 범인이 가담하고, 전형적으로 피해자는 여러 명의 범인의 존재 그 자체 또는 폭력에 의하여 압도된다. 피해자는 다양한 공격을 받는 동안 피해자의 핸드백, 지갑, 시계 또는 기타 보석류를 강취 당하게 된다.

대부분의 노상강도는 주로 야간에 발생하고, 범인은 젊은 아마추어로서 피해자는 무작위로 선택된다. 그러나 소수이지만 유의한 수의 전문강도들이 노상강도 행위를 하게 되는 데, 주로 수금원, 보석판매상, 현금이나 귀중품을 소지하고 있는 보행자 등을 범행대상으로 한다. 이러한 경우에 전문강도들은 범행을 주의 깊게 계획하고 일반적으로 무장상태에서 범행을 하게 된다.

2) 주택강도(residential robbery)

① 의 의

주택강도는 범인이 강제적으로 또는 몰래 재물을 강취할 목적으로 피해자가 현존하는 주택에 침입함으로써 발생한다. 대다수의 주택강도는 주택에 침입한 절도를 주인이 발견하고 저항할 경우에 폭력을 행사하는 형태로 이루어진다. 이를 이른바 준강도라한다. 또한 처음부터 주택강도의 목적으로 침입한 강도범도 분명히 존재한다.

---

76) *Ibid.*, pp.210-211.

② 특 징

침입절도가 강도로 돌변한 경우는 주택을 범행대상으로 침입하고 대체로 흉기를 준비하지 않고 침입한다. 하지만, 처음부터 주택강도로 침입한 범죄자는 범행표적을 주택에 두는 것이 아니라 집에 있는 사람을 대상으로 한다는 점이 특징이다. 본래적인 주택강도는 주택에 침입후 사람과 마주쳤을 때 피해자를 제압하기 위한 준비를 하고 범행을 한다. 이때 대부분 흉기나 무기를 사용하는 폭력을 행사한다. 범죄자들은 주택에 있는 사람들의 저항의 정도를 정확하게 예측할 수 없기 때문에 대부분 2명 이상이 범행에 가담한다. 주택강도는 수리공, 검침원이나 검사원, 또는 경찰관을 사칭하고 침입하기도 하고, 가정집의 문에 노크를 하고 문이 열리면 폭력을 행사하고 범행을 한다.[77]

주택강도는 흔히 정신병적인 유형의 특징을 보여주고 이러한 경우에 거의 항상 총이나 칼로서 무장한 상태에서 범행이 이루어진다. 또한 주택강도는 살인이나 강간 같은 강력범죄와 결합된다. 범죄자는 장시간 동안 피해자와 밀접한 접촉상태에 있기 때문에, 피해자가 후에 범인을 식별하는 일을 방지하기 위해서 피해자를 살해한다.

③ 범행대상의 선택

범행대상의 선택은 범죄자와 피해자 사이의 과거의 관계가 작용할 수도 있다. 그러나 상당수의 사건은 과거에 그들 사이에 아무런 관계가 없는 것으로 밝혀지고 있다. 일반적으로 주택의 위치 또는 부유하거나 고가의 집같은 외관에 의해 선택된다. 주택강도는 일차적인 표적으로 마약과 위험한 약물을 대상으로 하고 현금이나 재물을 이차적인 표적으로 하는 범죄가 점차 증가하는 양상을 보인다. 이는 마약 소유자들이나 거래자들이 마약에 대한 피해사실을 수사기관에 신고하지 않기 때문이다.

(3) 차량관련 강도(vehicle-related robbery)

1) 사업용 차량 강도(business vehicle robbery)

일반적으로 차량강도의 대상은 택시와 화물차량이다. 택시운전자들은 보다 많은 현금을 가지고 다니기 때문에 화물차량 운전자들보다 운행 중에 더 강도의 대상이

---

77) *Ibid.*, p.213.

되기 쉽고 심각한 상해의 위험에 처한다. 따라서 일반적으로 차량강도라 하면 이러한 현금 강탈 목적의 택시강도를 말한다.

택시강도는 폭력적이기 때문에 운전기사들은 강도로부터 공격을 당하고 심지어 살해되기도 한다. 택시강도는 현금 강취와 함께 택시까지 강취하여 원거리로 이동한 후 차량을 한적한 도로변에 버리고 도주한다. 또 하나의 차량강도 유형은 차량강탈(truck hijacking)이나 화물 강도(cargo robbery)의 형태이다. 이러한 범죄유형은 항상 화물을 탑재한 차량의 나포와 강취를 전문적으로 하는 무장강도에 의해 범행이 이루어진다.

2) 비사업용 차량 강도

비사업용 차량 강도는 운전자나 승객들을 범죄대상으로 한다. 범죄자들은 운행 중인 차량을 세우고 운전자와 탑승자들로부터 현금과 귀중품을 강취하는 수법을 취한다.

또 하나의 범죄유형은 문자 그대로 차량만을 강취하는 범죄(carjacking)형태로서 교통신호로 정차중 인 차량, 식당이나 상점가의 주차장에 주차 중인 차량, 셀프 서비스 형태의 가스충전소에서 가스충전 중인 차량 등에 접근하여 차량을 강취하는 수법이다.[78]

3) 수사절차

① 수사긴급배치와 차량수배

경찰은 신고접수 시 즉시 수사긴급배치를 하고 택시나 차량을 강취한 경우에는 차량수배를 해야 한다.

② 범죄현장

차량강도의 범죄현장 수사는 강도범죄 현장 수사 과정과 동일하게 이루어진다. 추가적으로 범인과 공범자, 범행에 사용된 차량. 범인들의 범행 전의 피해자 선택행동 등에 대한 광범한 목격자 탐문을 해야 한다.

---

78) *Ibid.*, pp.213-214.

③ 연장된 범죄현장(in-progress crime scene)

차량강도는 범행후 차량을 이용하여 도주하므로 도주 과정속에서 진행되는 범죄현장에 대한 수사를 반드시 실행해야 한다. 범인들이 도주하면서 가스나 기름을 충전하거나 주유할 수 있으므로 도주로 상의 가스충전소나 주유소는 진행중인 범죄현장으로 수사되어야 한다. 또한 도주 중인 차량이 교통사고를 발생시킬 수도 있으므로 도주로에서 발생한 교통사고 현장도 수사의 대상이다. 마찬가지로 카폰(cell phone)이 차량에 설치된 경우에는 통신사실 확인 자료 요청을 통하여 수사자료를 수집해야 한다.79)강취된 택시나 차량은 수 개의 경찰관서의 관할지역을 통과하므로 공조수사를 실시해야 한다.

③ 버려진 또는 주차된 차량 발견현장(dump scene)

경찰관은 도로가나 주차장에서 범행관련 차량을 발견할 수 있다. 발견된 차량은 버려진 상태일 수도 있도 일시 주차상태일 수도 있다.

이러한 상황에서 경찰관은 사건 발생 관할서에 이 사실을 통보하고 현장보존을 한 후 잠복하여 범인이 다시 접근시 검거에 대비한다. 그러나 주차한 차량이 아니라 버려진 차량인 경우 범인은 다시는 차량에 돌아오지 않는다. 어느 경우든 발견 경찰관은 차량에 손을 대서는 아니 된다. 현장보존 후에 과학수사팀이 차량 내외부에서 지문감식 등 증거발견을 위한 감식을 할 수 있도록 조치하거나 경우에 따라서는 차량을 견인하여 과학수사연구소에서 감식할 수 있도록 조치해야 한다.80) 발견한 즉시 지문감식을 하거나 피해자에게 환부하지 않도록 주의해야 한다.

④ 범죄수법의 확인

수사관은 범인을 체포하기 전에 과거에 발생한 유사한 범죄수법에 관한 자료를 통하여 용의자를 추정해야 한다. 우리나라의 경우에 강도범죄는 수법범죄로 지정되어 있으므로 수법원지와 피해통보표 등을 활용하여 용의자 추정을 할 수 있다.

⑤ 장물거래 현장(receiver scene)

수사관은 차량의 부속품들을 거래하는 현장을 탐문수사를 통하여 확인한 후 그러

---

79) Weston and Lushbaugh, *op.cit.*, p.245.
80) *Ibid.*, pp.245-246.

한 장물을 인수한 사람들로부터 범인의 인적사항을 식별하고 추적하여 검거한다.

⑥ 강취 피해품 이용 사기현장(fraud scene)

차량강도범들은 피해차량에서 강취한 신용카드나 수표를 사용하여 물품을 구입하거나 가족이나 친구에게 넘겨 줄 수 있다. 수사관은 이러한 피해품의 거래를 통한 사기현장을 추적하여 범인을 특정해야 한다.[81]

⑦ 체포후 조사

수사관은 차량강도를 체포한 경우에 우선 공범의 존재여부를 확인해야 하고, 피해차량 부속의 수수자와 신용카드 수수자 등을 증인으로 확보해야 한다.

(4) 상업적 강도(commercial robbery)

상업적 강도는 은행, 보석가게 또는 잡화상 등과 같은 이윤추구적인 영업을 하는 장소에 침입하는 강도를 말한다. 상업적 강도는 현금이나 귀중품을 대상으로 하기 때문에 범행의 표적은 주택이 아니라 소규모의 사업체와 가게, 연쇄점과 편의점 등이 대상으로 선택된다. 주로 외딴 곳에 있는 가게나 혼자 또는 나이 많은 점원만 있는 가게를 피해자화한다. 대체로 범행은 계획적으로 이루어지고 피해자 대부분은 중상을 당하거나 살해되기도 한다.[82]

(5) 구성요건에 의한 분류

강도죄의 기본적 구성요건은 단순강도죄이며, 이에 대한 가중적 구성요건에 의한 범죄유형이 포함된다. 이러한 범죄유형은 형법에서 구체적으로 다루어지므로 간단하게 몇 가지 유형만을 다루고자 한다.

1) 인질강도 사건

① 의 의

인질강도죄란 사람을 체포·감금·약취 또는 유인하여 인질로 삼아 재물 또는 재

---

81) *Ibid.*, p.246.
82) *Ibid.*, p.215.

산상의 이익을 취득하거나 제3자로 하여금 이를 취득하게 함으로써 성립하는 범죄
이다. 체포·감금죄 또는 약취·유인죄와 공갈죄의 결합범이다. 과거에는 사람을 약
취하여 그 석방의 대가로 재물을 취득한 경우에만 약취강도죄가 성립하도록 규정하
고 있던 것을 1995년 개정시 행위수단으로 약취 이외에 유인 및 체포·감금을 포함
시키고, 재물 이외에 재산상의 이익을 취득하는 경우도 추가함으로써 인질강도죄로
죄명이 바뀌었다.[83]

② 특 징

① 객체는 사람으로서 미성년자에 한정되지 않는다. 미성년자를 대상으로 인질강
도죄를 범하였을 경우에는 「특정범죄가중처벌법」에 의해 처벌된다.

② 본죄는 재물 또는 재산상의 이익을 취득하거나 제3자에게 취득하게 함으로써
기수가 된다. 따라서 아직 재물이나 재산상의 이익을 취득하지 못한 때에는
미수범으로 처벌되며, 인질과 재물의 피해자가 일치할 것도 요하지 않는다.

2) 특수강도 사건

① 강도범이 야간에 사람의 주거, 관리하는 건조물, 선박이나 항공기 또는 점유하
는 방실에 침입하여 강도죄를 범한 경우, ② 흉기를 휴대하거나 2인 이상이 합동하
여 강도죄를 범한 경우를 특수강도라 한다. 따라서 ① 1인이 야간에 주거 등에 침입
하여 강도죄를 범한 경우, ② 1인이 주·야간 구분 없이 흉기를 휴대하고 강도죄를
범한 경우, ③ 주·야간 구분없이 2인 이상이 합동하여 강도죄를 범한 경우는 특수
강도죄에 해당한다.

3) 준강도

준강도란 절도범이 재물의 탈환에 항거 또는 체포를 면탈하거나 죄증을 인멸할
목적으로 상대방의 반항을 억압할 정도의 폭행 또는 협박을 가하는 경우를 말한다.
폭행 또는 협박은 일반적·객관적으로 상대방의 반항을 억압하는 수단으로 가능하
다고 인정되면 족하고, 현실적으로 반항을 억압하였을 것을 요하지 않는다. 폭행 또
는 협박은 반드시 재물의 소유자나 점유자에 대하여 행하여질 것을 요하지 않으며

---

83) 이재상, 형법각론, p.309.

제3자에게 가하여 질 수도 있다. 절도범을 추격하여 체포하려는 경찰관에 대하여 폭행 또는 협박을 가한 때에는 본죄와 공무집행방해죄의 상상적 경합이 될 수 있다.

4) 취객상대 강도(퍽치기)사건

① 의 의

범인이 술에 취한 사람에게 폭력을 행사한 후 재물을 강취하는 행위를 퍽치기라고 하며 강도죄로 처벌한다.

② 특 징

① 피해자가 술에 취하여 범인의 얼굴을 식별하지 못해 수사에 어려움이 있으며 목격자가 없는 경우가 대부분이다.

② 범죄발생 시간대인 야간이나 심야시간대에 범죄현장 주변 통행자나 업소 종업원들을 상대로 탐문수사를 실시해야 한다.

③ 범인이 강취한 피해품(장물)인 수표를 추적하고, 카드를 강취했을 경우에는 카드이용업소를 상대로 탐문수사를 실시한다.

④ 검거되더라도 현장부근에서 습득하였다고 변명하므로 특히 증거수집에 중점을 두어야 한다.

(6) 총기사용 강도사건

1) 총기사용 인질사건

총기를 휴대한 범인이 사람을 인질로 삼아 범행을 할 경우에 경찰은 현장 수사반과 경찰서 내에서 사건의 진행과정을 종합하는 관리반으로 구분하여 대응해야 한다.

① 수사반(현장출동반)

ⓐ 형장지휘본부를 설치하고 현장지휘간부와 보고연락책임자를 반드시 지정해야 한다. ⓑ 방탄조끼, 방탄방패, 철모, 가스총, 가스탄, 모래주머니, 망원경 등 특수장비를 착용하거나 휴대하고 신속히 출동한다. ⓒ 현장급행 중에 수상한 자의 발견시에는 검문검색과 체포활동을 수행해야 한다. ⓓ 현장으로부터 경계선을 설정하여 포위경계체제를 유지하고 일반시민이나 기자들의 접근을 통제하고 교통차단 등의 조치를 취한다. ⓔ 현장수사 활동을 전개하고 수사과정에서의 사고를 방지한다. ⓕ 현

장지휘관은 현장상황을 정확하게 판단하여 인질을 구출하고 범인을 체포하기 위한 최후의 수단으로서 경찰특공대 출동 요청과 투입을 준비한다.

② 관리반(재서반)

ⓐ 경찰서에 사건관리반을 편성하고 수사를 지휘하는 지휘간부 및 보고연락책임자를 지정한다. ⓑ 당번자는 물론이고 비번자를 소집한다. ⓒ 지방청 등 상부기관에 계통적으로 속보를 한다. ⓓ 사건의 처리과정과 결과에 대한 대 국민 홍보체제를 유지한다.

2) 총기사용 강도사건의 긴급배치 실시

① 긴급배치의 주된 목적은 범인의 도주로를 차단하여 범인을 체포하는데 있으므로 긴급배치지역은 범죄현장에서 가능한 멀리 도주로 전방에 설정하여 도주로를 완전히 차단하여야 한다. ② 긴급배치는 현재의 인력을 범인의 도주로 전방에 효과적으로 배치하되, 소수의 인원을 넓은 지역에 전원 배치하는 것보다는 최소한 2명 이상의 무장경찰관을 한 조로 하여 도주로의 길목을 차단하여 검문검색으로 범인을 발견·체포해야 한다. 이는 범인의 불시공격이나 도주를 방지하고 안전하게 검거하기 위해 반드시 필요하다.

제2절 강도사건의 수사절차

I. 초동수사

(1) 절 차

강도사건 발생시 경찰의 초동수사과정은 살인사건 대응과 별다른 차이가 없다 즉, 강력사건이 발생한 경우 경찰의 초동수사과정은 거의 유사하다. 따라서 강도사건 발생신고를 접수한 경찰은 ① 현장긴급 출동과 종합상황실 보고, ② 범죄현장과 그 주변에서 현행범인 체포, ③ 부상자의 구호 및 호송, ④ 부상자 병원 후송 중 임상조사. ⑤ 출입통제선 설치와 현장보존, ⑥ 수사긴급배치 발령(필요시), ⑦ 목격자 및 참고인의 확보, ⑧ 현장관찰을 실시한다.

(2) 현장관찰

1) 사전준비

수사간부는 현장관찰을 하기 전에 담당수사요원을 지정하고 강력팀과 과학수사팀 간의 역할 분담과 아울러 수사요원별로 임무를 지정하여 관찰을 해야 한다. 현장관 찰은 사람의 오감(오관)과 함께 모든 과학적인 기자재를 사용하여 실행되어야 하므 로 필요한 기자재를 확보하여 사용해야 한다.

2) 범인의 침입과 도주에 관한 관찰

범인의 범죄현장 침입구와 침입방법, 도주구와 도주방법 등에 관한 특이성을 중 점적으로 관찰하여 수사자료화해야 한다.

3) 강도사건의 상습성 여부의 판단

절도 사건이든 강도사건이든 그 상습성, 즉 수법범죄자의 범죄여부를 위한 판단 기준은 비슷하다. 그 기준은 ① 시간적 관계 : 비슷한 시간대 선택, ② 침입수단과 방법 : 교묘하거나 특이한 범죄수법 반복적 사용, ③ 장소적 관계 : 유사한 장소, 즉 학교, 여관, 공장, 주택 등 유사한 장소만 선택, ④ 물색상황 : 광범하고 면밀하며 현 장위장 등 특이한 물색, ⑤ 목적물의 관계 : 금은보석이나 현금 선호, 발각이 쉬운 고유문서나 공증증서 등 회피, ⑥ 무기나 흉기의 사용 : 상습강도범들은 대부분 범죄 도구 중에서 총기와 같은 무기나 칼, 둔기 등의 흉기를 사용하고 범인에 따라 사용 하는 무기나 흉기도 다르다.[84]

(3) 감의 판단

범죄수사에 있어서 감이란 피해자나 범행지역에 대하여 소유하고 있는 지식을 말 한다. 감수사는 범인이 피해자에 대하여 잘 아는 지식의 소유자 또는 범행장소 주변 의 지역에 대하여 잘 아는 지식의 소유자이냐를 수사단서로 삼아 용의자를 추적하 게 된다.[85] 특히 감(knowledge)의 판단은 살인이나 강간, 유괴, 절도 등의 범죄사건

---

84) Weston & Lushbaugh, *op.cit.*, p.244.
85) Weston & Wells, *op.cit.*, p.97.

수사에 있어서 범행동기의 판단에 중요하고, 무장강도의 경우에 피해자를 통하여 피해자와 범인사이의 감을 판단할 수 있다는 점에서 중요한 수사기법이다. 피해자가 범인의 얼굴이나 특징, 수법 등을 직접 목격했기 때문이다.

1) 연고감

연고감은 범인이 피해자를 잘 아는 관계를 말하고, 연고감이 있는 자는 대체로 지리감도 가지고 있는 것으로 인정된다. 연고감 판단기준은 다음과 같다.

① 침입구나 도주구가 낯선 사람으로서는 알 수 없는 곳일 경우, ② 특수한 시정장치를 열고 침입, ③ 침입구 불명시는 내부자의 소행, ④ 임시수입을 노린 사건, ⑤ 돈이 없을 것 같은 집을 노린 사건, ⑥ 피해자가 동의없이 갈 수 없는 장소의 사건, ⑦ 여성이나 노인이 있는 집을 난폭한 방법으로 침입, ⑧ 사건현장에 커피 등을 대접한 흔적, ⑨ 목표물이 있는 곳에 직행하고 필요이상의 물색흔적이 없을 경우, ⑩ 위장공작 등 발각방지를 위한 교묘한 수단사용, ⑪ 피해자에게만 있는 물건을 노린 사건, ⑫ 사체에 대한 정중한 예우나 얼굴가리기, ⑬ 복면, 무언, 소등, 피해자 눈 가리기, ⑭ 잔인한 범죄수법 등에 대한 관찰에 의한다.

따라서 강도범죄의 감수사 대상은 ① 범죄대상에 대한 접근가능성이나 친밀성이 있는 자, ② 재물의 가치와 소재장소를 아는 자, 또는 피해자의 일상생활이나 직장 또는 사업관계로 잘 아는 자, 즉 현재 또는 과거의 피고용인과 배우자, 사업관계에 있거나 있던 자, 이웃, 금전 부채관계에 있는 자, 서비스제공이나 건물·시설관리 또는 유지문제로 왕래가 빈번했거나 빈번한 자, ③ 최근에 범행지역을 서성이거나 재물을 목격한 자, 즉 취업희망자, 실태조사로 방문한 자, 제품판촉방문자 등이 대상이다.86)

2) 지리감

지리감은 범인이 범행장소와 그 주변에 대한 지식을 가지고 있는 경우로서 지리감 수사는 연고감 수사보다 그 범위가 넓다. 지리감 판단기준은 다음과 같다.

① 침입·도주경로가 명백한 경우, ② 복잡한 지역에서 순식간에 도주, ③ 범인의 지방사투리 발견, ④ 정기통행자 노린 사건 등일 경우에 존재한다.

---

86) *Ibid.*, p.97.

2. 심층수사

심층수사는 초동수사에 이은 수사활동이라고 하여 계속수사라고도 한다. 심층수사는 범죄현장 출동에서 현장관찰까지의 초동수사가 끝나면서 시작하고, 사건이 종결될 때 끝난다. 다시 말해, 수사관은 초동수사에서 확보한 수사단서와 증거 등의 수사자료를 기초로 하여 수사방침을 수립하고 이 방침에 따라서 심층수사를 전개하여 범죄사실의 실체를 규명하고 범인을 특정·체포한다.

(1) 피해자조사

수사관은 피해자로부터 피해품의 품목, 종류, 수량, 가액, 피해품 소지의 상황, 범행의 동기, 용의자 또는 범인의 인상착의를 확인한다. 강도는 피해자가 보는 가운데 범행을 하게 되므로 범인의 특징과 범행수법 확인이 가능하다. 또한 폭행·협박이 반항을 억압할 정도인지를 명백하게 밝히고, 피해자의 반항을 억압할 정도에 이르지 않으면 공갈범죄에 해당하므로 주의해야 한다.

(2) 흉기 등의 발견

강도는 절도와는 달리 대개 흉기 기타 범죄도구를 사용하고 또 이를 현장부근에 버려두는 예가 많으므로 범인검거 전이나 후에 이를 반드시 확보해야 한다. 대체로 강도범들은 도주하면서 흉기를 담벼락이나 숲속 또는 강에 버리거나 발견하기 어려운 장소에 숨기거나 묻어버리는 경우가 많으므로 범죄현장 주변을 수색하여 확보해야 한다. 특히 용의자를 체포한 경우에는 자백을 받아 반드시 흉기를 증거물로 확보해야 한다. 또한 흉기 구입처를 찾아 구입자를 확인하는 활동을 전개해야 한다.

(3) 장물수사

장물은 재물범죄의 중요한 단서이다. 피해품이 확인되면 즉시 장물수사에 착수하여 범인을 특정하여 체포한다. 장물수사는 장물수배와 장물조회, 장물수배서 등을 활용한다.

1) 장물수배

장물수배는 사건관할 경찰관서에서 피해품의 종류와 특징 및 수량을 구체적으로 명시하여 다른 경찰관서에 그 발견 및 통보를 의뢰하는 수배를 말한다.

2) 장물조회

장물조회는 경찰관이 불심검문이나 외근활동 중에 발견한 의심스러운 물건에 대해 담당 경찰부서에 장물여부를 확인하는 과정을 말한다.

3) 장물수배서

장물품표라고도 하는 장물수배서는 전당포나 고물상, 금은방, 중고차거래처 등에 장물을 소지하고 있거나 받았을 경우에 경찰관서에 신고를 의뢰하는 피해품의 통지서를 말한다.

① 특별장물수배서는 수사본부가 설치된 사건의 경우에 작성되고 적색수배서라고도 한다. ② 청색수배서라고도 하는 중요장물수배서는 ㉠ 중요문화재 기타 이에 준하는 피해품, ㉡ 외교사절에 관련된 사건의 피해품이나 기타 사회적 영향이 큰 사건의 피해품, ㉢ 살인이나 강도 등의 중요사건에 관련된 피해품, ㉣ 다액절도 또는 특이한 수법이나 상습범에 해당되는 침입절도사건의 피해품 등이 해당된다. ③ 백색수배서라고도 하는 보통장물수배서는 기타 그렇게 중요하지 않은 사건에 관하여 배부하는 수배서이다.[87]

(4) 수법수사

강도범은 대체로 상습범에 해당하므로 범행수법을 확실하게 파악하는 것이 사건수사에 있어서 아주 중요하다. 강도범의 범행수법은 두 가지 측면에서 접근할 수 있다. 첫째는 수사기법적 측면에서 범행수법을 구성하는 7가지 요소를 파악하는 것이며,[88] 둘째는 우리나라의 수법수사제도의 측면에서 접근하는 것으로서 수법원지와 피해통보표를 활용하여 범죄수법을 파악하고 범인을 발견하는 것이다.

---

87) 범죄수사규칙 제183조, 경찰청훈령 제526호, 2008.7.22.
88) Gilbert, *op.cit.*, p.218.

1) 범행수법 구성요소

① 피해자 선택절차(victim selection procedure)

강도사건 수사는 범인이 왜 그리고 어떻게 특정피해자나 시설을 범죄대상으로 선택하게 되었는가를 규명하는 것이 중요하다. 이를 위해서는 결국 범인의 범죄동기와 범행수법에 관한 정보를 수집해야 한다.

범인은 범행대상을 계획적으로 선정할 수 있고 또는 범죄현장에서 우연히 만난 사람을 범행대상으로 선택할 수도 있다. 편의점이나 가게 같은 특정표적물은 범행이 용이한 시간대나 위치로 인해서 선택될 수 있다.[89]따라서 수사관은 범인의 범행대상 선정의 계획성과 동기, 범행대상의 특이성 등을 파악하여 범인의 범행동기와 수법을 파악해야 한다.

② 침입 방법

강도범은 범인에 따라서 침입방법이 서로 다르다는 것이 하나의 특징이다. 범죄자들은 침입방법을 선택할 때에도 자신이 가장 효율적으로 성공할 수 있는 방법을 선택한다. 어떤 범죄자는 무기를 숨기고 침입하고, 다른 범죄자는 무기를 들고 침입하기도 한다. 어떤 범죄자는 변장이나 복면을 하고 침입하기도 한다.[90] 따라서 침입방법의 파악은 범행수법 파악에 있어서 중요한 요소이다.

③ 폭력행사 직전의 행동

강도범은 강도행위를 하기 직전에 어떤 속임수나 시간벌기 행위를 하는 경우가 많다. 수사관은 강도가 피해자에게 폭력을 하기 전의 특이행동을 파악해야 한다. 예를 들자면, 주택강도는 범행시간 전에 주변에서 기다리거나 집주인이 있는지를 확인하기도 한다. 식료품가게나 편의점 강도는 고객으로 가장하고 가게의 손님이 없어질 때까지 기다린다. 은행강도는 은행 로비 중앙에 있는 테이블에 가서 무엇인가 예금 입금이나 인출표를 작성하는 체 한다. 그러한 행동은 범인에 따라서 서로 다르고 일반적으로 범인의 몸에 아주 고착되어 반복되는 경향이 강하다.[91]

---

89) *Ibid.*, p.217.
90) *Ibid.*, p.217.
91) *Ibid.*, p.217.

④ 폭력행사(display of force)

폭력의 행사는 범행의 수법(modus operandi) 파악을 위해 아주 중요하다. 피해자는 강도사건의 순서를 기억하는데 있어서 폭력행사 부분을 가장 잘 기억한다. 범행 시에 범인들의 무기나 흉기 사용방법은 서로 다르고 특이하다.

예를 들자면, 어떤 범죄자는 피해자에게 무기나 흉기를 들이대고 꼼짝마 하고 고함을 치기도 하고, 어떤 범죄자는 무기나 흉기를 들이대고 피해자를 위협하면서 침묵을 유지하기도 한다.[92]

⑤ 범행목표물의 강취방법

강도범의 돈이나 재물을 강취하는 범행방법 역시 강도범에 따라서 서로 다르다. 어떤 경우에 범죄자들은 범행대상물을 강취하는 동안 피해자와 목격자들에게 얼굴을 돌리라고 강요하거나 얼굴을 숙이라고 명령한다. 어떤 범인은 피해자로부터 직접 재물을 넘겨받기도 하고, 다른 범죄자들은 피해자의 도움없이 범인이 직접 돈이나 재물을 강취한다.[93]

⑥ 도주하기 전의 행동

범행 후 도주하는 강도범은 침입한 문을 통해서 도주하기도 하고 다른 문을 사용하기도 한다. 또한 범인은 도주시에 문이 있는 곳으로 뒷걸음을 쳐서 이동하면서 피해자들로 하여금 방 안쪽에 머물도록 위협하고 추적을 위한 어떤 시도도 못하도록 위협하기도 한다. 대체로 상습적인 전문 강도범은 도주하기 직전에 그러한 특이행동을 하는 것이 특징이다.

⑦ 도주방법

범죄수법과 수사단서 확보를 위한 대단히 중요한 방법은 범인의 범죄현장과 그 주변에서 도주한 방법에 관한 것이다. 범인마다 도주방법은 서로 다르다. 어떤 범인은 차량으로 도주할 수도 있고 다른 범죄자들은 도보로 도주할 수도 있다. 대체로 범인들은 차량을 이용하여 도주한다. 따라서 도주에 사용된 차량의 종류와 특징 등을 파악하는 것이 중요하고 범행 후 범행현장에서 빠져 나간 시간 등에 의해 지리감도 파악할 수 있다.

---

92) *Ibid.*, pp.217-218.
93) *Ibid.*, p.218.

2) 수법자료에 의한 수법파악

강도사건은 수법범죄에 해당하므로 범죄수사종합검색 시스템에 전산화되어 있는 '수법원지'와 '피해통보표' 또는 지명수배나 지명통보, 참고통보 등의 '공조제보'를 활용하여 범행수법의 파악과 용의자 추정을 할 수 있다.

수법범죄는 ① 강도, ② 강간, ③ 절도, ④ 사기, ⑤ 공갈, ⑥ 방화, ⑦ 약취·유인, ⑧ 위·변조, ⑨ 장물 등 9개 범죄가 해당된다. 따라서 수사관은 강도범죄 피의자를 검거하였거나 인도받아 조사하여 구속 송치할 경우 및 불구속 피의자 중에서 재범의 우려가 있는 자, 9개 범죄를 범한 농아자가 구속된 경우에 전부 수법원지를 작성해야 한다. 또한 강도범죄가 발생하였으나 그 범인이 누구인지 판명되지 아니 하였을 때에 해당사건에 관한 피해통보표를 작성해야 한다.94)

(5) 실황조사의 실시

1) 의 의

수사관이 강제력을 사용하지 않고 범죄현장 기타의 장소, 신체 또는 물건에 대하여 그 존재 및 상태를 오관의 작용에 의해 관찰하고 실험하는 활동을 실황조사라 한다. 그리고 관찰사실을 기재한 서면이 바로 실황조사서이다.

2) 참여인

실황조사는 거주자·관리자 기타 관계자 등의 참여를 얻어서 행하고 그 결과를 실황조사서에 정확하게 기재해 두어야 한다. 참여인에는 피해자와 참고인은 물론 피의자도 포함된다. 피의자의 경우에는 진술거부권을 고지하고 이러한 고지사실을 실황조사서에 명백히 해 두어야 한다.95)

3) 성 격

임의절차에 의해 작성된 실황조사서는 검증조서와 그 목적, 내용 그리고 효과상으로는 아무런 차이가 없고 임의수사라는 수사절차상의 차이가 있을 뿐이다.

---

94) 범죄수법공조자료관리규칙 제2조 및 3조, 경찰청훈령 제472호, 2005.12.20.
95) 범죄수사규칙 제13조, 경찰청훈령 제526호, 2008.7.22.

4) 작성목적

경찰관은 피의자의 진술에 의하여 흉기, 장물 그 밖의 증거자료를 발견하였을 경우에 증명력 확보를 위하여 필요한 때에는 실황조사를 실시하여 그 발견상황을 실황조사서에 정확히 해 두어야 한다. 그 목적은 다음과 같다.

① 범죄는 발견되었으나 범인이 불명하거나 증거를 발견치 못한 경우에 범인 및 증거의 발견을 위하여 작성한다. ② 범인은 판명되었으나 체포하지 못하고 도주한 경우에 범인의 도주 경로를 명백히 하고 범죄의 증거자료를 얻기 위하여 작성한다. ③ 범인은 검거되었으나 범행을 부인하는 경우에 범죄사실을 입증하는 자료로 삼기 위하여 작성한다. ④ 범인이 자백하였을 경우에 그 진위를 명백히 하는 자료로 사용하기 위하여 실황조사서를 작성한다.[96]

5) 실황조사서의 기재사항

① 형식적 기재사항

ⓐ 피의자 성명과 피의사건명, ⓑ 작성자의 서명날인, ⓒ 실황조사의 일시, ⓓ 실황조사의 장소, ⓔ 실황조사의 목적, ⓕ 실황조사의 참여인, ⓖ 실황조사서의 작성연월일.

② 실질적 기재사항

ⓐ 실황조사의 조건, 즉 실황조사를 할 때의 기상, 시계, 명암, 지형, 대상장소, 물건 등을 기재하고, ⓑ 현장의 모양, ⓒ 현장의 위치, ⓓ 현장부근의 상황, ⓔ 피해상황, ⓕ 증거자료, ⓖ 참여인의 지시설명, ⓗ 도면 및 사진 등도 기재한다.

6) 실황조사서 작성상의 유의사항

① 사실에 입각하여 있는 그대로 기재한다. ② 남이 보아서 알 수 있도록 기재한다. ③ 의견이나 추측을 기재하지 않는다. ④ 적극적 사항은 물론 소극적 사항도 기재한다.

---

96) 범죄수사규칙 제137조, 경찰청훈령 제526호, 2008.7.22.

제3장

성폭력범죄 수사

제1절 성범죄에 대한 새로운 견해

Ⅰ. 개념적 변화

(1) 성 폭력

성폭력은 성적 접촉이나 행위를 중심으로 한 물리적인 강제행위에 초점을 맞추어 온 종전의 개념에서 벗어나 성을 매개로 하여 여성에게 가해지는 일련의 강제 및 통제행위로서의 신체적·정신적·언어적 폭력을 포함하는 개념으로 변화하고 있다. 따라서 다양한 종류의 강간, 어린이 성추행을 포함한 각종 강제추행, 성적 학대와 성적 희롱, 성기노출, 음란전화 등이 모두 성폭력 범죄에 해당된다.

(2) 강제행위의 성질

성폭력과 관련된 강제행위는 물리적인 것뿐만 아니라 다양한 형태의 협박, 위계나 속임수, 위력행사에 의해 강제성이 부과되는 경우 또는 강제행위에 대해 직접적인 거부를 하지 못할 만큼 피해자를 무력하게 만든 상태에서 행위가 이루어지는 경우를 모두 포괄한다.

(3) 성범죄와 여성의 인권보호

과거의 형법은 강간을 정조에 관한 죄로 다루어 정조의 법적 보호에 초점을 맞추었으나 오늘날의 형법에서의 강간은 정조의 문제가 아니라 여성에 대한 인권침해, 폭력행사의 개념으로 인식되고 있다.

(4) 3중의 피해자

최근에 범죄피해자학에서는 성범죄 피해자를 범죄의 피해자인 동시에 형사사법제도의 피해자, 사회의 피해자라는 3중의 피해자로 규정하고 그 보호대책을 마련하는 것이 시급하다고 지적하고 있다.

2. 성폭력범죄의 유형

(1) 특수강도강간 등

주거침입, 야간주거침입절도(미수범 포함), 특수절도(미수범 포함)의 죄를 범한 자 또는 특수강도의 죄를 범한 자(미수범 포함)가 강간·준강간·준강제추행의 죄를 범한 경우 무기 또는 5년 이상의 징역에 처한다(성폭력범죄의 처벌등에 관한 특례법 제3조 1항).97)

특수강도 또는 그 미수범이 강간 내지 준강간, 준강제추행의 죄를 범한 때에는 사형, 무기 징역 또는 10년 이상의 징역에 처한다(동법 제3조 2항).

(2) 특수강간 등

흉기 기타 위험한 물건을 휴대하거나 2인 이상이 합동하여 강간의 경우 무기 또는 5년 이상의 징역, 같은 방법으로 강제추행의 경우 3년 이상의 유기징역, 같은 방법으로 준강간 또는 준강제추행의 죄를 범한 경우 준강간은 무기징역 또는 5년 이상 징역에, 준강제추행은 3년 이상의 유기징역에 처한다(동법 제4조 제1항, 2항, 3항).

(3) 친족강간 등

① 친족(4촌 이내의 혈족 및 인척, 사실상의 친족 포함)이 강간의 경우 7년 이상

---

97) 2010년 4월 15일 성폭력범죄의 처벌및 피해자보호등에 관한 법률은 성폭력범죄의 피해자보호 등에 관한 법률로 명칭이 바뀌고, 성폭력범죄의 처벌 등에 관한 특례법이 신설되었다.

의 유기징역, ② 강제추행의 경우 5년 이상의 유기징역, ③ 준강간 내지 준강제추행의 죄를 범한 경우는 준강간은 7년 이상, 준강제추행은 5년 이상의 유기징역에 처한다(동법 제5조).

(4) 장애인에 대한 간음 등

신체 장애 또는 정신장애로 항거불능인 여자를 간음하거나 사람에 대하여 추행한 경우 형법에 규정한 강간 또는 강제추행에 정한 형으로 처벌한다(동법 제6조).

(5) 강간 등 상해 · 치상

① 법 제3조1항과 제4조, 제7조 또는 제14조(제3조제1항, 제4조 또는 제7조의 미수범으로 한정)의 죄를 범한 자가 사람을 상해하거나 상해에 이르게 한 때에는 무기 또는 10년 이상의 징역, ② 법 제7 · 8조의 죄를 범한 자 또는 그 미수범이 상대방에 상해를 입히거나 상해에 이르게 한 경우에는 무기 또는 7년 이상의 징역에 처한다(동법 제8조).

(6) 강간 등 살인 · 치사

① 제3조(특수강도강간 등)부터 제7조(13세 미만의 미성년자에 대한 강간, 추행 등)까지, 제14조(제3조부터 제7조까지의 미수범으로 한정)의 죄 또는 형법 제 297조(강간)부터 제300조(미수범)까지의 죄를 범한 사람이 다른 사람을 살해한 경우 사형 또는 무기징역에 처한다(동법 제9조1항).
② 「성폭력범죄의 처벌에 관한 특례법」상의 특수강간의 죄를 범한 자, 친족관계에 의한 강간, 장애인에 대한 준강간의 죄를 범한 자(미수범 포함)가 다른 사람을 사망에 이르게 한 경우에는 무기징역 또는 10년 이상의 징역에 처한다(동법 제9조 2항).
③ 13세 미만의 자에 대한 강간, 강제추행 등의 죄를 범한 자(또는 그 미수범)가 사람을 사망에 이르게 한 때에는 사형, 무기징역 또는 10년 이상의 징역에 처한다(동법 제9조제3항).

(7) 13세미만의 미성년자에 대한 강간 등

① 13세미만의 여자에 대한 강간의 경우 10년 이상의 유기징역, ② 구강이나 항문 등 신체(성기는 제외)의 내부에 성기를 넣는 행위, 또는 성기, 항문에 손가락 등 신체(성기 제외)의 일부나 도구를 넣는 경우 7년 이상의 유기징역, ③ 강제추행의 경우 5년 이상의 유기징역 또는 3천만원 이상 5천만원 이하의 벌금, ④ 준강간 내지 준강제추행의 경우는 앞의 준강간은 10년 이상의 유기징역, 준강제추행은 7년 이상의 유기징역, ⑤ 위계 또는 위력에 의한 간음 또는 추행의 죄를 범한 경우 1항부터 3항의 예에 따른다(동법 제7조).

(8) 업무상 위력 등에 의한 추행

추행이란 성욕의 흥분, 자극 또는 만족을 목적으로 하는 행위로서 건전한 상식이 있는 일반인의 성적 수치심 · 혐오의 감정을 느끼게 하는 일체의 행위를 의미한다. 행위자의 주관적인 동기나 목적은 문제가 되지 않는다.98) 추행의 주체는 남자와 여자 모두 포함되며, 객체 역시 남자와 여자를 구분하지 않는다.

1) 업무 · 고용상 보호감독자의 추행

업무 · 고용관계 기타 관계로 인하여 자기의 보호 또는 감독을 받는 사람에 대하여 위계 또는 위력으로써 추행한 자는 2년 이하의 징역 또는 500만원 이하의 벌금에 처한다. 친고죄이다(동법 제10조 1항).

2) 구금된 사람에 대한 감호자의 추행

법률에 의하여 구금된 사람을 감호하는 자가 그 사람을 추행한 경우 3년 이하의 징역 또는 1천 5백만원 이하의 벌금에 처한다(동법 제10조 2항).

3) 위계 · 위력에 의한 장애인 간음행위

장애인의 보호 · 교육 등을 목적으로 하는 시설의 장 또는 종사자가 보호 · 감독의 대상이 되는 장애인에 대하여 위계 또는 위력으로써 간음한 때에 7년 이하의 징역에, 추행한 때에는 5년 이하의 벌금에 처한다(동법 제10조 3항).

---

98) 이재상, 형법각론, p.164.

(9) 공중밀집장소에서의 추행죄

대중교통수단, 공연·집회장소 기타 공중이 밀집한 장소에서 사람을 추행한 자는 1년 이하의 징역 또는 300만원 이하의 벌금에 처한다(동법 제11조). 친고죄이다.

(10) 통신매체이용음란죄

자기 또는 타인의 성적 욕망을 유발하거나 만족시킬 목적으로 전화, 우편, 컴퓨터 기타 통신매체를 이용하여 성적 수치심이나 혐오감을 일으키는 말이나 음향, 글이나 도화, 영상 또는 물건을 상대방에게 도달하게 한 자는 2년 이하의 징역 또는 500만원 이하의 벌금에 처한다(동법 제12조). 친고죄이다.

(11) 카메라 등 이용 촬영

카메라 기타 이와 유사한 기능의 기계장치를 이용하여 성적 욕망 또는 수치심을 유발할 수 있는 타인의 신체를 그 의사에 반하여 촬영을 한 자, 또는 그 촬영물을 반포, 판매, 임대 또는 공연히 전시·상영한 자는 5년 이하의 징역 또는 1천 만원 이하의 벌금에 처한다. 한편, 영리목적으로 촬영물을 정보통신망을 이용하여 유포한 자는 7년 이하의 징역 또는 3천 만원 이하의 벌금에 처한다(동법 제13조).

3. 성폭력범죄 피해자 보호제도

(1) 피해자의 인적사항과 사생활비밀누설금지

성폭력범죄의 수사·재판을 담당하거나 이에 관여하는 공무원은 피해자의 주소, 성명, 연령, 직업, 용모 기타 피해자를 특정할 수 있는 인적사항과 사진 등을 공개하거나 타인에게 누설하여서는 안 된다. 또한 재판 또는 수사담당 공무원은 성폭력범죄의 소추에 필요한 범죄사실을 제외한 피해자의 사생활에 관한 비밀을 공개하거나 타인에게 누설해서도 안 된다. 아울러 누구든지 피해자의 동의를 받지 아니하고 성폭력범죄 피해자의 인적사항과 사진 등을 출판물에 게재하거나 방송매체 또는 정보통신망을 이용하여 공개하여서는 아니 된다(동법 제22조).

(2) 친고죄 범위의 축소 및 공소시효 기산에 관한 특례

법률에 의하여 구금된 자를 감호하는 자의 추행 및 장애인 보호시설 종사자 등의 간음·추행죄는 친고죄에서 제외한다. 미성년자에 대한 성폭력범죄의 공소시효는 그 피해자가 성년에 달한 날부터 진행한다. 「성폭력범죄의 처벌등에 관한 특례법」 제2조 제3호 및 제4호의 죄와 제3조부터 제9조까지의 죄는 DNA 증거 등 그 죄를 증명할 수 있는 과학적인 증거가 있는 때에는 공소시효가 10년 연장된다(동법 제20조).

(3) 성폭력범죄 피해자 전담조사제

성폭력범죄 조사과정에서 피해자 인권보장을 강화하기 위하여 성폭력범죄 피해자에 대한 조사는 특별한 사정이 없는 한 미리 지방검찰청장이 지정한 성폭력범죄 전담 검사나 경찰서장이 지정한 사법경찰관이 담당한다(동법 제24조).

(4) 의무적 진술녹화제 적용대상 확대

1) 16세 미만의 미성년자 또는 장애자 진술녹화

성폭력범죄 피해자 조사시 의무적 진술녹화 대상자 연령을 13세 미만에서 16세 미만으로 상향조정하고 신체·정신장애로 사물변별능력이나 의사결정 능력이 미약한 장애자의 조사시 비디오장치 등 영상물 녹화장치에 의해 촬영·보존해야 한다.

그러나 피해자나 법정대리인이 이를 원치 않을 경우에는 진술녹화를 하여서는 아니 된다(동법 제26조). 수사기관은 피해자나 법정대리인의 신청이 있는 때에는 영상물 촬영과정에서 작성한 조서의 사본을 신청인에게 교부하여야 한다. 촬영한 영상물은 수사 및 재판의 용도 외에 다른 목적으로 사용하여서는 아니 된다.

2) 진술녹화 영상물 증거능력 및 형법상 감경규정에 관한 특례

16세 미만자 등에 대한 녹화영상물에 수록된 피해자의 진술은 공판준비 또는 공판기일에서 피해자 또는 조사과정에 참여하였던 신뢰관계에 있는 자의 진술에 의하여 그 성립의 진정함이 인정된 때에는 증거로 할 수 있다. 음주 또는 약물로 인한 심신장애 상태에서 성폭력범죄를 범한 때에는 형 면제나 감경의 규정을 적용하지 아니할 수 있다(동법 제19조).

(5) 피해자와 신뢰관계에 있는 자의 동석의무 강화

① 특수강도강간, ② 특수강간, ③ 친족관계에 의한 강간, ④ 장애인 간음, ⑤ 13세미만의 미성년자에 대한 강간·강제추행, ⑥ 강간등 상해치상, ⑦ 업무상위력등에 의한 추행 등의 범죄피해자를 법원이 증인으로 신문할 경우에 검사, 피해자, 또는 법정대리인의 신청이 있는 때에는 재판에 지장을 초래하는 등 부득이한 경우가 아닌 한 피해자와 신뢰관계에 있는 자를 동석하게 하여야 한다. 수사기관의 수사과정에도 준용된다(동법 제29조).

(6) 특수시설 책임자 및 종사자 신고의무

18세미만의 사람을 보호·교육·치료하는 시설의 책임자 및 종사자는 보호 등을 받는 대상자들이 특수강간 등의 성폭력범죄를 당한 사실을 안 경우에는 즉시 수사기관에 신고해야 한다.

(7) 증거보전의 특례

피해자 또는 그 법정대리인은 피해자가 공판기일에 출석하여 증언하는 것이 현정히 곤란한 사정이 있는 때에는 그 사유를 소명하여 당해 성폭력범죄를 수사하는 검사에 대하여 「형사소송법」 제184조의 증거보전의 청구와 그 절차에 대한 규정에 의한 증거보전의 청구를 할 것을 요청할 수 있다. 이 경우 피해자가 16세 미만이거나 신체장애 또는 정신장애의 장애로 사물을 변별하거나 의사를 결정할 능력이 미약한 때에는 공판기일에 출석하여 증언하는 것이 현저히 곤란한 사정이 있는 것으로 본다. 또한 증거보전의 요청을 받은 검사는 그 요청이 상당한 이유가 있다고 인정하는 때에는 증거보전의 청구를 할 수 있다(동법 제31조).

제2절 　성폭력범죄의 특성

Ⅰ. 일반적 특성

미국의 사우스 캐롤라이나 의과대학의 정신분석 연구소는 3년 동안의 실태조사 결과를 다음과 같이 발표하였다.99)

① 매년 강간범죄는 신고 되는 건수보다 실제로 5배 이상 많이 발생한다. ② 여성 8명 중에 1명이 일생의 어떤 시기에 강간을 당한 경험이 있다. ③ 강간 피해자중의 61%는 사건 당시에 18세 이하의 어린 나이였다. ④ 강간사건중의 단지 22%만이 피해자와 면식관계가 없는 자에 의하여 발생한다. ④ 피해자 중의 31%는 사건의 결과로서 외상 후 스트레스장애증후군으로 고통을 당하고 있다.

이러한 연구결과는 강간과 같은 성폭력범죄의 일반적 특성을 잘 나타내 주 있다. 이러한 특성을 좀 더 구체적으로 살펴보면 다음과 같다.

(1) 면식관계의 범죄

강간사건은 이른바 데이트 강간(date rape) 또는 면식관계 강간(acquaintance rape)이라고 할 정도로 데이트 관계에 있는 남녀 사이나 잘 아는 관계에 있는 남녀 사이에 주로 발생하는 것이 특징이다. 모든 강간사건 중에 60%가 면식관계자 사이에 발생하는 것으로 보고되고 있으며, 최근 자료에 의하면, 16세에서 24세 사이의 젊은 사람들 사이의 30% 이상이 적어도 한번 이상의 데이트 강간사건을 당한 것으로 보고되고 있다.100)

---

99) Gilbert, *op.cit.*, p.284.
100) Bartol & Bartol, *op.cit.*, p.393.

(2) 높은 재범률

1) 특 징

강간범죄자들은 다른 유형의 범죄자들보다 훨씬 높은 빈도로 강간범죄를 반복하는 경향, 즉 높은 재범률을 보이는 것이 특징이다. 캘리포니아 법무부는 15년 동안 1,300명의 성범죄자들을 대상으로 조사한 결과 그들은 다른 폭력범죄자들보다 재범 가능성이 5배 정도 더 높다는 결론을 내렸다.[101]

2) 매건법(Megan's Law)의 제정

미국의 대부분의 주들은 성범죄 전과자들을 추적하고 성범죄를 예방하기 위하여 「매건법」(Megan's Law)을 제정하였다. 1994년 성범죄 전과 2범의 범죄자가 7살짜리 소녀 '매건 칸카(Megan Kanka)'를 강간하고 살해한 사건으로 「매건법」이 제정되었고, 이 법에 의해 경찰은 어떤 위험수준의 성범죄자가 석방되어 사회에 복귀할 때에 그 범인의 사진과 인적 사항 등을 지역 주민에게 공지해야 한다.[102] 성범죄자 공지방법은 주마다 다르다. 또한 전자팔찌나 발찌를 착용하고 보안관찰 대상으로 관리하고 있다. 우리나라도 성폭력 범죄자들에게 전자발찌를 착용시켜 보안관찰대상으로 하고 있는데 이는 그들의 재범을 방지하기 위한 것이다.

(3) 범죄자의 연소화

강간범죄자들은 16세에서 20세에 집중할 정도로 그 나이분포의 연소화 경향이 특징이다. 강간범으로 체포된 피의자들 중 거의 45%가 25세 이하였으며, 15%는 17세 이하의 청소년들이었다. 뉴욕경찰국이 3,000명의 성폭력범죄자들을 대상으로 조사한 결과 그들 중 70% 이상이 29세 이하였으며, 그들 중 23%는 성폭력범죄를 범하는 기간 동안 강도나 절도를 같이 범하는 것으로 나타났다.[103]

(4) 신고지연과 피해자의 진술의존 수사

강간 등 성폭력 범죄는 피해자가 범죄발생 즉시 신고하는 경우가 거의 드물다는

---

101) Gilbert, *op.cit.*, pp.284-285.
102) *Ibid.*, p.293.
103) *Ibid.*, p.284.

것이 하나의 특징이다. 아울러 목격자가 있는 사건도 거의 없다. 또한 피해자는 부모들이나 주변사람들과의 의논이나 상담을 거친 뒤 범죄신고를 하게 되므로 사건발생 후 상당한 기간이 경과되어 증거는 멸실·훼손됨으로써 범죄의 입증 및 증거수집이 곤란한 경우가 대부분이다. 따라서 수사기관은 피해자의 진술과 범인의 자백 등에 의존하여 범죄사실을 입증하여야 하는 경우가 많다.

(5) 친고죄로 인한 수사집중 저하

「형법」은 강간살인·치사죄와 강간상해·치상죄를 제외한 대부분의 성폭력범죄가 친고죄로 되어 있다는 점이 수사의 집중을 저하시키는 요인이 되고 있다. 물론「성폭력범죄의 처벌 및 피해자보호등에 관한 법률」에 의해 친고죄의 범위가 많이 줄어들었지만 형법상으로는 친고죄에 해당하는 성폭력범죄가 많아 범죄신고 후 상당수의 사건이 사후합의가 이루어져 수사가 중도에서 중지되어야 한다는 점에서 수사의 집중이 어렵다.

(6) 이중적인 피해자

강간 피해자는 강간범과 형사사법 시스템에 의한 이중적인 피해자로 인식되어 왔다. 사실 어떤 피해자는 경찰, 검찰 그리고 의료인들에 의한 이해의 부족으로 인권이나 사생활이 침해되는 2차 피해자화 되고 있다는 사실을 부인할 수 없다.104) 범죄 피해자는 범인에 의한 1차 피해자와 형사사법기관에 의한 2차 피해자화로 나누어지는 데 성범죄의 피해자들이 주로 2차 피해자의 대상이 되고 있다.

2. 강간범의 유형

모든 강간범에 적용할 수 있는 어떤 특정 성격 프로파일은 없다. 그러나 범죄행동 전문가들은 강간범의 유형을 ① 성적능력 자신감 되찾기 유형(power-reassurance), ② 성적능력 과시하기 유형(power-assertive), ③ 분노 보복형(anger-retaliatory), ④ 가학적 또는 기회주의적 유형 등으로 구분한다.105)

---

104) Gilbert, *op.cit.*, p.287.
105) Robert R. Hazewood and Ann W. Burgess, Practical Aspects of Rape Investigation(New York : Elsevier, 1987), pp.175-182.

강간범의 유형은 매사추세츠 주의 치료센터(Massachusetts Treatment Center)의 ① 대체공격 강간범, ② 보상적 강간범, ③ 성적 공격적 또는 가학적 강간범, ④ 충동적 또는 이용적 강간범 등의 네 가지 유형으로 분류되기도 한다.106) 이와 유사한 유형을 제시한 그로스(A. N. Groth)는 강간범의 유형을 ① 분노강간(Anger rape), ② 성적능력 과시 강간(Power rape), ③ 가학적 강간(Sadistic rape)으로 분류하였다.107) 강간 피해자들의 진술에 기초하여 작성되는 이러한 유형은 주로 연쇄강간범이나 연쇄강간살인범의 인물 동일성 유형분석 자료인 성격 프로파일(personality profile)로서 더 잘 알려져 있다.108)

본서는 위에서 언급된 유형들을 구체적으로 살펴 보기로 한다.

(1) 성적능력 자신감 되찾기 유형(power-reassurance)

성적능력 자신감 되찾기 유형은 심리적으로 자신의 남성능력을 의심하고 여성에게 성적능력을 행사하고 통제함으로써 이러한 의심을 떨쳐버리려 한다. 이러한 강간범은 보통 잘 모르는 여성을 범행대상으로 하고 피해자를 지배하는 형식으로 범행을 계획한다. 일반적으로 최소의 폭력을 사용하고 체포될 때까지 반복적인 주기로 범행을 계속한다. 그들은 범행 뒤에 후회감을 나타내고 어떤 형태로 사과나 죄의식을 나타내기도 한다. 그러나 그러한 후회는 일시적이거나 전부 거짓에 지나지 않는다. 그들은 또 다른 범행을 통하여 계속 상대방을 지배하려고 하기 때문이다.

(2) 성적능력 과시하기형

성적능력 과시하기 유형(power assertive)은 자신의 성적능력을 과시하고 피해자를 지배하기 위하여 범행을 한다. 성적능력 자신감 되찾기 유형과는 대조적인 이 유형은 자신의 성적능력에 대한 의심이 없고 강간을 여성에 대한 상징적 권력행사의 형태로서 사용한다. 이 유형은 사회적 속임수에 뛰어난 기술을 가지고 있으며, 범행 전에 피해자와 친해지거나 아는 사이가 될 수 있다. 범죄자는 상대방을 공격하기에

---

106) R. A. Knight & R. A. Prentky, The developmental antecedents and adult adaptations of rapist subtypes, Criminal Justice and Behavior, 14, pp.403-426.

107) A. N. Groth, Men who rape : The psychology of the offender, New york : Plenum, 1979, pp.5-12.

108) Weston & Lushbaugh, *op.cit.*, p.222.

안전한 시간과 장소라고 인지하면, 자신의 본성을 드러내고 피해자를 지배하기 위한 공격을 개시한다. 보통 데이트 강간이라고 알려진 면식범 강간의 상당수는 이러한 유형의 강간범에 해당된다. 이러한 유형의 강간범은 성적능력 되찾기 유형보다 더 심각한 폭력을 사용한다.109)

흔히 이러한 유형의 범인들은 조용하고, 수줍어하고, 얌전하고, 고독한 사람으로 묘사되기도 한다. 따라서 그들은 쾌락적인 성행위에 열정적으로 순응하는 여성을 생각하는 환상의 세계 속에서 살고 있는 것이 특징이다. 그러나 내성적인 성격. 자존심의 결여, 저수준의 성취욕구 등으로 인하여 학교와 직장에서, 그리고 사회에서도 성공하지 못한다. 그의 강간행위는 사회에서 가해지는 자신의 부적합성 이미지를 보상받으려는 노력의 결과이다.

(3) 분노보복형

분노 보복형(anger-retaliation rapists)은 여성과 관련된 실질적이거나 상상적인 과거의 잘못에 대해서 심리적으로 보복하기 위한 극한적인 분노에서 비롯된다. 성적 느낌이나 흥분을 위하여 강간을 하는 것이 아니라 주로 피해자에게 폭력적이고 공격적인 행동으로 일종의 보복을 가하는 것이 특징이다. 범인은 범행을 계획하지는 않지만, 과거의 여성얼굴과 유사한 용모를 가진 피해자를 선택하여 충동적으로 공격한다.

피해자는 잘 모르는 사람이 선택되고 병원진료를 요구하는 정도의 심각한 부상을 입게 된다. 이러한 경우에 강간범은 상대 여성에게 상해를 입히고 굴욕과 불명예를 주기 위해 범행을 한다. 피해여성을 물고, 꼬집고, 쥐어뜯는 것과 같은 잔인하고 가학적인 행위를 하는 것이 특징이기도 하다. 피해자는 성적 매력에 관계없이 완전히 범인의 가장 유용한 폭력대상에 지나지 않는다. 폭력은 성욕과는 관계없이 성기가 팽창할 때 까지 구강자극이나 자위를 요구하는 것과 같이 변태적이다. 이때 피해자가 저항하면 더 큰 폭력을 가져올 뿐이다.110) 그러나 성적으로 중요한 신체부위에 대한 공격은 가하지 않는 것이 특징이다. 범인은 흔히 자신의 행동을 통제 불가능한 충동에 귀인시킨다.

---

109) Gilbert, *op.cit.*, p.286.
110) *Ibid.*, p.286.

(4) 성적·공격적 유형(Sexual aggressive rapists)

성적·공격적 유형은 성적·공격적 특징이 거의 같은 수준으로 공존하는 범행을 의미한다. 강간범은 성적 흥분을 위하여 여성에게 폭력을 행사하고, 여성 역시 폭력에 의하여 강간당하는 것을 즐기고 자신에 의하여 지배되고 통제되고 있는 것으로 믿는다. 가학적인 행동은 학대, 고문, 고통을 가하는 형태로 나타나고 때로는 살인으로까지 발전된다.

성적으로 공격을 가하는 강간범은 흔히 결혼을 하기는 하지만, 가정생활에 거의 전념하지 않거나 충성심도 없기 때문에 반복되는 결혼과 별거 그리고 이혼이라는 전력 소유자이다. 또한 가정폭력과 청소년기에 반사회적 행동을 한 배경이 있다.

(5) 충동적 또는 이용적 강간범(Impulsive or exploitative rapists)

충동적 또는 이용적 강간범은 성적인 또는 공격적인 행동으로 강간을 시도하는 것이 아니라 기회가 있을 때 우발적으로 강간을 하는 특징의 소유자이다. 대체로 강도나 절도와 같은 다른 범죄를 범하는 과정에서 발생한다. 이러한 강간범들은 강간보다는 다른 범죄의 오랜 전력의 소유자들이다.

이 유형은 강간범의 동기가 직접적인 성욕이 유일한 강간유형이다. 범인은 피해자를 강간하기에 필요한 수준의 폭력을 행사하고 그 이상의 폭력을 가하지는 않는다. 단지 피해자가 강간 가능한 상태에 있기 때문에 성폭력을 할뿐이다. 범인이 범죄현장에서 도주하기 전에 흔히 피해자를 묶어둔다. 이러한 유형의 범죄자들은 범행동안에 대부분이 약물에 중독되어 있거나 마약의 영향아래 있는 것으로 보고되고 있다.111)

(6) 가학적 강간범(sadistic rapists)

가학적 강간범은 피해자에 대한 극한적인 적의감을 나타낸다. 이러한 유형은 가시적인 고통이 성적 흥분인 것으로 인식하기 때문에 피해자를 굴복시키기 위해 필요한 정도를 넘어서는 고통을 의도적으로 가한다. 고도의 변태적인 성적 조건으로 인해 범인은 극한적인 폭력을 통해서만 성적 만족을 얻을 수 있다. 치밀한 계획 후에 잘 모르는 사람을 피해자로 선택하여 장기간 공격을 위하여 격리된 환경에 피해자를 옮기고 이동을 불가능하게 한다. 이러한 유형의 강간범은 가장 적은 숫자이지만, 범행은 살인으로 끝날 가능성이 가장 높다.112)

---

111) *Ibid.,* p.286.
112) *Ibid.,* p.286.

3. 피해자의 특성

(1) 낮은 신고율

강간범죄는 모든 대인 범죄 중에서 가장 신고율이 낮은 것으로 알려져 있다. 그 이유는 범인에 대한 피해자의 두려움, 성적인 수치심, 또는 사회적 불명예 문화 때문인 것으로 추정된다. 미국의 한 조사 결과에 의하면, 전체 강간사건 중에 70~90%가 신고되지 않는 것으로 밝혀졌다.[113]

(2) 피해신고 기피

1) 면식범과 피해자 책임론적 시각

서로 잘 아는 면식관계자들 사이의 성폭력이 많고 성폭력 범죄는 피해자의 자기관리 부족이 원인일 수도 있다는 부정적 시각으로 인하여 피해자들은 범죄신고를 기피한다.

2) 강간외상 증후군(rape trauma syndrome)과 신고기피

강간 외상 증후군(rape trauma syndrome)은 피해자를 몹시 조용하게 하고 편안한 얼굴을 가지게 하는 현상을 말한다. 이로 인하여 피해자는 며칠 또는 몇 주 동안 사건신고를 미루기도 하고,[114] 또한 피해자는 피해경위를 다시 기억하기 싫어하는 잠재의식으로 인하여 당시 상황을 상세하게 진술하지 않는다. 특히 남성 수사관에게 피해사실을 진술해야 된다는 고통, 잊고 싶은 일을 다시 기억해내야 한다는 부담감 등이 신고기피사유가 된다. 따라서 성범죄 수사는 여성경찰관으로 수사팀을 구성할 경우에 효과적일 수 있다.

(3) 증거의 멸실 · 훼손

피해자는 범죄신고를 하더라도 찢어진 옷, 정액이 묻은 속옷 등을 버리거나 세탁한 후인 경우가 많고, 범죄현장은 청소 등으로 증거가 멸실 · 훼손되는 경우가 대부

---

113) *Ibid.*, p.284.
114) *Ibid.*, p.288.

분이다. 또한 날짜의 경과로 성범죄로 인하여 입게 된 피해자의 몸에 생긴 상처가 치유된 후인 경우가 많아 범인의 손톱자국이나 이빨자국(치흔) 등 물적 증거를 확보하기가 어렵다.

4. 가해자의 특성

(1) 초범과 상습범의 차이

초범은 자신의 정체성(얼굴)을 숨기기 위한 변장이나 복면 등의 행동을 별로 하지 않는다. 복면, 목소리 바꾸기, 피해자를 묶거나 눈 가리기 등의 행동은 초범에게는 발견하기 어렵다. 초범자들은 현대 의학기술 또는 경찰의 과학수사 기술을 잘 모르고 범행을 하는 것이 특징이다. 그러나 성범죄 상습범들은 과거의 범행에서 습득한 지식을 활용하여 범행을 숨기기 위한 다양한 수법을 동원한다.

(2) 면식범과 비면식범

1) 면식범

데이트 강간이라고도 하는 면식범 강간은 신고율이 낮지만 빈번하게 발생하는 것으로 알려져 있다. 면식범은 남자가 여자와의 관계에서 적극적이어야 한다고 믿기 때문에 데이트 동안 남자를 거부하는 여자의 신호를 무시하는 성적 고정관념을 가지고 있다. 따라서 면식범들은 정서적으로 강요된 성행위를 범죄로 생각하지 않으며, 물리적 강제력을 행사하여 성행위를 시도한다. 면식범(contact offenders)은 대체로 어느 정도의 죄책감을 느끼지만, 자신의 행위가 범죄라고 생각하지는 않는다.

2) 비면식범

비면식범은 폭력적인 강간범이라고도 하며, 면식범과는 달리 피해자를 모르고, 범행에 대한 후회감이 없으며, 범행에 고도의 폭력을 행사하는 것이 특징이다. 이러한 유형의 강간범들은 성적 쾌락보다는 여성을 지배한다는 권력과 통제에 의해 동기부여 된다.115)

---

115) *Ibid.*, p..289.

(3) 연쇄강간범

1) 특 징

　사람들은 일반적으로 연쇄강간범이란 대부분 죄책감을 느끼지 않는 사이코패스일 것이라고 생각하는 경향이 강하다. 그러나 실제로는 연쇄강간범은 일부분을 제외하고는 사이코패스가 아니라는 사실이 실증적인 연구에 의해 밝혀지고 있다. 실증적인 연구는 연쇄강간 살인범 중의 약 50%가 사이코패스에 해당되지 않으며 따라서 죄의식을 가진다고 지적한다.[116]

2) 입증상의 특징

　연쇄강간범의 입증상 특징은 대개 다음과 같다. ① 연쇄강간범은 복면 등의 변장을 하지 않는다. ② 범행은 계획적이다. 범행계획은 피해자의 주소, 사진 또는 주택 약도 등을 기초로 작성되고 이는 체포 후에 범행의 증거물이 된다. ③ 연쇄강간범은 자신의 주거지역이나 작업장(직장)에서 멀리 이동하지 않는다. 또한 연쇄강간범의 범행장소는 지리적 공통성이 존재한다. 따라서 범인은 자신의 주거지역에서 이동가능한 지역을 중심으로 범행을 계획하거나 지리적 공통성이 있는 지역을 골라 범행을 하기 때문에 이른바 지리적 프로파일링(geographic profiling)의 활용대상 범죄자이다.[117] ④ 연쇄강간범의 약 50%는 범행시에 무기를 사용하고 그 무기는 주로 칼이다. ⑤ 연쇄강간범은 범죄현장에서 발견된 끈이나 전깃줄 또는 밧줄로 피해자를 결박하여 범행을 범하기도 한다. ⑥ 연쇄강간범은 흔히 피해자의 사진이나 신분증, 지갑이나 속옷, 애장품이나 보석류 같은 피해자의 개인적 물품을 탈취하여 보관한다. 따라서 연쇄강간범이 특정되거나 체포된 경우에는 즉시 범인의 주거에 대한 압수·수색을 실시하여 범행증거물을 압수해야 한다. ⑦ 가학적이거나 변태적인 연쇄강간범은 흔히 피해자를 학대하기 위해 사용한 도구를 보관한다. 또한 범인의 주택이나 차량 안에 범행사진, 비디오 동영상, 녹음테이프 또는 피해자와의 전화기록 등을 보관한다.[118]

---

116) Robert R. Hazelwood and Janet Warren, The Criminal Behavior of the Serial Rapist, FBI Law Enforcement Bulletin, 59, no.2, 1990.2, p.15.

117) Gilbert, *op.cit.*, p.485.

118) Gilbert, *op.cit.*, p.292.

(4) 범죄사실 부인

피의자는 직접적인 물증이 없을 때에는 부인으로 일관한다. 그들의 전형적인 범행 부인 행태는 폭력에 의한 강간을 하지 않았다는 주장, 즉 화간이라는 주장과 알리바이의 주장이다.[119] 따라서 범행에 대한 물증확보와 탐문수사를 통한 알리바이를 부정하는 증거를 확보하여야 한다.

(5) 증거인멸과 사전 진술 자료준비

피해자가 가해자에게 먼저 항의한 후 고소하는 경우가 많아 가해자는 조사 전에 답변 자료를 준비하거나, 증거인멸 등을 할 수 있는 시간적 여유를 가짐으로써 조사상의 어려움이 발생한다.

5. 형사절차상의 특징

(1) 친고죄와 비 친고죄의 공존

1) 형법과 성폭력범죄 특례법

「형법」 제32장 강간·추행의 죄 중 강간 등 상해·치상죄, 강간등 살인·치사죄를 제외한 죄, 「성폭력범죄의 처벌등에 관한 특례법」 중 ① 공중밀집장소에서의 추행의 죄, ② 통신매체이용 음란죄, ③ 업무·고용상 지휘·감독의 위치에 있는 자의 위계·위력에 의한 피고용인 추행 등은 친고죄이므로 수사 시에 해당 범죄가 친고죄인가 여부를 세밀히 확인해야 한다.

2) 「아동·청소년의 성보호에 관한 법률」

제16조에 의하면, 19세 미만의 아동·청소년을 대상으로 하는 다음에 해당하는 범죄는 피해자의 고소가 없어도 공소를 제기할 수 있다. 다만, 아동·청소년을 대상으로 한 「성폭력범죄의 처벌등에 관한 특례법」 제10조제1항, 제11조 및 제12조의 죄는 피해자의 명시한 의사에 반하여 공소를 제기할 수 없다.[120]

① 형 법

강간(제297조), 강제추행(제298조), 준강간·준강제추행(제299조), 미성년자나 심

---

119) Weston& Lushbaugh, *op.cit.*, p. 225.
120) 아동·청소년의성보호에 관한 법률 제16조, 법률 제10261호, 2010.4.15

신미약자에 대한 위계·위력에 의한 간음(제302조), 위계 또는 위력으로써 여자 청소년간음이나 추행(제303조), 위의 범죄 미수범, 13세 미만 부녀 간음이나 사람추행(제305조) 등의 죄는 친고죄가 아니다.

② 아동·청소년의 성보호에 관한 법률 제7조

㉠ 19세 미만의 여자·아동 청소년에 대한 강간, ㉡ 아동·청소년에 대한 폭행이나 협박으로 유사성행위를 한 자, ㉢ 아동·청소년에 대해 강제추행 또는 준 강제추행한 자, ㉣ 위계·위력으로써 여자 아동·청소년을 간음하거나 아동·청소년을 추행한 자, ㉤ 앞 행위들의 미수범 까지 피해자의 고소가 없어도 공소를 제기할 수 있다.

(2) 고소기간의 차이

「형법」 상의 성범죄 중 친고죄의 고소기간은 6개월이지만, 「성폭력범죄의 처벌 등에 관한 특례법」 에 의한 성범죄 중 친고죄는 범인을 알게 된 날로부터 1년을 경과하면 고소하지 못한다. 즉, 고소기간은 1년이다. 다만, 고소를 할 수 없는 사유가 있는 경우에는 그 사유가 없어진 날로부터 기산한다(동법 제18조).

(3) 성폭력 범죄에 대한 특례

성폭력범죄는 자기 또는 배우자의 직계존속도 고소할 수 있고, 피해자의 신원과 사생활 비밀누설금지 등의 특례와 제한이 있다.

제3절 성범죄 수사의 진행절차

Ⅰ. 초동수사 단계

(1) 제1단계 : 현행범 체포와 피해자 구호

범죄현장에 도착한 경찰관은 제일 먼저 범죄현장이나 그 주변에서 범인을 발견하여 현행범으로 체포해야 한다. 범인이 도주 후라면 우선적으로 피해자에게 어떤 도움이 필요한가에 주의를 기울여야 한다. 피해자가 입은 신체적·정신적 피해로 인하여 응급치료를 요하는 경우에는 즉시 피해자를 병원으로 후송해야 한다. 특히 피해자는 강간 외상 증후군으로 정신적 장애를 받고 있는 상태이기 때문에 피해자의 정신적 안정에 최선을 다하여야 한다.[121]

(2) 제2단계 : 피해자 면접과 조사

1) 초동수사관의 피해자 인터뷰

① 수사자료 수집과 무선전파

피해자에 대한 즉각적인 응급치료가 필요하지 않거나 병원에서 응급치료를 한 후 어느 정도 안정된 상태에서 초동경찰은 피해자를 대상으로 조사를 실시한다. 이 때 초동경찰관이 파출소의 외근경찰인 경우에는 범인의 인상착의를 확인하는 질문을 하는 것으로 피해자 조사를 마친다. 피해자에 대한 범죄사실에 관한 구체적인 조사는 전문 수사관이 실시한다. 이때 수사관은 피해자로부터 면식범 여부, 범인의 인상착의와 특징, 피해 당시의 상황, 범행수법 등에 대한 수사자료를 수집해야 한다. 즉, 피해자가 조사를 받을 수 있는 상태일 경우에는 모든 범죄상황과 범인의 인적 사항과 특징에 대하여 확인을 해야 한다.[122] 그러나 수사관은 피해자가 부상으로 치료 중이거나 정신적 충격이 큰 경우에는 범죄사실과 범인 수배를 위한 피의자 인상착의 정도를 확인하는 정도로 그쳐야 한다.

초동경찰관은 필요한 경우에는 무선으로 범인의 인상착의에 대한 정보를 전파한다. 사건이 발생한 지 몇 시간이나 며칠이 경과한 경우와 같이 '식은 신고(cold report)'인 경우에는 무선 전파가 요구되지 않는다.

② 여성수사관으로 수사팀 구성

피해자가 여성 수사관을 요청하거나 현장에 출동한 외근경찰관이 여성 경찰관의 필요성을 판단한 경우에는 수사팀은 여성 경찰관으로 구성해야 한다.

---

121) Weston & Wells, *op.cit.*, p.234.
122) *Ibid.*, p.234.

③ 전문수사관에 의한 구체적 인터뷰

범행에 대한 민감한 부분과 범인의 범행수법은 성범죄에 관한 특수훈련을 받은 전문수사관에 의해 조사되어야 한다. 피해자 인터뷰의 마지막 단계에서 수사관은 피해자의 신체검사의 필요성에 대한 질문을 해야 한다. 이 검사는 피해자의 자발적인 의사에 의해 이루어져야 하지만, 범행의 증거수집과 보존을 위해서, 그리고 용의자 식별에 기여한다는 점에서 반드시 필요하다.[123]

2) 피해자 인터뷰에 의한 수사자료 확보

대부분의 강간범들은 재범자들이기 때문에 특이한 범행수법의 구체화는 과거와 미래의 범죄를 비교하기 위해 필수적인 자료이다. 따라서 수사관의 범행수법 구체화를 위한 피해자에 대한 인터뷰는 다음과 같은 정보를 확보해야 한다. 1) 동의의 결여, 2) 폭력의 량(amount of force), 3) 성기의 삽입(sexual penetration), 4) 변태적인 성행위의 정도와 유형, 5) 성폭행 이전의 범행수법, 6) 성폭행 동안 범행수법, 7) 성폭행 후 특이한 범행수법, 8) 범인과 피해자사이의 면식관계 여부, 8) 범인의 인상착의나 신장, 말투 등 특징 등에 관한 정보를 수집해야 한다.[124]

3) 피해자 조사 환경

강간 피해자는 주위가 산만하지 않고 다른 사람으로부터 방해받지 않는 조용한 장소에서 편안하게 조사를 받을 수 있도록 환경이 조성되어야 한다. 다른 사람이 면접 동안 동석하고 싶을지라도 그들의 동석이 불필요하거나 당혹감을 줄 수 있다. 물론 「성폭력범죄의처벌및피해자보호등에관한법률」 제22조의3에 의해 신뢰관계자의 동석이 허용되는 범죄의 경우에는 예외에 해당된다. 피해자들은 성폭력의 결과에 대한 수치심, 죄의식, 분노에 빠져 있고, 정서적 혼란상태에 빠져 있기 때문에 대인 기피현상이 발생한다.

---

123) Weston and Lushbaugh, *op.cit.*, p.218.
124) Gilbert, *op.cit.*, pp.287-288.

4) 강간외상 증후군과 피해자 인터뷰

① 강간외상 증후군에 대한 고려

강간 피해자는 대부분 자신의 감정상태를 감추고 비정상적으로 조용하고 평온한 얼굴을 한다. 이를 강간 외상 증후군(rape trauma syndrome)이라 한다. 이러한 상황에서 수사관은 범인의 성적 행동에 관한 질문을 하면서 곤혹스런 표정을 지어서는 안 된다. 특히 강간외상 증후군에 빠진 피해자에 대한 인터뷰는 범인의 구체적인 성행위에 대한 질문은 피해야 한다. 구체적인 범죄행위와 수법에 대한 조사는 피해자가 어느 정도 안정상태를 회복했을 때에 실시해야 한다.

② 여성수사관과 체크 리스트에 의한 조사

강간외상 증후군에 빠진 피해자가 남성경찰관에게 범인의 성폭력 행위를 말로 표현할 수 없다면, 여성수사관이 피해자 면접을 해야 한다. 이러한 상황에서 수사관은 말로서 묻기 보다는 사전에 범인의 성적 행동에 대한 체크 리스트(check list)를 만들어 조사하는 것이 효과적이다.125)

③ 피해야 할 질문의 형식

피해자에 대한 질문의 단계 동안 어떤 형식의 질문은 피해져야 한다. "당신과 범인은 성행위를 했느냐 보다는 범인은 강제로 성기를 삽입했느냐?" 식으로 질문해야 한다. 또한 "범행 동안 피해자가 주도권을 행사한 것이냐 또는 성폭력 중에 가능한 동조행위가 있었는가"를 암시하는 질문은 피해야 한다. 또한 범인의 성행동에 관한 질문은 구체적이어야 한다. 느슨한 형식의 질문은 피해자로 하여금 당혹감을 피하기 위해 예, 아니오 식으로 대답하게 만들뿐이다.126)

(3) 제3단계 : 의사의 정밀검사

피해자에 대한 조사과정이 끝나는 단계에서 의사의 정밀 신체검사 필요성을 의논해야 한다. 피해자의 신체검사는 자발적으로 이루어져야 하며 피해자의 동의는 범죄사실과 범인의 식별을 위한 증거의 수집과 보존을 위해서 아주 중요한 사항이다.

---

125) *Ibid.*, p.288.
126) *Ibid.*, p.288.

대체로 피해자 신체검사는 병원 치료 단계에서 이루어진다. 치료담당 의사의 신체검사 보고서는 사건기록의 일부분이 된다. 통상적으로 의사의 진단서에 포함되어야 하는 요소는 ① 피해자의 신체적 외상, ② 강제적인 성행위에 대한 증거, ③ 형법적으로 기수·미수를 가리기 위한 성기삽입여부, ④ 피의자를 특정할 수 있는 증거 등이다.[127]

그러나 보다 많은 요소들이 피해자의 진단서에 포함되어야 한다는 주장도 있다. 즉, ① 피해자의 명백한 정서상태, ② 피해자의 전반적인 외관과 의복, ③ 이빨자국이나 손톱자국 같은 육체적인 외상증후의 관찰, ④ 성폭행에 포함된 육체적인 부분검사, 즉 성기, 입과 항문 등의 내부검사, ⑤ 신체 내외부의 정액검사, ⑥ 성병 감염여부 결정, ⑦ 손톱밑의 혈흔과 기타 흔적 검사. ⑧ 모발, 섬유, 기타 미세증거물 등과 같은 수사단서의 수집과 전반적인 검사, ⑨ 육체적인 외상을 입증하기 위한 사진 등이 포함되어야 한다.[128]

(4) 제4단계 : 현장보존과 목격자 확보

강간사건은 상당한 날짜가 경과한 뒤에 신고하는 경우가 많아 범죄현장이 변질되거나 피해자가 강간당한 장소를 잘 알지 못하는 경우도 있기 때문에 다른 범죄사건의 초동수사단계에서와 같은 현장보존과 관찰은 상당히 어렵다. 최근에는 범인의 차량 안에서 강간당하는 사건이 많아 범인이 체포되기 전에는 초동수사단계의 현장관찰이 불가능하다는 문제도 있다.

그러나 경찰은 범죄발생 즉시 신고를 받거나 범죄현장을 확보하였을 경우에는 즉시 범죄현장보존과 관찰이 이루어져야 한다. 또한 최초로 현장에 도착한 경찰관은 현장보존에 유의하고 강간행위가 발생한 장소 주변에서 목격자 확보에 주력해야 한다.

1) 사진촬영과 증거수집

범죄현장에 도착한 수사관은 피해자의 동의의 결여와 범인의 폭행사용을 입증하기 위한 모든 유형의 증거를 수집해야 한다. 제일먼저 범죄현장은 사진촬영을 통하여 수집되어야 한다. 사진촬영은 범죄현장의 전체 모습에 대한 전경사진과 아울러

---

127) Weston & Lushbaugh, *op.cit.*, p.234.
128) Gilbert, *op.cit.*, p.290.

찢어진 옷, 정액반, 기타 모든 범죄흔적과 같은 구체적인 증거항목에 대해서는 근접 확대 촬영을 해야 한다.

사진촬영후 건물, 차량 또는 옥외현장을 불문하고 모든 증거를 채취해야 한다. 특히 피해자와 범인의 옷이 범행현장과 그 주변에 버려져 있을 수 있다. 모든 속옷, 기타 의류, 침구류와 기타 유의한 물품들은 정액, 혈흔, 또는 모발 검출이 가능하므로 반드시 수거해야 한다.129)

또한 강간이나 성범죄관련 살인사건은 피해자의 몸에서 치흔(이빨자국)이나 손톱자국 등을 발견할 수 있다. 이러한 범인의 치흔과 모든 상처자국은 사진촬영을 한 후에 채취하여 용의자의 이빨구조와 비교하는 과학적 감정을 거쳐 범인을 특정할 수 있다.130)

2) 옥외사건

수사관은 피해자로 하여금 정확한 사건현장을 알려주기 위해 범죄현장에 나오도록 요구해야 한다. 이때에 범죄현장 재방문은 피해자의 정서를 혼란상태에 빠지게 할 수 있기 때문에 피해자의 임의성에 맡겨야 한다. 옥외사건은 토양 추적 증거와 범인의 구두흔이나 타이어흔을 발견할 가능성이 존재한다. 범인이 범죄현장에 로카르(Edmond Locard)의 교환법칙에 의해 자신의 신발이나 옷의 토양을 남겨두거나 범죄현장의 토양이나 부스러기를 가지고 떠난 가능성을 규명하기 위해 범죄현장에서 대표적인 토양 표본이 채취되어야 한다.131)

3) 옥내사건

강간범죄의 대다수는 피해자의 집이나 기타 구조물 내에서 발생한다. 옥내 강간 범죄현장은 잠재지문을 채취할 수 있는 장소이다. 강간범죄의 성질상 범인은 장갑을 착용하지 않기 때문이다. 수사관은 피해자에게 범인이 특별히 손을 댄 물체에 관해 질문을 하고, 재물 피해여부에 관해 탐문해야 한다. 범인의 출입구를 확인한 후 출입문과 창문에서 도구흔, 깨진 유리조각, 페인트 조각, 족적 같은 수사단서를 수집해야 한다. 수사관은 피해자가 범죄신고 전에 범행사실을 알게 된 모든 이웃사람의 인

---

129) *Ibid.*, p.291.
130) *Ibid.*, p.292.
131) *Ibid.*, p.291.

적사항을 확인한 후 어떤 추가적인 정보와 신고가 지연된 사유를 입증하기 위한 목격자 탐문을 해야 한다.132)

(5) 피의자 특정을 위한 단서확보

강간사건은 일반적으로 정보제공자의 도움을 받기 어렵고 범죄수법자료, 즉 수법원지나 피해통보표 등의 수법자료 역시 연쇄강간범 같은 상습범이 아닌 경우에 활용하기도 어렵기 때문에 범인특정이 중요한 문제이다. 또한 모든 강간 범죄의 이익과 동기는 비슷하고 일반적으로 강간 용의자의 사진은 이용불가능하고, 현장관찰에서 얻은 수사자료도 거의 없다.

이러한 경우에 신원불명의 강간범을 식별하기 위한 단서는 살인범죄 수사와 같은 영역에서 개발된 다음과 같은 항목들이 이용된다. ① 피해자의 배경, ② 피해자가 접촉한 사람이나 피해자가 강간피해를 당한 시간대에 방문한 사람, ③ 범죄현장에서 발견된 유류물이나 흉기 등 유류품의 소유자, ④ 피해자나 범행장소에 대한 지식과 기회(knowledge and opportunity)의 소유자, 즉 지리감 또는 연고감을 가지고 있거나 범행의 기회를 가질 수 있는 자, 범죄현장과 피해자에게 접근할 수 있는 사람이나 실제로 강간이 발생한 시간에 범죄현장이나 그 주변에 있었던 사람, ⑤ 피해자의 심한 반항이나 반격에 의해서 상처를 입은 사람, 피해자의 손톱자국이나 치흔이 몸에 남아 있는 사람, ⑦ 주변에서 이전에 발생한 강간사건과 관련된 범죄자 등을 수사대상으로 한다.133)

2. 추가적인 피해자 조사

피해자에 대한 추가적인 조사(follow-up interview)는 용의자가 체포된 경우에 주로 실시된다. 그러나 용의자가 특정되지 않은 경우에도 피해자의 육체적 부상이나 정신적 조건, 적절한 사적 공간의 결여, 또는 전문가의 필요성 등에 의해 심층적인 추가조사가 실시될 수 있다.134)

---

132) *Ibid.*, p.291.
133) Weston & Wells, *op.cit.*, p.236.
134) Weston & Lushbaugh, *op.cit.*, pp.220-221.

(1) 용의자 검거시

추가적인 피해자 조사는 검거된 용의자가 사건의 진범인지를 밝히는데 초점이 맞추어져야 한다. 용의자를 여러 명의 다른 사람들과 함께 줄을 세워서 피해자로 하여금 용의자를 식별하게 하는 선면수사방법이 사용될 수 있다. 이때 피해자의 용의자 식별이 주관성이나 기타 효력을 상실하게 하는 요인들로부터 보호될 수 있도록 모든 법적인 절차를 준수해야 한다.

피해자가 줄 세우기(lineup)에 의한 용의자 식별에 실패한 경우에, 경찰은 체포된 용의자를 진범이라고 확신한다면, 강력한 다른 식별증거를 수집하여야 한다. 심지어 피해자가 줄세우기에서 강간범을 식별한 경우에도, 용의자 식별을 위한 목격자 증언이나 물증 등의 증거는 줄세우기 식별의 증거능력에 대한 공격을 방어하는데 중요하다.135)

(2) 범인이 특정되지 않은 경우

① 피해자의 기억을 환기시켜 범인이 범행당시에 입었던 옷의 색깔, 범인의 인상착의, 신체적 특징, 말씨나 특징적인 행동, 범행에 사용된 자동차의 종류나 번호 등에 대한 조사를 한다. ② 자동차 번호의 일부분이나 부분적인 세부사항을 기초로 컴퓨터 시스템에 의한 식별도 이용될 수 있다. ③ 필요하다면 몽타주 전문가(identi-kit specialist)에게 의뢰하여 용의자의 몽타주를 만들어 수배수사를 하는 것도 고려해야 된다.136)

(3) 피해자에 대한 접근방법의 조사

1) 범인의 초기 접근과 범행특징

신원이 특정되지 않은 연쇄강간범을 발견하고 체포하기 위해 경찰은 범인의 범행수법이나 행동에 대한 정보를 필요로 한다. 따라서 경찰은 피해자를 대상으로 범인이 피해자에게 접근한 방법, 범죄상황에서 폭력 행사방법, 성행위의 특징, 또는 범인이 자신의 신원을 감추기 위한 어떤 노력을 하였는지에 대한 조사를 해야 한다. 범인마다 범행수법이 다르고 어떤 범인은 변장이나 복면 또는 목소리 바꾸기나 피해

---

135) Weston & Wells, *op.cit.*, p.236.
136) *Ibid.*, p.237.

자의 눈을 가리기도 한다.

강간 피해자를 대상으로 한 추가조사의 가장 어려운 문제는 피해자들이 강간 당시의 성행위에 대하여 자세하게 대답하기를 싫어한다는 점이다. 이러한 경우에 최선의 기법은 강간범의 성행위 유형의 결정으로 해결되지 않은 다른 강간사건의 범인을 특정하기 위하여 필요하다는 점을 피해자에게 설득시키는 방법이다.

2) 강간범의 피해자 강제수단

강간범은 피해자를 강제하기 위해 보통 다음과 같은 수단들을 사용한다. 하나의 수단만 사용할 수도 있지만, 대체로 이러한 수단들을 결합하여 사용한다.[137]

① 단순히 말로 위협하기

위협과 명령은 보통 말로 표현된다. 그러나 어떤 강간범은 능수능란한 말솜씨를 활용하여 접근하기도 한다. 이러한 경우에 중요한 행동단서는 말의 내용과 어조(pace)이다.

② 흉기를 보여주기

범인이 어떤 무기를 보여주었으며, 강간은 그 무기와 어떤 관계가 있었는가를 조사한다. 또한 피해자는 그 무기에 대하여 어떻게 표현하였는가를 조사한다.

③ 물리적인 폭력사용 하기

물리적 폭력의 사용과 그 정도는 범인의 범죄행동을 결정하는데 가장 중요한 요소이다. 피해자로부터 사용된 폭력의 정확한 진술을 청취함으로써 경찰은 범행의 폭력성의 정도 또는 잔인성을 규명하여야 한다.

3. 목격자 조사

(1) 신고자의 신원확인

최초로 신고를 받은 경찰관은 신고자가 목격자인 경우 그의 신원을 확인해 두어야 하며, 범죄현장과 그 주변에서 목격자들을 확보하는 탐문수사를 전개해야 한다.

---

137) *Ibid.*, p.237.

(2) 사건발생 직전 목격자 및 발생 후 최초 연락자

수사관은 피해자가 자신의 강간당한 사실에 관하여 의견을 교환한 사람, 최초로 도움을 청한 사람을 찾아 조사하는 것이 중요하다. 이들은 피해상황과 사건 직후의 피해자 상태를 알고 있는 중요한 목격자가 된다. 또한 강간사건이 발생하기 직전에 피해자를 목격한 사람도 중요한 목격자로서 조사의 대상이 된다.138)

4. 범인체포

(1) 범인신체 검사

용의자가 범행 후 의사의 신체검사를 통하여 범죄증거를 발견할 수 있는 합리적인 시간 이내에 체포된 경우 먼저 병원에서 용의자의 신체에 대한 검사를 실시해야한다. 신체검사에서 ① 긁힌 자국이나 물린 자국, ② 멍든 자국, ② 문신이나 점, 흉터, ③ DNA 지문 감식을 위하여 용의자의 혈액, 정액, 오줌, 타액, 모발(머리털과 음모)을 채취해야 한다.139)

(2) 착의 및 흉기압수와 체액 감정의뢰

범인 체포시에 범인의 주거나 소지품에서 흉기나 절취 재물 등을 수색하여 압수하고, 체포 당시에 범인의 착용 의복이 범행 당시에 입고 있던 옷이라고 인정되는 경우에 즉시 그 옷을 압수하여 법의학 실험실에 보내야 한다. 피해자가 제공한 범인의 착의에 관한 정보는 범인이 옷을 바꿔 입었는지를 확인할 수 있는 단서가 된다. 범인의 착의에 대한 정보에 의해 체포 당시의 옷과 범행당시의 옷이 동일하지 않다고 명백하게 인정되는 경우에는 용의자의 모든 옷을 압수하여 법의학 실험실에 제출하여 검사를 받도록 해야 한다. 또한 이러한 상황에서 범행 당시에 버린 찢어진 옷이나 기타 유류품 등을 범죄현장이나 그 주변에 대한 수색으로 찾아야 한다.

강간은 범인과 피해자 사이에 성교를 포함한 신체밀착 행위가 있었으므로 모발, 정액, 혈흔 또는 섬유가닥 같은 증거물을 서로 교환하는 결과를 초래한다. 따라서

---

138) Weston & Wells, *op.cit.*, p.238.
139) *Ibid.*, p.239.

피의자의 몸과 옷은 그러한 증거가 부착되어 있으므로 이들을 채취하여 법의학 실험실에 감정을 의뢰해야 한다.[140]

(3) 피의자 조사방법

1) 피해자 비난과 용의자 기분배려 질문기법

비면식범 사건의 용의자를 대상으로 조사를 할 경우에 수사관은 용의자의 자아를 존중하는 것이 조사과정에 도움이 되고 범행에 대한 자백을 이끌어낼 수 있다. 이러한 범인들은 여성을 무의미한 존재로, 자신들을 남자다운 존재로 생각하기 때문에. 피해자를 비난하고 용의자의 기분을 맞춰주는 질문은 긍정적인 조사 결과를 얻어낼 수 있다.

2) 환상에 기초한 질문기법

공격적인 강간범 처리에 성공적인 또 하나의 기법은 환상에 기초한 질문(fantasy -based interview)방법이다. 연구에 의하면, 대부분의 강간범들은 미래의 범죄를 정신적으로 실행하는 것과 같은 환상상태속에 빠져 있다는 것이다.

따라서 수사관은 친절한 상담가가 되어 용의자로 하여금 자신의 환상을 공개적으로 표현할 수 있도록 동기부여를 해야 한다. 수사관은 용의자의 마음을 편안하게 유도하고 모든 사람이 환상을 가지고 있다는 점을 부각하면서, 상담가로서 사용할 수 있는 대화기법을 발휘해야 한다. 결과적으로 용의자가 강간 지향적인 환상을 털어 놓을 경우에 그 구체적인 내용과 수사 중인 사건들을 비교하여 유사성을 찾아 수사를 전개할 수 있고, 미래의 발생가능한 범죄에 대비한 수사자료로서 활용할 수 있다.[141]

5. 성범죄 수사시 주의사항

(1) 여성심리 고려

강간을 당한 여성은 수치심과 자존심, 강간외상 증후군 등으로 고의로 거짓말을 하는 경우가 많으므로 그 진술내용을 맹신하여서는 아니 된다. 진술을 청취할 경우에도 은밀히 하고 과격하거나 직설적인 표현을 삼가는 등 성적 수치심을 자극하지 않도록 주의해야 한다.

---

140) *Ibid.*, p.239.
141) *Ibid.*, p.289.

(2) 범인의 성폭력 상습성 파악

강간범죄는 대부분 상습범의 소행이므로 수사관은 상습범 특유의 범행수법, 즉 변장이나 복면, 피해자에게 접근방법, 폭력사용방법, 성행위의 특징, 성행위후의 특이행동 등 상습범에게 나타날 수 있는 전반적인 범행수법에 대한 조사를 해야 한다.

우리나라는 강간범죄를 수법범죄로 규정하여 수법원지와 피해통보표, 기타 공조 제보 등의 수법자료를 활용하여 상습범의 범행여부를 파악할 수 있다.

(3) 자백유도와 최대한의 물증 확보

1) 면식범

피해자와 범인이 면식관계에 있는 경우에는 범인이 누구라는 사실이 특정되지만, 피해자의 의사에 반하여 강간이 이루어졌다는 사실을 규명하기가 애매한 사건이 많다. 즉, 강제로 성폭력이 발생했다는 피해사실을 규명하기 어렵다는 것이다.

데이트 강간범을 포함하는 면식범(contact offenders)은 대체로 어느 정도의 죄책 감을 느끼지만, 자신의 행위가 범죄라고 생각하지는 않는다는 특징이 있다. 따라서 수사관은 조사과정에서 범죄의 도덕적 심각성에 관해서는 최소화하고 유사한 상황에서 다른 사람들도 동일한 행위를 할 수도 있다는 식으로 질문하는 것이 효과적이다. 수사관 자신에게는 마음에 들지 않을 지라도, 조사과정에서 피해자를 비난하는 것은 흔히 범인의 저항을 최소화하고 자백을 이끌어 내는데 효과적일 수 있다.[142]

수사관은 범인이 자백하더라도 대부분 화간이라고 주장하므로 현장의 상황과 신체상의 상처 등을 기초로 한 반항의 정도 등을 기초로 화간이 아니라는 사실을 입증하고, 범인의 범행 당시 착의에서 체액을 채취하여 물증을 확보해야 한다. 아울러 피해자의 착의와 신체검사 등을 통하여 범행사실을 입증할 수 있는 물증을 확보해야 한다.

2) 비면식범

① 탐문수사와 물적증거 확보통한 용의자 선정

강간범들이 야외에서 윤간을 하고 도주한 사건과 같이 비면식범 사건은 강간이라는 피해사실이 분명하다. 그러나 비면식범 사건이므로 범인이 불명한 경우가 대부분이다. 따라서 수사관은 피해자, 목격자 기타 참고인 등에 대한 탐문수사를 통하여

---

142) Gilbert., *op.cit.*, p.289.

용의자를 발견해야 한다.

아울러 범죄현장에서 정액이나 혈흔, 모발, 타액, 치흔, 손톱자국, 긁힌 흔적 등 범인식별에 필요한 물적 증거를 확보해야 한다. 용의자를 체포하였을 경우에는 용의자의 착의와 신체상의 특이점을 면밀하게 조사하고 가택에 대한 압수·수색을 실시하여 물증을 확보해야 한다. 용의자들은 대부분 알리바이를 주장하면서 범행을 부인하므로 알리바이 수사를 반드시 실시하여 물증을 발견하는데 주력해야 한다.

(4) 화간 여부의 신중한 판단

강간사건은 종종 피의자로부터 화간이라는 주장이 제기되는 일이 많다. 이러한 경우에 ① 피해자와의 면식정도 및 관계, ② 범행현장의 모양과 그 주변의 상황, ③ 범행장소에 이르게 된 경로, ④ 범행의 방법, ⑤ 반항의 흔적, ⑥ 범행일과 고소일의 간격 등을 세밀히 검토해야 한다.

제4절 아동 성폭력사건 수사

Ⅰ. 아동성폭력 범죄의 특징

(1) 소아 성애자(pedophile)의 범죄

아동 성폭력은 보통 소아 성애자에 의해 발생한다. 소아 성애자란 아동들과의 성 접촉을 좋아하고 성적 환상과 성욕 대상이 아동에게 집중되는 인간을 말한다. 소아 성애자는 상황적 소아 성애자(situational pedophile)와 선호적 소아성애자(preferential offenders)로 구분될 수 있다.[143]

1) 상황적 소아 성애자

상황적 소아 성애자는 성욕 충족 대상을 전적으로 아동에게 집중하지는 않는다. 따라서 소아 대상 범행이 지속적이지도 않고, 수적으로 많지도 않다. 아동은 단지

---

143) *Ibid.*, p.295.

범인과 같은 또래의 성적 대상자에 대한 대용물에 지나지 않는다. 이러한 소아 성애자는 사회적응 기술의 결여, 자의식의 결여, 성격장애 상태에 있는 사람이다. 이러한 유형의 아동 성폭력은 아동들의 이용가능성에 의해 발생하기 때문에 아버지나 친척들이 주된 가해자들이다.

2) 선호적 소아 성애자

선호적 소아 성애자(preferential offender)란 아동에 대한 명백하고 집중된 성적 선호를 가진 아동성폭력자를 말한다. 이들의 성폭력 이유는 상황적 긴장이나 부적절한 사회적 기술 때문이 아니라 아동들을 매력적인 성적 대상으로 선호하기 때문이다. 이들이 바로 전형적인 소아 성애자이며 아동 포식자로서 체포될 때까지 많은 아동들을 피해자화한다. 또한 아동들의 성적 억제를 허물고 적극적인 성적 행동을 끌어내기 위하여 다양한 성적 기법을 활용한다. 상황적 성애자도 때로는 아동을 납치하여 성폭력을 행사하지만, 대부분의 선호적 소아 성애자들은 아동을 납치하여 성폭력을 행사한다.

다양한 연구는 소아 성애자의 특징을 다음과 같이 지적한다.[144] ① 일반적으로 남성범죄자로서 피해자보다 나이가 많다. ② 여성 피해자가 대부분이지만 상당한 수의 남자 아동들이 피해자화된다. ③ 일반적으로 문제 가정이나 아동을 돌보기 힘든 결손가정의 아동들이 피해자화 된다. ④ 흔히 아동 포르노에 관심을 가지고 그러한 영상물이나 자료를 수집한다. ⑤ 아동에게 접근을 용이하게 하는 직업이나 사회활동을 추구하고 성인과의 관계를 배제한다. ⑥ 흔히 고정적인 직업이 없는 등 불안정한 고용과 배경을 소유한다.

(2) 가족이나 친족 간의 범행증가

1) 특 징

최근에 가족관계에 있는 성인과 아동 사이에 아동 성폭력 사건이 급속히 증가하고 있으며 경찰과 사회기관에 많은 사건이 신고 되고 있다는 것이 특징이다. 이러한 범죄 유형을 가족 성폭력범죄자(family offenders)라고 하며, 가족 중에 소아 성애자가 있는 경우에 더 흔히 발생한다.[145] 가족 성폭행범은 딸, 아들, 또는 친척들을 범행대상으로 한다.

---

144) *Ibid.*, p.295.
145) *Ibid.*, p.297.

미국심리학회에 의하면, 1천2백만에서 1천5백만에 이르는 사람들이 가족관련 성폭행이나 추행의 피해자이다. 대다수의 사건은 아버지와 친딸, 또는 양부와 양녀사이에 발생한다. 극소수이기는 하지만 어머니가 가해자인 경우도 있다. 가족관련 성폭행범들은 배우자에 대한 반감이나 성행동 변화를 야기하는 예기치 않은 긴장 때문에 성폭행을 하는 상황적 범죄자들이다. 극소수는 선호적 소아성애자인 경우도 있다. 근친상간 형태의 가족 성폭행범은 가족 내의 한 아이를 성폭행한 후 다음에는 다른 아이를 성폭행하는 식으로 연쇄 근친상간(serial incest)을 한다.

2) 징 후

근친상간 형태의 아동 성폭행의 징후는 다음과 같다.

① 가족의 한 아이가 다른 아이보다 좋은 옷을 입고 더 많은 돈을 소비하는 경우, ② 아이가 성기나 항문 등에 고통을 호소하는 경우, ③ 정기검진 결과 성병이나 정액반이 발견된 아이의 경우, ④ 아이가 이상할정도로 조용하고, 두려워하고, 대인기피적인 경우로서 그러한 행동변화는 근친상간이 시작될 때 갑자기 나타난다.

(3) 면식관계 없는 자들 간의 범죄

1) 범죄의 특징

① 아동납치 성폭력범죄

비가족간의 아동 성폭력은 주로 아동납치에 의하여 시작된다. 비가족 아동납치는 몸값요구 보다는 성적 욕구라는 동기에 의해 발생한다.

② 범인의 주거지역 주변 범죄

피해자의 약 60%는 자기 집에서 0.25마일 이내에서 납치되고, 범인의 약 70%는 범행지역에 살거나 직장을 가고 있거나 친구를 방문하는 등의 적법한 이유를 가진 자들이다. 납치후 살해된 아동의 약 70%는 강간이나 성폭행을 당한 것으로 나타났으며, 평균 나이는 11살이었다.[146]

---

146) David Finkelhorn et al, Missing, Abducted, Runaway, and Thrownaway Children in America(Washington, D.C. : U.S. Department of Justice, 1990), pp.8-10.

③ 성폭력후 귀가조치 또는 살해

범인은 아동을 납치하여 성폭력을 한 후에 귀가시켜주기도 하지만 영원히 돌려보내지 않거나 살해하기도 한다.[147] 미국의 경우 장기간 아동납치 사건 3,000건 중에 약 200건이 아동을 50마일이나 그 이상으로 유괴한 후 몸값을 받고 돌려주거나 범인이 영원히 아동을 데리고 있거나 또는 살해한다. 매년 약 100명의 아동이 비가족 유괴사건의 결과로서 살해된다.

2) 앰버경보(Amber Alert)시스템

미국에서 아동납치와 성폭력 후 살해 사건은 국민과 경찰의 높은 관심을 불러일으킨 결과 1997년에 앰버경보 시스템이 채택되었다. 앰버경보는 1996년 텍사스에서 납치된 후 살해된 9살짜리 소녀 앰버 헤이그만(Amber Hagerman) 사건으로 채택된 제도이다.[148]앰버경보는 라디오와 텔레비전 방송 기타 통신매체나 인터넷, 전광판 등을 통하여 용의자, 범행차량, 피해자에 대한 구체적인 자료를 국민 대중에게 알려주는 경보 시스템으로서 실종아동 발견과 범인발견·체포가 목적이다.

우리나라는 제주지역에서 발생한 양지승 어린이 실종사건으로 2007년 4월9일 처음 도입되어 실시되고 있다.

3) 범죄자의 특징

① 대부분의 범죄자는 미혼의 남자(95%)로서 친구가 없는 것이 특징이다. ② 아동에 대한 계속적인 성적 환상에 빠져 있고, 사회에서 따돌림 당한 유형의 사람들로서 상당한 량의 아동 포르노테이프 등을 소유하고 있다. 그러나 어떤 범죄자들은 실제로는 성인 여자를 성 파트너로 좋아하지만, 사회적 기술의 부족으로 자신과 동년배의 여성들과 좋은 관계를 형성하지 못하거나 성적 파트너 만들기에 성공하지 못하는 성인여성을 단념하고 힘으로 제압할 수 있는 아동을 선택한다. ③ 비가족 범죄자의 아동 납치 성폭행 사건 중의 40%가 살해되고 32%가 중상을 입은 것으로 나타났다. 거의 모든 비가족 아동 성폭행범들은 범행에 폭력을 사용하고 25%는 가학적인 변태성욕자이다. ④ 아동 성폭행범들은 전형적으로 여아를 선택하지만, 남아도

---

147) Gilbert, *op.cit.*,, p.295.
148) *Ibid.*, p.296.

선택된다. 1980년대 말의 연구결과에 의하면, 피해자의 70%가 소녀였으며, 30%가 소년이었다.149) ⑤ 아동 성폭행범들은 자신의 어린 시절에 성적학대나 폭행을 당한 경험이 있으며 자기애적인 성격(narcissistic personality)의 소유자이다. 대부분의 아동 성폭행 피해자들이 성인으로 성장하여 성폭행범이 되는 것은 아니다. 그러나 아동 성폭행범의 약 40~80%가 어린 시기에 성학대나 추행 등을 겪은 사람들이라는 것으로 밝혀졌다.150)

2. 피해자 조사

(1) 대상아동 신속한 면담

강간 사건이 신고된 후 신속하게 어린이를 면담해야 한다. 어린이와 면담하기 전에 부모에게 미리 질문의 목적과 범위를 설명한다. 여성수사관이 조사하는 것이 효과적이며 어린이의 취미나 애완동물 얘기부터 시작하는 등 특별한 조사기술을 사용해야 한다. 면담이 끝나면 가급적 부모는 어린이에게 면담내용에 대하여 물어보지 않도록 해야 한다.

(2) 신뢰관계에 있는 자의 동석

1) 동석고지와 신청에 의한 동석조치

아동 성폭력 사건은 대부분 부모들이나 법정대리인에 의하여 신고된다. 어린이는 정신적으로 혼란상태에 있기 때문에 아동이 반대의사를 표명하지 않는 한 심리적 안정을 위하여 부모를 참여시키는 것이 바람직하다.151)

우리나라는 ① 특수강도강간등, ② 특수강간 등, ③ 친족관계에 의한 강간 등, ④ 장애인에 대한 간음등, ⑤ 13세미만의 미성년자에 대한 강간, 강제추행등, ⑥ 업무상 위력에 의한 간음, ⑦ 강간상해·치상등의 성폭력 피해자 조사시 경찰관은 피해자 또는 법정대리인에게 신뢰관계자가 동석할 수 있음을 고지하고 신청이 있는 때에는 수사상 지장을 초래할 우려가 있는 등 부득이한 경우가 아닌 한 피해자와 신

---

149) Ann W. Burgess, Children Traumatized in Sex Ring(Washington, D.C. : National Center for Missing and Exploited Children, 1989), p.7.
150) Donald K. Wright, Too Late for Tears, The Detective, Summer/Fall 1989, p.18.
151) Gilbert, *op.cit.*, pp.298-299.

뢰관계에 있는 자를 동석하게 하여야 한다.[152]

동석신청은 신청인으로부터 동석 신청서 및 피의자와의 관계를 소명할 수 있는 자료를 제출받아 기록에 편철하여야 한다. 다만, 신청서 작성에 시간적 여유가 없는 경우에는 신청서를 작성하게 하지 않고 수사보고서나 조서에 그 취지를 기재하는 것으로 갈음할 수 있다. 대상자와 피의자와의 관계를 소명할 서류를 동석 신청시에 제출받지 못하는 경우에는 조사의 긴급성, 동석의 필요성 등이 현저한 때에 한하여 예외적으로 동석조사 이후에 자료를 제출받아 기록에 편철할 수 있다.[153]

2) 직권에 의한 동석조치

사법경찰관은 피해아동등의 신청이 없더라도 동석의 필요성이 있다고 인정되는 때에는 피해자와의 신뢰관계 유무를 확인한 후 직권으로 신뢰관계자를 동석하게 할 수 있다. 다만, 이러한 취지를 수사보고서나 조서에 기재하여야 한다. 또한 사법경찰관은 수사기밀누설이나 신문방해 등을 통해 수사에 부당한 지장을 초래할 우려가 있다고 인정할만한 상당한 이유가 존재하는 때에는 동석을 거부할 수 있고, 수사기밀누설이나 신문방해 등을 통해 부당하게 수사의 진행을 방해하는 경우에는 신문 도중에 동석을 중지시킬 수 있다.[154]

3) 동석자의 자격 및 위치와 퇴거

피해자와 동석할 수 있는 신뢰관계에 있는 자는 피해자의 직계친족, 형제자매, 배우자, 가족, 동거인, 보호시설 또는 교육시설의 보호 또는 교육담당자 등이다. 경찰관은 성폭력 피해아동 조사시 신뢰관계자는 피해아동 등의 시야가 미치지 않는 적절한 위치에 좌석을 마련하고, 조사 전에 수사에 지장을 초래할 우려가 있는 경우 동석자의 퇴거를 요구할 수 있다는 것을 고지해야 하며, 다음과 같은 사유들이 발생하거나 그 염려가 있는 때에는 동석자의 퇴거를 요구하고 조사할 수 있다. ① 조사 과정에 개입하거나 조사를 제지·중단시키는 경우, ② 피해아동 등을 대신하여 답변하거나 특정한 답변을 유도하는 경우, ③ 피해아동등의 진술번복을 유도하는 경우, ④ 그 밖의 동석자의 언동 등으로 수사에 지장을 초래할 우려가 있는 경우[155]

---

152) 범죄수사규칙 제221조, 경찰청훈령 제526호, 2008.7.22.
153) 범죄수사규칙 제62조, 경찰청훈령 제526호, 2008.7.22.
154) 범죄수사규칙 제61조, 경찰청훈령 제526호, 2008.7.22.

(3) 개방형의 질문형태

1) 치료요법적인 질문보다는 법과학적 질문형식

① 피해아동의 발달상태에 대한 전반적인 자료수집

수사관은 실질적인 질문을 하기 전에 피해 아동의 발달상태에 관한 전반적인 자료를 확보해야 한다. 따라서 아동의 나이, 형제, 가족구성, 이상한 신체적 또는 행동적 문제와 기타 학교생활이나 친구관계 같은 요인들을 파악해야 한다. 더욱이 성폭행의 상황과 구체적인 세부내용, 신고자가 성폭행을 발견한 상황 등에 대하여 피해자 조사 이전에 신고자로부터 확보해야 한다.

② 개방형의 법과학적인 질문

아동의 최초 조사시 어떤 대답을 유도하는 질문은 피해야 한다. 압수수색영장이나 체포영장을 발부받을 수 있는 증거를 확보하기 위하여 설계된 개방적인 질문 기법을 채택해야 한다. 이러한 법과학적 질문기법(forensic interviewing)은 피해자로 하여금 치료요법적인 조사차원의 검사없이 대답을 할 수 있게 한다. 법과학적 질문기법은 아동 상담전문가 등에 의해 피해아동의 정서적 치료과정을 실시하기 위하여 치료요법적 접근 차원에서 설계된 질문기법에서 발생하는 질문의 오염문제를 해소할 수 있다.

아동성폭력은 사회문제가 아니라 범죄문제로 처리되어야 한다. 아동심리 상담가의 최초조사는 아동의 심리적 치료에 도움을 줄지라도, 그러한 형태의 질문은 피해자의 반응을 법적으로 오염시키는 문제를 야기한다. 따라서 피해아동에 대한 법과학적 질문은 "아저씨가 어떻게 너의 옷을 벗겼느냐?"가 아니라 "너의 옷에 무슨 일이 일어났느냐?"형식으로 이루어진다.156)

2) 개방형질문에 의한 법적인 문제파악

피해아동의 최초 진술이 끝났을 때, 수사관은 법적으로 중요한 사항을 규명하기 위한 개방형의 질문을 해야 한다. 특히 구체적인 성행위의 형태와 강제력의 사용 정도에 관한 사실을 밝힐 수 있어야 한다. 해부학적인 인형을 사용하거나 아동으로 하

---

155) 범죄수사규칙 제221조, 경찰청훈령 제526호, 2008.7.22.
156) W.C. Overton, Child Sexual Abuse Investigation, Law and Order, 42, no.7(July 1994), p.97.

여금 그림을 그려서 성폭력을 묘사할 수 있도록 하는 기법이 사용되지만, 수사관의 방향제시나 유도성 질문이 개입되지 않도록 주의해야 한다. 또한 피해자의 자발적인 진술을 기록하기 위한 진술녹화가 이루어져야 한다.157) 아울러 모든 성폭행 아동들은 전문성을 가진 의료인에 의한 완벽한 진료과정을 통하여 검사를 받아야 한다.

(4) 성폭력 피해아동 대상 진술녹화

1) 대 상

16세 미만이거나 신체장애 또는 정신장애로 사물을 변별하거나 의사를 결정할 능력이 미약한 때에는 피해자의 진술내용과 조사과정을 비디오녹화장치 등 영상물 녹화장치에 의하여 촬영·보존하여야 한다. 경찰관은 이때 피해아동등과 그 법정대리인에게 진술녹화의 취지 등을 설명하고, 그 동의여부를 확인해야 하며 서면동의서를 제출하게 하여야 한다. 다만, 피해아동 또는 법정대리인이 이를 원치 않을 경우에는 촬영을 해서는 아니 된다.158)

2) 증거보전의 특례

위의 진술녹화의 대상이 되는 피해자는 공판기일에 출석하여 증언하는 것이 현저히 곤란한 사정이 있는 것으로 인정되면, 피해자나 법정대리인은 검사에게 진술녹화 영상물에 대한 증거보전 청구를 요청할 수 있다. 검사는 그 요청이 상당한 이유가 있다고 인정하는 때에는 증거보전 청구를 할 수 있다. 결과적으로 피해자가 법정에 증인으로 출석하지 않는 대신에 진술녹화 영상물은 공판정에서 증거로 제시될 수 있다.159)

3) 아동심리 전문가의 조사

① 아동이 초등학교 3학년 이하로서 연소한 경우, ② 이미 소아정신과나 아동심리 전문가로부터 상담치료를 받고 있는 경우, ③ 경찰관 조사시 심리적 어려움을 겪거나 조사의 실효성 확보가 어려운 경우, ④ 조사장소는 경찰관서에 국한되지 않고 녹화장치가 갖춰진 아동상담기관 등에서도 가능하다.

---

157) Gilbert, *op.cit.*, p.299.
158) 범죄수사규칙 제220조, 경찰청훈령 제526호, 2008.7.22.
159) 성폭력범죄의처벌및피해자보호등에관한법률 제21조의 3 및 제22조의 6, 법률 제9110호, 2008.6.13.

4) 진술녹화 테이프 보관

경찰은 진술녹화실의 관리책임자를 반드시 지정하여 운영하여야 하며, 녹화 후에는 절차와 진술 등에 대한 수사보고서를 작성해야 한다. 진술녹화테이프는 2개를 복사하여 그 표면에 사건번호, 죄명, 진술자 성명 등 사건정보를 기재해야 한다.

영상녹화테이프 중 1부는 원본으로서 진술자 또는 변호인 앞에서 지체없이 봉인하고 진술자로 하여금 기명날인 또는 서명하게 해야 하며 나머지 1부는 부본으로서 수사기록에 편철한다. 원본 봉인시 진술자의 기명날인이나 서명을 받을 수 없는 경우에는 기명날인 또는 서명난에 그 취지를 기록하고 경찰관이 직접 기명날인 또는 서명한다.[160] 경찰관은 원본을 봉인하기 전에 진술자 또는 변호인이 녹화물의 시청을 요구하는 때에는 영상녹화물을 재생하여 시청하게 해야 한다. 이 경우 진술자 또는 변호인이 녹화된 내용에 대하여 이의를 제기한 때에는 그 취지를 기재한 서면을 사건 기록에 편철하여야 한다.[161]

또한 피해자나 법정대리인이 요구하는 경우 그 사본을 교부해야 한다.[162] 촬영한 영상물은 공판준비 또는 공판기일에서 피해자 또는 조사과정에 동석하였던 신뢰관계에 있는 자의 진술에 의하여 그 성립의 진정함이 인정된 때에는 증거로 할 수 있다. 누구든지 진술녹화장치에 의해 촬영한 영상물을 수사 및 재판의 용도 외에 다른 목적으로 사용하여서는 아니 된다.

3. 피의자 조사

(1) 아동폭력 용의자 주거 압수·수색

소아 성애자들은 성폭력과 관련된 증거물을 그들의 주택에 소유하는 경우가 많다. 마약범죄자들이 그들의 집에 마약사용과 관련된 증거물을 소유하고 있는 것과 마찬가지로 소아 성애자들 역시 아동성폭력과 관련있는 다양한 물건을 소유하거나 보유하고 있을 가능성이 높다. 수사기관은 압수·수색영장을 발부받아 용의자의 아동성폭력의 물적 증거를 확보하거나 피해자의 진술을 보강할 수 있다. 더구나 물적 증거

---

160) 범죄수사규칙 제78조, 경찰청훈령 제526호, 200876.22
161) 범죄수사규칙 제79조, 경찰청훈령 제526호, 2008.7.22.
162) 성폭력범죄의처벌및피해자보호등에관한법률 제21조의 3, 법률 제9110호, 2008.6.13.

는 과거의 아동성폭력 사건과의 관련성을 규명할 수사 단서가 된다. 모든 컴퓨터와 관련 입력물, 아동 포르노와 피해자 영상물 등에 대한 수색을 하여야 한다.163)

(2) 용의자 책임 최소화와 증거 대질조사

1) 범인의 업무수행상의 긍정적인 측면 인정

대부분의 성폭행범은 처음에 범행을 부인하거나 자신의 범행을 양적·질적으로 최소화하려 한다.164) 또한 대부분 피해자를 비난하면서 자신의 행동을 합리화하려 한다. 교사, 의사, 상담가 등이 자신의 직업적인 시설안에서 범행을 한 경우에는 자신의 업무수행과정과 연결시켜 범행사실을 은폐한다. 이러한 경우에 수사관은 성폭행범의 업무수행과정의 긍정적인 측면을 강조하고 범행에 대한 불쾌감 정도와는 관계없이 범인에게 관심을 보여주어야 한다.

2) 범죄의 최소화 기회제공과 증거의 제시

성공적인 수사관은 일반적으로 두 가지 단계, 즉 범죄의 최소화와 증거의 제시단계를 거친다. 따라서 수사관은 용의자 조사시 우선 피의자의 범죄를 최소화할 수 있는 도덕적 변명을 제공할 수 있는 질문을 개발해야 한다. 이러한 경우에 용의자는 자신의 자존심을 살릴 수 있고, 결과적으로 유죄인정 또는 완전한 자백을 할 수가 있다. 범행 책임 최소화는 용의자로 하여금 심리적으로 자신의 범행을 합리화하게 하고 범죄의 책임을 다른 사람에게 전가하는 투사(projection)의 기법에 의해 성취될 수 있다.

수사관은 범죄의 책임에 대한 최소화에 추가하여 범죄를 입증하는 증거를 용의자에게 제시함으로써 범행을 추궁하여야 한다. DNA 검출이나 지문 같은 물적 증거라면 더욱 범행 인정을 받을 수 있는 결정적인 증거가 되겠지만, 그렇지 못하더라도 피해자의 상처에 대한 의사진단기록이나 목격자의 목격사실 또는 과거의 성범죄 경력 등을 보여주고 범행의 자백을 이끌어 내야 한다.165)

---

163) Gilbert, *op.cit.*, pp.299-300.

164) Kenneth V. Lanning, Child Molesters : A Behavioral Annalysis(Washington, D.C, : National Center for Missing and Exploited Children, 1987), p.27.

165) Gilbert, *op.cit.*, p.300.

제4장

유괴사건 수사

제1절　유괴사건의 개관

I. 개 념

(1) 실무적 개념

실무적으로 유괴사건은 미성년자 등을 대상으로 한 인질강도죄를 의미한다. 인질강도죄는 사람을 체포·감금·약취 또는 유인하여 인질로 삼아 재물 또는 재산상의 이익을 취득하거나 제3자로 하여금 이를 취득하게 함으로써 성립하는 범죄이다.

(2) 법률적 개념

유괴사건은 법률적으로 접근하면 형법상의 약취·유인의 죄를 포괄하는 개념이다. 유괴는 피해자의 의사에 반하여 타인의 실력적인 지배하에 둠으로써 개인의 자유로운 생활관계를 침해하는 행위를 포함하고 있으므로 형법상의 약취·유인의 죄를 포괄한다고 보는 것이 타당하다. 형법상의 약취·유인의 죄는 미성년자 약취·유인의 죄(형법 제287조), 추행·간음·영리등 목적 약취·유인의 죄(형법 제288조), 국외이송 목적 약취·유인의 죄(형법 제289조), 결혼목적 약취·유인의 죄(형법 제291조) 등이 있다.

(3) 특가법 제5조의2 적용

유괴사건의 행위객체가 미성년자인 경우에는 형법보다 「특정범죄가중처벌등에관한법률」 제5조의 2가 우선적으로 적용되며 금품의 요구만으로 기수가 된다. 동 법 제5조의 2 제1항에 의하면, ① 미성년자를 약취 또는 유인하여 재물이나 재산상의 이익을 취득할 목적인 때, ② 약취 또는 유인한 미성년자를 살해할 목적인 때에는 가중처벌된다. 또한 제2항은 ① 약취 또는 유인한 미성년자의 부모나 기타 안전을 염려하는 자의 우려를 이용하여 재물이나 재산상의 이익을 취득하거나 이를 요구한 때, ② 약취 또는 유인한 미성년자를 살해한 때, ③ 약취 또는 유인한 미성년자를 폭행, 상해, 감금 또는 유기하거나 그 미성년자에게 가혹한 행위를 가한 때, ④ 미성년자를 치사한 때에는 가중처벌된다. 제3항은 미성년자를 약취 또는 유인한 범죄를 범한 자를 방조하여 약취 또는 유인된 미성년자를 은닉 기타의 방법으로 귀가하지 못하게 한 자는 가중처벌된다.166)

2. 유괴사건의 특징

(1) 계획적인 범죄

유괴사건은 대부분 계획적인 범죄로서 단순·우발적인 강력범 등과는 구별된다. 범인은 범행대상을 사전에 선정하고 현장 답사를 함으로써 범행장소와 시간을 선택하는 등으로 치밀한 계획 하에 범행을 실행한다.

(2) 감수사 해당범죄

유괴사건은 원한이나 치정으로 인한 복수, 몸값 요구 또는 성폭력을 위하여 발생한다. 따라서 범인은 사업관계나 고용관계, 채무관계, 또는 남녀관계로 인한 복수를 위하여 또는 거액의 몸값 요구나 성폭력을 위하여 아동이나 부녀자를 범죄대상으로 선택하므로 피해자에 대한 연고감이나 지리감이 없으면 범행이 성립하기 힘들다.

---

166) 특정범죄가중처벌 등에 관한 법률 제5조의 2, 2008.12.26

(3) 복수의 범죄현장과 공범의 존재

범인들은 피유괴자를 여러 곳으로 이동시키기 때문에 범행현장이 여러 곳에 있으며 단독범으로는 사람을 납치하여 계속 감금·감시하는 것이 불가능하기 때문에 공범자가 있는 것이 보통이다.

(4) 아동과 여성 피해자

범행대상은 주로 어린이와 부녀자이며 유괴상태가 장기화되면 피유괴자가 살해될 가능성이 높다. 피유괴자에 대한 이동과 지속적인 감시가 어렵고 범죄발각이 우려되기 때문이다.

(5) 전화 등 통신수단 이용 협박과 금품요구

범인은 일반적으로 피해자의 감금과 그 가족에게 전화를 이용한 협박을 통하여 금품을 요구한다. 그러나 성폭력 목적 아동유괴범은 피해자 가족 등에 대한 협박없이 아동을 성폭행 후 살해하는 경우가 많다.

3. 유괴사건 수사의 기본방침

(1) 신속수사의 원칙

유괴사건은 시간이 흐를수록 피유괴자의 생명이 위태로워지므로 신속하게 수사에 착수해야 한다.

(2) 과학수사의 원칙

유괴범은 고도의 지능범으로서 교활한 범죄수법을 사용하기 때문에 성문감식·필적감정·통신감청 등을 활용하여 범인을 발견하는 과학수사를 해야 한다.

(3) 비밀수사의 원칙

유괴사건에 대한 공개수사는 피유괴자의 생명에 위험을 초래하게 되므로 비밀수사를 원칙으로 한다. 그러나 보호자의 동의와 공개수사가 불가피할 경우에는 공개수사로 전환해야 한다. 엠버 경보 시스템(Amber Alert system)은 아동유괴사건 해결을 위한 대표적인 공개수사 형태이다. 우리나라는 2007년 4월9일 제주특별자치도의 양지승 어린이 실종사건시 최초로 도입된 이후 공개수사 형태로 활용되고 있다.

(4) 합법수사의 원칙

유괴사건 수사는 비밀수사와 전화감청, 피해자 가족의 협조 등을 필수적인 요소로 하기 때문에 인권침해나 형사법규 위반이라는 문제를 야기할 가능성이 높다. 따라서 유괴사건 수사는 「형사소송법」, 「범죄수사규칙」, 「통신비밀보호법」, 「전기통신사업법」 등 관계법령을 준수함으로써 개인의 자유와 권리를 부당하게 침해하는 일이 없도록 주의해야 한다.

제2절 | 유괴사건 수사체계

I. 평소의 준비

(1) 임무의 부여

유괴사건에 대비하여 경찰은 수사팀을 납치현장팀, 수사본부요원, 피해자집 담당, 피해자 집 관할 전화국 담당, 경찰서 지령실 근무자, 당직실 근무자를 사전에 지정하여 임무를 부여한다.

(2) 경찰관에 대한 교양

유괴사건이 발생한 경우에 무전으로 전파하는 것을 삼가하고 경비전화로 전파하며, 또한 지구대의 컴퓨터 단말기의 사용을 자제하도록 한다. 현장에 출동시 경광등과 싸이렌을 사용하지 말고 가급적 사복착용으로 은밀하게 접근한다. 현장에서 범인을 검거하지 못하였을 경우에는 현장보존을 하고 과학수사팀이 도착할 때까지 기다리도록 교양한다.

(3) 전화국과 협조

신규설치된 공중전화의 위치가 컴퓨터에 입력되도록 전화국과 사전에 긴밀히 협조하고 전 경찰관서의 공중전화 위치시스템에도 새 공중전화번호를 입력 조치한다.

(4) 지속적인 훈련

평소에 유괴사건 발생에 대비하여 대응매뉴얼대로 수사기능과 지구대를 대상으로 지속적인 훈련을 실시하고 보다 효과적인 매뉴얼을 개발한다.

(5) 사건접수체제의 확립

경찰은 지구대, 소년계, 강력팀, 폭력팀 등 모든 부서에서 사건을 인지했을 때에는 신속하게 형사과장(수사과장)에게 보고하는 체제를 확립하고, 종합상황실에서 112로 신고를 받은 경우에도 경비전화를 통한 유선보고와 연락을 원칙으로 하고 가급적 무선연락은 피한다.

2. 실종아동 등 가출인 실종사건 수사

(1) 초동조치

1) 현장 탐문 및 수색

'실종아동등'이란 약취·유인, 유기, 사고 또는 가출하거나 길을 잃는 등의 사유로 인하여 보호자로부터 이탈된 아동등을 말한다.[167] 따라서 이 규정은 미아·가출아동, 사고 등에 의한 실종아동, 약취·유인과 같은 범죄행위 까지 포함한다. '가출인'이란 실종신고 당시 보호자로부터 이탈된 14세 이상의 자를 말하며, 보호자가 찾고 있는 14세 이상 20세 미만의 자를 '가출청소년'이라 하고 보호자가 찾고 있는 20세 이상의 자를 '가출성인'이라 한다.[168]

'실종아동등'의 보호자가 실종신고(이를 '찾는실종아동등'이라 한다)를 한 경우 관할 경찰서장은 즉시 지역경찰관, 수사·형사부서 경찰관, 여성청소년부서 경찰관

---

167) 실종아동등의 보호 및 지원에 관한 법률 제2조, 법률 제8944호, 2008.3.21.
168) 실종아동등·가출인 업무처리규칙 제2조, 경찰청예규 제346호, 2005.11.24.

등 관련부서 경찰관을 지정하여 현장에 출동시켜 탐문·수색하도록 하여야 한다. 단, 신고자가 '찾는실종아동등' 또는 가출인이 발생한 지 1월이 경과한 후에 신고한 경우 탐문·수색을 생략할 수 있다.169)

경찰은 이러한 신고를 접수하였을 때 일단 유괴혐의가 있는 것으로 보고 즉시 다음과 같은 초동조치를 취해야 한다.

① 경찰은 실종아동등·가출인신고 접수시 유괴 등 최악의 상황을 가상하여 즉시 수사체제를 확립해야 한다.

② 112타격대와 방범순찰대, 지구대, 여성청소년계와 수사요원들을 동원하여 즉시 현장과 그 주변 및 산악과 우범지역 등을 탐문·수색한다.

③ 경찰은 지방자치단체 및 사회보호시설이나 단체, 각급 학교 등의 유관기관과 협력하고 필요한 경우 탐지견 등을 활용하여 실종자의 조기발견에 주력한다.

(2) 합동심의위원회 개최170)

1) 경찰·보호자 참여 합동심의위원회 개최

경찰서장은 '찾는실종아동등·가출인'의 발생신고 접수시 범죄와의 관련여부를 판단하기 위하여 합동심의위원회를 구성하여 심의하여야 한다. 경찰서장은 실종신고접수 후 24시간 이내에 형사과장(수사과장)을 위원장으로 하여 강력팀장, 여성청소년계장, 현장출동경찰관(지구대장, 방순대장, 수사요원 등), 보호자를 위원으로 하는 합동심의위원회를 구성함으로써 범죄와의 관련여부를 심의하고 결정한다. 이때 위원장은 참석자의 범위를 조정할 수 있다.

2) 관련단체 관계자 참여

보호자가 원할 경우에는 관련 단체 관계자 등 보호자가 지정하는 자를 참여시킬 수 있다. 관련 단체는 대체로 각종 아동보호나 여성단체를 말한다.

---

169) 실종아동등·가출인 업무처리규칙 제22조, 경찰청예규 346호, 2005.11,24.
170) 실종아동등·가출인 업무처리규칙 제23조, 경찰청예규 제346호, 2005.11.24.

(3) 추적 · 수사[171]

1) 단순실종아동등 또는 단순가출인에 대한 조치

경찰관서의 장은 심의위원회의 심의 결과 심의대상자가 단순실종아동등 또는 단순 가출인으로 인정되는 경우 즉시 추적수사에 착수해야 한다. 다만, 심의 대상자의 발생지와 주거지가 다른 경우에는 심의 대상자의 실종 전 최종 주거지 관할 경찰관서로 사건을 이첩하고, 심의대상자의 최종 주거지가 불분명한 경우 심의 대상자의 보호자 주거지 관할 경찰관서로 사건을 이첩하며, 심의대상자의 보호자 주거지 관할 경찰관서도 불분명한 경우 신고자의 주거지 관할 경찰관서로 사건을 이첩하여 즉시 추적수사에 착수하여야 한다.

2) 행불자로 인정된 경우

경찰은 심의위원회의 심의결과 심의대상자가 행불자로 인정될 경우에는 즉시 수사에 착수하여야 한다.

3) 범죄자와의 연계 또는 이용될 가능성 인정 경우

찾는 실종아동등 또는 가출성소년이 성매매 유인 등 범죄자와의 연계 또는 범죄에 이용될 가능성이 있을 것으로 인정되는 경우 수사착수 등 조속한 발견 및 귀가를 위해 노력하여야 한다.

4) 약취 · 유인 등 유괴사건으로 인정되는 경우

경찰서장은 약취 · 유인 등 유괴사건으로 인정되는 경우에는 즉시 수사전담반과 지방청에 수사지원팀을 편성하여 범인 발견과 체포를 위한 수사에 착수하여야 한다. 이때 필요시 보호자의 의사에 따라 엠버 경보 발령을 하는 등의 공개수사도 검토하여야 한다.

---

171) 실종아동등 · 가출인 업무처리규칙 제24조, 경찰청예규 제346호, 2008.11.24.

3. 사건판단

(1) 사건판단 자료수집

유괴사건 신고를 접수한 형사과장(수사과장)은 자신도 즉시 현장에 출동하지만 제1차 현장지휘간부는 반드시 수사경험이 풍부한 수사간부를 포함시켜야 한다. 수사간부는 초기단계에서는 관계자로부터 사건 전 과정에 대하여 광범위하게 청취하여야 한다. 용모와 복장, 소지금품, 발생시의 상황, 발생 현장의 상황, 시간관계, 목격자 등은 물론 가족환경과 교우관계 등도 참고하여 범위를 좁혀 나간다.

(2) 간부의 사건판단 분석요령

형사과장은 사건을 판단함에 있어서 현장에서 보고된 자료만으로 만족하지 말고 판단에 필요한 광범위한 자료를 다양한 창구를 통해 수집함으로써 참고자료로 활용해야 한다. 유괴사건의 양상은 너무나 다양하여 초기단계에서는 미아, 가출, 사고, 유괴 등 어떠한 판단도 내리지 못하는 경우가 대부분이므로 관계자나 목격자의 증언을 무시하지 말고 치밀하고도 충분한 탐문과 수사를 실시한 후 사건의 유형에 대한 판단을 내린다. 사건의 유형에 따른 판단자료는 다음과 같다.

4. 초동조치

(1) 유괴의심의 미아신고

1) 단순미아인 경우

신고를 접수한 경찰관이 신고된 아동에 대한 모든 관련 자료를 종합하여 판단한 결과 단순미아가 명백한 경우에는 해당 소관부서인 여성청소년계에 인계하여 미아발견 일제수배를 해야 한다.

2) 유괴혐의가 있는 경우

현장에 출동한 경찰관이 관련 자료를 토대로 검토한 결과 유괴의 혐의가 인정될 경우에는 형사과에서 이를 인계받아 유괴사건 여부를 최종적으로 판단한다. 유괴사건으로 판단되면 수사관은 현장에 출동하여 목격자와 증거자료를 확보하여야 하며,

시간적으로 가능할 경우에는 경찰서장은 즉시 수사긴급배치와 긴급사건수배를 실시하여야 한다.

(2) 단정적인 유괴사건

1) 긴급출동 및 현장보존

단정적인 유괴사건의 경우에는 지역경찰관과 수사관들은 즉시 현장에 출동하여 현장보존 및 목격자와 증거자료 등을 확보하여야 한다. 이때 경찰관은 경찰마크가 없는 일반차량을 사용하고 복장 역시 사복을 착용하고 출동하는 것이 효과적이다. 모든 지시와 보고는 유선, 즉 경비전화나 휴대폰으로 이루어져야 한다.

2) 긴급수사배치

사건신고 시간이 실제 사건발생과 시간적으로 근접할 경우에는 즉시 수사 긴급배치를 실시하여 도주로 전방에서 검문검색을 통하여 검거를 시도해야 한다.

3) 현장관찰과 참고인 조사

피해자 가족과 목격자 등으로 부터 사건의 정황을 청취하는 한편 현장관찰을 통하여 지문이나 유류품, 족적 등을 채취하고 현장주변의 탐문수사를 통하여 수사자료를 수집한다.

4) 수사자료 수집

유괴로 의심되는 사건은 다음과 같은 사항을 우선적으로 조사하여 수사자료화해야 한다.

① 가족의 생활정도와 재산의 규모, 그리고 부모의 사회적 지위 조사, ② 사회적 지명도, ③ 상거래상의 분쟁이나 기타 원한을 살만한 일의 유무확인, ④ 재혼 등으로 자식의 부양문제로 인한 갈등여부, ⑤ 양자결연이나 여자관계 등으로 복잡한 가족관계 등을 조사하고 탐문수사 등을 통하여 용의자를 압축하여 수사를 전개한다.

5. 기본적인 수사활동

(1) 수사지휘본부의 설치운영

1) 종합적이고 유기적인 수사

유괴사건 수사는 관련 부서간의 종합적이고 유기적인 수사가 이루어져야 하기 때문에 수사지휘본부를 설치하여 운용해야 한다.

2) 수사지휘본부의 설치 목적

① 수사태세의 확립과 수사전반에 대한 지휘·감독·조정, ② 사건판단에 따른 수사방침의 수립, 즉 공개수사여부의 결정 및 홍보의 적부 판단 등, ③ 새로운 사태에 대처할 수 있는 인원의 증원, ④ 아동상담소 등 다른 기관과의 협조 등이다.

(2) 필요한 기자재의 활용

유괴사건 수사는 무전기가 설치된 자동차, 휴대용 무전기, 녹음기, 홍보전단, 변장용구 등을 준비하여 수사에 활용한다. 특히 피유괴자의 집을 출입할 경우에는 위·변장을 하고 수사기자재 반입시에도 포장지를 이용하여 범인이나 그 관련자들이 알지 못하도록 하여야 한다.

(3) 피해자 가족과의 협력확보

1) 피해자 가족 통한 수사자료 확보

경찰은 피해자 가족들을 상대로 범인과 관련된 수사자료를 수집하고, 몸값요구에 대비하여 피해관계자의 집이나 사무실의 전화기에 녹음기를 연결하고, 전화받는 요령에 대하여 교육할 필요가 있다. 또한 몸값 전달을 위한 가족·범인과의 접촉장소와 시간 확인 등으로 범인 검거를 시도한다.

2) 임시전화 가설과 전화녹음 및 발신장소 확인

수사관은 수사본부와 신속한 연락을 위한 임시전화를 피해자의 집에 가설하고 범인으로부터 협박전화가 걸려올 경우 녹음과 발신장소의 확인에 대비하여야 한다.

3) 협박편지 감정

범인이 금품을 요구하는 협박편지를 보내올 경우 해당 편지에 대한 필적감정과 지문감정을 행한다.

(4) 비노출 거점확보와 탐문수사 실시

경찰은 피해자 주택부근에 협력자를 얻어 비노출 거점을 확보하고, 신속하고 적절한 비노출 수사활동을 통하여 피해자 측에 대한 내사·탐문을 실시하고 수집된 자료를 바탕으로 용의자를 선별하여야 한다.

(5) 공개수사 여부 결정

유괴사건의 경우 수사단서가 거의 없고 범인의 협박전화도 없을 경우에 수사본부장은 보호자의 의견을 종합하여 공개수사 여부를 결정해야 한다.

(6) 몸값 요구시의 조치

1) 기본적 조치

범인이 몸값을 요구할 경우에 수사지휘본부에 즉시 보고해야 한다. 지휘본부에서는 소요기자재의 배치, 긴급배치태세의 요청, 요원의 임무지정과 배치, 통신수단(수사요원 상호간의 지정신호 등)의 확보, 그리고 몸값을 준비하되 지폐번호를 기록하는 작업 등이 선행되어야 한다.

2) 전화의 경우

① 전화내용은 녹음기를 활용하여 녹음하고 가능한 한 통화시간을 5분 이상 연장하여 발신지에 경찰관이 도착할 수 있는 시간적 여유를 확보하여야 하며, 통화내용을 통하여 범인분석을 위한 자료를 수집한다.
② 관할 전화국에 배치된 직원에게 발신지 추적을 지시하고 발신장소가 확인될 경우 해당 전화기의 소재지에 형사를 급히 출동시킨다.
③ 출동한 경찰은 설사 범인을 현장에서 검거하지 못하더라도 현장을 보존하고 감식반에 지문채취를 의뢰한다.

(7) 범인의 전화녹음 방법

1) 픽업(pick up coil) 방법

픽업 방법은 녹음장치를 전화기 외부에 부착하여 전화기에 내장된 코일에 의해 전자기적인 방법으로 전화음성을 녹음하는 방식이다. 설치는 간편하나 전화기의 기종에 따라 코일의 내장 위치가 다르고 최근에는 코일이 내장되지 않은 전화기가 있어 사용 전에 녹음이 잘되는 가를 확인 후 사용해야 한다. 음질불량의 가능성이 있다.

2) 커플러(coupler) 방법

커플러 방법은 수화기에 커플러를 부착하여 전자기적 방법으로 녹음하는 방식으로서 설치가 가장 쉽고 정확히 음성을 녹취할 수 있는 장점이 있다. 외국 수사기관에서 많이 이용한다. 장소를 이동하며 녹음할 수 있는 장점이 있다.

3) 로젯트(rosette)방법

로젯트 방법은 전화선에 녹음장치를 직접 연결하여 녹음하며 음질이 가장 좋다. 그러나 설치에 어려움이 있어 고정으로 설치하여 사용하기에 가장 좋은 방법이다.

4) 자동응답전화기 이용방법

자동응답전화기 방법은 전화기 자체에 녹음기가 내장되어 녹음이 용이하다. 현재 우리나라에서 가장 많이 사용하는 방법으로서 중요한 전화음성 녹음시 반드시 새 녹음테이프로 교환해야 한다. 음성 녹음시 전기적인 신호음을 발생하는 기종은 피한다.

5) 전화 음성 녹음기

전화음성 녹음기 방법은 녹음기를 전화선에 직렬로 연결하여 설치해 두면 전화가 오면 벨소리부터 자동적으로 녹음이 시작되고 전화를 끊으면 자동적으로 녹음이 정지된다. 한 장소에 전화가 자주 오는 경우 매우 편리하게 이용가능하다.

(8) 전화녹음 요령

① 전화기의 벨이 울리면 바로 받지 말고 녹음 준비를 확실히 한 다음 녹음기를 먼저 작동시키고 나서 전화를 받는다.

② 벨은 약 1초간 울리고 약 2초간 멈추기 때문에 먼저 벨의 음을 확인하고 수화기는 벨이 울리고 난 직후에 든다. 이 경우 적어도 2회 이상 벨이 울리고 난 후 수화기를 들어야 한다.

③ 전화의 녹음은 받는 쪽의 목소리가 상대방의 목소리보다 크게 녹음이 되므로 이 점에 유의하여 이어폰으로 들으면서 상대방의 목소리에 중점을 두어 음량을 조절한다.

④ 커플러나 픽업코일은 자기의 영향을 받으므로 스피커, 컴퓨터 등 모터가 있는 기기는 멀리 두어야 한다.

⑤ 녹음시에 전화의 발신지가 개인가입 전화인지 공중전화인지를 확인해야 한다. 따라서 수화기를 든 직후에 동전이 낙화하는 음의 유무를 수록하는 것이 중요하다.

⑥ 통화 종료 후 30초 정도는 상대방이 전화를 끊어도 수화기를 그대로 들고 있다 책임자의 지휘에 따라 수화기를 내려놓은 후 녹음테이프에 녹음 연월일과 장소, 전화번호, 녹음자 이름, 참여인 이름을 기록해야 한다.

⑦ 녹음테이프 감정시 반드시 원본을 제출하고 원본을 복사한 사본은 의뢰기관이 보관한다. 감정의뢰시 녹음테이프 표면에 사용된 녹음기명과 녹음방법, 녹음속도, 녹음자, 참여인 및 피의자와 관련 죄명 등을 기재해야 한다.

6. 체포활동

유괴사건 수사팀은 범인의 전화발신지 추적을 통하여 공중전화기 박스 등 현장에서 범인을 체포하는 경우에 사건을 쉽게 해결할 수 있다. 그러나 현장에서 범인체포에 실패한 경우에는 피해자 가족이 범인에게 몸값을 전달하는 과정에서 범인을 체포해야 한다. 이를 위해서는 사전에 치밀한 계획이 필요하다.

(1) 사전협의

1) 시계의 시간 통일

범인을 검거하기 위해 현장에 배치된 수사팀들이 소유하고 있는 시계를 맞추는 등으로 활동개시 시간을 통일한다.

2) 임무분담과 행동신호 통일

수사간부는 수사요원들의 개별적 임무분담을 구체적으로 지시하여야 하며 또한 행동통일을 위한 신호를 결정하여야 한다.

(2) 몸값 소지자에 대한 미행

1) 보호차원의 미행

경찰은 범인에게 전달할 몸값을 소지하고 있는 피해자 가족의 신변을 보호하기 위해 미행을 해야 한다.

2) 직선적 미행 지양

경찰이 몸값 소지자를 미행할 때에는 직선적이고 단순한 미행은 지양하고 주변상황에 어울리는 위장 또는 변장을 하는 등의 기술을 발휘해야 한다.

(3) 현장지휘

1) 일반차량에 지휘본부설치

수사팀은 몸값 전달장소 주변에 경찰마크가 없는 일반 차량에 현장지휘본부를 설치한다.

2) 수사요원 복선배치

범인이 몸값 등을 회수하기 위해 피해자 가족과 접선을 시도할 경우에, 거의 대부분 교통수단을 이용해서 접근하므로 반드시 수사요원을 2선·3선의 복선배치를 실시해야 한다.

3) 차량 비노출 배치

경찰은 주요 간선도로나 도주로의 목에 범인차량을 차단하기 위한 차량을 비노출로 배치하는 등 도주방지를 위한 대비책을 수립하여야 한다.

(4) 잠 복

1) 우회적인 지정장소 진출

잠복요원은 지정장소로 직행하는 것을 금하고 주변으로 우회하여 접근해야 한다. 잠복 근무자는 주변상황에 어울리는 위장이나 변장을 하고 지정시간보다 먼저 충분한 시간적 여유를 갖고 현장에서 잠복근무를 시작하여야 한다.

2) 약속장소 직시위치 선정

잠복장소는 범인과 몸값 전달자가 약속한 장소가 직시되는 위치를 택하고 경찰견을 준비하는 것도 좋다.

3) 교대요원 및 식사대책 강구

장시간의 잠복에 대비, 교대요원이나 식사 등의 대책을 마련해야 한다. 범인이 해당시간에 현장에 나타나지 않는 경우에 수사요원들이 취해야 할 필요한 행동에 대한 사전 지시가 있어야 한다.

(5) 범인체포

1) 몸값소지자 직접 전달 경우

경찰은 피해자 가족이 범인에게 몸값을 전달하는 상황에서 범인을 체포할 때 공범자의 유무에 대비하고 몸값 소지자가 범인에게 몸값을 전달한 후 안전권내에 돌아온 후에 체포해야 한다.

2) 몸값을 특정장소에 취득시 체포

체포 시에는 전원이 일체가 되어 움직일 수 있도록 지정된 신호를 하고 만약 범인이 몸값을 지정된 장소에서 찾아가는 경우에는 몸값을 손에 넣었을 때의 동정을 살펴서 체포에 착수한다.

(6) 피유괴자 구출

경찰은 검거한 범인으로부터 신속하게 피유괴자의 소재를 알아내어 피해자를 구출해야 한다.

제3절 ┃ 통신제한 조치

1. 의 의

　개인의 통신비밀은 헌법에 의하여 보호되는 권리이다. 따라서 「통신비밀보호법」
은 개인의 통신비밀의 보호를 법적으로 보장하고 있다. 그러나 중요범죄수사나 국가
안전보장을 위한 정보수집의 경우에 개인의 비밀은 보호되지 않고 제한된다. 이러한
경우에도 경찰관은 통신 및 대화의 비밀을 침해하지 않도록 필요 최소한도로 실시
해야 하며, 직무상 알게 된 사항을 외부에 공개하거나 누설하지 말고 통신비밀보호
에 최선을 다하여야 한다.

　따라서 통신제한조치란 중요범죄의 수사정보수집이나 국가안보를 위한 정보수집
등을 위하여 법원으로부터 "통신제한조치 허가서"를 발부 받아 개인의 전기통신에
대한 감청·우편검열 등을 행하는 것을 의미한다.

2. 용어의 정의

(1) 우편검열

　우편검열이란 우편물에 대하여 당사자의 동의 없이 이를 개봉하거나 기타의 방법
으로 그 내용을 지득 또는 채록하거나 유치하는 것을 말한다.

(2) 감 청

　감청이란 전기통신에 대하여 당사자의 동의 없이 전자장치·기계장치 등을 사용
하여 통신의 음향, 문자, 부호, 영상을 청취·공독하여 그 내용을 지득 또는 녹취하
거나 전기통신의 송·수신을 방해하는 것을 말한다.[172]

---

172) 통신비밀보호법 제2조, 법률제9819호, 2009.11.2

3. 통신제한조치에 의한 유괴사건 수사

(1) 임시전화설치와 전화감청

임시전화를 설치하여 통화내용을 녹음하고 범인이 전화를 했을 경우에 최소한 5분 이상 대화를 할 수 있는 시나리오를 작성하여 통화하면서 감청을 실시한다.

(2) 감청에 의한 발신지 추적

피해자의 집에서 전화 감청을 실시하여 공중전화의 경우에는 전화번호를 신속히 무전으로 전파하고, 일반전화는 설치장소를 무전으로 전파하여 수사관이 현장에 출동하여 체포토록 조치한다. 휴대폰은 기지국의 통신 반경 1km 이내에 범인이 있다는 사실을 확인할 수 있으므로 112순찰차와 형기차를 동원하여 용의자를 색출하여 검거한다.

(3) 지방청 112지령실 통합지휘체제 구축

무전을 이용하여 범인체포를 시도할 경우에는 지방청 112지령실을 중심으로 한 각 경찰서 통합지휘체제 확립을 구축하여 지방청에서 피해자 및 용의자 인상착의를 반복하여 지령한다.

(4) 범인 발신전화번호 컴퓨터 입력

사건 발생지 경찰서는 전화국 시험실 근무자와 상시 연락체제를 유지하고 범인 발신 전화번호가 무선으로 통보되면 즉시 컴퓨터 단말기에 입력 조치한다.

(5) 발신지 지구대 출동태세 확립과 현장출동 검거

외근경찰관은 지구대의 단말기에 범인 발신전화번호가 뜨면 발신위치에 긴급출동하여 범인을 체포한다. 사이렌과 경광등 및 무전기 사용을 금지하고 은밀히 접근한다. 미검시 현장보존 후 과학수사팀의 감식을 기다린다.

4. 통신제한 조치의 허가요건 및 절차

(1) 범죄수사

1) 허가요건

범죄수사를 위하여 특히 필요하고 범죄를 계획 또는 실행하고 있거나 실행하였다고 의심할만한 충분한 이유가 있고 다른 방법으로는 그 범죄의 실행을 저지하거나 범인의 체포·증거의 수집이 어려운 경우이어야 한다.[173]

2) 절 차

통신제한 조치를 위해서는 사법경찰관은 각 피의자별 또는 각 피내자자별로 통신제한조치에 대한 경찰서장 및 지방청·경찰청 과장 이상 결재권자의 결재를 받아 검사에게 반드시 서면으로 신청해야 하고 검사는 관할 법원에 청구하여 허가를 받아야 한다.[174]

3) 통신제한기간

범죄수사를 위한 통신제한 조치기간은 2개월을 초과하지 못하고 그 기간 중 통신제한조치의 목적이 달성되었을 경우에는 즉시 종료하여야 한다. 다만, 통신제한조치 허가요건이 존속하는 경우에는 소명자료를 첨부하여 경찰서장의 결재를 받아 검사에게 2개월의 범위 안에서 기간 연장 신청을 해야 하며, 검사는 법원에 대하여 그 허가를 신청할 수 있다.[175]따라서 법 조문의 규정에 의하면, 통신제한기간 연장 회수는 무제한적이다.

(2) 국가안보

1) 허가요건 및 절차

① 내국인 대상

대통령령이 정하는 정보수사기관의 장은 국가안전보장에 대한 상당한 위험이 예

---

173) 통신비밀보호법 제5조, 법률 제9819호, 2009.11.2.
174) 통신비밀보호법 제6조, 법률 제9819호, 2009.11.2.
175) 통신비밀보호법 제5조, 법률 제9819호, 2009.11.2.

상되는 경우에 한하여 그 위해를 방지하기 위하여 이에 관한 정보수집이 특히 필요한 때에는 통신의 일방 또는 쌍방당사자가 내국인인 때에는 고등법원 수석부장판사의 허가를 받아 통신제한조치를 할 수 있다.

② 외국 및 외국인 대상

대한민국에 적대하는 국가, 반국가활동의 혐의가 있는 외국의 기관·단체와 외국인, 대한민국의 통치권이 사실상 미치지 아니하는 한반도내의 집단이나 외국에 소재하는 그 산하단체의 구성원의 통신인 때 및 군용전기통신인 때에는 서면으로 대통령의 승인을 받아 통신제한조치를 할 수 있다.

2) 통신제한 기간

국가안보를 위한 통신조치의 기간은 4개월을 초과하지 못하고 그 기간중 통신제한조치의 목적이 달성되었을 경우에는 즉시 종료하되, 통신제한조치 요건이 존속하는 경우에는 소명자료를 첨부하여 고등법원 수석부장판사의 허가 또는 대통령의 승인을 얻어 4월의 범위 이내에서 통신제한조치 기간을 연장할 수 있다. 따라서 국가안보를 위한 통신제한조치 기간의 연장 역시 그 회수는 무제한적이다. 다만, 전시사변 또는 이에 준하는 국가비상사태로 적과 교전중인 상황에서는 작전종료시 까지 대통령의 승인을 얻지 아니하고 기간을 연장할 수 있다.176)

(3) 통신제한 조치기간 무제한 연장회수의 위헌소지

「통신비밀보호법」 제6조제7항 및 제7조제2항에는 수사기간은 통신제한조치기간을 2월의 범위 내에서 그리고 정보기관은 통신제한조치기간을 4월의 범위 내에서 회수의 제한 없이 무제한적으로 연장할 수 있도록 규정하고 있다.

통신제한조치기간 연장에 대한 무제한적인 회수연장 허용규정에 대해 2009년 11월 27일 「서울중앙지법 형사25부」는 「국가보안법」 위반 혐의 등으로 기소된 피고인이 "제한없이 감청을 허용한 「통신비밀보호법」 해당 조항은 위헌"이라고 낸 신청을 받아들여 "통신비밀과 사생활의 자유를 침해할 위헌소지가 있다"며 「위헌법률심판제청」 결정을 내렸다(2009초기3876).

---

176) 통신비밀보호법 제7조, 법률 제9819호, 2009.11.2.

재판부는 결정문에서 "증거수집 특명에서는 수회에 걸친 통신제한조치의 기간연장을 통해서도 증거를 수집하거나 범인을 검거하는 등 본래의 목적을 달성할 수 없었다면 결국 통신제한조치의 필요성이 애초에 없었다는 반증이 될 수 있다"며 "아무리 중대범죄나 국가안위를 위협하는 범죄를 수사하기 위한 목적이 있다 해도 횟수 제한 없이 무제한 감청을 허용하는 「통신비밀보호법」 조항은 타당성을 인정하기 어렵다"고 밝혔다.

재판부는 이어 "「통신비밀보호법」 제5조는 통신제한조치의 대상범죄를 형법상의 범죄와 특별법에 이르기까지 약 100여 개가 넘는 범죄를 통신제한조치의 허용대상으로 망라하고 있다"며 "적용대상의 과도한 광범위성으로 인해 과잉금지원칙에 어긋난다고 할 수 있다"고 덧붙였다.

재판부는 또 "통신제한조치기간의 연장도 재청구와 마찬가지로 기본권을 제한하는 조치임에도 재청구와 달리 '통신제한조치의 연장청구를 하는 취지 및 이유'를 추가적으로 소명할 것을 요구하지 않은 것은 수단의 적절성에 부합하지 않는다"고 판시했다.177)

(3) 긴급통신제한조치

1) 요 건

검사, 사법경찰관 또는 정보수사기관의 장은 국가안보를 위협하는 음모행위, 직접적인 사망이나 심각한 상해의 위험을 야기할 수 있는 범죄 또는 조직범죄등 중대한 범죄의 계획이나 실행 등 긴박한 상황에 있고 통신제한조치 허가 절차를 거칠 수 없는 긴급한 사유가 있는 때에는 법원의 허가없이 통신제한조치를 할 수 있다.

2) 절 차

① 긴급통신제한조치 후 허가서 청구

검사, 사법경찰관 또는 정보수사기관의 장은 긴급통신제한조치의 집행착수후 지체 없이 법원에 허가청구를 하여 허가를 받아 허가서 표지사본을 전기통신사업자에게 송부하여야 한다. 이 경우 그 조치를 한 때부터 36시간 이내에 법원의 허가를 받지 못한 때에는 즉시 이를 중지하여야 하며, 체신관서로부터 인계받은 우편물이 있는 경우 즉시 반환하여야 한다.

---

177) 법률신문, 2009.11.27.

② 검사의 사전 지휘

사법경찰관이 긴급통신제한조치를 할 경우에는 미리 검사의 지휘를 받아야 한다. 다만, 특히 급속을 요하여 미리 지휘를 받을 수 없는 사유가 있는 경우에는 긴급통신제한조치의 집행착수후 지체없이 검사의 승인을 받아야 한다.

③ 긴급감청서에 의한 조치

검사, 사법경찰관 또는 정보수사기관의 장이 긴급통신제한조치를 하고자 하는 경우에는 반드시 긴급검열서 또는 긴급감청서에 의하여야 하며 소속기관에 긴급통신제한조치대장을 비치하여야 한다.[178]

④ 단시간 이내 종료시의 조치

긴급통신제한이 단시간 이내에 종료되어 법원의 허가를 받을 필요가 없는 경우 사법경찰관은 그 종료 후 7일 이내에 '긴급통신제한조치통보서'를 작성하여 지방검찰청 검사장에게 송부하여야 하며, 검사장은 이를 다시 법원장에게 송부해야 한다.[179]

(4) 통신제한조치 대상범죄

1) 대상범죄

공무원의 직무에 관한 죄, 도주·범인은닉, 방화, 살인, 체포·감금, 협박, 공갈, 약취·유인, 성폭력에 관한 죄, 인질강요의 죄, 인질의 상해·치상, 인질의 살해·치사, 강·절도, 조직폭력, 입찰방해, 총기유통 등 대부분의 범죄가 해당된다.

2) 제외범죄

도박, 사기, 부당이득, 권리행사방해, 강요죄, 교통방해, 혼인빙자간음 등은 통신제한조치 대상범죄가 아니다.[180] 즉, 사법경찰관이나 정보기관은 이러한 범죄에 대한 증거수집이나 국가안보에 관한 중요정보수집을 위하여 감청이나 우편검열 처분 등을 할 수 없다.

---

178) 범죄수사규칙제149조, 경찰청훈령제526호, 2008.7.22.
179) 통신비밀보호법 제8조, 법률제9819호, 2009.11.2.
180) 통신비밀보호법 제5조, 법률제9819호, 2009.11.2..

(5) 통신제한조치의 집행에 관한 사후통지[181]

1) 30일 이내 제한대상자에게 서면통지

사법경찰관은 검사로부터 공소를 제기하거나, 공소의 제기 또는 입건을 하지 아니하는 처분(기소중지는 제외)의 통보를 받거나 내사사건에 관하여 입건하지 아니하는 처분을 한 때에는 그 날부터 30일 이내에 우편물검열대상자나 전기통신가입자에게 통신제한조치의 집행사실과 집행기관 및 그 기간을 서면으로 통지하여야 한다.[182] 서면통지는 통신제한조치와 긴급통신제한조치 모두 해당된다.

정보수사기관의 장은 통신제한조치를 종료한 날로부터 30일 이내에 우편물 검열의 경우에는 그 대상자에게, 감청의 경우에는 그 대상이 된 전기통신의 가입자에게 통신제한조치를 집행한 사실과 집행기관 및 그 기간 등을 서면으로 통지하여야 한다.

2) 통지의 유예

① 국가의 안전보장·공공의 안녕질서를 위태롭게 할 현저한 우려가 있는 때, ② 사람의 생명·신체에 중대한 위험을 초래할 염려가 현저한 때에는 통지를 유예할 수 있다.

사법경찰관은 통신제한조치 집행에 관한 통지를 유예하고자 하는 경우에는 소명자료를 첨부하여 미리 관할 지방검찰청검사장의 승인을 얻어야 한다. 그러나 사법경찰관은 집행사실 통지유예 사유가 해소된 때에는 그 사유가 해소된 날부터 30일 이내에 통신제한조치 집행사실과 기관 및 기간을 통지하여야 한다.

(6) 통신제한조치 취득자료 보관

사법경찰관은 통신제한조치 집행으로 취득한 물건은 허가서 및 집행조서와 함께 봉인한 후 허가번호 및 보존기간을 표기하여 별도로 보관하고 수사담당자 외의 자가 열람할 수 없도록 하여야 한다.[183]

---

181) 통신비밀보호법 제9조의2, 법률제9819호, 200911..2..
182) 범죄수사규칙 제152조, 경찰청훈령제526호, 2008.7.22
183) 범죄수사규칙제153조, 경찰청훈령제526호, 2008.7.22

(7) 통신사실 확인자료 및 통신자료 요구

1) 전기통신사실 확인 자료 열람 · 제출요구

검사 또는 사법경찰관은 수사 또는 형의 집행을 위하여 필요한 경우 「전기통신사업법」에 의한 전기통신사업자에게 통신사실 확인자료의 열람이나 제출(이하 통신사실확인 자료제공)을 요구할 수 있다.[184]

2) 관할 지방법원의 허가

통신사실확인 자료제공을 요청하는 경우에는 요청사유, 해당 가입자와의 연관성 및 필요한 자료의 범위를 기록한 서면으로 관할 지방법원(보통군사법원을 포함) 또는 지원의 허가를 받아야 한다. 다만, 긴급한 경우 통신사실 확인자료 제공을 요청한 후 지체없이 그 허가를 받아 전기통신사업자에게 송부하여야 한다. 이 때 법원의 허가를 받지 못한 경우에는 지체없이 제공받은 통신사실확인자료를 폐기하여야 한다.[185]

3) 긴급통신사실 확인자료 제공요청

사법경찰관은 긴급 통신제한조치와 마찬가지로 긴급 통신사실확인자료 제공 요청을 할 수 있으며, 이 경우 36시간 이내에 법원의 허가를 받아 허가서 표지사본을 전기통신사업자에게 송부하여야 한다. 사법경찰관은 긴급으로 통신사실확인자료를 제공받았으나 36시간 이내에 허가를 받지 못한 경우에는 제공받은 자료를 분쇄기로 분쇄하고 파일은 삭제하여 폐기해야 한다. 이때 허가 신청서 등 관련서류 및 폐기에 대한 수사보고서를 기록에 첨부해야 한다.

사법경찰관은 긴급한 사건으로 발신기지국의 위치추적자료(실시간 위치추적)를 제공받았으나 허가를 받기 전 조기에 범인을 검거한 경우에는 그 즉시 전기통신사업자에게 전화 등으로 실시간 위치추적 자료제공의 중단을 요청하고 반드시 36시간 이내에 법원의 허가를 받은 후 허가서 사본을 전기통신사업자에게 송부하여야 한다.[186]

---

184) 범죄수사규칙제13조, 경찰청훈령제526호, 2008.7.22.
185) 통신비밀보호법 제13조, 법률제9819호, 2009.11.2.
186) 범죄수사규칙제149조, 경찰청훈령제526호, 2008.7.22.

4) 통신사실확인 자료

사법경찰관은 통신사실 확인 자료제공요청의 허가신청을 할 때에는 원칙적으로 각 피의자별 또는 각 피내사자별로 신청하여야 한다. 이때 피의자 또는 피내사자가 아닌 경우 다수의 가입자에 대하여 1건의 허가신청서로 요청할 수 있다.[187) 통신사실 확인자료 및 통신자료 제공요청은 모사전송에 의하여 할 수 있다. 이 경우 신분을 표시하는 증표를 함께 제시하여야 한다.[188)

「통신비밀보호법」 제2조 11항은 다음과 같이 규정하고 있다.

① 가입자의 전기통신일지, ② 전기통신 개시ㆍ종료시간, ③ 발ㆍ착신 통신번호 등 상대방의 가입자 번호, ④ 사용도수, ⑤ 컴퓨터통신 또는 인터넷의 사용자가 전기통신역무를 이용한 사실에 관한 컴퓨터통신 또는 인터넷의 로그인 기록자료, ⑥ 정보통신망에 접속된 정보통신기기의 위치를 확인할 수 있는 발신기지국의 위치추적자료, ⑦ 사용자가 정보통신망에 접속하기 위하여 사용하는 정보통신기기의 위치를 확인할 수 있는 접속지의 추적자료 등이다.[189)

5) 통신자료 열람 및 제공요청

「전기통신사업법」 제54조의 2에 의하면 통신자료라는 규정이 있다. 법원, 검사, 수사기관의 장(군 수사기관의 장, 국세청장과 지방국세청장 포함), 정보수사기관의 장은 재판, 수사, 형의 집행, 국가안전보장에 대한 위해방지를 위한 정보수집을 위하여 다음과 같은 정보자료를 열람 또는 제공을 요청할 수 있다. ① 이용자 성명, ② 이용자 주소와 주민번호, ③ ID(컴퓨터시스템이나 통신망의 정당한 이용자 식별위한 이용자 식별부호), ④ 이용자 가입ㆍ해지 일자 등이 통신자료라고 규정되어 있다.[190)

여기에서 통신사실확인 자료와 통신자료는 구별되고 요청허가를 법원이 하느냐 아니면 검사나 수사기관의 장 또는 정보수사기관의 장이 하느냐의 논쟁이 벌어진다. 가장 중요한 차이는 「전기통신사업법」상의 통신자료 열람이나 제공요청은 경찰의

---

187) 범죄수사규칙 제146조, 경찰청훈령제526호, 2008.7.22
188) 범죄수사규칙 제147조, 경찰청훈령제526호, 2008.7.22
189) 통신비밀보호법 제2조 11항, 법률제9819호, 2009.11.2.
190) 전기통신사업법 제54조, 법률제8867호, 2008.2.29.

경우에 경찰서장, 검찰의 경우에 검사장, 국정원은 국정원장, 국세청은 국세청장의 결재만으로 가능하다는 점이다.

법대로 한다면 경찰은 「전기통신사업법」에 의해 경찰서장의 결재를 받아 전기통신사업자에게 '통신자료 열람 및 제공요청'을 하고, 그 다음에 「통신비밀보호법」에 의해 사법경찰관은 경찰서장의 결재를 받아 검사에게 신청을 하고 법원의 허가를 받아 '통신사실확인자료 열람 및 제공 요청'을 해야 한다.

⑻ 통신사실 확인자료 제공을 받은 사실의 통지

사법경찰관은 통신사실 확인자료제공을 받은 사건에 대하여 검사로부터 공소를 제기하거나 공소의 제기 또는 입건을 하지 아니하는 처분의 통지를 받거나 내사사건에 대하여 입건을 하지 않는 처분을 한 때에는 그 처분을 한 날로부터 30일 이내에 통신사실 확인자료 제공을 받은 사실과 제공요청기관 및 그 기간 등을 서면으로 그 대상이 된 전기통신가입자에게 통지하여야 한다.[191]

---

191) 통신비밀보호법 제13조의3, 법률제9819호, 2009.11.2.

제5장

폭력사건 수사

1. 의 의

폭력(assault)이란 타인의 신체를 침해하기 위한 불법적인 시도를 말한다. 즉, 상대방의 승낙 없이 상대방의 신체에 구타 또는 불법적으로 물리적인 위해를 가하기 위한 시도를 말한다.[192] 상대방의 신체에 대한 위해를 가하기 위한 시도이기 때문에 반드시 어떤 상해가 발생하지 않아도 폭력범죄는 성립한다.

따라서 폭력사범이란 사람의 신체에 대한 직·간접적 유형력의 행사, 즉 폭행과 협박으로 위력을 행사하여 상해·폭행·체포·감금·공갈·협박·손괴·퇴거불응 등의 죄를 범한 자를 말한다. 또한 폭력행위는 그 태양에 의해 단순폭력, 집단폭력, 조직폭력, 가정폭력, 학교폭력 등으로 나누어진다.

2. 폭력사범의 특징

(1) 피해자 생존과 가해자 식별 가능

폭력사건은 피해자가 보통 살아있고 수사에 적극적으로 협조하는 것이 특징이다. 많은 폭력사건에 있어서 피해자는 가해자의 신원을 알고 있기 때문에 가해자 식별

---

192) Weston & Lushbaugh, *op.cit.*, p.207.

수사는 문제가 되지 않는다. 그러나 피해자가 도주 중인 가해자의 신원을 알지 못할 경우에는 폭력사건 수사는 살인사건 수사과정과 아주 유사해진다.[193]

(2) 면식범과 상습범의 범죄

폭력사건의 경우에 범인은 조직폭력배이거나 폭력상습자이기 때문에 범인은 거의가 면식범이고 상습범이며 피해자층이 어느 정도 한정된다. 조직폭력배는 이른 바 자기활동영역에 위치하고 있는 유흥업소나 시장 주변, 또는 공사장이나 특정 기업체를 범행의 대상으로 하기 때문에, 범죄는 상습적이고 아는 사람들 사이에 주로 발생한다.

(3) 잠재성 강한 범죄

폭력범죄는 조직폭력사건이나 지역불량배 등과 같은 일정한 지역을 중심으로 활동하기 때문에, 경쟁적인 폭력배들 사이에 지역관할을 놓고 언제든지 충돌이 발생할 잠재성이 강한 범죄이다. 폭력배들은 그들의 요구나 이권에 반하는 행동을 하는 대상업소의 구성원에 대해서는 언제든지 보복차원의 폭력을 가할 수 있다. 또한 폭력배 구성원간의 서열다툼이나 일반시민으로 전향한 조직원에 대한 보복으로 언제든지 심각한 폭력사건이 발생할 수 있다.

3. 폭력사범의 단속대상

(1) 기소중지자인 폭력사범

폭행·상해 등 폭력을 행사한 죄로 유죄가 인정 되었으나 체포되지 않고 도피 중이어서 기소중지된 범죄자들이 아주 많아 일차적 단속대상이다. 이들은 대체로 폭력범죄 전과자들이다.

(2) 상습·조직폭력배

조직폭력배는 시장이나 유흥가 등을 무대로 상습적으로 폭력을 행사하기도 하고,

---

193) *Ibid.*, p.208.

채권·채무관계나 회사의 이권관계에 개입하여 폭력을 행사하는 반사회적 폭력조직의 구성원이 해당된다.

(3) 금품갈취배

금품갈취배란 개인 또는 기업체의 약점을 이용하여 공갈·폭력·협박을 행사하여 금품을 갈취하는 폭력범죄자를 말하고 대체로 조직폭력배들이나 지역 불량배들이 이러한 범행을 범하는 경우가 많다.

(4) 불량배

불량배란 조직폭력배 수준의 조직을 구성하지 못하고 흉기 등을 소지하고 일정지역을 배회하며 폭력을 행사하거나 패싸움을 벌이고 음주소란이나 부녀자 희롱 등으로 사회질서를 문란하게 하는 자들을 말한다. 이들 역시 시장이나 유흥업소 등을 중심으로 금품을 갈취하기도 한다.

제2절　폭력범죄 수사

I. 폭력사건 발생시 수사요점

(1) 범죄현장의 확정

범죄현장은 범죄의 재구성을 위한 증거를 확보할 수 있는 중요한 장소이다. 폭력사건의 경우에 피해자는 범죄현장과는 다른 장소에서 신고를 하는 경우가 많기 때문에 반드시 범죄현장을 확인해야 한다.[194]

또한 단순폭력이라 하더라도 주거나 사무실 등에서 발생한 경우에는 「가정폭력범죄의 처벌등에 관한 특례법」을 적용해야하므로 범행장소를 정확하게 확인해야 한다. 그러나 야간에 발생한 폭력은 2006년 3월 「폭력행위 등 처벌에 관한 법률」에서 삭제되어 특수폭행으로 다루어지지 않는다.

---

194) *Ibid.*, p.208.

(2) 범죄의 동기 및 원인

폭력이 상대방에 대한 특정 동기에 의한 경우는 대부분 계획적인 범행이므로 범죄의 동기를 확인해야 하며 피해자가 폭행을 유발하는 원인을 제공하였는지의 여부를 조사해야 한다.

(3) 폭행의 방법

폭행이 흉기 기타 위험한 물건을 휴대하고 폭행하였는 지의 여부 및 그 입수경위를 조사해야 한다. 따라서 수사관은 범행에 사용된 흉기를 확인하고 회수해야 한다. 위험한 물건에는 물리적인 수단뿐만 아니라 염산, 초산, 최루가스, 폭발물 같은 화학적인 수단도 포함된다. 판례는 물리적인 수단으로 채찍이나 지팡이, 자동차, 사주된 동물, 면도칼, 안전면도용 칼날, 마요네즈병, 드라이버, 가위 등을 인정하고 있다.

(4) 공범의 유무 및 집단적인 지의 여부 확인

폭력사건 수사에 있어서 공범유무는 물론 2인 이상이 공동으로 범했는 지의 여부와 집단범인 지의 여부를 확인해야 한다. 특히 폭력조직의 개입확인은 「폭력행위등 처벌에 관한 법률」을 적용해야 한다는 점에서 중요하다.

(5) 처벌희망 여부의 확인

단순폭력의 경우 반의사 불벌죄이므로 피해자의 처벌희망 여부를 확인해야 한다.

2. 단순폭력사건 수사절차

(1) 피해자 구호와 피해상황조사

수사관은 폭행사건의 피해자가 중상 등으로 응급진료가 필요한 경우에는 우선적으로 그를 병원으로 후송해야 한다. 이때 수사관은 피해자와 병원에 동행하여야 하며 다른 강력범죄와 마찬가지로 피해자를 병원에 옮기는 과정에서부터 피해상황, 사건의 발생원인, 폭행의 성격, 가해자의 신원에 관한 조사 등 가능한 한 많은 정보를 수집하여야 한다. 또한 수사관은 피해자의 옷을 증거로서 확보하여 표시를 하고 보

존하여야 한다. 후일 과학수사전문가는 이 의복에서 총기 실탄자국이나 칼 자국, 또
는 다른 날카로운 도구흔적, 혈흔, 기타 유사한 증거를 검출함으로써 범죄사실을 재
구성할 수 있다.[195]

아울러 경찰은 범행현장을 중심으로 한 흉기 등의 물증 확보와 더불어 목격자와
참고인 등의 증언, 그리고 의사의 진단서를 토대로 상세한 피해상황 조사를 해야 한
다. 특히 폭행사건은 다른 범죄사건과는 달리 대체로 범행현장을 목격하는 사람들이
존재하므로 반드시 목격자나 참고인 등을 대상으로 한 증거를 확보해야 한다.

(2) 가 · 피해자 진술내용과 다른 자료의 비교 검토

폭행사건의 경우에 피의자는 자신의 범행사실을 부인하는 예가 많다. 한편 피해
자는 피해내용을 과장하여 주장할 뿐만 아니라 참고인들도 가 · 피해자와의 인적 관
계에 따라 어느 일방을 두둔하는 일이 많다. 따라서 사건수사를 하는 경찰관은 피의
자 · 피해자 또는 참고인들의 진술을 현장의 상황과 물증 기타 다른 자료와 대비하
여 그 신빙성을 신중히 검토해야 한다.

(3) 진단서 내용의 신중한 검토

피해자에 대한 의사의 진단서는 보통 피해자의 요구에 따라 때때로 과장 또는 허
위로 작성되는 경우가 있으므로 진단서의 내용에 대한 신중한 검토가 있어야 한다.

제3절 | 조직폭력 범죄

I. 의 의

조직폭력범죄는 범죄활동에 종사하는 고도로 조직되고 훈련받은 사람들로 구성되
고 그들 사이에는 엄격한 계층적 규율이 존재하는 통솔체계를 갖춘 계속적인 조직
에 의한 범죄를 말한다. 그러한 집단은 소규모일수도 있지만, 대체로 계획적으로 불

---

195) *Ibid.*, p.208.

법적인 행동을 하는 상당한 수의 개인들로 구성되어 있다. 그 구성원들은 일시적으로 참여하는 사람들도 있지만, 지속적·일신 전속적으로 자기조직을 위하여 활동하는 사람들로 구성되어 있다.[196]

우리나라의 경우 조직폭력범죄란 다수인이 경제적 이익추구를 목적으로 일정한 계층적 지휘체계를 갖추고 계속적이고 조직적으로 자행되는 범죄를 말한다. 한편, 조직폭력범죄란 「폭력행위등처벌에관한법률」에 규정된 범죄, 즉 "집단적 또는 상습적으로 폭행, 협박, 주거침입·퇴거불응, 재물손괴, 존속폭행, 체포·감금, 존속협박, 강요, 상해, 존속상해, 존속체포, 존속감금, 공갈 등의 폭력범죄를 범하거나 단체나 다중의 위력으로써 또는 단체나 집단을 가장하여 위력을 보임으로써 또는 흉기 그 밖의 위험한 물건을 휴대하고 위에 열거된 범죄를 범하거나 폭력행위를 할 목적으로 구성된 단체 또는 집단을 구성하거나 그러한 단체 또는 집단에 가입하거나 그 구성원으로 활동한 자에 의한 범죄"를 말한다.[197]

2. 조직폭력집단의 특성

조직폭력집단이 관여한 폭력범죄는 다른 일반범죄와는 달리 계획적이고 조직적이며 충동적으로 범죄를 범하지는 않는다는 측면에서 다음과 같은 특성을 가지고 있다.

(1) 경제적 이익 추구

1) 목적성

조직폭력집단은 경제적 이익추구를 그 목적으로 한다. 조직폭력집단의 목적은 경제적 이익추구가 궁극적인 목적이고 정치적인 목적과는 무관하다. 따라서 조직 범죄는 비이념적이다.[198] KKK단이나 스킨헤드가 단지 인종차별이라는 이념에 따라서 범죄를 범하기 때문에 조직범죄를 범하는 조직에 해당되지 않는다.

---

196) Gilbert, *op.cit.*, p.418.
197) 폭력행위등처벌에관한법률 제1조 및 4조, 법률 제7891호, 2006.3.24.
198) 앞의 책., p.54.

2) 불법적 활동과 합법적 활동

조직폭력집단의 목적 달성 수단은 기본적으로 불법적 활동과 합법적 활동 두 가지로 이루어진다. 일반적으로 범죄조직은 폭력과 협박같은 불법적 활동을 통하여 합법적인 기업을 운영한다.199) 합법적 활동은 불법적 활동으로부터 벌어들인 이익에 의하여 지원을 받는다. 오늘날 라 코자 노스트라(LCN : La Cosa Nostra)로 더 잘 알려진 미국의 마피아의 경우 도박과 마약, 사채, 성매매나 음란물 영역의 불법활동과 술집, 레스토랑, 안마시술소, 유료주차장, 포르노잡지 서점 등과 같은 합법적인 활동을 통하여 경제적 이익을 추구한다.200)

우리나라의 경우에도 범죄조직은 고리대금업, 도박장개설, 마약거래, 사설경마, 빠징코 승률조작, 공직자 매수, 돈세탁, 성매매, 장기밀매, 포르노 유통 등 불법활동과 공사입찰, 건설자재공급, 사채업, 폐기물 처리업, 부동산 경매 등 합법적인 활동을 통하여 경제적인 이익을 추구하고 있다.201)

(2) 폭력성

「폭력행위등처벌에관한법률」은 폭력행위에 대한 명확한 정의 없이 폭력행위로 간주되는 행위유형을 열거하고 있을 뿐이다. 조직폭력범죄에서 행하는 폭력행위를 법적인 개념으로 이해한다면 조직폭력의 대표적인 유형인 살인은 폭력행위에서 빠지게 되는 불합리한 결과가 발생한다. 따라서 폭력의 형태는 유·무형의 위력과시로부터 무기나 흉기 등을 사용하는 잔혹한 범행수법까지 포함하는 것으로 규정되어야 한다.202)

(3) 엄격한 내부규율과 계급구조

조직의 두목과 부두목, 행동책, 행동원 등 위계에 따른 상명하복관계를 분명히 하는 계서제적 지휘·통솔체계(the hierarchy of command)에 의해 조직이 운영된다. 두목은 부두목과 행동책을 통하여 조직의 합법적·불법적 활동영역에 대한 통제력

---

199) Gilbert, *op.cit.*, p.418.
200) *Ibid.*, pp.420-421.
201) 도중진, 조직범죄의 유형변화와 대처방안, 한국형사정책연구원, 2004, pp.67-68.
202) 사법연수원, 특수수사론, 2008, p.150.

을 행사한다. 보스의 권위는 절대적이고 따라서 구성원들은 두목의 명령에 무조건 복종해야 한다.203)

또한 구성원의 배반을 방지하기 위해 간부와 일반행동원 간에 의형제 체제를 유지한다. 따라서 소매치기를 공모하고 실행행위를 분담하기로 한 경우, 또는 4명이 도박개장을 공모한 경우 등과 같이 지휘·통솔체제 없이 단순히 범죄를 공동하여 저지르기 위하여 약정하거나 공모한 경우는 조직성을 인정할 수 없다.

(4) 관할구역의 존재와 조직의 영속성

폭력조직은 조직의 목적달성과 존립을 위해 유흥업소나 이권관련 업체 등을 중심으로 관할구역을 설정하고 타 조직이 침범시 사활을 걸고 폭력을 행사한다. 관할구역이 존재하지 않는 조직은 폭력조직이 아니라고 볼 수 있다.

또한 폭력범죄 조직은 특정한 범죄를 범하기 위하여 일시적으로 구성된 조직이 아니라 특정개인이나 범죄와는 관계없이 거의 영속적으로 존재하는 것이 특징이다.204) 미국의 마피아나 일본의 야쿠자가 그 대표적인 사례이다.

(5) 상습성 · 계속성 · 계획성

조직폭력범죄는 관할구역을 중심으로 이권관련 업체를 대상으로 하거나 폭력조직 사이의 관할다툼 과정에서 발생하므로 가해자와 피해자 사이에 면식관계가 존재하고 상습적으로 이루어진다. 따라서 범행지역이 한정적이고 잠재성이 강한 범죄로서 계속적이고 계획적으로 이루어지는 범죄이다.

(6) 범죄단체 조직과 가입에 의한 범죄

「폭력행위등처벌에관한법률」 제4조는 이 법에 규정된 범죄를 목적으로 한 단체 또는 집단을 구성하거나 그러한 단체 또는 집단에 가입, 활동한 자를 처벌하면서 수괴, 간부, 단순가입자 등 구성원의 지위에 따라 법정형을 달리 규정하고 있다. 동법 제5조는 위 단체나 집단을 이용하여 범죄를 범하거나 자금을 지원하는 자를 처벌하

---

203) Weston & Lushbaugh, *op.cit.*, p.331.
204) 도중진, 앞의 책., pp.54-55.

도록 규정하고 있다.205)

따라서 조직폭력범죄는 위험범·단순거동범에 해당되므로 범죄단체를 조직하거나 이에 가입함으로써 기수가 되며, 그 후 목적한 범죄를 실행하였는 지의 여부는 본죄의 성립에 영향이 없다. 조직의 결성 시기는 범죄단체 조직의 공소시효 기산점으로 아주 중요하다. 그리고 조직가입의 방법이나 형식에는 아무런 제한이 없다.

(7) 비호세력의 존재

조직범죄에는 그들의 활동을 보호해주는 비호세력이 존재한다. 비호세력은 범죄조직을 이용하여 자신들이 추구하는 이익을 얻고, 그 대가로 범죄조직을 합법적인 것인 처럼 위장시켜주거나 법의 집행으로부터 보호해주는 주변집단이다. 조직범죄의 비호세력은 크게 정치적 비호세력, 관료적 비호세력, 사회·경제적 비호세력으로 나누어진다.206)

(8) 죽음의 강령 신봉

범죄조직에 가입하는 신규 조직원들은 일정한 형식의 가입절차를 거쳐야 한다. 마피아와 삼합회의 일부 계파는 살인, 폭력 등의 잔혹한 범행을 통하여 '피의 맹세'를 함으로써 용감성과 기지를 인정받는 절차가 있고, 야쿠자는 새로운 조직원에게 '사카스키'라는 잔배식을 성대하게 베풀어 준다.207)

또한 범죄조직의 구성원들은 조직의 활동을 방해하는 사람을 죽이는 것을 정당화하기 위한 죽음의 강령(death creed)을 만들어 신봉하고 있다. 이러한 강령은 범죄조직의 사업기법으로서 조직 내부의 구성원뿐만 아니라 경쟁조직원, 그리고 목격자에게 까지 적용된다.208)죽음의 강령은 바로 침묵의 강령이다.

---

205) 폭력행위등처벌에관한법률 제4조 및 제5조, 2006.3.24.
206) 사법연수원, 특수수사론, 2008, p.148.
207) 사법연수원, 특수수사론, 2008, p.147.
208) Weston & Lushbaugh, *op.cit.*, p.331.

3. 조직폭력범죄의 태양

(1) 일반폭력범죄

일반폭력범죄는 폭력집단이 주로 폭력에 의해서 조직의 자금조달과 세력확장을 도모하는 범죄유형을 말한다. 가장 대표적인 범죄유형은 살인, 폭행, 상해 등이 해당된다. 이 과정에서 행사되는 폭력은 폭력집단 상호간의 이권과 관할 다툼에 관련된 것이 그 주류를 차지한다. 즉, 우리나라의 범죄조직들의 자금확보 영역인 유흥가 주변에서의 갈취, 연예인 갈취, 유흥업소의 주류 공급권 장악 등과 관련하여 범죄조직들이 서로 폭력을 행사한다. 물론 그들은 때때로 폭력을 행사하기 전에 공갈이나 협박의 수단을 먼저 동원하기도 한다.

(2) 지능폭력범죄

지능폭력범죄란 폭력집단이 기업이나 은행 등의 경영을 둘러싼 내부갈등에 어느 한편의 청부를 받아 다른 한편을 공갈이나 협박 등으로 경영에서 손을 떼게 하거나 기업의 거래과정에서 수집한 비리를 미끼로 이권이나 자금조달을 위해 공갈이나 폭력을 행사하는 형태를 말한다. 또한 폭력집단이 직접 기업경영을 가장한 거래관계를 설정하여 공갈·사기 등의 방법에 의해 폭리를 취하는 형태의 범죄를 말한다. 이들은 저명인사나 유명연예인들의 약점을 이용하여 사회에 폭로함으로써 매장시키겠다는 공갈·협박 등을 통해 금전을 갈취하기도 한다.

(3) 마약류 밀매

마약밀매 또는 불법마약류거래는 오늘날 조직범죄의 가장 대표적인 유형인 동시에 범죄조직들의 주요한 수입원이 되고 있다.209) 범죄조직들은 외국의 마약조직과 연계하여 마약사용자들에게 지속적으로 필로폰, 모르핀, 헤로인, 앵속, 마리화나 등의 마약을 제공하여 폭리를 추구한다. 남미와 카리브해 그리고 미국을 근거지로 활동하고 있는 범죄조직들은 마약거래로 막대한 수익을 올리고 있다.

---

209) 사법연수원, 특수수사론, 2008, p.152.

(4) 불법 밀입국알선 및 인신매매

범죄조직은 전 세계적으로 수백 만 명의 불법이주민의 밀입국 주선행위나 인신매매에 개입하여 거액의 수입을 올리고 있다. 또한 섹스산업의 발달로 부녀자 인신매매가 심각한 문제로 대두되고 있는데 여아 또는 젊은 여성들을 유인 또는 납치하여 유흥업소나 사창가에 팔아넘기는 범죄조직들의 행각은 인도, 파키스탄 및 태국 등에서는 이미 공공연한 사실로 인식되어 왔다.

(5) 총기 및 무기 등의 밀매

불법하게 거래되는 총기 및 무기 등은 암거래시장을 통하여 거래되며, 이는 주로 테러단체나 범죄조직이 연계되어 저질러지는데 특히 범죄조직의 경우 무기를 구입하기 위한 자금마련을 위하여 마약거래를 병행하는 것으로 알려져 있다. 우리나라의 경우 국내외 범죄조직과 연계된 전문브로커를 통하여 러시아제 총기류가 국내로 반입되어 사회문제가 되기도 하였다.

(6) 화폐위조 및 위폐반입

화폐위조는 조직범죄에 의해 저질러지는 범죄영역 중 하나로 이는 한 나라의 신용과 경제를 파탄으로 몰고 갈 수 있는 심각한 사회적 해악이다. 화폐 위조산업기술의 발달과 더불어 컴퓨터를 비롯한 첨단기기들이 실생활에 보편화되면서 세계적으로 위조지폐가 급증하고 있으며, 이는 범죄조직의 화폐위조 범죄를 용이하게 하고 있다.

(7) 성매매와 음란물 관련 영역

범죄조직은 성매매와 음란물 영역에 일종의 조직의 사업으로 관여한다. 최근 몇 년 동안 범죄조직의 성매매 영역에 대한 관여가 감소하였을지라도 여전히 성매매 사업에 관여하고 있다. 최근에 안마시술소, 스포츠 마사지, 다양한 유형의 치료요법 센터, 데이트 소개업 등과 같은 합법적 사업의 증가는 범죄조직에 의한 성매매의 이익을 올릴 수 있는 새로운 관심영역으로 부각되고 있다. 또한 범죄조직은 음란물 산업의 모든 영역에 투자하고 있는 것으로 알려져 있다. 범죄조직은 외설 필름이나 잡지와 사진, 성기구 등의 생산, 유통, 판매에까지 관여하여 경제적 이득을 올리고 있다.210)

---

210) Gilbert, *op.cit.*, p.425.

(8) 도박범죄

도박은 범죄조직이 가장 큰 수익을 올릴 수 있는 범죄영역이다. 로또 복권과 경마장의 마권판매, 기타 주택복권 등 합법적인 도박이 인정된 후에도 불법적인 도박은 감소하지 않고 있다.[211] 그 이유는 불법적인 도박꾼들이 그러한 합법적인 도박을 이용할 수 있는 기회를 항상 향유하는 것은 아니기 때문이다. 또한 범죄조직이 합법적인 도박으로 거액의 금전을 획득할 확률도 아주 낮기 때문이다. 미국의 마피아 라코자 노스트라(LCN)는 도박으로 최대의 수입을 올리고 있으며 1년간 380억 달러를 벌고 있다.[212]

따라서 범죄조직은 도박장을 개장하여 사기도박을 벌이는 것과 같은 직업적인 도박으로 거액의 금전을 갈취한다. 범죄조직의 사기도박은 그 속에서 두목과 부하관계가 계층적으로 형성된 조직을 배경으로 하고 있다. 일단 선량한 사람이 피해로 인한 저항이 예상될 경우에 폭력집단은 그에게 위협을 가하여 개별적인 항거나 경찰 등에 대한 신고를 불가능하게 한다.

(9) 기 타

오늘날 범죄의 국제적 광역성으로 인하여 범죄조직은 장기밀매, 차량절도 및 판매, 컨테이너 절도, 산업폐기물의 불법한 반송, 반도체 또는 컴퓨터 절도 같은 범죄들이 신종 영역으로 나타나고 있다. 특히 범죄조직들은 자금세탁을 위해 주식시장에 작전세력으로 개입하는 사례도 발견되고 있다.

우리나라의 범죄조직들은 공사입찰, 건축자재 공급, 부동산 투기 등에 침투하고 있으며, 또한 코스닥 시장이나 증권시장에 개입하여 주가를 조작하거나 회사를 헐값에 매입한 후 자금을 대량으로 대출받아 챙기는 수법까지 등장하고 있다.[213]

---

211) *Ibid.*, p.424.
212) *Ibid.*, P.419.
213) 사법연수원, 특수수사론, 2008, p.156.

4. 조직폭력범죄 수사의 일반적 장애요소

(1) 범행의 치밀성과 은밀성

조직폭력범죄는 대부분 범행모의가 은밀하게 이루어지고 내부적 지휘·명령체계를 통하여 범행의 지시가 전달된다. 범행지시를 받은 행동대원은 지시받은 대로 범죄를 실행할 뿐이다. 범죄조직의 의사결정은 두목만의 고유권한이며 행동대원은 보스와 직접 만날 수가 없다. 따라서 행동대원은 조직상층부의 은밀한 범행모의 과정을 모르고 누가 최종적인 지시자인지를 모른다. 또한 범행후의 도피, 증거인멸 등에 대해서도 사전에 계획되고 준비되기 때문에 증거포착이나 범인검거가 어렵게 된다.

(2) 범행수법의 다양성과 합법성

최근에 범죄조직은 합법적인 기업화를 추구하는 등으로 그 수법이 다양해지고 있다. 수사기관에 노출되기 쉬운 '칼부림형', '지역할거형'에서 탈피하여 자금력과 인원 동원 능력을 토대로 합법적 기업형태로 변모하고 있다. 특히 건설업, 대형 집합상가, 부동산업, 유흥업, 고리대금업, 기업인수·합병 등 이권분야에 진출하여 합법적 신분을 가장한다. 또한 다른 폭력조직과 제휴를 통하여 경쟁업자를 은밀하고 지능적인 방법으로 제압하는 무형적인 폭력행사를 선호하는 등으로 범죄혐의를 적발하기가 어렵다.

(3) 증거확보의 곤란성

폭력조직 수사는 대부분 진술증거에 의존한다. 수사기관이 폭력조직의 행동대원을 검거하더라도 그로부터 조직의 실체, 범행모의내용, 범죄지시 등에 대한 자백을 얻어내는 것은 거의 불가능하다. 또한 범죄조직의 보복 등을 두려워하는 참고인들은 진술하기를 거부한다.

(4) 검거의 곤란성

조직폭력배들은 조직차원의 지원, 수차례에 걸친 도피경험, 다른 폭력조직의 도움 등으로 그 소재를 파악하기가 어렵다. 또한 조직폭력배들은 대부분 흉기를 휴대하고 있기 때문에 검거에 상당한 위험이 따른다.

(5) 피해자의 진술거부

피해자들은 보복을 두려워하거나 자신의 치부를 드러내지 않기 위해 신고나 진술 거부를 하는 경우가 대부분이어서 수사의 장애가 되고 있다.

(6) 증인의 진술번복

조직폭력사건의 증인들은 대부분 폭력조직의 관계자들이거나 반대조직의 구성원 내지 피해자들이다. 그들은 수사단계에서 진실에 가까운 진술을 하더라도 공판단계 에서 진술을 번복하는 현상이 빈번하게 발생한다. 이는 폭력조직이 그 세력을 동원 하여 증인에 대한 회유, 매수, 협박 등을 하기 때문이다.

(7) 비호세력의 수사방해

일반적으로 폭력조직은 그들의 활동을 보호하여 주는 비호세력을 가지고 있다. 이들 은 수사기관의 활동을 위축시키고 증인을 회유하거나 검거대상 조직원들을 은닉한다. 특히 비호세력이 수사관계자일 경우에는 수사기밀의 누설 등으로 수사를 어렵게 한다.

5. 조직범죄에 대한 국제적 대응

(1) 국제조직범죄에 대한 UN조약의 채택

2000년 11월 15일 제55차 국제연합 총회는 국제조직범죄에 대한 UN조약을 채택 하였다. 우리나라는 2000년 12월 13일 본 협약과 2개의 부속의정서에 서명하였다.

위의 UN조약은 최근에 복잡하고 심각해지는 국제적 조직범죄를 효과적으로 방지 하고 이에 공동으로 대처하기 위해 국제사회의 협력을 촉진시키는 것을 목적으로 한다. 전체 41개 조문으로 구성되어 있는 데 그 주된 내용으로는 ① 조직적 범죄단 체가입의 범죄화, ② 범죄수익세탁의 범죄화, ③ 돈 세탁을 방지하기 위한 조치, ④ 부정부패의 범죄화 및 방지책, ⑤ 법인의 책임, ⑥ 범죄수익의 몰수 및 국제협력, ⑦ 재판권, ⑧ 범죄인 인도 및 사법공조, ⑨ 공동수사 및 특수수사 방법, ⑩ 형사소추절 차의 이송, ⑪ 사법방해의 범죄화, ⑫ 증인보호와 피해자보호 및 구조, ⑬ 법집행기 관의 협력을 촉진하기 위한 조치, ⑭ 조직범죄에 대한 정보의 수집 및 교환 등을 규 정하고 있다.

(2) 국제조직범죄에 대한 특수한 수사방법

1) 의 의

조직범죄 수사는 고도의 기술과 전문성이 요구된다. 따라서 그러한 수사방법은 도청, 잠입수사 및 함정수사, 컴퓨터 자료검색 등이 논의되어 왔으며, 국제조직범죄에 대한 UN조약도 특수한 수사방법으로 통제배달, 범죄활동에 대한 전자감시, 잠입수사 등에 관하여 규정하고 있다.

2) 통제배달

통제배달은 1998년 유엔협약으로 제정된 「마약류불법거래방지에관한특례법」에 의해 마약이 적발된 중간 지점에서 운반책을 체포하거나 증거물을 압수하는 대신 마약이 최종 목적지에 도달할 때 까지 감시하여 배후자, 범죄조직, 자금원 등 마약 유통의 전모를 밝히려는 수사기법이다.

3) 전자감시

범죄자의 전기통신을 감청하는 등으로 범죄의 증거를 수집하는 수사기법으로써 미국과 독일은 1968년부터 시행해오고 있다.

4) 잠입수사

미국에서는 1970년 대부터 범죄조직 내부에 비밀정보원을 잠입시켜 범죄수사를 하는 기법이다.

5) 한국의 경우

우리나라의 경우 통제배달에 관한 명시적인 법률규정은 없으나 실무적으로 마약류 수사에 활용되고 있는데, 「마약류불법거래방지에 관한특례법」 중 입국 및 상륙절차 등의 특칙에서 그 근거를 찾을 수 있다. 감청은 1993년부터 「통신비밀보호법」이 제정되어 그 입법적 근거를 마련하고 있으며, 잠입수사 및 함정수사는 법적 근거를 마련하고 있지 않다.[214]

---

214) 사법연수원, 특수수사론, 2008, pp.158-160.

6. 조직폭력범죄 수사

(1) 폭력범죄정보의 조기입수

폭력범죄수사는 범죄정보를 조기에 입수하는 것에서부터 시작한다. 범죄사건이 발생한 후에 사건정보를 입수하는 것이 아니라 사건발생 이전에 정보를 수집하여 범죄수사를 전개하고 범인을 검거해야 한다. 특히 조직폭력집단을 단속하기 위해서는 그 조직 및 구성원 개개인에 관한 기초자료를 수집하여 관리해야 한다.

(2) 조직범죄 정보의 자료화

1) 기초자료

기초자료는 폭력단체의 조직 구성원 개개인에 관한 것으로서 조직구성원의 성명, 연령, 경력 및 활동범위 등 개인에 관한 인적자료를 포함한다. 아울러 사용한 명함, 개인자금의 이동과 관련된 주식, 자주출입하는 회사나 은행 등에 관한 자료를 수집하여 자료화한다.

한편, 폭력조직의 합법·비합법 양면의 자금원과 관련되어 있는 구성원의 성명 및 직책을 파악한다. 기업을 설립하여 제품생산과 판매로 확보한 자금은 합법적인 자금이다.

2) 조직에 관한 자료

조직에 관한 자료는 기초자료에 의거하여 대상단체 구성원 등의 합법적·비합법적 활동의 상태에 관한 자료를 말한다. 조직폭력집단에 대한 후원자, 지원내용, 부동산이나 자동차 등을 소유하고 있는 경우에 그 취득 경위와 전 소유자에 대한 탐문 결과 등에 관한 자료가 해당된다.

조직구성원의 지위별 회비와 할당금액 그리고 계파·조별 할당금액과 본부로의 납입방법 등에 관한 자료를 수집한다. 또한 다른 폭력조직과의 대립동향, 의형제 결연 등 의리를 지키는 방법, 무기나 흉기 은닉장소와 관리방법, 당번제도와 비상소집 방법 등을 평가하여 자료화한다.

(3) 폭력정보의 입수방법

1) 잠복 · 미행

① 조직폭력배와 그 가족, 동거녀 대상

잠복 · 미행은 조직폭력배의 실태규명을 위한 정보입수를 위한 가장 기본적인 방법이다. 경찰은 조직폭력배나 그 가족 · 동거녀, 또는 조직폭력집단이 개장한 도박장의 손님이나 피해자 등을 대상으로 추적하고 감시한다.

② 추적감시와 고정감시

이미 앞에서 살펴 본 바와 같이 미국과 독일은 범죄조직을 발견하고 증거를 수집하기 위하여 잠입수사관 제도를 법제화하고 있다. 잠입수사란 FBI 직원이나 연방, 주 또는 지방의 다른 법집행기관 구성원이 가공의 성명 또는 위장성명을 사용하여 범죄조직에 잠입하여 범죄정보를 수집하는 것을 말한다. 미국은 2002년부터 잠입수사에 필수적인 비밀정보원을 법무장관지침을 근거로 활용하고 있다.215) 독일은 원칙적으로 검사의 동의를 얻어 잠입수사관을 투입할 수 있도록 규정하고 있으며, 임무는 범죄조직을 발견하고 그 조직에 대한 범죄증거를 수집하는데 있다.216)

우리나라는 아직까지 수사관의 합법적인 잠입수사는 인정되지 않고 있다. 범죄조직에 관한 정보수집은 수사관의 범죄조직원이나 조직의 근거지 주변을 대상으로 하는 잠복 · 미행이 정보수집을 위한 주된 방법이다. 잠복 · 미행의 실시방법은 대상의 주변을 추적하면서 감시하는 방법과 자동차나 건물 등 거점을 이용하는 고정잠복방법이 있지만 현장의 상황에 적합한 방법을 취하여야 한다. 그러나 일반적으로 건물이나 자동차 등을 이용한 거점에 의한 감시방법이 효과적이다.

2) 통신감청

범죄조직 구성원들의 범죄 행위에 대한 정보수집은 통신감청이 활용된다. 「통신비밀보호법」은 조직폭력집단의 범죄에 대하여 사법경찰관이 검사에게 신청하여 법관의 통신제한조치 허가서를 받아 대상자의 통신내용을 청취하고 녹취할 수 있다. 최근 일상화되어 있는 휴대폰 통화내역이나 인터넷 사용자료 등을 통한 검거기법을 개발하여 활용할 필요가 있다.

---

215) 도중진, 앞의 책., pp.93-94.
216) 앞의 책., p.105.

3) 관공서에 대한 조회

조직폭력배의 명의로 한 각종 인가, 허가, 등록, 신고 등을 조회하고, 경찰관서의 기초자료를 기초로 한 조사를 통해서 정보를 입수한다.

4) 차적조회에 의한 정보수집

수사관은 경찰청의 차적조회 자료를 이용하여 조직폭력범죄자의 주거지 이동 사항이나 활동지역을 파악하여 검거하는데 활용할 수 있다.

5) 협력자의 확보

조직폭력 관련 정보수집은 평소에 협력자를 확보해 두는 것이 중요하다. 검거된 피의자, 조직폭력배 및 그 주변에 있는 금융업자나 건설업체, 유흥업소, 각종 브로커, 상호 대립적인 폭력집단 구성원, 폭력조직경력자 등은 경찰의 관리 여하에 따라 귀중한 첩보원이 될 수 있다.

6) 객관적인 분석과 적시성있는 보고

수사기능에서 수집한 첩보는 고정관념이나 선입관, 그리고 편견없이 객관적이고 신중하게 분석한 후 시기를 잃지 않고 계통을 통해 보고되어야 한다.

(4) 폭력범죄에 대한 정보관찰

1) 관찰요령

① 전종제

경찰은 조직폭력범죄의 정보관찰을 위하여 수사요원 중 특정인을 지정하여 정보관찰 활동을 전담하게 하는 것이 효과적이다. 전종요원은 ㉠ 조직폭력집단의 실태규명 작업 및 입수한 정보의 자료화와 정비, ㉡ 경찰관서 내 각 과·계에서의 정보자료의 접수, ㉢ 각 과·계의 취급사무 중 조직폭력 단속에 관계있는 사항의 조사 등의 임무를 수행한다.

② 정보의 종합화와 일원화

수사요원들이 입수한 정보는 단편적인 경우가 많다. 따라서 이를 종합적으로 분석·검토하여 일원화해야 한다.

③ 정보원의 개척과 관리

조직폭력범죄는 수사단서 확보를 위한 정보원의 개척이 요구되고 좋은 대인관계를 유지하는 것이 중요하다. 그러나 정보원 운용시 다음과 같은 점에 주의를 기울여야 한다. ㉠ 수사요원은 정보협력자와 불가분의 관계에 빠지지 않도록 주의해야 한다. ㉡ 정보제공자가 범인이 되는 예도 많으므로 접촉장소와 방법은 신중하게 생각하여 결정하여야 하며, 경찰서 이외의 장소에서 만나야 한다. ㉢ 협력자로부터 동일 내용의 정보를 수집하기 위하여 여러 사람이 중복하여 방문하는 일이 없도록 해야 한다. ㉣ 수사간부는 수사요원들의 개별 협력자를 파악하여 필요한 지도와 조언을 한다.

④ 사건정보의 수집

정보관찰의 궁극적인 목적은 검거자료의 수집에 있으므로 단순한 정보가 아니라 범죄의 수사에 활용할 수 있는 사건정보의 입수에 노력하여야 한다. 정보입수와 관리에 대해서는 초기단계에서부터 과장 등의 수사간부가 구체적인 지휘와 감독을 해야 한다.

(5) 폭력우범자 관찰

1) 폭력우범자의 명단작성

경찰은 조직폭력 우범자를 지역별, 조직계보별, 죄명별, 수법별 등으로 명단을 작성하여 관찰보호와 동향파악의 기초자료로 활용해야 한다.

2) 우범자 관찰보호 방법

경찰은 관내 폭력우범자를 파악하여 그 동향을 감시하고, 우범자들이 관할을 벗어날 경우에 해당 관할서에 신속히 통보해야 한다. 우범자라고 해서 경찰서 관할을 벗어날 때 지구대나 파출소에 신고할 의무는 없으므로 이를 강요해서는 안된다.

3) 관찰보호시 유의사항

① 관찰보호 활동을 통하여 수집한 각종 정보에 대해서는 비밀을 유지해야 한다.

② 감시활동은 폭력범죄의 조기발견과 대처를 위해 끊임없이 계속해야 한다.

③ 입수한 정보는 다각적으로 분석·검토하고 관련 부서에 신속하게 보고·연락해야 한다.

④ 입수한 정보는 조직적으로 통합·활용할 수 있도록 일원화해야 한다.

7. 조직폭력범죄 수사의 기본방침

폭력단의 범죄에 대한 수사는 이미 수집된 범죄첩보를 기초로 폭력배의 조직성과 잠재성 등의 특성을 고려하여 치밀하고 조직적으로 실시해야 한다.

(1) 경찰조직력의 활용

폭력을 수반하는 조직범죄에 대한 대응은 경찰조직의 힘을 십분 활용하여야 한다. 그러기 위해서는 형사기동대나 특별 단속반, 그리고 순찰지구대의 유기적인 협조체제의 유지가 요구된다.

(2) 불법자금원의 차단

경찰은 단속대상으로서의 폭력집단이 분명하게 파악된 경우에, 그 목표는 폭력조직을 와해시키는데 있으므로 일차적으로 불법자금원을 차단해야 한다. 범죄조직이 합법적인 기업활동으로 자금을 확보한다고는 하나 불법적인 자금원이 차단되면 합법적인 기업활동도 거의 불가능하다. 따라서 조직폭력집단의 무력화 대책으로는 불법자금원 차단이 가장 효과적이다. 오늘날 주요 선진국에서는 사람보다는 불법자금원을 차단하기 위해 불법수익박탈제도와 돈세탁금지규정을 도입하고 있다.

(3) 현장검거와 조건부 거래 수사의 배제

1) 초동수사단계 검거

조직폭력단의 세력다툼사건이나 폭행, 상해, 공갈 등 소위 가두 폭력 사범에 대해서는 초동수사 단계에서 검거하여 해결토록 수사방침을 세워야 한다.

2) 신속수사

폭력단 사이의 충돌사건(세력다툼사건)은 폭력단 간부 등에 의해 범인의 대체, 흉기의 은닉 등의 공작이 이루어질 가능성이 많으므로 그러한 기회를 주지 않는 신속한 수사를 진행하여야 한다.

3) 거래수사 배제와 정공수사

경찰과 폭력단이 대치한 상태에서 협상을 하는 것과 같은 거래수사는 절대 배제하고 합법적인 정공수사에 의해 피의자를 검거하고 사건을 처리하여야 한다.

(4) 모든 법령의 적용

조직폭력집단의 범법행위는 ① 폭행, 상해, 공갈이나 불법감금, ② 자금조달을 위해 도박이나 음란물의 판매, 마약이나 환각제 등의 거래, ③ 각종 기업활동을 통한 부당이익을 올리기 위한 특별법령의 위반, ④ 사기, 사문서나 유가증권의 위조 등의 범죄에 대부분 연루되어 있다.

따라서 경찰은 외관상으로 나타난 폭행, 상해, 공갈 혹은 불법감금 등의 수사에만 매달리지 말고 모든 관계법령을 적용하여 폭력조직의 뿌리를 뽑는 수사가 되어야 한다.

(5) 폭력조직의 괴멸과 사회적 격리

조직폭력범죄 수사는 그 괴수에서부터 행위자까지 전부 확실하게 처벌함으로써 폭력조직을 사회에서 제거하는데 목적을 두어야 한다. 폭력조직의 괴멸은 폭력조직의 구성원을 검거하여 사회로부터 격리시켜야 가능해진다. 이를 위해 검거한 피의자에 대해서는 확실한 처벌이 이루어지도록 철저한 수사를 해야 한다.

(6) 불법수익의 박탈

폭력조직은 조직을 운영하고 많은 구성원들을 먹여 살리기 위해서는 돈이 필요하다. 따라서 폭력조직의 근원적 존립기반을 제거하기 위해서는 폭력조직의 불법수익을 완전히 박탈하는 것이 무엇보다 중요하다. 이를 위해서는 범죄사실에 대한 수사뿐만 아니라 더 나아가 계좌추적, 부동산 소유현황 등을 파악하여 자금이 어떻게 흘러나가는지, 분배가 어떻게 되는지에 대하여도 철저히 조사하여 범죄수익을 몰수하거나 추징함으로서 조직의 재건이 불가능하게 하여야 한다.

1) 관련 법규

관련법규는 「범죄수익은닉의규제및처벌등에관한법률」로서 불법으로 취득한 범죄수익을 박탈하기 위하여 제정된 대표적 법률이다. 이 법은 특히 자금세탁행위를 처벌하는 규정을 두고 있는데 그 유형은 ① 범죄수익등의 취득 또는 처분에 관한 사실을 가장하는 행위, ② 범죄수익의 발생원인에 관한 사실을 가장하는 행위, ③ 특정범죄를 조장하거나 또는 적법하게 취득한 재산으로 가장할 목적으로 범죄수익등을 은닉하는 행위로 세분된다.

몰수 추징과 관련하여 몰수대상 재산은 범죄수익, 범죄수익에서 유래한 재산, 이들 재산이 다른 재산과 혼합된 재산, 자금세탁행위로 발생하거나 그에 관계된 재산, 그 과실이나 대가로 얻은 재산, 자금세탁행위의 보수로 받은 재산 등이다.

2) 자금세탁의 유형

자금세탁은 범죄조직의 불법수익처분과 밀접한 관련이 있다. 자금세탁은 배치, 반복, 통합의 3단계 모델에 의해 설명될 수 있다.

① 배치단계

배치단계란 범죄행위로부터 취득한 수익을 수사기관에 적발되지 않도록 이전하는 단계로서 범죄수익을 ⓐ 비밀장소에 은닉하거나, ⓑ 합법적 사업체의 소득과 합치시키거나, ⓒ 외국으로 반출하거나, ⓓ 금융기관을 통해 이전시키는 것 등으로 이루어진다. 이 중에서 금융기관에 유입시키는 수법이 가장 대표적인 수법이다. 금융기관은 현금거래량이 방대하여 다른 수법보다 적발될 위험성이 낮고 자금을 신속하게 이전시킬 수 있는 장점이 있어 금융기관을 통한 자금세탁이 선호되고 있다. 이 경우 범죄자는 거액의 현금을 금융기관에 예치하는 경우 금융기관 및 법집행기관의 집중적인 감시대상이 될 가능성이 높기 때문에 ① 소액분할입금, ② 제3자를 이용한 입금, ③ 현금거래가 많은 사업체를 통해 입금하는 방법을 이용한다.

② 반복단계

반복단계란 범죄자금의 출처와 소유자를 감추기 위하여 여러 가지 복잡한 금융거래 등을 거쳐 자금추적을 불가능하게 만드는 단계로서 ⓐ 자산의 출처 또는 소유자에 대한 허위의 서류를 작성하는 방법, ⓑ 범죄수익을 유형적인 재산으로 변경하는 방법, ⓒ 입출금의 반복 또는 전자자금이체를 통하여 송금하는 방법, ⓓ 외국의 위장기업을 이용하는 방법 등으로 행해진다. 전자자금이체를 이용한 자금세탁은 통상 자금을 여러 국가에 걸쳐 이전시키는데 그 과정에서 역외금융센터가 자주 이용된다. 전자자금 이체를 통하여 범죄수익이 역외금융지역으로 이전되는 경우에 엄격한 금융 비밀보장으로 인하여 그 원천을 파악하기가 곤란하다.

③ 통합단계

통합단계란 반복단계를 거쳐 더 이상 진정한 출처나 소유자의 확인이 불가능하게 된 불법자금을 합법재산으로 가장하여 정상적인 금융·경제활동에 편입시켜 다른 합법재산과 통합시키는 단계이다. 그 방법은 ⓐ 위장수출에 대한 허위 송장발행 및 수출입가격의 조작행위, ⓑ 론백(Loan Back) 수법,[217] ⓒ 합법적 사업체의 수익금으로 반환받는 행위, ⓓ 위장회사의 명의로 구입한 부동산의 매각방법 등이 있다.[218]

(7) 수사협력자의 보호

조직폭력집단의 범죄가 근절되기 어려운 이유는 범죄 목격자나 피해자가 보복을 두려워하여 범죄신고나 수사에 협력하기를 거부하기 때문이다. 따라서 조직폭력범죄 수사의 성공은 목격자나 피해자 등 수사협력자에 대한 경찰의 적극적인 보호조치가 강구되어야 한다.

---

217) 론백수법은 A국의 마약밀매자가 역외국가인 B국의 은행계좌에 50만불을 은닉하고 있는 경우에 위 자금을 A국에 반입하기 위하여 우선 A국의 합법적인 사업체인 호텔에 50만불을 투자한다. 먼저 합법적 돈으로 5만 달러를 지불한 다음 B국의 은행에서 위 범죄수익인 50만불을 담보로 하여 45만불을 대출받는다. 그 후 마약밀매자는 위 45만불에 대한 원금과 이자의 변제로서 범죄수익인 50만불을 사용하면 된다

218) 사법연수원, 특수수사론, 2008, pp.290-291.

(8) 「특정범죄신고자등보호법」에 의한 범죄신고자 보호[219]

1) 대상범죄

①「특정강력범죄의처벌에관한특례법」 제2조의 범죄[220]

ⅰ)「형법」의 살인의 죄 중 ㉠ 살인·존속살해, ㉡ 위계등에 의한 촉탁살인 등, ㉢ 미수범,

ⅱ)「형법」의 약취와 유인의 죄 중 ㉠ 미성년자의 약취·유인, ㉡ 영리등을 위한 약취·유인·매매등, ㉢ 상습범과 미수범(제291조 및 제292조의 미수범 제외),

ⅲ)「형법」의 강간과 추행의 죄 중 ㉠ 흉기 기타 위험한 물건을 휴대하거나 2인 이상이 합동하여 범한 강간, ㉡ 강제추행, ㉢ 준강간·준강제추행, ㉣ 미수범, ㉤ 미성년자에 대한 간음·추행, ㉥ 강간등에 의한 치사상의 죄, ㉦ 강간과 추행의 죄,

ⅳ)「성폭력범죄의 처벌 및 피해자보호등에관한 법률」상의 ㉠ 특수강도강간 등(강도 등이 강간이나 준강간, 준강제추행), ㉡ 특수강도가 강간이나 강제추행, 준강간 또는 준강제추행, ㉢ 특수강간등(강간, 준강간, 준강제추행), ㉣ 친족관계에 의한 강간등(4촌 이내의 혈족과 2촌 이내의 인척이 강간, 강제추행, 준강간, 준강제추행), ㉤ 장애인에 대한 간음 등, ㉥ 13세미만의 미성년자에 대한 강간, 강제추행등(강간, 강제추행, 중강간이나 준강제추행, 위계위력에 의한 간음이나 추행), ㉦ 강간등 상해·치상, ㉧ 강간 등 살인·치사, ㉨ 업무상 위력등에 의한 추행, ㉩ 위의 죄 중 처벌대상인 미수범 및 카메라등 이용 촬영범죄의 미수범[221]

ⅴ)「청소년의 성보호에 관한 법률」 제10조의 청소년의 성을 사는 행위, 이 죄로 2회 이상 실형을 받은 자가 범한 강간, 강제추행, 준강간, 준강제추행, 미수범[222]

ⅵ)「형법」의 강도의 죄 중 강도, 특수강도, 준강도, 약취강도, 강도상해 치상, 강도살인치사, 강도강간, 해상강도, 상습범, 앞의 미수범

---

219) 특정범죄신고자등보호법 제2조, 법률 제9139호, 2008.12.19.
220) 특정강력범죄의 처벌에 관한 특례법 제2조, 법률 재7653호, 2005.8.4.
221) 성폭력범죄의 처벌 및 피해자보호 등에 관한 법률 제5조 내지 12조, 법률 제9110호, 2008. 6.13.
222) 청소년의 성보호에 관한 법률 제10조, 법률 제8852호, 2008.2.29.

　　vii)「폭력행위등처벌에관한 법률」상의 단체등의 구성활동(제4조),「특정범죄가중
　　　　처벌등에관한법률」상의 단체등의 조직(제5조의8)

　　viii) 위의 범죄 중 다른 법률에 의해 가중처벌받는 죄

② 「마약류불법거래방지에관한특례법」 제2조2항의 범죄

　　㉠ 업으로서 행한 마약류 불법수입등, ㉡ 마약류로서의 물품의 수입등, ㉢ 마약류
범죄실행이나 남용 선동등, ㉣ 마약류 수출입, 제조, 매매, 매매알선, ㉤ 불법으로
마약류 취급 또는 처방전교부, ㉥ 마약류 범행을 위한 장소, 시설, 장비, 자금, 운반
수단제공, ㉦ 마약류 소지, 소유, 관리, 재배, 원료, 종자, 종묘 소지 소유, ㉧ 마약류
섭취, 흡연, 사용 조제 투약 등

③ 「국제형사재판소 관할 범죄의 처벌 등에 관한 법률」

　　㉠ 집단살해죄, ㉡ 인도에 반하는 죄(민간인 공격행위, 식량이나 의약품 접근박탈,
사람의 노예화, 적법 주거지에서 추방하거나 이주, 체포 감금 또는 신체적 자유 박
탈, 강간이나 성매매, 성적 노예화 등), ㉢ 사람에 대한 전쟁범죄(국제법규에 의해
보호되는 사람 살해, 인질, 고문, 성범죄의 대상 등), ㉣ 재산 및 권리에 대한 전쟁범
죄(적구이나 적 대상자의 재산약탈, 파괴, 징발, 압수 등), ㉤ 인도적 활동이나 식별
포장 등에 관한 전쟁범죄, ㉥ 금지된 방법에 의한 전쟁범죄(민간인 주민 대상 공격),
㉦ 금지된 무기 사용 전쟁범죄(독물 또는 유독무기, 생화학 무기, 인체 내에서 쉽게
팽창되거나 펼쳐지는 총탄 사용), ㉧ 지휘관 등의 직무태만죄, ㉨ 사법방해죄(거짓
증거제출, 폭력 등에 의한 참고인이나 증인 출석방해)[223]

2) 범죄신고자

　　범죄신고자란 ① 특정범죄에 관한 신고, 진정, 고소, 고발 등 수사단서의 제공, ② 범
죄사건에 관한 진술 또는 증언 기타 자료제출행위, ③ 범인검거를 위한 제보 또는
검거활동 등을 한 사람을 말한다(특정범죄신고자 등 보호법 제2조 2항).

---

223) 국제형사재판소 관할 범죄의 처벌 등에 관한 법률 제8조 내지 16조, 법률 제8719호, 2007.12.21.

3) 인적 사항의 기재생략

수사기관은 범죄신고자 등이나 그 친족 등이 보복을 당할 우려가 있는 경우에는 그 취지를 조서에 기재하고 범죄신고자 등의 성명, 연령, 주소, 직업 등 그 신원을 알 수 있는 전부 또는 일부를 기재하지 아니할 수 있다. 이러한 경우에 그 내용을 즉시 검사에게 보고해야 한다. 또한 범죄신고자 등에 대한 사실을 다른 사람에게 알려주거나 공개 또는 보도하여서는 아니 된다(특정범죄신고자등 보호법 제7조).

4) 범죄신고자 등의 보좌인 지정

사법경찰관이나 검사, 법관은 범죄신고자 등이 보복을 당할 우려가 있는 경우에는 직권 또는 범죄신고자나 법정대리인, 친족 등의 신청에 의해 범죄신고자 등의 보좌인을 지정할 수 있다. 보좌인은 범죄신고자 등의 법정대리인, 친족 또는 대통령령이 정하는 자 중에서 지정한다. 다만, 수사기관 종사자는 보좌인이 될 수 없다. 보좌인은 범죄신고자 등을 위하여 당해 형사사건의 수사·공판 과정에 동행하거나 조언 등 필요한 조력을 할 수 있다(특정범죄신고자등 보호법 제6조).

5) 신변안전조치

① 검사 또는 경찰서장은 범죄신고자나 그 친족 등이 보복을 당할 우려가 있는 경우에는 일정기간 동안 당해 사건 관할 검찰청 또는 경찰서 소속 공무원으로 하여금 신변안전을 위하여 필요한 조치를 취하게 할 수 있다. 또는 대상자의 주거지 또는 현재지를 관할하는 경찰서장에게 신변안전조치를 취하도록 요청할 수 있다. 재판장 또는 판사는 공판준비 또는 공판진행과정에서 검사에게 신변안전조치를 취하도록 요청할 수 있다.

② 범죄신고자, 그 법정대리인 또는 친족 등은 재판장이나 검사 또는 관할 경찰서장에게 신변안전조치를 취해줄 것을 요청할 수 있다(특정범죄신고자등 보호법 제13조). 경찰서장은 신변안전조치를 취한 경우에는 그 사실을 검사에게 통보하여야 한다.

6) 범죄신고자 등 구조금 지급

국가는 범죄 신고자 등이 중대한 경제적 손실 또는 정신적 고통을 받았거나 이사,

전직 등으로 비용을 지출하였거나 지출할 필요가 있는 때에는 범죄신고자, 그 법정 대리인 또는 친족 등의 신청에 의하여 범죄신고자 등 구조금을 지급할 수 있다(특정 범죄신고자등 보호법 제14조). 구조금에 관한 사항을 심의하고 결정하기 위하여 지방검찰 청에 범죄신고자등 구조심의회를 둔다.

7) 범죄신고자 등에 대한 형의 감면

범죄신고를 함으로써 그와 관련된 자신의 범죄가 발견된 경우 그 범죄신고자 등 에 대하여 형을 감경 또는 면제할 수 있다(특정범죄신고자 등 보호법 제16조).

8) 피고인 등에 관련된 주요변동상황 통지

범죄신고자 등이나 그 친족 등이 보복을 당할 우려가 있는 경우에는 검사 또는 사법경찰관은 직권 또는 범죄신고자등, 그 법정대리인이나 친족 등의 신청에 의하여 피의자 또는 피고인의 체포, 구속 및 석방에 관련된 사법경찰관, 검사 및 법원의 처 분내용, 재판기일이나 선고내용 및 가석방, 형집행정지. 형기만료나 보안처분종료등 으로 인한 교정시설등에서의 출소사실이나 도주사실등 재판 및 신변에 관련된 변동 상황을 범죄신고자등, 그 법정대리인 또는 친족등에게 통지할 수 있다(동 법 제15조).

제4절 | 가정폭력 범죄

I. 의의와 특징

(1) 의 의

가정폭력은 가정구성원 사이에 발생하는 범죄를 말한다.[224] 가정폭력이란 가정구 성원 사이의 신체적·정신적 또는 재산상 피해를 수반하는 범죄행위를 말한다.[225] 그리고 가정폭력 피해자는 가정폭력범죄로 인하여 직접적인 피해를 입은 자를 말한다.

---

224) Gilbert, *op.cit.*, p.408.
225) 가정폭력범죄의 처벌등에 관한 특례법 제2조, 법률 제8580호, 2007.8.3.

(2) 특 징

가정폭력은 다른 어떤 폭력범죄보다도 지속적이고 반복적이며 가정을 파괴하고 폭력성향을 대물림하는 무서운 결과를 초래하는 범죄이다. 가정폭력은 주로 남성 가정구성원의 범죄행위가 대다수를 이루고 있으나 여성 가정구성원의 범죄행위가 급격히 증가하고 있다는 것이 오늘날의 특징이다. 미국에서는 지난 9년 동안 가정폭력범죄로 체포된 여성의 비율이 130% 증가된 것으로 나타났다.[226]

아직도 부부사이의 폭력이나 아동에 대한 부모의 폭력은 그 대다수가 신고되지 않는 것으로 최근의 연구는 지적하고 있다. 가정폭력의 종말은 살인과 중상해 폭행(aggravated assault)의 결과를 초래하는 심각한 사회문제로 떠오르고, 미국에서는 가정폭력 신고를 받고 출동한 경찰관이 부상과 사망을 당하는 결과를 초래하는 사건 중에서 상위를 차지한다.

2. 가정폭력관련 특별법

(1)「가정폭력범죄의 처벌 등에 관한 특례법」

가정의 평화, 안정 및 건강한 가정육성을 위한 응급조치, 임시조치 및 가정보호사건 처리 등 특수절차와 함께 민사처리에 관한 특례 등을 규정하고 있다.

(2)「가정폭력방지 및 피해자보호 등에 관한 법률」

국가 또는 자치단체의 가정폭력관련 상담소 설치·운영 및 인허가 등을 규정하고 있다.

3. 가정폭력범죄의 처벌 등에 관한 특례법

(1) 제정목적

① 가정폭력범죄의 형사처벌 절차에 관한 특례를 규정하고, ② 가정폭력범죄를 범한 자에 대하여 환경의 조정과 성행의 교정을 위한 보호처분을 행함으로써, ③ 가

---

226) Gilbert, *op.cit.*, p.408.

정폭력범죄로 파괴된 가정의 평화와 안정을 회복하고 건강한 가정을 조성하며, ④ 피해자와 가족 구성원의 인권을 보호함을 목적으로 한다.[227]

(2) 제정취지

① 가정폭력범죄를 가정보호사건으로 처리할 수 있는 절차 마련, ② 가정폭력범죄에 대한 응급조치 및 임시조치 등 폭력자제수단 강구, ③ 피해자보호를 위한 각종 절차적 권리 마련, ④ 민사구제절차 신설(피해자와 가정구성원에 대한 금전지급이나 배상) 등이다.

(3) 가정구성원

가정구성원은 다음과 같다. ① 배우자(사실상 혼인관계에 있는 자 포함) 및 배우자 관계에 있었던 자, ② 자기 또는 배우자와 직계존비속 관계(사실상 양친관계 포함)에 있거나 있었던 자, ③ 계부모와 자의 관계 또는 적모와 서자의 관계에 있거나 있었던 자, ④ 동거하고 있는 친족관계에 있는 자(따라서 동거하지 않는 형제자매나 삼촌과 조카간의 폭력은 해당하지 않는다) 등이 해당된다.[228]

(4) 가정폭력범죄의 유형

1) 대상범죄(가정폭력범죄의 처벌등에 관한 특례법 제2조 3호)

① 상해와 폭행죄 유형

상해, 존속상해, 중상해, 존속 중상해, 폭행, 존속폭행, 특수폭행, 상습폭행죄 등이 해당된다.

② 유기와 학대의 죄 유형

유기, 존속유기, 영아유기, 학대, 존속학대, 아동혹사의 죄 등이 해당된다.

2) 체포와 감금의 죄 유형

체포, 감금, 존속체포, 존속감금, 중체포, 중감금, 존속중체포, 존속중감금의 죄 등이 해당된다.

---

227) 가정폭력범죄의 처벌 등에 관한 특례법 제1조, 법률 제8580. 2007.8.3.
228) 가정폭력범죄의 처벌등에 관한 특례법 제2조, 법률 제8580호, 2007.8.3.

3) 협박죄 유형

협박, 존속협박, 특수협박, 상습협박이나 미수범의 죄 등이 해당된다.

4) 명예에 관한 죄

명예훼손죄, 사자명예훼손의 죄, 출판물에 의한 명예훼손의 죄, 모욕의 죄 등이
해당된다.

5) 주거침입의 죄

주거침입의 죄 중 주거·신체수색의 죄 등이 해당된다. 따라서 주거침입의 죄는
해당되지 않는다.

6) 권리행사를 방해하는 죄

권리행사 방행의 죄 중 강요죄 및 미수범 등이 해당된다.

7) 공갈의 죄

공갈의 죄 중 공갈의 죄와 그 미수범이 해당된다.

8) 손괴의 죄

손괴의 재중 재물손괴 등의 죄를 포함한다.

9) 위의 범죄 중 법률에 의해 가중처벌되는 범죄

위에 열거된 범죄로서 법률에 의해 가중처벌되는 죄는 가정구성원의 범죄가 된다.

(5) 제외대상 범죄

절도·사기·횡령 및 배임, 살인, 강도, 강간, 약취유인, 주거침입 등은 제외된다.
「가정폭범죄의 처벌 등에 관한 특례법」의 적용 대상이 아니라 「형법」이나 개별특별
형법이 적용되어 더 엄한 처벌을 받게 된다.

4. 가정폭력범죄에 대한 수사

(1) 신고와 고소[229]

1) 신고의 자격

누구든지 가정폭력범죄를 알게 된 때에는 이를 수사기관에 신고할 수 있다. 따라서 다른 가정의 폭력사실을 알고 있는 사람은 언제든지 수사기관에 신고할 수 있다.

2) 의무적 신고

다음에 해당하는 자가 직무를 수행하면서 가정폭력범죄를 알게 된 경우에는 정당한 사유가 없는 한 이를 즉시 수사기관에 신고해야 한다. 그러나 신고의무를 이행하지 않은 경우 신고의무자에 대한 처벌규정은 없다.

① 아동의 교육과 보호를 담당하는 기관의 종사자와 그 장 ② 아동, 60세 이상의 노인 기타 정상적인 판단능력이 결여된 자의 치료 등을 담당하는 의료인 및 의료기관의 장 ③ 노인복지법에 따른 노인복지시설, 아동복지법에 따른 아동복지시설, 장애인 복지법에 따른 장애인복지시설의 종사자와 그 장 등이다. 아동은 18세 미만의 자(아동복지법 제2조)를 말한다. ④ 아동복지법에 따른 아동상담소, 가정펵력방지 및 피해자보호에 관한 법률에 따른 성폭력피해상담소 및 보호시설에 근무하는 상담원과 그 장은 피해자 또는 피해자의 법정대리인등과의 상담을 통하여 가정폭력범죄를 알게 된 경우에는 이를 즉시 신고하여야 한다(가정폭력범죄의 처벌등에 관한 특례법 제4조).

3) 고소에 대한 특례

① 피해자 또는 그 법정대리인은 행위자를 고소할 수 있다. 또한 피해자의 법정대리인이 폭력행위자인 경우 또는 폭력행위자와 공동하여 가정폭력범죄를 범한 경우에는 피해자의 친족이 고소할 수 있다.

② 폭력행위자가 자기 또는 배우자의 직계존속인 경우에도 고소할 수 있다.

③ 피해자에게 고소할 법정대리인이나 친족이 없는 경우에 이해관계인의 신청이 있으면 검사는 10일 이내에 고소권자를 지정해야 한다.[230]

---

229) 가정폭력범죄의 처벌등에관한 특례법 제4조, 법률 제8580, 2007.8.3.
230) 가정폭력범죄의 처벌등에관한 특례법 제6조, 법률 제8580, 2007.8.3.

(2) 가정폭력 현장출동 경찰관 조치요령

1) 신속한 출동

신고를 받은 경찰관은 사건의 경중을 불문하고 즉시 출동해야 한다. 과거의 관행, 즉 가정폭력은 민사관계 불간섭의 원칙이 적용되는 영역이고 경찰의 관여를 최소한으로 하는 것이 최선이라는 과거의 관행에서 벗어나 가정폭력 신고 접수시에 경찰관은 즉시 출동하여 범죄수사와 함께 응급조치와 임시조치 등 적절한 조치를 취해야 한다.

2) 즉시강제와 범죄수사 개시

경찰관이 현장에 도착하였으나 가정구성원들이 문을 열어 주지 않거나 가정 내 문제라고 항의하더라도 물러나서는 안 된다. 폭력이 진행 중이거나 진행직후인 경우에는 엄중경고하고 「경찰관직무집행법」 제6조 및 7조에 근거하여 범행의 제지나 위험방지를 위한 즉시강제에 의해 유형력을 행사하여 가택에 진입한다.

또한 범죄의 제지 및 현행범 체포를 위한 강제수사를 이유로 유형력을 행사하여 가택에 진입하여 즉시 범죄수사를 개시해야 한다. 그러나 현장을 확인한 결과 폭력이 행하여 지지 않았거나 반의사불벌죄에 해당하는 경우에 당사자간에 합의되었다고 하는 때에는 피해자의 의사를 존중해서 처리하는 것이 바람직하다.

3) 응급조치[231]

① 가해자 피해자 분리

현장에 도착한 경찰관은 진행중인 폭력행위를 제지하고 가해자와 피해자를 분리하고 즉시 범죄수사를 개시한다. 피해자의 동의가 있는 경우에 피해자를 가정폭력 관련 상담소 또는 보호시설에 인도한다.

② 피해자 구호조치

다른 강력범죄와 마찬가지로 폭력으로 인해 피해자의 긴급치료가 필요한 경우 의료기관에 후송하여 구호조치를 한다. 피해자 구호시에 반드시 임상조사를 실시하여 폭력의 원인과 피해의 정도를 확인한다.

---

231) 가정폭력범죄의 처벌 등에 관한 특례법 제5조, 법률 제8580, 2007.8.3.

③ 임시조치 신청권한 통보

경찰관은 피해자에게 폭력행위 재발시 임시조치를 신청할 수 있음을 통보한다.

4) 피해자 조사

사법경찰관은 가정폭력범죄 피해자 조사시 피해자의 연령, 심리상태 또는 후유장애의 유무 등을 신중하게 고려하여 가급적 진술녹화실 등 별실에서 조사하여 심리적 안정을 취할 수 있는 분위기를 조성해야 한다. 가적폭력 피해자 조사는 수사상필요한 최소한도로 실시되어야 한다.

5) 증거수집과 목격자 확보

경찰관은 현장의 증거물과 목격자의 인적사항 등을 확보하여 증거수집에 철저해야 한다. 피해자 보호를 위해 진상을 명백하게 규명하고 상습적이고 사안이 중한 경우에는 피해자가 수사를 원치 않는 경우에도 사건으로 처리할 수 있도록 설득한다.

6) 응급조치보고서와 행위자의 환경조사서의 작성

① 응급조치보고서

경찰관은 ⓐ 행위자의 성명, 주소, 생년월일, 직업, ⓑ 행위자와 피해자와의 관계, ⓒ 범죄사실의 요지, ⓓ 피해자와 신고자의 성명, ⓔ 응급조치 내용, ⓕ 가정상황 등에 관한 보고서를 작성해야 한다.[232]

② 환경조사보고서

경찰관은 ⓐ 범죄의 원인 및 동기, ⓑ 행위자의 성격, ⓒ 행위자의 행상, ⓓ 행위자의 경력, ⓔ 행위자의 교육정도, ⓕ 가정상황 기타 환경 등을 내용으로 하는 환경보고서를 작성해야 한다.[233]

---

[232] 사법경찰관리집무규칙 제47조의 4, 법무부령 제629호, 2007.12.31.
[233] 사법경찰관리집무규칙 제47조의 3, 법무부령 제629호, 2007.12.31.

(3) 임시조치

1) 임시조치의 청구와 결정

검사는 가정폭력이 재발될 우려가 있다고 인정하는 때에는 검사는 직권 또는 사법경찰관의 신청에 의하여 법원에 다음과 같은 임시조치를 청구할 수 있다.234) ① 2월 이내에 피해자 또는 가정구성원의 주거 또는 점유하는 방실로부터의 퇴거 등 격리, ② 2월 이내에 피해자 또는 가정구성원의 주거·직장 등에서 100m 이내의 접근금지, ③ 2월 이내의 범위에서 피해자나 가정구성원에 대한 전기통신을 이용한 접근금지, ④ 1월 이내에 의료기관 기타 요양소에 위탁할 수 있다(① ② ③항은 2회, ④ 항은 1회 연장 가능).

동행영장에 의하여 동행된 행위자 및 법원에 인도된 행위자에 대하여는 법원은 인치된 때로부터 24시간 이내에 임시조치여부를 결정하여야 한다.

2) 유치장 또는 구치소 유치

검사는 가정폭력행위자에 대해 피해자 등으로부터 격리와 퇴거 등의 임시조치를 취했음에도 불구하고 임시조치를 위반하여 가정폭력범죄가 재발될 우려가 있는 때에는 직권 또는 사법경찰관의 신청에 의하여 경찰관서의 유치장이나 구치소에 1월의 범위 내에서 유치를 법원에 청구할 수 있다. 유치기간은 1월 이내로서 1회에 한하여 연장할 수 있다.235)

3) 피해자의 임시조치 신청

피해자 또는 그 법정대리인은 검사 또는 사법경찰관에게 임시조치의 청구 또는 그 신청에 관하여 의견을 진술할 수 있다. 피해자나 법정대리인이 임시조치를 신청했음에도 불구하고 경찰이 이를 검사에게 신청하지 아니할 때에는 그 사유를 검사에게 보고해야 한다.236)

---

234) 가정폭력범죄의 처벌 등에 관한 특례법 제8조 및 제29조 제1항 1호, 2호, 제3호, 법률 제8580, 2007.8.3.
235) 가정폭력범죄의 처벌 등에 관한 특례법 제8조 2항 및 제29조 1항 5호, 법률 제8580, 2007.8.3.
236) 가정폭력범죄의 처벌 등에 관한 법률 제8조 3항 및 4항, 법률 제8580, 2007.8.3.

4) 행위자에 대한 임시조치 내용 고지

사법경찰관은 임시조치의 결정을 집행할 때에는 행위자에게 임시조치의 내용, 항고 등의 불복방법 등을 고지하고, 집행일시 및 집행방법을 기재한 서면을 사건기록에 편철하여야 한다.

5) 보조인

행위자는 자신의 가정보호사건에 대하여 보조인을 선임할 수 있으며, 변호사, 법정대리인, 배우자, 직계친족, 형제자매, 상담소 등의 상담원과 그 장 등이 보조인이 될 수 있다. 다만, 변호사가 아닌 자를 보조인으로 선임하고자 할 때에는 법원의 허가를 받아야 한다.[237]

6) 임시조치 내용 통지

법원은 행위자를 의료기관 기타 요양소에 위탁하거나 국가경찰관서의 유치장이나 구치소에 유치한 경우에는 그 사실을 행위자의 보조인에게, 보조인이 없는 경우에는 법정대리인 또는 행위자가 지정한 자에게 통지하여야 한다.[238]

7) 임시조치의 취소 또는 변경

행위자, 법정대리인이나 보조인은 행위자에 대한 임시조치 결정 사항을 취소를 신청하거나 그 종류의 변경을 신청할 수 있다. 또한 판사는 직권으로 임시조치를 취소하거나 변경할 수 있다.

(4) 사건의 송치

사법경찰관은 가정폭력범죄를 신속히 수사하여 검사에게 송치해야 한다. 송치시에 죄명란에 해당 죄명을 기재하고 비고란에 '가정폭력사건'이라고 표시한다. 이 경우 사법경찰관은 당해 사건이 사건의 성질, 동기 및 결과, 행위자의 성행 등을 고려하여 「가정폭력 범죄의 처벌등에 관한 특례법」의 가정보호사건으로 처리함이 상당한지의 여부에 관한 의견을 제시할 수 있다.[239]

---

237) 가정폭력범죄의 처벌 등에 관한 특례법 제28조, 법률제8580, 2007.8.3.
238) 가정폭력범죄의 처벌 등에 관한 특례법제29조, 법률제8580, 2007.8.3.

(5) 동행영장의 집행

판사는 행위자가 정당한 이유없이 소환에 응하지 아니하거나 소환에 응하지 아니할 우려가 있거나 피해자의 보호를 위하여 긴급히 필요하다고 인정하는 경우에는 동행영장을 발부할 수 있다. 사법경찰관은 법원의 요청이 있는 경우 동행영장을 집행하여야 한다.[240]

경찰관은 집행시에 피동행자에게 동행영장을 제시하고 신속히 지정된 장소로 동행해야 한다. 경찰관은 동행영장을 소지하지 않은 경우 급속을 요하는 때에는 피동행자에게 범죄사실과 동행영장이 발부되었음을 고지하고 집행할 수 있다. 이 경우에는 집행을 완료한 후 즉시 동행영장을 제시하여야 한다. 경찰관은 동행영장을 집행한 때에는 동행영장에 집행일시와 장소를 기재하고, 집행할 수 없는 때에는 그 사유를 기재한 후 기명날인 또는 서명하여야 한다.[241]

(6) 비밀엄수 등의 의무

가정폭력범죄를 수사하는 사법경찰관리는 그 직무상 알게 된 비밀을 누설하여서는 아니 된다. 또한 행위자, 고소인, 고발인 또는 신고인의 주소, 성명, 연령, 직업, 용모 기타 이들을 특정할 수 있는 인적 사항이나 사진 등을 신문 등 출판물에 게재하거나 방송매체를 통하여 방송할 수 없다.[242]

5. 가정보호사건의 처리

(1) 의 의

법원은 고소가 있어야 공소를 제기할 수 있는 가정폭력범죄에 대하여 고소를 하지 않거나 고소를 취소한 경우. 또는 반의사불벌죄에 해당하는 가정폭력범죄에 대하여 처벌을 불원하거나 처벌의사를 철회한 경우에 가정폭력범죄자에 대해 보호처분을 결정할 수 있다.[243]

---

239) 가정폭력범죄의 처벌 등에 관한 법률 제7조, 법률 제8580호, 2007.8.3.
240) 가정폭력범죄의 처벌 등에 관한 특례법제27조, 법률제8580, 2007.8.3.
241) 범죄수사규칙제229조, 경찰청훈령제526호, 2008.7.22.
242) 가정폭력범죄의 처벌 등에 관한 법률 제18조, 법률 제8580호, 2007.8.3.

(2) 보호처분 내용

　가정폭력범죄자에 대하여 다음과 같은 보호처분을 명할 수 있다. ① 행위자가 피해자 또는 가정구성원에게 접근하는 행위 제한 : 6월 이내(기간변경시 1년까지 연장 가능), ② 행위자가 피해자 또는 가정구성원에게 전기통신이용 접근행위 제한 : 6월 이내(기간 변경시 1년까지 연장가능), ③ 친권자인 행위자의 피해자에 대한 친권행사제한 : 6월 이내(기간변경시 1년까지 가능), ④ 사회봉사, 수강명령 : 200시간 이내 (기간변경시 400시간까지 연장가능), ⑤ 보호관찰 : 6월 이내(기간변경시 1년까지 가능), ⑥ 보호시설에의 감호위탁 : 6월 이내(기간변경시 1년까지 가능), ⑦ 의료기관에 치료위탁 : 6월 이내(기간변경시 1년까지 연장 가능), ⑧ 상담소 등에 상담위탁 : 6월 이내(기간변경시 1년까지 연장가능)의 보호처분을 가할 수 있으며, 이러한 처분은 병과할 수 있다.[244]

　다만, 위의 ①, ②, ③ 항에 관한 처분은 피해자를 다른 친권자나 친족 또는 적당한 시설로 인도할 수 있다.

3) 보호처분의 통지와 집행

　법원은 보호처분을 결정할 때에는 지체없이 그 사실을 검사, 행위자, 피해자, 보호관찰관 및 보호처분을 위탁받아 행하는 보호시설, 의료기관 또는 상담소 등의 장에게 통지하여야 한다. 경찰관은 법원의 요청이 있는 경우에는 보호처분의 결정을 집행하여야 한다.

4) 민사처리에 관한 특례

　법원은 제1심의 가정보호사건 심리절차에서 보호처분을 선고할 경우 직권 또는 피해자의 신청에 의하여 민사소송절차에 의하지 않고 다음 각 호의 금전지급이나 배상을 명할 수 있다. ① 피해자 또는 가정구성원의 부양에 필요한 금전의 지급, ② 가정보호사건으로 인하여 발생한 직접적인 물적 피해 및 치료비손해의 배상을 명할 수 있다. 법원은 가정보호사건에 있어서 행위자와 피해자 사이에 합의된 배상액에 관하여도 위의 규정에 따라 배상을 명할 수 있다.[245]

---

243) 가정폭력범죄의 처벌 등에 관한 법률 제9조, 법률 제8580호, 2007.8.3.
244) 가정폭력범죄의 처벌 등에 관한 법률 제30조, 41조 및 45조, 법률 제8580호, 2007.8.3.

6. 가정폭력범죄 수사시 유의사항

(1) 처벌목적보다는 가정화목 고려

가정폭력범죄수사는 일반범죄와는 달리 단순히 처벌이 목적이 아니라 가정폭력범죄를 범한 자에 대한 환경의 조정과 성행의 교정을 위한 보호처분을 행함으로써 가정폭력범죄로 파괴된 가정의 화목과 안정을 회복하고 처벌 후의 원만한 가정생활과 피해자와 가족구성원의 인권보호까지도 고려하여야 한다. 따라서 다른 어떠한 범죄보다도 현장에 출동한 경찰관의 판단이 중요하다.

(2) 가정상황과 피해정도 종합고려

담당경찰관은 단순한 피해사실뿐만 아니라 행위자·피해자 기타 가정구성원의 성행·경력·가정상황, 피해의 정도, 가정폭력의 전력, 가정폭력범죄의 동기·원인 및 실태 등을 상세히 확인하여 이를 토대로 한 객관적이고 합리적인 판단을 내려야 한다.

(3) 신고자 대질신문 불가

수사관은 신고자가 제3자인 경우 신분이 노출되어서는 안 되므로 사건조사시 가정폭력범죄자와 대질신문은 피해야 한다.

(4) 시민단체 동석 조사

수사관은 피해자 조사시 관련 시민단체(NGO)의 동석 및 상담 치료를 위한 관내 NGO의 참여를 인정해야 한다.

(5) 원스톱지원센터 연계수사

수사관은 피해자 보호를 위해 상담, 의료, 수사, 법률지원 등 한 번에 사건을 처리할 수 있도록 원스톱(ONE-STOP) 지원센터와 연계하여 수사한다.

---

245) 가정폭력범죄의 처벌 등에 관한 법률 제57조, 법률 제8580, 2007.8.3.

7. 가정폭력 조사경찰관 조사요령

(1) 신속수사와 여청계 통보

가정폭력범죄는 재발위험성이 높기 때문에 신속하게 수사해야 한다. 폭력사건 접수시 여청계 가정폭력 상담관에게 환경조사서 부본 1부를 통보한다. 가정폭력 상담관은 사건 접수시 및 1~3개월후 리콜 서비스를 실시한다.

(2) 신뢰관계인 동석 고지

피해자 조사전 신뢰관계자가 동석할 수 있음을 알리고 피해자 조사는 진술녹화실 등 안정되고 조용한 사무실에서 실시한다.

(3) 과거 가정폭력 여부와 처벌의사 확인

피해자를 탓하거나 모욕감을 주는 용어 사용은 지양하고 과거 폭행사실 및 자녀 폭행 사실 등에 대한 조사를 한다. 피해자 진술조서 작성시 따로 고소장 제출토록 종용하지 말고 바로 처벌의사 확인후 범죄사실에 추가한다.

(4) 임시조치 신청권한 고지

피해자에게 임시조치 신청 권한을 고지하고 임시조치 및 가정보호사건 처리 희망 여부를 묻는다. 그리고 가정폭력 재발우려가 있는 경우에는 피해자 의사와 관계없이 임시조치를 신청한다.

(5) 가해자와 피해자 분리조사

가해자와 피해자는 가급적 분리조사하고 부득이한 경우에만 대질조사한다. 귀가 조치할 때에 가정폭력 재발시 강력처벌을 경고하고 시차를 두고 귀가시킨다.

(6) 상담자료 확보

피해자가 상담소 등에서 상담을 받은 경우 상담소의 소견서 및 상담원을 상대로 조사한다.

(7) 처리의견 제시와 피해자 연락처 비밀유지

사건 송치시 사건의 성질 등을 고려하여 가정보호사건 처리에 관한 의견을 제시한다. 그리고 피해자가 보호시설로 입소한 경우 피해자 연락처 등에 대한 비밀을 유지한다.

제5절　학교폭력범죄

1. 의 의

학교폭력이라는 용어는 법률상 개념이 아니라 실무적으로 정립된 개념이다. 「학교폭력예방 및 대책에 관한 법률」에 의하면, 학교폭력이란 학교 내외에서 학생 간에 발생한 상해, 폭행, 감금, 협박, 약취·유인, 명예훼손, 모욕, 공갈, 강요 및 성폭력, 따돌림, 정보통신망을 이용한 음란·폭력정보 등에 의하여 신체·정신 또는 재산상의 피해를 수반하는 행위를 말한다. 학교는 초·중등교육법 제2조에 따른 초등학교, 중학교, 고등학교, 특수학교 및 각종학교 등을 말한다.[246]

2. 학교폭력의 특징

(1) 불분명한 가해동기

학교폭력은 뚜렷한 목적보다는 부주의, 호기심 등 가해이유나 동기가 불분명하고 의사소통이 없는 상황에서 우발적으로 발생한다.

(2) 정신적·심리적 폭력의 증대

학교폭력은 상대방에게 숙제나 심부름시키기, 집단따돌림 등 심리적·정신적 폭력이 증가하는 양상을 보여준다.

---

246) 학교폭력예방 및 대책에 관한 법률 제2조, 법률 제9642호, 2009.5.8

(3) 폭력의 조직화와 집단화

학교폭력이 불량학생들이 '일진회'같은 조직을 구성하여 집단적으로 폭력을 가하는 추세를 보이고 있다. 학교폭력은 피해자의 자포자기상태의 미온적 대처와 학교당국의 범죄숨기기 등으로 피해는 점점 누적되는 결과를 초래한다.

3. 학교주변 안전구역과 위생정화구역 설정

(1) 안전구역

경찰은 초·중고교 주변 300m 내외를 기준으로 안전구역을 설정하여 112순찰, 형사활동, 교통사고 예방 등을 집중적으로 실시함으로써 학교폭력예방 활동을 한다.

(2) 위생정화구역

1) 절대정화구역 및 상대정화구역

절대정화구역은 학교출입문으로부터 직선거리로 50m까지인 지역으로 한다. 상대정화구역은 학교경계선 또는 학교설립예정지 경계선으로부터 직선거리로 200m까지인 지역 중 절대정화구역을 제외한 지역으로 한다.[247]

2) 정화구역의 관리

정화구역은 그 학교장이 관리한다. 상·하급 학교간에 정화구역이 서로 중복될 경우에는 하급학교가 관리하고, 다만, 하급학교가 유치원인 경우에는 그 상급학교가 관리한다. 같은 급의 학교간에 정화구역이 서로 중복될 경우에는 학생수가 많은 학교가 관리하고, 학교간에 절대정화구역과 상대정화구역이 중복될 경우에는 절대정화구역이 설정된 학교의 장이 관리한다.[248]

---

247) 학교보건법시행령 제3조, 대통령령 제20949호, 2008.8.4
248) 학교보건법시행령 제4조, 대통령령 제20949호, 2008.8.4.

제 **2** 편

대물범죄수사

제**6**장

절도범죄 수사

제1절　절도범죄의 특징과 유형

I. 절도범죄의 특징

(1) 개 념

　절도죄(Larceny)란 타인의 가치있는 재물을 폭력없이 불법적으로 절취하는 행위로서 범죄의 객체는 타인소유 또는 타인점유의 재물이다.[1] 절도죄의 실행의 착수시기는 타인의 재물을 영원히 박탈할 의도를 가지고 절취할 물건을 물색하는 행위를 한 때이다. 그러나 야간주거침입절도죄의 착수시기는 주거침입시이다. 절도죄의 미수는 처벌하지만 강도죄와는 달리 예비·음모는 처벌하지 않는다.

(2) 일반적인 특징

1) 대표적인 재산범죄

　절도는 대표적인 재산범죄로서 언제, 어디서든지 가장 쉽고 빈번하게 사람의 손에 의해서 발생하는 범죄이며 수사의 단서가 쉽게 포착되지 않거나 때를 놓치면 검거 또한 어려운 범죄이다.

---

1) Gilbert, *op.cit.*, p.310.

2) 수동적인 범죄

절도범은 보통 피해자와 접촉을 회피면서 범행을 시도한다는 점에서 수동적인 범죄(passive crime)라고도 한다. 따라서 피해자가 범인의 얼굴을 목격하지 못하는 경우가 많아 범인발견과 증거수집에 어려움이 존재한다.[2]

3) 절도와 폭력범죄 결합

절도는 주로 재물절취를 목적으로 하지만 때때로 주거침입죄는 절도와 강간과 같은 폭력범죄와 결합된 형태로 발생하기도 한다. 특히 주거침입절도범이 여자 혼자 살고 있는 집이나 머무르고 있는 집에 침입한 경우에 절도와 강간이 함께 발생한다.[3]

4) 직업적인 범죄로서 절도

절도범은 다른 어떤 수입없이 절도로서만 생계를 유지하는 것과 같이 절도를 생업으로 하고 있다는 점이 특징이다. 따라서 이러한 생업을 위한 절도를 직업적인 절도(professional burglary)라 하고 계속적이고 상습적으로 발생한다. 한편, 유흥비나 마약구입 등을 위한 절도범을 아마추어 절도범이라 하고 범행의 계속성과 상습성은 높지 않다.[4]

5) 단계적 범죄행동 사이클

절도범죄는 ① 범인의 탐욕(needs), ② 탐욕을 충족시킬 수 있는 기회의 존재, ③ 재물의 성공적인 절취를 위한 수단의 존재, ④ 재물절취와 처리에 의한 만족가능성의 존재, ⑤ 범행의 선택이라는 다섯 단계에 의해 이루어진다.[5] 특히 절도범죄는 절취한 재물을 처리하여 탐욕적 이익을 충족시키는 사후행동까지 고려한다는 점이 특징이다.

---

2) Weston & Lushbaugh, *op.cit.*, p.272.
3) *Ibid.*, p.272.
4) *Ibid.*, p.273.
5) *Ibid.*, pp.275-276.

2. 절도범죄의 유형

(1) 단순절도죄

1) 범죄의 성립

단순절도죄는 타인의 재물을 절취한다는 고의와 불법영득 의사를 가지고 타인의 재물을 절취하는 행위를 말한다. 범죄실행의 착수시기는 재물에 접근하여 절취대상 물건을 물색하거나 호주머니 외부를 더듬을 때, 자동차 손잡이를 잡아당긴 때에 성립한다. 기수시기는 재물을 취득한 때, 즉 새로운 점유를 개시한 때에 성립한다.

2) 주거침입죄와의 관계

서구 국가들은 절도죄(larceny)와 주거침입절도죄(burglary)를 구분하여 다루는 전통을 가지고 있다. 특히 "개인의 집은 그의 성이다"라는 격언에서 유래하는 주거침입절도죄는 단순절도죄보다는 더 심각한 범죄로 인식하고 있다.[6]

① 주간에 주거에 침입하여 절도한 경우 주거침입죄와 절도죄의 경합범이 되고, 야간에 주거에 침입하여 절도한 경우 야간주거침입절도죄가 성립한다.

② 주거에 침입하였으나 절도실행의 착수에 이르지 않은 경우에는 주거침입죄만 성립한다.

③ 상습적인 주거침입범죄자가 타인의 주거에 주간에 침입한 경우에도 「폭력행위등처벌에관한법률」에 의하여 처벌되고, 또한 상습적인 주거침입범죄자 2인 이상이 공동으로 주간에 타인의 주거(관리하는 건조물, 선박이나 항공기 또는 점유하는 방실)에 침입한 경우에는 「폭력행위등처벌에관한 법률」 제2조 2항에 근거하여 가중처벌 된다.[7]

(2) 야간주거침입절도

1) 범죄의 성립

야간에 사람의 주거, 간수하는 저택, 건조물이나 선박 또는 점유하는 방실에 침입

---

6) *Ibid.*, p.174.
7) 폭력행위등처벌에관한법률 제2조, 법률 제7891호, 2006.3.24.

하여 타인의 재물을 절취함으로써 성립하는 범죄이다. 본죄는 야간이라는 시간적 제한을 받는 주거침입죄와 절도죄의 결합범이다. 점유하는 방실이란 투숙자가 있는 여관 또는 호텔 등을 말한다. 야간에 특정인이 점유하고 있다고 보기 어려운 건조물에 침입하여 타인의 재물을 절취한 때에는 야간건조물침입절도죄가 성립한다.

2) 실행의 착수

절도의 의사로 주거 등에 침입한 때 실행의 착수가 인정되며 기수 시기는 재물취득시이다.

(3) 특수절도

특수절도는 야간에 문호 또는 장벽 기타 건조물의 일부를 손괴하고 침입하여 재물을 절취하거나 흉기를 휴대하거나 2인 이상이 합동하여 타인의 재물을 절취한 경우에 성립하는 범죄이다. 야간주거침입절도죄와 절도죄의 가중적 구성요건이다.

(4) 날치기

범인이 노상에서 타인의 수중에 있는 물건을 피해자가 재물을 절취당했다는 사실을 알더라도 순간적으로 탈취하여 도주하는 범죄를 날치기라 한다.

(5) 소매치기

범인이 타인의 수중에 있는 재물을 타인 몰래 기술적으로 절취하는 행위를 소매치기라 한다. 날치기와의 차이가 바로 당사자 몰래 절취한다는 데 있다.

(6) 들치기

들치기(shoplifting)란 백화점 기타 상점의 고객 또는 종업원들이 상품을 몰래 절취하는 행위를 말한다. 종업원이 상품을 절취하는 행위는 피고용인 좀도둑(employee pilferage)이라고 한다. 초보적인 방치물 절도와는 달리 발달된 수법과 대담성을 발휘하고 있어 위험성이 크며 부녀자 또는 상습범의 경우가 많다. 미국의 경우에 들치기는 모든 유형의 절도 중에 가장 빈번한 그리고 값비싼 절도행위로 인정되고, 재정적 손실이 가장 큰 범죄로 인식되고 있다.[8]

(7) 자동차 절도

1) 자동차등 불법사용죄

재미로 타기(joyriding)라고도 하는 '자동차등 불법 사용죄'는 18세 이하의 청소년들이 스릴 또는 쾌락을 위해서 타인의 차량을 절취하여 고속으로 질주하는 행위를 말한다.[9]

재미로타기 범죄는 청소년들이 권리자의 동의없이 타인의 자동차, 선박, 항공기 또는 원동기장치자전거를 일시 사용하는 행위로서 영득의 의사가 없더라도 절도로 인정하여 자동차 등 불법사용죄로 처벌한다. 다만, 친족상도례에 의하여 친족의 것을 사용한 때에는 형을 면제하게 된다. 형을 면제할 경우 송치의견서에는 '공소권 없음'으로 송치한다.

2) 절취차량 이용 절도

차량이용절도란 범죄자가 다른 범죄에 차량을 이용하기 위하여 차량을 절취하는 것을 말한다. 어떤 범죄자들은 제2의 범죄를 범하기 전에 상습적으로 자동차를 절취한다. 특히 무장강도나 아동유괴범은 물론이고 다액절도범들 역시 이러한 수법으로 범행을 하는 경향이 강하다. 또한 총기 소유 조직폭력범죄자들과 마약거래범들 역시 절취차량을 범행에 이용한다.

절도범이 절취한 차량으로 절도를 하고 자신의 차량을 이용하지 않는 이유는 피해자나 목격자가 수사관에게 범인 자신의 차량에 대한 수사단서를 제공하지 못하게 하려는 데 있다. 범인은 범행시에 자신의 차량을 절취한 차량 주변에 주차시켜 놓고 범행을 하는 것이 특징이다. 경험 많은 상습범들은 사전에 물색한 주택 주변에서 차량을 계획적으로 절취한다. 소유자가 잠을 자거나 차량을 사용하지 않는 시간에 차량을 절취하여 제2의 범행을 한다. 이는 제2의 범행동안 소유자가 차량절취 사실을 신고하지 못하도록 하기 위한 것이며, 소유자가 차량 절도 사실을 알지 못하도록 제2의 범행을 끝낸 후 차량을 원래 장소에 돌려주는 시도를 하기도 한다. 그러나 소수의 범죄자들은 절취차량을 불태우거나 연못 또는 은닉장소에 밀어 넣거나 상업지역에 주차시키는 등으로 차량의 발견을 지연시키는 시도를 한다.[10]

---

8) Gilbert, *op.cit.*, p.323.
9) *Ibid.*, p.313.
10) *Ibid.*, pp.313-314.

3) 전문적인 차량절도

전문적인 차량절도범은 차량 그 자체를 절도의 대상으로 하여 이익을 추구하는 범죄자를 말한다. 이러한 범죄자는 이욕(이익)동기 범죄자라고 한다. 전문적인 차량 절도범의 범행수법은 아주 정교하기 때문에 체포가 어렵다. 더욱이 그들은 흔히 절취차량을 되팔거나 해체하기 때문에 차량 회수가 어렵다. 20년전에는 절취차량의 거의 90%가 회수되었으나 오늘날은 단지 57%만이 회수된다.[11]

4) 차량해체와 절단절도(Stripping and Chopping)[12]

① 차량해체 절도

차량해체목적의 치량절도는 차량 전체가 아니라 차량 부품과 내부보조장치물을 절취하는 것이 목적이다. 차량해체 절도범은 자신의 차량에 있는 부품이나 보조장치 물보다 신종이나 더 나은 것들을 얻기 위해서 범행을 하고, 또는 조직범죄자들에 의해서 범행이 저질러진다. 조직범죄자들은 특별한 부품을 주문한 고객이나 사악한 자동차부품 거래상들에게 돈을 받고 넘긴다.

② 차량절단 절도

차량절단 절도는 흙받이(fender), 문짝, 후드(보닛) 등등의 자동차의 주요 몸체 구성물을 절단하여 해체하는 것을 말한다. 차량절도의 약 40%가 차량절단 형태이다. 차량절단 절도는 구성물이 절단되어 팔릴 때 그 정상가격의 3배 이상의 가격으로 거래될 잠재력을 가지고 있다는 것이 이러한 유형의 차량절도가 증가하고 있는 동기가 되고 있다. 예컨대, 신형의 호화차량 문짝 하나가 중고시장에서 200~300 달러에 거래된다. 캐딜락이나 링컨 같은 호화차량의 구성물은 본래 가격의 두 배에 거래된다.

차량절단 절도는 주로 대도시 지역에서 발생하고 차량은 거의 회수되지 않는다. 이러한 범죄예방은 차량 제조자들이 주요 구성물에 대해 VIN(자동차 등록번호) 같은 ID번호를 부여하도록 법을 제정하는 것이다.

---

11) *Ibid.*, p.314.
12) *Ibid.*, pp.314-315.

5) 차량번호판 바꾸기(title switching)

차량 수리소 업자는 차량 번호판을 바꾸는 수법으로 불법 이익을 취득한다. 수리소 업자는 다양한 불법적인 방법으로 파손된 차량의 번호판을 입수한다. 이는 일반적으로 교통사고로 파손되어 수리소에 견인된 차량이다. 차량은 파손되지만 수리업자는 이 차량에 대한 모든 증명자료를 보유한다. 그 다음으로 파손된 차량과 동일한 회사, 동일 모델, 그리고 동일한 해에 출고된 차량을 절취한다. 이때 파손된 차량의 번호판과 등록면허증이 절취된 차량에 옮겨진다. 따라서 서류상의 점검으로는 절도된 차량의 불법성을 발견할 수 없다. 일반적으로 수리업자는 소비자나 다른 업자에게 절도차량을 팔아버린다.[13]

6) 되팔기(resale)

비교적 소수이기는 하지만 차량을 절취하여 되팔아 이익을 챙기는 차량절도 수법도 있다. 되팔기는 절취한 차량을 국내 또는 국외로 팔아버린다. 범인들은 합법적인 등록 증명서나 가짜 증명서를 만들어 되팔게 된다. 주로 신종의 고가차량을 대상으로 하지만, 수요가 많은 구식 모델차량을 절취하기도 한다.[14]

제2절   차량절도 수사절차

I. 수사정보 수집

(1) 피해자에 의한 정보

1) 신고정보의 정확성 확인

수사관은 피해자가 차량절도에 관하여 제공한 신고정보의 정확성을 확인해야 한다. 숫자와 문자로 구성된 차량 등록번호 또는 면허번호는 정확히 기록되어야 하며, 이 경우에 단순히 피해자의 말만 믿어서는 아니 되고 반드시 공식적인 증명서류 점검에 의해 확인해야 한다.

---

13) *Ibid.*, p.315.
14) *Ibid.*, p.315.

2) 주차시간과 장소 조사

절도 피해자는 절도를 당하기 전에 차량이 주차된 시간에 관해 정확하게 분 단위까지 진술해야 한다. 친구나 친척이 빌려간 가능성까지 검토되어야 한다. 미지불된 차량대금으로 인해 차량이 회수된 가능성도 검토대상이다. 대체로 회수기관이 차량회수 사실을 회수 전후에 경찰에 통보하지만, 통보를 하지 않는 경우도 있다.

차량 주차장소 역시 주의 깊게 조사되어야 한다. 주차장소에는 차량의 타이어흔이 남아 있을 수 있기 때문이다. 조이라이드나 차량절도의 가능성을 밝히기 위하여 절도장소 주변에 주차해 있는 차량들에 대한 등록번호와 기본적인 특징들이 조사되어야 한다.

3) 범죄현장 관찰

중범죄 수사와 마찬가지로, 범죄현장 주변에 대한 철저한 조사가 이루어져야 한다. 증거자료를 확인한 후에 그러한 정보는 다른 경찰관들에게 무전으로 전파되고 컴퓨터에 입력해야 한다.15)

(2) 순찰경찰관에 의한 관찰

1) 차량의 특이반응 관찰

정복 순찰경찰관은 일상적인 순찰과정에서 절도차량을 관찰할 가능성이 아주 높다. 경험많은 경찰관들은 차량절도범들이 경찰의 순찰활동에 대해 어떤 반응을 보이는가에 대한 어떤 특이한 행동양식을 알고 있다. 조이라이더들은 경찰을 보면 아주 예민한 반응을 보이는 것이 특징이다. 그들은 경찰을 피하기 위해 갑자기 차량의 진로를 바꾸고, 고가의 차량에 다른 사람들을 태우고 무책임한 방법으로 운전한다.

2) 절도차량 관찰지표

방범순찰 경찰관들이 관찰해야 될 절도차량의 지표는 다음과 같다.

① 지역의 절도차량 유형에 일치하는 차량, ② 문의 시정장치 파괴, 창문손괴, 핸들과 타륜 연결장치 파괴 등과 같이 손괴된 차량, ③ 차량과 어울리지 않는 번호판,

---

15) *Ibid.*, p.316.

④ 야간에 불을 끄거나 주차등만 켜고 있는 차량. 그러한 신호는 작동의 오류일수도 있지만, 범인이 차량 내부장치의 위치를 잘 모르거나 절도차량을 취급하는 방법을 모른다는 것을 보여주는 것이다.16)

(3) 수사관의 관찰

1) 조이라이더 절도 차량 수사

수사관의 차량절도 사건 수사는 범행수법에 따라 수사기법이 달라진다. 조이라이더나 다른 범죄를 위한 차량절도는 차량이 범행후 얼마되지 않아 회수된다. 이러한 경우에 수사관은 회수된 차량을 중심으로 수사를 전개해야 한다. 즉, 수사관은 차량에서 범인의 것으로 추정되는 잠재지문과 모발이나 혈흔과 같은 유류물, 휴지나 단추, 공구나 흉기 등 유류품, 먼지나 섬유, 토양 등 미세증거물, 족적 등 자국흔 등을 주의깊게 관찰하고 채취해야 한다. 또한 회수차량 주변에 대한 조사도 병행해야 한다.

2) 해체목적 절도차량 수사

절도차량이 해체나 부품절단 목적으로 절취된 경우에는 수사기법은 달라진다. 물론 이러한 절도차량에서도 유류물·품이나 자국흔, 또는 미세증거물이 발견될 수 있지만, 중요한 것은 해체나 절단으로 절취된 부품을 발견하는 것이 중요하다.

차량절도 사건에 대한 수사관의 수사사항은 다음과 같다.

① 가능한 한 범죄현장 감식전문가가 현장관찰을 한다. ② 회수된 차량이 향하고 있는 방향을 주목해야 한다. 대다수의 경우에 차량해체 현장은 차량 뒤편에 있다. ③ 과도한 그리스 퇴적물이 떨어져 있는 인접지역의 주택이나 차고를 대상으로 수사를 전개한다. 차량해체지역은 보통 차량 회수지역 바로 옆에 있다. ④ 회수된 차량이 언덕밑이나 경사진 곳에 있는가를 주목해야 한다. 차량은 해체차고에서 범인이 밀어서 밑으로 떨어진 경우가 많다. ⑤ 잠재지문이나 혈흔 또는 정액, 족적 등은 항상 채취되어야 한다. ⑥ 차량내부는 범인이 남긴 증거를 발견하고 채취하기 위해 엄격하게 감식되어야 한다. ⑦ 개인 차고에서 아세틸렌 용접불빛에 대한 지역신고가 있었는지를 확인하기 위해 소방관서에 대한 확인점검이 있어야 한다. 차량해체는 아

---

16) *Ibid.*, p.318.

세틸렌 용접기를 사용해야 가능하기 때문이다. ⑧ 특이한 범행수법 존재여부를 주목해야 한다. 잠재지문을 제거하기 위해 기름이나 휘발유를 사용하였는지, 무슨 부품이 절취되었는지, 어떤 고가품을 내버려두고 가버렸는지에 대해 주의깊게 조사해야 한다. ⑨ 엔진등록번호가 변화 또는 개조되었는지를 확인해야 한다. 우선 번호 숫자는 솔벤트를 사용하여 그리스와 찌꺼기를 제거하여 깨끗하게 한 후 사진촬영을 해야 한다. 이러한 과정을 거쳐 숫자의 흔적을 채취해야 한다. ⑩ 고물상, 중고품 시장, 차량수리센타, 카센타 등을 대상으로 절취부품 보유 여부를 확인해야 한다. 이러한 경우 우리나라는 장물수배서(장물품표)를 작성하여 관련 업체에 배포하여 신고를 요구하거나 탐문수사 방법에 의한다. ⑪ 차량이 회수된 지역을 통행한 사람들을 대상으로 탐문수사를 전개한다. ⑫ 절도차량 면허번호를 가지고 불법주차 단속이나 기타 교통위반 등으로 범칙금 미납 사항을 컴퓨터로 조회하여 차량소유자를 소환한다. 절도범들은 불법주차에 대한 범칙금을 거의 지불하지 않기 때문에 불법주차 단속 통고서는 차량이 주차된 지역, 아마 범인의 집이나 직장 근처의 특정위치를 확인할 수 있게 할 것이다.[17)

3) 절단목적 절도차량 수사

차량절단(chopping)에 의한 절도동기는 최신모델, 일반적으로 고가의 차량들이 절취되고 회수되는 형태로 발생한다. 때때로 차량의 주요 몸체를 구성하는 부품은 회수되지 않지만, 엔진과 변속장치는 회수된다. 일반적으로 절단범행은 수리공장 주변에서 발생하고, 용의 업체나 개인 운영자가 범행을 주도한다. 경찰은 이러한 범행 수사에 정보원을 고용하고, 경찰관을 비밀리에 수리공장의 종업원으로 고용시켜 정보를 입수하는 것이 효과적이다.

2. 수사기법

(1) 감식수사

절도차량 수사는 계획된 감시수사가 가장 효과적이다. 감시수사는 과거에 사건이 발생한 시기, 장소, 절취된 재물의 유형 등에 관한 기록을 주의깊게 분석하는 것으

---

17) *Ibid.*, pp.319-320.

로 시작된다. 다음으로 감식팀을 구성하여 범행현장을 관찰하고 범인을 체포하기 위해 주요 범죄현장에 배치한다. 이 때 범행현장에 대한 사진촬영과 비디오 동영상 촬영을 한다.[18)

(2) 범행미끼 차량 기법

범행미끼 기법은 차량절도사건을 해결하기 위해 특별수사팀과 미끼 차량을 이용하는 기법으로서 미국에서는 아주 성공적인 기법으로 인정받고 있다. 조지아주의 경찰국은 범행미끼 차량기법으로 상당한 성과를 거두었다. 이 기법은 특수한 유형의 차량절도가 다발하는 지역을 확인하는 특별수사팀을 구성한다. 이 수사팀은 유사한 과거의 차량절도 사건을 분석하여 범행시간과 피해물품과 같은 요인들을 확인한다. 이러한 자료를 기초로 범행미끼 사용 장소를 선정하고. 미끼차량을 범행장소에 이동시킨 후 밀착 감시에 들어간다.

미끼차량은 후사경으로 누구나 볼 수 있는 장소에 총을 놓아 둔 픽업트럭이 사용된다. 수사관들은 범인이 차량의 총기를 절취하기 위해서 미끼를 물기를 기다린다. 범인의 범행을 완전히 비디오 동영상으로 촬영한 후 수사관은 범인을 체포한다. 이 기법의 범인체포율은 63%에 달할 정도로 성공적이었다.[19)

제3절 | ID절도와 피싱(phising)

I. ID 절도(Identity Theft)

(1) 개념정의

ID절도는 21세기 들어 급격하게 빠른 속도로 증가하고 있는 범죄들 중의 하나이다. 이러한 범죄로 얻는 이득이 너무 커서 많은 조직범죄집단들, 특히 미국에는 러

---

18) *Ibid.*, p.322.

19) Jimmy W. Mercer, Baited Vehicle Details, FBI Law Enforcement Bulletin,50, no.3, May 1991, pp.24-25.

시아와 나이지리아 범죄조직들이 ID범죄에 적극적으로 개입하고 있는 것으로 알려지고 있다.

ID범죄란 일반적으로 금전적 이득을 얻기 위하여 어떤 다른 사람의 ID를 자신의 것으로 가장하는 범죄행동이다. 이 범죄는 보통 피해자의 생일, 주민번호, 은행계좌번호, 신용카드번호 등을 습득함으로써 다른 사람의 ID를 자기 것인 것처럼 가장한 범죄자들에 의해 저질러진다.[20]

(2) 범행수법

1) 일반적인 수법

개인의 ID 자료는 회계계산서가 들어 있는 우편함 절도나 가게나 식당에서 계산하는 동안 신용카드번호를 훔쳐봄으로써 얻게 된다. 어떤 범죄자들은 당국이나 금융계인물로 가장하고 전화사기나 조회제도를 통하여 개인자료를 입수한다. 또한 허접쓰레기 뒤지기, 고용주로부터 기록훔치기, 조직 컴퓨터에 대한 해킹을 통하여 피해자의 개인정보를 입수한다.

2) 핑계전화

또 하나의 공통적인 범행 수법은 핑계전화(pretext calling)이다. 범죄자들은 은행이나 다른 금융기관들로부터 직접 피해자의 개인정보를 입수하기 위하여 자기자신의 신분을 허위로 밝힌 후 피해자의 정보를 입수하는 수법이 바로 핑계전화이다. 즉, 범죄자들은 자신을 사회사업가, 경찰관, 경영인, 기타 당국의 직원이라고 속이고 피고용인들을 포함한 개인들이 자신의 개인정보를 밝히도록 설득한다. 기타 범행수법은 업무상 거래동안 피해자의 자동차면허증을 재빨리 사진촬영하거나 신용카드계산서나 기타 개인정보가 포함된 서류들을 쓰레기에서 찾아내는 수법이다.[21]

3) 스키머 장치 이용

어떤 범죄자들은 스키머(skimmer)라고 부르는 장치를 사용하여 개인정보를 입수한다. 이 작은 장치는 신용카드 자석띠, 즉 카드의 뒷면에 있는 검은 띠 안에 포함

---

20) Gilbert, *op.cit.*, p. 335.
21) *Ibid.*, p.335.

되어 있는 정보를 읽어낸다. 이 정보는 완전한 계정정보, ID번호, 기타 개인자료에 대한 확실한 접근을 가능하게 한다. 개인자료를 입수한 범인은 피해자의 정보를 자기 것인 것처럼 위장하고 즉시 물건을 사거나 다양한 형태의 신용이나 대부를 받으려고 시도한다.

2. 피싱(phishing)

(1) 개 념

가장 최근에 출현한 ID절도수법은 피싱이라는 것으로서 2003년과 2004년 초기에 처음으로 현저하게 드러나기 시작했다. 피싱은 개인자료(private data)와 낚시(fishing)의 합성 조어이다. 피싱은 실제의 유명한 합법적인 사업체, 금융기관, 또는 정부기관인 것처럼 보이기 위해 설계된 이메일과 웹 사이트를 개설하고 사용하는 것이 특징이다. 범죄자들은 인터넷 사용자들에게 속임수를 써서 은행계좌번호나 비밀번호와 같은 개인정보를 알아냄으로써 범죄목적을 위해서 그러한 개인 정보를 사용한다. 피싱은 개인의 계좌번호와 비밀번호를 이용하여 돈을 인출하는 수법으로서 ID절도와 함께 사기범죄를 구성한다.22) 피싱피해의 단서는 개인의 은행계좌에서 불법인출, 개인의 신용카드 계산서에 없는 대금 인출, 피해자가 모르는 계산서에 대한 신용업자의 빈번한 대금지불 요청 등이 있을 경우이다.

(2) 종 류

1) 메신저 피싱(messenger phising)

메신저란 인터넷에서 실시간으로 메시지와 데이터를 주고 받을 수 있는 소프트웨어로서 대표적인 것이 네이트온(Nateon)이다. 메신저 피싱은 타인의 인터넷 메신저 ID, 비밀번호를 입수하여 로그인한 후 네이트온, 대량쪽지 발송 등에 이미 등록되어 있는 가족, 친척, 친구, 지인에게 1 : 1대화를 시도하여 금전을 인터넷 뱅킹으로 송금받는 사기 수법이다. 범인들은 재미있는 동영상이나 뉴스를 인터넷상에 올려진 자료들의 주소인 URL(Uniform Resource Locater)을 통해 전달하고 메신저 사용자

---

22) *Ibid.,,* p.335.

가 이를 클릭하면 아이디와 비밀번호를 로그인하라고 명령하여 이를 입력하면 메신저 피싱에 이용하게 된다.

개인정보 침해센터의 조사결과에 따르면 범인들은 인터넷 메신저를 통하여 ① 부모님 수술비 부족, ② 은행보안카드 분실, ③ 교통사고 합의금 등 급히 필요 등을 이유로 텔레뱅킹을 요구한다.

이를 예방하기 위한 대처법은 ① 금전요구시 반드시 전화로 본인임을 확인하기, ② 메신저를 통해 휴대전화번호, 주민번호 등 개인정보 알려주지 않기, ③ 정기적으로 메신저 비밀번호 변경하기, ④ 공공장소에서 메신저 사용자제하기, ⑤ PC보안 프로그램을 최신으로 업데이트 유지하기 등이다.

2) 보이스 피싱(voice phishing)

보이스 피싱은 음성(voice), 개인정보(private data), 낚시(fishing)를 합성한 신조어로서 범인들이 개인의 은행계좌번호와 비밀번호, 주민번호, 신용카드번호 등을 속임수 등 불법적인 수법으로 알아낸 후 이를 범죄에 이용하는 사기범죄이다. 보이스 피싱은 전화를 사용하여 범행을 하는 것이 특징이다.

3. 보이스 피싱의 유형과 대응방법

(1) 유 형

1) 정부기관 사칭형

이 유형은 대체로 검찰청이나 경찰청을 사칭하여 법정출석이나 수사기관에 출석을 요구하는 형식이다. 범인은 피해자에게 먼저 1차 법정출석을 하지 않았고 2차 법정출석일을 알려주면서 출석요구를 하는 전화를 하고 피해자가 검찰이나 경찰에 갈일이 없다고 대답하면, 사건조회를 위해 이름과 주민등록번호, 휴대전화번호를 요구한다. 개인정보를 알려주면 범인은 피해자와 그 가족의 계좌가 대형 금융사기에 연루돼있어 새로 폰뱅킹을 개설해야 돈을 찾을 수 있다고 속인다. 불응시에는 기소된다는 문자 메시지로 협박을 하기도 한다.

2) 우체국형

범인은 ARS로 피해자에게 우체국 택배 등 우편물 도착이나 반송 우편물이 있으니 0번을 눌러 우체국 직원으로부터 우편물을 확인하라고 전화한다. 피해자가 0번을 누르면 가짜 우체국 직원이 나와 주소, 주민번호, 휴대전화번호, 신용카드 번호, 계좌번호 등과 같은 개인정보를 요구하는 식으로 범행을 한다.

3) 금융기관 사칭형

범인은 카드회사인데 누군가 당신 개인정보를 훔쳐 신용카드로 물품을 구매해 연체된 상태이니 계좌를 불러줄 테니 돈을 입금하라고 속이는 수법으로 돈을 갈취한다.

4) 돈 환불 유형

대학생에게 교직원이라고 속이고 등록금 300만원이 자동이체로 통장에서 두 번 빠져나가 600만원이 출금되었으니 계좌, 주민등록번호, 학번, 이름을 알려주면 잔액을 돌려주겠다고 전화를 하는 유형이다.

5) 보험료 환급형

범인은 의료보험공단 직원이라고 사칭하고 피해자의 의료보험료가 과납되었으니 과납된 돈을 환불할 테니 1~2분 이내에 은행에 도착하여 환급등록신청을 하라고 전화를 한다. 피해자에게 환급금 수령은 서울 본사에서만 할 수 있으니 돈을 받고 싶다면 ATM(Automated Teller Machine ; 현금자동입출금기)기계에서 하라고 전화한 후 피해자가 신청을 하는 순간에 계좌에서 순식간에 몇 백만 원의 돈이 빠져나간다.

6) 가족사칭형

범인은 주로 새벽 시간대에 전화를 걸어 부모가 전화를 받으면 마치 자식인 것처럼 내가 술을 많이 마시고 사고를 쳤는데 이 계좌번호에 1,000만원을 입금하지 않으면 큰일 난다는 식으로 전화를 한다.

7) 납치형

범인은 여행간 아들을 기다리는 부모에게 아들이 납치되었으니 계좌번호를 알려주면서 즉시 입금하라고 하는 식으로 돈을 사취한다.

8) 경품이벤트 거짓 당첨형

범인은 피해자에게 경품이벤트에 당첨되었으니 경품가액의 10%에 해당하는 제세공과금을 계좌에 입금하면 확인 후 즉시 경품을 보내주겠다고 전화하고 돈을 사취한다.

(2) 대응방법

1) ID절도 처벌법 제정

미국의 네브라스카(Nebraska) 주는 2002년에 ID절도처벌법을 제정하여 시행하고 있으며, 다른 주들도 그 뒤를 따르고 있다. 이 법은 피싱 범죄로 피해자 손실이 500불 이상이면 범인은 중범죄로 기소되고, 손해가 1,500불 이상이면 20년 형까지 선고받을 수 있도록 규정하고 있다. 또한 피해자는 피해액 반환, 변호사 수임료, 기타 비용을 청구할 수 있다.

2) ID절도의 최소화 방법[23]

① 개인정보 제공금지

개인은 자신이 먼저 전화를 하는 일이 아니면 다른 사람의 전화에 신용카드번호, 주민등록번호, 휴대전화번호, 계좌번호 등 개인정보를 제공해서는 안 된다.

② 온라인 업체에 정보제공 금지

개인은 보증된 컴퓨터 사이트가 아니면 온라인 업체를 통하여 개인정보를 제공하거나 전자상거래를 하지 말아야 한다. 보증된 컴퓨터 사이트는 대인정보를 보호하기 위한 암호화 시스템을 운영하고 있다. 이러한 웹 사이트는 "http"가 아니라 "https"로 시작한다.

③ 이 메일에 개인정보 노출금지

개인은 이 메일에 신용카드 번호, 주민번호, 기타 계좌번호나 휴대전화번호 등 개인 정보를 노출해서는 안 된다.

④ 신용카드 영수증과 계산서 관리

개인은 항상 ATM과 신용카드 영수증, 계산서와 같은 개인정보가 들어 있는 작은 서류 등을 직접 관리하고 분실하지 않도록 해야 한다.

---

23) *Ibid.*, pp.336-337.

⑤ 신용카드 사용금액 계산 주기 확인

신용카드 사용금액은 매달 정기적으로 계산되므로 계산 주기에 이상이 있을 경우에는 직접 신용카드업자에게 확인해야 한다.

⑥ 개인정보 우편물 우체국에 직접 맡기기

개인정보가 들어 있는 발송우편물이 우체통에서 절취될 수 있으므로 그러한 우편물은 우체국에 직접 가서 등기우편 등으로 우송한다.

⑦ 매년 신용카드 사용 명세서 요구

개인은 1년 동안 자신이 사용한 신용카드 내용을 확인할 수 있도록 신용카드 업체에 1년 동안 사용한 명세서를 요구해야 한다.

⑧ 수첩이나 지갑 등 개인정보 기록 최소화

개인은 수첩이나 지갑 등에 개인정보기록을 최소화해야 한다. 그러한 물건들은 항상 분실의 가능성이 크기 때문이다. 또한 여권이나 주민등록증을 분실하지 않도록 주의해야 한다.

3) 피해자 대응방법

① 개인정보 노출자 사고예방 시스템 등록

피해자는 금융감독원이나 은행을 통하여 사고예방 등록시스템에 등록을 해야 한다. 이 시스템에 등록하면 전 금융회사가 공유하여 신규 예금계좌 개설, 대출신청, 신용카드 발급 등 본인 확인을 요구하여 피해를 예방한다. 단, 우체국, 새마을 금고 등은 관할기관이 다르므로 별도의 신청을 해야 한다.

② 거래은행 지급정지 신청

피해자는 거래은행 직원이나 거래은행 콜센터에 지급정지 요청을 한다.

③ 수사기관에 신고

피해자는 경찰, 검찰, 한국정보보호진흥원 개인정보침해신고센터 등에 신고를 하여 수사를 요구한다.

제4절 │ 침입절도사건 수사기법

I. 침입절도 범죄자의 특징

(1) 범죄자 인물유형 분석 곤란성

절도범죄자들의 특징에 관한 인물유형 분석(offender profiling)이 다른 범죄유형
에 비하여 어렵다는 것이 특징이다. 그러나 절도범들은 전형적으로 25세 이하이고
도심지역에 거주하고 있는 것으로 분석되고 있다.

(2) 범죄자의 연소화 경향

주거침입 절도죄로 체포되는 범죄자들은 그 연령이 비교적 젊다. 미국의 경우에
주거침입죄로 체포된 피의자의 17%가 18세 이하인 것으로 밝혀지고 있다.

(3) 폭력에 의존 경향

침입절도 범죄자들은 과거의 연구에서 주장한 것 보다는 보다 폭력에 의존하는
경향을 보이고 있다. 전통적으로 비폭력적인 범죄로 인정되어 온 침입절도범은 실제
로 침입한 주택에 사람이 있을 경우에는 상당히 위험한 폭력을 행사한다. 연구에 의
하면, 침입절도 범죄자들은 타인의 주거에서 발생한 모든 강간과 강도의 60%를, 그
리고 모든 폭행범죄의 30%에 대한 책임이 있다. 대체로 집에 있던 피해자들의 30%
가 범죄자들에 의해 폭력적인 공격을 받은 것으로 나타났다.[24]

(4) 면식자의 범행

주거침입절도는 보통 비면식자간의 범죄로서 알려진 것과는 반대로 주거침입절도
죄의 상당한 비율이 피해자와 관련이 있거나 잘 아는 관계에 있는 사람에 의해 저
질러진다. 배우자, 동거인, 친척, 친지 등이 모든 주거침입절도죄의 37%를 범한 것
으로 밝혀졌다.[25]

---

24) *Ibid.*, p.176.
25) *Ibid.*, p.176.

(5) 비직업적인 범죄자의 증가

대중매체에 의해 알려진 것과는 반대로, 전형적인 주거침입절도 범죄자는 전문적인 직업범죄자가 아닌 것으로 알려지고 있다. 주거침입절도 범죄자들은 폭력적으로 침입하고 기술적으로 미숙한 폭력을 더 흔히 사용한다. 과거에 주거침입절도범죄로 체포된 전과자들은 대부분 범행기술의 미숙함이 원인이었다.26)

2. 피해신고 접수 및 처리

(1) 침입절도사건 신고 접수

경찰관은 침입절도(burglary)사건의 신고를 최초에 접수할 때에 다음과 같은 사항을 확인해야 한다.
  ① 신고자의 주소, 성명, 직업, 연령, 피해자와의 관계
  ② 피해일시, 장소, 피해금품의 수량, 금액, 특징
  ③ 범인의 인상, 복장, 특징과 침입구 및 도주방향

그러나 현실적으로 절도사건 신고 접수시에 신고자의 인적 사항, 피해일시, 장소, 피해정도 등만 확인하여 접수하고 나머지 정확한 범죄상황은 경찰이 현장에 출동하여 구체적으로 확인하는 것이 합리적이다. 신고를 할 당시 범죄가 진행중인 경우도 있을 수 있으므로 그러한 상황에서 피해금품의 수량이나 금액, 범인의 인상과 복장, 침입구와 도주방향을 정확하게 신고할 수 없기 때문이다.

(2) 절도사건 발생 보고

「범죄수사규칙」 제16조 별표1의 "보고대상 사건 및 기준"을 보면 절도사건이 지방경찰청 및 경찰청 보고사건으로 규정되어 있다. 그러나 절도사건 중 보고대상이 되는 기준은 삭제되었다. 보고절차는 "지구대장·파출소장은 경찰서장에게, 경찰서장은 지방청장에게, 지방청장은 경찰청장에게" 보고하는 순서로 되어 있으며, 단, 필요시 경찰서장은 지방청장과 경찰청장에게 동시에 보고해야 한다. 경찰청 조치가 필요한 사항은 경찰청까지 보고하고, 지방청에서 조치해야 할 사항은 지방청에 보고

---

26) *Ibid.*, p.177.

해야 한다. 다음은 「범죄수사규칙」에 명시된 내용은 아니지만, 보고대상 사건의 구분에 유용할 것으로 보인다.

1) 경찰청 즉보사건

① 5천 만 원 이상의 다액절도(상습 조직치기사건은 500만 원 이상), ② 사회 저명인사나 언론기관 임원 등과 관련되거나 기타 중요하다고 인정되는 절도사건, ③ 총기, 대량의 탄약 및 폭발물 절도, ④ 외국공관 및 관저 절도, ⑤ 중앙관서 및 가급(청와대, 국회의사당, 대법원, 정부종합청사, 국가정보원, 국정원, 한국은행 본점 등) 중요시설 절도, ⑥ 국보급문화재 절도

2) 지방청 즉보사건

① 경찰관련 신문·방송 보도예상 및 보도사건, ③ 관공서, 전선 등 절도, ④ 2천만 원 이상의 다액절도(상습조직치기사건은 전부)

3) 보고시간

사건발생 또는 검거시 보고하되 필요시 첩보입수·수(내)사 착수시 및 중요수사 진행사항을 보고한다. 보고방법은 무선, 유선, 팩시밀리 또는 전산망 등을 통해 지체없이 보고한다. 보고시간을 구체적으로 적시하지 않고 지체없이로 규정하며 사안에 적합한 보고를 가능하게 하였다.

3. 범죄현장 초동수사

(1) 신속한 출동과 범인검거

절도사건 신고를 받은 경찰은 현장에 신속하게 출동하여 현장과 그 주변에서 범인을 현행범으로 검거할 수 있도록 최선을 다해야 한다. 그러나 절도사건의 경우에 범죄현장에서 경찰관이 용의자를 체포할 가능성은 아주 낮다.[27] 대체로 절도사건 신고는 이미 범인이 범죄를 종료하고 도주한 뒤에 이루어지기 때문이다. 따라서 범죄현장에서 다양한 물적 증거를 수집하여 범죄사실을 규명하고 범인을 특정할 수 있는 과학수사(Criminalistics)가 중요하다.

---

27) *Ibid.*, p.193.

(2) 현장보존과 탐문수사

주거침입절도 사건의 경우에 다양한 침입용구를 사용하기 때문에 범죄현장에는 중요한 추적 단서가 남아 있을 가능성이 높다. 따라서 경찰은 범죄현장을 원상대로 보존하여 물적 증거를 수집함으로써 범인의 범죄행위를 가능한 한 완전한 형태로 재구성하여야 한다. 또한 피해자뿐만 아니라 범죄현장 주변에서 목격자나 참고인을 확보하여 범행시간, 범인의 인상착의, 침입구와 도주방향 등을 확인한다.

특히 탐문수사 과정에서 범죄현장 주변점검(neighborhood check)을 통하여 다음과 같은 사항에 대한 정보를 수집해야 한다. ① 범죄현장 주변에서 수상한 사람을 본 일이 있는가? ② 범죄현장 주변에 주차 또는 배회하는 낯선 자동차가 있었는가? ③ 범죄현장 주변에서 유리 깨지는 소리 같은 이상한 소리를 들은 일은 없는가? ④ 피해자가 이혼소송중이거나 사업상의 원한관계, 일탈청소년 자녀 같은 개인적 요인들이 있었는가?28)

(3) 현장관찰과 면밀한 채증활동

범죄현장 관찰은 다음과 같은 질문을 대상으로 이루어져야 한다. ① 범인은 어떻게 침입하였는가? ② 어떤 물건들을 물색하였는가? ③ 다른 사람이 그러한 물건에 손을 댄 것은 아닌가? ④ 범인은 어떤 물색방법을 사용하였는가? ⑤ 절취된 피해품은 무엇인가?29)

따라서 현장관찰을 통해 ① 범인이 접촉한 물건으로부터 지문의 채취, ② 침입도구의 흔적, ③ 범죄수법 관찰과 상습성 여부 판단, ④ 범행시간의 추정과 피해품의 확인, ⑤ 범죄현장의 침입구와 도주구의 확인, ⑥ 모발, 섬유, 유리조각, 휴지, 담배꽁초 등 물적 증거 수집, ⑦ 재물 물색방법 등의 특징을 확인 후 범인의 연고감이나 지리감 여부를 판단한다. 이때 발견하는 모든 물증에 대해서는 사진촬영과 도면작성, 현장관찰결과에 대한 기록을 하는 등 철저한 채증을 실시해야 한다.

또한 현장관찰시 범인의 상습성여부를 판단하는 기준은 다음과 같다. ① 시간적 관계, ② 침입수단, ③ 물색상황, ④ 목적물의 관계, ⑤ 기타 특이한 습벽 등을 기준으로 상습성을 판단한다. 그러나 피해품의 수량과 경중은 상습성 판단과 관련이 없다.

---

28) *Ibid.*, p.184.
29) *Ibid.*, p.183.

(4) 재임장의 실시

수사팀은 수사에 필요한 모든 사항을 검토한 다음 반드시 재임장을 하여 피해자의 신고 중 빠뜨린 점을 청취하거나 피해품의 특징파악, 주변의 탐문을 실시하는 등 범인검거의 단서를 발견하도록 노력하여야 한다.

(5) 수사방침의 결정

수사팀은 초동수사를 완료한 후 경찰서장이나 수사과장 주관으로 수사회의를 개최하여 현장관찰 및 탐문을 통해 확보한 수사자료를 분석하여 수사방침을 결정한다. 아울러 수사방침에 따라 수사요원별로 임무를 분담한다.

4. 심층수사

(1) 피해자 중심 수사

절도사건은 피해자의 재물을 절취함으로써 성립하고, 또한 피해자가 범인의 얼굴을 목격했을 가능성 등도 있으므로 피해자 중심으로 수사가 이루어질 수밖에 없다.

따라서 피해자 중심 수사의 핵심은 ① 도난물품, ② 도난일시 및 장소, ③ 도난품의 보관상태, ④ 도난 당시 가족들의 소재와 상황, ⑤ 범인목격 여부, ⑥ 예상 또는 유력한 용의자 등의 확인에 있다.

또한 수사간부나 담당형사는 피해자와의 계속적인 연락체계를 유지하기 위해 피해자의 주소와 전화번호를 확인하고 수사기능 측의 주소와 전화번호를 교부한다.

(2) 탐문수사

수사관은 초동수사단계의 탐문수사에 추가하여 범행현장 주변 지역에서 탐문수사를 통하여 범인발견을 위한 수사자료를 수집해야 한다. 특히 여관이나 음식점 등에서 범행전후에 이동한 수상한 사람이나 차량 등에 대한 행적을 추적한다.

(3) 범인중심 수사

범인중심수사의 본질은 수법수사, 범인의 인상착의에 의한 수사, 범인추리에 의한 수사, 알리바이 수사 등이 핵심이다.

1) 수법수사

범죄자는 과거에 성공한 범죄수법을 반복하여 사용하는 경향이 강하다. 특히 범행 중에 체포와 부상의 위험, 또는 탄로의 위험과 같은 상황적 긴장상태 속에서는 과거의 익숙한 범죄수법을 사용하기 마련이다.[30]

이러한 범인의 수법을 수사자료화한 것이 수법원지와 피해통보표, 그리고 공조제보 등이다. 절도는 수법범죄의 대상이므로 수법원지와 공조제보를 통하여 범인발견을 위한 노력을 하고 아울러 피해통보표를 작성하여 범인발견을 위한 수사자료를 확보한다.

2) 선면수사

용의자를 발견하였을 경우에는 피해자와 목격자 등으로 하여금 진범여부를 식별하는 선면수사를 실시한다.

3) 알리바이 수사

피해자나 목격자의 진술에 의한 범인의 인상착의 또는 범죄현장의 족적이나 범죄수법 등에 의하여 용의자들이 압축되었을 경우에는 범행 당시 그들의 알리바이 성립여부를 수사해야 한다.

(4) 유류물·품 수사

범행현장에서 범인의 것으로 추정되는 담배꽁초나 손수건, 휴지, 담배꽁초 등 유류품이나 공구흔, 족적, 차량흔, 타이어흔 등 자국흔적, 그리고 지문, 모발, 탈분, 토사물 등 유류물을 발견하여 감정과정을 거쳐 범인발견을 위한 과학수사기법을 사용한다.

---

30) *Ibid.*, p.178.

절도범 수사의 경우에 범인은 범죄현장에 무엇인가를 남겨두고 또한 무엇인가를 가지고 떠난다는 로카르(Locard)의 교환법칙이 중요한 의미를 가진다. 즉, 범인은 다음과 같은 물질을 범행현장에 남겨두기도 하고 가지고 떠난다. 그러한 물질은 범행시 사용한 도구에서 떨어진 범행현장의 페인트, 현장의 페인트 가루가 묻은 범인의 옷, 범행현장에서 파괴된 유리조각, 범행현장의 토양(soil) 등이 해당된다. 이러한 물질은 과학수사기법에 의하여 용의자의 특정을 위한 중요한 물적 증거가 된다.31)

(5) 장물수사

절도사건 범인이 실제로 범죄현장에서 체포되는 경우는 아주 드물고, 범인이 특정되는 경우도 거의 찾아보기 힘들다. 미국의 경우에 절도범 검거율이 14%에 지나지 않는다는 통계는 범죄현장 체포가 얼마나 어려운가를 반영한다.32) 절도사건 수사중 필수적으로 행하여야 하는 수사가 장물수사이다.

따라서 절도범 검거는 대부분 사후수사에 의해 이루어지며 특히 도품의 처리와 관련된 장물수사는 재물범죄수사의 성공을 가능하게 하는 최고의 수사기법이다. 따라서 수사관은 장물의 소재를 발견하고 그것을 용의자에게 연결시키는 수사를 전개해야 한다. 이를 위해서는 절도사건의 피해품을 정확하게 파악하고(성질, 수량, 특징 등)적절한 장물수배와 장물처분업소(고물상, 사금융업자, 카센타, 금은방 등)등에 대한 장물수배서를 발부하여 광범위한 수사를 전개해야 한다.

(6) 범인 검거사실 피해자에 통지

수사간부는 사건의 접수, 진행경과 및 처리결과 등 수사진행사항 및 범인을 검거한 경우 그 사실을 피해자에게 통지해야 한다.33) 다만, 피해품의 환부, 취급 등을 통하여 피해자가 이미 피의자의 검거사실을 알고 있는 경우에는 통지를 생략할 수 있다.

---

31) *Ibid.*, pp.200-205.
32) *Ibid.*, p.185.
33) 범죄피해자보호규칙 제11조, 경찰청 훈령 제531호, 2008.10.15.

(7) 피해자에 대한 중간통지의 실시

경찰은 도난사건 3회 방문 처리제라고 하는 사건발생후 1개월 이내에 파출소 담당직원, 파출소장, 사건담당 형사가 각 1회 이상 피해자를 방문하여 수사진행 상항을 설명하는 제도를 실시하고 있다.

제5절 치기사범 수사

I. 특 징

치기사범은 절도범죄의 한 유형으로서 소매치기와 날치기로 대별된다. 물론 가로치기, 퍽치기, 돌변치기 역시 치기사범에 해당되지만 강도로 의율된다는 점에서 차이가 있다.

이러한 치기사범은 검거보다는 예방이 중요하다. 검거하더라도 현장검거가 아니면 피해자나 물적 증거의 확보에 상당한 어려움이 있기 때문이다. 따라서 소매치기 사범 발생과 관련된 기초자료를 평소에 수집하여 관리해야 한다. 즉, 기존의 피해신고를 바탕으로 소매치기가 자주 발생하는 장소, 시간대, 수법, 피해자 층, 그리고 관내의 인파운집장소 등을 사전에 파악하여 소매치기 사범예방에 활용해야 한다.

2. 치기사범의 종류

(1) 강도로 의율되는 치기사범

1) 가로치기

범인이 주로 심야에 유흥가 골목길 등에서 금품을 소유한 사람을 따라가 갑자기 덮쳐서 금품을 강취하는 행위를 가로치기라 하고 형법상의 강도죄에 해당한다.

2) 행인치기(퍽치기)

범인이 심야에 유흥가 등이 밀집한 길목을 지키다 주로 술에 만취한 행인을 덮쳐서 금품을 강취하는 행위를 행인치기라고 하고 역시 강도죄에 해당한다.

3) 돌변치기

절도범이 피해자에게 발각되자 강도로 변하는 경우를 돌변치기라 하고 당연히 강도범이다.

(2) 소매치기 사범 은어

1) 박치기

조직소매치기들이 당일 범행모의를 위하여 매일 아침 특정장소에서 회합을 가지는 행위를 박치기라 한다.

2) 회사(식구)

소매치기 집단이 4명 내지 7명으로 구성된 조직성 소매치기 집단을 회사라고 하고 그들끼리는 식구라고 부른다. 한편 1명 또는 2명이 하는 단독소매치기를 도꾸다이라고 한다. 그리고 길거리 소매치기사범을 바닥식구, 남자 소매치기 피해자는 애비, 여자소매치기 피해자는 매미라고 한다.

3) 회사원

백화점 소매치기를 회사원이라고 하고 조직소매치기가 주로 이루어지는 시내버스를 학고라 한다. 땅굴은 지하철을 말하고 버스 소매치기사범을 학고 식구라 한다. 그리고 소매치기들이 핸드백을 찢을 때 사용하는 면도칼을 연필이라고 한다. 까치집은 소매치기들이 버스 내에서 범행대상을 물색한 후 그 주위를 둘러싸는 행위를 말하며, 범행대상이 되는 핸드백을 깝지라 하고 소매치기로 절취한 수표를 딱지라 한다. 형사를 곰이나 조카라고 부른다.

4) 야 당

소매치기 출신으로 현직 소매치기들의 뒤를 봐주거나 이들을 협박하여 갈취하는 자들을 야당이라 한다. 또한 조직 소매치기들이 야당들에게 정기적으로 상납하는 돈을 노배라고 한다. 그리고 조직소매치기의 두목이 야당에게 노배를 준다고 연락하는 것을 주문이라고 한다.

5) 공 금

조직 소매치기들이 검거에 대비하여 사후 수습비용으로 1인당 금액을 갹출하여 보관하고 있는 돈을 공금이라 한다.

(3) 범행수법

1) 들치기

① 버스에서 타인 물건 들고 내리기

정류장에서 발생하는 소매치기로 범인의 버스 출발 직전 타인의 물품을 몰래 들고 내리는 수법이다. 또는 한 사람은 버스를 타고 목적물을 발견하고 그 옆에 서면, 1명은 차 밖에서 유리창을 두드려 승객에게 말을 걸 때 물건을 안에서 들고 나온다. 또는 범인들이 승차하여 자기들끼리 큰 소리로 대화하여 승객의 시선을 집중시키면 그 중 1명이 물건을 절취한다.

② 백화점 등에서 상품이나 재물훔치기

백화점, 시장 노점 등에서 물건을 사는 척 고르다 상품을 절취하거나 물건 사는 사람이 놓아둔 핸드백 등을 절취하는 수법이다. 또는 예식장에서 핸드백을 놓고 사진을 찍거나 다른 사람의 대화중 핸드백을 절취하는 수법이다. 은행 창구에서 다른 사람의 현금을 절취하기도 하고 공중화장실이나 대합실 등에서 타인의 물건을 맡아 보관하다 절취하기도 한다.

2) 굴레따기

굴레따기란 범인들이 동전을 떨어뜨려 피해자가 줍게 만들고 피해자가 엎드린 사이에 또는 걸어가는 사람의 배나 다리를 때려 움츠릴 때 목걸이나 팔찌 등을 끊어서 절취하는 수법을 말한다. 주로 흉기를 소지하거나 목걸이 등을 끊는 도구를 휴대하고 다닌다.

3) 뻑따기

뻑따기란 범인이 피해자의 핸드백의 단추나 지퍼를 열어 절취하는 행위를 말하고, 핸드빽 등을 면도날로 째고 절취하는 행위는 뻑치기라고 한다. 사람이 많이 모이는 곳에서 2~3명 또는 단독범행으로 이루어진다.

4) 안창따기

범인이 지하철이나 버스 안에서 피해자의 양복 안주머니를 면도칼로 째고 금품을 절취하는 행위를 안창따기라 한다.

5) 올려치기

올려치기란 버스가 출발하려고 할 때나 피해자가 운전사와 대화하려고 할 때 뒤에서 올라가라고 밀면서 안창따기, 굴레따기, 빽따기, 빽치기 등의 수법으로 금품을 절취하는 행위를 말한다. 올려치기는 주로 3~4명이 1개조를 이루어 범행을 하거나 7~8명이 조를 이루는 경우도 있다.

6) 부축빼기

일명 박쥐라고도 하는 부축빼기는 범인이 취객이나 노인 등을 상대로 부축하거나 택시를 잡아준다고 치근대면서 피해자의 금품을 절취한다. 또는 절취한 차량을 이용하여 취객을 태우고 가다 잠들면 금품을 절취하는 행위를 부축빼기라고도 한다.

7) 평지치기

평지치기는 승차치기와 대조되는 개념으로서 일반적으로 버스나 열차 또는 지하철과는 관계없는 장소에서 발생하는 소매치기를 말한다. 따라서 평지치기를 단속하기 위한 잠복장소는 ① 백화점 : 특매장 주위, 엘리베이터, 각 매장의 혼잡한 장소, ② 번화가 : 노점이나 포장마차 주변, ③ 경마장 : 마권판매장, ④ 극장 등이다.

8) 승차치기

승차치기란 버스 등 차량이나 열차, 또는 지하철과 전철 등의 승하차와 관련된 장소에서 발생하는 소매치기를 말한다. 따라서 이를 단속하기 위한 잠복장소는 ① 역의 매표소 및 개찰구 부근, ② 승강장에서의 차량 앞부분의 정차위치, ③ 열차, 전철 내 출입구 부근, ④ 정류장의 승객들의 승차대기 대열내 등이다.

(4) 검거시기

경찰은 피해자가 자신의 금품이 소매치기 당한 사실을 확인할 수 있는 ① 피해품을 절취하는 순간, ② 공범자가 있을 경우 장물을 인도하였을 때, ③ 피해품을 절취하는 것을 보지 못하였을 때에는 피해 확인 후, ④ 미수범인 경우에는 ⓐ 호주머니나 가방에 손이 들어가 있을 때, ⓑ 가방이나 옷 등을 잘랐을 때에 검거한다.

3. 소매치기 수사기법

(1) 검거보다 예방활동 우선

소매치기는 검거보다 예방이 중요하다. 따라서 관내의 소매치기 발생과 관련된 기초자료를 토대로 발생빈발장소와 시간대에 잠복하는 등으로 예방활동에 주력해야 한다.

(2) 자해나 통모방지

수사관은 소매치기 검거시 도주, 자해, 통모방지에 특히 주의를 해야 한다. 소매치기는 보통 4~7명이 집단을 이루어 자행되는 범죄로서 흉기를 소지하고 있기 때문이다.

(3) 현장보존의 곤란성

살인, 강도 등 강력범의 경우에는 현장보존이 중요하나 치기사범은 대체로 사람이 많이 붐비는 버스나 지하철, 또는 광장이나 공원 등에서 발생하고 범죄현장에 어떤 흔적을 남기는 범죄가 아니므로 현장보존이 힘들고 그 필요성도 적다.

(4) 피해자와 목격자 진술 확보

범인이 범행을 부인할 경우에 대비하여 피해자와 목격자의 진술을 확보하고 피해품과 범행도구 등 증거자료를 보강한다.

(5) 버스내의 소매치기 사건 수사

시내버스 기사가 버스 내에서 소매치기 사건이 발생하였다며 발생과 동시에 차문을 시정하고 경찰서 앞에 차를 정차시키고 수사를 의뢰한 경우 다음과 같이 조치한다.
① 먼저 승객들에게 양해를 구해야 하며, 충분한 경찰력의 배치로 현장 분위기를 사전에 제압하여 검색을 실시한다. ② 바쁘다고 큰 소리 치는 사람이나 양복을 깨끗이 입고 호리호리한 체격의 동년배의 사람들을 주목해야 한다. 치기사범이 버스 안에 있다하더라도 절취품을 버스 내에 버리는 경우가 많으므로 버스 좌석 밑을 철저

하게 수색해야 한다. ③ 소매치기 현장의 목격자는 보복이 두려워 말을 안 하는 경우가 있으므로 은밀하게 목격자를 확보해야 한다. ④ 여자의 신체검색은 반드시 여경의 참여하에 행해야 한다.

(6) 상품들치기(shoplifting) 수사

1) 범죄자의 특징

상품들치기는 내부의 고용인과 외부의 고객들이 범인이다. 미국의 경우 피고용인의 약 40%가 내부에서 상품절도를 하고 모든 피고용인들의 10%는 체계적으로 범행을 하는 재범자인 것으로 확인되고 있다. 연령별로 보면 30~50대가 모든 들치기범의 거의 60%를 차지하고 청소년이 22%를 차지한다. 성별로는 여성이 48%를 차지하고 다른 날보다는 주로 토요일에 많이 발생한다.

외부고객은 아마추어 범죄자로부터 전문적인 기술을 가진 범죄자에 이르기까지 다양하다. 아마추어들은 일반적으로 청소년 동료들의 압력, 스릴, 또는 단순히 돈을 내지 않고 물건을 얻으려는 욕망 등이 범행동기로 작용하고, 이익이나 되팔기를 위해 범행을 하지는 않는다. 반면에 전문적인 상품 들치기들은 생계를 유지하기 위해 들치기를 한다.

범죄자들은 남녀 고르게 분포하고, 전문적인 들치기들은 나이가 많은 편이고 보통 두 사람 이상의 공범이 범행을 한다. 절도광(kleptomania)은 하나의 정신병으로서 절도를 하지 않고는 살지 못하는 사람을 말하는데 들치기범들의 범행동기가 이러한 절도광이라는 주장도 있다. 그러나 정신질병 환자들이 들치기범으로 확인되는 사건은 아주 드물다. 수사관들은 단지 많은 범인들이 자신의 범행을 합리화하기 위해 자신이 절도광이라는 정신병환자라고 거짓말하는 경우를 발견할 수 있을 뿐이다.[34]

2) 범행수법[35]

① 부스터 장치 수법(booster devices)

부스터 장치는 범인이 훔친 상품을 신속하게 넣을 수 있게 하는 스프링 같은 뚜껑문이 장치된 상자 형태이다. 보통 사람의 눈으로는 상자는 완전히 밀봉된 것으로 보인다. 상자의 쪽문은 범인의 손이 아니라 와이어나 코드로 작동시킨다. 대상상품 위에 상자를 올려놓고 스프링을 열면 상품이 상자속으로 빨려 올라가게 된다.

---

34) Gilbert, *op.cit.*, p.323.
35) *Ibid.*, pp.323-324.

② 옷이나 몸에 숨기는 수법

범인의 옷이나 몸에 훔친 물건을 숨기는 것은 가장 공통적인 범행수법이다. 일반적으로 아마추어들은 상위나 하위 호주머니에 훔친 물건을 숨기고, 전문가들은 옷 내부에 훅 단추로 연결된 장치 또는 많은 물건을 훔치기 위해 만든 특수복을 사용한다. 몸에 숨기기는 작은 물품을 훔쳐서 입이나 양 다리의 윗부분에 숨긴다. 주로 치마를 입은 여자들이 다리사이에 숨기는 수법을 사용한다.

③ 바꿔치기 수법

가장 공통적인 바꿔치기는 저가의 가격표를 떼어 고가의 물품에다 붙이는 방법이다. 그때 범인은 아주 고가의 물품을 크게 할인된 가격으로 물건을 살 수 있다. 가장 정교한 바꿔치기 기법은 정신뺏기와 속도전을 포함하는 것으로서 보석가게에서 사용된다. 예컨대, 두 사람의 범인이 보석가게에서 점원에게 고가의 다이아몬드나 시계를 보여 달라고 요구하고 한 범인이 그 보석을 들고 보기 시작할 때 다른 공범이 점원의 관심을 돌리는 행동을 하고 이때 수초 이내에 범인은 다이아몬드를 숨기고 모조품으로 바꿔버린다. 아무런 의심이 없는 점원은 상자에 보석을 넣고 범인들은 여유있게 도망간다. 또한 전문들치기팀은 한 범인이 물건을 훔쳐 다른 범인에게 넘기는 형식의 바꿔치기 수법을 사용하기도 한다.

3) 수사절차

범죄수사관들은 주로 거액의 절도행위를 하는 전문적인 들치기범에 의한 범죄사건을 주로 수사한다. 경찰은 전문적인 들치기범들이 관찰되거나 범죄집단에 의한 손실이 발생한 사건인 경우에 수사를 개시해야 한다.

들치기범들과 소매치기는 재빠른 훔치기, 숨기기, 정신뺏기, 때때로 한 범인으로부터 다른 범인에게 물건 옮기기나 바꿔치기 등 유사한 범행수법을 사용한다. 손동작을 감추기 위해 물건을 들고 있는 사람, 쇼핑에는 관심없이 여기 저기 돌아다니는 사람은 범죄혐의가 의심스러운 사람이다. 회의에서 만난 사람들이 해산된 후 다시 만나는 경우 이들은 경찰의 감시대상이다. 점원의 위치를 관찰하는데 집중하거나 주위를 예민하게 힐끗거리는 사람 역시 감시대상이다.36)

---

36) *Ibid.*, p.325.

제6절 │ 압수도품의 환부

I. 압수도품의 개념

　도품이란 절도나 강도 등 재산범죄에 의하여 피해자의 의사에 따르지 않고 그 소지를 빼앗기거나 또는 피해자가 회복청구권을 가지는 것으로, 압수기관이 이 도품의 점유를 계속 취득하는 경우에 이것을 압수도품이라 한다.

2. 압수도품의 환부절차

(1) 환부의 대상 및 기준

　「민법」제249조의 동산의 선의취득, 제250조의 도품·유실물에 대한 특례에 관한 규정이 적용된다. 민법상의 선의취득에 관한 규정이 적용되지 않는 부동산은 물론 유가증권·화폐 및 등기 또는 등록으로 공시되는 동산 등은 선의취득의 대상이 아니므로 이러한 물건의 환부에 대하여는 당사자의 권리관계를 충분히 검토한 다음 적절한 조치를 취해야 한다.

(2) 압수도품의 환부·가환부의 근거 법조

　압수도품의 환부·가환부의 근거 법조는 「형사소송법」상의 압수물의 환부·가환부(형사소송법 제133조), 압수물의 피해자 환부(형사소송법 제134조) 등이다. 사법경찰관은 압수물 처분시에 검사의 지휘를 받아야 한다(형사소송법제219조).

(3) 환 부

　압수를 계속할 필요가 없는 압수물은 피고사건이 종결전이라도 법원이나 수사기관의 결정에 의해 권리자에게 환부해야 한다. 압수장물은 피해자에게 환부할 이유가 명백한 때에는 사건종결전이라도 피해자에게 환부할 수 있다. 환부가 되면 압수효력은 상실되고 몰수선고가 없으면 압수해제가 된 것으로 본다.

(4) 가환부

재판과정에서 증거에 사용될 압수물은 소유자, 소지자, 보관자 또는 제출인의 청구에 의하여 가환부할 수 있다. 가환부는 법원이나 수사기관의 결정에 의해 이루어지며 가환부된 도품은 압수의 효력이 계속 유지된다. 가환부 받은 자는 보관의무가 있다.

(5) 환부의 조건

1) 선의취득과 압수물의 환부

범인 A가 B로부터 재물을 절취한 후 제3자인 C에게 재물을 매매한 경우에 민법 제249조의 선의취득에 해당할지라도 절취한 때로부터 2년 이내에는 피해자 B는 민법 제250조에 의하여 피해품의 반환 청구권이 있다. 그러나 2년이 경과한 경우에는 그 물건의 소유권은 그 물건을 매수한 제3자인 C에게 있으므로 그에게 환부해야 한다.

2) 공개시장에서의 도품의 구매와 압수물의 환부

도품을 취득한 골동품상인 C가 일반인 D에게 물건을 매매한 경우에 피해자B는 절취된 때로부터 2년간은 D가 C에게 지불한 대가를 D에게 변상하지 않으면 그 물건의 반환을 청구할 수 없다. 따라서 대가를 지불하지 않으면 그 물건은 D에게 환부된다. 절취된 때부터 2년이 경과한 이후에는 D에게 환부된다. 그리고 D가 다시 E에게 매각한 때에는 민법의 동산의 선의취득 규정에 의해 그 장물성이 없어지므로 B는 E에게 반환을 청구할 수 없게 된다. 이 경우 물건은 E에게 반환된다.

(6) 현금압수와 환부

1) 피해현금의 특정방법

특정사건과 관련하여 표시하는 방법, 구체적인 예시에 부가하여 개괄적으로 표시하는 방법이 허용된다. 그러나 장물이라 인정되는 금품이라는 식으로 추상적으로 표시하는 것은 안 된다.

2) 피해현금이 다른 현금과 혼동되는 경우

발견된 현금 전부를 압수할 수는 없다. 압수후 다툼이 일어날 우려가 있으므로 임의제출에 의하여 압수하든지 검증 등에 의하여 그 존재를 명확히 하는 것으로 그치고 압수를 하지 않는 것이 타당한 조치이다.

3) 피해현금 특정 불가능 시 환부

환부를 위해서는 ① 피해자가 명백할 것, ② 장물이 특정되어 있을 것의 요건을 충족하여야 하나 장물이 특정되지 않아도 환부가능하다는 일본판례가 있다.

4) 피해현금이 예금된 예금통장을 압수한 경우의 환부

피해자로부터 절취한 예금통장은 피해자에게 환부할 수 없다. 피의자가 절취한 금액을 피해자에게 반환할 의사가 없는 경우에는 사건의 종결을 기다리지 않고 수사단계에서 피의자에게 예금통장을 환부한 다음 현금은 피의자가 직접 피해자에게 교부하도록 하는 방법을 취한다.

5) 압수현금 중 피해현금이 혼동되는 경우

압수현금은 안분환부, 즉 각 피해자의 피해액에 따른 비율에 의하여 환부액을 산정하여 환부한다. 피해자가 자신의 피해액 전부에 대한 환부요구시 학설이 대립하나 환부할 수 있다고 보는 것이 타당하다.

제**7**장

사기사건 수사

제1절 사기죄에 대한 개관

1. 의 의

사기죄는 사람을 기망하여 재물의 교부를 받거나 재산상의 이익을 취득하거나 또는 제3자로 하여금 재물의 교부를 받게 하거나 재산상의 이익을 취득하게 함으로써 성립하는 범죄이다.[37] 재물과 재산상의 이익도 범죄의 객체로 하고 있다는 점에서 재물죄인 동시에 이득죄이다.

사기범은 수단·방법이 다양하여 상습성을 띠는 경우가 많으며 수법범죄의 대상이다. 따라서 수법원지와 피해통보표를 활용하여 범인을 발견하고 체포하는 수사를 해야 한다.

2. 범죄의 구성요건

(1) 구성요건

사기죄는 ① 기망행위가 있고, ② 재물의 교부 또는 재산상의 이익의 취득이 있을 것, ③ 피기망자의 착오, ④ 처분행위, ⑤ 재산상의 손해가 발생해야 한다. 또한 불법영득의 의사 또는 불법이득의 의사가 있어야 한다.

---

37) 이재상, 형법각론, p.324.

(2) 객 체

1) 재 물

사기죄의 재물에는 동산과 부동산 모두 포함된다. 부동산 사기의 경우 권리이전의 의사표시만으로 족하지 않고 점유의 이전 또는 소유권 이전등기가 있어야 기수가 된다. 백지위임장이나 일정한 권리를 표시한 증서도 재물에 해당한다.

2) 재산상의 이익

재물 이외의 일체의 재산상의 이익을 말한다. 노무나 담보의 제공, 연고권 취득, 채권추심 승인 등의 적극적 이익은 물론 채무면제, 채무변제의 유예 등의 소극적 이익, 영속적 이익이나 일시적 이익도 불문한다. 이익의 취득이 사법상으로 유효할 것을 요하지 않으나 단순히 채무변제를 피하기 위해 도주하거나 단순히 지급보증서를 받은 것은 재산상의 이득을 취득한 것이다.

제2절 ｜ 사기사건의 특징과 수사기법

Ⅰ. 특 징

(1) 범죄인지의 곤란성

경찰은 피해자의 신고나 고소가 없을 경우에는 사기사건의 발생여부를 인지하기 어렵다. 사기사건은 은밀하게 발생하기 때문에 피해자는 자신이 사기를 당한 것인지를 모르고 있을 수도 있다. 알았을 경우에도 범죄에 연루되거나 얼간이가 되었다는 사실을 공개적으로 인정하는 것을 두려워하기 때문에 피해자는 침묵을 지킨다.[38]

(2) 수법범죄

사기범죄는 강도, 강간, 절도, 공갈, 방화, 약취유인, 위·변조, 장물죄 등과 함께 수법범죄에 해당한다. 따라서 수사관은 범인을 체포하기 전에 우선 피해통보표를 작

---

38) Weston & Lushbaugh, *op.cit.*, p.288.

성하고 수법원지를 활용하여 범인특정과 체포를 시도해야 한다. 또한 범인체포 시에 수법원지를 작성한다.39)

(3) 반복적인 상습범

사기범은 반복적으로 자행되는 상습범이 되는 경우가 대부분이고 더욱 지능화되는 것이 특징이다.

(4) 여행성의 광역화 경향

최근에 사기범은 여러 지역을 돌아다니며 범죄를 범하는 여행성 범죄의 경향이 강하고 따라서 광역화 범죄가 되고 있다.

2. 수사기법

(1) 수사의 단서검토

사기사건의 수사단서는 피해신고나 고소 등이 대부분이지만, 이를 접수하는 경우 채권채무를 해결하는 수단으로 수사기관을 이용하려고 하는 자가 있기 때문에 불순한 동기, 사실왜곡, 민사상 권리행사를 유리하게 하기 위해 고소를 하는 지 여부 등에 관하여 검토해야 한다.

(2) 피의자 기초수사 철저

사기사건 수사는 피의자의 예상되는 변명이나 부인을 뒤엎기 위한 기초수사를 실시해야 한다. 즉, ① 피의자의 경력, 가족, 생활상황, 습벽, 전과, 전력 등을 조사하고, ② 자산, 수입, 부채상황, 범행의 방법, 종래의 거래 또는 대차의 상황 등을 조사해야 한다.

(3) 현장관찰 철저

사기사건은 흉악범이나 절도범 등에 비해 범죄현장의 관찰에 소홀해지기 쉽지만,

---

39) 범죄수법공조자료 관리규칙 제3조, 경찰청훈령 제73호, 2005.12.20.

그 중요성은 다른 범죄와 조금도 다른 점이 없다. 실황조사를 통한 공범수사, 피해자나 관계자 등의 진술의 신빙성 확보, 실황조사를 통한 피해관계 장소의 위치·상태 등을 명확하게 해야 한다.

(4) 조직적 수사의 철저

사기범은 상습성과 수법의 고정성이 높은 범죄이다. 그러므로 수법자료나 지문자료가 직·간접으로 수사의 추진에 도움이 될 수 있는 경우가 많으므로 구체적인 수사에 있어 다음과 같은 점에 유의해야 한다.

1) 기존자료의 활용

토지사기단, 어음사기단 등과 같이 단독범으로서보다는 공범으로서 행하여질 가능성이 많은 수법범죄에 대해서는 수법원지의 수법내용란의 공범 외에 이면에 기재되어 있는 친척·지인란에서 공범의 색출에 노력해야 한다.

위·변조문서 등이 있는 경우에는 수법원지 및 지문원지의 자서란과의 대조·감정에 의하여 동일 필적의 색출 등 조직적인 수사자료의 활용을 도모함과 동시에 이전에 사건을 처리한 조사관 등에게도 연락하여 당시의 공범관계, 범행의 수단 및 방법, 조사에 대한 피의자의 태도 등을 상세하게 청취해야 한다.

2) 동일피해의 유무

사기사건 수사는 임의수사로서 처리가 가능하다고 인정되는 단순한 수사의 경우에도 피해통보표나 범죄경력조회, 지명수배조회에 의하여 동일피해 내지 동일범행의 발견이 가능하면 범의의 입증이나 공범의 유무 등 사건처리상 유익한 자료를 얻을 수 있다.

(5) 피해자의 조사

사기사건은 대부분 면식범죄이므로 피해자가 기망 당하여 피해를 입은 때까지, 심지어 피해를 인식하고 신고한 후까지도 직·간접적으로 접촉하고 있는 경우가 대부분이기 때문에 피해자의 진술이 사기사건의 가장 중요한 증거가 될 수 있다. 다음은 피해자에 관한 수사사항이다.

① 피해의 일시 및 장소, ② 피해를 당한 것을 안 일시, 그 원인, ③ 피의자의 성명, 연령, 직업 및 사칭 사실, 이러한 사항이 불명확할 경우에는 인상, 특징, 착의, 휴대품, 피의자와의 교제 및 거래상황, ④ 피의자의 제의를 신용하기에 이른 이유, 즉 대화내용이나 신용 등을 얻기 위하여 내보인 돈이나 각종 증명서 등, ⑤ 피의자의 제의내용, 즉 강매의 내용, 대차관계의 조건과 내용, 제시한 견본의 특징, 품질, 종별, 제의 시에 알려야 할 당연한 사실을 알리지 않은 것, ⑥ 기망당한 사실의 내용. 즉 제의사실과 어느 것이 상반되고 있으며, 그 상반된 사실을 처음부터 알고 있었다면 어떻게 했을까, 상반되는 사실은 범인의 언어태도에 원인이 있는가, 자신의 착각은 없었는가, ⑦ 피의자에게 교부한 재물 또는 재산상의 이익, 즉 교부일시, 장소, 회수여부, 재물의 소유자, 교부의 방법, 교부한 재물에 대한 반대급부의 종류, 수량, 가격, ⑧ 공범자의 유무, 합의, 배상, 처벌에 관한 의사 등에 관해서 피의자와 교섭의 유무, ⑨ 피의자와의 범행시의 관계, 특히 친족관계의 유무, 범인이 범행에 사용한 물건 기타 증거물 등의 임의 제출 등을 조사해야 한다.

(6) 피의자의 체포

1) 범인 적격성 증명

수사관은 피의자의 신변수사를 통하여 확인된 자료를 토대로 범인의 적격성을 증명함으로써 범인을 특정해야 한다.

2) 범인의 체포

수사관은 다음과 같은 경우에 범인을 체포해야 한다.
① 임의수사로서는 수사의 목적을 달성할 수 없는 경우에 한하여 체포영장을 발부받아 체포해야 한다.
② 기초수사를 통하여 확보한 증거와 자료를 검토한 후 검거착수 시기를 판단해야 한다. 피의자가 도주할 염려나 증거인멸의 우려가 있다든지 하는 상황에서는 확보한 증거 내지 자료를 객관적으로 판단하여 체포의 착수시기를 결정하도록 해야 한다.
③ 공범의 동시체포에 의한 증거인멸·도주방지를 해야 한다. 공범자가 있는 경우에는 공범 전체를 채포할 때까지 체포시기를 늦추는 것이 바람직하다. 공범

자가 있는 사건의 경우에 일부의 자를 체포하면 예외없이 체포되지 않은 공범자에게 덮어씌우고 증거인멸을 시도하는 일이 많기 때문이다.

④ 공범자가 도주한 경우에는 피의자만 체포한다. 도주 중인 공범자의 의중을 파악하고 행적수사를 위하여 또는 체포한 피의자만으로 사건이 해결될 전망이 확실한 경우에는 공범자가 도주하고 있어도 공범 1명만을 체포하여도 문제가 없다.

3) 사기사건의 압수 · 수색

① 사기, 횡령, 배임 등 지능범수사는 장부의 압수·수색을 통한 장부수사가 절대적으로 필요하다.

② 수색은 통모, 증거인멸을 방지하기 위해 피의자 체포와 동시에 실시해야 한다.

③ 압수·수색 참여자 전원이 목적물에 대하여 충분히 알고 있어야 하며, 수색은 다소 여유있게 인원을 배치해야 한다.

4) 피의자의 조사

사기사건 등 지능범 수사는 피의자의 자백을 받아서 증거를 발견하고 이를 검토하여 다시 자백의 진실성을 확인하는 순서를 밟아서 이루어진다. 조사 목록은 피해자 조사시와 같다.

3. 상습사기 사건수사

(1) 사기사건의 상습성

사기사건은 대부분 반복적으로 동일한 수법에 의해 범죄가 이루어지는 상습성을 띤다. 따라서 사기사건은 상습범이라는 관점에서 수사를 진행할 필요가 있다.40)

(2) 범죄의 인지와 조치

1) 발생시의 조치

경찰이 사기사건 발생을 인지했을 때에는, 특히 상습사기사건은 면식범의 소행이

---

40) 박경식 외, 경찰수사론, 경찰대학 2002, pp.524-526.

므로 범인의 인상, 면식의 정도. 대화중 남긴 종이, 필적, 종이나 찻잔·전화기 등의 유류지문을 채취해야 한다.

2) 피해통보표의 작성 및 송부

사기사건은 수법범죄이므로 발생 즉시 피해통보표를 작성해야 한다. 피해통보표는 지방경찰청이 보관하고 있는 수법원지·피해통보표와 대조하고, 용의자의 발견 및 여죄의 발견에 중요한 기초자료도 사용되므로 빠짐없이 정확하게 작성하여 신속하게 지방경찰청에 송부해야 한다.

(3) 수법수사

1) 수법원지 등 공조제보 활용

상습사기범은 일반적으로 전국에 걸쳐 동일 수법의 범행을 반복하여 범행을 자행한다. 따라서 발생한 사건에 대하여 상세하게 그 수법을 파악한 다음 피해통보표를 분석하고 수법원지 등 공조제보를 활용하여 수법조회를 한다. 특히 범죄경력 조회상에 나타난 처분 미상 전과는 물론 경찰서에서 조사받은 사실에 대하여 사건송치서 사본상의 의견서를 통하여 범죄사실과 수법을 확인한다.

2) 범죄수법 영상전산시스템 활용

상습사기범은 면식범이라는 점에서 피해자·참고인 등의 협력을 얻어 컴퓨터 단말기를 이용한 범죄수법 영상시스템을 활용하여 용의자의 발견에 노력해야 한다.

(4) 유류물·유류품 수사

상습사기범은 절도범과 달라서 피해자와 면접하여 대화하는 도중에 사용된 찻잔, 이용했던 전화기, 교부했던 영수증 등에서 지문이나 필적을 남기는 경우가 많으므로 조기에 현장에 임장하여 수사자료를 수집해야 한다.

(5) 장물수사

사기사건의 피해품이 물건일 경우에는 종별·특징 등을 정확하게 파악하여 장물수사를 실시해야 한다.

(6) 지명수배

상습사기범은 가명을 상투적으로 사용하고 있어서 검거가 쉽지 않은 경우가 많으므로 피의자를 물색할 때에는 지명수배와 동시에 지문수배를 해야 한다.

(7) 수배의 철저

1) 피해대상에 대한 수배

상습사기범은 그 수법에서 피해대상이 특정되는 경우가 많으므로 대상자에 대한 신속한 수법수배와 피의자에 대한 신고요령을 지도하여 현행범인 검거 조치를 강구해야 한다.

2) 여관. 기타에 대한 수사

상습사기범은 대체로 여관을 전전하는 경우가 많으므로 수배서를 배포할 경우에는 여관 경영자뿐만 아니라 종업원에게도 수배내용을 알려주어 협력을 구해야 한다.

3) 여죄조회

피의자를 검거했을 경우에는 범행시간. 피해대상. 사칭 및 기망을 위하여 사용한 방법, 목적물, 인상, 습벽 등을 명확히 하여 반드시 여죄조회를 실시해야 한다.

횡령·배임사건 수사

I. 횡령죄의 의의

(1) 개 념

횡령죄란 타인의 재물을 보관하는 자가 그 재물을 횡령하거나 반환을 거부함으로써 성립한다. 횡령죄의 보호법익은 소유권이고 보호받는 정도는 위태범이다. 횡령죄는 타인에 대한 신임관계를 배반한다는 점에서 배임죄와 유사하지만, 횡령죄의 객체는 재물임에 반하여 배임죄의 객체는 재산상의 이익이라는 점에 차이가 있다. 따라서 횡령죄와 배임죄는 특별법과 일반법의 관계에 있다고 할 수 있다.[41]

(2) 구별되는 개념

1) 업무상 횡령죄

업무상 횡령죄란 업무상의 임무에 위배하여 타인의 재물을 보관하는 자가 그 재물을 횡령하거나 반환을 거부함으로써 성립하는 범죄를 말한다. 본죄는 업무로 인하여 책임이 가중되는 가중적 구성요건이다.

---

41) 이재상, 형법각론, p. 379

2) 점유이탈물 횡령죄

유실물, 표류물, 매장물 또는 타인의 점유를 이탈한 재물을 횡령함으로써 성립하는 범죄이다. 타인의 점유에 속하지 않는 타인의 재물을 영득한다는 점에서 횡령죄와 공통점을 가지나 위탁관계에 의하여 자기가 보관하는 타인의 재물을 영득하는 것이 아니라는 점, 즉 신임관계의 배반을 내용으로 하지 않는다는 점에서 횡령죄와 구별된다.

2. 수사의 단서

(1) 범죄혐의의 인지

횡령사건은 은행 등의 금융기관이나 기업, 관공서 등에서 주로 발생하기 때문에 사회적 신용의 실추나 비난을 두려워하는 나머지 비밀리에 처리하려는 경향이 강하다. 따라서 범죄혐의의 인지가 대단히 어렵다.

수사단서가 될 수 있는 범죄혐의 인지는 ① 고소·고발, 피해신고, ② 회사, 관청, 금융기관 등에 대한 첩보수집, ③ 전당포, 고물상 등에 대한 탐문, ④ 민원상담 기타 다른 사건관계자 등으로부터의 인지, ⑤ 신문, 잡지 등의 기사를 통한 공개적 정보자료 등에 의해 이루어진다.

(2) 내 사

횡령사건은 내사를 통하여 범죄혐의를 인지할 수 있다. 대체로 범죄혐의자가 특정되므로 그 직무관계와 타인의 재물관리 등에 대한 내사를 철저히 해야 한다.

(3) 증거자료의 수집

① 횡령사건에 대한 증거는 피해자로부터의 확보, ② 소비나 매각처에 대한 증거자료 수집, ③ 압수·수색에 의한 증거자료 확보, ④ 형사소송법상 상업장부, 항해일지, 기타 필요로 작성한 통상문서 확보, ⑤ 증거서류의 작성일시 및 기재내용의 진실 여부 확인 등에 의해 증거자료를 확보한다.

3. 수사사항

(1) 업무상 보관

① 피의자가 담당한 업무의 종별 및 내용, ② 피의자의 업무와 보관과의 관련성, ③ 피의자의 업무관계 발생의 사유, ④ 업무에 종사한 기간

(2) 업무 이외의 보관하게 된 원인

① 물건에 대한 사실상 또는 법률상 지배, ② 동산에 대한 보관은 그 물건에 대한 사실상 지배 및 법률상 지배, ③ 친족상도례 적용대상 여부 확인, ④ 보관물의 종류, 수량, 가격의 확정, 물건의 대체물 또는 비대체물 여부 확인

(3) 횡령행위별 조사

1) 소비횡령

소비횡령은 재물을 소비한 일시·장소 그 자체가 범죄사실이 된다. 따라서 수사관은 재물의 소비처를 조사하여 자술서나 진술서를 작성해야 한다. 기탁된 금전에 대하여 기탁자가 피의자에게 그 금전의 일시사용을 인정하는 취지의 약속을 하지 않았는지에 대해 확인해야 한다.

2) 괴대횡령

괴대횡령이란 남이 맡겨놓은 물건을 가지고 달아난 경우에 성립한다. 따라서 어디에서 괴대의 범의가 생겨 어디까지 도망칠 생각이었는지 또한 실제로 어디까지 재물을 가지고 도망을 쳤는가를 장소적으로 명확하게 파악하여야 한다.

3) 착복횡령

무엇을 재물착복의 의사로 볼 것인지 판단하기 어려우므로 가능한 한 재물의 소비, 입질(부동산 등의 담보로 돈 빌림), 거절, 매각 등 증거상 명백한 횡령의 형태를 취하여야 한다.

4) 매각횡령

매수인을 조사하고 매수금액·전매처 등을 명확히 하는 동시에 피의자가 받은 매각대금의 용도에 대해 증거를 수집하고 일정횡령도 이에 준하여 수사한다.

5) 예입횡령

은행에 조회하여 계좌원장을 복사함과 동시에 그 계좌가 피의자의 계좌라는 것을 증거로서 확보해 두어야 한다.

(4) 횡령피해자 조사사항

① 피해자가 피의자와 친족, 또는 고용, 또는 지인관계 여부, ② 피해자가 피의자와 과거에 어느 정도의 신용관계를 형성하고 있었는지, 또는 업무관계의 존재 및 그 발생 일시, ③ 피해자가 피의자에게 재물을 기탁한 이유, 그 대가의 유무, 그 처분의 허락범위, ④ 피해품의 소유관계, 그 종류, 수량, 품질 등, ⑤ 피해자에게 그 금품의 처분을 허락한 사실의 유무, ⑥ 횡령피해를 알게 된 사정, ⑦ 피해금품의 반환 또는 변상의 유무, ⑧ 처벌을 희망하는 의사유무

(5) 횡령피의자 조사사항

① 범행동기, ② 피해자와의 관계, ③ 타인의 소유물이라는 인식 및 목적물 보관의 원인, 기탁된 범위, ④ 피해자에 대한 채권 또는 목적물에 대한 어떤 권리 소유 여부 등 적법한 권리행사 여부, ⑤ 목적물의 종류, 수량, 가격, ⑥ 횡령의 방법, 태양, ⑦ 매각, 입질, 소비처, ⑧ 합의, 변상의 유무

제2절 　 배임죄 수사

Ⅰ. 배임죄의 본질

배임죄란 타인의 사무를 처리하는 자가 신의성실의 의무를 위반하여 타인에게 재산상의 손해를 가하는 행위를 말한다. 사람과 사람 사이의 신임관계에서 발생하는

타인의 재산보호의무를 침해하는 것이 배임죄이므로 대리권의 존재를 필요로 하지 않고 법률행위뿐만 아니라 사실행위에 의해서도 배임죄가 성립한다. 횡령죄는 개개의 재물을 대상으로 하지만, 배임죄는 재산죄 가운데 재물 이외의 재산상의 이익만을 대상으로 하는 순수한 이득죄이다.[42]

2. 배임죄 수사의 특징

① 배임죄는 회사나 은행 등에서 주로 발생하는 범죄이므로 관계자가 사회적 신용이 손상당하는 것을 두려워 함으로써 적극적으로 피해신고를 하지 않는 잠재성이 있다. ② 배임죄는 구성요건이 복잡하므로 법률의 연구가 필요하다. ③ 기업 등의 회사에서 많이 발생하므로 장부 및 전표에 대한 수사가 필요하다. ④ 증거확보를 위하여 신속하고 정확한 압수 · 수색이 필요하다.

3. 배임죄의 수사기법

(1) 단서의 파악

배임범죄는 외부에 노출되지 않는 잠재성이 강한 범죄이므로 수사관은 적극적인 첩보수집과 탐문을 통하여 범죄혐의를 인지해야 한다. 특히 고급 음식점 등에서 많은 돈을 잘 쓰는 사람들을 대상으로 적극적인 탐문을 실시해야 한다.

(2) 기초수사의 철저

수사기관은 수사단서를 확보했을 경우에 피해상황, 회사의 실태 등에 대한 수사를 실시하고 압수 · 수색영장을 발부받아 은행조회 등 금융기관 관련 자료를 수집한다.

(3) 피의자 신변수사 철저

피의자를 조사하거나 체포하기 전에 범행의 동기, 범행의 원인을 규명할 수 있는 사실관계와 부정영득금 처분 등에 관한 자료를 입수하여 범인적격성을 입증해야 한다.

---

42) 이재상, 형법각론, p. 408.

(4) 재산상의 손해에 관한 증거의 수집

수집해야 될 증거는 장부의 기재나 관계자의 진술 등을 통하여 확보되어야 한다. 은행대부의 경우 ① 대부처의 자력, ② 대부금의 반환시기와 방법, ③ 이자, 대부에 대한 담보내용, ④ 대부의 상황, ⑤ 은행 임직원과 대부처와의 상호관계, ⑥ 대부보증인의 유무와 자산의 상태, ⑦ 대부장부의 기재상황 등을 명백히 수사한다.

(5) 압수·수색

수사기관은 수색장소와 압수대상물에 대해서는 사전에 내사를 통하여 구체적으로 특정한 후에 압수·수색을 실시해야 한다. 임의성을 확보하기 위하여 일정수의 참여인을 참여시키되 사원의 출입을 자유롭게 허용할 경우 증거인멸의 우려가 있으므로 원칙적으로 사원의 출입은 통제한다. 수표, 기타 유가증권, 예금통장 등은 그 수, 금액, 기일 등에 대하여 참여인에게 확인시킨 후 압수해야 한다. 가능한 한 약도(도면)를 작성하여 압수물이 소재한 장소를 기입해야 하며, 이중장부, 숨은 예금을 발견하는데 주력한다.

(6) 배임죄의 피의자 조사

1) 피의자 조사사항

① 범행동기 및 결의시기

배임범죄는 그 동기, 즉 이유와 원인을 우선적으로 조사하고, 언제 범행을 결심하였는지에 대한 사실을 조사한다.

② 피의자의 임무에 대한 상세한 조사

피의자가 타인의 사무를 처리하게 된 근본적인 이유, 사무처리의 포괄성 여부, 직무권한의 범위에 대한 조사를 한다. 임무위반 사실에 대한 인식, 임무위반에 관한 수단, 방법, 일시, 장소, 구체적인 위반사실에 관한 조사를 한다. 임무에 위반한 행위에 의해 불법적인 이익을 얻은 내역, 합의교섭의 유무, 교섭의 경과내용, 피해자와의 관계, 공범관계 등을 조사해야 한다.

2) 피의자 조사요령

① 배임죄는 피의자와 피해자의 특수관계에서 발생한 범죄이므로 피의자 조사는 사안과 피의자에 대한 충분한 검토후 조사에 임해야 한다. ② 배임죄는 자백이 중시되는 범죄이므로 자백을 이끌어내는 조사의 기술이 중요하다. ③ 피의자의 성장, 취미, 가족, 생활환경 등을 파악하여 피의자의 성향에 알맞는 조사기술을 활용한다. ④ 자백하면 가족과 면회를 시켜 주겠다는 등 거짓말이나 유도, 기망으로 자백하는 것은 자백의 임의성 확보를 위하여 결코 바람직하지 않다.

(7) 배임사건 수사에서 입증사항

1) 피의자는 타인을 위한 사무처리자라는 사실

피의자와 피해자의 관계 및 피의자가 처리하는 사무의 종류, 성질, 내용, 사무를 처리하기에 이른 경우, 원인 등을 규명함으로써 사무처리관계를 입증한다.

2) 피의자가 자기 또는 제3자의 이익추구

피의자가 자신이 처리하는 사무에 관한 임무를 위배함으로써 자신이나 제3자의 이익을 가져오고 피해자에게 재산상의 손해를 초래한 사실을 확인한다.

3) 특별배임죄의 경우 피의자가 회사의 임직원인 사실 확인

범죄행위자는 회사의 발기인, 업무집행사원, 이사, 감사, 직무대행자, 지배인, 특정한 사항의 위임을 받은 사용인, 사채권자 집회의 대표자 또는 그 결의를 집행하는 자, 청산인, 청산인의 직무대행자, 보험관리인, 보험계리인, 손해사정인 등이므로 이 점을 확인한 후에 비로소 사건수사의 입증사항을 증명해야 한다.

제**9**장

도박사건 수사

Ⅰ. 의 의

　도박범죄는 재물을 걸고 우연한 승부에 의하여 승자에게 재물을 교부하는 행위를 말한다. 따라서 돈이나 재물을 걸지 않으면 도박이라 할 수 없다. 그러나 판례는 일정한 재물을 약속하는 것만으로도 도박죄가 성립한다고 판시하고 있으므로 반드시 현장에서 재물이 오고 갈 필요는 없다.

2. 구별개념

(1) 사기도박

　사기도박이란 처음부터 도박이라 할 수 없으므로 사기죄로 의율하여야 한다. 대법원은 정당한 근로에 의하지 아니한 재물의 취득을 처벌하여 경제에 관한 건전한 도덕법칙을 보호함을 도박죄 처벌에 대한 논거로 제시하고 있다.

(2) 일시 오락행위

　일시오락에 해당하는 도박은 처벌하지 않는다. 따라서 이를 구별하는 판단기준이 필요하다. 그 구별 기준으로 일시오락행위는 도박에 거는 재물의 경제적 가치가 적다는 점이다. 또한 도박시간과 장소, 도박에 건 재물의 가액, 도박참여자들의 사회적 지위나 재산정도, 도박으로 인한 이득의 용도 등 여러 가지 사정을 고려하여 판단해야 한다. 아울러 도박의 전력자, 같은 장소에서 반복하여 도박신고가 있었던 사실 등도 오락행위 여부를 판단하는 자료가 된다.

3. 도박사건 수사의 기본

① 피의자의 범죄경력조회를 실시하여 도박관련 전과 유무를 확인한다. ② 단순 도박죄의 법정형은 500만원 이하의 벌금 또는 과료이므로 긴급체포의 사유에 해당되지 않는다. 그러므로 사기도박이나 상습도박이 아닌 단순도박 피의자를 긴급체포하는 일이 있어서는 안 된다. ③ 피의자 별로 도박회수, 승패, 압수도금을 나누어 범죄 일람표를 작성한다.

제2절   수사절차

1. 수사단서 수집

(1) 미행에 의한 방법

1) 제1차 잠복

도박사건의 수사단서는 도박개장이 예상되는 도박꾼의 간부·구성원 등의 사무소나 거택을 대상으로 잠복하고 필요에 따라 출입하는 자에 대한 미행으로 범행현장을 포착해야 한다. 잠복은 부근의 민가를 빌려 거점을 만들어 도박장에 출입하는 자를 망원렌즈를 이용하여 사진촬영을 함으로써 출입하는 구성원이나 기타 출입자를 확인하고 그 동향을 관찰해야 한다. 특히 그 사무소에서 도박이 개장되는 경우에 그 관찰결과는 현행범인 또는 비 현행범인일지라도 검거할 수 있는 자료가 된다.

2) 미 행

수사관은 잠복결과 사무소 이외의 장소에서 도박이 개장되는 경우 사무소에서 나오는 도박단의 구성원을 미행한다. 미행시에 도박용구나 기타 필요품의 도박장으로의 이동 여부, 손님의 집합소 안내 또는 집합소에 모인 손님을 도박장으로 안내하는지 여부를 확인하여야 한다.

3) 제2차 잠복

수사관은 도박범죄자들이 손님을 일단 집합소에 모아 놓고 그 때부터 도박장으로 안내하는 경우에는 다시 손님집합소에 대하여 잠복을 실시하고 손님이 도박장으로 가는 것을 미행하여야 한다. 이런 경우 추적용 차량을 집합소 가까이 대기시킴과 동시에 필요에 따라서 집합소 내외에 수사요원을 잠복시켜야 한다.43)

(2) 탐문에 의한 방법

1) 탐문의 대상

도박의 단서를 얻기 위한 탐문의 대상은 대립하고 있는 파의 도박꾼 구성원, 도박꾼이 출입하는 다방, 술집 등 유흥업소, 도박꾼이 이용하는 택시, 렌트카 회사, 특히 심야에 도박장에 음식을 배달하는 음식점과 도박자금을 조달과 관련된 전당포, 도박꾼이 출입하는 금융기관, 식료품가게, 집합소 근처에 있는 도박용구판매점 등이다.

도박사범에 대한 탐문은 도박 관련자들만을 대상으로 하는 것이 아니라 절도, 상해, 폭행 등 다른 범죄로 검거된 피의자의 자백에 의하여 수사단서를 수집해야 한다.

2) 수사협력자의 확보

도박사범에 대한 탐문의 요점은 ① 언제, ② 어디서, ③ 누가 모여서 도박을 했는가 하는 세가지 점이다. 이러한 구체적인 정보를 알기 위해서는 수사협력자를 확보하는 것이 무엇보다 중요하다. 탐문의 대상자 중 도박개장자 및 도박꾼과 관계가 깊고 확실한 정보입수가 가능한 자로부터 협력을 얻어 정보를 입수해야 한다.44)

---

43) 박경식 외, 앞의 책., pp.527-528.
44) 앞의 책., pp. 528~529.

2. 현행범의 검거

(1) 사전준비

1) 도박개장 사실의 확인

현행범인 검거는 먼저 도박개장 사실을 확인하여야 하는데 감시가 엄중하여 접근하기 힘들거나 도박개장 장소로 사용하는 건물의 구조가 복잡하고 은밀하여 외부에서 확인할 수 없는 경우가 많다.

이미 도박개장에 대한 사전 첩보를 입수한 단계이므로 도박개장 장소의 출입구 등에 수사요원을 잠복시켜 손님의 참석상황 및 도박용구의 반입상황을 확인하여 검거반의 인원을 편성한다.

2) 개장장소의 구조 확인

현행범 검거를 위해 형사들을 현장에 투입하더라도 건물의 구조, 방의 배치, 출입구 등에 대하여 수사요원이 제대로 파악하지 못하여 검거활동에 차질을 초래하는 경우가 있으므로 사전에 도박장에 대한 전반적인 구조를 구체적으로 확인하고 검거반 전원이 알 수 있도록 지시해 두어야 한다.

3) 기자재의 준비

도박범 검거는 대부분 심야에 이루어지므로 조명기구를 준비하는 한편 증거품을 압수할 자루, 꼬리표, 검거한 피의자를 수송할 차량 등 기자재를 준비한다.

4) 수사요원의 집결

검거에는 상당한 인원을 필요로 하지만 대규모의 도박판을 벌리는 도박꾼들은 도박장의 주변에 있는 정류소, 가까운 경찰서와 파출소 주변에 감시꾼을 내보내어 경찰의 동향을 살피는 경우가 있으므로 이들이 알아채지 못하게 주도면밀하게 집결하여야 한다. 따라서 가능한 한 집결장소는 경찰서나 가까운 파출소를 피하여 다른 장소로 정하는 것이 좋다.

(2) 검거시기의 선정

1) 현행범 체포의 요건 충족

현행범은 영장주의의 예외로서 수사의 효율성을 위한 좋은 제도이지만, 체포의 요건이 갖추어져야 한다. 즉, 현행범체포는 도박행위가 범죄의 구성요건에 해당하고 범행 중이거나 범행직후인 경우, 또는 준현행범에 해당하는 경우에 해야 한다.

2) 검거시기

도박죄는 미수, 예비, 음모에 대한 처벌이 불가하고 기수에 도달한 후에만 현행범으로 체포할 수 있다. 도박의 기수 시기는 화투나 카드에 의한 도박의 경우 화투의 배부를 시작한 때에 기수가 된다. 단순히 선을 정하기 위한 배부인 경우에도 기수에 해당한다.

(3) 검거활동과 책임구분

직업도박꾼들은 갖은 악랄한 수법으로 경찰의 체포에 저항하거나 도주 또는 증거인멸을 시도하는 경우가 대부분이기 때문에 수사요원들이 당황하여 도박범들에 대한 감시를 소홀히 하거나 증거품을 빠뜨리기 쉬우므로 사전에 수사요원별로 임무분담을 명확히 해 두어야 한다.

1) 피의자 검거반

피의자 검거반은 도박사범의 도주를 방지하기 위하여 출입구를 봉쇄하는 자, 현장에 들어가서 개장자를 체포하는 자 등으로 구분하여 피의자의 수에 따라 수사요원을 지정한다.

또 피의자의 반항 등으로 현장이 혼란한 경우에는 특히 체포요원들은 부과된 임무를 정확히 수행하고 개별적 행동을 하거나 자기 담당구역을 떠나지 않도록 주의해야 한다. 또한 야간에는 전기를 끄거나 물건을 파괴하고 도주를 시도하거나 2층 이상인 경우에는 옥상으로 도주하기도 하므로 사고방지에 주의하여야 한다.

2) 검거의 선도

도박장의 현장 검거반의 선두에는 도박개장 장소의 상황을 가장 잘 알고 있거나 경험이 많은 사람을 앞세운다. 선도자는 검거조를 이끌고 가장 먼저 현장에 들어가 그곳의 상황을 확인함과 동시에 기선을 제압하여 도박행위의 진행을 중단시켜 검거를 용이하게 해야 한다.

3) 방해자를 배제하는 요원

도박장에는 감시꾼, 문지기 등이 있어 경찰이 도박장을 덮치는 경우에는 검거반의 진입을 방해하는 한편, 도박장에 연락하는 역할을 하고 있다. 따라서 도박사범을 검거할 때 이들을 재빨리 분리하여 도박장으로의 연락을 차단하고 검거에 방해되거나 도박장에 연락되는 일이 없이 검거를 용이하게 할 수 있도록 하여야 한다.

4) 검거 대상자

검거대상자는 개장관계자(장소제공자, 문지기, 파수꾼 등), 개장알선자, 도객 등이며 집주인은 도박개장에 관계가 있거나 도객이 되지 않으면 검거대상으로 볼 수 없다.

5) 증거품의 압수

도박사범의 유죄여부는 도박현장의 증거품에 의해 결정된다. 따라서 사진촬영을 하면서 있는 그대로 압수하는 것이 이상적이다. 일반적으로 직업도박의 경우에 압수하여야 할 증거품은 다음과 같다.

① 도박도구

화투나 카드 등 도박도구는 가장 중요한 증거품이다. 또 화투가 한 장 부족해서 재판과정에서 도박이 성립될 수 없다는 등으로 변명하기도 하므로 수를 확인하여 부족한 경우에는 철저히 수색하고 만약 발견되지 않는 경우에는 수색의 결과를 압수·수색목록 등에 기재하고 다시 피의자조서에는 개장 중에는 전부 있었다는 것을 피의자로 하여금 진술하게 하여 확실하게 자료화해 두어야 한다.

② 도 금

도박에 사용된 도금은 판돈·딴돈·준비금으로 나누어진다. 압수한 도금에 대해서는 피압수자의 소유권 포기서를 받아 소유권 유무를 조사해야 한다.

ⓐ 판 돈

판돈이란 도박판에 깔린 돈 및 도박장에 나와 있는 돈이다. 판돈은 소유자 또는 소재 한 장소별로 구별하여 압수한다. 수사요원이 덮쳤을 때 돈을 호주머니에 감추는 일이 있으므로 명확히 하여야 한다. 특히 여자의 경우에 현장에서 도금을 착용한 속옷 속에 숨기는 경우가 많으므로 이러한 경우에는 성년의 여자를 참여시켜 수색하는 요령이 필요하다.

ⓑ 딴 돈

딴돈이란 도박에 의하여 취득한 돈이다. 이것은 판에 나와 있을 수도 있고 수중에 들어가 있기도 한다. 판에 나와 있는 경우에는 판돈과 같은 방법으로 압수하고 호주머니에 있는 것은 판돈과 구별하기 어려우므로 현장에서 피의자가 수중에 집어넣는 것을 현장에서 확인한 경우 이외에는 그대로의 상태를 별도로 예치보관하고 조사시의 자백을 기다려 임의제출 하게 하는 것이 바람직하다.

ⓒ 준비금

준비금이란 도박을 하기 위하여 준비한 돈으로서 넓은 의미로는 집을 나올 때 도박을 하기 위하여 가지고 나온 돈을 말한다. 그러나 도박을 하기 위하여 준비한 돈인 지의 여부에 대하여 그 인정이 곤란하지만, 확실히 도금으로 준비한 것은 압수한다. 따라서 도금이 아닌 것은 압수해서는 안 된다.

③ 개평함 · 개평주머니 · 개평

개평함, 개평주머니, 개평은 도박개장죄의 입증에 반드시 필요한 증거물이다. 개평은 도박개장 경비를 위해 도박 중에 승자가 얻은 돈의 일부를 공제하는 것을 말한다. 또는 돈을 딴 자가 잃은 자에게 주는 딴 돈의 일부를 말한다.

④ 말(칩)

말은 도박에서 돈의 수수를 편리하게 하기 위하여 현금대신에 도박장 내에서만 사용하는 것으로 바둑알이나 셀룰로이드 계의 표를 사용하고 있으므로 이것도 반드시 압수하여야 한다.

⑤ 약도의 작성과 사진촬영

도박장의 현장 약도를 담당하는 수사요원은 민첩하게 판을 중심으로 한 도박행위자들의 위치 및 도구, 도금, 개평함의 소재장소 기타 상황을 기록해야 한다. 또한 사진 촬영을 하는 사람은 현장에 도착하는 즉시 먼저 도박행위자들의 위치를 확정하는 사진을 찍고 다음에 증거품의 상황 등을 찍도록 하여 증거의 확보에 힘써야 한다.

3. 비 현행 도박피의자 검거

(1) 통상체포 · 긴급체포의 이점

현행범인의 검거는 증거품의 확보가 용이하다는 측면에서 이점이 있으나 체포영장이나 구속영장, 또는 긴급체포에 의한 비 현행 검거도 이점이 많다.

직업도박꾼, 즉 상습도박꾼이나 도박개장자의 검거는 긴급체포 대상이므로 현행범 체포보다 통상체포를 하는 쪽이 더 이점이 많다. 그 이점은 ① 도박개장 장소의 방어가 튼튼해도 검거가 용이하고, ② 입증이 가능한 한 과거의 사건도 소급하여 검거할 수 있고, ③ 상습성의 인정이 용이하다. ④ 개평의 징수상황 등에 의하여 배후 개장자를 물색하고 두목을 검거할 수 있으며, ⑤ 다른 범죄로 검거된 피의자의 진술에 의하여서도 검거할 수 있다. ⑥ 검거 시 수사요원이나 도박행위자들이 부상을 입는 사고 등이 없고 경찰 측의 사정에 따라 검거의 시기를 자유롭게 조정할 수 있다.[45]

(2) 피의사실의 특정

비 현행범으로 도박사범을 검거하는 경우에는 다음과 같이 범죄의 일시와 장소 및 피의자를 확실히 특정하여야 한다.

1) 일 시

수사관은 비 현행범일 경우에 범행이 상당히 오래 전에 이루어졌거나 항상 계속적으로 반복하여 개장하고 있는 경우가 많아서 참가자의 기억이 분명하지 않게 되고 영장신청 단계에서는 명확하게 일시를 특정할 수 없는 경우가 많다.

따라서 이 단계에서는 무리하게 특정하지 말고 예를 들면 몇 년 몇 월 중순경으로서 신청하면 되는데 후일 공판에서 문제가 되는 경우가 있으므로 검거 후에는 관

---

45) 앞의 책., p. 533.

계자의 진술에만 의존하지 말고 다음과 같이 증거자료로서 특정해 두어야 한다.

① 도박개장장소로서 여관 등 숙박업소를 사용한 경우 카운터에 보관되어 있는 숙박부나 전표, 영수증 철 등에 의하여 특정한다.

② 도박범이 도금을 어떻게 조달하였는지 조사하여 자료를 증거물로 특정하여야 한다.

2) 장 소

도박개장 장소는 도박꾼들의 거택, 사무소, 정부의 집을 비롯하여 여관·호텔·콘도미니엄 등을 사용하는 소위 원정도박의 형태 등 다양하다. 따라서 자백한 도객에게 길 안내를 하게 하여 도박개장 장소를 특정하고 더욱이 검거 후에는 압수·수색·검증 등을 실시하고 사진촬영을 하여 개장장소를 특정해 두어야 한다.

3) 피의자의 특정

수사관은 먼저 도객에 대해 임의조사를 행하고 그 자백을 근거로 하여 개장자 측이나 악질적인 피의자 등에 대하여 영장을 청구하는 것이 바람직하다. 도객이 수 명일 경우 임의조사에 선행하여 도객의 신변수사를 실시하고 ① 가장 자백하기 쉬운 자, ② 개장자와 내통하지 않은 자를 선정하여 실시하여야 한다.

도객이 1명밖에 판명되지 않을 경우에는 먼저 그 자를 조사하여 자백을 얻고 그 자백에 의하여 다른 도객 또는 관계자를 임의조사 하되 적어도 2명 이상의 진술로서 다른 피의자를 특정하도록 한다.

(3) 압수 · 수색

수사관은 비 현행 도박의 검거에 있어서도 도박에 사용된 증거물의 압수는 필수적이지만 사전에 참가자의 일부를 조사하는 과정에서 이들이 내통하여 증거가 인멸되는 경우가 있다. 따라서 증거물을 은닉할 가능성이 있는 장소를 확인하여 관계장소에 대하여 가능한 한 광범위하게 압수·수색영장을 발부 받아야 한다.

압수하여야 할 증거품으로는 도박사건과 관계있는 일체의 물건과 도박개장 장소를 보호하기 위한 목적으로 소지한 도검류, 기타 흉기 등이 있다. 압수를 위한 수색은 철저히 실시하여야 한다. 천장과 마루 밑 같은 수색하기 싫은 장소와 어두운 장소를 반드시 수색하고 계획적이고 철저한 수색이 필요하다.

4. 검거후 수사활동

(1) 피의자 조사활동

① 도박 피의자들의 인적 사항 확인, 범죄경력 조회를 통한 도박관련 전과 조회 등을 한다. ② 최근 같은 장소에서 도박신고가 있었는지 확인하고 상습성이 없는 피의자는 신원보증을 받고 귀가시킬 수 있다. 도박의 상습성은 도박의 반복, 도박방법, 동일 전과 유무에 의해 결정한다. ③ 도박개장죄는 영리를 목적으로 한 도박장소의 제공이 성립요건이며, 처음부터 일방이 승리할 수 있도록 미리 짜고 하는 도박행위는 사기죄로 의율한다. ④ 현장에서 검거되지 않은 도박피의자는 조사를 하여도 자백을 하지 않을 가능성도 있으므로 사전에 신변수사를 하여 사안을 가장 자백하기 쉬운 자, 개장자와 내통하지 않은 자를 우선 조사하여 사안을 파악하고 그 진술을 토대로 다른 피의자의 범죄혐의를 입증하도록 해야 한다.

(2) 도박개장자 조사

형법상 도박개장죄의 구성요건은 영리의 목적으로 도박을 개장하는 것이므로 도박개장자에 대한 조사시에는 어떤 이익을 개장의 대가로 받았으며, 도박장소의 비용, 음식값의 처리, 도박도구의 준비와 그 소유자에 대해 조사해야 한다.

제 10 장

어음 · 수표범죄에 대한 수사

제1절 어음 · 수표에 대한 개관

I. 어음 · 수표의 의의

(1) 약속어음

약속어음은 발행인 자신이 증권에 기재한 수취인 또는 정당한 소지인에게 일정한 날에 일정 금액을 지급할 것을 약속하는 증권이다. 약속어음은 보통 발행인이 자신의 채무를 이행하려고 하지만 자금이 없어 신용을 창출하는 수단으로 사용된다. 따라서 만기는 거의 예외 없이 발행일로부터 상당기간 이후로 정해진다.[46]

(2) 환어음

환어음이란 발행인이 증권에 기재한 수취인 또는 정당한 어음소지인에게 일정한 날에 일정한 금액을 지급해 줄 것을 제3자인 지급인에게 지급을 위탁하는 증권을 말한다.

(3) 백지어음

① 백지어음이란 후일 타인에게 어음요건의 전부 또는 일부를 보충시킬 의사로서

---

46) 한상문, 어음수표거래법, 한국금융연수원, 1998, p.50.

백지로 둔 채 유통상태에 둔 미완성의 어음을 말한다. 현행 어음법에서는 백지어음도 유효하다고 규정하고 있다. ② 보충시킬 의사없이 요건이 결여된 어음을 교부하면 이는 백지어음이 아니고 무효인 어음이다. ③ 백지어음의 보충권은 발행인과 수취인의 보충권 수여계약에 의하여 발생하며 이에 반한 보충은 권리의 남용이다.

(4) 수 표

1) 제3자 지급위탁증권

수표는 발행인이 증권에 기재한 수취인 또는 그 이후의 취득자에게 일정한 금액을 지급할 것을 제3자, 즉 지급인에게 위탁하는 증권이다.

2) 일람출급증권

수표는 환어음과 기본구조는 같지만, 만기가 없는 일람출급증권이라는 점에서 차이가 있다. 즉, 수표는 언제든지 제시하면 지급되어야 하는 일람출급증권이므로 환어음과는 달리 만기라는 개념이 없다. 수표는 오직 지급기능만을 할뿐이므로 환어음이나 약속어음과 같은 신용창조 기능은 없다.[47]

3) 수표 지급인은 금융기관에 한정

수표를 발행하기 위해서는 발행인과 지급은행간에 당좌예금계약 내지 당좌대월계약 등의 일정한 계약 체결이 필요하며, 수표의 지급인은 금융기관에 한정된다. 즉, 수표의 지급인은 금융기관에 한정되고 수표계약과 수표자금이 있어야 발행할 수 있다는 제약이 있다.

4) 필요적 기재사항

수표를 발행할 때는 반드시 수표 및 지급위탁문구, 수표금액, 발행인, 발행지, 지급지, 발행인의 서명날인 또는 기명날인, 지급인 명칭 등을 기재해야 한다.

---

47) 앞의 책., p. 58.

2. 어음·수표관련 용어

(1) 어음할인

어음할인이란 만기일이 도래하지 않은 어음을 자기의 거래은행 또는 다른 금융기관에 만기일까지의 금리를 공제한 금액으로 어음을 매각하는 것으로서 속칭 와리깡이라고 한다.

(2) 상업어음

상업어음은 상거래로 인하여 받은 약속어음으로서 진성어음이라고 한다. 즉, 상품을 사고 팔 때 현금이나 수표 대신에 사용하는 어음이 바로 상업어음이다.

(3) 융통어음[48]

융통어음이란 자금을 필요로 하는 자가 실제로 상거래가 없음에도 불구하고 약속어음을 발행받아 자금을 융통할 수 있도록 발행하는 어음을 말한다. 융통어음은 발행인 또는 배서인의 신용을 이용하여 융통을 시도하기 때문에 상업어음에 비해 부도가 날 위험성이 크지만, 효력에는 상업어음과 아무런 차이가 없다.

(4) 기승어음

기승어음이란 자금이 필요한 갑·을 두 사람이 상호간에 상대방의 신용을 이용하여 서로 금액과 만기일 등이 동일한 어음을 작성, 교환하고 그 교환한 어음을 각각 제3자에게 할인·양도하여 현금화하는 것을 말한다.

(5) 대어음(보이기 위한 어음)

대어음이란 어음수취인이 발행인에 대하여 거래처를 신용시키기 위하여 보이는 것뿐이고 달리 사용하지 않는다고 부탁하여 어음을 발행케 하는 것으로서 융통어음의 일종이다. 통상 융통어음의 경우에 수취인은 발행인의 신용을 이용하여 그 어음을 할인하는 형식으로 자금을 융통하게 된다.

---

48) 앞의 책., p. 60.

(6) 부도어음

약속어음 발행인이나 환어음의 지급인이 만기에 현금지급을 거절한 어음을 부도
어음이라 한다.

(7) 당좌수표

사업을 하는 자가 은행과 당좌거래계약을 맺고 은행에 있는 수표자금 범위 내에
서 발행하는 수표를 당좌수표라 한다.

(8) 딱지어음 · 수표

딱지어음 · 수표란 부도날짜를 미리 정해놓고 금액란을 백지로 하고 어음지급일자
나 수표발행 일자는 예정된 부도날짜 이후로 작성 발행하여 시중에 유통시키는 어
음이나 수표로서 대개 당좌개설후 3~8개월 만에 부도가 발생한다.

(9) 견질어음

견질어음이란 어음소지인이 자신의 신용을 가장하기 위해 잠시 내보이거나 일시
보관하는 타인발행의 어음으로서 발행인은 어음채무부담의사가 없다.

제2절 어음 · 수표와 관련된 범죄

1. 어음할인을 둘러싼 범죄

(1) 융통어음의 할인과 관련된 범죄

만기일이 도래하지 않은 어음을 자기의 거래은행 또는 다른 금융기관에 만기일까
지의 금리를 공제한 금액으로 어음을 매각하는 것이 어음의 할인이다(속칭 와리깡).
자금을 필요로 하는 자가 실제로 상거래가 없음에도 불구하고 약속어음을 발행받아
거래처의 신용을 이용하여 그 어음을 할인하여 현금을 융통하는 방법 등이 흔히 이
용된다. 이와 같이 상거래에 의하지 않고 발행된 어음을 융통어음이라고 하며 이 융

통어음의 할인을 둘러싸고 어음사기단이나 금융폭력단 등 악질적인 어음브로커가 존재하여 각종의 범죄를 야기하고 있다.

(2) 어음사기단

어음사기단이란 자금난에 빠져 있는 회사를 노려 당신 회사의 어음을 싼 금리로 할인하여 준다는 등으로 이야기를 걸어 상대방이 믿게 한 후 융통어음을 발행시켜 이것을 편취하는 것을 상습으로 하는 자를 말한다. 편취한 어음의 어음금을 지급을 받았는가의 여부는 범죄의 성립에 영향이 없고 어음을 교부받은 때에 사기죄는 기수로 된다.

(3) 금융폭력단

금융폭력단이란 어음사기단에 의하여 편취된 어음·수표를 폭력수단에 의해 지급받는 것을 업으로 하는 자들을 말한다. 또는 융통어음을 폭력과 협박에 의해 할인하여 주고 알선료를 받는 형태의 범죄행위를 한다.

2. 어음·수표이용과 관련된 범죄

(1) 부도어음 이용에 의한 편취 사기

사기회사가 상품을 사들일 때에 처음에는 현금 또는 단기의 어음에 의해 확실히 결제(決濟)하고 점차 어음기간을 연장함과 동시에 거래금액을 증대하고 최후에 그러한 어음들을 모두 부도로 하여 다액의 상품을 편취하는 것이 편취사건의 전형적인 사례이다.

그러나 사기사건으로 되는지의 여부는 행위자가 당초부터 부도를 낼 의도로 어음을 발행했는지, 혹은 어음의 발행에 있어서 부도가 날 것 또는 부도가 나도 상관없다는 특별한 사정을 인식하면서 이것을 감추고 상품의 지급수단으로서 어음을 교부했는지 등의 행위자의 주관적 위법요소의 유무에 달려 있다.

(2) 융통어음 이용의 사기

융통어음이나 상업어음은 어음으로서의 효력에는 아무런 차이도 없고 어느 것이나 적법한 동시에 유효한 어음이다. 그러나 상업어음인 것을 가장하기 위하여 허위의 증명서를 작성하거나 적극적인 기망행위가 있는 때에는 사기죄가 성립하는 경우가 있으며, 처음부터 부도를 낼 의사로서 기승어음을 발행하고 그 내용을 알지 못하는 제3자를 속여 어음할인이라는 명목으로 현금화하거나 혹은 상품매입대금의 지급에 충당한 경우에는 사기죄가 성립한다.

(3) 보이기 위한 어음을 이용한 사기

보이기 위한 어음은 대(貸)어음이라고도 한다. 예컨대, 어음수취인이 발행인에 대해 "거래처를 신용시키기 위하여 어음을 보여주는 것뿐이고 다른 용도로는 사용하지 않는다"고 하면서 의뢰자를 수취인으로 하는 어음을 발행하는 것인데 보이기 위한 어음도 융통어음의 일종이다.

자금 마련에 허덕이는 사람이 약속어음을 할인하여 금품을 얻으려는 계획아래 처음부터 발행인에게 어음을 반환할 의사가 없는데도 그 진심을 감추고 "토지대금의 지급을 연기시키기 위하여 상대방에게 보이는 것뿐이고 다른 목적에는 사용하지 않는다. 일주일 후에는 반환한다"라고 하여 속이고, 이를 믿고 발행인은 어음이 다른 용도로 유통될 가능성에 대한 의심없이 어음을 발행하여 이것을 교부시킨 때에는 사기죄를 구성한다.

(4) 사용료 어음 이용사기

사용료 어음은 일종의 융통어음으로서 어음 브로커 또는 금융브로커 사이에서 어음이 1매에 얼마 또는 액면의 몇 % 가격으로 매매되어 할인 또는 편취사기 수단 등에 사용됨으로써 문제가 되고 있는 어음을 말한다. 사용료 어음은 며칠 후에는 반드시 부도가 나서 어음의 최종 소지인에게 피해를 준다.

(5) 유령회사 관련 사범

1) 유령회사의 개념

상법상 주식회사를 설립하려면 자본금 5천 만원 이상을 금융기관에 납입하도록 규정하고 있는 점을 이용하여 사채업자로부터 주금(주식에 대한 출자금)을 차용하여 이 돈을 금융기관에 납입하여 회사를 설립한 후에 바로 주금을 인출하여 위 사채금을 변제함으로써 실제로는 자본금이 전혀없이 설립한 회사를 이른 바 '유령회사'라 한다.

2) 유령회사 내사자료 확보 방법

① 우선 어음교환소를 통해 일정금액 이상의 다액 부도를 낸 주식회사의 현황을 파악한다. ② 국세청 전산실에 의뢰하여 위 회사 중 사업개시일 이후 부도날짜가 1년 이내인 회사를 다시 파악한다. ③ 상업등기소나 관할 세무서를 통해 위 부도업체의 대표이사, 이사, 발기인 등의 인적 사항을 파악한다. ④ 대부분의 은행은 주금납입가장행위에 응하는 행위가 처벌된다는 사실을 모르거나 또는 알면서도 예금수신고를 올리기 위하여 비공식적으로 위 행위를 눈감고 있으므로 관련자료를 공식요청하면 관련법을 이유로 응하지 않을뿐더러 자칫 자신들의 범법행위를 감추기 위하여 자료를 은폐할 수도 있다. 따라서 어느 정도 범증이 인정되면 압수·수색영장을 발부받아 해당 은행에 부도회사 주금의 입·출고 현황에 대한 자료를 확보해야 한다.

(6) 딱지어음·수표 이용사기

1) 딱지어음·수표의 개념

딱지어음·수표란 부도 날짜를 미리 정해 놓고 어음지급일자나 수표발행 일자는 예정된 부도 날짜 이후로 작성 발행하여 시중에 일시에 대량으로 유통시키는 어음이나 수표를 말한다. 딱지어음은 당좌개설 후 대개 3~8개월 만에 부도가 발생하기 때문에 범죄행위가 감지될 때에는 벌써 상당부분 사기행위가 진행이 된 상태이다.

2) 딱지사범 피의자의 유형과 역할

① 자금책(모도)

자금책이란 자금을 가지고 직접 또는 바람막이를 통하여 바지 명의로 은행에 어음구좌를 개설하여 딱지어음을 생산·처분하여 이익을 취득하는 실질적 어음개설자를 말한다.

② 바 지

바지란 수표 · 어음에 대한 결재능력 없이 당좌개설 명의만을 빌려주고 일정한 대가를 받는 개인 영업주 또는 법인의 대표이사를 말한다.

③ 바람막이

바람막이란 바지와 자금책의 중간에서 자금책으로부터 자금을 지원받아 바지를 선정하고 바지명의로 당좌구좌를 개설하여 딱지어음 · 수표를 유통시키도록 해주는 등 자금책의 역할을 대행하는 사람을 말한다.

④ 판매책

판매책이란 자금책으로부터 딱지어음을 일정액으로 매입하여 자기의 판매망을 통하여 판매하여 중간이익을 취득하는 자를 말한다.

⑤ 일 꾼

일꾼이란 자금책의 심부름으로 딱지어음을 가지고 물건을 구입하거나 자신이 직접 매입한 딱지어음으로 물건을 구입하여 덤핑으로 이를 처분하여 이익을 취득하는 자를 말한다.

⑥ 세탁책(조서방)

조서방이란 이미 사용된 어음 · 수표 또는 미사용의 어음 · 수표용지에 기재되었거나 압날된 고무인영 부분을 약품을 사용하여 지워주고 그 대가를 받는 자를 말한다.

3) 딱지사범 첩보입수

① 은행을 상대로 최근에 당좌계정을 개설한 자로서 다량의 어음 · 수표용지를 타간 사람을 조사한다. ② 은행을 통하여 최근 부도자 중 당좌거래 경력이 짧음에도 부도액이 많고 발행일 간격이 좁은 사람을 조사한다. ③ 어음 및 수표와 관련된 각종 사건 기록을 통하여 일명 바지라고 주장하는 사람을 조사한다. ④ 어음 · 수표의 단위가 100만원 또는 1000만원으로 끝나는 경우 발행인을 조사한다. ⑤ 발행회사의 대표자나 주소가 최근 6개월 사이에 바뀐 경우에 조사한다. ⑥ 어음의 결제일이 특정일자 이후로 집중되어 있는 경우에 발행인을 조사한다. ⑦ 어음 · 수표의 배서인이 당해 업종과 무관한 기업인 경우에 배서인을 상대로 내사한다.

4) 딱지어음 · 수표사기용 당좌구좌 식별방법

① 당좌구좌 개설일로부터 3~8개월에 부도난 구좌, ② 보통예금구좌 개설후 급격하고 빈번한 예금 인·출입 구좌, ③ 구좌개설후 일정기간 1백만원 이하의 소액 수표어음을 빈번하게 거래한 구좌, ④ 부도난 어음·수표 금액이 고액이고 대개 일정한 구좌, ⑤ 구좌 개설자가 법인인 경우 대표자 명의가 변경된 구좌, 납입된 주금을 개설 후 찾아간 구좌, ⑥ 문의 전화가 많고 피사취 부도(문제가 밝혀질 때까지 부도어음과 같이 지급이 거절된 수표)가 많은 구좌, ⑦ 구좌 개설 1개월 전쯤 자산을 소유하고 있다가 개설후 타인에게 이전한 구좌, ⑧ 신용조사서의 자산란에 근저당 또는 저당의 목적이 되어 있는 무가치한 부동산이 기재되어 있는 경우

3. 어음 · 수표 관련 범죄의 수사

(1) 경제정세의 관찰

어음·수표범죄는 일반적으로 경제계가 불황이면 증가하는 범죄이므로 경제계의 동향을 극히 민감하게 반영하는 범죄이다. 따라서 경기의 동향을 관찰하여 경기변동의 영향을 현저하게 받는 기업 등에 대해서는 그 동향파악에 유의해야 한다.

(2) 불량회사 어음브로커 등의 실태파악

1) 불량회사

어음·수표범죄에 관계되는 일이 많은 불량회사의 외견은 일반적으로 다음과 같다. ① 사무소에 다른 회사의 간판이 몇 개나 걸려 있을 경우, ② 회사의 상호가 자주 바뀌는 경우, ③ 자금난으로 인해 브로커의 출입이 많은 경우, ④ 사무소의 실계약 명의인이 회사대표 명의인과 다른 경우, ⑤ 취급상품의 변화가 심하고 화물의 이동이 심한 경우, ⑥ 회사의 자금난을 타개하기 위해 자회사를 만들어 이 자회사의 어음으로 지급하고 그 후 자회사를 자폭시켜 모회사가 살아남는 수법을 사용하는 경우, ⑦ 임원의 교체가 심하고 등기상의 대표이사와 실제의 경영자가 다른 경우.

2) 어음브로커, 어음 · 수표범죄의 전력자

어음브로커는 그 형태에 따라 어음사기단, 금융폭력단이 있다. 이들의 범죄는 상

습성이 강하므로 그들의 주소, 성명, 경력, 그룹 구성, 동향 등의 실태를 파악하여 두어야 한다.

3) 단서의 입수

어음범죄의 수사단서는 보통 탐문, 고소, 고발, 풍문 등에 의해 입수한다. ① 생활정보지 등에 난 어음 · 수표 매매 등의 광고, ② 어음 · 수표가 관련된 일반고소, 고발 사건, ③ 어음브로커 등이 이용하는 다방이나 호텔로비 등에 대한 탐문.

(3) 어음 · 수표사건의 수사기법

1) 사건판단

어음 · 수표범죄에 관한 단서를 입수한 경우에는 관계법령을 종합적으로 검토함으로써 우선 범죄의 성립 여부를 판단한다.

2) 어음 · 수표범죄에 대한 내사의 초점

① 어음 · 수표의 확인

어음 · 수표범죄의 수사는 사용된 어음 · 수표의 확인이 우선되어야 하며 이는 위 · 변조된 어음 · 수표의 유통경로를 명백하게 하고 필적과 인감 등에 의한 범인발견을 위한 자료로서 중요하다. 또한 범행에 사용된 어음 · 수표는 범죄의 직접증거가 되므로 조기에 압수해야 한다.

② 어음 · 수표의 발행인

어음 · 수표의 위 · 변조는 발행인이 실재하는 경우에는 다른 자에게 어음 · 수표의 작성권한을 위임하거나 어음 · 수표의 발행을 승낙한 사실의 유무 등에 관하여 확인해야 한다.

③ 어음 · 수표의 최종소지인

어음 · 수표범죄는 그 최종소지인이 피해자인 경우가 많다. 그러나 그 중에는 어음사기단과 공모한 뒤 또는 편취어음인 사실을 알면서 할인하거나 상거래에 의하여 수령한 것 같이 가장하여 어음발행인에 대하여 자기가 피해자라고 말하며 어음금의 지급을 청구하는 자도 있으므로 주의해야 한다.

④ 어음 · 수표의 유통경로

어음·수표는 돈과 마찬가지로 유통되는 성질을 갖고 있으므로 사건 수사시에 어음·수표의 유통경로를 철저히 하여 행사자를 특정해야 한다.

3) 체 포

① 모든 공범 동시 체포 또는 주 피의자 우선 체포

두 사람 이상이 공모한 경우 관련자들을 모두 동시에 검거하는 것이 가장 이상적이지만, 동시체포가 불가능한 경우에는 범죄행위에 중심적인 역할을 한 피의자부터 체포하는 것이 바람직하다.

② 전문브로커 관련 사건의 경우 주 피의자 추적 체포

ⓐ 피의자의 친족, 친구, 지인, 직장동료 등 관계자에 대한 내사, 탐문을 실시하고 필요하면 가족에 대한 미행을 실시한다. ⓑ 피의자의 지인 등을 통하여 피의자가 평소 다니던 배회지를 파악하여 탐문과 잠복 등을 실시한다. ⓒ 평소 어음브로커 등이 집합장소로 이용하는 다방, 호텔로비 등에 대한 탐문수사를 실시한다. ⓓ 어음 사범의 경우 범행 후 일정기간 행적을 감추어 버리거나 다른 지역에서 동일한 수법의 범행을 다시 시도하는 경향을 보이며 범죄현장 주변에 다시 나타나는 경우는 매우 드물다.

4) 압수 · 수색

어음·수표범죄 수사를 위한 압수·수색은 압수·수색 장소의 확인, 수색요원의 확보와 사전 교양, 사진기와 녹음기 등 기자재 준비, 압수 일시와 장소, 범위를 정한 압수·수색영장을 사전에 발부받아야 한다.

① 증거물 존재상태 사진촬영

범죄에 사용된 필기용구 및 기계 등 관련 증거물을 발견한 경우 가장 먼저 그 상태를 사진촬영을 해야 한다.

② **범죄와 관계없는 어음·수표 권리행사 보장**

범죄와 관계없는 지급기일 전의 어음·수표를 발견한 때에는 권리행사에 지장이 없도록 조치를 취해야 한다.

③ **지문이나 부착물 파괴방지**

범죄와 관련이 있다고 의심되는 어음·수표인 경우에는 지문이나 부착물이 파괴되지 않도록 주의해야 한다.

④ **최고책임자에게 영장제시**

수색장소가 사무실인 경우에는 최고책임자에게 영장을 제시하고 참여를 요구하는 것이 좋다.

5) 어음·수표범죄의 피의자 조사 시 입증사항

① **부도수표단속법에 의한 입증 사항**

ⓐ 가계·당좌수표의 발행자격 유무, 즉 은행과의 당좌개설일과 해지일, ⓑ 수표를 발행한 사실과 일시·장소 및 사용처, ⓒ 할인의뢰의 경위와 조건, ⓓ 입·출금 관계, ⓔ 부정수표의 회수 또는 최종소지자와의 합의 여부(형사처벌 불원 사실 확인)

② **신병처리 기준**

최근 신병처리 기준이 부도수표의 회수가능성 및 정상적인 경제활동의 가능성으로 바뀌어 가고 있으므로 이에 대한 조사도 참고로 확인하여야 할 필요가 있다.

제 **3** 편

특수사범 수사

Criminal Investigation

제**11**장

마약사범 수사

I. 의 의

(1) 마약류의 정의

마약류란 일반적으로 사람의 느낌, 생각, 행태에 변화를 줄 목적으로 섭취하는 물질을 말한다. 마약류를 좁게 정의한다면, 인간의 중추신경계에 작용하여 인간의 신체·정신에 영향을 주는 물질 중에 생산·판매·사용이 금지된 약물만을 의미한다. 광의의 마약류는 담배, 알코올, 카페인 등 비의료물질도 인간의 정신에 영향을 준다는 점에서 마약류라고 정의된다. 그러나 경찰실무에서 취급하는 마약류는 협의의 마약류를 의미한다.

마약류의 생산·판매·사용을 금지하는 이유는 다음과 같은 세계보건기구의 마약에 대한 정의에서 찾아볼 수 있다. WHO(세계보건기구)는 마약을 "① 사용하기 시작하면 사용하고 싶은 충동을 느끼고(의존성), ② 사용할 때마다 양을 증가시키지 않으면 효과가 없으며(내성), ③ 사용을 중지하면 온몸에 견디기 힘든 이상을 일으키며(금단증상), ④ 개인에게 한정되지 않고 사회에도 해를 끼치는 물질" 로 정의한다.49)

---

49) 조철옥, 현대범죄학, 대영문화사, 2008, p.530.

(2) 약리적인 마약류의 정의

약리적인 마약류는 의존성, 내성, 금단현상을 초래하는 약물을 말한다.

1) 의존성

마약류는 그 사용을 하는 사람이 계속하여 약물을 사용하지 않을 수 없도록 하는 의존성의 특징을 가지고 있다. 의존성은 정신적 의존성과 신체적 의존성으로 구분된다.

① 정신적 의존성

약물사용자가 정신적 쾌감을 얻고 불쾌감을 제거하기 위하여 계속적 또는 주기적으로 약물을 사용하는 현상을 정신적 의존성이라고 한다.

② 신체적 의존성

약물사용을 중지할 경우에 금단증상이 나타나기 때문에 약물에 계속 의존하게 되는데 이를 신체적 의존성이라고 한다.

2) 내 성

내성이란 약물을 사용하는 사람이 처음에는 적은 량을 사용하고도 쾌감을 얻을 수 있었으나 사용회수가 늘어날수록 더 많은 량의 약물을 사용해야 쾌감을 얻을 수 있는 현상을 말한다. 따라서 약물을 사용할수록 사람의 몸에 약물의 효과가 나타나지 않아 더 많은 약물을 사용해야 하는 현상을 내성이라고 한다.

3) 금단현상

금단현상이란 약물사용을 중단하거나 사용량을 줄였을 때 생기는 신체적·정신적 이상증상으로서 극도의 불안, 구토, 설사, 복통, 식은 땀, 호흡장애, 졸도, 헛소리, 간질 등 다양한 증상이 나타난다. 심한 경우 폐인이 되거나 사망하는 경우도 있다.

(3) 수사상 마약류

1) 정 의

수사상 마약류란 인체의 중추신경계에 작용하는 약물로서 장기간 사용하면 사용자에게 의존성, 내성, 금단증상을 초래하게 되는 약물 또는 물질로서 「마약류관리에 관한법률」상의 마약, 향정신성 의약품, 대마를 말한다.[50) 또한 마약류는 아니지만 마약류와 유사한 환각작용을 일으키는 유해화학물질인 접착제(본드)와 부탄가스 역시 마약류로 취급한다.

2) 마약류 사범

마약류 사범은 마약류 취급자가 아니면서 ① 마약 또는 향정신성의약품을 소지, 소유, 사용, 운반, 관리, 수입·수출(향정의약품에 한함), 제조·조제·투약·매매·매매의 알선·수수 또는 교부하는 자, ② 대마를 재배, 소지, 소유, 수수, 운반, 보관, 사용하는 자, ③ 마약 또는 향정의약품을 기재한 처방전을 발부하거나 한외마약을 제조하는 자를 말한다.[51)

또한 본드나 부탄가스 등의 유해화학물질 등을 불법소지·섭취 또는 흡입하거나 섭취 또는 흡입하려는 자에게 그 사실을 알면서도 이를 판매하거나 제공한 사람,[52) 그리고 의사나 약사들의 마약류의 유통질서 문란행위와 같은 탈법행위 등도 마약류 사범에 해당한다.

2. 마약류 범죄의 특징

(1) 이욕범죄

마약류 범죄는 마약류를 생산하여 판매하거나 거래할 경우에 가장 이익이 크게 남는 범죄이다. 세계적인 마약조직인 쿤사는 헤로인 1kg을 약 2,000달러에 미국의 마약조직에 밀거래하고, 미국의 대도시에서 최종 소매가격은 200만 달러에 달한다.

(2) 비노출 점조직화

마약사범은 투약자부터 밀매자에 이르기 까지 대부분 직접 서로 얼굴을 대면하지 않고 간접적인 방법인 우편, 택배, 퀵서비스, 고속버스 화물편 등을 이용하여 거래하고, 서로의 신분을 노출시키지 않고 철저한 익명성으로 점조직화되어 있다.

---

50) 마약류관리에관한 법률 제2조, 법률 제9024호, 2008.3.28.
51) 마약류관리에 관한 법률 제4조, 법률 제9024호, 2008.3.28.
52) 유해화학물질관리법 제43조, 법률 제8951호, 2008.3.21.

(3) 국제적 전문조직범죄

마약류 범죄는 제조, 유통, 소비, 돈세탁에 이르기 까지 전 세계를 대상으로 이루어지며, 각 단계에는 화학전문가, 국제운송전문가, 유통전문가, 국제금융전문가들에 의해 연계되어 조직적으로 이루어지는 범죄이다. 따라서 수사기관도 국제적인 공조에 의해 조직적으로 대응하는 추세에 있다.

(4) 상습범죄

마약사범은 의존성과 금단현상을 극복하지 못하고 습관성으로 마약을 투약하거나 출소 후에도 교도소에서 알게 된 전과자들 간에 연락하는 방법으로 투약하거나 밀매한다. 따라서 마약류 범죄는 다른 범죄에 비해 재범률이 상당히 높은 상습적인 범죄 내지 직업적인 범죄의 특성을 가지고 있다. 마약류 범죄는 재범과 누범의 증가, 제작장소의 은밀성, 접선장소의 치밀성 등의 특성을 가지고 있기 때문에 마약류사범은 검거 후에도 지속적인 정보관리가 요구된다.

(5) 피해자 없는 범죄

마약류 범죄는 강력범죄나 재산범죄와는 달리 직접적 피해자가 없어 피해자 없는 범죄라고도 한다. 마약 사용자는 자신의 쾌락을 위해서 자발적으로 범죄행위를 범하므로 피해자가 없다. 따라서 마약류 범죄를 수사하는 기관은 수사협력자를 구하기 대단히 어렵다는 문제가 있다. 이러한 문제로 인해 수사관은 신분을 위장하거나 범죄조직의 구성원을 협력자로 활용하는 등 특수 수사기법을 활용하게 된다.

3. 마약류 관련 국제조직

(1) 코카인 관련 국제조직

코카인의 주요 생산국은 남아메리카의 콜롬비아, 페루, 볼리비아 3국이다. 이 중 최대 생산 국가는 콜롬비아로서 이곳에서 생산되는 코카인은 미국을 비롯하여 유럽 등으로 수출되며 미국에서 거래되고 있는 코카인의 약 70%가 이곳에서 수입되고 있다. 코카인 관련 국제조직은 다음과 같다.

1) 콜롬비아 커넥션

콜롬비아 커넥션은 콜롬비아에서 미국의 플로리다와 스페인의 마드리드 항으로 코카인을 밀수출하고, 미국에 유통되는 코카인의 70%는 바로 이 커넥션을 통해 수입된다.

2) 메델린 카르텔

메델린 카르텔은 콜롬비아의 도시 메델린을 중심으로 활동하는 국제범죄조직으로서 1990년대 콜롬비아 최대의 마약조직이다. 메델린 카르텔은 콜롬비아에서 단속경찰관을 공격하고 외국공관도 습격하는 등의 범죄행위를 하는 마약조직으로서 유럽의 범죄조직과 손잡고 유럽지역에 코카인을 유통시키고 있다. 1993년 메델린의 두목 '파블로 에스코르바'가 사망하면서 붕괴되었다.

3) 칼리카르텔

1990년대 중반 메델린 카르텔이 붕괴되면서 등장한 칼리 카르텔은 메델린 카르텔 이후 콜롬비아 최대의 마약조직이다. 칼리 카르텔은 이탈리아의 마피아와 연계하여 유럽에 대량의 코카인을 밀매하고 미국과 캐나다 등에도 코카인을 밀매하는 세계 최대의 마약조직이다.

2005년 7월 21일 서울중앙지검 마약조직 범죄수사부는 한국인 5명이 이 조직과 손잡고 5명의 가정주부를 포함한 10명의 운반책을 이용하여 유럽에 100kg의 코카인을 운반하다 체포된 사건을 발표하면서 이번 사건은 세계 최대의 마약조직인 칼리 카르텔과 내국인이 직접 연루된 최초의 사건이라고 발표했다.

4) 노르테 델 바예

노르테 델 바예는 1990년대 중반에 결성된 콜롬비아 최대의 신흥 마약조직으로서 조직원이 250명에 이르는 거대조직이다. 우익민병대와 좌익게릴라의 보호를 받아 코카인의 생산, 운반, 유통, 밀매에 까지 전체 공정을 직접 관리하는 세계 유일의 마약조직이다. 미국과 유럽에 유통되는 코카인의 70%를 공급 하는 거대조직으로서 2007년 9월 10일 이 조직의 두목 '디에고 몬타냐'가 체포되면서 생산, 운반, 유통, 밀매 등을 분업화하는 조직의 세분화의 움직임을 보이고 있다.

(2) 마약관련 국제조직

1) 프랑스 조직

프랑스의 마약조직은 프랑스의 국제적인 항구도시 마르세이유를 근거지로 헤로인을 밀거래 하는 조직이다. 외국의 범죄조직과 연계된 프랑스 마피아가 배후조종을 하여 전 세계로 헤로인을 공급한다.

2) 골든 트라이앵글(Golden Triangle)

골든 트라이앵글은 동남아의 미얀마, 라오스, 태국의 국경 고산지대에서 양귀비를 재배하여, 마약(아편과 모르핀, 헤로인)을 공급하는 세계적인 마약 밀매 루트이다.

3) 화이트 트라이앵글(White Triangle)

화이트 트라이앵글은 중국에서 필로폰을 생산하여 한국과 일본에 수출, 소비하는 형태로서 흰색의 필로폰가루를 생산하여 소비하는 중국, 일본, 한국 등을 연결한 지역을 말한다.

이 용어는 1995년 서울지검 강력부에서 관세청의 협조를 받아 한, 중, 일 3국이 연계된 중국 거점 필로폰 밀조, 밀매 조직을 수사, 검거하면서 국내의 필로폰 기술자들이 중국에 공장을 세워 필로폰을 제조한 후 한국과 일본에 밀수출하여 유통시키고 있다는 사실을 확인한 것이 유래가 되었다.

4) 골든 크레슨트(Golden Crescent)

황금의 초승달 지역이라고도 하는 골든 크레슨트는 서남 아시아의 파키스탄, 아프가니스탄, 이란의 국경 산악지대에서 양귀비를 재배한 후 마약과 헤로인, 모르핀을 생산하여 거래하는 조직을 말한다.

5) 피자 커넥션

미국 동부지역의 피자집에서 헤로인을 거래하던 마피아조직으로 주범은 일망타진되었다.

6) 나이지리아 커넥션

1990년 중반 이후에 알려진 나이지리아의 마약조직으로 주로 헤로인과 코카인을 세계적으로 밀수출하는 범죄조직이다. 이 조직은 대규모 마약밀매를 하여 세계적으로 밀수출하는 마피아 스타일의 마약조직이 아니라 소량의 마약을 빈번하게 운반·밀매하는 것이 특징이다. 특히 서로 모르는 다수의 운반책을 같은 항공기에 탑승시켜 마약을 운반하여 유통시키는 '샷건방식'이 대표적인 마약 밀수출 수법이다.

주로 인도, 파키스탄, 아프가니스탄, 태국, 미국 및 아프리카 전역에 마약을 공급하여 밀거래하며, 최근에는 한국 등 동남아 지역에도 진출하여 수사의 대상이 되기도 하였다. 실제로 2002년부터 2004년까지 이 조직의 두목인 '오비오하 프랭크 친두가 서울 이태원동에 유령회사를 차려 놓고 사업가 행세를 하면서 한국의 젊은 여성에게 마약을 해외에 운반시키는 사건이 발생했다. 이 사건으로 10명의 한국인이 해외에서 5-7년의 수형생활을 하게 되었고 2007년 2월 프랭크가 중국에서 체포된 후 2008년 9월 한국에 범죄인 인도절차에 의해 인도되어 조사를 받고 기소되어 2009년 7월 22일 대법원에서 무기징역형을 선고받았다(서울경제, 2009.7.22).

제2절　향정신성 의약품

Ⅰ. 개 념

위험한 마약이라고도 하는 향정신성의약품은 남용의 경우에 사람의 몸을 해칠 잠재력이 있는 종합적이고 자연적인 약물을 말한다. 향정신성의약품은 인간의 중추신경계에 작용하는 것으로서 이를 오용 또는 남용할 경우 인체에 현저한 위해를 초래하는 것으로 인정되는 억제제(depressants), 흥분제(stimulants), 환각제(hallucinogents) 등을 말한다.

2. 향정신성의약품의 분류

(1) 각성제(흥분제)

1) 개 념

각성제(Stimulants)는 억제제와는 반대로 중추신경계의 활동을 강화하여 인간의 기분을 흥분시키는 작용을 하는 것으로서 흥분제라고도 한다. 다양한 암페타민, 코카인 및 일부 살빼는 약이 각성제에 해당한다. 그 중에서도 필로폰이라고도 하는 메스암페타민이 가장 위험한 마약으로서 흔히 남용되는 각성제이다.[53]

2) 법적인 개념

「마약류관리에 관한 법률」은 각성제를 오용 또는 남용의 우려가 심하고 매우 제한된 의료용으로만 쓰이는 것으로서 이를 오용 또는 남용할 경우 심한 신체적 또는 정신적 의존성을 일으키는 약물 또는 이를 함유하는 물질이라고 규정하고 있다.[54]

(2) 각성제의 종류

각성제는 암페타민, 메스암페타민, 2C-B, MDMA, 케타민 등 다양하다.[55] 또한 신종마약으로서 메스암페타민 성분을 함유하고 있는 스피드 볼(메스암페타민과 헤로인 또는 코카인의 합성물), 야바(메스암페타민과 카페인 또는 헤로인 합성물) 등이 각성제에 해당한다. 그러면 각성제 중에서 중요한 종류를 대상으로 살펴보기로 한다.

---

53) Gilbert, *op.cit.*, p.356.
54) 마약류관리에관한법률 제2조 4호 나목, 법률 제9024호, 2008.3.28.
55) 마약류관리에관한 법률 시행령 별표 4, 대통령령 제21605호, 2009.7.1.
　　별표 4에 의하면 각성제는 암페타민, 메스암페타민, 레브암페타민, 하이드록시암페타민, 메칠페니데이트, 메크로콰론, 펜메트라진, 세코르비탈, 펜사이크리딘, MDMA(엑스터시 · XTC : 메스암페타민과 메스칼린의 합성물), 2C-B, 2C-D, 2C-E, 2C-I, 벤질피페라진, 살비아 디비노럼, 케타민, 엠씨피피, 티에프엠피피, 엠이오피피, 엠디비피, 엠비디비, 엠디디엠에이, 엠디이에이, 아민엡틴, 지페프롤, 벤즈페타민, 메타콰론, 케치논, 페네틸린 등이 해당된다.

1) 필로폰 : 메스암페타민

① 치료의약품으로 개발

　메스암페타민은 1888년 일본 도꾜대학 나가이 나가요시 교수가 천식치료제인 마황으로부터 에페드린을 추출하는 과정에서 처음으로 발견한 물질로서 1893년 최초로 합성에 성공하였다.

　필로폰은 일본의 대일본제약회사가 히로뽕이라는 상품명으로 잠을 쫓고 피로감을 없애주는 각성약물로서 판매하였으며, "일하는 것을 사랑한다"는 의미의 희랍어 "필로포노스(Philoponos)"에서 유래되었다. 메스암페타민은 초기에는 우울증, 비만이나 체중조절, 만성적인 피로, 수면발작 등의 치료제 또는 진정제 과다복용에 따른 각성제 등으로 사용되었다. 전쟁 중에는 군인 및 군수공장 등에서 일하는 노동자들의 피로회복과 전투의욕, 작업능력, 생산능력 등을 제고하는 수단으로 이용되었다.

② 원료와 특징

　필로폰은 염산에페트린·클로로포름·지오닌을 2 : 1 : 1의 비율로 혼합하여 황색으로 응고하면 여기에 에테르와 아세톤을 첨가하게 되고 백색의 고체상태로 변한다. 무미, 약간의 쓴맛, 백색을 띠며, 제조과정에서 암모니아를 사용하기 때문에 제조공장 주변에는 악취가 발생한다. 또는 제조공장에는 에테르 같은 상쾌한 냄새, 달콤한 냄새나는 물질이 존재한다.[56]

③ 종 류

　범죄대상으로 사용되는 일반적인 각성제인 암페타민류는 벤젠드린 또는 베니, 덱스트로 암페타민, 바이페타민, 텐암페타민, 메스암페타민 등이 있는데 질적 성분상의 큰 차이는 없으나 메스암페타민(필로폰)이 가장 효과가 강하다.

　필로폰은 결정체, 가루, 액체 형태로 존재하며, 미국에서는 메스(meth), 크랭크(crank), 쵸크(chalk), 스피드(speed : 액체형태) 또는 아이스(ice : 고체형태), 필리핀에서는 샤브(shabu), 대만에서는 아미타민으로 불린다. 특히 아이스는 담배로 흡입할 수 있는 고체형태를 말하고 다른 형태의 메스암페타민보다 더 강력하고 중독성이 강하다.[57]

---

56) Gilbert, *op.cit.*, p.358,
57) *Ibid.*, p.357.

④ 사용방법

메스암페타민은 정맥주사, 음료수 등과 복용, 흡연, 가열하여 연기를 입으로 흡입하는 방법으로 투여한다. 정맥주사 방법이 가장 효과적이지만 주사흔적이 남고, 연기흡입 방법은 사용량이 다소 많다는 단점이 있다. 필로폰의 1회 투약량은 보통 0.02g~0.05g이지만 심한 중독상태에서는 0.1g까지 사용한다.

⑤ 효 능

필로폰은 코카인과 비슷한 성능을 가지고 있으며 마약인 헤로인보다 더욱 강한 각성효과를 갖고 있다.[58) 복용 시에는 즉각적이고 강력한 쾌감의 발생, 행복감의 지속, 피로감 감소, 흥분을 유발한다. 오·남용하면 식욕이 감퇴하고 모든 종류의 운동성 및 정신활동이 증가하며 불면상태에 빠진다. 또한 심장에 영향을 미쳐 혈압 상승 현상이 발생하고, 어떤 사람은 정신분열증이나 정신병 증상을 보이기도 한다.[59) 남용하면 내성, 의존성, 금단증상이 일어나 육체적, 정신적 부작용을 초래하고 폐인이 되거나 사망에 이르게 된다.

2) 엑스터시(Ecstasy)

① 성 분

MDMA(Methylenedioxy amphetamine)는 엑스터시, 엑스티씨(XTC), 이브(Eve), 클래리티(Clarity), 디케이던스(Decadence), 엠엔엠(M & M) 등으로 불리기도 하며, 메스암페타민과 메스칼린의 합성물로서 1949년 독일에서 식욕 감퇴제로 개발되어 향정신성의약품으로 지정되어 있다. 「마약류관리에 관한 법률」에서 메스암페타민과 같이 각성제로 분류하고 있으나 약리적인 성분을 기준으로 본다면 환각제에 더 가깝다.

② 특 징

일반적으로 '사랑마약'이라고 하는 합성마약인 엑스터시의 성분은 환각제인 메스칼린에 유사하지만 또한 메스암페타민의 효능도 가지고 있다. 복용하면 에너지의 증가, 타인에 대한 감정이입과 감수성 증가로 인하여 기분이 좋아지는 효과가 발생한

---

58) Weston & Lushbaugh, *op.cit.*, p.309.
59) Gilbert, *op.cit.*, p.539.

다. 따라서 기분이 좋아지는 약, 포옹마약, 클럽마약, 도리도리라고도 하며 정제나 알약으로 만들어져 사용하기 간편하고 가격도 염가여서 젊은 층이 많이 사용하는 것으로 알려져 있다.

약리적 작용은 복용후 20~60분 정도 경과하면 입이 마르고 동공이 확대되는 등 극적인 흥분감을 경험한다. 그러나 혈압과 심장박동의 증가, 기억력 손상, 갑작스런 발작을 일으키기도 한다. 심장마비, 탈수, 탈진으로 사망에 이르기도 한다. 복용자는 복용후 급속하고 무서울 정도로 몸이 뜨거워지기 때문에 철야 테크노 클럽이나 라이브 바 또는 파티장 등에서 막대사탕을 물고 있거나 많은 량의 물을 계속 마신다. 일반적으로 사용자는 심하게 이를 갈기 때문에 어린아이 젖꼭지를 물고 다니거나 가지고 다닌다. 복용 후 3~4시간, 심지어 8시간 동안 도취감에 빠지게 하는 부드러운 환각제이다. 복용여부는 간이시약 검사에 의해 판별가능하다.60)

3) 야바(Yaba)

① 원료와 성질

야바는 세계 최대의 마약 밀매조직인 쿤사가 개발한 MDMA계열의 신종 마약으로서 카페인·에페드린·밀가루 등에 필로폰을 혼합하여 제조된다. 중추신경계에 작용하는 각성제이지만 순도는 필로폰보다는 20~30% 정도로 낮다. 야바는 원재료가 화공약품인 필로폰인 관계로 양귀비의 작황에 의존하는 헤로인과는 달리 안정적인 생산이 가능하다.

② 특 징

태국에서는 야바를 말처럼 힘이 솟고 정력에 좋은 약이라고 해서 '홀스 메디신 (horse medicine)'이라고도 한다. 야바는 종래 야마(yahmah), 즉 '원기 나는 약'으로 불리어졌으나 최근에 필로폰의 해악에 대한 경계심에서 야바, 즉 '미치게 하는 약'으로 호칭되고 있다.

③ 효능과 부작용

가격은 필로폰의 1/5에 불과하나 효과는 더욱 강력한 각성제이다. 흰색의 기존 필

---

60) *Ibid.*, p.362.

로폰과는 달리 노란색이나 붉은 색, 오랜지색, 보라색, 갈색 등의 알약 또는 캡슐로서 복용하기가 편리하고 가격이 필로폰보다 훨씬 저렴하여 젊은 층을 중심으로 확산되는 추세에 있다. 한번 복용하면 3일간 잠을 자지 않을 정도로 각성효과가 강하고 중독성도 강하다.

4) 2C-B

2C-B는 환각작용을 하는 약물로서 분류되지만, 「마약류관리에 관한 법률」에서는 각성제로 분류하고 있다. 가루, 알약이나 정제 형태의 합성마약으로서 입으로 복용하거나 코로 흡입한다. 엑스터시나 LSD 등 다른 약물과 혼용되기도 하며 1회 사용량은 4∼30mg 정도이다. 보통 행복감을 자아내고 시각, 청각, 후각 등의 감각능력이 증폭되고, 4mg을 복용하면 엑스터시 복용시와 유사하게 나른해지고 8∼10mg을 복용하면 극도의 흥분상태와 환각현상도 나타난다. 20∼30mg 복용시는 최고조의 환각상태에 빠지고 그 이상을 복용할 경우에는 환청, 환시, 환후 등 LSD 복용시와 같은 환각 및 두려운 환상(bad trip)을 경험하게 된다.

5) 케타민(Ketamine)

케타민은 인체용 또는 동물용 마취제로서 안전한 약물이지만, 의존성 및 금단증상이 발생한다. 현재 미국에서는 통제물질 스케쥴Ⅲ(ScheduleⅢ), 홍콩에서는 통제물질 스케쥴Ⅰ(Schedule Ⅰ)에 해당하는 케타민은 UN에서는 향정신성물질로 관리되고 있지 않으며, 캐나다에서는 마약류로, 콜롬비아에서는 향정신성의약품으로 각각 관리하고 있다.

유흥업소 및 클럽에서 '데이트 강간 마약(date rape drug)'으로 불리며, 정맥이나 근육에 주사하거나 흡연 또는 흡입시 자신에게서 벗어나는 듯한 강력한 환각효과가 있다. 남용방식에 따라 1∼6시간 정도 환각효과가 지속되는 반면 맥박 및 혈압상승, 호흡장애, 심장마비의 위험성을 동반한다.[61]

(3) 환각제

1) 의 의

환각제(Hallucinogens)는 인간이 그것을 섭취하면 극도의 행복감이나 황홀감, 망

---

61) 마약류범죄백서, 대검찰청, 2007, p.20.

상, 불안감으로부터의 해방감, 또는 환상을 보는 것과 같은 정신적 왜곡상태에 빠지
게 하는 마약을 말한다. 인간이 그것을 사용하면 자아인식, 행동, 그리고 사고과정을
극적으로 변화시키는 효과가 발생하기 때문에 강력한 남용 잠재성이 있는 마약이다.
환각제는 실제로 자극이나 대상이 없는데도 마치 실제로 존재하는 것과 같은 감각
의 변화를 발생시키거나 과거에 대한 꿈결 같은 회상 또는 어린 시절의 재생 등 착
란상태를 일으키는 작용을 한다. 그것은 자연상태에서 발견되기도 하고 실험실이나
반합성과정을 통하여서도 제조될 수 있다.62)

2) 특 징

「마약류관리에 관한 법률」에서는 "오용 또는 남용의 우려가 심하고 의료용으로
쓰이지 아니하며 안전성이 결여되어 있는 것으로서 이를 오용 또는 남용할 경우 심
한 신체적 또는 정신적 의존성을 일으키는 약물이나 이를 함유하는 물질"이라고 정
의하고 있다.63) 이러한 환각제는 다른 위험한 마약류와 마찬가지로 오·남용시 정
신적·신체적 부작용을 초래한다. 즉, 무기력, 의욕상실, 사고력 저하, 운동신경 장
애, 정신착란증세, 호흡곤란 의식불명, 사망에 이를 수 있다.

3) 플래쉬백 현상(flashback)

플래쉬백 현상이란 환각제 남용자가 환각제 복용을 중단하였음에도 불구하고 복
용 당시 경험하였던 환각상태를 다시 경험하게 되는 현상을 말한다. 플래쉬백 현상
은 약물을 중단한 지 일주일 만에 또는 수년 후에도 나타날 수 있고 지속시간 또한
수초에서 수 시간까지 일정치 않다.

플래쉬백 현상이 즐거움을 유발하는 경우에는 별 문제가 없으나 공포와 두려움을
자아내거나 심한 감정억제를 일으켜 자살을 유도하는 경우가 있다.

4) 종 류

환각제에 속하는 중요한 마약류는 LSD, 펜사이클리딘(phencyclidine : PCP), 메
스칼린(선인장에서 추출), 사일로사이빈(버섯에서 추출), 싸이로신, 이버게인, 파라헥

---

62) Weston & Lushbaugh, *op.cit.*, p.360.
63) 마약류관리에 관한 법률 제2조 4호 가목, 법률 제9717호, 2009.5.27.

실, 메스케치논, 4-엠티에이, 크라톰, 밉트, 딥트, 5메오 딥트, 5메오 밉트, 5메오 디엠티, 5메오 아이엠티, JWH-018, HU-210, CP-47497, 디엠에이치피(DMHP), 4-엠티에이(4-MTA)등이 있다.[64]

① LSD(Lysergic Acid Diethylamide)

ⓐ 성 분

LSD는 1938년 스위스의 생화학자인 알버트 호프만(Albert Hofmann) 박사가 호밀과 소맥(밀)에서 자라고 있는 깜부기 병균에서 추출한 물질로서 무색, 무미, 무취의 액체, 정제 또는 분말 상태의 중추신경을 흥분시키는 환각제이다. LSD는 전형적으로 불법적인 마약 제조공장이나 실험실에서 생산되는 마약류이다.[65]

ⓑ 약물형태

환각제 중에서 최고의 효능을 가지며 정제, 캡슐, 액체형태로 사용된다. 수사관은 각설탕, 초콜릿과자, 토마토쥬스 등 LSD 액체를 주입시킨 물질, 또는 정제나 젤라틴을 입힌 압착정제 등을 발견할 수 있다. 또한 우표, 압지, 만화, 그림 등에 LSD 액체를 흡수시킨 상태로 사용된다.

ⓒ 효 능

LSD $25\mu g$이면 성인 1명을 환각상태에 빠지게 할 수 있다. 환각경험은 기분좋은 경험과 공포, 불안 등 나쁜 경험(bad trip)이 있다. LSD 1파운드는 360만명 분의 복용약을 만들 수 있다. LSD는 환각작용과 내성이 강하지만 의존성과 금단증상은 일으키지 않는다.[66] 현재 100세에 이른 호프만 박사는 LSD를 중독성이 없는 치료약이라고 주장하고 있다.

1온스(약 28g)의 양으로 30만 회의 복용분을 만들 수 있을 정도로 강력하며, 메스칼린보다는 4,000배, 사일로사이빈보다는 250배, 코카인보다는 100배, 메스암페타민 보다는 300배나 강하다. LSD의 효과는 8~12시간 정도 지속된다..

LSD 사용자는 정신분열증, 정신병질, 망상증 등과 같은 정신질병 상태에 빠질 수 있다. 동공이완, 창백함, 안면홍조, 체온상승, 혈압상승, 심장박동증가, 오한, 수전증,

---

64) 마약류관리에 관한 법률 시행령, 대통령령 제21605호, 별표3, 2009.7.1

65) Weston & Lushbaugh, *op.cit.*, p.360.

66) *Ibid.*, p.361.

식욕저하, 오심, 마비, 경련, 호흡곤란 등의 증상이 나타난다. 심할 경우 전신마비와 함께 사망에 이른다. 또한 어떤 사용자들은 LSD에 의하여 초래되는 사고로 인하여 중상을 입거나 사망할 수도 있다.

② 펜사이클리딘(PCP)

ⓐ 특 징

가루마약(angel dust)으로 알려진 PCP는 강력한 환각제의 일종으로서 강력한 비습관성의 마취제이다. 그러나 마약당국과 남용자들에 의하면, PCP는 어떤 다른 불법적인 마약보다 폭력적인 행동변화를 초래한다는 사실을 인정한다. 그것은 살인, 자살, 사고사 등의 원인물질로 알려져 있다.

1950년대에 마취제로 개발된 PCP는 1957년에 처음으로 사람을 대상으로 외과 수술용 마취제로 사용되었다. 사용 결과 대상자들에게 환각, 적의감 그리고 방향상실 등의 부작용이 나타남으로써 그 사용이 중단되었다. 흔히 동물 진정제로서 잘못 알려진 PCP는 원숭이와 유인원류의 마취제로 사용된다. 2000년대에 들어서면서 PCP사용으로 응급실에 실려 오는 자들이 48%나 증가할 정도로 PCP의 사용자들이 급증하는 추세를 보이고 있다.[67]

ⓑ 사용방법과 부작용

PCP의 부작용에도 불구하고, 청소년들 사이에 그 사용이 증가하고 있으며, 그 사용 평균나이는 19세에서 14세로 낮아지고 있다. PCP는 알약형태로 복용되거나 흡입이나 흡연으로 섭취된다. 박하 잎, 파슬리, 또는 마리화나에 가루나 약물을 뿌려 섭취하거나 담배형태로 피워서 섭취한다. 소량 사용할 경우 술에 취한 것과 같은 행동을 보일 수 있지만, 어떤 사람들은 이성을 잃거나 폭력적인 행동을 나타내기도 한다. 공통적인 증상은 억압의 표출, 통제불가능한 분노, 마비 또는 지속적인 혼수상태 등으로 나타난다. 많은 경우에 5일 이상의 혼수상태가 지속되고 몇 주 동안 정신장애가 뒤따른다. 정신장애 상태는 망상적 정신분열증과 아주 유사한 행동으로 나타난다.[68]

---

67) *Ibid.*, pp.361-362.
68) *Ibid.*, p.361-362.

③ 메스칼린(Mescaline)

ⓐ 특 징

메스칼린은 미국 남서부와 멕시코에서 자라는 페이요트 캑터스(peyote cactus)라는 작은 선인장의 꽃에서 추출한 환각제이다. 미국의 어떤 인디안 집단이 종교적 의식동안 메스칼린을 사용해왔으나 1990년에 미국 대법원은 헌법상의 종교적 권리를 침해하지 않는다면 메스칼린의 사용을 법적으로 금지하는 것을 인정하였다. 미국의 15개 주와 연방정부는 특정 인디안 집단들에 대해서는 종교적 의식동안 메스칼린의 사용을 법으로 허용하고 있다.69)

메스칼린은 페이요트 캑터스에서 추출되는 천연 알카로이드 또는 이를 합성해서 만든 분말이나 액체 형태이다. 메스칼린은 구조적으로 신경충격 물질인 아드레날린과 유사하고 짙은 갈색 분말이며 합성물질은 흰색 결정성 분말이다.

ⓑ 효 능

메스칼린을 섭취하면, LSD 복용시에 나타난는 것과 유사한 효과가 발생한다. 그러나 일반적으로 그 효과는 LSD의 환각효과보다는 약하다. 내성은 있으나 의존성이 없는 마약류이다. 가루, 정제 기타 캑터스 선인장의 천연조각 형태로 사용된다. 3시간 후에 약효가 나타나고 12시간 이상 지속되는 경우도 있다. 환청보다는 환시현상이 주로 나타나며 오심, 구토, 심하면 혼수상태를 초래한다.

④ 사일로사이빈

ⓐ 특 징

사일로사이빈(Psilocybin)은 미국과 멕시코에서 자생하는 검고 작은 버섯에서 추출한 알카로이드이다. 사일로사이빈, 또는 사일로신((psilocin)은 환각적인 반응과 다양한 행동변화를 초래하는 약물이다.70) 그것은 헤로인과 마찬가지로 환각물질로 분류돼 있으나 중독성과 독성이 없다.

ⓑ 효 능

토착 인디언과 히피들이 환각과 비슷한 의식상의 경험을 얻기 위해 사용하던 "마법의 맛"이 사일로 사이빈을 복용하는 실험결과 실제로 그 같은 신비한 효과를 보

---

69) *Ibid.*, p.362.
70) *Ibid.*, p.362.

이는 것으로 밝혀졌다. 참여자들은 매우 직접적이고 개인적인 저 너머의 경험을 맛보았다고 표현하면서 참여자의 60%는 신비한 경험, 첫 아이를 얻었을 때와 부모 사망시의 충격과 비슷한 강력한 정신적 경험을 했다고 대답했다. 참여자들은 환각작용이 강하게 나타나고 이들 중 79%는 2개월이 지나도 만족감을 느낀다고 대답했다.

사일로 사이빈과 사일로신은 액체, 정제, 가루 또는 자연버섯 상태 그대로 사용된다. 환각효과는 메스칼린에 아주 유사하지만, 보다 적은 양으로 환각효과를 경험할 수 있다. 약물중독, 극심한 통증, 우울증 치료에 사용할 수 있는 잠재력을 가진 것으로 밝혀졌다.

(4) 억제제(진정제)

1) 의 의

억제제(Depressants)는 중추신경계의 기능을 저하 또는 억제하고 진정시키는 기능을 하는 합성마약이다. 일반적으로 바르비탈염제재(barbiturates)로 알려진 억제제는 중추신경계의 특정부위를 억제하여 진통효과를 나타나게 하거나 수면을 유도하는 진정제이다.[71] 따라서 억제제는 합법적으로 생산되는 의약품으로서의 수면제 및 신경안정제를 말한다.

2) 법적 개념

「마약류관리에 관한 법률」은 억제제란 오용 또는 남용의 우려가 상대적으로 적고 의료용으로 사용되는 것으로서 이를 오·남용할 경우 그리 심하지 않은 신체적 의존성 또는 심한 정신적 의존성을 일으키는 약물이나 이를 함유하는 물질로 규정하고 있다. 이러한 물질은 바르비탈염 제제, 벤조다이아핀제제. 로히프놀, 옥시콘틴 등이 있다.[72] 또한 다른 약물보다 오용 또는 남용의 우려가 상대적으로 적고 의료품으로 쓰이는 것으로서 이를 오·남용할 경우 다른 약물보다 신체적·정신적 의존성을 일으킬 우려가 적은 약물이지만, 이를 함유하는 물질로서 바르비탈, 디아제팜, 로라제팜, 쿠아제팜, 날부핀, GHB, 카리스포로돌, 덱스트로메트로판(러미라) 등이 대표적인 약물이다.[73]

---

71) *Ibid.*, p.355.
72) 마약류관리에 관한 법률 제2조4호다목, 법률 제9717호, 2009.5.27.
73) 마약류관리에 관한 법률 제2조4호라목, 법률 제9717호, 2009.5.27.

3) 종 류

① 바르비탈염 제제

바르비타염 제재의 남용은 내성(tolerance)과 의존성을 초래한다. 아울러 장기간 동안 습관적으로 남용해 온 억제제를 갑자기 중단하면, 심각한 금단현상(withdrawl symptoms)이 발생한다. 억제제에 중독된 사람은 말이나 사고유형이 바뀌거나 느려진다. 억제제는 일반적으로 알약형태로 복용되지만, 중독된 만성적인 사용자들은 알약이나 캡슐을 분해하여 그 가루를 정맥주사를 통하여 흡수한다. 또한 바르비탈염 제재 사용자들은 우연히 또는 의도적으로 다른 마약물질, 특히 양귀비계열 마약과 혼합하여 복용한다. 그러나 알코올과 같이 복용할 경우 사용자는 사망을 초래할 수 있다. 사실 많은 사고사와 자살이 억제제 남용의 결과이다.[74]

바르비탈염 제재의 종류는 다음과 같다.[75]

② 벤조다이아제핀 제재

벤조다이아제핀 제재는 항경련 작용과 근육이완 작용 등에 사용되며 정신병 치료에 사용되는 중추신경 억제제이다. 사용 후 30분에서 1시간 후이면 효과가 나타난다. 오·남용시 의존성이 생기고 시각장애, 어지럼증이 발생하므로 운전을 하게 되면 위험하다. 이 제재 중 로라제팜은 구입이 용이하여 우리나라에서 상당수 남용되고 있다.

벤조다이아제핀 제재는 다음과 같다.[76]

③ 로히프놀

로히프놀(Rohypnol)은 벤조디아제핀계 제제로서 불면증 치료제이다. 1990년대

---

74) Weston & Lushbaugh, *op.cit.*, p.360.

75) 바르비탈염 제재는 아로바르비탈, 알페날, 아모바르비탈, 아프로바르비탈, 바르비탈, 부라로바르비탈, 섹부타바르비탈, 부탈비탈, 부토바르비탈, 헷세탈, 메토핵시탈, 시그모달, 펜테날, 엘도랄, 치아미랄, 리저직산, 펜타조신, 부프레노르핀, 에프타조신, 프루니트라제팜 등이 있다.
마약류관리에관한법률시행령 제2조3항 관련 「별표5」, 대통령령 제21605호, 2009.7.1.

76) 벤조다디아핀 제재는 알프라졸람, 브로마제팜, 카마제팜, 케친, 클로바잠, 클로나제팜, 클로티아제팜, 클로사졸람, 델로라제팜, 디아제팜, 에스타졸람, 에티졸람, 펜플루라민, 플루디아제팜, 플루라제팜, 할라제팜, 할록사졸람, 케타졸람, 로라제팜, 마진돌, 메다제팜, 미다졸람, 놀라제팜, 옥사제팜, 옥사졸람, 펜디메트라진, 펜터민, 멕사졸람, 졸피뎀, 아미노렉스, 메소카브, 날부핀, GHB, 덱스트로메트로판, 카리소프로돌, 쿠아제팜 등이 있다.
마약류관리에관한법률시행령 별표6, 대통령령 제21605, 2009.7.1

말에 남용되기 시작한 진정제 종류로서 가장 심각한 억제제로 알려져 있다. 로히프놀은 미국과 캐나다에서는 불법적인 약물로 취급하고 있으나 멕시코와 콜롬비아 등 다른 국가에서는 합법적으로 판매하고 있다. 다른 진정제의 10배에 달하는 효능을 가진 로히프놀은 피해자의 술에 타서 강간범죄에 이용되기 때문에 데이트 강간약물로도 불린다. 이를 막기 위하여 최근에는 로히프놀을 알코올에 타면 용해가 서서히 진행되고 용해과정에서 푸른색이 나타나도록 제조하고 있다. 약 10분 이내에 강력한 일시적인 기억상실효과가 발생하고 8시간까지 지속된다.[77]

④ GHB

ⓐ 수술용 마취제로 개발

GHB(gamma hydroxy butyrate)는 1980년대에 유럽에서 외과 수술용 마취제로 개발하였으나 통증억제효과가 시원치 않아 사용이 중지되었다. 그러나 인체에도 존재하는 GHB는 성장 호르몬 촉진, 근육발달과 수면유도 효과가 있다는 평가로 인해 의사의 처방없이 영양보강제로 약국에서 판매되어 왔다. 특히 운동선수나 보디빌더들이 애용해 온 약물이다.[78]

ⓑ 특 징

GHB의 주 성분은 페인트의 신나로서 무색·무취, 그리고 짠 맛이 나는 액체로서 소다수 등 음료에 타서 복용하기 때문에 물같은 히로뽕이라는 뜻에서 일명 물뽕이라 한다. 필로폰이나 엑스터시보다는 의존성이 적어 의료용으로 쓰이지만, 복용시 억제력이 소멸되어 외향적인 행동, 친밀감, 성적 적극성 등이 발생한다. 또한 오·남용할 경우 어지럼증, 구토, 혼수상태, 일시적인 기억상실증 등의 부작용이 발생한다.

ⓒ 데이트 강간약물

미국, 캐나다, 유럽 등지에서 로히프놀과 유사한 방법으로 성범죄용으로 악용되고 있으며, 데이트하면서 상대방 몰래 음료수에 타서 마시게 함으로써 강간에 이용한다는 점에서 데이트 강간약물로도 불리고 이지 레이(easy lay)라고도 부른다. 대체로 사용 15분후 효과가 발생하고 3시간 지속된다.

---

77) Weston & Lushbaugh, *op.cit.*, p.355.
78) *Ibid.*, pp.355-356.

⑤ 러미라

ⓐ 성 질

덱스트로메트로판이라고도 하는 러미라는 진해거담제로서 의사의 처방전이 있으면 약국에서 구입가능한 의약품이다. 따라서 마약류는 아니다. 하지만 강한 중추신경 억제성 진해작용이 있어 주로 코데인 대용으로 사용된다.

ⓑ 정글주스

사용자들은 도취감 혹은 환각작용을 맛보기 위해 사용량의 수십 배에 해당하는 20～100정을 흔히 사용한다. 청소년 사이에서 소주 등에 타서 마시므로 정글주스라고도 한다.

⑥ 카리소프로돌

ⓐ 근육이완제

S정이라고도 하는 카리스포로돌은 중추신경계에 작용하여 골격근육을 이완시키는 효과가 있으나, 도취감이나 환각작용이 나타나기 때문에 마약대용으로 오·남용되는 약물이다.

ⓑ 부작용

오·남용시 온몸이 뻣뻣해지고 뒤틀리며 혀 꼬부라진 소리 등을 하고 호흡장애나 실신을 초래할 수 있다.

⑦ 날부핀

날부핀은 응급환자용 강력 진통제의 하나로서 모르핀과 거의 비슷한 진통작용을 한다. 마취보조제로서 수술 전이나 분만 중에 진통·진정을 위해 사용되지만, 남용시 중추신경 억제작용, 환각 및 다행감 등이 나타나며 일명 '누바인'이라고도 한다. 매일 1앰플씩 투약하면 15일에서 1개월 후에는 식욕상실, 몸무게 감소, 오한 등 아편류에 의한 증세와 유사한 증세가 나타난다. 피하 주사시 모르핀의 2.3배, 코데인의 8.3배에 이르는 진통효과를 보이며 약효 지속시간은 306시간이며, 날부핀 3mg은 필로폰 6mg에 해당하는 강력한 환각 효과가 있으며, 중독성이 강하고 신체 금단 증상이 심하게 나타난다. 우울증, 두통, 환각증상 등 정신불안증세와 고혈압, 폐부종, 구토, 복통, 호흡관란, 가려움증, 청색증, 언어장애, 빈뇨 등 부작용이 발생한다.[79]

---

79) 마약류범죄백서, 대검찰청, 2007, pp.17-18.

⑧ 옥시콘틴

옥시콘틴(OxyContin)은 최근에 광범하게 남용되고 있는 강력한 진통제로서 합성 약물이다. 모르핀과 유사한 형태로 사람의 뇌와 신체에 작용하여 심각한 질병으로 인한 통증을 감소시키는데 아주 효과적인 약물이 옥시콘틴이다. 그러나 남용자들은 알약 복용이나 흡입, 또는 정맥주사를 통한 고도의 황홀감 때문에 과량의 약물 처방을 요구한다. 1990년 말에 남용되기 시작하면서 2003년까지 미국 전역으로 확산되었다. 과량의 약물 남용으로 많은 사망자가 발생하고 옥시콘틴을 표적으로 하는 약국 침입절도나 무장강도가 급증하는 현상을 초래하고 있다.[80]

제3절 마 약

Ⅰ. 의 의

(1) 개 념

마약(narcotics)이란 무감각을 뜻하는 그리스어 나르코티코스(narcotikos)에서 유래한 것으로 인체의 중추신경계에 대한 억제작용을 하는 약물을 말한다. 따라서 마약은 인간의 중추신경계에 작용하여 통증과 그것에 대한 두려움을 완화시키며 수면을 취하게 하는 의학적 작용을 하는 물질을 말한다.

(2) 범 위

보통 마약이란 모르핀과 헤로인과 같은 양귀비로부터 추출한 물질을 말한다. 마약으로 다루어지는 또 하나의 물질은 코카인이다. 코카인은 양귀비가 아니라 코카나무 잎사귀에서 추출된 물질로서 중추신경계에 대한 억제제가 아니라 각성제에 해당된다.[81] 아울러 마약에 다른 물질을 화학적으로 첨가하여 제조한 합성마약도 마약의 범위에 포함된다.

---

80) Weston & Lushbaugh, *op.cit.,* p.356.
81) *Ibid.,* p.345.

(3) 법적인 개념

「마약류관리에 관한 법률」에 의하면, ① 마약이란 양귀비, 아편 또는 코카엽, ③ 양귀비, 아편 또는 코카엽에서 추출되는 모든 알카로이드로서 대통령령이 정한 것, ④ 앞에서 열거된 것을 함유하는 혼합물질 또는 혼합제재, 다만, 다른 약물이나 물질과 혼합되어 천역마약 내지 합성마약으로 다시 제조 또는 제재할 수 없고, 그것에 의하여 신체적 또는 정신적 의존성을 일으키지 않는 화외마약은 제외한다.[82]

2. 종 류

(1) 천연마약

천연마약이란 양귀비 또는 앵속(opium poppy), 생아편(opium) 및 코카엽, 그리고 이것들부터 추출한 알카로이드에 다른 물질을 화학적으로 합성한 물질인 모르핀. 옥시코돈, 옥시모르폰, 테바인, 코데인, 헤로인과 코카인, 크랙 등 34가지의 알카로이드와 그 염류를 말한다.

1) 양귀비 제재 계열

앵속이라고도 하는 양귀비의 열매에서 나오는 액체 그 자체가 천연마약이 된다, 그것은 농어촌에서 가정 상비약이나 동물 치료약으로 사용된다. 그러나 마약성분으로서 강력한 효능을 가진 천연마약은 앵속에서 추출되는 알카로이드, 즉 끈적끈적한 액체를 가공하여 만든 물질을 말한다.

① 생아편(opium)

ⓐ 생아편의 생산

생아편은 앵속의 설익은 껍질에 상처를 내어 자극을 가하면 알카로이드가 함유된 우유빛의 액체가 흘러나오는데 이것을 긁어모아 60℃ 이하에서 말리면 암갈색 또는 검은 색의 생아편(opium)이 된다. 이러한 과정을 거쳐 만든 생아편이 바로 불법적으로 생산된 천연마약이다. 이 생아편 속에 20여종의 아편 알카로이드라는 성분이 들어 있는데 이 생아편 자체가 중추신경계의 억제작용을 하는 강한 효과가 있다.

---

82) 마약류관리에 관한 법률 제2조, 법률 제9717호, 2009.5.27.

생아편은 일반적으로 많은 동구국가에서 남용되지만, 미국에서는 비교적 그 남용이 드물다. 미국에서 유통되는 생아편, 모르핀과 헤로인 등은 중동과 동남아시아, 그리고 멕시코에서 밀수출된 것으로 알려져 있다.

ⓑ 효능과 부작용

남용자들은 보통 파이프 담배형태로 생아편을 가장 많이 흡입한다. 생아편, 모르핀, 헤로인, 코데인 등 아편 알카로이드 마약은 흡연, 입이나 코를 통한 흡입, 또는 주사기에 의해 투여된다. 이 중에서 주사기에 의한 정맥주사가 가장 강력한 효과가 있다.83)

아편으로 합성된 다른 마약과 마찬가지로 생아편 섭취는 전반적인 행복감을 주고 즐거운 꿈을 꾸면서 편안한 잠에 빠지게 한다. 말은 어눌하고 장황하며 동공은 수축된다. 남용은 내성(tolerance), 신체적 의존성, 궁극적으로 중독상태(drug addiction)를 초래한다. 따라서 마약 사용을 중단하면 금단증상(withdrawal symptoms)이 나타나며, 내성의 정도가 강할수록 그 만큼 심각하고 아주 고통스럽다. 하루에 몇 번에 걸쳐 마약을 사용하는 사람은 마지막 사용 후 대략 10시간 이내에 금단증상을 경험하고 3일(72시간) 후에 최고조에 달한다. 그 증상은 극도의 불안감, 땀흘리기, 근육경련, 구토 등으로 나타난다. 중독은 약물의 반복적인 사용으로 생기는 만성적인 의존상태를 말하고, 신체적으로는 내성과 금단증상, 정신적으로는 심리적인 의존상태의 발생을 의미한다.84)

② 모르핀

모르핀은 생아편에서 알카로이드를 뽑아내어 화학적으로 불순물을 제거하고 더욱 정제한 약물을 말한다. 모르핀은 생아편에서 추출한 약 10%의 알카로이드로 아편보다 효력이 강력하고 가장 강력한 진통제이다. 따라서 생아편 10파운드에서 모르핀 1파운드가 생산된다.

모르핀의 색깔은 백색의 알약이나 백색가루 형태이지만, 황갈색이나 커피색도 있으며 백색은 어두운 색깔보다 보다 정제된 것이다. 모르핀은 생아편보다 3배정도 강력한 진통효과가 있으며, 피부나 근육에 직접 주사로 투입된다. 그러나 중독자들은

---

83) Weston & Lushbaugh, *op.cit.*, p.350.
84) *Ibid.*, pp.346-347.

직접 피하주사기를 사용하여 모르핀을 혈관에 주사한다. 모르핀 중독은 "병사의 질병(soldier disease)"이라고 할 정도로 미국의 남북전쟁과 그 이후의 전쟁이 있을 때마다 중독자는 계속 증가하는 양상을 보여주었다.[85]

모르핀은 코데인으로 전환되고 헤로인의 주원료로 사용되며 의학적으로도 진통, 진정, 진해, 최면효과가 뛰어난 반면, 부작용으로 구토, 발한, 발열, 설사 등과 함께 정신적·신체적 의존성을 유발하여 사용 중단시 심한 금단증상을 일으킨다. 모르핀 중독자들은 보통 하루에 3회 정도 투약하며 1회 투약량은 10~20mg 정도이지만, 하루에 120mg을 투약하기도 한다. 1회에 200mg 이상을 투약하면 거의 모든 사람이 호흡장애를 일으켜 사망하게 된다.[86]

③ 헤로인

ⓐ 제조과정

디아세틸모르핀(diacetylmorphine)이라고도 하는 헤로인은 독일의 바이엘사가 진통제 약품으로 개발한 것으로서 모르핀을 원료로 하여 무수초산과 염산, 에테르 등을 화학적으로 합성하여 아세틸화한 천연마약이다. 모르핀 1파운드는 정확하게 헤로인 1파운드를 생산하지만, 헤로인의 효능은 모르핀의 5~10배에 달한다. 원재료가 생아편이기 때문에 양귀비의 작황에 따라 화학물질을 원료로 하는 야바와 달리 안정적인 밀조여부가 결정된다.

ⓑ 효 능

1874년에 영국에서 개발된 이 마약은 모르핀 중독자의 치료제로서 광범하게 사용되어왔다. 주된 생산지는 콜롬비아, 멕시코, 아시아 지역이다. 헤로인의 독성은 모르핀보다 적어도 5배 이상 강하고 금단증상도 매우 강하다.[87] 1년 동안 규칙적으로 헤로인을 사용한 사람은 단지 2시간에서 5시간 동안만 행복감을 경험하지만, 처음 사용자는 보다 장시간 동안 행복감을 느낀다. 대략 5시간 후에 중독자들은 신체적·정신적 불안감에 빠진다. 마약 섭취후 추가 투약 없이 10시간이 경과하면, 가벼운 금단증상이 나타나고 12시간에서 24시간 이내에는 강력한 금단증상이 나타난다.

---

85) *Ibid.*, p.347.
86) 마약류범죄백서, 대검찰청, 2007, p.6.
87) Weston & Lushbaugh, *op.cit.*, p.347.

통상 냄새가 없고. 순백색, 우유색, 암갈색이나 흑색을 띠는데 순백색이 가장 순도가 높고 효과도 강하다. 헤로인은 주사, 흡입, 담배형태로 흡수된다. 헤로인은 코카인과 섞어서 사용되며. 스피드 볼(speed ball)은 강력한 흥분효과를 내기 위하여 헤로인에 코카인을 혼합하여 정제한 것이다.

④ 코데인

ⓐ 성 분

코데인은 메틸 모르핀이라고도 하는 알카로이드의 일종이다. 냄새가 없는 백색 결정이나 결정성 분말, 정제, 캡슐 또는 감기약과 같은 용액의 액체 모양이다.

ⓑ 효 능

코데인은 의학적으로 진통작용이 모르핀의 1/6정도에 불과하지만, 수면을 촉진하고 통증을 억제하는 진해 및 진정작용을 한다. 비교적 신체적 의존성은 적은 편이나 남용시 정신적·신체적 의존성과 금단증상을 유발한다.

2) 코카나무잎 제재 계열

① 코카인

ⓐ 약물의 생산

코카인은 코카나무의 잎사귀에서 추출한 마약이다. 코카나무는 양귀비와 전혀 무관하고 코카인은 생아편과는 무관한 마약이다. 코카나무는 중남미 안데스 산맥을 중심으로 콜롬비아, 페루, 볼리비아 등이 주산지이며 이 코카나무의 잎사귀에 들어 있는 0.06%~1.18%의 코카 알카로이드를 추출해서 만든 것이 코카인이다. 1885년에 코카잎은 안전한 것으로 인정되어 코카인의 향긋하고 톡 쏘는 맛을 원료로 합성한 코카콜라가 힘이 솟는 음료수로 출현했다. 그러나 1910년에 코카인은 위험한 약물로 인정되어 그 사용이 법적으로 금지되었다.[88]

ⓑ 섭취방법

코카인은 코카나무 잎을 씹거나 코카페이스트를 흡연함으로써 섭취된다. 그러나 대부분의 남용자들은 분말을 흡입하거나 혈관주사로 투약한다.

---

88) *Ibid.*, pp.351-352.

ⓒ 효 능

코카인은 중추신경계에 작용하는 아주 강력한 각성제이다. 코카인을 섭취한 사람은 즉각적인 심리적·신체적 쾌감(rush sensation)을 느끼게 된다. 코카인 사용자의 행동은 메스암페타민 사용자와 아주 비슷한 행동을 보이기 때문에, 코카인 또는 메스암페타민을 사용한 것인지를 식별하기 어렵게 하는 문제를 야기하기도 한다.

코카인은 국소·국부마취에 효과가 있어 치과나 이비인후과 수술에 널리 사용하고 적량 사용하면 말이 많아지고 힘이 넘치며 피로감을 느끼지 못하게 된다. 심장박동의 증가, 혈압상승, 동공의 확장 등의 현상이 발생한다. 코카인은 그 약효가 빠르고 강력한 중추신경자극제이다. 그러나 코카인으로부터 얻는 쾌감은 아편을 원료로 하는 마약만큼 그 지속시간이 길지는 않다. 흔히 1시간 이내에 마약의 효과는 사라지고 기분의 침체와 실패감을 느끼게 된다. 특히 크랙으로부터 얻는 쾌감은 5~15분 지속될 정도로 아주 짧다. 또한 상당히 많은 사용자들은 환각증상과 피해망상증을 경험한다. 물론 그러한 현상은 많은 양의 코카인을 섭취하거나 순도가 높은 코카인의 섭취 경우에 발생한다.[89]

오·남용의 경우에 코의 점막 손상에서부터 심장과 폐의 치명적인 손상이 발생한다. 미국의 경우에 코카인 남용자들은 다른 마약 남용자들에 비하여 병원의 응급실에 실려 오는 숫자가 전체의 36%에 달할 정도로 가장 많고, 1년에 2,500명이 사망한다.[90] 어떤 중독자는 과도한 공격적 행동, 때로는 신체적 학대를 하는 것과 같은 반사회적 행동을 한다.

코카인은 고도의 중독성이 있는 아편과 함께 천연마약으로 분류될지라도, 그 내성과 중독성(의존성)에 대해서는 주장이 엇갈린다. 즉, 내성은 있지만 신체적 중독성은 없다는 주장이 있는가 하면, 내성과 신체적 중독성이 모두 존재한다는 주장이 있다. 그러나 전문가들은 코카인 사용자의 심리적인 의존성 존재에 대해서는 의심하지 않는다.

2 프리베이스 코카인

코카인은 1970년대와 80년대 초기 까지 백색의 결정체 가루형태로 사용되었다.

---

89) *Ibid.*, p.354.
90) *Ibid.*, p.354.

그러나 1974년에 캘리포니아에서 프리베이싱(freebasing)이라는 새로운 코카인 사용방법이 확산되기 시작했다. 프리베이싱이란 백색의 결정체 가루로부터 순도 높은 코카인을 정제하는 화학과정을 말한다. 그 과정은 백색 코카인 가루를 잘게 부수고 그것에 화학적 촉매제를 작용시켜 거의 순수한 코카인을 추출하게 되는 것으로서 그 결과물이 프리베이스 코카인이다. 프리베이스 코카인은 순도가 높아 사용자들에게 극도의 쾌감을 주지만, 에테르와 아세틸렌이나 부탄램프를 사용하는 불안전한 화학적 과정을 통하여 생산된다는 문제를 안고 있다. 1980년대 이후 마약중독자들의 10~20% 정도가 프리베이스 코카인을 사용하고 있다.[91]

③ 크 랙

ⓐ 제조과정

크랙(crack)은 프리베이스 코카인의 또 다른 형태이다. 그러나 본래의 프리베이스 코카인과는 달리 크랙 프리베이스는 보다 값싸고, 단순하고 안전한 과정을 통하여 생산된다. 프리베이스 코카인은 에테르를 가열하는 과정에서 폭발할 위험이 있지만, 크랙 베이스 코카인은 스토브나 커피 자판기 또는 전자레인지 같은 간단한 가열장치를 사용한다. 그것은 코카인에 베이킹 파우더를 섞어 단단하게 하여 담배형태로 피울 수 있게 만든 것인데 가격이 저렴하여 미국 흑인들에게 애용되고 있다.

ⓑ 효 능

크랙은 가장 순도높은 코카인으로서 가루형태의 코카인보다 적어도 5배 정도 강력한 마약효과가 있다. 미국 마약국(DEA)은 크랙 남용자 중의 75%가 3회 사용후 중독자가 되고, 50%는 1회 사용후 중독자가 될 수 있다고 경고했다. 그러나 1999년부터 경찰이 주로 길거리에서 판매되는 크랙에 대한 강력한 단속을 함으로써 잠재적인 젊은 사용자들의 사용은 감소하고 주로 과거에 중독된 사람들에 의하여 사용되고 있다.[92] 크랙 중독자들은 다른 코카인 중독자들보다 더 폭력적이거나 정신병적인 행동을 보인다.[93]

---

91) *Ibid.*, p.352.
92) *Ibid.*, pp.352-353.
93) *Ibid.*, p.354.

④ 스피드 볼

코카인은 대부분 가루형태로 사용되지만 때로는 헤로인과 섞어 만든 스피드 볼 (speed ball) 형태로 사용되기도 한다. 스피드볼은 약물 의존자가 코카인과 헤로인, 또는 암페타민과 헤로인을 혼합하여 복용하는 것을 말하는데 두 개의 약물이 합친 황홀감이 하나의 경우보다 더 크며 헤로인은 황홀감을 연장하는데 도움이 된다.

(3) 한외마약

한외마약이란 의약품으로 사용하는 합법적인 약품으로 성분은 생아편 등 아편 알 카로이드 물질을 함유하는 혼합물질 또는 혼합제제를 말한다. 마약성을 띠고 있으나 일정한 사용기준을 보건복지부장관이 지정한 것을 말한다. 따라서 금지된 마약이 아 니다.

한외마약은 일반 약품에다 천연마약 및 화학적 마약성분을 미세하게 혼합한 약물 로서 신체적·정신적 의존성을 일으키지 아니하는 약물로서 다시 제조 또는 제제할 수 없는 약물이다.94) 한외마약에는 코데솔, 코데닐, 코데잘, 유코테, 아티반, 세코날, 데코인, 후리코 등이 있다.

(4) 합성마약

1) 특 징

합성마약은 모르핀과 유사한 진통효과를 가지면서 의존성이 적은 의약품을 개발 하는 과정에서 합성된 마약으로 모르핀과 같은 정도의 의존성과 부작용을 가지고 있다. 합성마약은 아편이나 코카인 같은 천연마약이나 모르핀, 헤로인, 크랙 같은 반 합성마약과 동일하게 남용되거나 부작용을 일으킬 우려가 있는 화학적 합성물질을 말한다.95) 페치딘계, 메사돈계, 아미노부텐계, 벤조모르판계, 프로폭시펜계, 피이피 에이피(PEPAP), 엠피피피(MPPP) 등으로 구분된다.

---

94) 마약류관리에 관한 법률 제2조 2호 라목. 법률 제9717호, 2009.5.27.
95) 마약류관리에 관한 법률 제2조 2호 다목, 법률 제9717호, 2009.5.27.

2) 종 류

① 페치딘계

페치딘계는 모르핀과 동일한 효과를 내기 위한 목적으로 개발된 대표적인 합성마약이다. 페치딘은 화학적으로는 모르핀과 다르나 중추신경계에 작용하여 진통효과를 발생시킨다는 점에서 모르핀과 유사하고 진통효과 외에 진정효과도 있다. 투약시 3-6시간 동안 약효가 지속되는 진통제로서 현재 가장 광범하게 사용되고 있다. 페치딘, 페치딘 제조중간체 에이(A), 제조중간체 비(B), 제조중간체 씨(C), 페나독손, 페남프로마이드, 페나조신, 페노모르판, 페노페리딘, 피미노딘, 피리트마이드 등이 있다.[96]

② 메사돈계

메사돈은 2차대전 중 독일 휄스트제약에 의해 모르핀 부족을 해결하기 위해 개발된 합성마약으로 현재 메사돈, 메사돈제조 중간체, 노라시메사돌, 노르메사돈, 노르피파논, 노르레보르파놀, 아세틸메사돌, 디피파논 등 약 22종이 있다.

메사돈은 화학적으로 모르핀이나 헤로인과 다르지만 효과면에서는 유사하고 또한 약효가 모르핀보다 더 긴 24시간 동안 지속된다는 점에서 2차대전 후 마약 중독 치료제로도 사용되기도 하였다.

메사돈(methadone)은 아편 알카로이드의 천연마약과 유사한 효능을 가진 합성마약이다. 메사돈은 진통제로 개발되었지만, 헤로인 중독환자의 의학적인 해독프로그램에 광범하게 사용되고 있다. 메사돈은 헤로인 중독자들이 약물을 끊으려고 할 때 발생하는 신체적인 금단증상을 제거하는 효과가 있다. 그러나 메사돈은 헤로인과 같은 강력한 쾌감을 가져오지는 않지만, 사용자에게 내성과 의존성이 발생한다는 문제가 있다. 메사돈 사용을 중단하면, 헤로인 중단과 같은 심각한 금단증상은 발생하지 않지만, 더 오래 지속될 수 있다. 메사돈 치료방법은 신체적·정신적 의존성을 유발하지만, 고가의 헤로인을 구입하기 위해 필요한 범죄를 범하는 것으로부터 해방되게 하는 효과는 있다.[97]

---

96) 마약류관리에 관한 법률 시행령 별표2, 대통령령 제21605호, 2009.5.27
97) Gilbert, *op.cit.*, p.349.

(5) 반합성마약

반합성마약은 양귀비, 아편 또는 코카엽에서 추출되는 모든 알카로이드와 화학물질이 합성된 물질을 말한다. 헤로인, 모르핀, 옥시코돈, 테바인, 코데인 등이 있다. 이 약물들은 천연 마약을 합성하여 만든 물질로서 진통·진해제로 사용되는 의료용 마약물질이다.

제4절 | 대 마

1. 의 의

「마약류관리에관한법률」상 대마란 대마초(카나비스 사티바 : Cannabis sativa)와 그 수지 및 대마초 또는 그 수지를 원료로 하여 제조된 일체의 제품을 말한다. 천연 대마초는 잎, 꽃대, 줄기, 열매의 부분들을 포함하지만, 고품질의 대마초는 잎과 꽃 대부분만 포함시키고 줄기와 종자는 제외된다. 따라서 대마초의 종자, 뿌리 및 성숙한 대마초의 줄기와 그 제품은 제외한다.[98] 그러나 종자의 껍질은 포함한다.

대마초는 1년생 식물로 삼베의 원료가 되며 5~7월이 주된 성장기간으로 집중단속이 요구되는 시기이다. 누구도 허가 없이 재배, 소지, 수수, 운반, 보관하거나 이를 사용해서는 안 된다.

2. 증 상

(1) 내성의 존재와 의존성의 부존재

마리화나의 남용은 내성을 형성하게 되지만, 신체적인 의존성은 생기지 않는다. 일부의 사용자들은 환각을 경험하지만, 대마초의 강도가 아주 높은 경우를 제외하고는 대부분의 사용자들은 환각을 경험하지는 않는다.[99]

---

98) 마약류관리에 관한 법률 제2조 5호, 법률 제9024호, 2008.3.28.
99) Gilbert, *op.cit.*, p.364.

(2) 일반적인 증상

대마초 사용자들은 일반적으로 지각능력의 변화, 특히 색깔, 소리, 그리고 맛에 관한 감각이 변화한다. 적은 량을 복용하였을 때에는 충족감, 이완감을 수반한 꿈꾸는 듯한 느낌이나 공복감 등을 느끼고 시각, 후각, 촉각, 미각 등도 오묘하게 변한다. 많은 량을 복용하였을 때에는 공중에 뜨는 느낌과 함께 빠른 감정의 변화를 경험하며 집중력의 상실, 자아상실, 환각, 환청 등이 나타난다.

어떤 사용자들은 큰 소리, 공격적인 행동을 보이거나 전반적으로 말이 많아진다. 다른 사람들은 말이 없고 졸리고 내향적이 된다. 일반적으로 어떤 문제에 대해 신속히 반응하고 결정하는 능력은 저하된다. 따라서 대마초 남용자는 운전 중에 반응 능력의 결여로 인하여 심각한 교통사고를 발생시킬 잠재력을 가지고 있다.100) 대마의 남용이 위험한 것은 환각상태에서 강력범죄를 저지를 수 있다는 점이다.

3. 종 류

(1) 대마초

1) 생 산

포르투칼어로 마리화나(Marijuana)라고 하는 대마초는 미국 인디안의 카나비 사티바(Cannabis sativa)라고 하는 대마의 잎과 꽃대 윗부분을 건조하여 담배형태로 만든 것을 말한다. 대마는 전 세계적으로 온난한 기후를 가진 지역, 즉 멕시코, 남미, 자마이카, 미국, 동남아시아 등에서 자생하는 식물이다. 어떤 문화에서는 대마초를 먹고 껌처럼 씹기도 한다. 그러나 대부분 대마초는 주로 대마의 꽃대 윗부분과 잎을 건조시켜 담배 형태로 종이에 말아서 또는 파이프에 넣어 피우는 물질이다.101)

2) 성 분

대마초의 사용자가 쾌감을 얻게 되는 마약성 물질은 THC(테트라하이드로카나비놀 : tetrahydrocannabinol)로서 암컷 대마에만 포함되어 있으며, 이 물질 때문에 도

---

100) *Ibid.*, pp.364-365.
101) *Ibid.*, p.363.

취, 환각상태가 높게 나타난다. THC의 량은 대마의 종류와 재배방법, 성장지역에 따라서 약 20% 정도의 차이가 날정도로 비교적 저수준에서 고수준까지 아주 다양하다. 야생의 대마초는 THC수준이 1% 수준에 지나지 않지만, 적절하게 경작된 대마초는 3% 수준까지 상승한다. 콜롬비아나 하와이에서 생산한 대마초는 THC수준이 4~6% 수준이고, 씨없는 대마초인 신세밀라(Sinsemilla)는 8~14% 수준이다. 또한 해쉬쉬(Hashish)는 THC수준이 8~14%이고 해쉬쉬 오일은 15~50% 수준으로 가장 높다.[102]

(2) 대마수지(해쉬쉬)

성숙한 대마의 꼭대기에 있는 꽃대 부분이나 상부의 잎을 두드리거나 긁어서 THC함유량이 아주 높은 수지를 추출할 수 있다. 또는 대마수지는 대마 꽃대 부분의 수지성 분비물을 알코올로 채취하여 가마솥에 증류함으로써 건조·농축한 제품이다. 보통 마리화나보다 10배 정도로 효과가 강하다.[103]

찌꺼기가 말려진 덩어리 형태로서 색깔은 갈색, 암갈색, 흑색 등이다. 해쉬쉬는 그냥 피거나 흡입할 수도 있는데 흡입시 마취성이 있어 혼수상태에 빠질 수 있다.

(3) 해쉬쉬 미네랄 오일

해쉬쉬는 대마에서 기름성분의 액체형태로 추출될 수 있다. 품질이 좋은 마리화나에 용제를 넣어 가열하면 THC가 농축된 해쉬쉬 오일이 추출된다. 해쉬쉬 오일은 기름형태의 대마수지를 농축 또는 건조하지 않고 병이나 캔 속에 넣어 두고 사용하는 기름을 말한다. 해쉬쉬 오일은 주로 알코올, 설탕, 꿀, 향로 등을 타서 복용한다. 미네랄 오일도 마리화나 보다 10배 이상 강한 효과가 있다.

---

102) Weston & Lushbaugh, *op.cit.*, p.309.
103) Gilbert, *op.cit.*, p.367.

제5절 │ 환각작용을 일으키는 유해화학물질

1. 의 의

유해화학물질이란 마약류는 아니지만 인체에 유해성이 있는 화학물질로서 사용하면 환각작용을 일으키는 물질을 말하는데 대표적인 것으로 일반 시중에서 판매되고 있는 접착제(본드)와 부탄가스, 메틸알코올, 신나 등이 있다.[104]

2. 효과 및 위험성

본드와 부탄가스의 경우 처음에는 몇 번 냄새를 흡입함으로써 취한 기분을 느낄 수 있지만 점점 내성이 생기게 되며 효과는 흡입한 양의 농도에 따라 15분에서 수 시간에 이르기까지 다양하다.

유해화학물질의 사용습관은 다음 두 가지 이유 때문에 위험성이 있다. ① 조직손상의 위험성으로서 심할 경우 생명에 위험을 초래할 수 도 있다. ② 이들 용제에 중독된 청소년들은 공격적이거나 충동적이 되어 범죄행위나 생명에 위협이 되는 행동을 할 수도 있다.

제6절 │ 마약류 사범의 단속 · 수사

1. 향정신성 의약품 사범

(1) 단속 · 수사대상

① 식품의약품안전청장(이후 식약청장으로 표기)의 승인 없이 향정신성 의약품 또는 이를 함유하는 향정신성의약품을 소지, 소유, 사용, 관리, 수출입, 제조, 매매, 매매의 알선 수수 행위는 금지된다.[105]

---

104) 유해화학물질관리법 제43조, 법률 제8951호, 2008.3.21
105) 마약류관리에 관한 법률 제3조6호, 법률 제9024호, 2008.3.28.

② 마약류취급자가 아닌 자가 마약 또는 향정신성의약품을 소지, 소유, 사용, 운반, 관리, 수입·수출(향정의약품에만 적용), 제조, 조제, 투약, 매매, 매매의 알선, 수수 또는 교부하는 행위는 금지된다.[106]

③ 식약청장의 승인없이 향정신성의약품의 원료가 되는 식물에서 그 성분을 추출하거나 그 식물을 수출입, 매매, 매매의 알선, 수수, 흡연 또는 섭취하거나 흡연 또는 섭취할 목적으로 그 식물을 소지·소유하는 행위는 금지된다.[107]

④ 향정신성 의약품을 제조할 목적으로 원료가 되는 물질을 제조, 수출입, 매매, 매매알선, 수수, 소지, 소유 또는 사용하는 행위는 금지된다.[108]

⑤ 전항의 금지된 행위를 하기위한 장소, 시설, 장비, 자금 또는 운반수단을 타인에게 제공하는 행위는 금지된다.[109]

⑥ 마약류취급자가 아닌 자가 마약 또는 향정신성성의약품을 기재한 처방전을 발부하거나 한외마약을 제조하는 행위는 금지된다.[110]

(2) 증거의 확보

① 향정신성 의약품 사범은 감정대상물인 소변과 모발, 또는 혈액을 채취하여 감정에 의한 증거확보 원칙을 준수해야 한다. 이때 감정은 공인된 감정기관의 감정을 받아야 한다.

② 피의자의 자백에 의한 물증을 증거로 발견 또는 압수하였을 때에도 신속히 감정기관의 전문적인 감정을 받아야 한다.

③ 필로폰 남용자의 뇨는 72시간 이내에 깨끗한 용기에 20ml 정도 채취한다. 그리고 필로폰 남용자의 모발은 50수 이상 채취해야 한다.

④ LSD는 갈색 초자병(유리병) 광차단 용기에 채취한다. 메스암페타민의 남용의 경우 사용하다 남은 필로폰 분말, 남용자가 사용하던 주사기 등을 채취한다. 밀 제조 또는 소지와 관련된 경우에는 원료, 중간합성물질도 함께 채취한다.

---

106) 마약류관리에 관한 법률 제4조1항, 법률 제9024호, 2008.3.28.
107) 마약류관리에 관한 법률 제3조7호, 법률 제9024호, 2008.3.28.
108) 마약류관리에 관한 법률 제3조5호, 법률 제9024호, 2008.3.28.
109) 마약류관리에 관한 법률 제3조12호, 법률 제9024호, 2008.3.28.
110) 마약류관리에 관한 법률 제4조, 법률 제9024호, 2008.3.28.

2. 마약(아편과 코카인)사범

(1) 단속 · 수사대상

① 「마약류관리에 관한 법률」을 위반한 마약의 사용, ② 마약의 수출, ③ 식약청장의 승인 없이 마약의 원료가 되는 식물의 재배 또는 그 성분을 함유하는 원료 · 종자 · 종묘의 소지, 소유, 관리, 수출입, 매매, 매매의 알선, 수수 및 그 성분을 추출하는 행위, 유통, 사용 등을 위반한 경우, ④ 식약청장의 승인없이 마약을 제조할 목적으로 원료물질을 제조, 조제, 수출입, 매매, 매매의 알선, 수수, 소지, 소유 또는 투약, 교부, 사용하는 행위111), ⑤ 전항의 금지된 행위를 하기위한 장소, 시설, 장비, 자금 또는 운반수단을 타인에게 제공하는 행위는 금지된다.112), ⑥ 마약류취급자가 아닌 자가 마약 사용과 관련된 처방전을 발부하거나 한외마약을 제조하는 행위는 금지된다.113)

(2) 증거의 확보

1 양귀비

양귀비 재배 또는 복용사범은 그 증거물로서 열매가 있는 전초(꽃나무 전체)를 채취해야 하며, 열매가 없을 경우 다른 부위를 채취한다.

2 아편성분 함유 마약

생아편, 모르핀, 헤로인, 페치딘, 메사돈과 같은 아편성분으로 제조된 마약사용 사범은 덩어리, 분말, 앰플, 주사기, 흡연기구, 담배필터 등을 모두 채취해야 한다.

3 코카인

코카인 분말 사용사범은 코카인 분말 자체와 흡입기구, 그리고 코카엽은 씹는 이파리 그 자체를 채취한다.

---

111) 마약류관리에 관한 법률 제3조, 법률 제9024호, 2008.3.28.
112) 마약류관리에 관한 법률 제3조12호, 법률 제9024호, 2008.3.28.
113) 마약류관리에 관한 법률 제4조, 법률 제9024호, 2008.3.28.

3. 대마사범

(1) 단속 · 수사대상

① 대마초를 수입 또는 수출하는 행위, 다만, 마약류취급학술연구자가 식약청장의 승인을 받아 수입하는 경우를 제외한다. ② 식약청장의 승인을 받은 학술연구자 외의 자가 대마(대마초 제외)를 제조하는 행위, ③ 대마를 매매 또는 매매의 알선을 하는 행위, ③ 대마 · 대마초의 종자 껍질을 흡연 또는 섭취하거나 흡연 또는 섭취목적으로 대마 · 대마초종자 또는 대마초종자의 껍질을 소지하는 행위 또는 그 정을 알면서 대마초종자 · 대마초종자의 껍질을 매매 또는 매매의 알선을 하는 행위, ④ 마약류취급자가 아닌 자가 대마를 재배, 소지, 소유, 수수, 운반, 보관, 사용한 경우, ⑥ 금지된 행위를 하기 위한 장소, 시설, 장비, 또는 운반수단을 타인에게 제공한 자 (마약류관리에 관한 법률 제3조 8호 내지 12호).

(2) 증거확보

① 대마초의 종자, 뿌리 및 성숙한 대마초의 줄기와 그 제품을 제외하고 있으므로 이를 흡연한 행위는 처벌할 수 없다.

② 대마초의 흡연 또는 흡입여부는 감정에 의하지 아니하고는 확인할 수 없다. 따라서 대마 흡연 및 흡입여부를 증명하기 위해서는 생체시료인 소변이 가장 적당하고 소변을 채취할 경우 흡연 후 72시간 이내에 30ml 이상 채취해야 한다. 혈액도 감정 시료가 되지만, 그 정확도가 떨어진다. 혈액을 채취할 경우에는 반드시 초자용기(유리용기)를 사용해야 하고, 플라스틱용기는 피해야 한다. 모발은 섭취후 오랜 기간후에도 감정할 수 있고 그 정확도가 높다.

③ 소지한 대마초는 압수하고 대마초 사용후 은닉한 잔여품을 수거한다. 대마를 불법으로 재배한 자를 검거한 경우 경작지에서 입회인과 함께 사진촬영 및 현품을 압수해야 한다.

4. 유해화학물질사범

(1) 단속·수사대상

단속·수사대상은 흥분·환각 또는 마취의 작용을 일으키는 유해물을 함유하는 물질 또는 이에 준하는 유해화학물질로서 톨루엔, 초산에틸 또는 메틸알코올 등이다. 또한 위의 물질이 들어 있는 신나, 접착제, 즉 본드 및 도료, 그리고 부탄가스 등이 대상이다.

(2) 처벌대상

① 본드나 부탄가스같은 유해화학물질을 섭취 또는 흡입하거나 이러한 목적으로 소지하는 경우, ② 환각물질을 섭취 또는 흡입하고자 하는 정을 알면서도 판매 또는 공여하는 행위 등이 처벌대상이다. 따라서 본드나 부탄가스의 단순소지자는 처벌대상이 아니다.

(3) 증거확보

① 부탄가스의 경우 흡입한 부탄가스에 노말부탄, 이소부탄 등이 함유되어 있는지 감정되어야 처벌 유무를 결정할 수 있다.
② 본드의 흡입 여부 감정은 체내에서 배출되기 전인 흡입 후 16시간 이내에 혈액을 채취해야 한다. 이때 혈액 채취는 의사가 해야 하며 감정은 감정기관에서 해야 한다. 감정기일은 3일 이내이다.
③ 잔여본드 수거는 물론 구입처인 판매자 및 공범자의 진술을 확보하고 감정은 필히 공인된 기관에 의뢰해야 한다.

(4) 수사상 유의점

① 성인에게 판매했을 경우에는 유해화학물질을 흡입하여 환각상태에 빠질 목적으로 구입하는 것을 알고 판매한 경우에만 처벌이 가능하지만, 19세미만의 청소년에게 판매하였을 경우에는 판매자가 이를 알았는지 여부를 불문하고「청소년보호법」으로 처벌한다. 그러나 19세 미만자가 유해화학물질을 흡입한 경우에는「청소년보호법」이 아닌「유해화학물질관리법」위반으로 처벌한다.

② 혼수, 무의식적 동작, 싸움, 강간 등 일반범죄수사의 범죄원인이 되었는지 여부를 수사하고 우범지역이나 학교 주변 등에서 배회하는 불량청소년에 대한 소지품 검사 및 소매·옷깃 등에서 본드 냄새 여부를 확인한다.

③ 본드 흡입자는 고층에서 뛰어 내리거나 실족하는 사례가 있으므로 대비해야 하고, 환각상태에서는 사실대로 숨김없이 잘 털어 놓으므로 자세한 진술을 자필로 쓰게 하거나 녹음 등의 조치를 취해야 한다.

③ 들치기, 소매치기, 날치기, 청소년 폭력사범 등은 접착제 및 약물복용 여부를 복합적으로 조사해볼 필요가 있다.

제7절 마약류 사범 수사

I. 정보수집

(1) 정보수집 대상자

마약류 사범에 대한 정보수집은 조직이탈자, 공범자 등을 정보원으로 활용하거나 마약감시원, 세관원 등으로부터 정보를 입수해야 한다. 또한 마약범죄 전과자, 수형 종료자, 기소중지자의 동향감시 활동을 통하여 정보를 입수한다.

(2) 마약류 사범의 은어

마약류 사범들이 그들만의 은어를 통하여 투약과 밀매를 하는 것이 특징이다. 그 은어들을 예시하면 다음과 같다. ① 술, 약, 막걸리, 물건은 필로폰, ② 고사바리는 소규모 마약류 장사, ③ 작대기나 한사끼는 주사기에 든 필로폰 약 0.7g, ④ 뺑뺑이 돌림은 미행여부를 확인키 위해 약속장소를 자주 옮김, ⑤ 차치기는 차안에서 혹은 마약류 매입자가 차에 접근하여 금전과 마약류를 서로 교환하는 형식으로 거래, ⑥ 앞방은 밀매시 판매자의 지시를 받고 직접 마약을 전달해 주거나 망을 보는 사람, ⑦ 한잔은 1회 투약분, ⑧ 꽂힘은 한 가지 일에 몰두, ⑨ 상선은 마약류 공급하는 자, ⑩ 하선은 마약류를 공급받는 자, ⑪ 원단은 마약류의 원료 물질을 가리키는 말, ⑫ 눈탱이 친다는 마약류 판매자가 그 대금을 미리 받은 후 마약류를 주지 않고 사기 치는 것을 이르는 말, ⑬ 던지기는 마약류를 판매하는 자 혹은 소지자가 마약류의 매입의 사나 투약의사가 없는 자 등에게 교부하고 이를 수사기관 등에 제보하여 검거토록 하는 방법, ⑭ 지게꾼은 밀수출입의 경우나 매매자 사이에서 경비 혹은 금원을 제공 받고 마약류를 운반하여 주는 자, ⑮ 공장은 마약류를 밀제조하는 장소 혹은 시설이 있는 곳, ⑯ 고속도로는 상습투약으로 인하여 생긴 주사흔을 의미한다.[114)]

    사법경찰관은 수집한 정보를 토대로 하여 수사일정, 장소, 수사요원의 편성 등 수사계획을 수립하여 수사에 착수한다. 마약수사는 수사간부가 직접 관장해야 하며 관계수사 장비, 타 기관과의 협조, 지휘, 보고문제에도 유의해야 한다.

2. 수사착수

(1) 수사계획 수립

    사법경찰관은 수집한 정보를 토대로 하여 수사일정, 장소, 수사요원의 편성 등 수사계획을 수립하여 수사에 착수한다. 마약수사는 수사간부가 직접 관장해야 하며 관계수사 장비, 타 기관과의 협조, 지휘, 보고문제에도 유의해야 한다.

(2) 범인검거

    마약사범은 점조직으로 운영되고 있기 때문에 행위자의 조직 내 위치의 파악이 매우 곤란한 경우가 대부분이나 최대한의 노력으로 그 조직을 일망타진할 수 있도록 하여야 한다. 특히 밀조책과 총책검거에 힘써야 한다. 이때 제보자를 활용하는 경우 그의 보호에도 만전을 기하여야 한다.

(3) 증거확보

    마약현품(소지 및 은닉품 등), 제조기구 및 그 원료, 거래자금, 범인이 소지하고 있던 메모지, 수첩(기재된 전화번호, 암호표시에도 유의), 거래자금을 입금한 통장 등을 압수하여 증거를 확보한다. 이때 밀조공장, 범인가옥, 연고지, 사용차량에 대한 철저한 수색이 있어야 한다.

---

114) 사법연수원, 특수수사론, 2008, pp.250-251.

(4) 조 사

검거된 피의자에 대한 일반적인 조사요령에 의하되 배후인물의 색출에 최선을 다하고 반복 조사시 녹음 등의 방법으로 법정진술시 번복할 가능성에도 대비해야 한다.

3. 마약류 사범 수사기법

(1) 합법적 · 합리적 수사

마약류 사건을 수사하는 수사관은 수사절차상 법령과 규칙을 준수하고 증거에 입각한 수사를 하는 합리적인 수사를 해야 한다. 따라서 약물중독자를 발견한 경우에는 아큐사인 시약 검사를 한 후 반드시 감정기관에 감정을 의뢰함으로써 객관적인 증거를 확보해야 한다. 특히 마약류 사범 피의자에게 체내강제수사를 할 경우에는 반드시 압수 · 수색영장 이외에 검증영장을 발부 받아야 한다.

(2) 체내강제수사

1) 의 의

체내 강제수사란 신체의 내부에 대한 강제수사를 말한다. 여기서 내부란 착의의 내부를 의미하는 것이 아니라 사람의 몸 안을 의미한다.

2) 절 차

체내강제수사는 압수 · 수색영장 이외에 검증영장이 있어야 한다. 검증영장에는 감정할 신체의 부위, 신체검사를 필요로 하는 이유와 체내수사를 받을 자의 성별 및 건강상태를 기재해야 한다.

3) 요 건

① 체내강제검증

피의자의 항문 내, 구강 내 등의 신체내부에 대한 강제적인 검증을 말하고 검증의 필요성과 상당성이 있어야 한다.

② 연하물의 강제검증

연하물의 강제검증이란 사람이 삼켜서 목구멍으로 넘어간 물건을 구토제 등을 사용하여 강제적으로 배출하게 하는 것을 말하고 위장내에 있다고 인정되는 경우에 한하여 인정된다. 이 경우에 연하물에 대한 압수의 필요성과 배출방법의 상당성이 있어야 한다. 강제검증은 검증영장이 필요하고 감정처분 허가장을 받아 의사 등 전문가에 의한 감정을 받아야 한다.

③ 혈액 등의 강제채취

감정의 목적으로 혈액, 정액, 타액, 위액, 뇨 등의 신체분비물의 일부를 강제로 채취할 수 있다. 피의자가 임의 제공을 거부하는 등의 강제채취의 필요성과 상당성이 있어야 하고, 증거로서의 중요성이 있어야 한다. 이 경우에 신체검증영장과 감정처분 허가장이 요구된다.

(3) 마약류 사범 조사시 유의사항

1) 자해와 발작의 방지

흥분·환각상태의 피의자는 단순한 행동에도 과민한 반응을 보이므로 검거와 동행시 자극을 삼가고 회유하여 경찰관서로 연행하여야 하며 연행된 피의자의 소지품, 복장 등에 마약류나 자해물질이 있는지의 여부를 철저히 확인 수사하여야 한다. 또한 갑작스런 발작에 대비하여 2인 이상이 감시하고 조사하여야 한다.

2) 마약 섭취 감정시료 채취

검거 시에는 즉시 소변, 두발, 혈액, 타액 등을 채취하여 감정에 대비하고 필요한 증거물이나 주사자국 등을 촬영하여 증거로 활용하고 환각상태에서의 진술은 신빙성에 문제가 있으므로 반복질문을 하고 진술녹화 시설을 활용하여 녹음해 두는 것이 효과적이다.

소변은 약물이 다량 함유되어 있고 채취가 용이하여 생체시료로 가장 많이 사용되지만, 섭취후 3일이 경과한 경우에는 마약 섭취여부를 감정할 수 없다는 문제점이 있다. 모발은 투약후 장기간 경과후에도 감정이 가능하다는 장점이 있으며, 혈액은 약물농도가 낮고 채취가 어렵다는 문제가 있다.

3) 발작시 조사 중지와 대필의 금지

마약 피의자가 중독으로 인하여 발작을 할 때에는 강제수용시설에 수용하여 어느 정도 정상행동으로 돌아온 후에 조사하여야 한다. 수사관이 진술서를 대필을 할 경우에는 진술서의 임의성에 문제가 생기므로 피의자가 환각상태라고 해서 진술서 등을 대필해서는 안된다.

4. 과학수사 기법

마약범죄 수사는 수사의 대상이 된 약물이 마약인지, 그것을 생산한 곳은 어디인지, 마약이 섭취한 사람의 몸속에서 발견된 것인지에 대한 것을 증명하여야 한다. 이러한 사안은 바로 전문가인 과학수사학자들에 의하여 입증되어야 한다.

(1) 마약의 탄도학 검사

수사의 대상이 된 마약의 출처를 확인하는 것이 필요하다. 이른 바 마약 정제에 대한 탄도학 검사(ballistics examination)는 마약의 출처 식별을 위한 공통적인 방법이다. 이 검사방법은 마약 제조업자를 식별하기 위하여 시도하는 마약 정제와 캡슐에 대한 화학적 분석과 도구흔 검사의 결합에 의해 이루어진다. 즉, 마약의 화학적 성분을 분석하고 정제와 캡슐을 제조하기 위하여 사용한 특이한 도구의 자국을 검사하여 마약제조업자를 식별하는 검사방법이다. 이러한 검사로부터 얻어진 자료는 마약 회사로부터 확보한 샘플과 비교됨으로써 불법 제조실험실에서 생산된 마약인지를 확인할 수 있다.[115]

(2) 약물식별과 분석

법의 화학자는 수사대상이 된 약물이 마약 또는 위험한 합성마약인지 여부를 결정하여야 한다. 이러한 결정을 위하여 일반적으로 질적·양적 분석이 수행된다. 질적 분석은 약물을 구성하고 있는 요소들을 결정하고, 양적 검사는 약물의 양과 순도를 결정한다.

---

115) Weston & Lushbaugh., *op.cit.*, pp.386-387.

1) 결정체 침전검사방법

보통 결정체 침전검사방법(Crystalline precipitation tests)이 아편 함유마약과 코카인을 식별하기 위하여 사용된다. 그러한 분석은 약물내에 결정체를 형성하는 화학물질들을 이용한다. 결정체의 형성구조는 마약의 종류에 따라서 특이하기 때문이다.

2) 스펙트럼 사진기 분석

스펙트럼 사진기 분석(spectrographic analysis)을 통하여 약물의 칼라 스펙트럼을 검사할 수 있다. 바르비탈염 제제같은 약물은 엑스레이 회절에 의하여 식별되고 비교될 수 있다.

3) 소어즈 그로쓰 테크닉법

최근에 개발된 소어즈 그로쓰 테크닉(Sores-Gross technique)법은 사람의 혈액속에 마리화나의 존재와 양을 결정할 수 있는 기법으로 알려져 있다. 이 기법은 마리화나 섭취후 2시간 이내에 방사선면역 측정을 통하여 혈액속에 THC존재여부를 측정할 수 있다.[116)

(3) 섭취 약물 검사

법의 화학자들은 마약류의 존재여부를 검증하기 위한 생리적 증거에 대한 검사의뢰를 받는다. 이러한 검사는 수사단서를 확보하기 위하여 의뢰된다는 점에서 중요하다. 보통 혈액과 소변, 그리고 모발이 약물 섭취여부에 대한 검사시료가 된다. 혈액과 소변 검사는 의료기관과 부속 실험실에서 주로 이루어지지만, 모발검사는 흔히 범죄실험실에서 이루어진다.

5. 마약류 투약 감정을 위한 생체시료

(1) 소 변

마약류에 사용되는 생체시료는 소변, 혈액, 모발, 손톱, 발톱, 땀, 타액 등이 있다. 이 중 소변은 시료채취가 용이하고 감정기법의 신뢰도가 높아 투약여부 감정에 주

---

116) *Ibid.*, p.387.

로 이용되고 있는 시료이다.

소변감정은 두 기법으로 나누어진다. 하나는 신속한 감정결과를 얻기 위한 면역반응법이고, 다른 하나는 면역반응법 양성 결과를 다시 확인하는 가스크로 질량분석법을 이용한 기법으로 구분된다. 이 기법들은 경찰에서 실시하는 마약류 복용 여부를 감정의뢰 했을 경우에 실시되는 감정기법이다.

1) 감정기법

① 면역반응법

약물의 항원·항체반응원리를 이용한 감식기법으로 감식결과를 1~2시간 내에 알 수 있고 다수의 소변을 동시에 감정할 수 있다. 접수한 당일 결과를 얻어 수사참고 자료로 일선 마약수사과에 유선통보할 수 있다. 면역반응법은 약물을 복용하지 않은 사람의 소변은 정확히 확인할 수 있는 특성이 있다. 그러나 면역반응법은 신속한 감정이 가능한 반면 화학구조가 유사한 다른 약물과도 반응을 하는 결점이 있다.

② 가스크로 질량분석법

면역반응법에서 양성으로 판정된 소변은 유사 약물에 의한 양성반응여부를 확인하는 기법이 가스크로 질량분석법이다. 그러나 면역반응법 결과가 음성으로 판정된 소변은 가스크로 질량분석법으로 확인 감정하지 않는다.[117]

2) 장 점

소변은 시료채취가 용이하고 양이 충분하며 약물이 다량 함유되어 배설된다. 또한 혈액에서보다 오랜 시간 동안 약물이 머물러 있으며, 수용성이기 때문에 약물이 쉽게 추출되어 분석하기 쉽다는 장점이 있다. 따라서 약물복용 여부 감정에 가장 널리 사용된다.

3) 단 점

소변 중 약물의 배설량은 소변량에 따라 달라 그 양을 정확히 계산할 수 없고 소변 중 약물 농도가 약리작용과는 일치하지 않아 약물의 사용정도를 예측할 수 없다.

---

117) 사법연수원, 과학수사론, 2009, p.199.

또한 시험결과 양성반응은 채취 전에 한 번이라도 약물을 사용한 것만을 의미하기 때문에 만성중독 여부 등에 대하여는 알 수 없다.

또한 소변의 구성성분이 음식의 종류에 의해 영향을 받고 약물의 배설정도가 소변의 PH에 따라 크게 달라진다. 즉, 알카리성 음료를 마시면 알카리성 약물 배출은 지연되고 산성음료를 마신 경우에는 그 반대의 현상이 생긴다. 따라서 약물을 복용한 소변의 배설시간은 모든 사람에게 일률적으로 적용하기는 어렵다. 소변 시료의 가장 큰 단점은 투약 후 3~4일 후면 대부분 배설된다는 점이다. 또한 소변은 채취 시 주변의 물 등에 의한 고의적 희석우려, 시료보관과 운송 등이 쉽지 않다.118)

4) 채취량과 시간

마약, 환각제, 대마의 남용여부를 증명하기 위한 생체시료는 뇨가 가장 적당하고 가급적 빠른 시간내에 채취하여야 하며 채취량은 여러 가지 검사가 필요한 경우 증거물의 양을 30ml 이상 채취하여야 한다.

마약사범의 생체시료로서 소변의 채취시간은 ① 메스칼린은 24시간 이내, ② 헤로인 40시간 이내, ③ 메사돈과 페치딘, 그리고 LSD는 48시간 이내, ④ 대마, 모르핀, 필로폰 그리고 생아편은 72시간 이내이다.

그러나 소변 채취시기는 초심자와 중독자로 나누어 구분하기도 한다. 즉, ① 필로폰은 초심자의 경우 2~3일 이내, 중독자는 7~10일 이내, ② 대마는 초심자의 경우 7~10일 이내, 중독자는 약 30일 또는 36일 이내, ③ 코카인(메스칼린)은 초심자의 경우 1일 이내, 중독자는 2~3일 이내, ④ 헤로인은 초심자의 경우 2~3일 이내, 중독자는 5~7일 이내이다.119)

5) 채취방법

① 소변이 물로 희석되는 것을 방지하기 위하여 가능하다면 화장실 탱크에 청색제를 놓아 변기의 물이 항상 청색이 되게 한다. 배뇨를 하는 곳에 샤워기나 세면대를 없애는 것이 좋다.

② 소변 채취 전에 채취 동의서를 작성하여 피채취자의 서명, 날인을 받아 둔다.

---

118) 경찰수사보안연수소, 마약류범죄수사., 2006, pp.18-20.
119) 사법연수원, 과학수사론., p.198.

소변 채취 전 1~2시간 전에는 커피, 콜라, 맥주 등 소변 양을 증가시키는 음료는 마시지 못하게 한다.

③ 피채취자가 소변을 채취할 때 감독자가 동행하여 감시한다. 이때 피채취자가 소변을 바꾸거나 변조시킬 가능성이 없으면 피채취자의 사생활은 보장되어야 한다.

④ 시료채취후 4분 이내에 시료의 온도를 측정할 때 시료의 온도가 32~38℃범위에서 벗어나면 시료를 변조했거나 다른 것과 바꾸었다고 볼 수 있다.

⑤ 시료 채취 후 피채취자 앞에서 소변을 적당한 용기에 옮기고 채취일시, 채취장소, 채취자 서명, 피채취자 서명을 기재하고 피채취자가 확인하도록 한다.

⑥ 소변은 의뢰하는 마약의 종류에 따라 필요량이 다르나 약물 한 항목당 약 10ml 정도를 의뢰하는 것을 원칙으로 한다.

⑦ 시료가 한 장소에서 다른 장소로 운반되거나 보내어질 경우에 시료전달과정이 문서화되어야 한다. 시료가 전달될 때마다 날짜와 목적을 시료전달과정 서류에 기재하고 각 단계를 확인해야 한다. 시험의뢰서 및 시료전달과정 서류는 시료와 함께 동봉해야 한다.[120]

(2) 혈 액

혈액은 빠른 시간 내에 약물이 혈액 속으로 이동하므로 약물 투여량과 혈액 중 약물농도가 비례할 뿐만 아니라 전문가에 의해 채취되므로 시료가 바뀔 염려가 없다는 장점이 있다. 그러나 혈액은 많은 양의 시료채취가 어렵고 혈액 중에는 측정하고자 하는 약물과 화학적 결합을 하는 단백질 등이 있어 약물분석이 어렵고 복잡하다. 또한 혈액 중에 약물의 빠른 순환으로 약물농도가 낮게 검출된다는 단점이 있다.[121]

(3) 타액 및 땀

타액은 약물 검출이 가능하고 시료채취가 간편하다는 장점이 있다. 그러나 시험에 필요한 양의 타액을 채취하기가 어렵고, 정량검사가 불가능하다는 단점이 있다.

---

120) 마약류 범죄수사, 경찰수사보안연수소, 2006, pp.25-26.
121) 앞의 책., pp.19-21.

또한 혈액과 마찬가지로 단 몇 시간 동안만 약물이 검출되므로 일정시간 경과 후에는 약물이 검출되지 않는다.

(4) 모 발

1) 모발감식의 역사

법과학 분야에서 모발감식은 50여 년 전부터 시작되었으나 남용약물에 대한 모발감식은 1980년대부터 그 기법이 개발되었다. 법과학 분야에서 모발감식은 독극물에 의한 사인이나 환경 오염물질에 대한 노출정도의 측정 수단, 또는 모발의 형태학적 특징이나 DNA검출에 의해 범죄인이나 개인의 신원 확인 수단으로 활용되고 있다.

모발감식이 마약류 남용 감식에 소변감식과 더불어 약물 복용여부를 판별할 수 있는 기법으로 채택되게 된 것은 몇 년 되지 않는다. 1978년 봄가트너(Baumgatner) 등이 모발 중의 모르핀 성분 분석에 관하여 보고한 것을 시발로 여러 나라에서 모발 감식기법을 연구하여 현재는 모발감식을 마약류 복용 감정에 대한 가장 유력한 수단으로 활용하고 있다.[122]

2) 약물의 모발 축적

사람이 복용한 약물은 혈액을 통하여 모발에 축적된다. 모발에 축적된 약물은 모발을 인위적으로 제거하지 않는 한 모발 속에 남아 있어 남용자의 모발속에 있는 약물의 종류와 양을 감정할 수 있는 시료가 된다. 사람의 모발은 머리카락, 턱수염, 겨드랑이 털, 체모, 눈썹, 음모 등으로 구분할 수 있으나 마약류 감정에는 일반적으로 머리카락을 이용한다. 머리카락을 채취하기 어려운 경우는 다른 모발도 감식시료로 사용할 수 있다.

3) 장 점
① 장기복용 약물 감정 시료

약물복용 검사를 위한 소변이나 혈액 시료는 약물복용후 일정시간 내에 약물이 체외로 배설되므로 어느 정도 시일이 경과한 후에는 약물복용여부의 시료로서의 가

---

122) 사법연수원, 과학수사론., p.211.

치를 잃게 된다. 그러나 모발은 특별한 환경적 요인이나 인위적 손상을 가하지 않는 한 수 개월 혹은 수 년이 경과하여도 투약한 약물을 검출할 수 있다. 마약의 흔적은 머리카락 줄기(hair shaft) 속에 무한정으로 존재하기 때문에 혈액이나 소변보다는 훨씬 장기간 동안 탐지가 가능하다.

머리카락 1인치는 대략 60일간의 약물사용 검사 시료가 된다. 흡수된 마약은 혈관을 통하여 순환하고 머리카락의 모낭에도 영양분을 제공한다. 따라서 머리카락의 핵심 줄기 속에 도달된 마약의 흔적은 섭취한 마약의 양에 비례한다. 그 흔적은 씻거나 탈색에 의해서도 없어지지 않는다.123) 또한 시료수집 및 운송이 용이하고 보관 등의 외부조건에 영향을 받지 않는 안정성 등의 장점이 있다.124) .

② 모발의 길이에 따른 복용량 감정

모발의 자라는 부위에 따라 약물농도가 달라 약물사용 시기를 추정할 수 있다. 투약 시기 추정을 위한 시료는 모발이 적당하며 모발이 1개월에 평균 1cm 정도 성장함을 기준으로 하여 모근으로부터 일정간격(약 3~5cm)으로 잘라 각 부분을 시험하여 판정한다. 또한 모발에 축적된 마약류의 량은 일반적으로 복용량에 따라 비례하는 것으로 알려져 있다.

예를 들어, 마약류 사범 수사과정에서 피의자가 7개월 전에 약물을 복용하였다고 진술할 경우에 모발감정은 모근부위로부터 6~8cm 부분의 모발을 잘라 감식해야 한다. 또한 진술이 없더라도 모근 부위로부터 2cm 간격으로 잘라서 감정한 결과 4~6cm 부위에서 필로폰 양성반응이 나오면 피의자는 시료채취일로부터 4~6개월 사이에 필로폰을 복용한 것으로 추정할 수 있다.125)

4) 단 점

모발 중에는 약물이 극소량 함유되어 있으므로 약물을 검출하기 위하여 숙련된 고도의 기술이 요구되고, 모발의 길이에 따른 농도분포, 개체간의 자라는 비율, 환경에 의한 오염, 머리손질, 모발 채취부위 등 여러 요인에 따라 농도의 변화가 생기는 단점이 있다. 약물이 모발에 축적되는 정도가 인종별 모발의 색에 따라 커다란 차이

---

123) Gilbert, *op.cit.*, pp.387-388.
124) 마약류 범죄수사, 경찰수사보안연수소, 앞의 책., pp18-19.
125) 사법연수원, 과학수사론., pp.214-215.

가 있다는 점도 단점이다. 또한 대마초와 같이 흡연에 의해 남용되는 약물은 간접흡연에 의해 땀을 통하여 약물이 모발에 흡수될 수 있다는 문제도 제기된다.[126]

5) 모발에 의한 감정 가능 약물

① 2회의 본시험에 의한 양성판정

모발감정은 뇨와는 다르게 예비시험이 없이 바로 본시험을 시행하며 감정결과의 정확성과 신뢰성을 위하여 2회 실험을 실시하여 모두 양성이 나와야 최종적으로 양성판단을 하고 감정서를 작성한다.

② 모발에 의한 검출마약류

현재 모발에서 약물검출여부를 위한 감정기법이 확립된 마약류는 메스암페타민과 MDMA(엑스터시), 그리고 최근에는 대마도 가능하다.[127] 머리카락 채취는 머리 정수리 부분에서 채취하며, 머리카락을 손으로 당겨서 뽑거나 두피에 가깝게 가위로 자른다. 모발 중 메스암페타민 검증을 위해서는 50~80수를 채취해야 한다. 짧은 스포츠형의 두발인 경우 100수 정도가 필요하다. 다만, 투약시기 감식의 경우 머리카락을 100~200 수 이상 채취하여 모근부위를 감식관이 알 수 있도록 표시하여 감정 의뢰한다.[128] 대머리이거나 삭발처럼 두발채취가 곤란한 경우에는 음모, 겨드랑이털 등 기타 체모를 채취한다. 그러나 두발 이외의 체모는 메스암페타민 검출만 가능하다.[129]

6. 필로폰 투약자 생체시료 채취

(1) 뇨

1) 채취기간

필로폰을 투약한 경우 20분후부터 뇨로 배설되기 시작하여 24시간 이내에 복용량의 약 25%가, 48시간 이내에 약 75~90%가 배설된다. 따라서 통상 1~3회 정도에

---

126) 마약류 범죄수사., 경찰수사보안연수소, pp.31-33.

127) 사법연수원, 특수수사론, p.262.

128) 사법연수원, 과학수사론., p.216.

129) 마약류 범죄수사, 경찰수사보안연수소.,2006, p.32.

해당하는 초심자는 투약 후 약 2~3일 이내에, 중독자는 5~7일 이내에 소변채취를 해야 한다. 상습투약자는 투약 후 10일까지도 약물이 검출된다. 그러나 채취기간은 투약자의 성별, 연령, 대사능력 등에 따라 다르고, 함께 복용한 음식물이나 약물에 따라 영향을 받기 때문에 모든 사람에게 동일하게 적용할 수는 없다. 소변의 수소이 온농도를 알카리성으로 변화시키는 약물 복용은 약물의 체내 체류시간을 길게 하고, 소변을 산성으로 변하게 하는 약을 함께 복용하면 배설시간이 단축된다.

2) 채취량과 이뇨음료 복용금지

소변감정 의뢰시 오염되지 않은 소변을 약 20ml 이상 채취해야 하고 소변채취전 맥주, 콜라, 커피같은 이뇨작용이 있는 음료수의 복용은 섭취하지 못하도록 한다. 채취된 소변을 담는 용기는 재질이 소변과 반응하여 감정에 영향을 주는 것이어서는 안 된다.

3) 뇨 감정의 한계

필로폰의 뇨 중 배설은 복용량, 복용방법, 복용후 뇨의 채취시기, 남용정도, 뇨의 액성이나 개체차 등으로 인해 뇨 중 필로폰 검증만으로 약물의 투약시기를 추정하기는 곤란하다.

(2) 모 발

1) 채취량과 채취기간

모발을 채취하여 감정하는 경우에는 모발을 두피에 가깝게 절단하는 것이 바람직하고 최소 50수 이상 채취해야 한다. 모발은 1개월에 1.05~1.2cm씩 성장하므로 투약추정가능시간은 6~9개월 정도가 된다.

2) 채취부위와 채취방법

두발의 채취부위는 후두정부(정수리 뒷부분)가 가장 적합하고 정수리를 중심으로 여러 부위에서 채취한다. 모발은 모근이 반드시 있을 필요는 없으므로 모근 가까운 부위부터 절단해도 무방하며, 다만 시기추정을 위한 두발은 반드시 모근이 필요하다.[130]

---

130) 앞의 책., p.35.

7. 간이시약에 의한 마약류 복용검사

(1) 아큐사인(Accusign) 검사

1) 특 징

① 마약류를 복용하였다고 의심되는 피의자를 검거한 경우 즉시 아큐사인 시약으로 복용여부에 대한 검사를 실시하여야 한다. 아큐사인은 피의자의 뇨를 이용하여 마약류를 복용하였는지를 밝히는 간단한 검사법으로 현재 일선에서 광범위하게 사용하고 있다.

② 아큐사인 간이시약 검사는 메스암페타민(MET), 대마초(THC), 코카인(COC), 헤로인(모르핀), 엑스터시(ET) 등 다섯 가지의 복용여부를 검사할 수 있다.[131]

2) 검사방법

① 검사방법은 먼저 피의자의 뇨 3~4방울을 제출받아 플라스틱 피펫으로 샘플 윈도우에 떨어뜨리면 약 3분에서 10분 사이에 결과를 판별할 수 있다.

② 판별방법은 비교띠(C : Control Line)와 시험띠(T : Test Line) 모두에 붉은 띠가 나타나면 음성, 즉 복용하지 않음으로 판별되고 비교띠에만 붉은 띠가 나타나면 양성으로 판별한다. 시험띠(T)위에 조금이라도 붉은 띠가 나타나면 음성으로 판별한다. 비교띠가 전혀 현출되지 않는 경우 시험은 실패한 것으로 보아 다시 시험해야 한다.

③ 간이시약 검사결과 양성반응이 나온 경우 시간경과에 따라 훼손될 수 있으므로 즉시 사진을 찍거나 간이시약 검사결과에 대하여 피의자 확인서를 받아 두어야 한다.

④ 주의하여야 할 점은 가장 먼저 채취한 소변으로 검사하고, 간이시약 감정결과는 직접증거로 쓰기에 부족하므로 반드시 정식감정을 의뢰하여야 한다는 점이다. 또한 구조가 유사한 약물에 의해 위양성이 나타날 수 있으므로 정확한 시험이 아니라 예비시험이라는 점을 분명히 해야 하며, 때에 따라 간이시약 검사결과가 음성일지라도 정식 감정결과 양성반응이 나타날 수 있다는 점에 유의하여야 한다. 그러므로 피의자의 자백 등 다른 증거가 있을 경우 간이시약 검사결과가 음성일지라도 피의자를 석방하지 말고 정식검사를 의뢰하여야 한다.[132]

---

131) 마약류범죄수사, 경찰수사보안연수소, 2006, p.23.

3) 시약검사 후 양성반응 피의자 조사시 유의사항

① 2명 이상의 조사관 참여

피의자가 심리적으로 매우 편집적이고 타인을 의심하며, 망상증적인 불안상태에 있으므로 수사관 혼자서 조사를 하는 것은 금물이다. 따라서 반드시 2명 이상의 조사관이 참가하여 만일의 돌발사태에 대비하고, 공범자와의 통모방지를 위해 전화통화를 차단한다.

② 자해방지

조사시 책상위에 자해가능한 칼이나 가위 등을 무단방치해서는 안되며, 미리 파악된 마약조직의 계보도를 활용하여 거짓 자백에 흔들리지 말고 수사의 방향을 잡아야 한다.

③ 정식감정 의뢰

간이시약 검사에서 양성반응시 긴급체포하고 즉시 소변, 모발, 혈액 등에 대한 정식감정을 실시한다. 긴급체포후 구속영장 신청이전에 감정결과를 회보받을 수 없을 경우에는 유선으로 감정결과를 확인하여 수사보고서를 작성하고 이를 기록에 첨부한다.

④ 검사결과 피의자 확인서 확보

검사결과에 대한 피의자의 확인서는 소변이 피의자 자신의 것이며 간이시약에 빨간 줄이 1개 또는 2개였다는 내용으로 구체적으로 받아야 한다.

(2) 마퀴스 시약

진한 황산에 포르말린을 넣어 만든 것으로 모르핀, 코데인, 헤로인 등 아편 알카로이드에 사용하면 처음에는 붉은 자색을 띠다가 청색으로 변한다. 이것은 수사상 마약복용 여부를 확인하는 1차적 과정에 불과하며 최종적인 것은 전문 감정기관에 의하여 정확한 감정서를 받아 증거를 확보해야 한다. 감정의뢰 대상기관은 국립과학수사연구소 및 각 시도 보건연구소이다.

---

132) 앞의 책., p.23.

(3) 자외선 분광광도법

LSD를 자외선에 쪼이면 푸른 형광색을 띠게 된다. 최종적인 감정은 감정기관에 의뢰한다.

(4) 듀케노이스 시약

대마초를 현장에서 확인하기 위한 시약으로 이것을 가하면 감정대상물이 청색, 진청색, 자색으로 변한다. 커피 등에도 반응함으로 최종적인 확인은 전문 실험실에 의뢰한다.

(5) TBPE시약

TBPE 시약은 필로폰에 사용되는 현장 감식용이다. 투약후 72시간 이내에 소변을 약 20ml를 채취하여 시험관에 붕사 0.1g을 넣은 후 소변 3~5ml를 넣어 잘 흔들어서 붕사를 녹인다. 여기에 TBPE 시약 0.5ml를 가하여 잘 흔든 후 고정시킨다. 적자색을 띠면 양성이고 황색 또는 녹색을 띠면 음성이다 그러나 김치, 감기약, 커피 등에서도 양성반응이 나타나므로 유의해야 한다.

제1절 │ 화재사건의 개념과 특징

I. 개 념

화재사건은 사람이 고의로 불을 지르는 방화와 과실로 불을 내는 실화로 구분된다. 방화(arson)란 악의를 가지고 불을 질러 사람의 살해나 상해 또는 재산피해를 초래하는 범죄행위를 말한다.[133] 또한 방화사건은 살인, 강도, 횡령, 사기 등의 다른 범죄은폐 시도, 또는 보험금을 노려 자신의 재산을 불태우는 등의 고의적인 불법행위를 말한다.

방화와 실화는 결과적으로 인명이나 재산에 대규모의 피해를 초래하고 공공의 위험을 초래하는 범죄행위이므로 중요범죄의 하나에 해당한다. 방화행위가 재산뿐만 아니라 인명피해를 초래했을 경우에 가중방화(aggravated arson)라고 한다.[134] 가중방화는 방화대상이 된 건조물 내에 방화범 이외의 타인이 존재할 때에 발생한다. 형법적으로는 현주건조물 방화죄에 해당된다.

---

133) Weston & Lushbaugh, *op.cit.*, p.251.
134) *Ibid.*, p.252.

2. 특 징

(1) 동기범죄와 수법범죄

방화는 원한이나 치정, 사회불만 등으로 인한 분노와 증오, 복수심에 의해 발생하는 동기범죄라는 점이 하나의 특징이다. 따라서 범행의 동기파악에 주력해야 한다. 또한 연쇄방화 등 대부분의 방화범죄는 수법범죄자에 의해 자행되므로 수법원지와 피해통보표 등을 활용하여 범인을 특정하여 체포해야 한다.

(2) 범죄단서 발견 곤란

화재사건은 방화인지 실화인지 구분하기 어려운 경우가 대부분이다. 대부분의 강력사건은 감식요원이 현장에 도착하는 순간 범죄행위 여부를 인지할 수 있지만, 화재사건은 정밀하게 감식해야만 방화인지 혹은 실화인지 구분할 수 있다. 화재사건은 방화나 실화에 관계없이 현장증거의 소실로 범죄단서의 발견이 어려워 다른 어느 범죄보다 수사가 어렵다. 특히 많은 화재사건의 경우에 목격자가 없다는 점도 범죄수사의 단서를 확보하기 어렵게 만들고 따라서 수사를 어렵게 한다.

(3) 인명과 재산의 대규모 피해

화재사건은 여러 가지 범죄 유형 중 교통사고 다음으로 많은 사람의 생명과 재산피해를 야기하는 범죄이다. 화재사건이 방화나 실화를 불문하고 호텔이나 대형숙박업소, 나이트클럽, 지하유흥업소, 고시텔, 공장, 국보급건축물에서 발생할 경우 대규모의 인명이나 재산의 피해가 발생하게 된다.

(4) 범죄의 재구성 곤란성

대부분의 범죄는 범죄현장 감식이 이루어지기 전에 현장이 원상태로 보존된다. 그러나 화재사건은 소방관, 건물주인, 구경꾼 등이 화재현장에 출입하고 소방관들의 화재진압활동으로 인해 현장은 훼손되고 변질된다. 특히 소방관의 화재진압과 인명구조 활동 등으로 인해 화재감식이나 재구성은 화재가 진화되기 전에는 불가능하다. 화재가 완전히 진압되기 전에는 수사관이 범죄현장에 들어갈 수 없기 때문이다.135)

---

135) Weston & Lushbaugh, *op.cit.*, pp.258-259.

3. 방화의 동기

방화죄는 동기범이라고 할 정도로 다른 범죄보다도 그 동기가 뚜렷할 뿐만 아니라 범죄 후 증거가 남지 않는 것이 보통이기 때문에 사건의 입증이나 범죄의 단서를 포착하는데 동기의 파악이 특히 중요하다. 동기가 발견되는 경우 연고감, 지리감에 의한 감수사의 대상이 되기도 한다.

대체로 방화의 동기는 재산상의 이득, 복수, 방화광, 정신질병, 범죄은폐, 공공시설 파괴 등으로 구분된다.

(1) 재산상의 이득

재산상의 이득을 위한 방화는 거의 대부분 보험사기와 관련된다. 특별한 시설이나 구조물의 소유자가 합법적인 거래보다는 보험금을 통해서 더 큰 이득을 얻을 수 있다는 결론을 내릴 경우에 방화를 일으킨다.

보험금을 노리고 경제성이 없거나 무가치한 자신의 건물, 시설 등에 보험계약을 체결하고 방화하는 경우 등이 여기에 속하며 이 유형의 방화범은 공범자가 있는 경우가 많다. 보험 이외에 채권, 채무, 납품, 납세 등의 유예 및 변제, 구상 등을 목적으로 방화하는 경우가 포함된다.136)

(2) 복 수

복수는 모든 범죄유형에 공통되는 동기이다. 가해자의 타인에 대한 증오, 원한, 또는 질투 등이 작용하여 피해자의 재산에 불을 지르는 복수의 형태로 나타난다. 증오에 의한 방화는 어떤 분쟁이나 원한 때문에 발생한다. 즉, 직장의 해고나 개인간의 재산분쟁, 종교적, 인종적. 정치적 분쟁이 증오화재의 원인이 된다. 사회와 정부당국에 대한 분노와 증오가 방화의 동기가 되기도 하고 방화광에 의한 방화의 원인이 되기도 한다. 이러한 경우에 방화광은 특이한 정신질병에 관계없이 중요건물이나 시설에 방화함으로써 사회와 정부당국에 복수를 하게 된다.137) 복수에 의한 방화는 타인 주택뿐만 아니라 국가의 중요시설, 국보급문화재, 열차나 지하철 또는 자동차 등 교통수단도 대상으로 한다.

---

136) Gilbert, *op.cit.*, p.431.
137) *Ibid.*, p.431.

(3) 쾌락 목적의 방화

1) 쾌락 목적의 연쇄방화

아이들의 호기심에 의한 불장난이나 연쇄방화 등은 쾌락목적의 방화에 해당한다. 연쇄방화범들은 상습적으로 불을 지르지만, 재산이득이나 범죄은폐같은 전통적인 동기와는 무관하다.

연쇄방화범은 다발성(mass), 활성(spree), 또는 반복(recurring)의 어느 한 가지에 해당되는 아주 충동적인 방화범이다. ① 다발성 방화(mass arson)는 단일범이 극히 제한된 시간 동안에 동일한 장소의 여러 곳에 불을 지른 경우를 말한다. ② 활성 방화(spree arson)는 한정된 시간 안에 분리된 여러 장소에 불을 내는 것을 말하고, ③ 반복적인 방화(recurring arson)는 며칠, 몇 주, 또는 심지어 몇 년 간격을 두고 반복적으로 불을 지르는 것을 말한다.[138]

2) 연쇄방화의 특징

연쇄방화의 구체적인 특징은 다음과 같다. ① 증거가 남을 확률이 높다. ② 방화의 대상은 한정되어 있지 않다. ③ 단독범인 경우가 많다. ④ 방화 자료는 현장에서 조달하는 경우가 많다. ⑤ 범행시간은 심야와 새벽이다. ⑥ 범인이 방화 장소와 동일지역 내에 거주하는 경우가 많다. ⑦ 연쇄방화를 기도한 경우 목적달성 시 까지는 쉽게 포기하지 않는다.

(4) 방화광에 의한 방화

방화광에 의한 방화는 실질적인 원인이나 방화행위로 인한 물질적 이익에 대한 고려없이 단지 감각적인 만족이나 성적 쾌감을 얻기 위해 방화한다. 방화벽(pyromaniac)을 가진 방화광(fire-bugs)은 방화에 의해서 이웃 전체를 공포속에 몰아넣고 체포되어 교정시설에 구금되지 않는 한 방화는 계속되는 특징이 있다.[139]

---

138) *Ibid.*, p.437.
139) Weston & Lushbaugh, *op.cit.*, p.254.

(5) 정신병에 의한 방화

어떤 방화는 개인의 특유한 정신병적 이유로 발생한다. 정신분열증 환자는 어떤 목소리가 불을 지르도록 지시를 하기 때문에 건물에 불을 지를 수 있으며, 어떤 정신병자는 화재 대상물 안에 있는 사람들이 자신에게 불리한 음모를 꾸미고 있다는 믿음으로 불을 지를 수 있다.[140]

(6) 공공시설의 파괴

일반적으로 공공시설의 파괴로서의 방화는 단순히 쾌감을 얻거나 제도에 대한 전반적인 저항으로서 발생한다. 학교시설과 화재보험에 가입하지 않은 자동차와 구조물에 대한 높은 화재발생률은 바로 공공시설 파괴의 동기를 반영한다. 정치분쟁, 정치보복 또는 노사문제의 제기를 위하여 방화하는 경우도 이러한 유형의 방화사건에 포함될 수 있다.

(7) 범죄은폐

방화범은 강도나 살인같은 다른 범죄행위의 증거를 제거하기 위하여 불을 지른다. 범인은 자신의 동일성에 관한 모든 유죄증거를 파괴하거나 최초의 범죄발생 증거를 파괴하기 위하여 방화행위를 한다.

4. 화재사건의 4대원인

화재가 발생한 원인은 사건수사에 있어서 아주 중요하다. 화재의 원인에 따라서 범죄수사의 대상이 되느냐의 여부가 결정되기 때문이다. 대체로 발화의 4대 원인은 방화, 실화, 자연발화, 전기에 의한 발화 등을 나누어진다.

(1) 방화의심

1) 특 징

방화란 고의로 불을 낸 것으로 의심되는 사건, 즉 방화의심 사건을 말한다. 방화

---

140) Gilbert, *op.cit.*, p.432.

는 계획적인 범죄사건이다. 대체로 한 군데 이상의 발화부가 발견되거나 인화물이나 화재촉진 물질(accelerant)이 존재하는 경우에 방화에 대한 강력한 증거가 된다. 따라서 방화는 발화부에서 빠르게 불이 확산되는 특징이 있다.[141]

일반적으로 복수를 위한 방화와 공공시설 파괴를 위한 방화는 아주 명백한 점화방법을 사용한다. 가장 공통적인 방법은 화재대상물에 휘발유를 뿌리고 거기에 성냥이나 라이터로 불을 붙이는 방법이다. 그러나 재산목적이나 보험금 목적, 또는 다른 중요범죄를 은폐하기 위한 방화수법은 방화방법과 화재촉진물질을 교묘하게 숨기려고 하는 것이 특징이다.

전문적인 방화범은 일반적으로 지연 점화방법(delayed ignition method)을 사용한다. 이러한 방법은 전기 휴즈나 전선, 양초, 시한장치, 화학물질을 방화목적물에 설치하여 일정시간 후에 점화되게 하는 방법이다. 점화의 지연시간은 수초에서부터 수시간에 이를 정도로 다양하다. 지연 점화방법은 범인의 알리바이 조작과 방화현장에서의 불로 인한 위험을 방지하기 위해 사용된다.[142]

방화범은 발화부에서 다른 장소로 빠르게 불이 확산되도록 하기 위해 화세이동 수단(trailer)을 사용한다. 이차적 방화장치(secondary incendiary devices)라고도 하는 트레일러는 최초의 발화지점으로부터 다른 방이나 건물의 다른 부분에 불을 확산시키는 기능을 한다. 이러한 트레일러는 로우프. 화장지나 신문지, 또는 천조각을 꼬아 만든 로우프같은 끈에 화제촉진제를 흠뻑 적셔 만든 것과 같은 것이다.[143]

2) 방화의 판단기준

① 방화는 발화부가 평소에 화기가 없는 장소이다. ② 발화부 부근에 유류발견, 물질의 이동 또는 외부로부터의 반입물이 있다. ③ 불을 피할 수 있는 출입구 또는 창문이 개방되어 있거나 부자연스럽다. ④ 화재가옥 또는 인근의 불에 탄 가옥이 과대한 화재보험에 가입되어 있는 경우가 많다. ⑤ 화재가옥 거주자 등이 대피하였을 경우에 복장과 언어 등에 부자연스러운 점이 발견되고, ⑥ 화재가옥 거주자에 대하여 치정·원한 등 방화 동기를 가진 자가 있다. ⑦ 거주자가 귀중품이나 중요서류

---

141) Weston & Lushbaugh, *op.cit.*, p.257.
142) Gilbert, *op.cit.*, p.433.
143) Weston & Lushbaugh, *op.cit.*, p.257.

등을 미리 반출하고 방화한 경우나 절도범이 도난현장을 위장하기 위하여 방화한 흔적을 발견할 수 있다.

(2) 실화 의심

실화는 불을 낼 의도가 없는데도 화재가 발생한 경우를 말한다. 실화의 원인은 통풍이 잘 되지 않는 곳에 방치된 인화물질에 의한 자연발화나 불씨가 남은 담배꽁초에 의한 발화, 불씨를 잘못 처리한 개인의 실수 등 다양하다. 따라서 실화는 적절한 통풍의 부재와 가연성 물질의 존재로 인하여 흔히 화재가 발생한다.[144] 실화여부를 판단하는 기준은 다음과 같다.

① 화재가 평소부터 화기를 취급하는 장소에서 발생하였거나 발화부가 자연스럽다. ② 불이 발생한 장소에 자연 발화물이 존재하거나 발화상태에 있다. ③ 불이 발생한 가옥 내의 귀중품 등이 평소 상태대로 소실되어 있다.

(3) 자연발화의 의심

자연발화는 엄격하게 분류하면 실화에 해당된다. 그 판단기준은 다음과 같다.

① 발화부 부근에 자연발화물이 있는지 확인한 후 출화 당시 상황에서 발화물의 발화가능성이 있었는지 여부를 검토하여야 한다. 특정물체에 벼락이 떨어져 그 물체의 구조상 벼락의 충격으로 화재가 발생하는 것도 자연발화이다.
② 자연발화 위험성이 높은 물질은 다음과 같다.
ⓐ 염산칼륨에 목탄가루의 혼합, ⓑ 무수크롬산에 신나가 들어있거나 초산에 신나의 혼합, ⓒ 아마인유의 봄·가을의 흐린 날씨, 특히 야간에 발화, ⓓ 복사카본지를 쓰레기통에 넣고 밟는 경우, ⓔ 가솔린, 신나, 벤젠 등의 정전기 발생 발화 등이다.

(4) 전기에 의한 발화 의심

전기누전 등 전선에 의한 화재 역시 실화에 포함된다. 그러나 전기누전 등은 순수하게 기계적인 요인에 의하여 발생한다는 점에서 실화와는 개념적 차이가 있다. 그 판단 기준은 다음과 같다.

---

144) *Ibid.*, p.257.

① 누전에 의한 발화, ② 전기기구에 의한 발화, ③ 전동기에 의한 발화, ④ 전선 사고에 의한 발화, ⑤ 누실점, 발열점, 접지점을 발견하여 용흔이 있는지의 여부 확인, ⑥ 전기용구에 의한 발화인 경우에는 발화시에 전기가 통하는 상태에 있는가의 여부에 의하여 판정한다.

(5) 폭발물에 의한 발화의심

화재사건의 상당수는 폭발물로부터 발생한다.[145] 화재현장이 사격장이라든지 화약 또는 개스 사용 장소라면 폭발에 의한 화재에 대한 의심을 하고 화원을 규명해야 한다. 폭발물에 의한 화재는 개스의 폭발, 화약이나 화공약품의 잘못 사용에 기인한 폭발, 사격장 등에 누적된 화약잔사물의 폭발 등에 의해 발생하는 실화에 해당되지만, 고의로 폭발물에 불씨를 던져 화재를 발생시키는 방화일 수도 있다.

5. 화인조사와 관련된 예비조사와 본조사

(1) 예비조사

화재사건 수사에 있어서 예비조사는 화재현장을 조사하기 전에 화재의 발생원인과 관련된 사항을 조사하는 것을 말한다. 화인조사 차원의 예비조사는 화재의 원인이 무엇인지 의심스러울 경우에 화재가 방화인지, 실화인지 기타 자연발화인지 여부를 증거에 의하여 조사하는 것을 말한다.

따라서 수사관은 화재현장관찰 이전에 예비조사 과정에서 다음과 같은 사항들을 조사해야 한다. ① 화재발생시간, ② 발견상황과 발견동기, ③ 건물의 구조, 용도, 사용자, ④ 기상관계, ⑤ 전기관계 등 설비관계, ⑥ 피해상황, ⑦ 화재관계자의 보험과 부채관계, ⑧ 소방작전상황, ⑨ 기타 자료수집과 사진촬영 등을 먼저 조사한 후 화재현장 조사를 한다.

(2) 본 조사

화재현장의 본 조사는 현장관찰을 통한 증거의 수집으로부터 시작된다. 수사관이

---

145) *Ibid.*, p.263.

범죄현장에서 제일 먼저 수사를 해야 할 핵심은 발화점을 확인하고 그 다음으로는 발화의 수단을 발견해야 한다.146) 화재현장의 재구성은 기본적으로 발화점의 발화형태, 출화의 방향을 조사하는 것으로부터 시작되며, 수사관은 점화수단, 발화지점, 화원과 방향 등에 대한 자료를 수집해야 한다.

따라서 화재사건에 관한 본 조사는 대체로 ① 화재현장의 전반적인 관찰, ② 화원부, ③ 점화부, ④ 발화부와 출화부, ⑤ 화재촉진물질의 사용여부 등에 대한 조사 등을 중심으로 이루어진다.147)

또한 본 조사에서 중요한 것은 범행의 동기와 범죄현장에 존재할 수 있는 기회에 관한 수사선에 대한 조사이다. 이러한 수사선에 대한 조사는 ① 누가 화재로부터 이익을 얻을 수 있는가? ② 누가 불을 지를 기회를 가지고 있었는가? 화재수사는 이 두 가지 질문에 대한 대답을 객관적인 증거에 의해 입증할 때까지는 끝나지 않는다.148)

제2절 | 화재사건의 수사과정

I. 초동수사

(1) 기자재 정비와 임무의 지정

화재사건의 특수성에 맞게 기자재의 정비를 철저하게 하고, 사건발생시 조치사항에 대한 교양 및 화재사건 현장에 출동한 경찰관들의 임무를 구체적으로 지정해 둔다.

(2) 화재신고시 긴급출동과 피해자 구호

화재발생 신고를 접수한 경찰관은 현장으로 급행하면서 도중에 수상한 자에 대한 불심검문 등을 실시하여 용의자 발견을 시도해야 한다. 현장 도착 즉시 피해자의 구호와 현장주변에 대한 교통통제, 그리고 주민들의 접근통제 및 주변에 배회하고 있

---

146) Gilbert, *op.cit.*, p.432.
147) Weston & Lushbaugh, *op.cit.*, p.259.
148) *Ibid.*, p.261.

는 사람들에 대해 사진촬영을 실시한다. 방화사건의 경우 범인은 흔히 구경꾼 속에서 화재진압과 수사과정을 주시하고 있기 때문에 구경꾼에 대한 사진촬영은 중요하다.

(3) 긴급수사배치

수사간부는 화재발생의 인지와 동시에 현장에 출동하여 신속하게 사건의 성질을 확인하고 방화사건 또는 방화의 의심이 있는 중요사건이라고 판단되는 경우에는 긴급배치 등의 초동조치를 실시해야 한다.

긴급배치시 중점검문 대상은 ① 입고 있는 옷과 몸에서 연기냄새가 나는 사람, ② 장갑 등을 끼고 이동하는 사람, ③ 현장주변에서 배회하고 있는 사람, ④ 수법원지 검색을 통한 방화상습범 등이다.

(4) 교통차단과 주민대피유도

화재사건으로 불이 확산되어 대규모의 화재로 발전할 우려가 있는 경우에는 종합상황실을 경유하여 관련 부서의 지원을 요청하고 광범위한 교통차단, 인근 주민의 대피유도 등의 조치를 취해야 한다. 주민의 대피는 광범한 산불의 확산이나 주택가나 공장단지 등의 화재의 경우에 신속하게 이루어져야 한다.

(5) 목격자 등의 확보

수사관은 화재가 발생한 가옥의 거주자, 신고자, 최초 발견자, 목격자를 신속하게 확보하여 그 목격상황을 듣고 불이 발생한 상황 및 수상한 자의 목격 여부 등을 탐문하여 수사자료를 수집해야 한다.

목격자를 확보한 경찰은 다음과 같은 자료를 수집하는데 초점을 맞추어야 한다. ① 화재신고자 인적 사항 확인, ② 화염과 연기의 색깔과 양, ③ 휘발유나 기타 화재촉진물질의 냄새 발생 여부, ④ 화재발생시간과 장소, ⑤ 화재발생 장소의 거주자와 어떤 사람의 이동상황, ⑥ 화재현장에서 발견된 특이한 사항 등에 대한 자료를 수집해야 한다.149)

---

149) *Ibid.*, p.258.

(6) 현장보존 조치

경찰관은 현장도착과 동시에 가능한 한 광범위하게 경계선을 설정함으로써, 소방경찰 등 소화활동 종사자 외에는 출입을 금지하고 증거물 등의 발견과 그 멸실·훼손을 방지하는 등의 조치를 취해야 한다. 통상 화재를 진압하는 소방경찰이 1차 통제선을 담당하고 경찰은 보다 광범한 지역을 통제구역으로 설정하여 2차 통제선을 담당한다.

수사관은 화재 소화가 끝난 뒤에 화재현장에 들어가서 화재현장 보존과 그 상황을 재구성할 수 있다 그러나 수사관은 다른 사건과는 달리 화재사건의 경우에 현장을 원상태로 보존하기 어려운 혼란이나 변화에 직면한다. 그것은 바로 화재를 진압한 후에 소방관들이 화재의 재발이나 건물의 붕괴를 일으킬 수 있는 숨은 불씨나 불티 및 붕괴우려 부분의 탐색과 검사를 하는 현장정밀 검사(overhauling) 때문이다.

(7) 전문가의 임장요청

화재사건이 ① 방화·빌딩화재 등의 대규모 화재, ② 병원·학교 등의 공공시설 화재, ③ 전기·약품·자연발화성 물질에 기인한다고 인정되는 경우에는 전문가의 임장을 요청하여 검증을 실시해야 한다.

(8) 현장관찰과 채증

1) 책임자의 지휘하에 조직적·계획적 관찰

현장관찰은 책임간부의 지휘와 책임아래 조직적·계획적으로 실시해야 한다. 수사관들과 과학수사요원들은 지정된 임무에 따라서 수사자료를 수집해야 하며, 개별적인 행동은 허용되지 않는다.

2) 선입관을 배제한 종합적 관찰

현장관찰은 선입관을 배제하고 최초발견자, 목격자 및 불이 난 가옥의 소유자의 목격상황, 전기관계, 자연발화물의 존재상황 등을 종합적으로 관찰하는 등 일정한 순서에 의하여 객관적이고 과학적으로 현장관찰을 실시해야 한다.

3) 현장관찰시 일반적인 파악사항

수사관은 현장관찰시 ① 발생일시 및 장소, ② 화재를 인지한 경위, ③ 당시의 기상상황, ④ 최초발견자의 진술내용, ⑤ 화재가옥 거주자가 불을 발견한 상황과 조치, ⑥ 화기존재의 유무, ⑦ 화재가 발생하기 전의 거주자의 행동, ⑧ 화재가옥 거주자의 대피자 등을 우선적으로 파악해야 한다.

4) 현장관찰의 순서

현장관찰은 화재의 근원을 추적하기 위한 발화원인과 수단, 불의 방향을 조사하는 것으로 시작된다. 불이 어떻게 발생하고 어느 방향으로 진행되었는지에 대한 관찰에 의해 사건의 재구성이 이루어진다. 따라서 현장관찰은 불이 난 장소, 즉 발화점을 중심으로 하여 바깥쪽에서부터 순차적으로 낙하물을 제거하면서 실시하고 발화원, 발화수단이나 방법, 불탄 정도, 반입물이나 물건의 이동 또는 기름 등의 화재촉진물의 존재상황과 관련된 부자연성 등에 대한 자료를 수집해야 한다.

5) 발화원인 규명

화재현장의 관찰은 그 발화원인을 규명하고 다시 그 원인과 범죄와의 인과관계를 규명해야 한다. 의심스런 화재의 원인규명은 3단계를 거쳐 이루어진다.

① 제1단계 : 자연발화 또는 사고화재 확인

제1단계는 불이 자연발화인지 사고에 의한 화재인지 여부를 규명하기 위한 증거를 수집하는 단계이다. 사고에 의한 화재는 흔히 적절한 통풍의 부재 또는 가연성 물질의 이용가능성 때문에 발생하는 것이 특징이다.

② 제2단계 : 실화 또는 재난에 의한 화재 확인

제2단계는 화재원인이 자연발화 또는 실화인지에 대한 증거를 발견하지 못할 경우에 방화를 제외한 모든 가능한 원인을 배제할 수 있는 증거를 확보하는 단계이다. 수사관은 침대위에서의 담배피우기, 가연물질에 의한 자연발화, 전기누전, 전열기나 난방장치의 가열, 벼락에 의한 발화 등에 대한 조사를 면밀하게 해야 한다. 또한 어린아이나 노인의 장난이나 부주의, 약물중독자의 실수, 정신질병자의 실수나 부주의 등의 가능성에 대해서도 조사해야 한다.

③ 제3단계 : 방화 원인 확인

제3단계는 화재가 방화인지 여부를 증명할 증거를 발견하는 단계이다. 방화는 계획된 범죄행위로서 방화 후에 불이 잘 타오르도록 불을 놓는다. 따라서 화재촉진제 또는 통풍, 가연성 물질을 사용한다.

수사관은 ① 여러 장소에서 분리된 불씨의 발견, ② 가연물질의 잔유물, ③ 석유나 기타 발화물질의 냄새, ④ 화재발견과 소방관의 진입을 방해하기 위하여 창문이나 방문의 차단 또는 시정, ⑤ 사람이 일반적으로 집에 있는 시간대에 집 소유자나 점유자의 부재, ⑥ 거액의 보험, ⑦ 점화장치의 존재 등과 같은 증거를 발견해야 한다.[150]

6) 방화의 동기 확인

수사관은 현장관찰 과정에서 방화의 동기를 확인해야 한다. 방화의 동기는 합리적, 비합리적 동기로 나누어진다. 합리적 동기는 증오, 이해관계, 범죄은폐 등이 해당된다. 이 경우에 범인은 고의로 불을 내는 사람이다. 비합리적 동기는 정신병적인 방화자이거나 방화광이 해당된다. 비합리적인 동기에 의한 화재는 화재의 핵심적인 원인이 될 만한 단서를 남기지 않는다.[151]

7) 범죄현장의 유류물품 채취 · 감정의뢰

현장부근의 자국흔적, 유류품, 방화매개물 등에 대해서는 채증활동을 실시하고 맨 처음 불이 난 장소의 발화물 또는 발화매개물이라고 인정되는 물건 등을 채취하여 다른 증거물과 함께 감정을 의뢰하고 증거보전을 해야 한다. 용의자가 화재발생 직후 체포되거나 현장주변에서 체포된 경우에는 반드시 그의 의복과 신발을 압수해야 한다. 의복이나 신발에는 방화범이 사용한 액체형태의 방화 매개물(촉진물질)의 잔류흔적이 남아 있을 가능성이 높기 때문이다.[152]

---

150) *Ibid.*, p.252.

151) P. Battle Brendan & Paul B. Weston, Arson : Detection and Investigation(New York : Arco, 1978), pp.30-42.

152) Weston & Lushbaugh, *op.cit.*, p.260.

8) 범죄수법 파악과 수법수사

직업적인 방화범들은 대부분 전문방화범들이기 때문에 그들은 다른 유형의 범죄를 거의 범하지 않는 것이 특징이다. 따라서 그들의 범죄수법은 고정되는 경향이 있다. 수사기관은 전문방화범, 특히 상습적인 방화범에 대한 범죄수법 파일을 확보해 두어야 한다. 즉, 점화방법, 촉진제 사용여부와 종류, 알리바이 유형, 기타 확인가능한 요인들에 관한 범죄수법 파일을 만들어 두어야 한다.[153]

우리나라의 경우에 방화사건은 수법범죄에 해당한다. 따라서 상습방화나 연쇄방화는 물론이고 일반적인 방화사건에 대해서도 범죄현장 관찰시에 범행수법을 확인하여 즉시 피해통보표를 작성해야 한다. 또한 수사종합검색 시스템에 입력되어 있는 수법원지를 조회함으로써 용의자를 선정하여 탐문수사와 알리바이 수사를 통해 범인을 특정하여 체포해야 한다. 범인 검거시에는 구속대상자와 재범의 우려가 높은 불구속 피고인에 대해서는 반드시 수법원지를 작성하여 범죄종합 시스템에 입력하여야 한다.

9) 실황조사와 사진촬영

화재사건은 반복적인 현장조사가 필요한 사건이므로 반드시 실황조사 매뉴얼에 입각하여 실황조사서를 작성하여야 한다. 특히 화재사건은 경찰, 소방서, 감식전문가 등의 협력적이고 반복적인 수사가 필요하므로 초동수사단계에서 실황조사서 작성과 아울러 사진촬영이 중요하다.

타오르는 불과 화재현장 사진은 불과 발화원, 불의 유형에 대해 다른 방법으로 탐지할 수 없는 사실을 알려주는 중요한 자료이다. 수사관은 타오르고 있는 불을 촬영한 사진을 거의 촬영할 수 없다. 따라서 수사관은 그러한 사진을 언론매체, 소방서 직원, 아마추어 사진작가들로부터 입수해야 한다. 타오르고 있는 불의 사진(in-progress photo)은 불과 연기의 색깔, 불의 위치, 불의 확산정도와 강도를 잘 나타내 줄 수 있다. 때때로 사진 속에 화재현장에 있던 용의자의 발견, 화재현장 주변에 주차된 차량이나 출입한 차량, 화재현장에 긴급출입자 상황, 소방관의 화재진압 활동이나 방해행위 등에 대한 사실을 확인할 수 있다.

수사관과 채증요원은 현장관찰 당시에 화재현장과 증거물 등에 대해 칼라사진과

---

153) Gilbert, *op.cit.*, p.437.

흑백사진 모두를 촬영해야 한다. 구조물이 불에 탄 경우에는 발화부에서부터 구조물에 손상을 입힌 모든 부분 또는 그 내용물에 까지 사진촬영을 해야 한다. 이러한 경우에 사진은 전체사진과 근접사진 두 가지 모두의 형태로 촬영되어야 한다. 전체사진은 불의 형태와 점화원이나 발화부에 대한 어떤 단서를 제공하고, 발화부에 대한 근접확대 사진은 점화도구, 트레일러와 화재 촉진제 등의 화재촉진장치의 존재여부를 확인할 수 있다.[154]

2. 현장관찰순서와 방법

(1) 일반적 관찰순서

현장관찰은 일반적으로 외부에서 내부로, 전체에서 부분으로, 좌(우)에서 우(좌)로, 아래에서 위로의 순서로 실시한다. 화재현장에 대한 구체적인 관찰 순서는 ① 부근의 관찰, ② 소실가옥의 관찰, ③ 화원가옥의 인정, ④ 발화부·출화부의 인정, ⑤ 발화원인물의 조사의 순서로 이루어져야 한다.

(2) 화재장소 주변의 관찰

현장관찰을 개시할 때에는 반드시 소실가옥을 중심으로 가능한 한 광범위하게 부근의 건조물, 도로, 공지 기타 상황을 상세하게 관찰해야 한다.

(3) 소실가옥의 관찰

① 화재현장의 가옥이 전소하고 번진 불로 전소한 가옥 등이 있는 경우에는 그 전체의 가옥에 대하여 현장관찰을 실시해야 한다. 또한 가옥의 일부가 소실된 경우에는 독립하여 연소된 상태인지의 여부에 의해 기·미수가 구분되므로 소실물의 종류, 부위, 범위, 탄화, 그을림의 정도를 명확히 해야 한다.

② 화재상황의 관찰은 약소부(약하게 탄 부분)에서 강소부(강하게 탄 부분)로 관찰점을 이동하면서 관찰한다.

---

154) Weston & Lushbaugh, *op.cit.*, P.261.

(4) 화원가옥의 확인

① 연소가옥이 다수인 경우 화원가옥, 즉 최초에 불이 난 가옥이 어느 것인지 정확히 규명하는 것이 중요하다. 화원가옥의 인정은 거주자 및 최초발견자의 진술과 현장의 연소상황으로 판단한다. 일반적으로 화원가옥은 다른 가옥에 비하여 소실도가 높고 토대의 밑 부분까지 탔거나 천장이나 지붕 등이 타서 무너지는 등의 상황을 볼 수 있다.

② 1층 구조의 화원가옥 A에서 불이 난 경우 이때 불꽃은 위로 타오르기 때문에 2층 구조의 인접한 가옥 B에 불이 번진다면 2층이 먼저 연소하고 늦게 1층이 연소된다.

(5) 발화부 · 출화부의 확인 착안점

발화부는 불을 낸 장소를 말하고, 출화부는 불이 타오른 장소를 말한다. 발화부에서 직접 불이 타오른 경우에는 발화부와 출화부가 일치되지만, 발화부와 출화부가 다른 경우도 있다. 이런 경우에는 다음사항에 착안하여 관찰한다.

1) 구조적 화재(structural fires)

구조적 화재는 건물내에서 발생한 화재유형을 말한다. 이 유형의 화재는 건물의 물리적 배치, 가연물질의 존재, 창문 등의 통풍구 개방 여부에 의해 결정된다. 구조적 화재의 경우에 대체로 화세(불의 세력)는 일반적으로 위쪽으로 퍼지면서 부채꼴을 이루는 경향이 있으므로 연소의 상황으로 보아 이 현장을 포착할 수 있다. 불은 발화부(original ignition)에서 역 원뿔형, 즉 발화부에 원뿔의 꼭지점이 있고 불은 위로 펼쳐지는 형태로 타오른다. 따라서 주로 발화부는 출화부의 아래쪽에 있다.

역 원뿔형의 불은 건물 등의 문이나 창문이 열려 있어서 통풍이 잘되는 경우에 더욱 거세게 타오르고 확산되며, 불이 고도의 가연성 물질을 만나면 더욱 불길이 치솟고 가연성 물질이 있는 곳으로 급격하게 불의 방향이 바뀌게 된다.[155]

---

155) *Ibid.*, pp.255-256.

2) 비구조적 화재(nonstructural fires)

비구조적 화재는 건물 등의 실내의 화재가 아니라 야산이나 들판에서 발생한 화재를 말한다. 이러한 유형의 화재의 경우에 불은 전형적인 원뿔형이 아니라 수평적인 형태로 확산된다. 옥외화재의 유형에 영향을 미치는 요인들은 바람과 지형이다. 바람이 없는 평지 화재는 불의 방향이 발화부로부터 모든 방향으로 확산된다. 바람이 약할 경우에 불의 기저부분에 공기의 흐름을 가능하게 하는 부분적인 진공상태는 불의 확산을 지연시킨다.

바람은 불을 부채꼴 형태로 확산시키고 바람이 불어오는 방향에 부채의 꼭지점이 생긴다. 경사진 언덕지역에서 불은 발화부로부터 언덕위로 붙어 올라간다. 바람과 지형의 결합은 불을 언덕위로 향하게 하고 바람의 강도와 방향에 따라서 왼쪽이나 오른 쪽으로 방향을 바꾼다. 강력한 바람은 때때로 지형적인 영향을 압도하고 불을 경사진 언덕의 측면방향으로 향하게 한다. 바람이 아주 강할 경우에는 불은 바람의 영향으로 언덕 아랫방향으로 향하는 경우도 있다. 따라서 불은 지형보다는 바람의 영향을 더 강하게 받는다.[156]

3) 연소의 정도

발화부는 처음으로 타오르기 시작한 곳이기 때문에 연소가 경미하고 완만하지만 출화부는 신속하고 거세게 불길이 치솟으므로 그 범위가 넓고 연소도가 높다. 따라서 출화부 이외의 장소에 발화부가 있다고 판단되는 경우는 출화부에서부터 연소상태를 파악·관찰하면 발화부의 발견이 가능하다.

4) 전소현장에서 발화부 및 출화부를 확인할 경우

발화지점은 다른 부위에 비해 상대적으로 오랜 시간 동안 열에 노출되므로 연소물의 상대적 탄화정도, 손괴정도, 금속이나 유리가 휘거나 녹은 모양, 페인트의 열에 의한 변형된 모양 등을 비교하면 발화지점을 찾을 수 있다.[157] 일반적으로 주변의 다른 연소물보다 더 검게 탄 구조물이 있는 곳이 발화점이다. 발화점은 악어 껍질 같은 균열(alligatoring)로서 알려진 형태의 검게 탄 균열 부분이 작으면서도 깊은

---

156) *Ibid.*,p.256.
157) 홍성욱·최용석 공역, 앞의 책., p.316.

탄소흔이 있는 것으로 확인되면 그곳이 바로 발화점이다.[158]

판단기준은 다음과 같다.

① 목재표면이 고온의 화염을 받아 연소될 때에는 비교적 굵은 균열흔, 즉 나무 등이 화염에 의해 쪼개진 흔적을 나타내므로 목재표면의 균열흔은 발화부에 가까울수록 가늘어지는 경향이 있다. ② 기둥이나 들보 등의 목재표면에 나타나는 거북등(악어껍질) 모양의 탄화심도는 발화부에 가까울수록 깊다. ③ 장시간에 걸쳐 생긴 무염연소한 흔적은 목재의 연결접합부에 잘 생기고 출화부 부근에 훈소흔(열과 연기에 의해 검게 탄 부분)이 있으면 발화부로 판단가능하다. ④ 목재가 산소를 충분히 공급받아 연소되는 발화부의 경우 연소된 목재는 흰색을 띠며, 화재 초기의 연소로 인하여 실내의 산소가 소진된 후에 연소된 목재는 검은색을 띤다. 따라서 연소된 목재가 검은색에 가까울수록 발화부에서 먼 것으로 볼 수 있다. ⑤ 옥내의 문, 미닫이, 기둥 및 모든 가구류가 연소된 경우 연소도가 높은 방향에서, 즉 출화부에서 발화부 방향으로 무너지는 경향이 있다. ⑥ 타오른 불이 최초로 전선에 닿으면 반드시 전선이 끊어져 녹은 흔적이 있다. 유리, 거울, 알루미늄 틀(chassis, 샷시) 등은 화재 초기 발화부의 화열로도 쉽게 탈락 또는 용융(녹음)흔이 생긴다.

(6) 발화부의 관찰

1) 출화부에서 발화부 방향

발화부가 확인된 경우에는 발화부 주변을 충분히 관찰한 다음 추정되는 출화부로부터 발화부로 순차적으로 현장을 발굴하면서 조사를 행해야 한다.

2) 현장발굴시 주의사항

① 추정되는 출화부에서 발화부에 이르는 사이의 주요 관찰개소는 충분히 조사하여 사진촬영 및 기록을 하고, ② 출화원인과 관련되었을 가능성이 있는 것은 반드시 사진촬영하고 그 발견위치를 정확히 기록해야 한다. ③ 발화부에 도달한 경우에는 발화부와 화원이 될 만한 것과의 관계를 검토해야 한다. ④ 발화부는 현장을 복원하고 연소의 정도, 탄화심도, 화재로 인한 소실범위, 상황 등을 고찰하고 검토해야 한다. 탄화심도는 발화부에 가까울수록 깊어지는 경향이 있다.

---

158) Gilbert, *op.cit.*, p.432.

3. 심층수사

화재사건의 초동수사는 범죄현장 관찰이 완료되고 화재가 방화사건이라는 사실이 이론과 증거에 의해 입증될 경우에 종결된다. 심층수사는 초동수사 단계에서 확보된 수사자료를 기초로 과학수사와 탐문수사, 수법 수사 등을 통하여 범죄사실을 규명하고 범인을 특정·체포하기 위한 결정적인 증거를 확보하는 단계이다. 따라서 심층수사는 초동수사에 계속되는 수사이다.

심층수사 단계에서는 화재유형, 현장관찰, 목격자 증언, 용의자와 용의차량의 발견, 수사단서, 물적증거 등을 재검토하고, 필요할 경우에 범죄현장의 재 관찰과 목격자에 대한 재 탐문, 범행동기와 범행기회의 재 파악 등에 의해 범인을 특정하고 체포해야 한다.[159]

제3절 │ 화재감식

I. 화재의 3요소

화재는 화재의 원인이라고 하는 3요소가 존재하는 경우에 발생한다. 화재의 3요소는 화원(불씨, 점화원), 가연물, 산소를 말한다.

(1) 화 원

화재발생의 불씨인 화원은 ① 불꽃이 나는 성냥이나 종이와 같은 유염화원, ② 담배 같이 불꽃이 나지 않는 무염화원, ③ 전기나 화공약품, 자동차의 라지에터 같이 열이 축적되어 화재가 발생하는 잠재성 화원으로 나누어진다. 그러나 성냥이나 종이, 또는 라이터 등이 자연 발화하는 것이 아니라 사람에 의하여 발화한다는 점에서 완전한 화원이라고 보기는 어렵다. 화원 소화는 물이나 CO_2 소화기를 사용하는 냉각소화방법에 의한다.

---

159) Weston and lushbaugh, *op.cit.*, pp.261-263.

(2) 가연물

  가연물은 화재를 확대시키는 물질로서 기체, 액체, 고체가 있다. 기체는 밀페된 용기속에 보관되어 있는 상태에 있다 화원과 접촉함으로써 화재를 확대시키고, 액체는 휘발유, 신나 등으로서 그 자체가 화원과 접촉하면 불을 더욱 가속화시키는 물질이다. 고체는 목탄, 나무, 석탄, 숯 등이다. 소화방법은 연소확대시 중간가연물파괴, 포말, 분말약재를 사용함으로써 주로 산소를 차단하여 연소를 막는 질식소화법을 사용한다. 특히 유류화재는 물을 사용하면 기름이 물보다 가벼워 물위에 뜨므로 불을 더욱 확산시킨다. 또한 가연물의 경우에 석탄, 타르, 고무 등은 흑색 연기, 농촌의 건초나 짚단은 회색, 질소화합물은 적색, 나트륨화합물이나 유황은 황색, 바륨화합물이나 설탕은 녹색, 칼륨화합물은 자색 연기를 발한다.

(3) 공기(산소)

  화원과 가연물이 만나 불이 붙어도 산소가 전혀 없으면 화재가 발생할 수 없다. 따라서 산소를 차단하기 위한 포말 소화기나 모래를 사용하는 것이 효과적이다.

2. 증거물 채취방법

(1) 인화물질 채취[160)

  ① 인화물질이 놓여 있었다고 추정되는 장소의 잔유물을 가급적 신속히 비닐주머니에 밀봉하여 수집하여야 한다. ② 석유류 제품 및 유기 용매의 냄새가 심한 곳을 선택하여 종이, 솜, 나무 등 흡수력이 큰 물질부터 수집하여야 한다. ③ 발화지점 근처의 탄화상태가 심하지 않은 부위에서 우선적으로 채취하여야 한다. ④ 채집용기는 유리병 또는 비닐로 포장하여 인화물질이 휘발하지 않도록 밀봉하여야 한다.

(2) 전기에 의한 화재시 증거물 채취

  ① 전기배선에서의 전기적 발열에 의한 발화여부를 감정하고자 하는 경우 분전반(차단기)만을 송부하여 감정의뢰하는 경우가 있으나 반드시 발화부라고 생각

---

160) 경찰수사Ⅰ, 경찰공제회, 2003, pp.594-598.

되는 부분에 설치된 전선 전체와 관련 연결전기제품이 함께 수거되어야 한다.

② 합선에 의한 용융흔이 있는 전선은 압력측과 부하측을 구분하여 표시하여야 한다. 또한 연결된 가전제품 등의 부하의 종류, 규격, 용량 등이 표시되어야 한다.

③ 두 전선 중 한 선에만 용융흔이 있는 경우에는 못이나 금속파이프 등과 같은 다른 도체와의 접촉에 의한 누전 가능성이 있으므로 함께 수거하여야 한다.

④ 각종 가전제품에 의한 발화여부를 확인하고자 할 때에는 가전제품의 전원코드가 필히 수거되어야 하며, 가능한 한 전원코드의 플러그나 콘센트가 함께 수거되어야 한다.

(3) 연소기구에 의한 화재시 증거물 채취

① 연소기구의 과열이나 발화여부를 확인할 때에는 연소기구에 전원이 들어가는 경우 전원코드가 수거되어야 한다. ② LNG에 의한 화재의 경우에는 외부파이프, 내부파이프, 가스호스 등을 수거하여야 한다. ③ LPG에 의한 화재는 가옥내에 여러 군데의 전기선에서 단락이 동시다발로 생기며, 전열기 내부에 단락이 있으면 전열기에 의해 화재가 발생한 것으로 볼 수 있다. ④ LPG에 의한 화재는 가스통의 압력조정기, 연결 고무호스, 사용 전열기 뿐만 아니라 중간밸브까지도 함께 수거하여야 한다.

제4절 화재피해액 산정기준

I. 화재피해와 피해액 산정

(1) 화재피해의 분류

화재피해는 인명피해와 물적 재산피해로 구분되며 화재현장에서 발생한 인명피해는 화재로 인한 사상자나 진압도중의 부상자 모두를 포함하고 피해내용도 화상, 질식, 기타 부상을 포함시키고 있다.

물적 피해는 직접피해와 간접피해로 구분되며, 작접피해는 화재시 발생하는 열과 화염에 의한 탄화, 용융, 파손 등의 소실피해, 소방대원이나 화재관계자에 의한 소화와 동시 발생하는 수손피해, 기타 연기, 물품반출, 폭발 등에 의해 피해가 포함된다. 간접피해는 화재발생으로 인한 휴업손해, 생산중단, 사상자 치료 보상비, 화재현장 정리 및 복구비, 피해관계자의 정신적 피해 등이 포함된다. 간접피해는 피해산정시 반영되지 않는다.161)

(2) 개략적인 피해액 산출

화재피해액은 여러 가지 산술적 방법에 의한 계산에 기초하지만 화재현장의 특성상 정확한 산정은 사실상 어려우며 개략적인 피해액을 산정하게 된다.

2. 화재피해액 산정대상

(1) 직접적인 유형의 재산피해

피해산정의 적용대상은 화재로 인하여 직접적인 손실이 나타난 유형적인 재산피해를 대상으로 한다. 화재소실 정도에 따라 전소, 반소, 부분소의 3종류로 구분하는데 건물의 70% 이상(입체면적에 대한 비율)이 소실되었거나 그 미만이라도 잔존부분이 보수를 하여도 재사용이 불가능한 것은 전소, 건물의 30% 이상 70% 미만이 소실된 것은 반소, 전소나 반소에 해당하지 아니한 것은 부분소라고 규정하고 있다.162)

(2) 무생물과 생물 등 재산적 가치있는 피해

1) 무생물 재산

건축물, 구축물, 선박, 항공기, 차량, 기계설비, 공구류나 기구류, 가정용품 및 회화, 골동품, 미술공예품, 귀금속과 보석류, 재고자산 등은 무생물재산이다.

---

161) 송정호, 화재피해 조사업무의 발전방안에 관한 연구, 충남대 행정대학원 석사논문, 2007.2, pp.7-11.
162) 앞의 논문, p.10.

2) 생물 재산

소, 돼지, 말, 개, 닭, 오리 등 가축류 및 정원수, 산림수목, 과수목 및 입목 등 식물류와 기타 재산적 가치가 있는 생물은 피해산정의 대상이 된다.

3. 화재피해액 산정의 기준

(1) 건 물

건물은 종류, 규모, 구조, 마감재료 및 기타 상황을 고려하여 한국감정원에서 최근 공시된 건물 신축 단가표에 의한 피해 당시의 재건축비를 기준으로 하여 감가상각의 방법에 의하고 건물부대설비는 보정하되 감가상각하여야 한다.

(2) 기계장치 및 선박과 항공기

감정평가서 또는 회계장부상 현재가액 × 손해율의 공식에 의한다. 다만, 감정평가서 또는 회계장부 현재가액이 확인되지 않아 실질적·구체적 방법에 의해 피해액을 산정하는 경우에는 산정공식에 의하되 실질적·구체적 방법에 의한 재구입비는 조사자가 확인·조사한 가격에 의한다.[163]

(3) 골동품이나 귀금속류

회화, 골동품, 미술공예품, 귀금속과 보석류 기타 일률적인 가격 산정이 불가능한 물건은 전부손해의 경우에는 감정가격으로 하며, 전부손해가 아닌 경우에는 원상복구에 소요되는 비용으로 한다.

(4) 차량, 동물, 식물

전부손해는 시중매매가격으로 하고, 전부손해가 아닌 경우 수리비 및 치료비로 한다.

---

163) 화재조사및보고규정, 소방방재청훈령, 2009.7.7

(5) 공구 및 기구, 집기비품

회계장부상 현재가액 × 손해율의 공식에 의한다. 다만 회계장부상 현재가액이 확인되지 않는 경우에는 산정공식에 의하되 실질적·구체적 방법에 의한 재구입비는 물가정보지의 가격에 의한다. 집기비품의 ㎡당 표준단가는 매뉴얼이 정하는 바에 의한다.

(6) 입 목

임야 입목은 소실 전의 입목가격에서 소실한 입목의 잔존가격을 뺀 가격으로 한다. 다만 피해산정이 곤란한 경우 소실면적 등 피해규모만 산정할 수 있도록 하였으며 이외의 물건은 피해당시의 시가에 의하여 산정하고 있다.

(7) 기 타

피해당시의 현재가를 재구입비로 하여 피해액을 산정한다.[164]

---

164) 화재조사및보고규정, 소방방재청훈령, 2009.7.7

제**13**장

폭발사건 · 사고수사

1. 폭 발

폭발이란 어떤 물질의 급속히 진행되는 화학반응에 의해 다량의 가스와 열량이 발생하여 그 물질의 용적이 급격히 증대하면서 폭음·화염 및 파괴작용을 일으키는 현상을 말한다. 폭발은 폭발물질의 연소를 거쳐 진행되므로, 그 물질은 산소와 화합하는 가연성 물질 또는 물질 자체가 산소원자를 함유하거나 산소혼합물이어야 한다. 다이너마이트, TNT, 흑색화약, 뇌홍, 그리고 각종 탄화수소 물질은 이러한 연소조건을 갖추고 있어서 폭발물로서 사용된다.

2. 폭 약

넓은 의미의 폭약의 개념은 순간적으로 많은 열, 압력, 폭음을 동반하며 고체 혹은 액체상태에서 기체상태로 변화되는 물질을 말한다. 많은 화학물질이 단독으로 혹은 여러 물질과 혼합되어 폭발성을 가지게 된다.[165]

---

165) 홍성욱·최용석 공역, 앞의 책., p.324.

제2절 폭발물의 종류

I. 법규에 의한 분류

폭발물은 법규에 의하여 화약, 폭약, 화공품으로 분류된다.

(1) 화 약

1) 흑색화약

흑색화약은 초산칼륨, 즉 질산칼륨과 목탄(숯)·유황을 혼합하여 제조한 화약으로 색깔이 흑색이라는 점이 특징이다. 흑색화약은 사용시 연기가 많이 발생한다는 점에서 연기가 없는 무연화약과 구분된다. 흑색화약은 열, 충격, 마찰 및 스파크에 예민하게 반응해 연소하고, 주로 도화선 제조에 사용된다.[166]

2) 무연화약

무연화약은 총포의 실탄을 발사할 때 사용하는 발사약으로 황갈색 또는 녹색을 띤 화약으로 사용시 연기가 나지 않는다. 그러나 완전한 무연화약은 없으며, 니트로셀룰로우스가 주 성분으로서 강 황산 및 강 질산을 혼합하여 제조한다. 무연화약은 흑색화약처럼 마찰에 예민하지는 않지만, 이 역시 취급시 조심해야 한다.

(2) 폭 약

1) 다이너마이트

다이너마이트는 니트로글린세린 또는 니트로글리콜 6%이상을 포함한 고성능 폭약으로 병상(떡모양) 또는 분상(가루모양)이고, 주로 수중에서 많이 사용된다. 사용할 때 푸른 빛을 띤 하얀 연기와 함께 불꽃이 일고 초산성질의 냄새와 자극이 있다.

2) TNT

TNT는 니트로톨루엔으로 다이너마이트와 유사하지만 사용할 때 흑색의 연기가 나는 고성능 폭약이다.

---

166) 앞의 책., pp.324-325.

3) 초안폭약

초안폭약이란 질산암모늄이 주성분으로 니트로글리세린이 6% 이하인 폭약을 말하고 폭발시 온도가 낮아 탄광 안에서 사용이 용이하다.

4) 초유폭약

초유폭약이란 질산암모늄이 주성분이며 경유를 포함하고 있어 석유냄새가 난다.

(3) 화공약품

화공약품은 화약 및 폭약을 써서 만든 공작물로서 전기뇌관, 공업뇌관, 총용뇌관, 실탄, 공포탄, 도폭선, 도화선(연소를 전하는 선) 등이 해당된다.

2. 성능에 의한 분류

(1) 저성능 폭약

흑색화약은 대표적인 저성능폭약이다. 저성능 폭약은 폭발하지 않고 단지 연소만 된다. 저성능폭약이 연소되면 빠른 속도로 기체가 발생하고 이 기체의 압력에 의해 주변물체가 영향을 받는다. 저성능 폭약 역시 밀폐된 용기 안에서 연소시키면 폭발이 된다. 무연화약 역시 저성능 폭약으로 주로 소형 실탄 추진제로 사용되며 파이프 폭탄 제조에 사용된다.[167]

(2) 고성능 폭약

고성능폭약이란 반응속도와 압력이 매우 크고 가스의 형태로 변하여 에너지를 방출하는 화학물질을 말한다. 고성능폭약은 일반적으로 충격에 의해 기폭되고 연소속도도 저성능폭약보다 훨씬 빠르다. 고성능 폭약은 열, 충격, 마찰 등에 둔감하지만 파괴력이 크고 사용하기가 편리하며 물속에서도 사용가능하다.

고성능폭약은 1차 폭약과 2차 폭약으로 구분되며, 열이나 충격을 받으면 기폭되는 1차폭약은 다른 고성능폭약의 폭발을 일으키는 기폭제나 실탄 뇌관의 장약으로

---

167) 앞의 책., pp.324-325.

사용된다. 2차폭약은 1차폭약의 충격력에 의해 기폭되는 폭약으로서 주로 어떤 물체를 파쇄하는데 사용된다.[168] 고성능폭약은 도폭선에 의해 주로 기폭된다. 도폭선은 도화선처럼 생긴 폭약으로서 충격이나 열에 대단히 둔감하여 취급이 편리하다.

고성능폭약에는 다이너마이트, TNT, RDX, ANFO 등이 있다. RDX(Research Department Explosive)는 시클로나이트, 헥소겐, T라고도 하며 단단한 백색의 결정성 고체로 물에 녹지 않고 충격에 민감한 고성능 폭약으로 주로 발파용 뇌관에 사용된다. ANFO는 질산암모늄 94%, 연료유 6%를 혼합한 물질로서 다른 고성능폭약에 비해 둔감하기 때문에 선적 및 보관이 용이하다,

3. 제조가 용이한 화약류의 폭발물

(1) 초산염(질산염)계의 화약류

1) 흑색화약 유사품

① 원 료

흑색화약 유사품은 초산칼륨(질산칼륨), 목탄, 유황을 필수원료로 하여 제조된다. 원료분말을 혼합하기만 하면 제조가 가능하다.

② 특 징

흑색 또는 회백색의 분말로서 결정체도 있으며 냄새가 없다.

③ 성 능

불이 잘 붙고 연소하여 폭발하므로 추진폭발이 가능하다. 주로 엽총의 발사약이나 광산용 흑색화약과 같은 위력이 있다.

2) 초산유제폭약 유사품

① 원 료

초산유제폭약이란 폭약에 경유와 같은 기름이 들어 있다는 것을 의미하며, 따라서 원료는 초산암모늄(질산암모늄), 경유, 목탄 등이다.

---

168) 앞의 책., pp.324-327.

② 특 징

백색분말 등의 가루형태로 석유냄새가 나는 것이 특징이다. 목탄을 혼합하여 제조한 것으로서 색깔은 회흑색이다.

③ 성 능

초산유제폭약은 원료를 혼합하기만 하면 제조가 가능하고 파괴력은 강하지만 기폭이 어려우므로 고도의 지식이 없으면 실용이 곤란하다.

(2) 염소산염계 폭약

1) 원 료

염소산염계 폭약은 염소산칼륨, 유황, 목탄, 설탕, 적린(적갈색의 가루로 된 인) 등을 원료로 한다.

2) 특 징

회백색(목탄이 들어가면 흑색)의 분말 결정체 또는 백색가루로서 냄새가 없다. 원료를 혼합하기만 하면 제조가 가능하다. 원료의 입수가 용이하며 밀조빈도가 높다.

3) 성 능

염소산계 폭약은 극히 민감한 폭약으로 기폭도 용이하다. 파괴력이 강하고 위험성이 아주 높다.

(3) 과염소산염소 폭약(카알릿 유사품)

1) 원 료

폭약 이름 그대로 과연소산칼륨, 알미늄 분말, 유황, 목탄 등을 원료로 한다. 원료분말을 혼합하기만 하면 제조가 가능하다,.

2) 특 징

백색분말로서 무취의 폭약이다. 이 폭약은 아주 민감하며 기폭이 용이하고 파괴력도 강하다. 원료입수가 어려워 밀조 빈도는 낮다.

4. 기폭장치법에 의한 분류

(1) 도화선 부착 폭발물

도화선이란 화약 또는 화공뇌관에 안전하게 점화하기 위해 흑색화약 분말 등을 심약으로 하여 삼실, 무명실, 방수지 등으로 싸서 길게 만든 선이다. 이외에 도화선에 의한 기폭장치는 담배와 종이 도화선의 결합방식, 폭죽을 이용한 종이 도화선방식, 탈지면을 이용한 종이 도화선 방식 등이 있다. 폭발물의 용기는 종이파이프, 철제 파이프, 통조림 통 등의 빈깡통, 손전등 등에 폭약을 넣어 사용하고 여기에 도화선을 연결하여 폭발시킨다.

(2) 시한장치 부착

시한장치란 일정시간이 되면 폭발물이 폭발하도록 만들어진 기폭장치로서 타임스위치방식, 회중시계와 건전지 · 전기뇌관 또는 가스히터를 조합한 시한방식 등이 사용된다. 폭발물 용기는 소화기, 철파이프, 빈깡통, 접속용 파이프(양쪽 끝에 금속으로 된 뚜껑 부착), 석유통 등을 사용하고 일정시간이 지나면 이 용기에 들어 있는 폭약이 폭발한다.

(3) 혼촉식

혼촉식이란 짙은 유황산이 들어 있는 시험관, 액즙주입기, 콘돔식의 물건을 기폭장치로서 사용하고 폭발물 용기는 빈 상자, 꽃바구니, 철제 파이프, 보온병 등을 이용한다. 즉, 빈 상자나 꽃바구니를 풀 때, 보온병 등을 사용할 때 기폭장치에 의해 폭발한다.

(4) 기타 방법

폭발물의 용기는 사이다병, 비닐파이프, 도시락, 소포꾸러미같은 빈 상자가 사용된다. 기폭방법은 성냥알을 연결한 끈을 당기면 마찰판과 접촉하여 폭발하는 방식이나 화염병을 사용하여 기폭 시키는 방식, 건전지, 극판(양극 및 음극전류가 흐르는 판) 및 가스히터를 조합한 것으로 극판에 접속되어 있는 끈을 당기거나 뚜껑을 열면 극판이 접촉하여 폭발하는 방식 등이 사용된다.

제3절 폭발물의 단속과 수사

Ⅰ. 인적 대상과 장소적 대상

(1) 인적대상

폭발물 소지자는 조직폭력배 구성원, 총포·화약의 불법소지 전과자, 화약류 사용 장소 및 화약고 등에서 근무한 경력이 있는 불량 종업원 및 발파기사, 화약류의 시험연구 종사자 또는 여기에 흥미를 가진 자, 불량 토건업자 등이 대상이 된다.

(2) 장소적 단속

폭발물의 불법소지나 사용과 관련된 장소는 화약류를 소비하는 채석장 및 토목공사장, 화약고 외의 저장소, 화물 일시 보관소, 사격장, 화약류의 제조소 및 저장소 등이 그 대상이다.

(3) 자동차 검문

폭발물 불법소지는 자동차 검문 등을 통해 발견할 수 있다. 자동차 검문시 화약류를 발견한 경우에는 ① 소지자가 화약류 양수 허가증·화약류 수입허가증에 의하여 양수·수입한 것인지, ② 화약류 제조업자 또는 그 종업원의 업무용인지, ③ 취급을 위탁받은 운송업자인지 등에 대하여 확인하거나 조회를 의뢰한다. ④ 또한 소지·운반·휴대목적·입수지 등을 면밀히 추궁하고 조사하여 「총포·도검·화약류 등 단속법」, 「철도사업법」 등에 위반한 사실이 없는지 등을 확인하여 불법 소지자를 발견한다.

(4) 수상한 자의 발견과 휴대품 등의 검사

1) 공항이나 철도역 수상한 자 발견

철도역이나 공항 등에서는 승·하차, 배웅하는 사람들 중에서 거동이 수상한 사람의 발견에 노력하고, 특히 휴대품 중에 시계·건전지·철재 파이프 등을 숨겨 가지고 있는 자를 발견한 경우는 그 목적·용도 등을 철저히 추궁하여 폭파사건과의 관련성 유무를 명확히 한다.

2) 휴대품 검사

철도역이나 공항에서 수상한 물건을 휴대하고 있는 자를 발견한 경우 상대방에게 직접 펼쳐 보이게 하고 폭발물이 장전되어 있는지의 여부 및 그 내용물을 확인하되 부주의하게 펼치면 폭발할 위험성이 있으므로 충분히 경계하면서 실시해야 한다.

(5) 철도역이나 백화점의 내부 점검

경찰은 역이나 백화점 등에 폭파협박 신고가 있을 경우 관리자와 긴밀히 협조하여 대합실, 소화물보관소, 화장실, 휴지통, 유료 물품보관함에 두고 간 물건 등의 점검을 철저히 하여야 한다. 점검 중에 화약류를 발견한 경우에는 그것을 화기에 근접시키거나 충격을 주지 않도록 주의하고 안전한 장소에 보관한 후 신속하게 전문지식을 가진 자에게 조치를 부탁한다.

2. 폭파예고사건 수사

(1) 일반적 조치

항공기나 열차, 지하철 등에 폭발물이 설치되었다는 신고나 제보전화가 접수되었을 때에는 일단 진실한 정보로 간주하고 필요한 모든 조치를 취하고 수사에 착수해야 한다.

피해관계자가 취하여야 할 응급조치요령 및 경찰의 현장조치 요령, 필요한 장비, 기자재의 준비 및 보고연락체계 등에 대한 사전교양이 요구된다. 사건발생시 간부는 수사에 필요한 인원, 장비, 기자재의 동원 및 수사지휘를 위한 계획을 수립해야 한다.

(2) 폭발물의 설치 협박사건 발생시 조치요령

1) 폭파협박 편지 발견시

① 편지가 발견된 우체통에서 지문을 채취하고 또한 편지에서 지문이나 타액을 감정한다. ② 필체, 활자, 지질 등에서 인쇄기의 특징을 수사하고 폭파협박 편지의 내용을 통해 범인의 범행의도나 동기를 발견한다.

2) 지하철역의 폭발물 설치·협박사건 발생시

① 승객 중에서 거동수상자의 발견에 주력하고 특히 대합실, 소화물 보관소 화장실, 휴지통 등 폭발물 설치 가능한 장소를 집중 수색한다. ② 시계, 파이프 등을 숨겨 소지하고 있는 자를 발견한 경우 철저히 추궁하고 휴대품 가운데 신문지에 싼 것, 책 등을 집중적으로 확인한다. 휴대품은 소지자가 펴보이게 해야 한다.

(3) 전화에 의한 폭파예고

전화접수 즉시 모든 조치를 취하고 수사에 착수한다. 다시 걸려올 것에 대비하여 전화기에 녹음기를 설치하고 미리 협박전화에 대한 응답요령 및 응답자, 응답시 통화시간의 연장 등을 지시한다. 전화가 다시 걸려온 경우 범인의 어구, 냉정·흥분시의 어조, 성질, 사투리, 가성 외에도 추정연령, 지식정도, 음주의 유무, 주위의 소음, 전화접수시간 등을 상세히 기록하여 자료화한다.

(4) 위험방지 등을 위한 주의사항

① 장소·시간 등이 특정되어 있고 필요하다고 인정될 경우에는 주변의 주민대피 및 폭발물 검색 등의 조치를 강구해야 한다. ② 대피에 대해서는 신속하게 피해관계자와 협의하고 대피자에게는 침착·냉정한 행동을 홍보하는 동시에 적절하게 대피경로를 설정한다. ③ 폭발물 검색은 현장지휘자의 정확한 지휘에 의하여 신속하고 질서있게 실시하고 치밀하고 계획성 있게 구역을 분담하여 일정한 순서에 의하여야 한다. ④ 폭발물 발견시 방호용구, 내폭장비를 이용하여 접근한 후 당해물건의 도화선, 건전지, 배선 부착여부를 관찰하고 즉시 폭발물 처리반에 인계한다. 이때 폭발물 처리반이 도착하기 전에 방폭매트, 모래주머니를 사용하여 방호조치를 미리 강구한다. 또한 폭발물 발견시에는 부근의 거주자·통행인 등으로부터 해당 물건의 소유자·반입자·목격자 등의 탐문을 실시하고 아울러 그 용의성을 규명하는 수사도 실시해야 한다.

제4절 | 폭발사건 수사

Ⅰ. 초동수사

(1) 현장 긴급출동

폭발사건 신고를 접한 외근 근무자나 112순찰차 승무원들은 즉시 종합상황실을 경유하여 경찰서, 지방경찰청 관계부서에 보고하고 현장에 급행한다. 현장에서는 피해자 구호와 동시에 피해시설의 관리자와 적절히 협력하여 현장의 보존에 특히 주의한다.

(2) 수사 긴급배치 실시

사건 발생 보고를 받은 경찰서에서는 사건의 내용 · 규모를 즉시 파악하는 동시에 긴급배치의 필요시에는 이를 시행하는 등의 조치를 취해야 한다.

(3) 현장지휘체제 확립

1) 각 기능별 종합수사

폭발물 사건이 발생하면 경비기능은 112타격대 출동 등 경력배치를 하고, 보안기능은 기무사 및 군부대와 합신조를 운영하여 대공용의점에 대한 조사를 한다. 수사기능은 현장감식 및 범인체포 등의 수사를 담당하는 등 사건수사가 종합적으로 이루어져야 한다.

2) 수사자료의 확보와 임무분담 지시

수사기능은 필요한 기자재의 확보, 수사요원을 탐문반, 관계자 조사반, 실황조사반, 채증반, 연락반, 홍보반 등으로 나누어 적정한 임무를 부여하고 조직적인 수사를 전개해야 한다.

3) 전문기술자의 파견요청

폭발사건 발생시 경찰은 전문가나 군의 폭발물 처리반에게 임장을 요청하되 현장이 복원되지 않은 상태에서 요청하여야 화약의 종류나 수량 등의 개요를 알 수 있다. 사건현장의 수사요원들은 수사활동 중 제2의 폭파사건이나 파괴현장의 도괴 등으로 인한 부상을 입는 사고가 일어나지 않도록 주의해야 한다.

4) 압수 · 수색영장의 신청과 실황조사

현장의 실황조사를 통한 채증을 위하여 압수 · 수색 영장을 신청하고 실황조사를 위한 사전 협의를 해야 한다. 사전협의 사항은 ① 사건의 개요를 말한다. ② 분담구역을 명확하게 한다. ③ 조사절차 등을 통일한다. ④ 필요한 참여인을 확보한다.

(4) 피해자 구호와 목격자 조사

1) 피해자 · 참고인의 확보

수사관은 현장 및 그 부근에 모여든 사람들의 사진을 촬영하여 둔다. 이는 범인이 현장에서 사건의 추이를 지켜볼 수도 있으며 또한 후일 참고인의 확보를 위해서 필요하다.

2) 피해자 · 참고인 조사

수사관은 인적 사항이 확보된 피해자 · 참고인을 대상으로 하여 폭발상태, 즉 폭발의 정도, 폭발음, 냄새와 연기의 색깔, 폭발시의 섬광의 존재와 색깔 등을 상세히 청취해야 한다. 가능한 한 참고인들의 소지품의 제시를 요구하여 검사를 실시하고 용의점 해명에 노력해야 한다. 사건 당시 피해자 및 목격자의 위치를 확인하고 그림으로 표시해 두어야 한다.

(5) 현장보존

1) 폭심부근 접근 금지

현장보존시에는 상황에 따라서는 주변 주민의 대피조치를 취하는 동시에 불필요하게 폭심 부근에 접근하지 말아야 한다.

2) 부상자의 부상위치 확인

부상자가 현장에 있을 경우에는 부상장소에 대한 사진촬영을 실시하고 부상부위와 착의 등 손상내용을 촬영한다. 또한 부상자를 병원에 후송후에 의료기관으로부터 부상자의 착의 등을 임의제출 받아야 한다.

3) 출입통제 구역 설정

수사관은 폭심지 주변을 현장보존범위로 하여 출입을 금지시키고 수사간부의 지휘하에 부득이 출입하는 경우를 제외하고는 출입을 통제한다. 현장보존의 범위는 최저 폭심으로부터 20m~30m는 필요하다. 미국 법무부 지침에 의하면, 현장보존범위는 폭발지점으로부터 폭발물 잔해가 가장 멀리 날아간 거리에 더하여 이 거리의 1/2까지(안전지대)포함한다.169)

그러나 출입금지 구역은 모든 피해구역 및 폭발물의 파편이 떨어지는 구역(飛散物 구역)의 실황조사에 지장을 초래하지 않도록 광범위하게 설정한다. 또한 폭발물의 파편은 옥상, 가로수, 정원, 하수구, 연못 등 사방으로 날아가므로 입체적인 보존조치가 필요하다. 현장부근의 주차차량, 구경꾼 등을 대상으로 사진촬영을 해야 한다.

(6) 현장관찰과 감식

1) 폭발에 영향을 미칠 수 있는 요인 조사

장착한 폭발물이 터졌는지 여부에 관계없이 감식요원은 범행목표물, 피해정도, 폭발물의 위치, 기후조건 등 폭발에 영향을 미칠 수 있는 인자들에 대한 조사를 해야 한다. 기폭되지 않은 폭발물이 있으면 폭발물 전문가의 도움을 요청해 폭발물에 대한 안전조치를 취한다. 폭발물 전문가는 폭발물을 안전하게 해체해야 하며, 가능하다면 폭발물을 이동시키기 전에 사진을 촬영하고 폭발물 전문가가 폭발물을 해체하면서 변형시킨다면 이를 기록해야 한다. 불가피하게 폭발물을 폭발시켜 해체해야 한다면 폭발물 전체를 폭발시키지 않는 방법을 강구하면서 안전조치를 취해야 한다.170)

2) 폭발현장과 완충구역 설정

폭발물이 터진 경우에는 건물의 붕괴와 기폭되지 않은 다른 폭발물의 폭발우려

---

169) 앞의 책., p.333.
170) 앞의 책., pp.333-336.

등으로 대단히 위험하므로 안전에 대한 조치를 우선적으로 취해야 한다. 폭발현장은 전체를 감식해야 하며, 폭발이 시작된 폭심부가 가장 중요한 감식지점이다. 또한 폭심으로부터 파편이 가장 멀리 날아간 지점까지를 폭발현장으로 설정하고, 그 외부에 파편이 가장 멀리 날아간 지점까지의 거리의 반에 해당하는 지역에 완충구역을 설정한다. 폭발현장과 완충구역 모두를 통제구역으로 설정하여 감식 대상으로 한다.171) 폭발현장에는 경찰, 소방관, 의료진, 구급차 운전기사, 가스 및 전기회사 직원, 건물주, 언론, 구경꾼 등 수많은 사람이 몰려 복잡하고 혼란스럽다. 따라서 현장통제 체제를 확립하여 불필요한 사람들은 현장에 접근하지 못하도록 통제해야 한다.

3) 폭발 잔사물 채취 장비 준비

증거물을 찾아내려면 엄청난 양의 폭발잔사를 체로 쳐야 한다. 이를 위하여 삽, 갈퀴, 빗자루, 고성능 자석, 절단공구 등이 있어야 하며, 다양한 망 사이즈를 가진 체가 준비되어야 한다. 또한 폭발잔사를 모으는데 사용할 외바퀴 손수레나 쓰레기통, 휴대용 조명, 사다리 등도 필요하다.

4) 증거물 채취

폭발현장은 사진촬영과 비디오 촬영 및 스케치 방법에 의해 기록되어야 한다. 현장감식은 용의자가 남긴 물건, 부서진 침입구, 공구흔, 지문, 족적 및 기타 범인을 입증할 수 있는 증거물을 수색해야 한다. 용의자 특정을 위한 증거물, 폭발물의 종류 및 특성, 기폭장치, 시한장치, 건전지, 전선, 도화선, 뇌관 파편 등을 채취해야 한다.

폭발현장의 도화선, 폭심표면의 잔사, 그을음, 전기뇌관의 전선 등이 감정물로 쓰일 수 있으므로 채취하되, 특히 폭심표면에서 폭발되지 않은 물질, 즉 잔사를 채취하고 폭약의 포장재를 발견하여 수거한다. 포장재에는 지문, 이름, 주소, 우체국 소인 등 용의자 추적 단서가 남아 있을 수 있다.172) 폭발물을 담았던 용기를 찾아내면 법과학감정소에서 감정하여 어떤 폭약이 사용되었는지를 알 수 있다. 일반적으로 파이프폭탄의 파편 크기가 크면 흑색화약 등 화약을 사용한 것이고 크기가 작으면 고성능폭약을 사용한 것이다.

---

171) 앞의 책., p.335
172) 앞의 책., pp.337-338.

폭심부근의 잔사는 200~300g을 채취하여 비닐봉지에 밀봉하고 잔사가 없을 경우에는 그을음을 에테르, 아세톤 및 증류수에 묻힌 면봉으로 잘 닦아서 시험관에 넣어 밀봉한다. 특히 비산(흩어진)된 파편 중 그을음이 많은 것은 완전히 연소가 되지 않은 것이므로 반드시 채취해야 한다.

5) 용의자 또는 피해자 손에 묻은 화약잔사물 채취

사건 직후 용의자를 체포한 경우에는 그 의복을 수거하여 법과학감정소에 보내 미세증거물 및 폭약이 남아있는 지 검사해야 한다. 용의자 또는 피해자의 손에 묻은 화약잔사물은 면봉에 아세톤이나 질산을 두 방울 묻힌 후 왼손 및 바른 손의 바닥과 손등을 각각 닦아 시험관에 분리하여 밀봉한 후 감정 의뢰한다.173) 철물점의 알미늄 테이프를 질산 대신 화약 잔사물 채취에 사용할 수 있다. 용의자의 차량이 있으면 그 안에 공구, 미세증거물, 폭약 및 기타 범행에 사용했을 가능성이 있는 물질이 있는지 철저하게 수색해야 한다.

6) 사진촬영과 스케치

모든 증거물은 발견된 상태 그대로 촬영하고 스케치한 다음 이동한다. 나무 위, 지붕 위, 건물 돌출부 등 높은 곳이라 할지라도 폭발물 파편이 있을만한 곳이라면 모든 곳을 수색해야 한다. 폭발사건 감식에는 수많은 사람들이 참여해야 하고 많은 증거물을 채취해야 하므로 각 증거물마다 채취일시, 체취자 성명 등의 꼬리표를 붙여야 한다.

2. 심층수사

(1) 수사본부의 설치

1) 수사요원간의 협력체계 형성

폭발사건으로 인명사상과 대규모 재산피해가 발생했을 경우에는 수사본부를 설치하여 수사를 체계적으로 실행해야 한다. 폭발사건은 대체로 다수의 수사요원을 필요로 하고 수사요원들이 경찰관서별로 소속을 달리 하거나 관할 경찰서에서도 수사기

---

173) 앞의 책., p.338.

능, 경비기능, 정보기능, 보안기능 등 다양한 기능의 경찰관들이 동원되므로 상호 협력이 가능하도록 수사본부를 설치하여 수사를 지휘해야 한다.

2) 수사회의 개최와 임무분담

초동수사가 완료되면 수사회의를 개최하여 수사요원들에게 개별 임무를 분담하고 이때 중요한 수사항목은 수사종결시까지 수사에 전념할 요원에게 부여한다.

3) 임무분담의 구분

① 총괄반

총괄반은 수사의 전반적인 진행상황을 취합하고 경찰청, 지방경찰청, 기타 관계기관과의 연락과 협조관계 임무를 수행한다.

② 증거품반

증거품반은 수집 증거품의 정리와 보관, 증거의 분석검토, 피해상황의 파악과 처리 임무를 수행한다.

③ 감수사반

범죄현장 주변의 거주자, 직장인, 현장 출입자 등을 대상으로 탐문수사를 실시하여 범인의 연고감을 발견한다.

④ 지연수사반

지연수사반은 범죄현장을 중심으로 한 지역적인 연고가 있는 자에 대한 행방을 탐문한다.

⑤ 폭발물수사반

유류품 및 발견된 기폭장치, 폭발물의 용기, 화약 등에 대한 제조처 및 구입처를 조사한다.

⑥ 특명수사반

특명수사반은 중요하고 특이한 사건인 경우에 극비에 속하는 수사사항을 처리하고 기타 필요에 따라 수사주무관이 지시하는 특수한 사항을 수사한다.

⑵ 수사방침의 수립

수사본부는 초동수사를 통하여 수집한 수사자료를 기초로 수사방침을 결정한다. 수사방침에 포함되는 내용은 대체로 다음과 같다. ① 현장감식과 과학수사 실시, ② 피해자 등 참고인 조사. ③ 현장중심 탐문수사, ④ 사건 당시 통행한 교통기관 조사, ⑤ 범인의 인상착의 수사, ⑥ 감수사, ⑦ 유류품 수사, ⑧ 용의자 색출 수사, ⑨ 유사사건 조사, ⑩ 정보수사 등이다.

⑶ 피해자 등 참고인 수사

수사관은 피해자, 목격자. 참고인, 현장주변을 통행하는 교통기관과 승객 등을 대상으로 사건 전후에 목격된 수상한 자에 대한 인상착의나 특징을 수사한다.

⑷ 폭발물 수사

범죄에 사용된 화약류의 제조처, 종류, 상품명을 수사하고, 뇌관, 도화선, 전지, 시계 등의 기폭장치에 대한 수사를 실행한다. 또한 폭발물의 제조처와 위치, 폭발물을 포장한 것으로 추정되는 신문지나 포대 등의 포장물의 제조처와 위치를 수사하고 부착물에 대한 감정을 의뢰한다.

⑸ 유류품 수사

범죄현장에서 발견된 유류품의 제조회사, 판매처, 구입자 등을 조사하고, 유류품을 소지하고 있었던 자를 발견하는 수사를 한다. 폭발물 현장에서는 압수·수색영장을 발부받아 증거물을 수색하고 압수해야 한다.

⑹ 용의자 수사

수사관은 화약류 취급장소, 전과자나 우범자, 화약·약품 수집광 등을 대상으로 용의자 발견을 위한 수사를 하고, 범행동기에 대한 수사를 전개해야 한다. 특히 유력한 용의자는 알리바이를 내세우므로 이에 대비한 증거를 수집하여 대비해야 한다.

제5절 | 가스폭발사고 · 사건 수사

I. 특 징

가스폭발사고는 과실범인 경우가 대부분이고 고의범에 의한 폭파사건과는 자연히 수사방침도 달라진다. 그러나 사건발생시의 조치 · 현장활동 · 감정의뢰 등에 대해서는 화약류에 의한 폭파사건 · 사고의 수사요령에 기초하여 수사를 추진해야 한다.

2. 수사방침

폭발원인의 규명과 과실의 유무, 과실이라고 인정되는 사안 속에 고의 또는 미필적 고의의 유무, 과실의 경우 업무상 주의의무의 태만, 또는 중과실 여부, 업무상 과실이라 인정되는 경우 구체적인 주의의무의 존재 여부 등을 수사해야 한다.

3. 고압가스

(1) 압축가스

압축가스는 어떤 가스를 밀폐된 용기에 압력을 가하여 넣으면 용기중의 기체는 밖으로 나오려고 강한 힘으로 내부로부터 밀어내는 압력을 가지게 되며 이를 압축가스라 한다.

(2) 액화가스

어떤 기체에 일정한 정도 이상의 압력을 가하거나 또는 압축된 기체를 일정한 온도 이하로 냉각하면 그 압축된 기체는 액체가 된다. 고압가스 중에서 이와 같이 액체 상태인 것을 액화가스라 한다.

4. LP가스

(1) 개 념

LP가스는 액화석유가스(Liquefied Petroleum Gas)의 약어로서 프로판류와 부탄류의 혼합물이며 프로판을 주성분으로 하는 것 때문에 보통 프로판 또는 프로판 가스라고 부른다.

(2) 특 징

1) 무색·무취의 가스

LP는 무색·무취의 가스로서 가정용 연료로 사용하며 위험방지를 위하여 부취제(냄새를 낼 수 있는 향료)로서 '메카탄'이나 'THP' 등 마늘냄새 비슷한 물질을 첨가하고 있다. 본래 상온에서는 기체이지만 운반이나 판매를 쉽게 하기 위하여 고압을 가함으로써 액화상태가 된다.[174]

2) 다량흡입 시 질식우려

LP가스는 도시가스와는 달리 일산화탄소를 가지고 있지 않기 때문에 가스에 중독되는 일은 없으나 많이 마시면 산소결핍으로 질식되거나 마취되므로 주의해야 한다.

3) 대기 중 하강성질

비중은 공기에 비해 1.5~2배로 평온한 대기 중에서 아래쪽으로 가라앉는 성질이 있다. 따라서 LP가스의 누출로 가스가 체류하는 것을 알았을 때에는 휘젓지 말고 방문을 조용히 열고 문밖으로 쓸어내면 폭발을 방지할 수 있다.

(3) 수사기법

1) 원인규명

① 폭심점 중심 수사

폭심점을 상세히 관찰하고 피해상황을 파악한 다음 범위를 넓히면서 수사를 추진해야 한다.

---

174) 박경식 등, 앞의 책., p.638.

② 가스누출장소 발견

폭심점 확인 후에 가스 누출장소를 발견해야 하고, 가스기구의 고장 또는 가스관 꼭지에서의 고무관 탈락에 의하여 누출되는 예가 많으므로 주의해야 한다.

③ 가스 착화 원인 확인

가스 누출장소를 발견한 후에 누출된 가스에 착화된 원인, 즉 불이 붙은 원인을 밝혀야 하는데 이 착화원은 담뱃불, 냉장고의 스위치, 가스가구의 압전식 점화기 등이 있다. LP가스는 비중이 무거워서 방의 하부로 가라앉는 성질이 있으므로 하부 착화원을 중점적으로 수사하는 것이 기본이다.

2) 채 증

① 봄베의 상태 촬영

옥외에 있는 LP가스 봄베(bombe : 압축가스를 넣는 고압용기)는 가스가 다량으로 유출될 때 빼앗기는 기화열 때문에 잔류가스가 급격히 냉각되어 봄베 외벽에 서리 모양의 결빙이 생긴다. 외부 기온이 높을 때에도 이 상태가 되므로 신속하게 사진 촬영을 하여 증거를 확보해야 한다.

② 사고원인 물건 현장압수

사고현장에서 원인이 분명한 경우에는 가스기구, 압력조정기, 가스공급 꼭지, 고무관, 봄베 등을 필요한 최소한도의 범위 내에서 압수할 수 있다. 또한 밸브나 코크의 개폐상태는 사건을 좌우하는 것이므로 확실히 채증해야 한다.

5. 도시가스 폭발사고

(1) 도시가스의 종류와 성질

1) 천연가스

액화천연가스는 외국에서 수입하여 공장에서 가스화하여 제조가스에 혼입 또는 직접 공급한다. 주성분은 메탄이지만 그 외에 에탄이나 프로판을 혼입하여 공급하고 있으며 공기에 대한 비중은 0.66으로 공기보다 가벼워 위로 확산되는 성질을 가지고 있다.

2) 제조가스

석탄, 기름, 나프타(조성 가솔린), 천연가스, 프로판 등을 원료로 하여 제조된 각종 가스를 혼입하여 1m³당 5,000kcal의 열량으로 조성한 가스를 말한다. 제조가스의 공기에 대한 비중은 0.58이고 천연가스와 마찬가지로 위로 확산되는 성질이 있으므로 밀폐된 장소 이외에서는 폭발사고는 없을 것이라고 생각해도 무방하다.

(2) 도시가스 사고의 유형

1) 가스중독사고

도시가스 가운데 제조가스는 일산화탄소가 함유되어 있으므로 이것을 마시면 혈액속의 헤모글로빈과 일산화탄소가 결합하여 중독사하는 경우가 있다. 천연가스는 일산화탄소를 전혀 함유하고 있지 않으므로 가스중독을 일으킬 염려는 없으나 산소결핍으로 질식할 염려가 있으므로 제조가스와 같은 주의가 필요하다.

2) 폭발사고

폭발사고는 꼭지 조작의 실수, 가스기구의 고장, 고무관의 탈락, 균열 등에 의하여 가스가 누출되어 어떠한 화원에 인화되어 발생하는 것이므로 가스누출을 막으려고 노력하면 사고를 예방할 수 있다.

(3) 수사상의 착안점

도시가스의 비중은 공기보다 낮기 때문에 실내의 윗부분에 체류하고 착화원도 높은 곳에 있을 때가 많으므로 이 점에 착안하여 수사를 해야 한다. 사건발생시의 조치, 현장활동 요령, 감정의 의뢰 등 폭발사건과 동일한 방법으로 수사한다.

(4) 관계자의 수사요령

1) 고압가스 등 시설결함의 유무

경찰은 당해 행정감독관서의 직원으로부터 고압가스 시설에 관련된 문제를 청취하고, 소방서 직원의 과거에 창고·저장소 등의 출입검사 상황, 관할 경찰서의 과거에 발생한 사고의 취급조사 사항, 시설의 불비·결함 유무에 대하여 전문지식을 가진 자로부터의 사정청취를 해야 한다.

2) 제조장치·작업공정 등의 결함유무

제조장치 계획자, 최초 사고발견자, 업무분장과 감독상황, 작업 종사원에 대하여는 기술상의 기준위반 및 조작에 잘못은 없었는지 등의 여부, 사고발생시의 숙직원과 수위, 기계·기구 상황의 조사와 고장의 유무 기타 기술상의 기준을 준수하고 있었는지의 여부 등에 대해 조사해야 한다.

3) 취급관계자 및 위험물 취급자 등의 조사

이들을 대상으로 위험물의 성질에 대한 인식의 정도, 위험물 저장 취급허가 등의 검토, 취급관계자 등의 유무와 일상점검상황, 위험물 등 취급책임자의 면허 등을 확인해야 한다.

4) 회사관계자에 대한 조사

회사관계자를 상대로 하여 회사의 설립·등기관계와 직원의 성명·주소, 회사의 업무내용, 회사의 채권, 채무, 거래관계, 회사의 전표, 장부 등의 압수, 위험물의 종류와 보관상황, 위험물의 재고상황, 회사의 손해관계 등을 조사해야 한다.

(5) 폭발원인

① 제조장비의 불완전·결함으로 인한 것인가의 여부, ② 운반·취급에 대한 과실의 유무, 저장량의 부적절로 인한 것인가의 여부, ③ 마찰, 충격 등으로 인한 것인가의 여부, ④ 공장 내에 불씨 처리의 불완전으로 인한 것인가의 여부, ⑤ 낙뢰, 전기, 화기사용 등의 화원이 있었는가의 여부, ⑥ 자연발화에 의한 것인가의 여부 등이다.

제**14**장

지능범죄 수사

제1절　의의와 특징

1. 의 의

　　지능범이란 법률상의 개념이 아니라 수사 편의상 분류된 강력범에 대응하는 실무상의 개념이다. 지능범은 보통 화이트 클라스 범죄에 해당하고 지능적·기술적으로 자행되는 범죄이다. 따라서 사기·횡령·배임같은 지능범죄는 외부적으로 잘 노출되지 않지만 사회전반에 미치는 영향은 심각하고 광범위하며 그 동기 역시 다분히 경제적 이욕과 관련된 범죄이다.

2. 특 징

(1) 사회정세의 반영

　　지능범은 사회와 경제의 움직임과 밀접한 관련이 있으며 어떤 수법의 범죄가 나타나면 그것을 모방하는 경향이 강하다.

(2) 계획적·조직적 범죄

　　지능범은 합법을 가장하거나 상대방의 약점을 이용하여 계획적·조직적으로 은밀하게 범행을 자행한다.

(3) 범행의 잠재성

지능범은 은밀하게 범행을 자행하기 때문에 강력범과는 달리 그 피해가 겉으로 드러나지 않고 잠재적이다. 또한 직접적인 피해자가 존재하지 않아 고소·고발 등의 피해신고를 전혀 기대할 수 없다. 따라서 수사단서의 입수는 주로 정보활동에 의존한다.

(4) 상위 신분과 지능

지능범은 대체로 그 신분이나 지위가 높고 지능 또한 높은 것이 특징이다. 따라서 대체로 이른바 하이트 칼라 범죄가 많다. 피해자들은 자신의 사회·경제적 지위의 실추를 우려하여 피해신고를 자제하는 경향이 있다.

(5) 피해규모의 대형화

지능범은 일반적으로 피해자가 많고 피해액도 대규모이다. 사기범의 경우에 동일한 수법으로 많은 사람들에 사기를 하고 따라서 피해액도 대규모인 경우가 대부분이다.

(6) 적용 법령의 광범성

지능범은 주로 재물이나 재산상의 이익에 관련된 범죄가 많아 경제관계 법령 등 그 적용범위가 넓고, 증거인멸이 교묘하게 이루어져 물적 증거를 포착하기 어렵다.

제2절 지능범 수사기법

I. 지능범 수사의 기본

(1) 선입견의 배제

지능범수사는 수사관 개인의 선입견이나 경험 등에 매몰되지 않고 수집한 자료를 객관적으로 검토한 후 합리적인 수사를 해야 한다.

(2) 엄정 · 공평한 태도

지능범 사건은 민사관계나 상거래관계 등이 개입되어 있는 경우가 많아 사건관계자의 청탁이나 압력 등으로 수사의 불공정 문제가 야기될 우려가 농후하다. 따라서 수사의 의혹을 받지 않도록 공정한 수사를 해야 한다.

(3) 수사기밀의 유지

지능범 수사는 사건 관계자들이 수사진행과정을 지켜보고 대응하는 교묘한 범법자들이므로 은밀한 수사활동이 요청된다. 따라서 수사요원의 부주의로 수사비밀이 누설되는 일이 없도록 주의해야 한다. 공개수사는 금물이다.

(4) 불굴의 신념과 단호한 태도

지능범의 성질상 수사가 장기화되기 쉽고 외부의 압력이나 금전적 유혹, 진정 등으로 수사가 방해되는 경우가 많으므로 수사관은 불굴의 신념과 단호한 태도로 수사해야 한다.

2. 수사대책

(1) 평소에 법령 · 범죄대상 · 사회정서에 대한 기초지식 함양

지능범은 사기, 횡령, 배임 등과 같이 사법상 권리의무관계인 것이 많고 그 내용 및 적용법령이 복잡하기 때문에 평소 「민법」, 「상법」, 「어음법」, 「수표법」, 「저작권법」, 「상표법」 등 관계법령을 충분히 연구해야 한다. 또한 사기업의 내부조직, 부기, 등기관계, 회계 등에 대한 기초지식을 갖추어야 한다. 아울러 컴퓨터, 보석감정 등의 전문지식과 사회 · 경제정세에 대한 기초지식을 함양해야 한다.

(2) 수사착수 시기의 검토

지능범죄는 잠재범죄이므로 증거수집 정도, 범인의 동정, 사회 · 경제적 영향을 충분히 검토하여 수사착수 시기를 결정해야 한다. 신속한 수사착수가 좋은 것은 아니다.

(3) 수사방침에 따른 수사추진

지능범은 조직적·계획적으로 이루어지기 때문에 사건의 대소를 불문하고 반드시 치밀한 수사방침을 세우고 이에 따른 계획적인 수사를 추진해야 한다.

(4) 수사방침의 수정·보완 수사

지능범은 잠재성이 강하므로, 즉 범죄행위가 외부에 노출되지 않는 특성을 가지고 있으므로 수사과정에서 새로운 증거나 자료가 발견될 가능성이 높다. 따라서 이들 증거와 자료를 종합적으로 검토하여 당초의 수사방침을 수정·보완하여 수사를 진행해야 한다.

(5) 증거의 계획적 수집

지능범은 복잡하고 교묘한 범행수단을 이용하고 증거인멸도 치밀하게 시도하기 때문에 이에 대비하여 계획적·조직적 증거수집 활동을 해야 한다. 따라서 지능범 수사에서 범죄현장 관찰은 직접적인 범행흔적의 발견보다는 진술의 신빙성 확보를 위한 간접수단으로 활용한다.

(6) 청탁과 압력 극복하는 소신수사

지능범 수사, 즉 사기, 횡령, 배임 등의 수사 만큼 사회고위직이나 심지어 경찰 내부적으로 압력과 청탁이 많은 사건수사는 드물다. 수사관은 이에 굴복하지 않는 소신수사를 해야 한다.

3. 지능범 관련 정보보고

(1) 지방청 보고 정보

경찰은 지능범죄와 관련된 다음과 같은 정보를 입수한 경우에는 즉시 지방경찰청에 보고해야 한다. ① 중요 증수뢰사건에 관한 정보, ② 전파성이 있어 타서 관내에도 관련된 지능범 정보, ③ 정치적·사회적 영향이 크다고 인정되는 지능범 사건에 관한 정보

⑵ 지능범 정보보고시 유의사항

① 지능범 정보는 단편적이고 추상적인 정보가 많지만 이러한 정보도 수사의 단서가 되는 경우가 많으므로 반드시 보고를 해야 한다.

② 유력한 정보도 보고의 시기를 놓치면 가치를 잃는 경우가 많으므로 신속하게 보고해야 한다.

③ 정보를 입수한 경우에는 그 사실과 주관이나 판단을 혼동하지 말고 객관적인 사실만을 보고해야 한다.

④ 정보의 출처와 입수경로 등은 그 정보의 가치판단, 사후의 내사 등에 필요하므로 명백하게 해야 한다.

4. 지능범 관련 장부수사

① 장부수사란 사기 또는 부정한 방법으로 조세포탈 혐의자 등에 대하여 회계기록이나 장표 기타 증빙서류 등을 압수·수색하고 영치물건을 조사하는 절차이다.

② 기업회계는 기업실체에 대한 올바른 판단을 할 수 있도록 재무제표를 기업 회계원칙에 따라 작성하고 처리되고 있으므로 공인회계사와 같은 회계전문가의 도움을 받는 것이 필수적이다.

③ 이중장부의 작성, 컴퓨터에 비밀표시를 붙여 작성한 비밀장부 등 다양한 회피수단에 의하여 범죄의 증거인멸을 시도하고 있으므로 이를 미연에 방지하기 위하여 합리적·효율적인 사전 준비수사가 중요하다.

④ 사전 준비수사는 당해회사의 개황, 부서, 내부조직 및 운영사항의 파악, 모회사 관계회사와의 관계에 초점을 맞추어 실시하고, 명확한 혐의가 발견되지 않는 한 당해 회사와 거래가 있는 다른 회사의 장부를 압수·수색하여 증거를 수집하는 등의 수사는 하지 않는 것이 바람직하다.

제**15**장

공무원범죄 및 화이트칼라범죄 수사

I. 개 념

(1) 광의의 개념

공무원범죄란 공무원의 신분을 가진 자가 저지른 모든 범죄로서 직무유기나 수뢰와 같은 직무와 관련된 범죄는 물론 살인, 강도, 강간, 폭행, 절도, 도박 등 직무와 관련 없는 범죄를 포함한다.

(2) 협의의 개념

공무원범죄란 공무원이 범한 범죄 중 공무원의 직무와 직접 또는 간접으로 관련이 있는 범죄, 즉 공무원이 그 직무와 관련하여 저지르는 범죄로서 국가 공권력의 적정한 행사나 직무의 청렴성을 해하는 범죄를 말한다. 공무원범죄의 통계 대상이 되는 범죄는 바로 협의의 공무원범죄를 말한다.

(3) 형벌의 가중성

공무원범죄는 공무원이라는 신분에 의하여 형벌이 가중되는 신분범인 경우가 많고 공무원이 직권을 이용하였을 때 형을 1/2까지 가중한다.

2. 특수성

(1) 범죄자의 인적 특수성

공무원 범죄는 일종의 화이트칼라 범죄로서 행위자인 공무원들은 지식수준, 사리판단력, 사회경험 등 자질면에서 일반 범죄자보다 우수하다. 공직자는 비록 하위직이라고 할지라도 일반인에 비하여 상대적으로 안정되고 높은 사회적 지위가 인정되고 보장된다.

(2) 범죄음성화 경향

공무원범죄는 관련자가 그 직무처리과정에서 저지르는 범죄이므로 전문적이며 음성적으로 행해진다. 따라서 범죄피해 자체도 일반에게 쉽게 노출되지 않는다. 공무원범죄는 뇌물공여자와 뇌물 수수자사이에 뇌물을 매개로 이익 공동체적 결합을 형성하는 등 관련된 사람들이 호혜적인 공범 네트워크로 구성되어 있기 때문에 은밀성의 특징을 띤다.

(3) 범행방법의 지능성 · 전문성 · 계획성

공직부패는 담당업무의 전문성을 이용하여 지능적으로 이루어지는 것이 특징이다. 독직폭행 등 일부 격정적인 범죄를 제외하고는 대부분 이해관계인과 결탁하여 또는 담당직무에 관한 법규의 미비, 재량의 여지, 감독소홀을 교묘하게 이용하여 저지르는 범행으로 고도의 지능성, 전문성, 계획성을 띠고 있다.

(4) 죄의식의 희박

공무원범죄에 대한 일반국민의 법 감정이나 저항의식이 희박하고 행위자에 대해 관대할 뿐만 아니라 행위자가 자신의 행위에 대하여 죄의식을 갖는 정도가 상당히 약하다. 공무원 사회는 비현실적이고 불합리한 법규, 무리한 상부지시, 예산의 뒷받침 없는 사업계획 등을 이유로 목적만 달성할 수 있다면 이 정도는 잘못이 없다는 풍조가 널려 있다.

(5) 피해자의 불특정성

공직부패는 살인, 강도 등 강력사건과 달리 직접적인 피해를 호소하는 사람이 없을 뿐만 아니라 피해자를 특정하기 어렵다. 부패공직자와 그 상대방은 부정한 이익을 취하지만 그로 인한 피해는 직접적으로 드러나지 않는다.[175]

3. 수사방침

(1) 첩보수집활동

수사관은 평소부터 공무원들에 대한 일반적인 성향이나 동향 등을 사전에 파악해야 하며, 정보제공자와의 접촉 등을 통해 첩보를 수집한다. 공직 내부의 분쟁이나 불만이 있는 조직을 대상으로 첩보를 입수해야 한다.

(2) 내사단계

1) 정보제공자의 자발적 협조 유도

미국과는 달리 정보제공자에 대한 면책특권이 없으므로 정보제공자의 자발적인 협조를 구해야 한다.

2) 보안유지와 정보제공자와 약속 준수

내사시 보안유지가 중요하며 정보제공자의 신원은 원칙적으로 노출되어서는 아니 된다. 또한 정보제공자와의 약속은 불법적이 아닌 한 준수되어야 한다. 일반적으로 범인·피해자 등의 명예를 보호하고 증거인멸을 예방하기 위하여 내사단계에서부터 전 수사단계에 걸쳐 비밀스럽게 행하여져야 하는 수사밀행의 원칙이 준수되어야 한다.

3) 범죄혐의 인지시 입건조치

내사의 결과 범죄혐의를 인지시에는 입건하여 수사를 개시해야 한다.

---

175) 사법연수원, 특수수사론, 2008, p.73.

(3) 수사개시

1) 공무원범죄의 수사원칙

① 공무원범죄 첩보 입수시 소속장에게 즉시 보고하고 사건처리지침을 받아 신속하게 조치한다. ② 공무원범죄 수사는 구속수사를 원칙으로 하고 경미한 사안인 경우에는 형사처벌이 되지 않아도 소속기관장에게 통보하여 징계 등 행정처분토록 한다. ③ 공무원범죄는 감사원이나 검찰, 경찰 기타 수사기관이 수사를 개시한 때와 이를 종료한 때에 10일 이내에 소속기관의 장에게 당해 사실을 통보해야 한다.

2) 수사밀행의 원칙 준수

공무원 범죄 수사는 범인 및 피해자 등의 명예를 보호하고 증거인멸을 예방하기 위하여 비밀스럽게 행하여져야 하는 수사밀행의 원칙이 수사의 전 과정을 통하여 지켜져야 한다.

(4) 공무원범죄자 검거방법

1) 체포 및 구속

공무원 범죄수사는 제보자, 참고인 등을 조사하고 기타 관련증거들을 임의수사 또는 강제수사 방법으로 확보한 후 피의자를 소환하여 조사 후 구속하거나 체포후 구속하는 순서에 의해야 한다. 공무원 범죄의 피의자를 체포·구속하는 것이 당사자 및 사회에 미치는 영향을 고려하여 피의자의 범죄에 대한 대부분의 증거자료를 수집하여 입증가능한 상태에서 피의자를 체포 또는 구속하는 것이 수사의 절차나 방법상 효과적이다.

2) 구속의 판단사항

① 뇌물액의 다과(많고 적음), 피의자의 지위, 직무관련성 정도, 청탁의 내용, 뇌물의 사용용도 등 사안의 중대성 파악, ② 수뢰자의 사전 요구 유무, 공여자의 경우 상대방의 사정 등 뇌물의 수수 및 공여경위, ③ 체계적, 구조적, 지속적 범행여부 등 범행의 태양, ④ 범죄전력 및 범행후의 정황, 즉 실제받은 이익, 청탁실행 여부, 자수 또는 수사협조 여부 등을 고려하여 판단한다.

3) 범인과 관련자 동시검거 및 명예 존중

공무원 범죄자 검거는 범인과 관련자를 동시에 검거하고 대상자의 명예와 소속관청의 위신 등을 고려하여 조용히 연행한다. 따라서 검거장소는 개인의 주거(집)나 공무소 이외의 장소를 선택한다.

4) 범인과 관련자의 분리 조사

피의자와 검거된 관련자를 분리하여 신문함으로써 상호 진술을 맞추거나 증거조작행위를 방지하도록 한다.

(5) 공무원 범죄의 조사요령

1) 치밀한 준비에 의한 조사

피의자는 자신의 업무분야에 대해서는 전문성을 이용하여 범죄를 은폐하므로 수사관은 사전에 신문의 방법, 조사할 내용, 관련법령에 대한 검토를 하는 등 치밀한 사전 준비를 한 후 조사에 착수한다.

2) 유도심문 금지

조서의 임의성과 신뢰성을 확보하기 위하여 유도심문을 피하고 가능한 한 많은 진술을 통하여 진술의 모순점과 법령이나 업무처리지침 위반사항을 포착하여 추궁한다.

3) 자백의 임의성과 객관적 증거물 확보

다른 범죄와 달리 공무원범죄는 피해자진술로부터 수사가 시작되는 것이 아니라 피의자나 피고인의 진술조사로부터 수사가 시작되는 것이 특징이다. 그러나 공무원 범죄의 피고인은 대부분 수사단계에서 자백을 하더라도 공판단계에서 범행을 부인한다. 따라서 진술녹화를 반드시 실시하고, 변호사를 참석시키는 등으로 자백의 임의성과 신빙성을 확보해야 한다. 피의자가 자백을 하였더라도 반드시 그 자백이 진실이라고 속단하여서는 아니 된다. 그러므로 자백의 진실성을 입증하는 비밀장부, 메모, 일지, 수첩 등 객관적 증거를 반드시 확보해야 한다.

4) 피의자 요구내용 기록

진술자에게 유리한 기록이나 비록 사건과 관련없는 사항이라도 기록을 요구하는 내용에 대해서는 조서의 임의성을 보장하기 위해서 기록을 하는 것이 바람직하다.

5) 조사대상 공무원의 표정과 행동 관찰기록

피의자가 조서를 열람하면서 변하는 표정이나 행동 등을 관찰하여 수사보고서를 작성한다.

6) 계좌추적

공직부패 범죄는 압수·수색영장을 발부받아 피의자나 피내사자의 계좌추적을 하는 것이 필수적이다. 공직부패 범죄자들은 계좌추적을 피하기 위해 도·차명계좌를 이용하거나 현금거래를 하고, 헌 수표를 사용하는 등으로 대비한다. 따라서 자금추적은 끈질기고 집요한 노력이 요구된다.

7) 통신제한조조치 및 통신사실확인 자료제공요청

피의자에 대하여 수사기관은 통신제한조치 허가서를 받아 감청을 실시하고 통신사실확인 자료 제공요청을 하여 통화내역을 분석하여 범죄사실을 규명해야 한다.

(6) 증·수뢰사건 수사

1) 내사단계

① 수뢰자의 직책, 지위, 직무권한을 확인하고 경력 및 생활환경 등을 조사한다.
② 증뢰자의 관청출입 상황, 금융거래내역, 수뢰자와의 친분관계 등을 확인한다.
③ 퇴직자, 전임자, 반대파 등을 통해 내부의 사정이나 관청과 업자와의 관계 등을 탐문한다.

2) 수사요령

① 뇌물 조사시 임의성 확보를 위하여 신중을 기하여야 한다. ② 공범자는 분리하는 등의 통모방지 대책이 필요하다. ③ 증뢰자로부터 협조적 진술을 얻기 위하여 처벌면제 약속 등의 거래를 하는 것은 바람직하지 않다. 그러한 경우에 기소 후 약속

이 이행되지 않을 때에 피고인은 진술을 번복하는 일이 발생할 수 있다. ④ 관련 기관 등의 압력 등을 대비해 절대적으로 보안을 유지해야 한다.

제2절 | 화이트칼라범죄 수사

I. 개 념

1930년대의 저명한 범죄학자 서덜랜드(Sutherland)는 부자와 권력자의 범죄행동을 기술하기 위해서 화이트칼라(white colour)라는 용어를 처음으로 사용했다. 그는 화이트칼라 범죄를 사회적으로 존경받을만한 높은 지위에 있는 사람이 자신의 직업활동 과정에서 범하는 범죄라고 정의했다.[176]

2. 화이트칼라 범죄에 대한 재정의

화이트칼라 범죄에 대한 서덜랜드의 연구는 범죄학사의 기념비적 공헌이라 할지라도, 그는 부유하고 권력 있는 사람들의 범죄를 포함하는 기업범죄(corporate crime)에 초점을 맞추었다. 그러나 현대의 화이트칼라 범죄의 정의는 보다 광범하고, 자신들의 범죄활동을 위해서 시장을 사용하는 기업거물은 물론이고 중류층까지 포함한다.[177] 최근의 화이트칼라 범죄 개념에는 소득세 탈세, 신용카드사기, 그리고 기업파산 사기 등이 포함된다. 또한 화이트칼라 범죄자들은 정부 또는 기업에서 부여한 직위를 범죄에 이용하는 좀도둑, 뇌물 또는 임금의 일부 가로채기, 그리고 횡령 같은 행위들이 포함된다.

---

176) Larry J. Siegel, Criminology, Thompson, Wadth, 2003, p.389.

177) David Weisburd and Kip Schlegel, "Returning to the Mainstream," in White-Collar Crime Reconsidered, eds. Kip Schlegel and David Weisburd (Boston : Northeastern University, 1992), pp. 352-365.

3. 화이트칼라 범죄의 특성

(1) 간접적인 파급효과

화이트칼라 범죄는 절도·강도 등과 같은 전통적인 범죄에 비하여 사회에 미치는 해악은 더 크지만 그 피해가 일반국민에게 간접적으로 파급되기 때문에 일반적으로 크게 죄악시되지 않는 경향이 강하다.178) 즉, 화이트칼라 범죄는 피해자가 불특정 다수인 일 경우가 많고, 또한 피해를 느끼지 못하거나 피해의 증상이 장기간에 걸쳐 나타나기 때문에 사회 문제로 부각되지 못한다.

(2) 사회의 불신과 도덕적 타락 현상 심화

사회적 지도층에 있는 사람들의 권력이나 지위를 이용한 범죄사실이 언론을 통해 알려지면, 일반 시민들의 냉소를 자아내고 사회 전반적인 도덕적 타락과 불신현상을 부추긴다. 정치권과 고위직 관료들은 뇌물과 같은 정경유착적 범죄행위에 대해 재택이나 상속, 또는 처가의 재산을 물려받은 것이라고 변명하지만, 그것을 믿어줄 시민들은 별로 많지 않다. 심지어 돈 많은 사업가에게 돈을 빌려주고 되돌려 받았다고 거짓말하기도 한다.

(3) 시민에게 직접적이고 가공할 피해 초래 우려

화이트칼라 범죄는 일반 시민들에게 직접적이고 가공할 피해를 초래한다는 점에서도 주목을 받을 수 있다. 즉, 기업이나 특정 기관의 핵 방사능 물질의 유출이나 유독 오염물질이 식수원에 투입된다면, 일반 시민들에게 심각한 결과를 초래할 것이다.

(4) 증거인멸의 용이성과 수법의 교묘성

화이트칼라 범죄는 범죄 자체가 특수한 사람들 사이에 이루어지거나 전문기술과 관련된 범죄여서 범죄의 증거를 인멸하기 쉽고 수법도 매우 교묘하여 일반범죄에 비하여 그 수사가 상당히 어려운 경우가 많다.

---

178) Laura Schrager and James Short, "Toward a Sociology of Organizational Crime," Social Problems 25, 1978, pp. 415-425.

4. 화이트칼라 범죄의 유형

(1) 신용사기와 사취(sting and swindles)

화이트칼라 범죄의 첫째 유형은 전형적인 사기 수법에 의해 타인의 돈을 사취하는 행동이지만, 일반적인 사기수법과는 달리 자신의 제도적 또는 업무상의 지위를 이용하여 타인의 돈을 사취한다는 점에서 차이가 있다. 이러한 유형의 범죄는 가짜 상품을 방문 판매하는 것과 같은 사기행각으로부터 증권 중개회사에 거액의 위조증권을 유통시키는 것까지 광범위하다.[179]

(2) 조직과 고객 사취(chiseling)

화이트칼라 범죄의 두 번째 유형은 조직과 고객, 또는 그 모두를 규칙적으로 속여 불법 이득을 취하는 형태이다. 고객 속이기는 자동차 수리를 하지 않고 요금청구를 한다든지, 원산지 표시를 속이고 농·수산물을 판다든지, 집수리를 하면서 고객을 속이는 행위나 슈퍼마켓에서 의도적으로 저울을 속이는 행위 등이 해당된다. 조직 속이기는 외부에 공개하지 않은 회사의 비밀에 해당하는 정책정보를 불법적으로 유출하는 경우가 가장 대표적인 형태이다. 최근에 첨단산업을 비롯한 산업정보 유출행위는 전형적인 조직 속이기 범죄로서 심각한 사회문제로 등장하고 있다.[180]

(3) 제도적 지위의 개인적 이용

특정 직위에 있는 사람은 자신의 권력 작용과 관계있는 다른 사람들이나 조직을 대상으로 직위 권력을 이용하여 불법적인 이익을 추구할 수 있다. 대체로 소방점검이나 위생점검 등은 그 기준이 까다롭고 규제기관의 재량의 범위가 크기 때문에 규제대상에 대한 점검 시에 돈을 요구하는 것과 같은 제도적 지위를 개인적으로 이용하는 일이 발생한다.[181]또한 기업이 사업 계약을 위해서 정부의 규제기관이나 특정 기업에게 뇌물을 제공하는 것은 많은 나라에서 공통적인 현상이다.

---

179) Nikos Passas, "Structural Sources of International Crime : Policy Lessons from the BCCI Affair," Crime, Law and Social Change 19, 1994, pp.223-231.

180) Richard Qunny, "Occupational Structure and Criminal Behavior : Prescription Violation of Retail Pharmacists," Social Problems 11, 1963, pp. 179-185.

181) *Ibid.*, p. 392.

(4) 권력 행상과 뇌물(influence peddling and bribery)

제도적으로 중요한 지위에 있는 사람들은 정부의 정책이나 사업방향에 관심을 집중하고 있는 외부 인사들에게 권력, 영향력, 그리고 정보를 팔아먹는다. 이러한 유형의 화이트칼라 범죄는 정부의 관료들이 정부의 개발 정보나 미래의 정부 활동에 대한 정보를 제공하거나 경찰관이 업자에게 단속정보를 제공하고 뇌물을 받는 범법형태이거나 정부의 관료들이 특정인에게 정부가 발주하는 국책사업이나 각종 공사 계약을 하는 대가로 리베이트를 받는 형태의 불법행위이다. 정치권력과 기업의 유착 역시 권력 행상에 지나지 않는다. 정치권력은 기업을 권력적으로 도와주는 대가로 정치자금을 기업으로부터 받아낸다.182)

(5) 횡령과 피고용인 절도

피고용인 절도는 대표적인 화이트칼라 범죄형태이다. 그 유형은 1) 블루칼라 피고용인들이 회사 재산의 체계적 절도에 관여하는 형태이다. 이른바 좀도둑(pilferage)이라고 부르는 것이다.183) 2) 관리층 수준에 있는 사람들도 기업절도를 한다. 그들의 절도 수법은 ① 회사자산을 개인적 이익을 위해 사용하고, ② 부정한 수법으로 승급이나 보너스 같은 보상의 증액을 추구하고, ③ 회사 주식의 개인적 지분을 부정한 수법으로 증가시키며, ④ 회계조작에 의해서 회사 내의 현재의 위치를 유지하고, ⑤ 주주들이 수용불가능한 성과는 숨기는 수법을 동원한다.

(6) 고객사기

고객사기는 개별 고객들이 그들에게 혜택을 주는 조직을 속이는 범죄유형이다. 즉, 의료보험사기, 신용카드사기, 복지와 의료보험 프로그램에 관련된 사기, 그리고 탈세 등은 고객이 모두 정부기관이나 관련 회사들을 속이는 행위이다.

정부의 생활보조금 수령 대상자의 정부 속이기도 고객사기에 해당한다. 그들은 가족들과 공모하여 고의적으로 생활무능력자로 둔갑하거나 허위 재산 신고를 하는 수법을 동원한다.

---

182) *Ibid*, p.392.
183) Charles McCaghy, Deviant Behavior(New York : Macmillan, 1976), p.178.

(7) 기업 범죄(coporate crime)

1907년 사회학자 로쓰(Ross)는 자신의 논문에서 기업대표들을 법으로부터 면죄되고 일반 시민들을 피해자화 하는 기회적인 범죄자(criminaloid)라고 불렀다.184) 화이트칼라 범죄라는 용어를 제일 먼저 사용한 서덜랜드 역시 기업범죄를 화이트칼라 범죄의 대표적인 유형으로 규정했다,

기업범죄의 유형은 가격담합, 거래의 불법적인 제한, 허위 광고, 그리고 환경법규를 위반하는 기업의 환경오염 행위 등이 포함된다. 특히 거래의 불법적인 제한은 경쟁회사에 타격을 주기 위해 계획된 음모나 계약, 독점 시도, 인위적인 가격유지, 또는 자유시장 경쟁에 간섭하는 것 등으로 나타난다.185)

(8) 하이-테크 범죄

하이-테크 범죄는 신형 화이트칼라 범죄로서 정보와 자원, 또는 자금 절도를 핵심으로 한다. 이 범주에 속하는 범죄는 인터넷 범죄, 인터넷 보안사기 범죄, ID절도, 컴퓨터 범죄 등을 포함한다.

5. 수사기법

(1) 신중한 착수

화이트칼라범죄는 기업 수준이나 사회의 비교적 지도층과 부유층 사이에서 발생하는 범죄이므로 잠재성이 강하고 자연적으로 노출되는 경우는 거의 없다. 대개는 내분이나 보복 또는 질시 등의 결과로 범죄가 노출된다. 그러나 밀고나 신고 등 제보에는 개인적인 원한에 의한 복수차원의 모함도 있을 수 있으므로 수사착수에 신중성을 기해야 한다.

(2) 방증의 확보

화이트칼라범죄는 피해액이 비교적 큰 것이 보통이므로 수사초기에 경리장부 등 방증이 될만한 것을 되도록 광범위하게 수집하여 확보해야 한다.

---

184) *Ibid*, pp12-13.
185) Siegel, *op.cit*, p.397.

(3) 변명의 청취

피의자를 조사할 경우에 그들의 변명을 충분히 들어두는 편이 후일을 위하여 유리하다. 피의자는 유리하거나 죄질의 경미함을 항변하려는 것이 보통이므로 조사단계에서 그러한 변명을 일축하고 공판정에서 처음 부딪치게 되면 그만큼 불리해지기 쉬운 법이다.

(4) 신중한 구속

피의자 신체구속은 내사 기타 조사에 의하여 조사자료를 충분히 확보한 뒤에 이루어져야 한다. 일반적으로 죄의식이 희박하며 법률해석이 까다로운 점 등을 악용하여 역습하는 요령에도 능하기 때문이다.

제**16**장

통화·유가증권 위·변조사건 수사

Ⅰ. 내국통화 위·변조죄

내국통화 위·변조죄란 사람이 행사할 목적으로 통용하는 대한민국의 화폐, 지폐 또는 은행권을 위·변조함으로써 성립하는 범죄이다. 이때 통화는 화폐(금속화폐), 지폐, 은행권(한국은행권) 등을 말한다.

(1) 객 체

1) 통 용

통용이란 법률에 의하여 강제통용력이 있는 것을 말한다. 사실상 국내에서 사용되고 있는 유통과 구별된다. 따라서 강제통용력이 없는 옛날 화폐나 폐화(폐지된 화폐) 또는 외국은행권은 본죄의 객체가 될 수 없다.

2) 통 화

① 화 폐

주화 같은 금속화폐로서 명목가치에 가까운 실가를 가진 것이 보통이나 반드시 그러한 것은 아니다.

② 지 폐

정부 기타 발행권자에 의해 발행된 화폐대용의 증권을 말한다.

③ 은행권

정부의 인허를 받은 특정은행이 발행하는 한국은행권 같은 화폐대용의 증권을 말한다.

(2) 행 위

1) 위 조

사람이 행사할 목적으로 통화를 발행할 권한이 없는 자가 진정한 통화의 외관을 가진 물건을 제조하는 것을 위조라 한다.

① 위조의 방법에는 제한이 없다. 따라서 고화(옛날 화폐)나 폐화(폐지된 화폐)를 이용하여 새로운 통화를 제작하든, 사진, 인쇄, 복사의 방법에 의하든 불문하며, 진화를 재료로 삼아 진화의 외관을 가진 다른 물건을 제작한 경우도 포함된다. ② 진화의 존재를 요하지도 않고, 위화가 진화이상의 가치를 가지는 경우도 위조가 된다. ③ 진정한 통화의 외관이란 일반인으로 하여금 쉽게 위조화폐인지 여부를 식별하기 불가능할 정도에 달할 것을 요하지 아니하고 거래상 일반인이 진정한 통화라고 오인할 염려가 있을 정도이면 족하다. ④ 진화로 오인할 염려가 있다면 실제로 유통되는 것과 동일 또는 유사할 것임을 요하지 않는다.186) 그러나 일만원권 지폐의 앞·뒷면을 전자복사기로 복사하여 비슷한 크기로 자른 정도의 것은 위조가 아니다. 위조의 정도에 이르지 않은 것은 모조로서 통화유사물제조죄가 성립한다.

2) 주관적 구성요건

고의 이외에 주관적 구성요건으로서의 행사목적이 있을 것을 요하는 목적범이다. 행사할 목적은 위·변조한 통화 등을 진화로 유통하겠다는 목적을 말하며 타인으로 하여금 진정한 통화로 유통하게 할 목적인 경우도 있다.187) 따라서 학교의 수업용 교재로, 진열용의 표본으로, 자신의 제조기술을 뽐내기 위하여 통화를 위·변조한 경우에는 행사의 목적이 인정되지 않으므로 통화위·변조죄는 성립하지 않는다.

---

186) 이재상, 형법각론, pp.538-539.
187) 앞의 책., p.540.

(3) 변 조

진정한 통화에 가공하여 그 가치를 변경하는 것을 변조라 한다.

① 변조에 의하여 새로 만들어진 물건 역시 일반인이 진정한 화폐라고 오인할 수 있을 정도의 것이어야 한다. ② 변조는 진정한 통화를 가공하는 것이므로 진정한 화폐의 존재를 필요로 한다. ③ 진정한 화폐에의 가공은 진정한 화폐의 외관 내지 진화의 동일성을 해하지 않는 한도 내에서 변조가 되며, 진화를 재료로 하여 전혀 별개의 외관을 갖는 것을 만든 경우 위조가 된다.[188] 즉, 만원짜리 지폐 한 장을 앞뒷면으로 분리하여 한 면만 가진 두 장의 1만 원 권으로 만든다든지, 1천 원권을 가공하여 5천 원권으로 고치는 경우 변조가 된다. 그러나 백 원짜리 동전 두 개를 녹여서 5백 원짜리 동전 하나를 만드는 경우는 위조가 된다.

2. 위·변조통화 행사 등 죄

(1) 구성요건

위·변조통화 행사 등 죄란 위조 또는 변조한 통화(내국통화, 내국유통외국통화, 외국통용외국통화)를 행사하거나 행사할 목적으로 수입·수출함으로써 성립하는 범죄이다.

(2) 행 사

① 유상이든 무상이든 적법이든 위법이든 묻지 않는다. 따라서 위조 또는 변조된 통화를 진정한 통화인 것처럼 타인에게 증여하거나 진화와 교환하거나, 채무변제 또는 도박이나 사기자금으로 사용하는 것도 행사에 해당된다. ② 또한 상대방에게 진정한 통화라고 주장하는 것을 요하지 않는다. 따라서 위조된 화폐를 공중전화기나 자동판매기 등에 투입하는 것도 행사가 된다. ③ 행사가 되기 위해서는 거래상의 유통, 즉 위화를 진화로 유통시켜야 한다. 따라서 위조화폐를 진화로 화폐수집상에게 판매하거나 위화인 사정을 모르는 심부름꾼에게 물건을 사오라고 위화를 교부하는 것도 행사이다.[189] 그러나 단순히 자신의 자산상태를 믿게 하기 위하여 상대방에게 보여주는 것이나 단순히 사정을 아는 제3자에게 주는 것은 행사가 아니다.

---

188) 앞의 책., p.539.
189) 앞의 책., pp.542-543.

(3) 수입 · 수출

수입은 양륙 시, 수출은 이륙시를 기준으로 기수시기를 결정해야 한다.

(4) 주관적 구성요건

위조 또는 변조한 통화를 행사한다는 고의가 있어야 하며, 수입 · 수출은 고의 이외에 주관적 구성요건으로서 행사의 목적을 필요로 한다.

3. 위조통화 취득후 지정행사죄

위조 · 변조한 통화를 취득한 후 그 정을 알고 행사함으로써 성립하는 범죄이다. 본 죄는 통화취득시에 위조 · 변조된 통화라는 것을 모르고 취득한 후에 그 정을 알고 행사한 경우 성립한다. 또한 취득은 적법 · 위법을 불문하고 진정한 통화로 유통하게 하면 성립한다. 행사의 목적은 요하지 않는다.

4. 유가증권 위 · 변조죄

(1) 의 의

유가증권 위 · 변조죄란 행사할 목적으로 대한민국 또는 외국인 공채증서 기타 유가증권을 위조 또는 변조하거나 행사할 목적으로 유가증권의 권리의무에 관한 기재를 위조 또는 변조함으로써 성립하는 범죄이다. 공채증서는 국가 또는 지방자치단체에서 발행한 각종의 국채 또는 지방채의 증서를 말하며 유가증권의 예시로서 주택채권이나 전화채권 등이 이에 해당된다.

(2) 유가증권

유가증권이란 증권상에 표시된 재산상의 권리의 행사와 처분에 증권의 점유를 필요로 하는 것을 말한다.190)

① 어음, 수표, 화물상환증, 창고증권, 선하증권 등과 같은 법률상의 유가증권은

---

190) 앞의 책., pp.548-550.

물론 상품권, 기차승차권, 경마투표권, 극장입장권, 공중전화카드, 교통카드, 스키장의 리프트탑승권, 할부구매증권 등과 같은 사실상의 유가증권도 포함된다. ② 재산권이 화체되지 않은 영수증, 물품구입증, 매매계약서, 차용증서, 여권, 영업허가장 등은 유가증권이 아니다. ③ 권리행사에 증권의 점유를 요하지 않는 우편예금통장, 정기예금증서, 공중접객업소의 신발표와 같은 면책증권도 유가증권이 아니다. ④ 유가증권은 사법상 유효할 것을 요하지 않는다. 따라서 법률상 무효인 것이더라도 일반인이 유효한 유가증권으로 오인할 정도의 외관을 가지고 있으면 본죄의 객체가 된다. ⑤ 유가증권의 발행자는 사인, 국가 또는 공공단체이건 외국이건 불문하며, 명의인이 실재하지 않아도 상관없다. 따라서 행사할 목적으로 외관상 일반인에게 진정한 유가증권으로 오인될 정도로 위·변조한 경우에는 허무인명의라도 유가증권위조죄가 성립한다. ⑥ 명의인이 있는 경우에도 반드시 특정될 필요가 없고, 별명이나 기타 거래상 본인으로 인식될 수 있는 것이면 충분하다. ⑦ 유가증권위조를 사문서위조보다 무겁게, 통화위조보다는 가볍게 처벌하는 이유는 유통성 때문이 아니라 재산권이 화체되어 있는 증권이라는 점에 있으므로 유통성은 유가증권의 요건이 아니다. 따라서 유통성 없는 승차권, 복권, 승마투표권도 유가증권이다.

(3) 권리의무에 관한 기재

권리의무의 발생이나 소멸을 초래하는 사항을 말하며, 배서, 보증, 인수 등의 부수적 증권행위가 이에 해당한다.

(4) 행 위

1) 위 조

작성권한 없는 자가 타인명의의 유가증권을 작성하는 것을 말한다. 위조의 수단·방법에는 제한이 없으며 간접정범에 의한 위조도 가능하다. 판례에 의하면 ① 찢어서 폐지로 된 타인의 약속어음을 짜맞추어서 어음의 외형을 갖춘 경우, ② 약속어음의 액면란에 보충권의 범위를 초월한 금액을 기입한 경우, ③ 타인이 위조한 백지의 약속어음을 완성하는 경우, ④ 기망수단에 의하여 타인으로 하여금 약속어음용지에 발행인으로 서명날인케 한 후에 마음대로 어음요건을 기재하여 어음을 발행한 경우 등이 해당한다.

2) 변 조

이미 진정하게 성립된 타인명의의 유가증권의 내용에 권한없는 자가 유가증권의 동일성을 해하지 않는 범위에서 변경을 가하는 것을 말한다.

① 변조는 진정하게 성립된 타인명의의 유가증권에 변경을 가할 것을 요하므로 타인에게 속한 자기명의의 유가증권에 변경을 가하는 것은 변조에 해당하지 않고 허위유가증권작성죄나 문서손괴죄가 성립한다. ② 유가증권의 동일성이 유지되는 변경은 변조이고, 동일성이 유지되지 않는 것은 위조이다. 유가증권의 용지에 필요한 사항을 기재하여 새로운 유가증권을 만든 경우 및 유효기간이 경과한 유가증권처럼 이미 실효된 유가증권을 가공하여 새로운 유가증권을 작성하는 경우는 위조이다.

(5) 주관적 구성요건

고의 이외에 주관적 구성요건으로 행사의 목적이 필요하다. 행사할 목적이란 진정한 유가증권으로서 사용할 목적을 말하고, 자신이 행사할 목적이나 타인으로 하여금 행사하게 할 목적이거나를 묻지 않는다.

5. 위조은행권의 종류

(1) 그 림

직접 손으로 지폐모양의 그림을 그려서 위조한 은행권을 말한다. 현재는 거의 사용되지 않는 수법이다.

(2) 인쇄위조권

은행권은 위조방지와 미술인쇄를 겸한 조각 요판이라는 특수한 기법에 의하여 원판이 작성되고, 용지에는 백 또는 백과 흑으로 된 은화가 들어 있는 외에 인쇄에 있어서의 다색요판 전자인쇄 등 위조방지를 위한 장치가 한 장의 은행권에 집중되어 있다.[191]

인쇄위조는 정교한 인쇄기술을 이용하여 지폐 및 수표를 대량으로 위조할 경우

---

191) 박경식 등, 경찰수사론, 경찰대학, 2002, p.644

사용될 수 있는 방법이다. 이러한 수법을 사용할 경우 진본과의 구별이 어려우나 수
사대상을 인쇄업소 등으로 한정할 수 있어 수사방향 설정은 오히려 용이하다.192)
그러나 사진제판에 의한 인쇄에 있어서는 사진제판 기계의 발달에 따라 보다 정교
한 위조권의 출현이 예상된다.

(3) 복사위조권

컬러복사기는 특수한 기술이 없더라도 누구나 간단하게 사용할 수 있기 때문에
선진국의 경우에도 다른 수법보다 우위를 차지하고 있고, 진본과 거의 구별하기 어
려울 정도로 정교하다. 그러나 컬러복사기는 전량 수입되고 있고 세관을 통해 수입
량을 통보받으며 구입자의 신고를 받아 현재 경찰청에서 집중관리 중에 있다. 또한
컬러복사기 중의 일부는 인쇄물에 기기의 고유번호를 비밀리에 인쇄하도록 제작되
어 있기 때문에 위조에 사용된 기기 파악이 용이한 경우도 있다.

이러한 복사위조권에 대해 위조·행사라는 양면에서 검토하여 보면 은행권의 한
면만을 복사하여 네 번 접어서 행사하는 방법, 표리 양면을 복사하여 풀로 붙여서
사용하는 방법 등이 있다.193)

(4) 컴퓨터를 이용한 위조권

컴퓨터 보급확대와 스캐너, 프린터 등 컴퓨터 주변기기 가격 하락에 따라 근래에는
이를 이용한 지폐위조 사범이 증가하고 있다. 컴퓨터를 이용한 위조는 스캐너를 통하
여 지폐를 컴퓨터 파일로 입력받은 후 컴퓨터 그래픽 프로그램을 통해 일부를 수정하
여 컬러잉크젯프린터를 통하여 출력하는 방법에 의한다. 개인이 가정에서 장비를 갖
추어 두고 이러한 위조수법으로 범행할 경우 수사가 극히 곤란한 점이 있다.194)

(5) 쪽붙임권

쪽붙임권이란 진정한 은행권 열장이나 열 세장 정도를 사용하여 한 장을 다시 만
든 것으로 중간의 일부를 세로로 잘라내어 남은 양쪽을 스카치테이프나 종이 등으
로 이어서 언뜻 보아 완전한 한 장의 은행권과 같이 만든 위조권 등을 말한다.

---

192) 양근원, 컴퓨터 범죄일반, 경찰수사보안연구소, 1997, pp.29-30.
193) 박경식 등, 앞의 책., p.645.
194) 앞의 책., p.645.

제2절   통화·유가증권 위·변조사건 수사기법

I. 통화위조사건 수사의 특징

(1) 수사의 곤란성으로 인한 검거율 저조

통화위조를 둘러싼 범죄는 사회적인 영향이 매우 크고 통화의 정상적인 유통을 저해하는 중요한 사범임에 불구하고 검거율은 수사의 곤란성으로 인해 다른 일반범죄에 비해 매우 낮다.

(2) 공조수사의 필연성

범인은 지역을 옮겨 다니면서 위폐를 조금씩 사용하므로 발생지의 지방경찰청과 경찰서 간의 수사자료의 교류를 통하여 수사의 중복 또는 공백을 방지하는 등 적극적인 공조체제를 유지할 필요가 있다. 위조 통화사건이 발생하면 제2의 사용예상지에 대한 신속한 통지와 여타지역의 공조수사 등 공개수사를 하는 것이 국민피해를 최소화할 수 있고 범인검거도 훨씬 용이하다.

(3) 수사기간의 장기간 소요

통화·유가증권위조범죄는 행사의 단계에서 범인을 포착하여 위조에 결부시키는 수사가 가장 이상적이고 또한 올바른 수사의 방향이다. 그러나 위조통화는 대체로 소액의 지·화폐인 경우가 많아 일반인은 비교적 관심이 적어서 범인이 여러 지역을 돌아다니면서 위폐를 유통한 후 은행이나 금융기관에서 발견되는 경우가 많다. 금융기관에서 발견하는 경우 범인의 추적이 매우 곤란하므로 범죄수사에 대부분 장기간이 소요된다. 위조화폐의 행사 측면에서는 범인의 추적이나 발견현장에서의 소급수사가 곤란하고 또한 위조 측면의 수사는 위조에 제공된 기계·원료. 재료 및 인적 대상이 광범위하기 때문에 수사가 장기화되는 경우가 많다.

(4) 기초자료 조사대상자 선정

통화위조 사범의 수사의 경우에 수사관은 ① 통화위조범 전과자, ② 최근 사업이 부진한 소규모 인쇄업자, ③ 조폐공사 기술자 및 전과자를 기초자료 조사대상자로 선정하고, ④ 위조지폐가 사용될 가능성이 높은 우범장소인 슈퍼마켓, 소규모 담배가게, 택시 등과 같은 소규모 영업장을 중심으로 탐문수사를 전개한다.

(5) 범인의 자백이나 대질보다는 증거물 확보 우선

위폐사건의 경우 대부분의 범인이 야간 등 취약시간대에 위장을 한 상태에서 사용을 하기 때문에 위폐를 받은 사람과의 대질을 통하여 범죄를 입증하기 어렵다. 따라서 여타사건보다 증거물의 발견이 수사상 중요하며 실무상으로도 자백보다는 위폐제조기계와 기타 제조행위 등 생산되는 잔류물 등 증거물의 확보가 중요하다.

2. 위조지폐 발생시의 조치

(1) 유류지문 보존

1) 신고자에 대한 협조요구

위폐범 검거에 있어서 가장 중요한 것은 유류지문의 보존이다. 지구대 등에서 위폐신고를 접수한 경우에 즉시 신고자에게 관련 지문이 없어지지 않도록 장갑을 착용하든지 핀셋을 이용하여 비닐봉투에 넣고 밀봉을 하는 등의 조치를 취하도록 협조를 구해야 한다.

2) 위조의 진위 여부 확인과 보고조치[195]

① 현장에 출동한 경찰은 직접 위조의 진위여부를 확인하고 전화로 수사주무과에 보고한 후에 관련 사항을 서면으로 보고한다. 또한 신고자로부터 발견경위를 청취한다. ② 발생 경찰서장으로부터 보고를 받은 각 지방경찰청장은 지체없이 경찰청장에게 보고해야 한다. ③ 지방경찰청장은 수사의 신속을 기하기 위해 경찰청을 거치지 않고 바로 한국은행 또는 한국조폐공사에 감정을 의뢰할 수 있다. ④ 경찰청장은 과학수사연구소, 한국은행 또는 조폐공사에 감정의뢰를 하되 지방경찰청장이 감정의뢰를 하였으면 생략한다. ⑤ 경찰청장은 감정결과 위조 또는 변조한 것으로 인정된 때에는 위조통화별 부호제정표에 의해 부호를 붙인다.

---

195) 위조통화취급규칙 제3조, 4조 및 5조, 경찰청예규 제315호, 2003.7.24.

(2) 지문채취의 우선

① 신고를 접수한 즉시 수사에 참여한 자 이외에는 위조지폐를 여러 사람이 만지거나 복사하는 일이 없도록 유의하고 즉시 지문을 채취하여야 한다. ② 특히 신고 접수부서에서 보고자료를 만든다는 이유로 위폐를 복사하거나 전송하는 경우에는 복사열에 의하여 지문이 상실되어 지문채취가 불가능하므로 복사나 팩스보고는 피해야 한다. ③ 금융기관으로부터 신고시에도 뒷면에 고무결재인을 찍음으로써 지문이 손상되는 일이 없도록 협조를 구해야 한다.

(3) 위조수표 등 제작과정 감정의뢰

수사관은 수사에 지장이 없는 범위내에서 국립과학수사연구소 및 조폐공사, 칼라복사기 판매업체 및 프린터기 제조회사 기술지원실 등에 의뢰하여 지질, 잉크, 인쇄방법 등을 신속히 파악하여야 한다.

(4) 수표뒷면 배서내용 철저수사

수사관은 수표 뒷면 배서자의 이름, 전화번호를 확인하여 수사하고 필요한 경우 필적을 확인하여 감정을 의뢰해야 한다.

3. 위조지폐 사건 수사기법

(1) 유류지문 감정의뢰시 조치

경찰이 유류지문 감정을 의뢰할 때에는 반드시 위폐를 만졌던 사람들의 인적 사항을 파악하여 통보해 주어야 한다.

(2) 발견자와 목격자 상대 몽타주 작성

경찰은 위폐발견자 및 주변 목격자를 상대로 몽타주를 작성하고 위 · 변조사건은 수법범죄이므로 범죄수사종합 시스템의 수법원지와 피해통보표를 활용하여 용의자를 확인한다.

(3) 위폐사용 예상업소 대상 탐문과 몽타주 부착

위폐사건은 현장에서 범인을 체포하는 것이 가장 이상적이므로 타 관내에서 위폐 사건이 발생한 경우에는 관련 정보를 수집하여 관내의 위폐사용 예상업소에 몽타주 를 부착하는 등의 조치를 취해야 한다.

(4) 전체직원을 통한 광범위한 탐문수사

경찰은 전체 직원에게 사건 발생 사실을 알리고 용의자의 몽타주를 소지하고 외 근활동 중에 위폐 발견 장소 주변지역을 중심으로 광범위한 탐문수사를 실시하여 추가 목격자 및 기타 수사단서 발견에 노력해야 한다.

4. 현행 지폐의 위조방지 장치

(1) 일반인들을 위한 위조방지 장치[196]

1) 홀로그램

홀로그램이란 보는 각도에 따라 우리나라지도, 태극, 4괘의 세가지 무늬가 번갈아 나 타나고 색상이 변하는 얇은 특수필름을 말하고, 오만원권, 만원권과 오천원권에 있다.

2) 색변환 잉크

색변환 잉크란 광반사 특성이 서로 다른 물질로 제작된 특수잉크를 적용함으로써 은행권 모두는 뒷면 아래쪽 액면 숫자가 보는 각도에 따라 색이 변한다. 오만원권, 만원권, 오천원권, 천원권 모두에 있다.

3) 요판잠상

요판잠상이란 오만원 권의 경우 앞면 우측 하단에 적용되어 있어 은행권을 기울이 면 원형의 무늬 속에서 숫자 5가 나타난다. 만원, 오천원, 천원의 경우 앞면 하단에 적용되어 있어 은행권을 기울이면 무늬속에서 숨겨져 있는 문자 'WON'이 나타난다.

4) 숨은 은선

숨은 은선이란 오만원권, 만원권과 오천원권은 부분 노출은선과는 달리 빛에 비

---

196) 한국은행의 발전업무, 현용 은행권의 주요 위조방지장치, 한국은행 발전국, 2009.12, pp.10-12.

추어 보면 문자가 바르게 또는 아래위가 반대로 인쇄되고 형광처리된 얇은 플라스틱 필름띠 전체를 용지 내부에 삽입한 은선이 있다.

5) 부분노출은선

부분노출은선이란 오만 원 권과 천원 권은 점선형태의 선명한 은색선이 있고 빛에 비춰보면 연속된 숨은 선이 나타난다. 컬러복사기로 복사하면 검은색으로 변색된다. 오만원권은 적용된 입체형 부분노출은선에는 태극무늬가 들어 있어 은행권을 좌우로 기울이면 태극무늬가 좌우로 움직이는 것처럼 보인다.

6) 앞뒷면 맞춤

앞뒷면 맞춤은 빛에 비추어 보면 앞면과 뒷면의 무늬가 합쳐져 태극모양이 만들어지는데 지폐 모두에 있다.

7) 숨은 그림

밝은 빛에 은행권을 비춰보면 왼쪽의 그림이 없는 부분에 숨은 그림(초상화)이 나타나는데 진짜 은행권의 숨은 그림은 인물모습이 앞면의 도안 초상 모습과 시선의 방향 등에서 다수 다르다. 모든 지폐에 있다.

8) 돌출은화

돌출은화란 숨은 그림의 일종으로 숨은 그림 보다 용지의 두께차이를 확대하여 빛에 비추어보지 않아도 액면숫자를 쉽게 확인할 수 있으며 모든 지폐에 있다.

9) 숨은 막대

숨은 막대란 용지를 얇게 또는 두껍게 하여 이에 따른 명암차이를 이용한 막대형 숨은 그림을 말하고 오만원권, 만원권, 오천원권에 있다. 밝은 빛에 비추어보면 가로로 된 밝은 막대와 어두운 막대가 교차하여 나타난다.

10) 볼록 인쇄(요판 인쇄)

볼록 인쇄란 지폐의 일부 글자, 숫자(만원의 경우 아랫부분 10,000) 및 점자는 볼록하게 인쇄되어서 손으로 만져보면 오톨도톨한 감촉을 느낄 수 있다. 모든 지폐에 있다.

11) 엔드리스 무늬

엔드리스 무늬란 은행권의 상하, 좌우 가장자리 무늬가 서로 연결되도록 인쇄하는 기법으로서 모든 지폐에 있다.

12) 무지개색 인쇄

무지개색 인쇄란 색상이 자연스럽게 변화하여 무지개 색 효과가 나도록 하는 인쇄기법으로서 모든 지폐에 있다.

13) 가로확대형 기번호

가로확대형 기번호란 오만원권은 지폐의 왼쪽 상단과 오른 쪽 하단에 새겨진 기번호 숫자와 숫자 크기가 오른 쪽으로 갈수록 점차 커지는 것이 특징이다.

(2) 금융기관 직원과 전문가를 위한 위조방지장치

1) 미세문자

미세문자란 확대경을 사용하면 확인 가능한 작은 문자로서 모든 지폐에 있다. 만원권의 경우 물시계의 아랫부분에 한국은행이라는 작은 글씨가 인쇄되어 있으며 복사시에는 원래대로 재현되지 않는다.

2) 형광색사

형광색사란 특수 형광 빛이 발광하는 가느다란 섬유를 용지 속에 삽입한 것으로서 모든 지폐에 있다. 자외선을 비추면 적, 청, 록 형광색상의 짧은 실선이 나타난다.

3) 형광잉크

오만원권의 경우 묵포도도 등에 형광염료를 사용하여 자외선이나 X선을 비추면 녹색의 형광색상이 나타난다. 모든 지폐에 있다.

4) 필터형 잠상

오만원권의 경우 특수제작된 필터를 올려 놓고 살펴보면 액면 숫자가 드러난다.

제**17**장

풍속사범 수사

I. 간통죄의 본질

(1) 개 념

간통이란 배우자 있는 자가 배우자 아닌 이성의 제3자와 합의하여 행하는 성적 결합행위를 말한다. 따라서 합의에 의하지 않는 경우에는 강간과 추행의 죄는 성립할 수 있어도 간통죄는 성립할 수 없다. 미혼자가 기혼자와 합의아래 간통한 경우도 간통피의자가 되므로 간통피의자 모두가 배우자있는 자일 필요는 없다.

(2) 법적 성격

간통죄는 배우자있는 자의 간통행위를 처벌하는 신분범이고 그와 상간한 자도 동시에 처벌하는 대향범이며 필요적 공범이다. 피의자는 반드시 이성간이며 매 성교시마다 한 개의 범죄가 성립한다. 즉, 상대방이 수인인 때에는 수개의 간통죄의 경합범이 되며, 동일인에 대한 수회의 간통은 성교시마다 간통죄가 성립하여 수개의 간통죄의 경합범이 된다.

(3) 친고죄

간통죄는 친고죄로서 배우자의 고소를 필요로 하며 이때 고소권자는 법률상 혼인한 자이어야 한다.

1) 고소의 제한

① 간통을 부부의 일편이 종용(사전 동의)하거나 유서(사후 용서)한 경우, ② 배우자에 대한 고소는 배우자와의 혼인이 해소되거나 이혼소송을 제기한 후에 한하여 고소가 가능하다. ③ 범인을 알게 된 날로부터 6월 이내에 고소하여야 하며, 고소를 취소한 경우에는 동일 범죄에 대하여는 다시 고소할 수 없다.

2) 고소취소의 제한

간통죄의 고소취소는 제1심 판결선고 전까지 할 수 있다.

2. 간통죄 존폐론

(1) 존폐론의 논거(대판 및 헌재결정)

① 성도덕에 대한 국민적 전통이 간통죄를 불벌시할 정도로 일반화되었다고 보기 어렵다. ② 이혼의 무절제한 남용이나 고유한 정조관념을 부정하는 것은 전통 그 자체에 대한 반 가치이므로 선량한 풍속을 유지하기 위해 존치하여야 한다. ③ 간통은 그 배우자에 대한 침해·모욕이 되므로 개인의 부도덕만을 문제삼는 피해자 없는 범죄라고 할 수 없다. ④ 간통죄는 이혼시에 여성들이 위자료를 받아낼 수 있는 방편으로 이용하는 현실을 무시할 수 없으므로 여성보호적 측면에서도 간통죄는 존치하여야 한다.

(2) 폐지론의 논거

① 간통죄 처벌은 서양의 기독교 윤리관에 전통을 둔 것이므로 우리의 전통관념과 일치되지 않는다. ② 형법의 최후수단성에 비추어 사적 성윤리보호나 부도덕성을 이유로 형벌권을 발동할 수 없고, 이혼이나 민사적 방법으로 해결해야 한다. ③ 간통죄는 개인의 부도덕성만을 문제삼는 이른바 피해자가 없는 범죄이다. ④ 과도한

위자료를 받아내거나 복수심의 만족을 위하여 형벌권을 일종의 합법적인 공갈수단으로 악용하고 있으며, 이로 인하여 재력없는 자만 처벌을 받거나 복수심이 많은 배우자만을 보호한다는 불평등이 초래된다. ⑤ 형사정책적으로도 범죄억제나 재사회화의 효과도 거의 없다.

3. 간통사범 수사기법

(1) 체 포

간통죄는 법정형이 2년 이하의 징역으로서 긴급체포의 사유에 해당되지 않는다. 따라서 영장이 없는 경우에 간통죄 피의자를 긴급체포할 수 없고 사전구속영장의 절차에 따라야 한다.

(2) 피의자 조사

1) 조사방법

① 검거할 때부터 피의자들을 분리하여 말을 맞추지 못하게 한다. ② 개개인에게 진술서를 작성받은 후 조사하는 것도 좋은 방법이다. ③ 간통죄는 친고죄이고 성교행위시마다 하나의 범죄가 성립하므로 고소하지 않은 성교사실을 처벌할 수 없으나 고소인은 피의자의 간통사실에 대하여 전부 알지 못하는 경우가 많으므로 수사과정에서 발견된 새로운 간통사실은 새로이 고소장을 접수하는 방법으로 조사할 수 있다. ④ 간통사실을 부인하는 경우 만난 기간, 동거사실, 부부행세 등에 대한 방증을 확보해야 한다. ⑤ 현행범으로 체포된 피의자가 간통사실을 부인하는 경우 여성의 질내 정액검사를 통하여 범죄사실을 입증해야 한다. 정액검사는 신체에 대한 강제수사이므로 영장주의에 의하여야 한다. 그러나 피의자의 동의가 있는 경우에는 영장주의의 예외가 인정된다.

(3) 고소인 조사

간통사건의 고소인을 조사할 경우에 적법한 고소권자에 의한 적법한 고소인지 확인해야 한다. 이를 위해서는 다음과 같은 사항을 반드시 조사하여야 한다. ① 피의자와의 혼인관계 및 혼인해소 또는 이혼심판청구사실, ② 피의자의 간통사실, ③ 종용·유서행위 존부와 간통사실을 알게 된 날짜

(4) 고소와 고소취소

① 간통죄는 친고죄이므로 배우자의 고소가 있어야 한다. 그러나 친고죄는 고소장이 접수되지 않았다고 하더라도 고소장 접수를 전제로 우선 수사를 할 수 있다는 것이 통설이므로 일단 현장에 출동하여 필요한 조치를 취하고 성교흔적이 있으면 이를 채증하여 현행범인으로 체포할 수도 있으나 신중을 기하여야 한다. ② 간통죄로 구속된 피의자에 대한 고소취소장이 접수된 경우에는 구속의 사유가 소멸되었으므로 고소취소의 진위를 확인하고 검사에 보고하여 형사소송법 소정의 구속취소 결정절차에 따른다.

제2절 │ 풍속영업사범 수사

I. 풍속영업의 의의

풍속영업이란 사회의 건전한 미풍양속을 해할 우려가 있는 영업으로서 영리목적으로 불특정 다수의 사람을 접대하는 업종을 말한다. 풍속영업은 영업자체가 사회의 선량한 풍속을 해하는 것이 아니라 그 영업행위로 인해 공서양속에 현저한 악영향을 초래할 우려가 있는 영업을 의미한다. 풍속영업은 풍속영업의 규제에 관한 법률의 적용을 받는다.

2. 풍속영업의 범위

(1) 식품위생법

「식품위생법」에 따른 식품접객업중 풍속영업은 단란주점영업 및 유흥주점영업이 해당된다.197)

---

197) 풍속영업의 규제에 관한 법률 제2조, 법률 제9423호, 2009.2.6.

(2) 공중위생관리법

「공중위생관리법」에 의한 풍속영업은 숙박업, 이용업, 목욕장업중 특수목욕장업이 해당된다.198) 그러나 민박, 대중목욕탕업, 당구장, 만화대여업소 등은 제외된다.

(3) 영화 및 비디오물의 진흥에 관한 법률

「영화 및 비디오물의 진흥에 관한 법률」상의 비디오물감상실업, 「음악산업진흥에 관한 법률」상의 노래연습장업, 「게임산업진흥에 관한 법률」상의 게임제공업 및 복합유통게임업 등이 풍속영업에 해당된다. 그리고 소극장, 음반비디오물의 제작업, 판매업, 대여업 등은 제외된다. 「체육시설의 설치 및 이용에 관한 법률」상의 무도학원업, 무도장업 등이 단속대상이다.

3. 풍속영업 관련 단속대상

(1) 「식품위생업법」상의 규제

식품접객업자가 ① 19세 미만의 청소년을 유흥접객원으로 고용하여 유흥행위, ② 청소년 출입·고용 금지업소에 청소년을 출입시키거나 고용하는 행위, ③ 청소년 고용금지업소에 청소년을 고용하는 행위, ④ 청소년에게 주류를 제공하는 행위, ⑤ 유흥종사자를 둘 수 없는 식품접객업소에 접대부를 두어 손님과 함께 술을 마시거나 노래 또는 춤으로 손님의 유흥을 돋우는 접객행위를 하거나 다른 사람에게 그 행위를 알선하는 행위, ⑥ 유흥종사자를 고용, 알선하거나 호객행위를 하는 경우 등은 처벌대상이다.199)

(2) 「풍속영업규제에 관한 법률」상의 규제

풍속영업을 운영하는 사업자와 종사자들에 대한 규제대상은 다음과 같다.

① 풍속영업소에서의 성매매알선행위 금지, ② 풍속영업소에서의 음란행위, 또는 알선이나 제공행위 금지, ③ 음란한 문서, 도화, 영화, 음반, 비디오물 기타 물건을

---

198) 풍속영업의 규제에 관한 법률 제2조, qq률 제9423호, 2009.2.6.
199) 식품위생법 제44조, 법률 제9423호, 2009.2.6.

반포, 판매, 대여하거나 이를 하게 하는 행위와 물건을 관람, 열람하게 하는 행위 및 반포, 판매, 대여 관람, 열람의 목적으로 음란한 물건을 진열 또는 보관하는 행위의 금지, ④ 풍속영업소에서 도박 기타 사행행위 금지[200]

(3) 기 타

「음악산업진흥에 관한 법률」상의 노래연습장에서의 도우미 고용이 처벌대상이며 노래연습장의 접대부 고용행위 등이 단속대상이다. 또한「게임산업진흥에 관한 법률」상의 성인 PC방 등의 상품권 환전행위 등이 처벌대상이다

4. 「청소년보호법」에 의한 단속

(1) 목 적

청소년에게 유해한 매체물과 약물 등이 청소년에게 유통되는 것과 청소년이 유해한 업소에 출입하는 것 등을 규제하고, 청소년을 청소년 폭력·학대 등 청소년유해행위를 포함한 각종 유해한 환경으로부터 보호·규제함으로써 청소년이 건전한 인격체로 성장할 수 있도록 하는 것이 목적이다.[201]

이 법은 청소년 유해환경의 규제에 관한 형사처벌의 경우에 다른 법에 우선하여 적용하고, 청소년 보호를 위한 가정의 역할과 사회적 책임, 국가와 지방자치단체의 책임을 규정하고 있다.

(2) 관련 용어 정의

1) 청소년

청소년은 19세 미만의 자를 말하고, 다만, 만 19세에 달하는 해의 1월1일을 맞이한 자는 제외한다.

---

200) 풍속영업의 규제에 관한 법률 제3조, 법률 제9423호, 2009.2.6.
201) 청소년보호법 제1조, 법률 제8877호, 2008.2.29.

2) 청소년 유해매체물

청소년 유해매체물이란 청소년위원회가 청소년에게 유해한 것으로 결정하거나 확인하여 고지한 매체물을 의미한다.

3) 청소년 유해약물

청소년유해약물은 청소년에게 유해한 것으로 인정되는 주류·담배·마약류·환각물질 기타 중추신경에 작용하여 습관성·중독성·내성 등을 유발하여 인체에 유해작용을 미칠 수 있는 약물 등을 의미한다.[202]

(3) 「청소년보호법」상 청소년 유해업소의 유형

1) 청소년 출입 및 고용금지업소

① 유흥주점·단란주점, ② 비디오물감상실·노래연습장(청소년은 출입가능, 고용금지), ③ 무도학원과 무도장, ④ 사행행위영업장, ⑤ 전기통신시설을 갖추고 불특정한 사람 상호간의 전화통화를 매개하는 것을 주된 목적으로 하는 영업, ⑥ 청소년유해매체물, 청소년유해약물 및 청소년유해물건을 제작·생산·유통하는 영업 등 청소년의 출입과 고용이 청소년에게 유해하다고 인정되는 영업으로서 청소년위원회가 결정하여 고시한 곳, 즉 성기구판매업소 등이 해당된다.[203]

2) 청소년 고용금지업소

① 티켓다방, 소주방, 호프, 카페, ② 숙박업, 이용업(남자청소년 고용은 제외), 목욕장업 중 안마실을 설치하거나 객실로 구획하여 하는 특수목욕장업, ③ 비디오물소극장업, ④ 일반게임장업 또는 복합유통·제공업 중 청소년유해업이 포함된 경우, ⑤ 담배소매업, ⑥ 유독물제조업·판매업 및 취급업, ⑦ 회비 등을 받거나 유료인 만화대여업, ⑧ 청소년유해매체물, 청소년 유해약물 및 청소년유해물건을 제작·생산·유통하는 영업 등 청소년의 고용이 청소년에게 유해하다고 인정되는 영업으로서 청소년위원회가 결정하여 고시한 것 등이다.[204]

---

202) 청소년보호법 제2조4호, 법률 제8877호, 2008.2.29.
203) 청소년보호법 제2조 5호 가목, 법률 제8877호, 2008.2.29.
204) 청소년보호법 제2조 5호 나목, 법률 제8877호, 2008.2.29.

(4) 청소년 고용금지 및 출입제한에 관한 규정[205]

1) 고용시 연령확인

청소년 유해업소의 업주는 종업원을 고용하고자 하는 때에는 그 연령을 확인하여야 하며 청소년을 고용할 수 없다.

2) 출입자에 대한 연령확인

청소년 출입 및 고용금지업소의 업주와 종사자는 출입자의 연령을 확인하여 청소년의 출입이나 이용을 금지해야 한다. 이때 업주 및 종사자는 청소년에게 주민등록증이나 그 밖에 연령을 확인할 수 있는 증표의 제시를 요구할 수 있다. 이를 거부하는 자는 당해업소 출입이 제한되거나 이용하지 못하게 할 수 있다. 그러나 청소년이 친권자와 같이 왔을 경우에는 출입이 허용된다. 다만, 유흥주점 등에는 허용되지 않는다.

3) 청소년 출입 및 고용제한 표시

청소년 유해업소의 업주 및 종사자는 당해 업소에 청소년의 출입, 이용과 고용을 제한하는 내용의 표시를 해야 한다.

(5) 청소년 유해행위 금지

1) 청소년 성적 접대행위 금지

영리목적으로 청소년으로 하여금 신체적인 접촉이나 은밀한 부분의 노출 등 성적 접대행위를 하게 하거나 이러한 행위를 알선, 매개하는 행위는 금지된다.

2) 청소년의 접객행위 금지

영리목적으로 청소년이 손님과 술을 마시거나 노래나 춤 등으로 유흥을 돋우는 접객행위 및 이러한 행위를 알선, 매개하는 행위는 금지된다.

---

205) 청소년보호법 제24조, 법률 제8877호, 2008.2.29.

3) 청소년 음란행위나 학대 등의 금지

영리 또는 흥행목적으로 청소년에게 음란한 행위를 시키거나 청소년의 장애기형 (기형적인 신체장애) 등 형상을 관람시키는 행위, 청소년에게 구걸을 시키거나 청소년을 이용해서 구걸하는 행위, 청소년 학대행위, 청소년이 손님을 거리에서 유인하게 하는 행위 등은 금지된다(청소년보호법 제26조의2).

4) 이성혼숙행위 금지

청소년에 대하여 이성혼숙을 하게 하는 등 풍기를 문란하게 하는 영업행위를 하거나 그를 목적으로 장소를 제공하는 행위, 차종류를 조리, 판매하는 업소에서 청소년으로 하여금 영업장을 벗어나 차를 배달하는 행위를 하게 하거나 이를 조장 또는 묵인하는 행위는 금지된다(청소년보호법 제26조의2 제8호 내지 9호). 그러나 청소년 혼숙행위는 형사처벌할 법규가 없기 때문에 형사처벌이 불가능하다.

(6) 청소년 유해업소 수사초점

① 생활정보지, PC통신, 유흥업소 광고전단 등을 분석하여 수사단서 포착, ② 무허가 직업소개소 단속, 가출인 소재수사로 청소년보호법 위반사례 적발, ③ 업소의 각종 영업관련 장부수사 철저, 카드조회기를 압수하고 카드가맹점 가래내역을 확인하여 윤락, 바가지 요금, 기타 위법행위 등 수사, ④ 유흥업소 주변에 차량을 장기 주차시키고 부녀자를 승차시켜 운행하는 자는 보도방일 가능성이 크므로 추적 수사, ⑤ 노래방, 카페 등은 직업소개소를 통해 알선한 접대부가 손님들과 일행인 것처럼 가장하는 경우가 있으므로 철저하게 신원확인 단속, ⑥ 청소년 호객업소는 대부분 매상액의 20∼30%를 호객꾼에게 배당하므로 이를 구증하여 업주, 지배인 등을 공범으로 입건한다.

5. 아동 · 청소년의 성보호에 관한 법률

(1) 목 적

아동·청소년 성 매매는 「아동·청소년의성보호에관한법률」에 의해 단속된다. 아동·청소년의 성 보호는 청소년의 성을 사거나 이를 알선하는 행위, 아동·청소년을 이용하여 음란물을 제작·배포하는 행위 및 아동·청소년에 대한 성폭력행위 등으로부터 아동·청소년을 보호·구제하여 이들의 인권을 보장하고 건전한 사회구성원으로 성장할 수 있도록 함을 목적으로 한다.

(2) 규제내용

아동·청소년 성 보호를 위한 규제는 ① 아동·청소년의 성을 사는 행위, ② 아동·청소년 이용 음란물의 제작·배포행위, ③ 아동·청소년에 대한 강요행위, ④ 아동·청소년 매매행위, ⑤ 아동·청소년 성 매매의 알선영업행위, ⑥ 아동·청소년에 대한 강간·강제추행 등이 주된 규제사항이다.[206] 그러나 청소년의 성적 접대행위, 즉 목욕보조, 알몸접대, 퇴폐적 안마 등은 「아동·청소년의성보호에관한법률」이 아니라 「청소년보호법」에 의해 규제되는 내용이다.

(3) 용어의 정의

1) 아동·청소년

보호되는 아동·청소년은 19세 미만의 자이다. 단, 만 19세에 도달하는 해의 1월1일을 맞이한 자는 제외된다.

2) 아동·청소년의 성을 사는 행위

아동·청소년, 아동·청소년의 성을 사는 행위를 알선한 자 또는 아동·청소년을 실질적으로 보호·감독하는 자 등에게 금품 기타 재산상 이익이나 직무·편의제공 등 대가를 제공하거나 이를 약속하고 아동·청소년을 대상으로 하거나 아동·청소년으로 하여금 다음과 같은 어느 행위를 하게 하는 것을 말한다. 즉, ① 성교행위, ② 구강, 항문 등 신체의 일부 또는 도구를 이용한 유사 성교행위, ③ 신체의 전부 또는 일부를 접촉·노출하는 행위로서 일반인의 성적 수치심이나 혐오감을 일으키는 행위, ④ 자위행위 등이다.[207]

성매매 아동·청소년에 대한 형사처벌은 일체 면제되며 「소년법」에 의한 소년부의 보호사건(귀가조치·보호관찰 등)으로 처리한다.[208] 아울러 성매매아동·청소년

---

206) 아동·청소년의 성보호에 관한 법률 제7조 내지 12조, 법률 제9765호, 2009.6.9.
207) 아동·청소년의 성보호에 관한 법률 제2조, 법률 제9765호, 2009.6.9.

에 대한 신상공개나 비밀누설은 금지된다.

그러나 아동·청소년의 성을 사는 자나 알선영업행위, 청소년 대상 성 범죄자에 대해서는 범죄자의 신상과 범죄사실 요지를 형 확정 후에 범죄방지를 위한 계도문에 이를 게재하여 공개할 수 있도록 한다. 이는 임의적 공개대상이다.

3) 음란행위와 음란물

1 음란행위

음란의 개념에 대하여 우리나라의 학설과 판례는 일반적으로 성욕을 자극하거나 흥분, 또는 만족하게 하는 행위로서 선량한 풍속에 반하여 정상인에게 성적 수치심이나 혐오감을 주는 행위를 말한다.209) 그러나 이러한 음란 개념은 추상적일 뿐이어서 어떠한 행위가 음란한 행위인가는 평균인의 사회감정을 기준으로 사안에 따라 구체적·객관적·개별적으로 판단할 수밖에 없으며 추상적이고 일률적인 기준의 적용은 적합하지 않다.

개별행위는 「형법」 제 245조의 공연한 행위 또는 「풍속영업의규제에관한법률」과 「식품위생법」에서 규정한 해당 영업소에서의 행위이어야 한다. 예컨대, 나체로 치부를 노출하는 행위, 성교나 자위행위를 하거나 그 행위를 연출하는 행위, 나체 모델을 관람시키는 행위 등이 공연한 장소에서 이루어지거나 영업소에서 이루어져야 한다.

2 음란물

음란물이 될 수 있는 매체로서 「형법」은 음란한 문서·도화·필름·기타의 물건을 규정하고 있는데 음란물에 대한 처벌행위 유형으로는 이러한 음란물을 반포·판매·임대·공연전시·공연상영하는 행위 및 이러한 목적을 위해 제조·소지·수입·수출하는 행위를 규정하고 있다.210) 「청소년보호법」은 청소년유해매체물에 대해서는 청소년을 대상으로 판매·대여·배포·관람 등의 금지, 청소년유해표시 및 포장, 구분·격리 등의 조치를 취하도록 규정하고 있다.

---

208) 아동·청소년의 성보호에 관한 법률 제25조, 법률 제9765호, 2009.6.9.
209) 이재상, 형법각론, 박영사, 2005, p.635.
210) 위의 책., p.634.

(4) 아동 · 청소년 성보호에 관한 법률상 반의사불벌죄

청소년을 대상으로 한 다음과 같은 범죄에 대하여는 피해자의 고소가 없어도 공소를 제기할 수 있다. 다만, 피해자의 명시한 의사에 반하여 공소를 제기할 수 없다.[211] 즉, ① 여자아동 · 청소년에 대한 강간, 강제추행, 준강간, 준강제추행 등, ② 위계 또는 위력으로써 여자청소년을 간음하거나 청소년을 추행한 자, ③ 아동 · 청소년에 대한 「성폭력 범죄의 처벌 및 피해자보호 등에 관한 법률」 상의 업무 · 고용 기타 관계로 인하여 자기의 보호 또는 감독을 받는 사람에 대하여 업무상 위계 · 위력 등에 의한 추행한 자.

---

211) 아동 · 청소년의 성보호에 관한 법률 제16조, 법률 제9765호, 2009.6.9.

제**18**장

컴퓨터범죄 수사

제1절 개 관

1. 의 의

미국 변호사협회의 정의에 따르면, 컴퓨터범죄는 ① 컴퓨터를 다른 범죄, 즉 절도, 사기, 횡령 등의 범죄를 용이하게 하는 수단으로 이용하는 범죄, ② 컴퓨터를 범죄의 대상, 즉 컴퓨터 사용방해나 파괴의 대상으로 하는 범죄로 구분하고 있다.

이러한 개념규정에 기초하면, 컴퓨터범죄는 컴퓨터와 관련된 정보처리과정에 불법적으로 개입하는 모든 범죄행위 혹은 컴퓨터의 데이터와 관련하여 형법적으로 처벌할 가치가 있는 범죄행위의 총체라고 정의할 수 있다.[212]

또는 컴퓨터범죄란 컴퓨터 및 프로그램, 데이터 등에 대해 행해지는 범죄 또는 각종 범죄행위에 컴퓨터를 사용하는 범죄로서 범법자가 자신의 행위에 대하여 거의 죄의식을 갖지 않으며 또 지적인 스포츠로 생각하는 경향까지 띠는 범죄라고 정의할 수 있다.

---

[212] 사법연수원, 신종범죄론, 2008, P.25.

2. 특 징

(1) 행위자 측면

컴퓨터범죄의 행위자는 주로 컴퓨터 전문가 또는 경영 내부인이 많으며 행위자의 연령이 낮고 초범이 많다.[213] 컴퓨터 범죄는 특수한 기술이나 전문지식이 필요하고 전통적인 범죄의 전과자들이 이러한 기술이나 지식을 쉽게 습득하기 어렵기 때문이다.

또한 전통적인 범죄인 살인이나 강도 같이 범인이 상대방을 직접 만나서 범행을 하는 것이 아니기 때문에 죄의식이 희박하고 범죄행위 그 자체를 즐기는 경향이 강하다. 행위자와 피해자 사이에 인간이 아닌 기계가 개입되어 있다는 점이 가장 큰 이유이다.

(2) 범행측면

1) 발각과 고의 입증의 곤란성

컴퓨터조작은 단시간에 처리되는 양이 대단히 많기 때문에 부정조작의 경우 이를 사후에 자세히 검토하여 범죄사실을 증명하는 것은 사실상 불가능하다. 또한 단순한 자료의 변경, 멸실 등은 고의가 아닌 실수로 발생한 것이라고 변명할 경우 고의를 입증하기 어렵다.[214]

2) 범행의 광역성

오늘날 컴퓨터는 대부분이 통신기능을 보유하고 있고 원격지에 있는 터미널장치를 통신회선으로 연결해서 정보의 전달과 처리를 신속·정확하게 행할 수 있는 데이터통신시스템에 접속되어 있다. 따라서 이러한 통신 시스템을 이용하여 원격지에서 범행할 수 있게 되어 범죄가 광역화되고 있다.[215]

3) 범행의 자동성과 계속성

컴퓨터 범죄는 한번 행위를 명령하고 나면 그것을 다시 정지시키지 않는 한 그

---

213) 노종만, 형법상 컴퓨터범죄에 관한 연구, 호남대학교 석사학위 논문, 2002, p.15.
214) 이철, 컴퓨터범죄의 법적 규제에 대한 연구, 경희대학교 박사학위논문, 1991, p.30.
215) 정진섭, 정보사회와 컴퓨터범죄 동향, 이형국교수 회갑논문집, 1998, p.522.

행위는 자동적이며 반복적으로 계속된다. 행위자가 다른 어떤 행위를 하지 않더라도 불법한 프로그램을 삽입할 경우나 불법 변경된 고정자료를 호출할 때마다 범죄행위가 유발되기 때문이다.[216]

4) 실행의 용이성

사이버공간의 기본적인 커뮤니케이션 수단인 인터넷은 단지 한 번의 클릭만으로 상대방과의 의사소통을 가능하게 하므로 이용자는 별다른 고려 없이 즉흥적으로 특정 또는 불특정의 상대방에게 직접 정보를 발송할 수 있다. 따라서 사이버공간에서의 범죄행위는 현실세계에서 보다 더욱 쉽게 발생할 수 있다.[217]

(3) 범행동기 측면

① 컴퓨터가 게임의 대상이 되면서 범죄와 무관한 게임이나 단순한 유희의 동기에서 범행이 자행되거나, ② 회사에 대하여 불평불만을 가진 자나 사적인 원한관계로 인한 보복의 목적으로 범행을 하거나, ③ 정치적 목적이나 산업경쟁에서 이기기 위하여 범죄를 저지르는 경우도 있다. ④ 해커들이 자신의 기술적인, 지적인 능력을 시험해보기 위하여 행정부나 기업에 설치된 컴퓨터의 안전장치의 결점을 찾아내보려는 동기에서 범죄를 저지르거나, ⑤ 산업스파이나 예금의 무단인출 등을 통한 경제적 이득의 취득 등이 특징이다.[218]

3. 컴퓨터범죄의 유형

(1) 컴퓨터 자체에 대한 범죄

1) 컴퓨터 파괴

컴퓨터 파괴란 컴퓨터를 물리적으로 파괴하는 것으로서 폭파, 약물투입, 회로절단, 자기테이프 손상 등 컴퓨터의 기능을 멸실 또는 저해하는 행위를 말한다.

---

216) 박윤해, 컴퓨터범죄에 관한 연구, 숭실대 대학원 박사학위논문, 2005, p.26.
217) 이윤, 형법상 컴퓨터범죄에 관한 연구, 경희대 석사학위논문, 2001, p.11.
218) 박윤해, 앞의 논문., pp.21-22.

2) 데이터 · 프로그램 도용

다른 사람이 개발한 데이터 또는 프로그램 등을 도용하는 것으로서 대개 내부의 오퍼레이터나 프로그래머와의 공모에 의한 경우가 많다.

(2) 컴퓨터를 이용한 범죄

1) 프로그램조작

컴퓨터프로그램을 변경하거나 조작하여 아파트추첨, 복권추첨 등 컴퓨터에 의한 당첨자를 조작하는 것 등이 그 대표적인 예이다.

2) 거짓 데이터 입력

은행의 온라인 시스템을 이용하여 거짓 데이터를 입력함으로써 자기 계좌에 입금시키거나 타인의 계좌에서 출금시켜 거액을 사취하는 것 등으로 고도의 기술을 가진 은행 내부인의 범행인 경우가 대부분이다.

3) 현금자동지급기 조작

컴퓨터 단말기인 일종의 현금자동지급기(CD) 등을 조작하거나 타인의 현금카드를 도용하여 현금을 인출·절취하는 행위이다.

(3) 컴퓨터 관련 경제범죄

1) 컴퓨터 부정조작

컴퓨터의 부정조작 또는 자료변경이란 컴퓨터에 의해 처리, 전달, 보존되는 전 단계, 즉 컴퓨터 시스템을 운용하는 전체의 단계에서 데이터를 부정하게 조작하는 일체의 행위를 말한다.[219] 현금카드를 위조하거나 습득하여 현금을 인출하는 CD(cash dispensers)범죄를 별개의 범죄유형으로 분류하는 입장도 있으나 이 행위도 진실이 아닌 데이터를 카드에 의해 입력한다는 관점에서 이 범주에 포함시키는 것이 타당하다. 또한 최근에 급증하고 있는 신용카드범죄도 컴퓨터 부정조작의 특수한 형태로 파악하여야 한다.[220]

---

219) 사법연수원, 앞의 책., p.30.

컴퓨터 부정조작에 의한 범죄는 피해액이 매우 크며 재산범죄의 성격을 띠고 있다. 행위자는 대부분 당해관련 자료를 입력하는 일을 담당하는 내부인이다. 컴퓨터 자료조작과 프로그램 조작이 해당되며 금융기관에서 많이 발생한다.

「형법」은 부정조작에 대하여 전자기록위작·변작죄, 동 행사죄(제277조의 2, 제232조의 2, 제229조, 제234조), 공정증서원본부실기재, 동 행사죄(제228조, 제229조), 컴퓨터등사용사기죄(제347조의2), 컴퓨터업무방행죄(제314조 2항)를 규정하고 있다.

컴퓨터 부정조작은 부당한 처리결과를 가져오기 위해서 컴퓨터 처리과정의 어느 단계에 간섭을 하느냐에 따라서 일반적으로 입력조작, 프로그램조작. 콘솔조작, 출력조작으로 분류할 수 있다.

① 투입조작

투입조작이란 입력될 자료를 조작하여 컴퓨터에서 거짓처리결과를 만들어내는 것을 말한다. 즉, 자료변조라고도 하는 입력조작은 일부 은닉된 자료, 변경된 자료, 허위의 자료를 컴퓨터에 공급함으로써 잘못된 산출을 초래케 하는 방법을 말한다.[221] 사례를 들어보면, 은행원 K는 2007년 6월20일부터 2008년 7월 10일까지 이 기간 중 카드사용이 빈번하지 않은 카드회원의 카드번호를 남용, 회원이 사용한 것처럼 조작하여 카드대금을 본인의 비밀구좌에 입금시키는 수법으로 거액을 횡령한 경우와 같은 것이다.

② 프로그램 조작

프로그램 조작방법은 프로그램을 구성하는 개개의 명령을 생략하게 하는 것 등과 같이 기존의 프로그램을 변경하거나 기존의 프로그램과 전혀 다른 행위자 자신의 새로운 프로그램을 작성하여 투입하는 방법이다. 프로그램조작은 1회조작으로 계속적인 출력효과가 나타나고, 저장된 자료의 변경을 유발하는 효과가 발생하므로 가장 피해가 큰 범죄유형이다.

트로이 목마, super zapping(슈퍼잽핑 : 운영자료 위장), trap door(트랩도어 : 쪽문 만들기), 논리폭탄, 시뮬레이션·모델링(시범·표본으로서의 위장), 살라미 기법(salami technique)등이 해당된다.[222] 실례로는 2009년 모 아파트의 입주자 추첨에

---

220) 강동범, 컴퓨터파괴에 대한 형사법적 규제, 법률행정논집 제5권, 1998, p.4.
221) 박윤해, 앞의 논문., pp25-26.

컴퓨터를 사용하면서 전산프로그래머가 뇌물을 받고 청탁받은 특정인을 당첨시키기 위해 25매의 프로그램카드를 정상적인 프로그램카드 이외에 별도로 펀칭하여 위 카드 사이사이에 끼우고 조작하여 특정 세대를 당첨시킨 경우와 같은 것이다.

③ 콘솔 조작

콘솔이란 컴퓨터 시스템 전체를 총괄·조정·운영하는 조작장치를 말한다.[223] 즉, 콘솔이란 컴퓨터 시스템의 시동·정지·운영상태의 감시, 그리고 정보처리내용과 방법의 변경 및 수정에 사용되는 것을 말하며 이러한 콘솔을 부당하게 조작하여 프로그램의 지시나 처리될 기억정보를 변경시키는 방법을 말한다.[224]

콘솔조작은 ⓐ 공급되는 정보를 허위로 입력하거나 컴퓨터 내부 혹은 기억장치에 기록된 데이터의 삭제·수정 등 정보를 변경시키는 행위, ⓑ 프로그램 수행중 일부 명령 등을 통해 표현방해 또는 똑같은 프로그램을 반복수행시켜 두 번 결과가 나오게 하거나 프로그램의 일부 또는 전부를 작업수행에서 빠지게 하여 그 결과가 나오지 않게 하는 방법을 사용한다. 예컨대, 회사의 직원이 컴퓨터에 입력된 고객과 회사간의 채권채무관계 자료를 지워버리고 회사에 입금시켜야 할 돈을 가로채고 업무상횡령, 문서손괴 등의 혐의를 받는 사건과 같은 것이다.

④ 출력조작

컴퓨터의 출력은 단말기의 화면에 보여주거나 인쇄용지에 인쇄되는 것이 대표적이다. 그러나 천공카드, 종이테이프, 마그네틱테이프, 마그네틱드럼, 디스크, 그리고 음성이나 이미지 형태로 출력되는 것도 포함한다. 출력조작은 컴퓨터에서 정당하게 처리되어 출력된 인쇄용지의 내용을 변경시키는 방법이다.

2) 컴퓨터 사보타지(파괴)

① 개 념

컴퓨터파괴(computer sabotage)란 하드웨어로서의 컴퓨터 전부나 일부를 파괴하거나 작동이 되지 않도록 하는 행위와 데이터나 프로그램을 저장하고 있는 매체, 즉

---

222) 앞의 논문, pp.25-27.
223) 노종만, 앞의 논문, p.23.
224) 장영민·조영관, 컴퓨터범죄에 관한 연구, 한국형사정책연구원, p.33.

자기테이프, 자기디스크, 자기드럼 등을 파괴하는 행위를 가리킨다.[225] 컴퓨터 파괴는 타인의 컴퓨터에 대한 기능방해 및 컴퓨터 사용 불능행위로서 컴퓨터프로그램이나 다른 중요한 정보를 포함한 무형의 자료는 물론 유형의 컴퓨터 장비도 포함된다.

② 행위의 특징

행위의 특징은 물리적 가해행위와 논리적 가해행위로 구분된다. 또한 일반적인 특징은 ⓐ 죄의식이 거의 없고 파괴행위를 자랑으로 여기는 경향이 있다. ⓑ 자신의 컴퓨터 실력을 과시하려는 의도가 많다. ⓒ 컴퓨터 파괴행위의 대부분은 내부인이 아니라 컴퓨터에 상당한 실력을 갖추고 있는 외부해커의 소행인 경우가 많다. ⓓ 10대 내지 20대의 학생이 대부분이다.

③ 행위의 태양

사보타지의 형태는 ⓐ 스팸메일에 의해 통신서비스를 마비시키는 행위, ⓑ 컴퓨터에 수록된 자료나 프로그램을 삭제하거나 변경하는 행위로서 트로이 목마나 논리폭탄 등에 의한 수법, ⓒ 주 컴퓨터의 비밀번호를 바꾸거나 바이러스를 감염시키는 행위 등이 포함된다.

실제 사례는 ⓐ 범인이 모 대학 전산시스템에 침입, 본체의 비밀번호 바꾸기, ⓑ 하이텔 인터넷 전자우편시스템에 침입한 해커가 인터넷을 통해 다량의 전자우편 발송, 전자우편관리시스템 파괴, ⓒ 모 대학 교육전산망 컴퓨터시스템에 해커가 침입, 입력되어 있던 정보를 전부 파괴 하는 행위, 2009년 7월 에 발생한 DDos(Distributed Denial of Service) 바이러스 감염으로 인한 좀비 컴퓨터의 자료파괴 사건 등이다.

④ 형법 적용

컴퓨터파괴에 대한 형법규정은 컴퓨터손괴등업무방해죄(제314조 2항), 전자기록손괴죄(제366조), 공용물손괴죄(제141조 제1항) 등이 있으며 특별법으로는 「정보통신기반보호법」(제28조, 제12조)이 있다.[226]

---

225) 박윤해, 앞의 논문, p.33.
226) 사법연수원, 앞의 책., p.34.

3) 컴퓨터 스파이

① 개 념

컴퓨터스파이(computer espionage)는 소프터웨어 절도라고도 하며 컴퓨터의 데이터와 프로그램 등의 정보를 권한 없이 획득하거나 이를 누설하는 행위를 말한다.[227]

컴퓨터 스파이는 자료유출과 불법복제 형태로 이루어진다. 즉, 쓰레기 줍기가 대표적인 예이다. 오늘날 정보통신망의 발달 및 중요자료가 들어 있는 서버들의 정보통신망 접속 일반화 등으로 트로이목마, 스파이웨어 등을 이용자들에게 감염시키는 방법이 일반화되고 있다. 이를 사회적 해킹이라고 하며 메일의 첨부파일, 게시판의 첨부파일 또는 마이크로소프트사의 액티브엑스 기능 등을 이용하는 방법이 그것이다.[228] 컴퓨터에 저장된 기업의 원가계산, 대차대조표, 고객관리자료, 인사자료, 연구개발자료 생산공정도, 부품설계도 등은 컴퓨터 스파이의 주된 범행대상이다.

② 행위의 태양

컴퓨터 스파이의 행위 태양은 ⓐ 불법복제로서 전산자료를 FDD(플로피 디스크 드라이브)나 HDD(하드디스크 드라이브), 자기테이프 등 저장장치와 함께 취득하거나 전산자료가 저장된 저장장치를 복제한 뒤 원본을 반환하는 행위, ⓑ 전산자료를 인쇄물로 출력하거나 다른 저장장치에 복제하는 행위, ⓒ 전산자료를 인쇄물로 출력시켜 이를 촬영하거나 기록하는 행위, ⓓ 컴퓨터 통신을 이용하여 다른 컴퓨터나 다른 사람의 계정에 함부로 침입하여 파일을 출력하거나 전송받는 행위, ⓔ 컴퓨터 통신망의 통신회선이나 무선을 이용한 통신망의 전송정보를 도청하는 행위, ⓕ 전산망에서 시스템 최고관리자 루트권능을 획득한 후 자료를 무단열람하는 수법, ⓖ 컴퓨터통신망에 회원의 비밀번호를 알아낸 후 이를 이용하여 수시로 컴퓨터에 수록된 자료를 열람하거나 복사하는 수법, ⓗ 국가권력의 비밀번호를 알아낸 후 산하기관으로부터 자신이 필요로 하는 정보를 제공받는 수법 등에 의한다.

③ 범죄수법과 특성

범죄수법은 ⓐ 자료의 유출, ⓑ 쓰레기 줍기, ⓒ 부정접속, ⓓ 비동기성의 이용 등이 사용된다.

---

227) 박윤해, 앞의 논문, p.37.
228) 사법연수원, 앞의 책., p.34.

행위자 특성은 ⓐ 컴퓨터 스파이는 주로 컴퓨터와 정보통신기술에 상당한 실력을 갖춘 전문가가 많지만 일반 컴퓨터 이용자도 있다. ⓑ 소프터웨어 판매업자 등도 있고 회사의 종업원이나 대리점 등도 행위자이다.

④ 형법 적용

컴퓨터 자료의 불법취득행위로 인한 재산침해행위는 절도죄에 해당하고, 개인의 비밀침해행위는 현행 「형법」 중 비밀침해죄(제316조 2항)에, 국가의 비밀을 침해하는 경우는 간첩죄(제98조)와 기밀누설죄(제113조)가 적용된다.229)

4) 컴퓨터 무단사용

① 개 념

컴퓨터 무단사용이란 타인의 컴퓨터를 권한없이 사용하거나 정당한 사용권한 없이 행위자가 타인의 컴퓨터를 자신을 위하여 일정한 시간동안 작동시키는 행위를 말한다. 컴퓨터 시스템의 시간절도 또는 용역절도라고도 한다.230) 이는 시간과 노무공급의 절도라고 볼 수 있으며, 컴퓨터하드웨어의 처리, 저장, 데이터베이스 자체나 전자적 기록, 프로그램 등을 함부로 사용하는 것이다.

다른 형태의 불법행위에 비해 컴퓨터 보유자나 고용인에게 눈에 띄는 손실을 가져오는 것도 아니고 그 위험성도 경미하지만 통신료의 부담이나 컴퓨터 장비의 과도한 사용으로 별도의 부담을 발생시킨다는 문제가 있다.

② 행위의 태양

컴퓨터 무단사용은 대체로 정규의 절차를 거쳐서 사용되고 있는 단말기의 회선을 전환시켜 자격이 없는 단말기에 연결하여 부정하게 컴퓨터를 사용하거나 사용허가를 받지 않는 자가 유자격자를 가장하여 컴퓨터를 부정사용하는 방법이 해당된다. 행위의 태양 또는 무단사용방법은 다음과 같다.

ⓐ 전송시 은닉(업혀가기 : piggybacking)

일정한 사람에게만 컴퓨터의 사용이 허가된 지역에 사용자가 출입할 때 함께 들

---

229) 앞의 책., p.35.
230) 앞의 책., p.35.

어가 컴퓨터를 사용하는 것처럼 물리적인 방법으로 행하여지는 경우도 있지만, 컴퓨터통신에 주로 문제되는 것은 정당한 사용자가 컴퓨터 사용 중 자리를 비운다거나 전원의 차단, 통신케이블의 장애로 일시 작업을 중단했을 때 이에 끼어들어 정당한 사용자처럼 컴퓨터를 사용하는 경우이다.

ⓑ 전송시 위장(가면쓰기 : impersonation)

일반 컴퓨터 통신에 정당한 사용자의 암호를 알아내어 정당한 사용자의 계정으로 접속하거나 음성인식, 지문인식을 전제로 하여 컴퓨터 사용이 허가된 경우에 동 음성과 지문을 음성합성기 등으로 복제하여 정당한 사용자인 것처럼 컴퓨터의 접속통제를 해제하고 컴퓨터를 사용하는 방법이다.

ⓒ 기 타

트로이목마, 자료의 부정변개, 살라미 기법, 트랩도어 등도 사용된다.

4. FBI의 컴퓨터범죄 수법 분류

(1) 자료변조(date didding)

데이터를 입력하기 전이나 입력 도중에 자료를 절취, 삭제, 변경, 추가하는 방법이다. 수법 중에서 가장 단순하고 안전하며 이 경우 용의자는 데이터 공급자, 데이터 처리 참여자, 데이터 작성자 등 자료에 접근가능한 사람들이 용의자이다. 수사는 데이터를 상호 비교하고 서류를 확인하며 매뉴얼의 통제수단을 분석하는 것부터 시작해야 한다. 이를 통해 데이터 서류, 디스크의 데이터기록, 매뉴얼의 기록일지, 외적인 리포트 등의 증거자료를 확보해야 한다.

(2) 트로이 목마

트로이 목마란 프로그램 목적을 실행하면서 일부에서 부정한 결과가 나오도록 프로그램속에 범죄자만이 아는 비밀명령어를 삽입시켜 이용하는 방법이다.

실용성이 높은 유틸리티 프로그램으로 위장하여 이를 다른 사용자나 운영자가 실행할 경우 다른 사용자의 소유에 속하는 파일의 보안등급을 바꾸어 사용자의 파일이나 프로그램을 변경하고 은폐된 명령을 실행한 다음, 이 파일을 읽거나 실행한 사람의 다른 파일로 복제되도록 하는 것이 대부분이다.

이 경우 용의자는 해당 프로그램의 혐의부분과 그 목적에 상세한 지식이 있고 그 프로그램에 접근할 수 있는 프로그래머 또는 계약 프로그래머, 컴퓨터 사용자 등이다. 수사방법은 프로그램 코드를 비교하고 혐의 있는 프로그래머를 상대로 조사해야 한다.

(3) 살라미(salami) 기법

살라미란 소시지의 일종으로서 마늘이 든 짠 음식이어서 조금씩 떼어먹는다. 이러한 특징을 이용한 수법이 살라미 기법이다. 컴퓨터에서 어떤 일을 정상적으로 수행하면서 큰 데이터로부터 작은 이익을 떼어내어 누적시켜 전체적으로 데이터 감소를 눈치 채지 못하게 하는 수법이다. 즉, 관심 밖에 있는 조그마한 이익을 긁어모으는 수법으로서 금융기관의 컴퓨터 시스템에 이자계산이나 배당금 분납시 단수이하의 적은 금액을 특정계좌에 모이게 하는 방법 등이다. 즉, 은행에 근무하는 자가 고객들의 10원 단위 미만의 금액들을 절삭하여 모두 자기구좌에 입금되도록 컴퓨터를 조작한 경우이다. 용의자는 프로그래머, 은행 피고용인, 전직 피고용인, 계약 프로그래머 등이다.231)

(4) 트랩도아(trap door)

쪽문만들기라고도 하는 트랩도어는 프로그램 개발과정에서 프로그램 검증을 위해 프로그램을 수정할 수 있도록 명령어를 삽입한 경우에 이 명령은 프로그램 완성후에 모두 삭제한다. 이 명령어를 삭제하지 않고 완성된 프로그램에서 범행에 이용하는 수법이다.232) 관공서에 물건을 납품하는 자가 관련 자료를 따로 저장하는 장치를 해두고 유지보수를 핑계 삼아 중간중간 이를 확인하는 경우와 같은 사건이 해당된다.

(5) 슈퍼 잽핑(super zapping))

운영자료의 위장이라고도 하는 슈퍼잽핑이란 컴퓨터가 작동정지되어 복구나 재작

---

231) 김세헌, 컴퓨터범죄와 프라이버시 침해, 회성출판, 1989, p.105.
232) 박윤해, 앞의 논문, p.45.

동 절차에 의해 해결할 수 없을 때 사용하는 만능키와 같은 프로그램으로서 이 프로그램의 강력한 힘을 이용하여 부정을 행하는 수법이다. 마스터 키와 같은 프로그램을 이용하여 범죄를 행하는 컴퓨터범죄 수법으로 체계프로그래머나 오퍼레이터 등이 사용하는 범행수법이다.

(6) 논리폭탄

부정명령 은닉이라고도 하는 논리폭탄은 프로그램에 어떤 조건을 넣어주고 그 조건이 충족될 때마다 자동으로 부정행위가 이루어지도록 하는 수법이다. 트로이 목마와는 달리 논리적으로 어떤 조건을 부여하여 이 조건이 충족될 때 불법행위가 이루어지도록 하는 컴퓨터 범죄수법이다. 즉, A는 징계를 당한데 앙심을 품고 특정조건이 만족되면 시스템이 중지해버리는 장치를 해두는 것과 같은 것이다.

(7) 쓰레기 줍기(scavenging)

컴퓨터 작업수행이 완료된 후 체계 주변에서 정보를 획득하는 방법으로 일명 쓰레기 주워 모으기라고도 한다. 컴퓨터 작업 수행이 완료된 후 쓰레기통이나 주위에서 버려진 명세서 또는 복사물을 찾아 습득하거나 컴퓨터 기억장치에 남아 있는 것을 찾아내서 획득하는 수법으로 주로 컴퓨터체계 접근이용자들이 사용한다.

(8) 전송시 은닉과 위장

정규의 절차를 거쳐서 사용되고 있는 단말기의 회선을 자격이 없는 단말기에 연결, 부정하게 컴퓨터를 사용하거나 사용허가를 받지 않은 자가 유자격자를 가장하여 컴퓨터를 부정사용하는 방법이다.

(9) 부정접속

데이터 통신회사에 불법적으로 선로를 접속시켜 단말기 등을 연결 조직하여 자료를 절취하거나 컴퓨터를 부정사용하는 수법이다.

⑽ 시뮬레이션 모델링

컴퓨터를 정상적인 시험이나 시뮬레이션을 하는 것처럼 하면서 실제로는 컴퓨터를 범행도구로 이용하여 부정행위를 자행하는 수법이다.

⑾ 비동기성의 이용

컴퓨터 운영체계의 비동기성을 이용하여 범죄를 저지르는 것을 말한다. 컴퓨터 중앙처리장치 속도와 입·출력장치 속도가 다른 점을 이용해 멀티 프로그래밍을 할 때 체크 포인트(check point)를 써서 자료를 입수하는 방법이다. 미리 작성해 둔 침투 프로그램으로 시스템 운영자를 속이는 해킹 방법이다.

제2절 사이버 범죄

1. 의 의

사이버범죄는 컴퓨터범죄를 포함하여 사이버공간에서 행해지는 모든 범죄를 말한다. 컴퓨터범죄는 개별 독립적인 컴퓨터 시스템에서 발생하는 범죄를 말하고 사이버범죄는 하나 이상의 컴퓨터를 사용하여 인터넷상에서 혹은 인터넷을 도구로 하여 감행되는 법익침해행위를 총칭하는 개념이다.

2. 특 징

사이버범죄의 특징은 컴퓨터범죄의 특징과 대체로 유사하다. ① 비대면성, ② 익명성, ③ 시간과 공간 개념의 상실, ④ 전문성과 기술성, ⑤ 빠른 전파성과 천문학적 재산피해, ⑥ 죄의식의 결여, ⑦ 발견과 입증, 고의 입증의 곤란, ⑧ 정보의 집약 및 정보전달의 신속성, ⑨ 미래사회의 효과적 범죄수단 등이다.

3. 유 형

(1) 사이버테러

1) 의 의

사이버테러란 최첨단 정보통신기술을 이용하여 사회 중추신경인 전산망을 파괴하거나 해킹으로 획득한 비밀정보를 불순한 목적에 이용하는 행위를 말한다. 사이버테러 대상은 개인, 기업, 국가에 대한 테러로 나눌 수 있다.

① 개인에 대한 사이버테러

사이버공간에서의 개인에 대한 테러란 개인적인 자산의 손실과 프라이버시를 침해하는 행위를 말한다. 즉, 금융정보나 신용카드, 보험, 납세, 자동차등록자료 등 개인정보에 관한 절도·변조·파괴·유출·삭제 등을 통한 프라이버시의 침해 등이 해당된다.

또한 다른 사람으로 위장하거나 타인의 이름을 도용하여 상대에 대하여 불명예스러운 허위사실을 인터넷에 지속적으로 유포시켜 괴롭히는 행위로 나타나기도 한다. 특히 여성에 대해서 성적 수치심을 유발할 수 있는 말, 글, 사진 등을 본인의 의사에 반하여 컴퓨터통신의 공개게시판에 게재하거나 또는 대상이 되는 개인의 컴퓨터에 계속하여 보냄으로써 개인의 명예와 정보의 자유를 침해하는 행위를 말하며, 사이버 스토킹이라고도 한다.

② 기업에 대한 사이버테러

기업에 대한 사이버테러란 기업이 운영하고 있는 정보시스템의 파괴나 기능마비 등을 통하여 기업이 가지고 있는 영업정보, 기술정보, 회계정보 등에 피해를 주는 것을 말한다. 즉, 기업이 가지고 있는 비밀기술자료의 유출 내지 파괴, 기업고객에 대한 자료의 유출·변조·파괴, 고객 서비스 시스템에 대한 장애유발 내지 서비스거부·공격 등의 행위를 말한다고 할 수 있다.

③ 국가에 대한 사이버테러

국가에 대한 테러란 국가간 또는 국제적인 차원에서 행해지는 테러로서 국경도 없고 조직화된 통제도 없는 사이버 공간속에서 이루어지므로 재래식 테러에 비해

규모와 대상에 제한이 없고 그 피해의 정도가 한국가의 전반적인 사회경제질서를 무너뜨릴 수 있는 정도로 막대하다. 상대방 국가의 컴퓨터 시스템에 악성 바이러스를 유포하여 컴퓨터 시스템의 교란이나 마비를 일으키는 것과 같은 경우가 바로 국가에 대한 사이버테러이다.

2) 사이버테러의 대표적 유형

① 해킹을 통한 사이버테러

해킹이란 컴퓨터를 이용하여 다른 사람의 정보처리장치 또는 정보처리조직에 침입하거나 기술적인 방법으로 다른 사람의 정보처리장치가 수행하는 기능이나 전자기록에 함부로 간섭하는 일체의 행위를 말한다.

주요 해킹 기술은 원격지에서 각종 사용자 아이디나 비밀번호를 알아내는 기법인 스누핑(snoofing), 정보사용자의 패스워드를 알아내는 스니핑(sniffing), 호스트의 IP주소를 바꾸어서 이를 통해 해킹하는 스푸핑(spoofing), 메일폭탄(E-mail bomb), 스팸메일, 스비스거부, 고출력 전자총, 스캔공격, 전자기폭탄 등을 이용하는 방법과 백오리피스(back orifice)233), 논리폭탄, 트로이목마, 인터넷웜,234) 컴퓨터 바이러스, 플레임235) 등과 같은 악성프로그램을 이용하는 방법들이 있다.

② 컴퓨터 바이러스를 통한 사이버테러

컴퓨터 바이러스란 다른 사람의 컴퓨터 프로그램이나 사용자가 실행할 수 있는 전자기록 등에 자신 또는 그 변형을 복제할 수 있도록 고의로 제작된 명령어들의 집합을 말한다.

일반적으로 컴퓨터 바이러스는 감염되는 부위에 따라 분류해볼 수 있다. 즉, 디스크의 가장 처음 부분인 부트섹터에 감염되는 부트 바이러스와 일반 프로그램에 감

---

233) 상대방의 컴퓨터를 사용자보다 우선하여 제어권을 확보하여 해커가 원격적으로 시스템을 자신의 컴퓨터를 사용하는 것처럼 사용할 수 있다. 시스템 및 모든 자료의 파괴, 자료를 빼내거나 피해자가 입력하는 모든 입력값을 알아낼 수 있다. 인터넷을 사용하는 계좌번호, 비밀번호, 사용카드 번호 탈취 등이 가능하다.
234) 인터넷웜은 바이러스와 같은 성질의 프로그램이지만 일반 바이러스와 달리 스스로 감염대상 컴퓨터를 찾아다니며 대상 컴퓨터에 도착하면 즉시 컴파일된 후 자신을 복제시키고 다른 대상 컴퓨터를 물색하여 이동한다.
235) 토론방에 기업, 개인의 악성루머를 유포하여 곤경에 빠뜨리는 기법이다.

염되는 파일바이러스, 부트섹터와 프로그램 모두에 감염되는 부트/파일 바이러스 등으로 나눌 수 있다. 특히 최근에 유행하고 있는 스파이웨어(spyware)는 바이러스와는 달리 이용자들의 부주의를 이용해 마치 진정한 프로그램인 것처럼 위장되어 설치되기 때문에 그 적발이 쉽지 않고 감염에 의한 피해도 광범위하다.

(2) 사이버 명예훼손

1) 의 의

사이버 명예훼손이란 타인의 홈페이지나 기업 홈페이지의 게시판에 명예훼손에 해당하는 글을 올리거나 자신의 홈페이지에 타인의 명예를 훼손하는 동영상이나 사진 또는 글을 올리는 경우, 또는 인터넷상의 채팅 사이트에 대화도중 행해지는 명예훼손 행위를 말한다.

2) 범죄의 성립에 관한 법적 근거

사이버 명예훼손행위는 기본적으로 형법상의 명예와 신용에 관한 죄의 규정과 이론들이 그대로 적용된다. 즉, 개인간의 전자메일이나 PC통신, 또는 인터넷 대화방에서의 명예훼손 등의 경우에도 형법상 명예훼손의 공연성의 판단에 따른 이론이 적용된다. 형법상 명예훼손죄의 성립에 중요한 공연성은 불특정 혹은 다수인이 인식할 수 있는 상태를 의미하고 명예훼손죄가 추상적 위험범이라는 점에서 불특정 또는 다수인이 명예훼손의 내용을 인식하여야 성립하는 것이 아니라 인식할 가능성이 있으면 성립한다.

사이버 명예훼손죄는 「정보통신망이용촉진 및 정보보호등에관한 법률」이 적용되고, 언어폭력 등 사이버 공간상에서 심하게 발생하는 모욕행위나 사자명예훼손행위에 대한 적용 규정이 없다. 따라서 사이버공간상의 심한 욕설 같은 언어폭력의 경우는 「형법」상의 모욕죄 규정(제311조)이 적용된다.

(3) 사이버 절도

사이버 절도는 인터넷 게임상의 아이템 절도를 말한다. 아이템이란 인터넷 게임상에서 물품의 형태로 사용되는 것으로서 이들을 습득하면 게임을 효과적으로 수행할 수 있다. 인터넷 게임상에서 아이템이 현실세계에서 고가에서 거래되고 있으며,

이를 얻기 위해 해킹 등의 방법으로 타인의 ID와 비밀번호를 알아내어 타인의 아이템을 온라인 게임상의 자신의 캐릭터에게로 옮기는 범죄가 증가하고 있다. 아이템절도의 절도죄 성립여부에 대한 견해가 엇갈리지만, 아이템의 재물성은 인정되기 어렵다.[236]

(4) 사이버 성범죄

사이버 성범죄는 사이버 공간에서 발생하는 성폭력으로서 인터넷이나 PC통신의 대화방에서의 성희롱이나 전자우편으로 보내어지는 음란정보가 이에 해당한다. 이러한 행위는 통신매체이용음란죄, 즉 자기 또는 다른 사람의 성적 욕망을 유발하거나 만족시킬 목적으로 전화, 우편, 컴퓨터 기타 통신매체를 통하여 성적 수치심이나 혐오감을 일으키는 말이나 음향, 글이나 도화, 영상 또는 물건을 상대방에게 도달하게 한 자는 1년 이하의 징역 또는 300만원 이하의 벌금에 처한다는 「성폭력범죄 특별법」 제14조에 의해 규율할 수 있다.

독일 형법은 사이버 음란정보에 대해서는 데이터저장장치의 표현물도 문서와 동일하게 보고 음란문서 등 반포죄의 행위객체로 새로이 규정하고 있으며, 특히 어린이를 성적 악용의 대상으로 삼고 있는 포르노물에 관하여 규율하고 있다.[237]

(5) 인터넷사기

1) 의 의

인터넷 사기란 컴퓨터 통신망 특히 인터넷을 이용하여 이용자들에게 물품이나 용역을 제공할 것처럼 기망하는 메시지를 보내어 금품을 편취하는 형법상 사기죄의 한 유형이다.

2) 특 징

인터넷 사기는 인터넷을 통한 전자상거래와 밀접한 관련이 있다. 전자상거래는 통신판매의 일종이지만 종래의 통신판매에 비해 정보전달의 방법이나 계약체결 면에서 많은 차이가 있다. 통신판매에서는 TV, 전화, 우편 등이 이용되어 왔으나 전자상거래에서는 전자 네트워크, 즉 인터넷이 있다. 무엇보다 전자상거래는 전화나 팩

---

236) 사법연수원, 앞의 책., p.45.
237) 박윤해, 앞의 논문., P.90.

스를 이용한 통신판매에 비해 대상이 특정되어 있지 않고 비개인적이며 그 도달범위가 매우 광범위하다는 특징이 있다.

3) 유 형

① 무료빙자 인터넷쇼핑 사기사건

이 유형은 인터넷에서 배너광고를 클릭하면 전자제품 등을 무료로 구입할 수 있다는 허위광고를 내는 방법으로 인터넷을 이용하여 회원을 모집한 후 그들로 하여금 시가의 약 2배되는 금액으로 노트북컴퓨터, 냉장고 등 가전제품을 신용카드로 구매하게 함으로써 거액을 편취하는 수법이다.

② 인터넷 금융피라미드 사기

이 유형은 인터넷상 행운의 편지 식 금융피라미드 관련 스팸메일을 보내고 심지어 일부는 홍보를 위한 홈페이지까지 개설하여 불특정 다수인을 상대로 회원 가입을 유도, 금전을 편취하는 수법이다.

③ 할인회원권 사기사건

이 유형은 실제 할인혜택이 없거나 가입비 환급혜택이 주어지지 아니하는 회원권을 신용카드 우수고객에게만 발급하는 특별한 할인회원권인 것처럼 속여 판매하여 금전을 갈취하는 수법이다.

(6) 스팸메일

스팸메일은 종래의 광고전단과 같은 것으로 전자우편을 통하여 자신의 사이트나 상품을 광고하는 것을 말한다. 이러한 스팸메일은 누구든지 전자우편 그 밖에 대통령령이 정하는 매체를 이용하여 수신자의 명시적인 수신거부의사에 반하는 영리목적의 광고성 정보를 전송하여서는 아니된다는 규정에 의해 규율된다. 또한 특정한 프로그램을 이용하여 수 천 통의 전자우편을 발송함으로써 웹서비스의 이용자 혹은 서비스제공자의 시스템을 마비시키는 것과 같은 행위는 스팸메일을 이용한 사이버테러의 한 형태이다. 이러한 행위는 「형법」 제314조의2에 의한 컴퓨터방해죄로 규율할 수 있다.

(7) 컴퓨터프로그램의 불법복제와 유통

컴퓨터 프로그램의 복제는 그 용이성과 적발곤란성 때문에 프로그램 무단 복제행위는 광범위하게 행해지고 있다. 고 부가가치를 창출하는 컴퓨터 프로그램의 제작자와 개발자의 권리보호를 위해서 「컴퓨터프로그램보호법」 및 「저작권법」 등에 의해 규율할 수 있다. 만약 컴퓨터 프로그램의 불법복제를 통한 유출이 영업비밀 침해에 해당한다면 「부정경쟁방지및영업비밀보호에관한법률」 제18조로 처벌할 수 있다.

(8) 컴퓨터 바이러스의 세대별 분류

컴퓨터 바이러스는 1세대에서 5세대로 구분된다. 이 구분은 바이러스의 발전단계이지 발견시기의 순서는 아니다. 지금은 제1세대~5세대 바이러스가 공존하는 상태이다.

1) 제1세대 원시형 바이러스

제1세대 원시형 바이러스는 실력이 그다지 뛰어나지 않은 아마추어 프로그래머들이 만든 것으로, 프로그램 구조가 단순해 분석하기가 매우 쉬운 바이러스이다. 돌(stone) 바이러스, 예루살렘 바이러스 등 대부분의 도스용 바이러스가 여기에 속한다.

2) 제2세대 암호화 바이러스

암호화 바이러스는 어느 정도 실력을 갖춘 프로그래머들이 만든 것으로, 백신 프로그램이 진단할 수 없게 하기 위해 바이러스 프로그램의 일부 또는 대부분을 암호화 시켜 저장한다. 그 종류는 폭포 바이러스, 느림보 바이러스 등이 있다.

3) 제3세대 은폐형 바이러스

은폐형 바이러스는 자신을 은폐하고 사용자나 백신프로그램에 거짓 정보를 제공하기 위해 다양한 기법을 사용한다. 즉, 기억장소에 존재하면서 감염된 파일의 길이가 증가하지 않은 것처럼 보이게 하고, 백신 프로그램이 감염된 부분을 읽으려고 하면 감염되기 전의 내용을 보여줌으로써 바이러스가 존재하지 않는 것처럼 백신프로그램이나 사용자를 속인다. 종류는 브레인 바이러스, 조쉬 바이러스, 방랑자(1347) 바이러스, 512바이러스, 4096바이러스 등이 있다.

4) 제4세대 갑옷형 바이러스

최상급의 실력을 가진 전문가가 개인 또는 단체를 구성하여 만드는 갑옷형 바이러스는 백신 프로그램 자체가 아닌 백신 프로그래머를 공격목표로 삼아 여러 단계의 암호화와 고도의 자체수정 기법을 동원함으로써 백신프로그래머가 바이러스를 분석하고 백신을 제작하는 과정을 어렵게 만드는 바이러스이다. 종류는 다형성 바이러스와 고래 바이러스 등이 있다.

5) 5세대 매크로 바이러스

매크로 바이러스는 마이크로 소프트사의 오피스 프로그램에 있는 매크로 기능을 이용한 바이러스이다. 매크로 기능이 있는 MS사 오피스 제품군(워드, 엑셀, 파워포인트), 이외에 바지오, 오토캐드 등 VBS를 지원하는 다양한 프로그램에서 활동한다.

제19장

신용카드 관련 범죄수사

제1절 개 관

I. 신용카드의 의의

(1) 개 념

신용카드란 소유자가 현금없이 제시하면 반복하여 신용카드 가맹점에서 물품의 구입, 또는 용역의 제공을 받거나 재정경제부 장관이 정하는 사항을 결제할 수 있는 증표로서 허가를 받거나 등록을 한 신용카드업자(외국의 신용카드업자 포함)가 발행한 것을 말한다(여신전문금융업법 제2조 제3호).

(2) 특 징

1) 거래의 당사자

거래는 카드회사, 카드회원, 가맹점의 3당사자 간에 신용카드를 매개로 이루어진다.

2) 관련 법규

신용카드 관련 범죄는 범죄행위에 따라 「형법」이 적용되기도 하지만 일반적으로 「여신전문금융업법」의 적용을 받는다. 「신용카드업법」은 1977년 8월 28일 「여신전문금융업법」의 제정으로 폐지되었다.

3) 상품 및 용역 현금없이 구매

플라스틱 머니(Plastic money)라고도 하는 신용카드는 상품 및 용역 등을 현금없이 구매할 수 있다. 이를 신용카드의 소비자 신용기능이라 하며 자금융통기능은 일정한도의 자금을 현금서비스 등의 방법으로 차입할 수 있는 기능이다.

4) 할부구매 철회권

신용카드로 할부구매후 제품이 마음에 들지 않거나 문제가 있는 경우 또는 서비스에 문제가 있는 경우 할부거래 철회권, 할부거래항변권을 신청하여 보상받을 수 있다.[238]

할부로 상품구매 금액이 10만 원을 초과하고(「여신전문금융업법」의 경우에는 20만 원) 계약서를 교부받은 날부터 7일 이내(그 계약서를 교부받은 때보다 목적물의 인도 등이 늦게 이루어진 경우에는 목적물의 인도 등을 받은 날부터 7일)에 취소내용을 서면으로 작성하여 가맹점(물품구입처)앞 내용증명을 우편으로 통지하고 구매한 물품을 가맹점에 반환한 후 신용카드회사에 철회신청을 하면 보상된다.[239] 다만, 다음의 경우에는 철회권을 행사할 수 없다. ① 일시불로 구매한 경우, ② 할부가격이 10만 원 이하인 경우(「여신전문금융업법」에 의한 구매금액이 20만 원 이하인 경우), ③ 회원의 책임 있는 사유로 당해 물품이 멸실 또는 훼손된 경우, ④ 사용에 의해 그 가치가 현저히 감소될 우려가 있는 자동차, 냉장고, 세탁기, 밀봉된 음반, 비디오물, 소프트웨어 등, ⑤ 설치에 전문인력, 부속자재 등이 요구되는 물품, ⑥ 시간이 지남으로써 다시 판매하기 어려울 정도로 재화 등의 가치가 현저히 낮아진 경우, ⑦ 복제할 수 있는 재화 등의 포장을 훼손한 경우

5) 할부거래 항변권

할부구매 금액이 10만 원 이상이고(「여신전문금융업법」에 의해 신용카드를 사용한 경우에는 20만 원 이상이고) 할부기간 이내인 경우 다음과 같은 사유에 해당될 경우 가맹점 앞 내용증명을 우편으로 통지하고, 매출표 영수증, 할부거래 계약서를

---

238) 한영주, 신용카드 이용에 따른 소비자 문제에 관한 연구, 단국대 경영대학원 석사 논문, 2005, pp.14-16.
239) 할부거래에 관한 법률 제8조, 법률 제10141호, 2010.3.17.
     할부거래에 관한 법률 시행령 제4조, 대통령령 제20947호, 2008.7.29.

첨부하여 신용카드 회사에 신청하면 된다. ① 할부계약이 무효, 취소·해제 또는 해지된 경우, ② 할부거래의 상품(용역)의 전부 또는 일부가 제공되어야 할 시기까지 인도 또는 제공되지 않았을 경우, ③ 가맹점이 하자담보책임을 이행하지 아니한 경우, ④ 기타 할부거래업자의 채무불이행으로 인하여 할부계약의 목적을 달성할 수 없는 경우,[240] ⑤ 다른 법률에 따라 정당하게 청약을 철회한 경우, 그러나 다음의 경우에는 항변권을 행사할 수 없다 ① 할부선결제 등으로 할부기간이 만료된 경우, ② 회원이 이용대금결제 등의 태만으로 할부제재 등을 받은 경우, ③ 회원의 고의성이 있는 경우

2. 신용카드의 기능

(1) 경제적 기능

1) 소비자 신용기능

신용카드의 주요 기능 중의 하나는 현금서비스, 할부구매 등에 신용카드가 신용기능을 한다는 점이다. 신용카드 소유자는 상품 및 용역 등을 현금없이도 신용으로 외상구매를 할 수 있다.[241]

2) 지불수단기능

소비자는 현금이나 수표를 소지하지 않고 신용카드를 사용하여 상품구입이나 서비스 제공을 받을 수 있다. 수표나 어음은 주로 본인의 주 활동 지역에서만 지급수단으로 통용이 가능하다는 장소적 제한이 있으나 신용카드는 전국은 물론 외국에서도 지급수단으로 사용할 수 있으며 현금에 비해 손실, 도난의 위험도 줄일 수 있다.

3) 자금융통기능

일정한도의 자금을 현금서비스 등의 방법으로 차입한 후 신용공여기간 동안 지불유예 또는 분할지급이 가능하다.

---

240) 할부거래에 관한 법률 제16조, 법률 제10141호, 2010.3.17
　　　할부거래에 관한 법률 시행령 제6조, 대통령령 제20947호, 2008.7.29.
241) 최영례, 서울직장인들의 신용카드 소비유형에 관한 연구, 이화여대 대학원 석사논문, 2008,
　　　pp.7-8.

4) 보험기능

커드회사는 커드신청자에게 일정의 보험을 자동으로 가입해 주거나 카드회원을 대상으로 특정 상품구입시 보험이 자동적으로 부여되도록 하는 경우가 많다. 국내에서는 비행기표 등의 구입시 카드회원이 카드로 구매를 하면 자동적으로 보험이 가입되는 생명보험, 교통상해보험, 여행불편 보상보험 등이 소개되었으며, 외국은 더욱 선진화되어 신용카드 사용시 그 물품에 대한 일정기간 보험을 실시하여 그 기간 안에 하자 발생 시 전액 보상하여 주는 구매 보상보험 등의 제도를 채택하고 있다.242)

(2) 사회적 기능

1) 신분증명기능

신용카드는 일정한 자격을 갖추고 있는 자에게만 발행되기 때문에 카드 소지자의 신분확인이 가능하며 대금 청구시 피청구자의 신분을 확인시키는 역할 및 구매자격을 식별하는 기능을 갖고 있다. 따라서 소지자의 신분확인이 가능하고, 카드사용료 연체정도에 의해 신용상태 정도를 파악할 수 있다.243)

2) 소비효용의 극대화 기능

신용카드는 우리나라는 물론 외국에서도 현금이나 수표없이 물품을 구매할 수 있으므로 소비효용을 극대화시킬 수 있다. 그러나 무리한 카드 구매는 소비자의 채무를 증대시킬 수 있다.

3) 정보수집기능

신용카드에 의한 상품이나 용역 구매는 모두 기록으로 남게 되므로 카드사용에 대한 정보수집 자료가 된다.

---

242) 윤연휴, 신용카드 부가서비스 요인이 고객만족과 재이용 의사에 미치는 영향, 동국대학교 석사학위 논문, 2006, pp.5-6.
243) 최영례, 앞의 논문., p.8.

3. 신용카드의 법적 성질

(1) 재물성

신용카드는 그 재물성이 인정된다. 재물이란 반드시 경제적, 금전적 교환가치가 있을 필요까지는 없고, 점유자가 주관적 가치를 인정함으로써 소유권의 목적이 될 수 있는 것으로 충분하다. 신용카드는 그 자체가 재산적 가치를 갖는 것은 아니지만, 이를 소지함으로써 신용구매가 가능하고 금융의 편의를 받을 수 있는 등 매우 중요한 경제적 기능을 수행하고 있으므로 그 재물성이 인정된다.[244]

(2) 유가증권성의 불인정

신용카드에 표시된 내용이 재산상의 권리를 표시한 것이라고 할 수 없고 단순히 회원의 자격을 증명하여 주는 일종의 신분증과 같은 역할을 함에 불과하다는 점에서 유가증권성이 인정되기 어렵다. 더구나 신용카드는 유통성이 전혀 없이 카드명의인만이 이를 사용할 수 있는 일신전속성을 가지기 때문에 이를 증권으로 보기는 어렵다.[245]

(3) 문서성

1) 자기띠 이외의 부분

신용카드 상의 기재사항은 신용카드상의 명의인이 신용카드 발행회사의 회원으로서 신용카드 가맹점에서 재화를 신용구매할 수 있다는 사실 내지 권리를 나타내는 것으로서 다만 그 의사표시가 축약되어 있는 것일 뿐이라고 볼 수 있기 때문에 사용권이 있는 자의 자격을 인정하는 사문서로 보는 것이 타당하다.

2) 자기띠 부분

현재 대부분의 신용카드에는 현금카드의 기능까지 갖도록 하기 위해 카드 뒷면에 현금자동인출을 위한 자기띠 부분이 첨부되어 있다. 이 자기띠 부분에는 기계어에 의해 회원번호와 성명, 비밀번호 등이 기재되어 있어 이를 현금자동지급기에 집어넣으면 스스로 판독하여 신용카드 소지자에게 현금을 지급하게 된다.

---

244) 정영진, 신용카드범죄의 유형과 제재. 재판자료 제64집, 1994.10. p.214.
245) 앞의 책., p.220.

이 자기띠 부분은 사람의 육안으로 그 내용을 판별할 수 없는 자성체에 불과하여 전통적 의미에서의 문서라고 보기 어렵다는 이유로 그 문서성을 부정하는 견해가 있으나 자기띠 부분도 다른 기계적 방법에 의한 도움으로 해독이 가능한 이상 그 문서성을 부정할 수 없다. 자기띠 부분의 문서성을 부정한다 해도 자기띠 부분을 포함한 신용카드 전체가 카드로서 유통된다는 점에 비추어 신용카드 전체를 하나의 문서로 보는 것이 타당하다.246)「형법」개정으로 사전자기록 위작·변작죄(형법 제232조의2)가 신설되어 전자기록 등 특수매체기록이 문서에 관한 죄의 행위객체에 포함됨에 따라 신용카드의 문서성을 명시적으로 인정하게 되었다.247)

4. 신용카드범죄의 특징

(1) 범행의 신속성 및 집중성

타인의 카드를 영득한 제3자가 이를 부정사용하는 경우에는 보통 분실·도난당한 카드회원이 카드회사에 사고신고를 하여 각 가맹점에 사고통지를 하기 전 수일 내에 집중적으로 부정사용이 이루어진다. 이때 사용건수도 대체로 1-2회에 그치지 않고 많은 경우 수십회에 걸쳐 반복적·대량적으로 발생하므로 금액도 고액으로 확대되는 경향이 있다. 최근에는 각 가맹점과의 연락체계가 전산화되어 가고 있기 때문에 카드범죄는 더욱 신속·집중적으로 이루어지는 추세이다.

(2) 범죄의 전문성

신용카드 범죄는 전문적인 지식을 가진 자들이 주로 범하는 범죄화되고 있다. 따라서 범죄수사에 전문성이 요구되며 신종수법이 새로이 발생되고 있다.

(3) 범행의 광역성

신용카드범죄는 그 범행지역이 광범하며 카드 가맹점이 있는 곳이면 어디에서나 범행이 가능하기 때문에 국내뿐만 아니라 국외에서도 범행이 발생할 수 있다. 일정

---

246) 임양운, 신용카드범죄의 실무상 문제, 저스티스 42호, 1996.12, p.173.
247) 양문모, 신용카드범죄의 유형별 실태분석과 대책에 관한 연구, 순천향대 산업정보대학원, 2006, p.10.

지역에서 범행을 반복적으로 계속하는 경우에 발각의 가능성이 높아 항공기나 열차, 또는 승용차를 이용하여 전국의 가맹점을 대상으로 범행이 자행된다.

(4) 범행의 조직성

신용카드 사용의 보편화 현상은 범죄조직에 의한 신용카드의 위·변조와 같은 범죄발생의 증가를 초래하고 있다. 범죄조직은 공모·분담에 의해 범행을 하거나 카드의 위조와 위조카드의 행사를 분담하는 형태로 범행에 조직적으로 가담한다. 예컨대, 카드를 위조하는 경우 카드위조에 필요한 자료의 수집을 담당하는 자, 수집된 자료로 카드를 위조하는 위조책, 위조한 카드와 함께 사용하여 피해자를 안심시킬 수 있도록 신분증을 위조하는 신분증명서 위조책 등으로 구성되어 조직적인 범행을 하고 있다. 특히 신용카드를 이용한 불법사채업자들이 유령회사를 설립하여 이들이 담보로 취한 신용카드를 이용하여 가맹점과 공모하여 가공의 매출을 위장하고 카드회사로부터 현금을 편취하는 등의 조직적인 범행이 속출하고 있다.248)

제2절　신용카드범죄의 유형

I. 신용카드의 불법취득

(1) 자기명의 신용카드 불법취득

1) 위조·변조 및 그에 의한 취득

「여신전문금융업법」은 신용카드의 위조·변조 및 그에 의한 취득에 관한 형벌규정을 두면서 "신용카드등을 위조 또는 변조한 자", "위조 또는 변조된 신용카드등을 판매하거나 사용한 자" 및 "행사할 목적으로 위조 또는 변조된 신용카드등을 취득한 자"라고 규정함으로써 신용카드의 위조·변조행위 및 위조·변조카드 취득행위의 처벌에 있어 명의인이 누구인가를 구분하지 않는다.

---

248) 정완·황태정, 신용카드범죄의 실태와 정책적 대응방향, 형사정책연구원, 2004, pp.30-31.

2) 자기명의카드 부정발급

처음부터 카드사용대금을 결제할 의사 또는 능력도 없는 자가 신용카드를 이용하여 카드 가맹점에서 물품을 구입한 후 이를 다른 사람에게 처분하기 위한 목적 등으로 카드발행회사에 회원가입신청을 하여 신용카드를 발급받은 경우에 사기죄가 성립한다.

판례는 변제의사와 능력이 없음에도 불구하고 결제할 것처럼 가장하여 신용카드를 발급받은 행위는 "재물편취를 내용으로 하는 사기죄에 있어서는 기망으로 인한 재물교부가 있으면 그 자체로서 피해자의 재산침해가 되어 이로써 곧 사기죄가 성립하는 것이고 상당한 대가가 지급되었다거나 피해자의 전체 재산상에 손해가 없다 하여도 사기죄의 성립에는 영향이 없다"고 판시하여 신용카드회사에 대하여 사기죄가 성립한다고 본다(대판 1992.9.14.91 도2994). 그러나 신용카드 취득만으로 곧바로 재산적 손해가 발생한 것은 아니므로 사기죄가 성립하지 않는다는 견해도 있다.249)

(2) 타인 명의의 신용카드 불법취득

1) 위·변조 및 그에 의한 취득

① 자기띠 이외 부분의 위·변조

자기띠 이외 부분의 위·변조란 신용카드 중 자기띠 부분을 제외한 나머지 부분, 즉 신용카드의 전체적인 모양, 재질, 디자인 및 엠보싱(embossing)의 내용, 즉 신용카드의 발행회사명, 카드번호, 유효기간, 영문성명 등을 위조하여 신용카드의 외관을 갖는 물건을 만들어 내는 것을 말한다.

위조의 정도는 일반인이 오신할 수 있을 정도에 이를 것을 요하므로 자기띠 이외 부분의 위조는 주로 진정한 카드로서의 전체적인 외관을 갖출 것을 기본적인 전제로 하여 엠보싱의 내용이나 서명판의 서명을 위조하는 형태로 나타난다. 「여신전문금융업법」상의 위·변조신용카드취득죄는 행사할 목적을 요하는 반면, 신용카드등 위조·변조죄는 형법상 사문서위조죄와 달리 행사할 목적을 요하지 않으므로 행사할 목적 없이 단순히 신용카드의 외관을 갖는 물체를 만든 행위만으로도 범죄가 성립한다.

---

249) 앞의 책., pp.60-64.

② 자기띠 부분의 위조 · 변조

신용카드 자기띠의 위조는 불법적으로 취득한 제3자의 신용카드 정보를 인코딩 (encoding)기 등을 이용하여 자기띠에 입력하고 이렇게 위조된 자기띠를 신용카드 모양의 플라스틱판에 접착하거나 불법으로 입수한 정상발급된 신용카드에 판독한 자기띠의 내용을 복제하는 방식으로 이루어진다.

신용카드 뒷면의 자기테이프에 타인의 정보를 입력하거나 공카드에 개인정보를 입력하여 타인 명의의 신용카드를 위조하는 수법으로서 자기띠 부분의 위작행위는 개정형법에서 신설된 사전자기록위작죄 및 「여신전문금융업법」에 해당하지만 두 조 문은 법조경합관계에 있으므로 결국 「여신금융업법」만으로 처벌이 된다. 「여신전문 금융업법」은 행사할 목적으로 위조 또는 변조된 신용카드 등을 취득한 자를 처벌하 는 규정을 신설하여 행사목적으로 위조 또는 변조된 신용카드를 취득한 이상 이를 사용하기 전에도 처벌할 수 있다(여신전문금융업법 제70조 제1항 제5호).[250]

2) 절도, 강도, 사기, 공갈, 횡령 등에 의한 취득

신용카드사기는 절도, 강도, 사기, 공갈, 횡령 등에 의해 타인의 신용카드를 불법 적으로 취득함으로써 저질러진다. 사실 신용카드사기는 타인의 신용카드를 불법적 으로 취득하는 ID절도에서부터 시작된다.[251] 이러한 범죄행위에 의한 타인의 신용 카드 취득행위는 신용카드 그 자체가 재물성을 가지고 있으므로 형법상의 절도죄, 강도죄, 사기죄, 공갈죄, 횡령죄 등이 성립한다. 주의할 것은 신용카드 자체를 불법 제작 · 복제하는 행위는 「여신전문금융법」에 의한 신용카드 위조에 해당한다.[252]

3) 타인명의카드의 부정발급

자신이 지급책임을 면할 목적으로 타인 또는 허무인의 이름으로 신용카드를 신청 하여 발급받을 수 있다. 타인명의의 신용카드 발급 신청은 타인의 명의를 모용하여 입회신청서를 작성하고 이를 신용카드회사에 제출하여 심사를 받은 후 신용카드를 발급받게 되는 과정을 말한다. 이는 「형법」상 사문서위조죄 및 동 행사죄를 구성하

---

250) 정완 · 황태정, 앞의 책., pp.49-53.
  여신전문금융업법 제70조 제1항5호, 법률 제10062호, 2010.3.12.
251) Gilbert, *op.cit.*, p.331.
252) 정완 · 황태정, 앞의 책., pp..53-54.

고, 신용카드회사에 대한 사기죄를 구성한다. 그러나 허무인이나 사자 명의의 신용
카드 신청은 판례에 의하면 사문서위조죄를 구성하지 않는다.253)

4) 부정한 방법에 의한 타인 신용카드정보 취득 · 보유문제

위조 · 변조에 의한 직접적인 타인명의 신용카드의 취득은 아니지만, 그러한 범죄
행위의 전 단계로 부정한 방법에 의해 타인의 신용카드정보를 취득 · 보유하는 행위
에 대해 어떠한 형법적 평가를 내려야 할 것인지가 문제될 수 있다.

신용카드의 자기띠 위조에 필요한 정보의 취득은 ① 신용카드회사의 직원으로부
터 신용카드정보를 빼돌리거나 전문중개상을 통해 신용카드정보를 매입하는 방법으
로 취득하는 방법, ② 카드깡업체나 유흥업소 등 불법가맹점에서 대출광고 등을 통
해 자신의 사무실에 찾아오는 이용자 또는 유흥업소 손님의 신용카드를 가지고 카
드조회를 하는 척 하면서 카드판독기에 통과시키는 방법으로 취득하는 방법, ③ 아
르바이트생을 고용하여 이들을 정상가맹점에 위장취업 시킨 후 이들에게 카드판독
기를 주어서 카드회원 몰래 카드정보를 취득하는 방법, ④ 인터넷 쇼핑몰 사이트를
허위로 만든 뒤 물품을 판매하는 것처럼 위장해 회원이 카드정보를 입력하도록 함
으로써 정보를 취득하는 방법 등으로 이루어진다.

이러한 경우에 「여신전문금융업법」은 신용정보의 부정취득 및 보유행위를 처벌하
는 규정을 두고 있다. 즉, 사위(속임수) 그 밖의 부정한 방법으로 알아낸 타인의 신
용카드 정보를 보유하거나 이를 이용하여 신용카드에 의한 거래를 한 자를 처벌하
도록 규정하고 있다(여신전문금융업법 제70조 제1항 제6호).254)

2. 가맹점 범죄

(1) 신용카드 이용 현금대출행위

가맹점이 물품의 판매나 용역의 제공을 가장하거나 실제의 매출금액을 초과하여
매출전표를 작성하고 이를 담보로 하여 자금을 융통하여 주는 행위는 처벌된다(여신
전문금융업법 제70조 제2항 제3호). 이는 인터넷, 생활정보지, 각종 전단 등을 통한 불법현

---

253) 앞의 책., pp.55-56.
254) 앞의 책., pp.56-58.

금 융통 회원 모집, 물품판매나 용역제공을 가장하거나 실제 매출금액을 초과하여 신용카드 매출전표를 작성하고 자금을 융통하여 주거나 이를 중개·알선하는 수법으로 속칭 '카드깡'이라고 한다.255)

이러한 위반행위는 일반 가맹점도 가능하지만, 특히 사채업자가 불량가맹점을 개설하거나 다른 가맹점 명의를 대여받은 후 급전이 필요한 고객의 신용카드를 이용하여 물품을 판매한 것처럼 가장, 허위매출전표를 작성하고 선이자를 공제한 후 자금을 융통하여 주거나 이를 중개·알선하는 수법으로 발생하는 범죄행위이다.

(2) 다른 가맹점 명의의 매출전표 작성·채권행사

가맹점이 다른 가맹점 명의로 매출전표를 작성하여 매출채권을 행사하는 행위는 처벌된다(동법 제70조 제3항 제3호). 또한 가맹점의 신용카드에 의한 거래를 대행하는 행위도 처벌된다(동법 제70조 제2항 5호). 카드가맹점이 매출액을 은폐·축소하기 위해 다른 카드가맹점의 명의로 신용카드 등에 의한 거래를 하는 경우이다. 즉, 유흥업소에서 발생된 신용카드 매출을 위장가맹점 명의로 처리하는 수법과 같은 것이다.256)

(3) 매출액 축소 세금포탈행위

가맹점이 매출액을 축소하여 세금을 포탈하기 위해 자신의 매출전표를 타에 양도·양수하는 행위는 처벌된다(여신전문금융업법 제70조 제3항 제5호).

(4) 이중매출전표 작성 또는 매출전표 금액변조행위

가맹점이 손님 몰래 매출전표의 금액란을 실제거래금액보다 초과하여 기재하거나 매출전표를 여러 장 만들어 출금하는 행위는 형법상의 일반이론에 따라 매출전표라는 사문서위조, 위조사문서행사 및 사기죄로 의율된다. 예를 들자면, 유흥업소 종업원 등은 손님이 카드를 사용할 때 매출전표를 백지매출전표와 겹쳐 놓고 서명을 받아 나중에 금액을 임의로 기재하여 대금을 청구하는 수법이다. 이러한 수법은 유흥업소 종업원들이 술에 취한 신용카드회원을 상대로 행해진다.

---

255) 양문모, 앞의 책., p.44.
256) 앞의 책., pp.49-50.

(5) 위조매출전표 작성

신용카드를 위·변조할 목적으로 예비 또는 음모한 자는 처벌된다(동법 제70조 제6항). 즉, 가맹점 보관용 매출전표를 구입하여 이 전표를 견본으로 플라스틱 등으로 카드 양각(엠보싱) 부분을 위조하여 위조매출전표를 작성한 후 신용카드회사에 대금을 청구하거나 매출전표 유통업자에게 유통시켜 할인하는 수법이다.

(6) 가맹점수수료의 회원전가행위

신용카드에 의한 거래 등을 이유로 물품의 판매 또는 용역의 제공 등을 거절하거나 신용카드회원을 불리하게 대우하는 행위는 처벌된다(동법 제70조 제3항 제2호). 또한 가맹점 수수료를 신용카드 회원 등으로 부담하게 한 자도 처벌된다(동법 제70조 제3항 제3호). 이러한 행위는 판매금액에 가맹점 수수료를 포함하여 판매하는 행위 등이 포함된다.

3. 부정사용죄

(1) 타인명의 신용카드의 부정사용

1) 위조·변조·분실·도난된 신용카드의 판매 또는 사용

위조 또는 변조된 신용카드 등을 판매하거나 사용한 자, 분실 또는 도난된 신용카드 또는 직불카드를 판매하거나 사용한 자는 처벌된다(여신전문금융업법 제70조 제1항 제2호 및 3호). 위와 같은 행위로 부정취득한 타인명의 신용카드 사용죄의 주체는 당해 신용카드를 위조, 변조, 절취, 강취, 횡령, 편취, 갈취, 습득한 사람뿐만 아니라 그 정을 알면서 이를 취득한 사람도 포함된다.257) 따라서 다른 사람이 위와 같은 범행을 통해 취득한 신용카드를 사용하는 것도 「여신전문금융업법」 위반죄에 해당된다. 절취한 신용카드인 경우에는 절도죄(주운 신용카드 경우에는 점유이탈물횡령죄) 외에 「여신전문금융업법」 위반죄와 사기죄에 해당한다.

현행 「여신금융업법」상 사용의 개념은 본질적으로 가맹점에 대한 카드의 제시행위는 물론 그 후의 매출전표에의 서명행위 및 그 제출행위까지를 포함하는 일련의 행위로 해석된다. 대법원 판례도 매출전표에 대한 사문서위조 및 동 행사죄는 신용

---

257) 앞의 책., p.29.

카드 부정사용죄로 흡수되어 신용카드 부정사용죄의 일죄만 성립한다는 입장을 취하고 있다.

2) 강취, 편취, 횡령, 갈취한 신용카드의 사용

강취, 갈취, 편취, 횡령 등으로 취득한 신용카드에 대해서는 종래 별도의 처벌규정을 두지 않아 문제가 많았으나 현행 「여신전문금융업법」 제70조 제1항 제4호는 강취, 횡령하거나 사람을 기망, 공갈하여 취득한 신용카드 또는 직불카드를 판매하거나 사용한 자를 처벌하는 규정을 신설하였다.

3) 현금인출기를 통한 현금 인출행위

위조, 변조, 분실, 도난, 강취, 횡령하거나 사람을 기망, 공갈하여 부정 취득한 타인의 신용카드로 현금서비스를 받는 행위는 현금인출권한이 없는 자의 현금인출행위로서 현금자동인출기 관리자인 은행의 의사에 반하여 은행의 돈을 취득한 것이므로 절도죄를 구성하나 단지 계좌이체만을 시켜 놓은 경우는 컴퓨터등사용 사기죄에 해당한다.

컴퓨터등사용 사기죄는 "컴퓨터 등 정보처리장치에 허위의 정보 또는 부정한 명령을 입력하여 정보처리를 하게 함으로써 재산상이익을 취득하거나 제3자로 하여금 취득하게 한 자"를 처벌하도록 규정하고 있다(형법 제347조의2). 이 경우 대법원은 '신용카드 회원이 대금결제를 위하여 가맹점에 신용카드를 제시하고 매출한 후 서명하는 일련의 행위뿐만 아니라 신용카드를 현금인출기에 주입하고 비밀번호를 조작하여 현금서비스를 제공받은 일련의 행위도 신용카드 본래 용도에 따라 사용하는 것으로 보아야 한다'고 판시함으로써 신용카드 부정사용죄의 성립을 긍정한다.258)

4) 타인의 신용카드를 이용한 서비스 불법취득

타인 명의의 신용카드를 부정사용하여 가맹점으로부터 물품 또는 서비스를 취득한 경우에는 사기죄가 성립한다. 분실, 도난된 신용카드를 카드회원이 사고신고 하기 이전에 부정사용하여 가맹점이 신용카드업자로부터 사고통지를 받지 못함으로 인해 대금지급을 받을 수 있는 경우에도 사기죄 성립에는 아무런 지장이 없다.

---

258) 앞의 책., p.30.

5) 타인의 허락을 받아 동인 명의의 신용카드를 발급받아 사용한 경우

자기명의로 신용카드를 부정발급 받은 경우와 유사하므로 그 명의인과 공모하여 카드대금 변제 의사와 능력이 없이 마치 명의인 본인이 사용할 것처럼 신용카드 회사로부터 신용카드를 발급받아 현금서비스나 물품구매를 제공받은 경우에는 사기죄가 성립한다.

6) 신용카드 번호를 이용하여 물품구매 또는 서비스를 제공받은 경우

신용카드를 소지하지 않은 자가 타인의 신용카드 번호와 비밀번호를 알고 있음을 악용하여 홈쇼핑이나 인터넷 쇼핑으로 물품을 구매하거나 인터넷 유료 서비스를 이용하는 경우가 이에 해당하며, 이 경우 통상 신용카드 명의인의 주민등록 번호를 함께 사용하는 범죄태양을 보인다. 타인의 주민등록번호를 사용한 경우에는 주민등록법위반 및 사기죄의 실체적 경합범으로 처벌한다.

(2) 자기명의 신용카드 부정사용범죄

1) 사기죄 성립

대금지불의 의사와 능력없이 자동지급기에서 현금을 인출하거나 카드 가맹점에서 물품을 구입하거나 용역을 제공받는 경우 사기죄가 성립한다. 즉, 신용카드를 정당하게 발급 받은 카드회원이 신용카드 사용대금의 지불의사나 능력이 없음에도 불구하고 있는 것처럼 가장하여 유효하게 발급 받은 자기 명의 신용카드를 사용하여 물품을 구입하거나 용역을 제공받는 수법이다.

대금지급 능력과 의사가 없으면서 가맹점이 이를 모르도록 카드를 제시하는 행위는 그 자체로서 기망행위가 되고 이러한 기망에 의해 가맹점이 착오에 빠져 상품을 교부하게 되면 사기죄의 기수에 도달한다. 대법원은 카드사용대금의 지급능력 및 의사가 없으면서 그러한 능력과 의사가 있는 것처럼 신용카드를 발급받아 이를 사용한 사안에서 피기망자와 피해자는 공히 신용카드회사로서 사기죄가 성립한다.[259]

---

259) 정완·황태정, 앞의 책., p.87.

2) 신용카드 사용대금 연체사기범죄 수사

신용카드 소지자가 카드를 사용하던 중에 카드사용 대금을 결제할 의사 또는 능력이 없어졌는데도 자신의 카드를 이용, 카드가맹점으로부터 물품을 구입하는 등 사용한 경우에 사기죄가 성립한다.

이러한 연체사기는 피의자의 변제의사 유무의 판단이 중요하고 그 판단요소로는 사용당시 피의자의 직장, 월수입 정도, 자산합계 등을 들 수 있다. 신용카드를 사용하여 물건을 구입하는 방법과 횟수도 범의판단에 중요한 단서가 되며, 남편 명의의 신용카드를 사용한 경우라도 피해자는 남편이 아닌 카드회사이므로 남편의 고소취소가 있더라도 친족상도례의 적용이 없다.

3) 카드를 발급받아 사용하다 대금결제능력이 없어진 후에 현금서비스를 받은 경우

지불의사와 지불능력이 없는 무자력자가 자기명의의 신용카드로 현금자동인출기 등에서 현금서비스를 받는 경우를 말한다.

① 절도죄라는 견해

카드이용자가 현금자동지급기 관리자의 의사에 반하여 그 지배를 배제하고 그 지급기의 현금을 자기 지배하에 옮긴 것으로서 절도죄가 성립한다. 현금자동지급기의 관리자는 지급의사나 능력이 있을 것을 전제로 해서만 현금인출을 허용하는 것이므로 카드명의인이 이에 반하여 부정하게 이를 인출하는 것은 절도죄가 성립한다는 것이다.

② 사기죄라는 견해

현금자동지급기는 신용카드의 정당한 이용자에게만 인출을 허용한다는 은행의 의사에 의해 조립된 것이므로 은행과 현금자동인출기를 일체로 보고 현금자동지급기에 신용카드를 주입하는 행위를 기망행위, 인출기의 지급을 처분행위라고 보아 사기죄의 성립을 인정한다.

③ 대법원 판례

대법원 판결은 이미 과다한 부채의 누적으로 신용카드 사용으로 인한 대출금 채무를 변제할 의사나 능력이 없는 상황에 처하였음에도 현금자동지급기를 통한 현금대출을 받아 신용카드업자로 하여금 같은 액수 상당의 피해를 입게 한 경우에는 사기죄에 해당한다고 판시하였다.

4. 신용카드의 처분과 관련된 범죄

(1) 신용카드의 양도·양수행위

신용카드는 물품구매 또는 서비스 제공을 받을 수 있는 자격을 인정하는 일종의 사문서이기 때문에 카드회원이 자신의 카드를 제3자에게 임의로 양도하거나 제3자가 이를 양수하여 사용하는 경우가 발생할 수 있다.

현행 「여신전문금융업법」 제70조 제3항 제1호는 "신용카드를 양도·양수하거나 질권설정을 한 자는 1년 이하의 징역 또는 1 천만 원 이하의 벌금에 처하도록 규정하고 있다". 그러나 신용카드 연체대납업자가 고객으로부터 신용카드를 교부받아 고객의 신용카드 연체를 풀고 나서 자신이 대신 막아 준 고객의 카드대금, 수수료 및 대여금 상당액을 사용한 뒤 이를 고객에게 다시 돌려주기로 약정하였다면 이는 재산권의 종국적 이전을 의미하는 양도·양수로 보기 어렵다.

(2) 횡령죄의 성립 여부

신용카드의 양도·양수 또는 질권설정 행위는 「여신전문금융업법」에 특별규정이 있으므로 동법 위반으로 처리하면 되나 신용카드의 대여 등 기타의 처분행위에 대해서는 동법의 적용이 불가능하므로 그와는 별도의 횡령죄가 성립되는지에 대한 검토가 요구된다.

이러한 행위들은 신용카드의 본래적 이용방법이 아니고 회원규약에 어긋나는 처분행위이기는 하나 그 이용방법은 별도로 형사처벌의 대상이 될 수 없다는 견해가 있다. 한편, 신용카드 소유권 자체는 어디까지나 신용카드업자에게 있고 회원은 이를 대여 받고 있는 입장에 불과하므로 카드회원이 이를 보관 중 임의로 처분하는 것은 횡령죄를 구성한다는 견해가 있다.

(3) 신용카드의 연체대납

신용카드의 연체대납이란 타인의 신용카드 사용금액을 대신 결제하여 주거나 동 금액 변제의 용도로 대출하여 주면서 이에 대한 수수료 또는 이자를 수수하는 행위를 말한다. 신용카드 결제금액 만을 대신 결제하여 주는 경우 연체대납 자체가 불법인 것은 아니다. 그러나 연체 대납시 고객의 신용카드를 양수하여 이를 담보로 취득하는 경우에는 「여신전문금융업법」 위반이 된다.260)

(4) 신용카드 대여행위 등 기타 처분행위

신용카드회사로부터 자기 명의로 신용카드를 발급 받은 회원이 이를 다른 사람에게 대여하는 등 처분행위를 하는 경우이다. 신용카드의 대여 등 기타의 처분행위는 「여신전문금융업법」에 별도의 규정이 없으므로 횡령죄 성립 여부가 논의의 대상이 된다. 신용카드는 형법상 재물에 해당하고 그 재물의 소유권이 카드회사에 있는 이상 카드를 소지하고 있는 카드회원은 타인의 재물을 보관하는 위치에 있으므로 그 재물을 처분하거나 반환을 거부하는 것은 형법상의 횡령죄를 구성한다 할 것이다.261)

(5) 미수범의 처벌

현행 「여신전문금융업법」은 신용카드의 위·변조와 위·변조된 신용카드의 부정사용에 대해서만 미수범을 처벌하고 분실된 신용카드를 단지 제시하는데 그친 부정사용 미수행위는 처벌하지 않으므로 「여신전문금융업법」으로 처벌할 수가 없다.

---

260) 앞의 책., p.37.
261) 앞의 책., p.38.

제3절 | 여신전문금융업법

I. 의 의

종전의 신용카드업법은 1998년 1월1일 폐지되고 「여신전문금융업법」으로 대체되었다. 기존의 신용카드업법상의 타인의 신용카드의 부정사용은 「여신전문금융업법」 제70조에 의해 여전히 처벌된다. 그러나 카드대금 미변제사건은 본법의 적용을 받지 않고 형법상의 사기혐의 유무를 판단해야 한다.

2. 목 적

「여신전문금융업법」은 신용카드업, 시설대여업, 할부금융업 및 신기술사업금융업을 영위하는 자를 지원하고 국민의 금융편의와 국민경제의 발전에 이바지하려 한다.

3. 정 의

(1) 신용카드

신용카드란 이를 제시하면 반복하여 신용카드 가맹점에서 물품의 구입 또는 용역의 제공을 받거나 재경부령이 정하는 사항을 결제할 수 있는 증표로서 신용카드업자가 발행한 것을 말한다.

(2) 직불카드

직불카드란 직불카드 회원과 카드 가맹점간에 전자 또는 자기적 방법에 의하여 금융거래계좌에 이체하는 등의 방법으로 물품이나 용역의 제공과 그 대가의 지급을 동시에 이행할 수 있도록 신용카드업자가 발행한 증표를 말한다(여신전문금융업법 제2조 6호). 그러므로 은행에 예금계좌를 갖고 있는 직불카드 회원은 통장에 잔액이 존재하는 한 언제든지 카드를 사용하여 물품대금을 결제할 수 있다.

(3) 선불카드

선불카드란 신용카드업자가 대금을 미리 받고 이에 상당한 금액을 기록하여 발행한 증표로서 선불카드 소지자의 제시에 따라 신용카드 가맹점이 그 기록된 금액의 범위 내에서 물품이나 용역을 제공할 수 있게 한 증표를 말한다(여신전문금융업법 제2조 8호). 선불카드는 교통카드, 공중전화카드, 지하철 승차카드 등이 있다.

4. 중요규정

(1) 영업의 허가 · 등록

신용카드업자는 금융위원회의 허가를 받아야 하며, 시설대여업, 할부금융업 및 신기술사업금융업을 운영코자 하는 자는 금융위원회에 등록해야 한다.

(2) 신용카드업자의 부대업무

신용카드업자는 ① 신용카드회원에 대한 자금융통, ② 직불카드의 발행 및 대금의 결재, ③ 선불카드의 발행, 판매 및 대금의 결재 등의 업무를 운영할 수 있다. 또한 이러한 부대업무를 제3자에게 대행하게 할 수 있다.

(3) 신용카드 · 직불카드의 발급

신용카드업자는 발급신청이 있는 경우에 한하여 신용카드 또는 직불카드를 발급할 수 있다. 다만, 이미 발급한 신용카드나 직불카드의 갱신 또는 대체발급에 대하여 ① 갱신 또는 대체발급 예정일 전 6월 이내에 사용된 적이 없는 신용카드나 직불카드는 당해 회원으로부터 갱신이나 대체발급에 서면동의(공인전자서명 포함)를 받은 경우, ② 6월 이내에 사용된 적이 있는 신용카드나 직불카드는 회원에게 발급예정사실을 통보한 후 20일 이내에 당해 신용카드나 직불카드의 갱신이나 대체발급에 대한 이의가 없을 경우에는 그러하지 아니하다.

(4) 신용카드의 양도 등의 금지

신용카드는 이를 양도, 양수하거나 질권설정을 할 수 없다.

(5) 신용카드 회원 등에 대한 책임

신용카드업자는 신용카드회원 또는 직불카드회원으로부터 신용카드 또는 직불카드의 분실이나 도난 등의 통지를 받은 때에는 그때부터 당해 신용카드회원이나 직불카드회원에 대하여 신용카드나 직불카드 사용으로 인한 책임을 진다.

또한 신용카드업자는 회원의 신용카드나 직불카드의 분실이나 도난 등의 통지전 60일 전까지 발생한 신용카드의 사용에 대하여 책임을 진다. 그러나 신용카드 업자는 신용카드의 분실이나 도난 등에 대하여 그 책임의 전부나 일부를 신용카드 회원이 진다는 취지의 계약을 한 경우에는 회원이 계약 내용에 따른 책임을 부담할 수 있다. 다만, 저항할 수 없는 폭력이나 자기 또는 친족의 생명이나 신체에 대한 위해로 인해 비밀번호를 누설한 경우 등 신용카드 회원의 고의 또는 과실이 없는 경우에는 그러하지 아니하다.

신용카드업자는 카드의 분실이나 도난 신고를 받은 즉시 통지의 접수자, 접수번호 기타 접수사실을 확인할 수 있는 사항을 당해 통지인에게 알려야 한다. 예컨대, 갑이 여행 중에 신용카드를 분실한 바 을이 이를 주워 병의 상점에서 의류를 구입하고 동 카드를 이용하여 결재를 한 경우에 ① 갑은 분실신고를 한 이후 사용분에 대해 책임을 지지 않는다. ② 원칙적으로 병은 을의 사용분에 대한 책임이 없다. ③ 거래에 병의 고의나 중대한 과실이 입증되는 경우 계약의 내용에 따라 책임의 전부 또는 일부를 부담하는 경우도 있다.

(6) 가맹점에 대한 책임

신용카드업자는 다음과 같은 거래에 따른 손실을 신용카드가맹점에 전가할 수 없다. ① 분실 또는 도난된 신용카드에 의한 거래, ② 위조, 변조된 신용카드에 의한 거래, 다만, 신용카드업자가 당해 거래에 대하여 그 신용카드가맹점의 고의나 중대한 과실을 입증하는 경우 그 손실의 전부나 일부를 카드가맹점의 부담으로 할 수 있다는 계약을 한 경우에는 그러하지 아니하다.

(7) 신용카드 가맹점의 준수사항

1) 신용카드 회원에 대한 불리한 대우금지

신용카드가맹점은 신용카드에 의한 거래를 이유로 물품의 판매 또는 용역의 제공 등을 거절하거나 신용카드 회원에게 불이익을 주어서는 안 된다.

2) 신용카드의 정당한 사용 확인

신용카드가맹점은 신용카드에 의한 거래를 할 때마다 당해 신용카드가 본인에 의하여 정당하게 사용되고 있는지 여부를 확인해야 한다. 또한 가맹수수료를 신용카드 회원에게 전가하여서는 안 된다.

3) 신용카드가맹점의 금지사항

① 물품의 판매 또는 용역의 제공이 없이 신용카드에 의한 거래를 한 것으로 가장하는 행위, ② 실제매출금을 초과하여 신용카드에 의한 거래를 하는 행위, ③ 다른 신용카드가맹점 명의로 신용카드에 의한 거래를 하는 행위, ④ 신용카드가맹점의 명의를 타인에게 대여하는 행위, ⑤ 신용카드에 의한 거래를 대행하는 행위 등은 금지된다. 다만, 결제대행업체의 경우에는 제1호, 제4호 및 5호의 규정을 적용하지 않는다.

5. 신용카드 관련 범죄수사의 초점

(1) 관련 기관과 협조 수사자료 입수

신용카드관련 범죄는 쉽게 노출되는 범죄가 아니므로 사단법인 한국신용카드업협회 및 신용카드회사를 상대로 상습재발급, 체납자 명단, 카드거래 내역 등의 협조를 받아 수사자료를 입수하여 활용한다.

(2) 위장 카드 가맹점 발견

카드회사, 세무서 등과 협조하여 카드가맹점에 대한 사업자 등록 진위를 확인함으로써 위장 카드가맹점을 색출 조사한다.

(3) 유흥업소 대상 매출전표 불법유통 확인

나이트 클럽, 룸 살롱 등 유흥업소를 상대로 허위매출전표 작성여부, 전자제품 덤핑판매업소를 상대로 매출전표의 불법유통에 대한 여부를 수사한다. 매출전표 양도·양수행위는 매출이 상대적으로 많은 유흥업소와 폐업 직전의 업소나 매출이 거의 없는 업소를 연결하여 매출전표 도·소매상을 통해 이루어지므로 도·소매상 사무실의 위치를 파악해야 한다. 또한 용산 전자상가 등 덤핑 판매업소를 상대로 매출전표 불법유통 여부를 수사한다.

(4) 신용담보 대출업소 파악

일간지나 지역정보지, 또는 통행인이 많은 지하도 등지에서 배포하는 전단에 기재된 전화번호를 추적하여 신용카드 담보 대출업소를 파악·수사한다.

(5) 전화국과 협조 · 발신지 추적

카드관련 사범은 착·발신 분리전화를 사용하고 출장대장 등으로 추적이 곤란한 경우가 많으므로 발신지 추적수사를 위하여 관할 전화국과 협조 수사한다.

(6) 첩보원 활용 현장증거 확보

카드할인 행위는 장소를 자주 이동하면서 영업을 하기 때문에 첩보원을 활용, 사전에 장소·이용차량 등을 파악하고 현장 증거확보에 주력해야 한다.

(7) 거래장부 등 압수

거래장부 등 증거자료를 압수하여 분석하되 주된 대상업소를 기호나 자기만을 알 수 있는 암호로 표시하는 경우가 대부분이므로 철저한 확인작업을 시도해야 한다.

(8) 기 타

대부분 착신전환장치를 이용하여 제3·제4의 장소까지 변경하고 휴대폰으로 이웃집에서 수신하면서 영업을 하는 경우가 많으므로 집요한 추적이 요구된다. 매출전표를 택배로 이용하는 경우도 있으므로 의뢰받은 심부름센타 종업원 등을 확보한다.

제20장

지적재산권 침해사범 수사

제1절 개 관

I. 의 의

(1) 개 념

지적소유권이란 산업재산권과 저작권 등 인간의 정신적 창조물인 무형재산에 대하여 인정되는 독점적·배타적 권리를 말한다.

(2) 범 위

지적 소유권은 특허, 실용신안, 디자인보호, 상표 등 산업재산, 첨단기술의 보호와 문화정책적 측면에서 창작 문화예술보호 등을 포함하며, 「저작권법」은 문학, 학술, 예술분야에 대한 창작물의 창작자를 보호하고 있으며, 컴퓨터프로그램은 「컴퓨터프로그램 보호법」, 반도체집적기술은 「반도체집적회로의 배치설계에 관한 법률」에 의해 보호되고 있다. 또한 최근 「전자거래기본법」은 전자상거래에 관한 신 지적재산권 보호문제를 포함하고 있다.

2. 배 경

지적재산권 보호는 미국, EC의 요구와 UR지적 소유권협상 결과를 수용하여 국제적 수준의 법 정비에 이르게 되었다.

제2절 우리나라의 지적소유권 보호제도

1. 산업재산권(공업소유권)

(1) 특허법

특허권은 자연법칙을 이용한 기술적 사상의 창작으로 고도의 발명수준에 도달한 것을 보호하는 것을 말하고, 보호기간은 출원일로부터 20년이며 특허권 또는 전용실시권 침해죄는 친고죄이다(특허법 제88조 및 225조).

(2) 실용신안법

자연법칙을 이용한 기술적 사상의 창작으로 물품의 형상, 구조, 조합에 관한 고안, 즉 실용신안을 보호한다. 보호기간은 실용신안등록 출원일로부터 10년이며 실용신안권 또는 전용실시권 침해죄는 친고죄에 해당한다(실용신안법 제22조 및 45조).

(3) 디자인보호법

물품 및 글자체의 형상, 모양, 색채 또는 이들을 결합한 것으로서 시각을 통하여 미감을 일으키게 하는 것, 즉 디자인을 보호한다. 보호기간은 디자인권의 설정등록일부터 15년이며 디자인권 및 전용실사권 침해죄는 친고죄이다(디자인보호법 제40조 및 82조).

(4) 상표법

타인의 상품과 식별되도록 하기 위하여 사용하는 기호, 문자, 도형, 입체적 형상, 색채, 홀로그램, 동작 또는 이들을 결합한 것, 그 밖에 시각적으로 인식할 수 있는 상표를 보호한다. 보호기간은 상표권의 설정등록일부터 10년이며 10년간씩 갱신이 가능하여 보호기간이 무한하고 상표권 및 전용사용권 침해죄는 친고죄가 아니다(상표법 제42조 및 93조).

2. 저작권

(1) 저작권법

1) 저작권법의 보호대상과 보호기간

「저작권법」에 의한 저작권의 보호의 대상과 보호기간은 ① 문학, 학 또는 예술의 범위에 해당하는 창작물의 창작자를 보호하고 저작인격권, 저작재산권, 저작인접권으로 분류된다. 보호기간은 저작재산권에 한하여 생존하는 동안과 사망 후 50년 동안으로 친고죄이다. 다만, 저작자가 사망후 40년이 경과하고 50년이 되기 전에 공표된 저작물의 지적재산권은 공표된 때부터 10년간 존속한다. ② 공동저작물의 지적재산권은 맨 마지막으로 사망한 저작자의 사망후 50년간 존속한다. 무명이나 널리 알려지지 않은 이명이 표시된 저작물의 저작재산권은 공표된 때부터 50년간 존속한다. 다만, 이 기간 내에 저작자가 사망한 지 50년이 경과하였다고 인정할만한 정당한 사유가 발생한 경우에는 그 저작재산권은 저작자 사망 후 50년이 경과하였다고 인정되는 때에 소멸한다. ③ 업무상 저작물의 저작재산권은 공표한 때부터 50년간 존속하며 다만, 창작한 때부터 50년 이내에 공표되지 아니한 경우에는 창작한 때부터 50년간 존속한다. ④ 영상저작물 및 프로그램의 저작재산권은 공표한 때부터 50년간 존속한다. 다만, 창작한 때부터 50년 이내에 공표되지 아니한 경우에는 창작한 때부터 50년간 존속한다(저작권법 제39조,40조,41조, 42조).

2) 저작권법 적용의 제외대상

저작권 보호의 대상이 아닌 것은 ① 헌법, 법률, 조약, 명령, 조례, 규칙, ② 국가나 지방자치단체의 고시, 공고, 훈령 그 밖에 이와 유사한 것, ③ 법원의 판결, 결정, 명령 및 심판이나 행정심판절차 그 밖에 이와 유사한 절차에 의한 의견결정, ④ 국가 또는 지방자치단체가 작성한 것으로서 앞에서 규정된 것들의 편집물이나 번역물, ⑤ 사실의 전달에 불과한 시사보도(저작권법 제7조) 등이다.

(2) 컴퓨터프로그램보호법

1) 보호대상

컴퓨터프로그램 저작물의 저작자의 권리 그밖에 컴퓨터프로그램 저작물과 관련된 권리를 보호대상으로 한다. 컴퓨터프로그램 저작물이라 함은 특정한 결과를 얻기 위하여 컴퓨터 등 정보처리능력을 가진 장치 안에서 직접 또는 간접으로 사용되는 일련의 지시·명령으로 표현된 창작물을 말한다(컴퓨터프로그램보호법 제2조). 개작된 프로그램은 독자적인 프로그램으로서 보호된다.

2) 적용 제외 대상

① 프로그램을 표현하는 수단으로서의 문자, 기호 및 그 체계 등의 프로그램 언어, ② 특정한 프로그램에 있어서 프로그램언어의 용법에 관한 특별한 약속 등의 규약, ③ 프로그램에 있어서의 지시, 명령의 조합방법 등의 해법(동법 제3조)

3) 프로그램저작권과 보호기간

프로그램저작자는 공표권, 성명표시권, 동일성 유지권 등의 권리와 프로그램을 복제, 개작, 번역, 배포, 발행 및 전속할 권리를 가진다. 프로그램저작권은 프로그램이 창작된 때부터 발생하며 어떠한 절차나 형식의 이행을 필요로 하지 아니한다. 또한 프로그램이 공표된 다음 년도부터 50년간 존속한다. 다만, 창작후 50년 이내에 공표되지 아니한 경우에는 창작된 다음 연도부터 50년간 존속한다. 위반행위는 친고죄가 아니다(동 법 제7조 및 46조).

(3) 반도체 집적회로의 배치설계에 관한 법률

1) 보호대상

반도체집적회로의 배치설계에 관한 창작자의 권리를 보호대상으로 한다. 반도체 집적회로란 반도체 재료, 또는 절연 재료의 표면이나 반도체 재료의 내부에 한 개 이상의 능동소자를 포함한 회로소자들과 그들을 연결하는 도선이 분리될 수 없는 상태로 동시에 형성되어 전자회로의 기능을 가지도록 제조된 중간 및 최종단계의 제품을 말한다.

배치설계권자는 그 배치설계를 독점적으로 이용할 수 있는 권리를 가지며 타인에게 전용이용권, 통신이용권, 질권을 설정할 수 있다. 보호기간은 배치설계권 설정등록일부터 10년이며 위반행위는 친고죄가 아니다. 배치설계권의 존속기간은 영리를 목적으로 그 배치설계를 최초로 이용한 날부터 10년 또는 그 배치설계의 창작일부터 15년을 초과할 수 없다(반도체집적회로의 배치설계에 관한 법률 제7조 및 제46조).

2) 배치설계권의 효력이 미치지 아니하는 범위

① 교육, 연구, 분석 또는 평가 등의 목적이나 개인이 비영리적으로 사용하기 위한 배치설계의 복제 또는 그 복제의 대행, ② 앞의 교육, 연구, 분석 또는 평가 등의 결과에 따라 제작된 것으로서 창작성이 있는 배치설계, ③ 배치설계권자가 아닌 자가 제작한 것으로서 창작성이 있는 동일한 배치설계, ④ 배치설계권의 효력은 적법하게 제조된 반도체집적회로등을 인도받은 자가 그 반도체집적회로등에 대하여 영리를 목적으로 양도, 대여, 전시 또는 수입하는 경우에는 적용되지 아니한다. ⑤ 배치설계권의 효력은 다른 사람의 등록된 배치설계를 불법으로 복제하여 제조된 반도체집적회로등을 선의와 과실없이 인도 받은 자가 그 반도체집적회로등에 대하여 영리를 목적으로 양도, 대여, 전시 또는 수입하는 경우에 적용되지 아니한다(동 법 제9조).

(4) 부정경쟁방지 및 영업비밀보호에 관한 법률

국내에 널리 알려진 타인의 상표, 상호 등을 부정하게 사용하는 등의 부정경쟁행위와 공연히 알려져 있지 아니하고 독립된 경제적 가치를 가지는 것으로서 상당한 노력에 의하여 비밀로 유지된 생산방법, 판매방법, 기타 영업활동에 유용한 기술상 또는 경영상 정보, 즉 영업비밀을 보호한다.

3. 지적재산권 침해사범 수사초점

(1) 권리침해 내용과 법적 구성요건 확인

지적재산권 가운데 어떠한 권리를 침해한 것인가를 명확히 하고 권리침해 행위가 관련법에 침해행위로 규정된 것인가를 확인한다.

(2) 변리사의 감정서 절대 의존 금지

권리자가 제출한 변리사의 감정서를 전적으로 신뢰해서는 안 되고 실용신안이나 의장의 경우에 쌍방이 서로 다른 변리사가 작성한 감정서를 가지고 주장하는 경우가 많으므로 이 때 수사가 일방에 치우치지 않도록 주의해야 한다.

(3) 재 적발된 경우 공소권 없음으로 송치

침해행위가 기소되어 확정판결이 나지 않은 채 다시 적발된 경우에는 영업범의 예에 의하여 기판력이 미치므로 '공소권 없음' 의견으로 송치한다.

제3절   특허법 위반사범

1. 의 의

특허권이란 특허권자 또는 그 특허권의 전용실시권자가 특허발명을 업으로 실시할 수 있는 독점적인 권리를 말한다. 일반적으로 특허권은 특허발명을 업으로 실시하거나 실시권을 타인에게 허락해줌으로써 경제적인 이익을 취할 수 있는 적극적인 권리와 타인이 특허발명을 근원 없이 업으로 실시할 경우에 이를 배제시킬 수 있는 소극적인 권리의 이중적인 면을 가지고 있다.

2. 특허권제도의 원칙

우리나라의 특허권 제도의 원칙은 ① 권리주의, ② 등록주의, ③ 심사주의, ④ 직권주의, ⑤ 서면·국어주의, ⑥ 도달주의, ⑦ 수수료납부주의, ⑧ 1건1통주의 등의 원칙을 강조한다.

3. 특허법에 의하여 보호되는 발명

(1) 개 념

「특허법」 제2조 1호는 "발명이란 자연법칙을 이용한 기술적 사상의 창작으로서 고도의 수준에 도달한 것을 말한다"라고 정의하고 있다.[262]

(2) 법에 의해 보호되는 발명

법에 의해 보호되는 발명은 ① 산업상 이용가능성, ② 창작성(신규성), ③ 고도성 (진보성) 등이 인정되어야 한다.

(3) 법에 의해 보호되지 않는 발명

① 출원 전에 국내에서 공지되었거나 공연히 실시된 발명, ② 국내, 국외에서 반포된 간행물에 기재된 발명, ③ 통상의 지식을 가진 자가 용이하게 발명할 수 있는 것 등은 특허법에 의하여 보호되는 발명이 아니다.

(4) 특허권의 보호

특허권은 특허권 설정등록시에 발생한다. 그 존속기간은 설정등록일로부터 특허출원일 후 20년이 되는 날까지 존속된다. 정당한 권리자와 무권리자가 동일한 특허에 대한 특허출원을 한 경우에는 무권리자의 특허출원일 다음날부터 정당한 권리자의 특허권이 보호된다(특허법 제87조, 제88조).

4. 특허권 침해행위

(1) 의 의

특허권 침해라 함은 특허권자의 허락 없이 생산, 사용, 양도, 대여 등의 실시수단을 통하여 특허발명에 불이익을 야기하는 침해행위를 말한다. 특허권침해행위는 ① 특허권이 유효하게 존속하고 있으며, ② 그 기술적 범위에 속하고 있는 기술이 실시

---

[262] 특허법 제2조1호, 법률 제10012호, 2010.2.4.

되고 있으며, ③ 그 실시가 업으로 되고 있고, ④ 실시자가 그 실시에 관하여 정당한 이유를 가지고 있지 않을 때에 특허권이 침해된다고 말한다.263)

여기에서 실시는 물건의 발명에서는 그 물건을 생산, 사용, 양도, 대여 또는 수입하거나 그 물건의 양도 또는 청약을 하는 행위이고, 방법의 발명에서는 그 방법을 사용하는 행위이며, 물건을 생산하는 방법의 발명인 경우에는 그 방법에 의하여 생산한 물건을 사용, 양도, 대여 또는 수입하거나 그 물건의 양도 또는 대여의 청약을 하는 행위를 말한다(특허법 제2조). 이러한 각각의 행위는 일련의 행위로서 행하여짐에 의하여 실시되는 것이 아니라 이른바 실시행위에 독립성으로 각각의 행위가 독립하여 각자 실시되고 침해행위를 구성하게 된다.

(2) 침해의 유형

1) 직접침해

① 동일영역에서의 침해

동일영역에서의 침해란 문언침해라고도 하며, 침해자가 특허청구범위에 기재된 발명과 동일한 것을 그대로, 또는 실질적으로 동일하다고 평가받을 수 있는 형태로 실시하고 있는 경우로서 전형적인 형태의 특허침해이다. 문언침해가 되기 위해서는 특허청구범위에 기재된 모든 구성요소가 침해발명에도 그대로 포함되어 있어야 한다. 또한 본질적으로 중요하지 아니한 특징이 탈락되었다거나 부가되었다 할지라도 당해 특허의 기술이론과 동일한 기술적 방법에 의하여 본질적으로 동일한 작용효과를 달성하는 경우는 동일영역에서의 침해로 볼 수 있다.264)

따라서 여러 구성요소로 이루어진 발명을 그대로 침해자가 실시하는 것처럼 보일지라도 일부 구성요소가 생략되어 있거나 특허에서 한정하고 있는 구체적인 수치와 다른 수치로 제품을 생산한 경우에는 특허권의 문언침해라고 할 수 없다.

② 균등침해

특허발명은 기술적 결과물이므로 발명의 모든 기술적 내용을 빠짐없이 특허청구범위에 기재하기는 현실적으로 거의 불가능하다. 특허 청구범위를 문언에 기재된 내

---

263) 이달경, 특허권침해의 판단 및 손해배상에 관한 연구, 배재대 석사논문, 2007, p.67.
264) 서범철, 특허발명의 침해와 형사적 구제수단에 관한 연구, 충남대 석사논문, 2007, pp.37-38.

용에 엄격하게 한정하여 해석한다면, 발명의 구성요소에 사소한 변형을 가한 침해행위들에 대해서는 처벌할 근거가 없게 된다. 따라서 특허청구의 범위를 해석하여 발명의 보호범위를 정하는데 있어서는 단순히 특허청구범위의 문언기재를 문리적으로 해석하여 확정할 것이 아니라 문언과 '균등 또는 등가'의 영역에 속하는 발명도 보호범위에 포함시킬 필요가 생긴다.

균등침해란 특허청구범위가 여러 구성요소로 이루어져 있을 때 일부 구성이 특허 구성범위의 구성요소와 다른 것으로 치환된 경우에도 일정한 조건하에 특허침해로 인정하는 것을 말한다. 특허청구 범위를 문자로 표현하는 경우에 특허청구범위의 기재 자체에 부실이 있을 수 있기 때문에 발명자를 보호하려고 하는 것이 균등침해 개념이다.[265)]

균등침해의 판단 기준은 침해자가 실시하는 것에 특허발명의 구성요소의 치환 내지 변경이 있더라도, ① 침해자의 실시발명이나 특허발명의 과제의 해결원리가 동일하며, ② 그러한 치환에 의하더라도 특허발명에서와 같은 목적을 달성할 수 있고, 실질적으로 동일한 작용효과를 나타내며, ③ 그와 같이 치환하는 것을 그 발명이 속하는 기술분야에서 통상의 지식을 가진 자가 용이하게 생각해 낼 수 있을 정도로 자명하며, ④ 침해자가 실시하는 발명이 특허발명의 출원시에 이미 공지된 기술 내지 공지기술로부터 당사자가 용이하게 발명할 수 있었던 기술에 해당하거나, ⑤ 특허발명의 출원절차를 통하여 침해자의 실시 발명의 치환된 구성요소가 특허청구범위로부터 의식적으로 제외된 것에 해당하는 등의 특별한 사정이 없는 한 침해자가 실시하는 발명의 치환된 구성요소는 침해되는 특허발명의 구성요소와 균등관계에 있다.[266)]

2) 간접침해

어떤 종류의 행위는 침해의 예비적 행위로서 그것을 방치한다면 필연적으로 침해의 결과를 가져오는 경우가 있는데, 「특허법」 제127조에는 그러한 예비적 행위를 침해로 의제하는 요건을 정하고 있다. 이를 직접침해와 대비하여 간접침해라 한다. 즉, 「특허법」 제127조는 ① 특허가 물건의 발명인 경우에는 그 물건의 생산에만 사

---

265) 앞의 책., pp.38-39.
266) 이달경, 앞의 책., p.70.

용하는 물건을 생산, 양도, 대여 또는 수입하거나 그 물건의 양도 또는 대여의 청약을 하는 행위, ② 특허가 방법의 발명인 경우에는 그 방법의 실시에만 사용하는 물건을 생산, 양도, 대여 또는 수입하거나 그 물건의 양도 또는 대여의 청약을 하는 행위 등을 특허권 또는 전용실시권을 침해한 것으로 본다.267)

「특허법」 제129조는 생산방법의 추정에 의한 침해를 특허권 침해로 규정하고 있다. 즉, 물건을 생산하는 방법의 발명에 의해 특허가 된 경우에 그 물건과 동일한 물건은 그 특허된 방법에 의해 생산된 것으로 추정한다. 다만, 그 물건이 특허출원 전에 국내에서 공지되었거나 공연히 실시된 물건이거나 특허출원 전에 국내 또는 국외에서 반포된 간행물에 게재되거나 대통령령이 정하는 전기통신회선을 통하여 공중이 이용가능하게 된 물건인 경우에는 그렇지 않다.

3) 이용발명

이용발명은 특허발명, 즉 기본발명의 구성요소를 모두 그대로 가지고 있고 새로운 구성요소를 부가하여 특허성을 취득한 경우를 말하며, 이러한 이용발명의 실시는 이용대상이 되는 발명의 침해행위에 해당한다(특허법 제98조). 이용관계에 의한 침해는 특허발명을 그대로 이용하는 문언침해뿐만 아니라 균등물을 이용하는 경우를 포함한다.268)

4) 우회발명

우회발명이란 선행발명과 기본적으로 동일한 기술에 의존하면서 특허청구범위의 구성요건에 객관적으로 보아 아무런 쓸모없는 구성요소를 덧붙인 것을 말한다. 이러한 경우에 그 중간공정의 부가에 의해 특허발명의 작용효과가 현저하게 향상된 경우에는 우회방법발명이 아니라 별개의 과제해결방법인 것으로 보아야 한다. 그러나 그 중간공정의 부가가 단지 무가치한 공정 또는 유해한 공정의 부가라면 이는 특허발명에 대한 침해로 보아야 한다.

특허권자, 전용실시권자 또는 통상 실시권자는 특허발명이 그 특허발명의 특허출원일 전에 출원된 타인의 특허발명, 등록실용신안 또는 등록디자인이나 이와 유사한

---

267) 앞의 책., p.71.
268) 앞의 책., p.73.

디자인을 이용하거나 특허권이 그 특허발명의 특허출원일 전에 출원된 타인의 디자인권 또는 상표권과 저촉되는 경우에 그 특허권자, 실용신안권자, 디자인권자 또는 상표권자의 허락을 얻지 아니하고는 자기의 특허발명을 업으로서 실시할 수 없다(특허법 제98조).[269]

5) 선택발명 및 수치한정발명

선택발명이란 선행 또는 공지의 발명에 특허요건이 상위개념으로 기재되어 있고 위 상위개념에 포함되는 하위개념만을 특허요건 중의 전부 또는 일부로 하는 것을 말한다. 선택발명은 ⓐ 선행발명이 선택발명을 구성하는 하위개념을 구체적으로 제시하지 않고 있으면서, ⓑ 선택발명에 포함되는 하위개념들 모두가 선행발명이 갖는 효과와 질적으로 차이가 없더라도 양적으로 현저한 차이가 있는 경우에는 특허를 받을 수 있다.

수치로서 그 구성요소를 한정한 수치한정발명의 경우는 그 수치한정이 그 기술분야에서 통상의 지식을 가진 자에게 용이하지 않고 효과도 예측이 곤란한 경우에는 특허를 받을 수 있다. 따라서 선택발명과 수치한정 발명은 이러한 요건을 갖추고 있으면 특허권침해가 아니라고 볼 수 있다.

(3) 침해행위가 아닌 경우

특허품이라 하더라도 전혀 새로운 용도에 사용하는 것은 기존의 특허권을 침해하는 행위로 볼 수 없다. 즉, 위의 특허권을 침해하는 행위가 있다하여도 전혀 새로운 용도에 사용하는 경우에는 침해행위가 성립하지 않는다.

5. 수사활동

(1) 수사의 개시

특허권 침해행위는 친고죄이므로 수사는 특허권자나 전용실시권자의 고소에 의해 수사한다.

---

269) 서범철, 앞의 책., pp.40-41.

(2) 처벌의 범위

특허권 침해행위는 실제 행위자와 법인을 양벌규정에 의해 처벌한다. 특히 ① 특허된 것이 아닌 물건, ② 특허출원중이 아닌 물건, ③ 특허된 것이 아닌 방법이나 특허출원 중이 아닌 방법에 의해 생산된 물건, 또는 그 물건의 용기나 포장에 특허표시, 또는 특허출원표시를 하거나 이와 혼동하기 쉬운 표시를 하는 행위, ④ 앞 ①, ②, ③의 표시를 한 것을 대여 또는 전시하는 행위, ⑤ 앞 ①, ②, ③의 물건을 생산·사용·양도 또는 대여하기 위하여 광고·간판 또는 표찰에 그 물건이 특허나 특허출원된 것 또는 특허된 방법이나 특허출원중인 방법에 의하여 생산한 것으로 표시하거나 이와 혼동하기 쉬운 표시를 하는 행위, ⑥ 특허된 것이 아닌 방법이나 특허출원중이 아닌 방법을 사용·양도 또는 대여하기 위하여 광고·간판 또는 표찰에 그 방법이 특허 또는 특허출원된 표시하거나 이와 혼동하기 쉬운 표시를 하는 행위는 특허법위반(허위표시의 죄)이 되어 「특허법」 제228조에 의해 처벌된다.

제4절 상표법 위반사범

I. 상표법에 의하여 보호되는 상표

상표법상 '상표란 상품을 생산, 가공, 증명 또는 판매하는 것을 직업으로 영위하는 자가 자신의 업무에 관련된 상품을 타인의 상품과 식별하기 위해 사용하는 ① 기호, 문자, 도형, 입체적 형상 또는 이들을 결합한 것 ② 그 밖에 시각적으로 인식할 수 있는 것을 말한다(상표법 제2조 제1항 1호).[270]

2. 보호의 내용

① 상표등록출원서에 기재된 상표에 의해 정해진다. ② 상표는 출원순서에 따라 인정되고 각 상품마다 각각 상표를 등록하여야 보호받는다. ③ 상표권의 효력은 속

---

270) 상표법 제2조제1항 1호, 법률 제10012호, 2010.2.4.

지주의 원칙에 따라 국내에만 효력이 인정된다. ④ 상표권자는 지정상품에 관하여 그 등록상표를 사용할 권리를 독점한다. 다만, 그 상표권에 관하여 전용사용권을 설정한 때에는 전용사용권자가 등록상표를 사용할 권리를 독점하는 범위안에서는 그러하지 아니하다.

3. 상표권의 효력이 미치지 아니하는 범위

① 자기의 성명, 명칭 또는 상호, 초상, 서명, 인장 또는 저명한 아호, 예명, 필명과 이들의 저명한 약칭을 보통으로 사용하는 방법으로 표시하는 상표, 다만, 상표권의 설정등록이 있은 후에 부정경쟁의 목적으로 그 상표를 사용하는 경우에는 그러하지 아니하다.

② 등록상표의 지정상품과 동일 또는 유사한 상품의 보통명칭, 산지, 품질, 원재료, 효능, 용도, 수량, 형상, 가격 또는 생산방법, 가공방법, 사용방법 및 시기를 보통으로 사용하는 방법으로 표시하는 상표

③ 입체적 형상으로 된 등록상표에 있어서 그 입체적 형상이 누구의 업무에 관련된 상품을 표시하는 것인지 식별할 수 없는 경우에 등록상표의 지정상품과 동일하거나 유사한 상품에 사용하는 등록상표의 입체적 형상과 동일하거나 유사한 형상으로 된 상표

④ 등록상표의 지정상품과 동일 또는 유사한 상품에 대하여 관용하는 상표와 현저한 지리적 명칭 및 그 약어 또는 지도로 된 상표

⑤ 등록상표의 지정상품 또는 그 지정상품의 포장의 기능을 확보하는데 불가결한 입체적 형상으로 되거나 색체 또는 색체의 조합으로 된 상표(상표법 제51조 제1항).

4. 적용대상 구별기준

(1) 상표법 적용대상

산업재산권의 4법영역, 즉 「특허법」, 「상표법」, 「실용신안법」, 「디자인보호법」 등에 등록된 상표의 독자사용권을 침해하는 행위 등이 해당된다.

(2) 부정경쟁방지법 적용대상

① 미등록이지만 널리 알려지거나 저명한 상표 등의 무단사용행위, 즉 상품주체 혼동야기, 영업주체 혼동야기, 상품의 출처지 오인야기 행위, ② 상품의 원산지 허위 표시행위, 단, 농수산물의 원산지 허위표시는 「부정경쟁방지법」이 아닌 「농수산물품 질관리법」 위반행위에 해당된다. ③ 상호는 등록된 것이더라도 상표와 달리 「상법」 이나 「부정경쟁방지법」에 의하여 보호된다.

(3) 영업비밀보호법 적용대상

기업의 임직원이었던 자가 기업비밀을 침해한 경우 등의 영업비밀 침해행위 등이 적용대상이다.

5. 위반행위의 유형

(1) 상표법

다음과 같은 행위는 상표권 또는 전용사용권을 침해한 것으로 본다. 단, 지리적 표시 단체표장권은 제외된다(상표법 제66조).

1) 동일상표나 유사한 상표 사용행위

타인의 등록상표와 동일한 상표를 그 지정상품과 유사한 상품에 사용하거나 타인 의 등록상표와 유사한 상표를 그 지정상품과 동일 또는 유사한 상품에 사용하는 행 위(동 법 제66조 제1항1호).

2) 동일 또는 유사 상표 교부, 판매, 위조 등의 행위

타인의 등록상표와 동일 또는 유사한 상표를 그 지정상품과 동일 또는 유사한 상 품에 사용할 목적이나 사용하게 할 목적으로 교부 또는 판매하거나 위조, 모조 또는 소지하는 행위(동 법 제66조 제1항2호).

3) 위조, 모조 목적의 제작, 교부 등 행위

타인의 등록상표를 위조 또는 모조할 목적이거나 위조 또는 모조하게 할 목적으 로 그 용구를 제작, 교부, 판매 또는 소지하는 행위(동 법 제66조 제1항3호).

4) 타인의 등록상표나 유사한 상표 표시된 인도목적 소지행위

타인의 등록상표 또는 이와 유사한 상표가 표시된 지정상품과 동일 또는 유사한 상품을 양도 또는 인도하기 위해 소지하는 행위(동 법 제66조 제1항4호).

5) 허위표시

① 등록을 하지 아니한 상표 또는 상표등록출원을 하지 아니한 상표를 등록상표 또는 등록출원상표인 것처럼 상품에 표시하는 행위

② 등록을 하지 아니한 상표 또는 상표등록출원을 하지 아니한 상표를 등록상표 또는 등록출원상표인 것같이 영업용 광고, 간판, 표찰, 상품의 포장 또는 기타 영업용 거래서류 등에 표시하는 행위

③ 지정상품 외의 상품에 대하여 등록상표를 사용하는 경우에 그 상표에 상표등록 표시 또는 이와 혼동하기 쉬운 표시를 하는 행위

(2) 지리적 표시 단체표장권 침해행위

지리적 표시란 상품의 특정품질, 명성 또는 그 밖의 특성이 본질적으로 특정 지역에서 비롯된 경우에 그 지역에서 생산, 제조 또는 가공된 상품임을 나타내는 표시를 말한다. 단체표장이란 상품을 생산, 제조, 가공, 증명, 또는 판매하는 것 등을 업으로 하는 자나 서비스업을 하는 자가 공동으로 설립한 법인이 직접 사용하거나 소속 단체원으로 하여금 자기 영업에 관한 상품 또는 서비스업에 사용하기 위한 표장을 말한다. 따라서 지리적 표시 단체표장이란 지리적 표시를 사용할 수 있는 상품을 생산, 제조 또는 가공하는 것을 업으로 하는 자만으로 구성된 법인이 직접 사용하거나 그 감독하에 있는 소속단체원으로 하여금 자기 영업에 관한 상품에 사용하게 하기 위한 단체표장을 말한다(상표법 제2조 제1항3호).

① 타인의 지리적 표시 등록단체표장과 동일 또는 유사한 상표를 그 지정상품과 동일한 상품에 사용하는 행위

② 타인의 지리적 표시 등록단체표장과 동일 또는 유사한 상표를 그 지정상품과 동일한 상품에 사용하거나 사용하게 할 목적으로 교부, 판매, 위조, 모조, 또는 소지하는 행위

③ 타인의 지리적 표시 등록단체표장을 위조 또는 모조하거나 위조 또는 모조하

게 할 목적으로 그 용구를 제작, 교부, 판매 또는 소지하는 행위
④ 타인의 지리적 표시 등록단체표장과 동일 또는 유사한 상표가 표시된 지정상
품과 동일한 상품을 양도 또는 인도하기 위하여 소지하는 행위(상표법 제66조 제2항).
그러나 다음의 경우에 지리적 표시 단체표장권의 효력은 제외된다.
① 「특허법」 제51조 제1항·제2호(산지해당경우는 제외) 또는 제4호 해당상표,
② 지리적 표시 등록단체표장의 지정상품과 동일한 상품에 대하여 관용하는 상품,
③ 지리적 표시 등록단체표장의 지정상품과 동일한 상품에 사용하는 지리적 표시로
서 당해 지역에서 그 상품을 생산·제조 또는 가공하는 것을 업으로 영위하는 자가
사용하는 지리적 표시 또는 동음이어의 지리적 표시, ④ 선출원에 의한 등록상표가
지리적 표시 등록단체표장과 동일 또는 유사한 지리적 표시를 포함하고 있는 경우
에 상표권자·전용사용권자 또는 통상사용권자가 지정상품에 사용하는 등록상표(특
허법 제51조 제2항)

(3) 부정경쟁방지법

① 상품주체 혼동야기 행위, ② 영업주체 혼동야기 행위, ③ 상품의 출처지 오인
야기 행위, ④ 상품의 원산지 허위표시 행위, ⑤ 영업비밀 침해행위

6. 수사활동

(1) 상표법위반사범에 대한 수사 초점

1) 외관의 측면에서의 식별

위조상품은 상품의 상태가 진품에 비하여 외관상 품위와 품질이 떨어지고 깔끔하
지 못하다.

2) 유통과정에서의 식별

유명상표는 백화점, 직매장, 대리점 등을 통하여 판매되고 위조상품은 상가밀집지
역, 지하상가 등에서 유통되며 진품에 비하여 현저히 저렴하다.

3) 상품사용권 설정여부 확인

전용사용권자는 설정행위 범위내에서 권리를 독점하므로 등록하여야 효력이 발생한다. 따라서 상표등록 여부를 반드시 확인해야 하며 상표권은 출원순위에 따라 인정되는 것이 원칙이다. 특히 각 상품마다 각각 상표를 등록하여야 보호를 받을 수 있다, 즉, 상표등록을 하였다 하더라도 모든 상품을 사용할 수 있는 것이 아니므로 어떤 상품에 대한 상표로서 등록하였는지를 조사해야 한다.

(2) 상표법 위반사범에 대한 수사 초점

1) 속지주의 원칙

상표권의 효력은 속지주의 원칙에 의해 국내에만 효력이 미친다. 따라서 우리나라에 등록된 상표를 함부로 해외공장에서 생산한 물건에 부착하여 현지에서 판매하는 경우 상표법상의 권리침해행위로 볼 수 없어 국내법으로 처벌할 수 없다.

2) 국내에 먼저 등록된 외국브랜드 사용금지

외국의 유명 브랜드를 로얄티를 주고 국내 전용 사용권을 취득하였으나 우연히 동일 상표가 국내에 상표로 등록되어 있었다면 국내에서 외국 브랜드를 사용할 수 없고 이를 사용하면 상표법 위반이 된다.

3) 유사한 상품에 원조라는 용어 사용 금지

판례는 등록된 상표 앞에 원조라는 말을 덧붙여 유사한 상품에 표시하여 사용한 경우에도 상표권 침해행위가 될 수 있으므로 상표의 형태, 상표를 붙인 상품의 내용 등 구체적인 사정을 조사해야 한다.

4) 취소전까지 보호

상표권은 상표등록을 하고 정당한 사유없이 3년 이상 국내에서 사용하지 아니한 경우에는 취소심판의 대상이 되지만 취소되기 전까지 보호해야 할 권리이다. 따라서 최근 상표의 사회적 가치가 커짐에 따라 실제 사용하지 않으면 미리 상표만 등록하여 권리를 주장하는 경우가 있으나 이때에도 이를 보호하여야 한다.

5) 대형재래시장과 보관창고 소재지 파악

위조상품은 야간이나 공휴일에 대형 재래시장을 중심으로 은밀히 거레되므로 유통경로를 사전에 파악해야 한다. 위조상품 취급업자는 단속에 대비하여 견본만 전시하거나 은닉해 두고 필요시 대량 공급하고 있으므로 보관창고의 소재지를 파악해야 한다.

6) 현장에서 적발물건 내역 확인

거래명세서를 확보하고 단속대상 물건을 적발한 경우는 현장에서 사업주나 종업원을 상대로 품목과 수량 등 내역을 확인해 두어야 한다.

7) 위조상품 전량 몰수

위조상품은 범죄행위에 의해 만들어진 물건으로 몰수대상이므로 전량압수하고 소유권 포기각서를 받아 두어야 한다.

제5절 | 저작권법 위반사범

Ⅰ. 보호대상 저작물

(1) 1차 저작물

저작권법에 의하여 보호되는 1차 저작물에는 ① 소설, 시, 논문, 강연, 연설, 각본 그 밖의 어문저작물, ② 음악저작물, ③ 연극 및 무용, 무언극 그 밖의 연극저작물, ④ 회화, 서예, 조작, 판화, 공예, 응용미술저작물 그 밖의 미술저작물, ⑤ 건축물, 건축을 위한 모형 및 설계도서 그 밖의 건축저작물, ⑥ 사진저작물, ⑦ 영상저작물, ⑧ 지도, 도표, 설계도, 약도, 모형 그 밖의 도형저작물, ⑨ 컴퓨터프로그램저작물 등이 포함된다(저작권법 제4조).271)

컴퓨터프로그램저작물은 「저작권법」과 「컴퓨터프로그램보호법」이 각각 보호대상

---

271) 저작권법 제4조, 법률 제9785호, 2009.7.31.

으로 하고 있으므로 법정형이 큰 「저작권법」을 우선 적용해야 한다. 「저작권법」 위반은 5년 이하의 징역 또는 5천 만 원 이하의 벌금형에 처하고 「컴퓨터프로그램보호법」 침해행위는 3년 이하의 징역 또는 5천 만 원 이하의 벌금에 처한다.

(2) 2차 저작물

원저작물을 번역, 편곡, 변형, 각색, 영상제작 그 밖의 방법으로 작성한 창작물은 2차적 저작물이라고 하며, 독자적인 저작물로서 보호된다. 따라서 2차 저작물의 보호는 그 원저작물의 저작자의 권리에 영향을 미치지 아니한다(저작권법 제5조).

(3) 편집저작물

편집저작물은 독자적인 저작물로서 보호된다. 편집저작물의 보호는 그 편집저작물의 구성부분이 되는 소재의 저작권 그 밖에 이 법에 따라 보호되는 권리에 영향을 미치지 아니한다(저작권법 제6조).

(4) 보호받지 못하는 저작물

① 헌법, 법률, 조약, 명령, 조례 및 규칙, ② 국가 또는 지방자치단체의 고시, 공고, 훈령 그 밖에 이와 유사한 것, ③ 법원의 판결, 결정, 명령 및 심판이나 행정심판절차 그 밖에 이와 유사한 절차에 의한 의결·결정 등, ④ 국가 또는 지방자치단체가 작성한 것으로서 앞에 규정된 것의 편집물 또는 번역물, ⑤ 사실의 전달에 불과한 시사보도(저작권법 제7조).

2. 저작권의 내용

저작권은 저작물을 창작한 때부터 발생하며 어떠한 절차나 형식의 이행을 필요로 하지 아니한다.

(1) 저작인격권[272]

1) 공표권

저작자는 그의 저작물을 공표하거나 공표하지 아니할 것을 결정할 권리를 가진다. 저작자가 공표되지 아니한 저작물의 저작재산권을 양도, 이용허락, 출판권의 설정 또는 프로그램배타적 발행권의 설정을 한 경우에는 그 상대방에게 저작물의 공표를 동의한 것으로 추정한다. 저작자가 공표되지 아니한 미술저작물, 건축저작물 또는 사진저작물의 원본을 양도한 경우에는 그 상대방에게 저작물의 원본의 전시방식에 의한 공표를 동의한 것으로 추정한다. 원저작자의 동의를 얻어 작성된 2차적 저작물 또는 편집저작물이 공표된 경우에는 그 원저작물도 공표된 것으로 본다(저작권법 제11조).

2) 성명표시권

저작자는 저작물의 원본이나 그 복제물에 또는 저작물의 공표매체에 그의 실명 또는 이명을 표시할 권리를 가진다. 저작물을 이용하는 자는 그 저작자의 특별한 의사표시가 없는 때에는 저작자가 그의 실명 또는 이명을 표시한 바에 따라 이를 표시해야 한다. 다만, 저작물의 성질이나 그 이용의 목적 및 형태 등에 비추어 부득이하다고 인정되는 경우에는 그러하지 아니하다(저작권법 제12조).

3) 동일성유지권

저작자는 그의 저작물의 내용, 형식 및 제호의 동일성을 유지할 권리를 가진다. 그러나 다음에 해당하는 변경에 대하여는 이의를 제기할 수 없다. 다만, 본질적인 내용의 변경에는 이의를 제기할 수 있다. ① 학교교육 목적상 부득이하다고 인정되는 범위 안에서의 표현의 변경, ② 건축물의 증축, 개축 그 밖의 변형, ③ 특정한 컴퓨터 외에는 이용할 수 없는 프로그램을 다른 컴퓨터에 이용할 수 있도록 하기 위하여 필요한 범위에서의 변경, ④ 프로그램을 특정한 컴퓨터에 보다 효과적으로 이용할 수 있도록 하기 위하여 필요한 범위에서의 변경, ⑤ 그 밖에 저작물의 성질이나 그 이용의 목적 및 형태 등에 비추어 부득이 하다고 인정되는 범위 안에서의 변경(저작권법 제13조).

---

272) 저작권법 제11조-15조, 법률 제9785호, 2009.7.31.

4) 저작인격권의 일신전속성

저작인격권은 저작자 일신에 전속하며, 따라서 저작자의 사망 후에 그의 저작물을 이용하는 자는 저작자가 생존하였더라면 사회통념상 그 저작인격권의 침해가 될 행위를 하여서는 아니 된다(저작권법 제4조).

5) 공동저작물의 저작인격권

공동저작물의 저작인격권은 저작자 전원의 항의에 의하지 아니하고는 이를 행사할 수 없다. 이 경우 각 저작자는 신의에 반하여 합의의 성립을 방해할 수 없다. 공동저작물의 저작자는 그들 중에서 저작인격권을 대표하여 행사할 수 있는 자를 정할 수 있으며, 권리를 대표하여 행사하는 자의 대표권에 가하여진 제한이 있을 때에 그 제한은 선의의 제3자에게 대항할 수 없다(저작권법 제15조).

(2) 저작재산권[273)

1) 대 상

저작자는 자신의 저작물 복제권, 공연권, 공중송신권, 전시권(원본과 복제물), 배포권(원본과 복제물), 영리목적 대여권, 2차적 저작물작성권 등을 가진다(저작권법 제16조 내지 제22조). 이러한 ① 저작재산권을 침해하는 행위, ② 저작권을 침해할 수 있는 물건을 배포할 목적으로 수입하는 행위, ③ 저작권을 침해할 수 있는 물건을 그 정을 알고 배포하거나 배포할 목적으로 소지하는 행위 등은 저작권의 침해로 본다.

2) 저작재산권의 제한(저작권법 제23조~37조)

「저작권법」은 저작물을 인류공동의 문화유산으로 보고 공공의 이익과 사회적 이용을 위하여 일정한 요건 아래 저작권을 제한하고 자유로이 이용할 수 있도록 하고 있다. ① 재판절차, 입법·행정의 목적 복제, ② 공개적인 정치적 연설 및 법정·국회 또는 지방의회에서 공개적으로 행한 진술의 사용(동일한 저작자의 연설이나 진술을 편집하여 사용하는 것은 금지), ③ 고등학교 및 이에 준하는 학교 이하의 학교 교과용 도서에 공표된 저작물 게재, ④ 시사보도를 위한 이용(방송·신문 그 밖의

---

273) 저작권법 제16조~제22조, 법률 제9785호, 2009.7.31.

방법에 의한 보도시 저작물의 복제·배포·공연 또는 공중송신 가능), ⑤ 시사적인 기사 및 논설의 복제 등, ⑥ 공표된 저작물의 인용, ⑦ 영리를 목적으로 하지 아니하는 공연이나 방송(다만, 실연자에게 통상의 보수 지급시는 사용금지), ⑧ 시험문제로서의 복제(다만, 영리목적시는 사용금지), ⑨ 도서관 등에서의 복제(조사, 연구목적으로 이용자의 요구에 따른 공표된 도서등의 일부분의 복제물을 1인 1부 제공, 도서 등의 자체보존을 위하여 필요한 경우, 다른 도서관 등의 요구에 따라 절판 그 밖에 이에 준하는 사유로 구하기 어려운 도서등의 복제물을 보존용으로 제공하는 경우), ⑩ 시각장애인 등을 위한 공표된 저작물 복제, ⑪ 방송사업자의 일시적 녹음·녹화(녹화물은 1년 초과 보존금지, 다만, 도서관 등에 기록자료 보존시 장기보존 가능), ⑫ 미술저작물의 전시 또는 복제(원본 소유자나 그의 동의 얻은 자 전시가능, 다만 가로·공원·건축물의 외벽에 항시 전시금지), ⑬ 번역 등에 의한 이용(학교교육목적 또는 비영리목적으로 번역·편곡 또는 개작 가능), ⑭ 사적 이용을 위한 복제(영리를 목적으로 하지 아니하고 개인적 이용이나 가정 및 이에 준하는 한정된 범위안에서 이용하는 경우), ⑮ 저작물 사용자의 출처의 명시, 단, 시사보도를 위한 이용, 영리를 목적으로 하지 아니하는 공연 및 방송, 시험문제로서의 복제, 방송사업자의 일시적 녹음·녹화 등은 제외

3) 저작재산권의 보호기간(저작권법 제39조)

저작재산권은 보호기간에 관한 특별한 규정이 있는 경우를 제외하고는 저작자가 생존하는 동안과 사망 후 50년간 존속한다. 다만, 저작자가 사망후 40년이 경과하고 50년이 되기 전에 공표된 저작물의 저작재산권은 공표된 때부터 10년간 존속한다. 공동저작물의 저작재산권은 맨 마지막으로 사망한 저작자의 사망 후 50년간 존속한다.

4) 무명 또는 이명 저작물의 보호기간(저작권법 제40조)

무명 또는 널리 알려지지 아니한 이명이 표시된 저작물의 저작재산권은 공표된 때부터 50년간 존속한다. 다만, 이 기간내에 저작자가 사망한 지 50년이 경과하였다고 인정할만한 정당한 사유가 발생한 경우에는 그 저작재산권은 저작자 사망 후 50년이 경과하였다고 인정되는 때에 소멸한 것으로 본다.

3. 저작인접권[274)

다음에 해당하는 실연, 음반 및 방송은 「저작권법」에 의한 보호를 받는다.

(1) 실 연

① 대한민국 국민이 행하는 실연, 이 경우 대한민국 법률에 따라 설립된 법인 및 대한민국 내에 주된 사무소가 있는 외국법인을 포함한다. ② 대한민국이 가입 또는 체결한 조약에 따라 보호되는 실연, ③ 음반에 고정된 실연, ④ 방송에 의해 송신되는 실연 등은 저작권법의 보호대상이다.

(2) 실연자의 권리[275)

1) 성명표시권

실연자는 그의 실연 또는 실연의 복제물에 그의 실명 또는 이명을 표시할 권리를 가진다. 또한 실연을 이용하는 자는 그 실연자의 특별한 의사표시가 없는 때에는 실연자가 그의 실명 또는 이명을 표시한 바에 따라 이를 표시하여야 한다. 다만, 실연의 성질이나 그 이용의 목적 및 형태 등에 비추어 부득이하다고 인정되는 경우에는 그러하지 아니하다.

2) 동일성유지권

실연자는 그의 실연의 내용과 형식의 동일성을 유지할 권리를 가진다. 다만, 실연의 성질이나 그 이용의 목적 및 형태 등에 비추어 부득이하다고 인정되는 경우에는 그러하지 아니하다.

3) 복제권 및 배포권

실연자는 그의 실연을 복제할 권리를 가지며, 또한 복제물을 배포할 권리를 가진다. 다만, 실연의 복제물이 실연자의 허락을 받아 판매 등의 방법으로 거래에 제공된 경우에는 그러하지 아니하다.

---

274) 저작권법 제64조, 2009.7.31.
275) 저작권법 제66조-제74조, 2009.7.31.

4) 대여권 및 공연권

실연자는 그의 실연이 녹음된 판매용 음반을 영리를 목적으로 대여할 권리를 가진다. 또한 실연자는 그의 고정되지 아니한 실연을 공연할 권리를 가진다. 다만, 그 실연이 방송되는 실연일 경우에는 그러하지 아니하다.

5) 방송권과 전송권

실연자는 그의 실연을 방송할 권리 및 전송할 권리를 가진다. 다만, 실연자의 허락을 받아 녹음된 실연에 대하여는 실연자가 방송할 권리를 가지지 않는다.

(3) 음 반

① 대한민국 국민이 제작한 음반, ② 음이 맨 처음 대한민국 내에서 고정된 음반, ③ 대한민국이 가입 또는 체결한 조약에 의해 보호되는 음반으로서 체약국 내에서 최초로 고정된 음반, ④ 대한민국이 가입 또는 체결한 조약에 의해 보호되는 음반으로서 체약국의 국민을 음반제작자로 하는 음반

(4) 음반제작자의 권리[276]

음반제작자는 그의 음반을 복제할 권리, 배포할 권리, 영리목적으로 대여할 권리 및 전속할 권리를 가진다.

(5) 방 송

① 대한민국 국민의 방송사업자의 방송, ② 대한민국 내에 있는 방송설비로부터 행하여지는 방송, ③ 대한민국이 가입 또는 체결한 조약에 따라 보호되는 방송으로서 체약국의 국민의 방송사업자가 당해 체약국 내에 있는 방송설비로부터 행하는 방송, 방송사업자는 방송을 복제할 권리, 동시중계방송할 권리를 가진다.[277]

---

276) 저작권법 제78조-제81조, 2009.7.31.
277) 저작권법 제84조-제85조, 2009.7.31.

4. 저작인접권의 보호기간[278)

저작인접권은 실연자의 인격권을 제외하고는 다음의 어느 하나에 해당하는 때부터 발생한다.

① 실연의 경우에는 그 실연을 한 때, ② 음반의 경우에는 그 음을 맨 처음 음반에 고정한 때, ③ 방송의 경우에는 그 방송을 한 때

한편, 저작인접권은 다음의 어느 하나에 해당하는 때의 다음 해부터 기산하여 50년간 존속한다. ① 실연의 경우에는 그 실연을 한 때, ② 음반의 경우에는 그 음반을 발행한 때, 다만, 음을 음반에 맨 처음 고정한 때의 다음 해부터 기산하여 50년이 경과한 때까지 음반을 발행하지 아니한 경우에는 음을 음반에 맨 처음 고정한 때, ③ 방송의 경우에는 그 방송을 한 때

5. 데이터베이스 제작자의 보호

(1) 보호대상

데이터베이스란 소재를 체계적으로 배열 또는 구성한 편집물로서 개별적으로 그 소재에 접근하거나 그 소재를 검색할 수 있는 것을 말한다. 다음에 해당하는 자의 데이터베이스는 보호된다.

① 대한민국 국민, ② 데이터베이스의 보호와 관련하여 대한민국이 가입 또는 체결한 조약에 따라 보호되는 외국인(저작권법 제91조).

(2) 적용제외

① 데이터베이스의 제작, 갱신등 또는 운영에 이용되는 컴퓨터프로그램, ② 무선 또는 유선통신을 기술적으로 가능하게 하기 위하여 제작되거나 갱신등이 되는 데이터베이스(저작권법 제92조).

---

278) 저작권법 제86조, 2009.4.22.

(3) 데이터베이스 제작자의 권리

① 데이터베이스 제작자는 그의 데이터베이스의 전부 또는 상당한 부분을 복제, 배포, 방송 또는 전송할 권리를 가진다. ② 데이터베이스의 개별소재는 당해 데이터베이스의 상당한 부분으로 간주되지 않는다. 다만, 데이터베이스의 개별소재 또는 그 상당한 부분에 이르지 못하는 부분의 복제등이라 하더라도 반복적이거나 특정한 목적을 위하여 체계적으로 함으로써 당해 데이터베이스의 통상적인 이용과 충돌하거나 데이터베이스 제작자의 이익을 부당하게 해치는 경우에는 당해 데이터베이스의 상당한 부분의 복제등으로 본다. ③ 이러한 보호는 데이터베이스의 구성부분이 되는 소재의 저작권 그 밖에 이 법에 따라 보호되는 권리에 영향을 미치지 아니한다. 또한 데이터베이스의 구성부분이 되는 소재 그 자체에는 영향을 미치지 아니한다(저작권법 제93조).

(4) 데이터베이스 제작자의 권리제한

다음의 경우에 누구든지 데이터베이스의 전부 또는 그 상당한 부분을 복제, 배포, 방송 또는 전송할 수 있다. 다만, 당해 데이터베이스의 통상적인 이용과 저촉되는 경우에는 허용되지 않는다. ① 교육, 학술 또는 연구를 위하여 이용하는 경우, 다만, 영리를 목적으로 하는 경우에는 해당되지 않는다. ② 시사보도를 위하여 이용하는 경우(저작권법 제94조).

(5) 데이터베이스의 보호기간

① 데이터베이스 제작자의 권리는 데이터베이스의 제작물을 완료한 때부터 발생하며, 그 다음해부터 기산하여 5년간 존속한다. ② 데이터베이스의 갱신 등을 위하여 인적 또는 물적으로 상당한 투자가 이루어진 경우에 당해 부분에 대한 데이터베이스 제작자의 권리는 그 갱신 등을 한 때부터 발생하며, 그 다음 해부터 기산하여 5년간 존속한다(저작권법 제95조).

6. 영상저작물에 관한 특례

(1) 저작물의 영상화

저작재산권자가 저작물의 영상화를 다른 사람에게 허락한 경우에 특약이 없는 때에는 다음에 해당하는 권리를 포함하여 허락한 것으로 추정한다.

① 영상제작물을 제작하기 위한 저작물의 각색, ② 관객상영을 목적으로 한 영상저작물의 공개상영, ③ 방송을 목적으로 한 영상저작물의 방송, ④ 전송을 목적으로 한 영상저작물의 전송, ⑤ 영상저작물을 그 본래 목적으로 복제, 배포, ⑥ 영상저작물의 번역물을 그 영상저작물과 같은 방법의 이용, ⑦ 저작재산권자는 그 저작물의 영상화를 허락한 경우에 특약이 없는 때에는 허락한 날부터 5년이 경과한 때에 그 저작물을 다른 영상저작물로 영상화하는 것을 허락할 수 있다(저작권법 제99조).

(2) 영상제작자의 권리

① 영상저작물의 제작협력 약정자로부터 영상제작자가 양도 받는 영상저작물의 이용을 위하여 필요한 권리는 영상저작물을 복제, 배포, 공개상영, 방송, 전송 그 밖의 방법으로 이용할 권리로 하며, 이를 양도하거나 질권의 목적으로 할 수 있다. ② 실연자로부터 영상제작자가 양도 받는 권리는 그 영상저작물을 복제, 배포, 방송 또는 전송할 권리로 하며, 이를 양도하거나 질권의 목적으로 할 수 있다(저작권법 제101조).

7. 프로그램에 관한 특례

2009년 4월 22일 「컴퓨터프로그램 보호법」은 폐지되고 「저작권법」에 통합되었다. 이로 인하여 프로그램에 관한 특례가 신설되었다.

(1) 컴퓨터프로그램 저작물

특정한 결과를 얻기 위하여 컴퓨터 등 정보처리능력을 가진 장치(이하 컴퓨터)내에서 직접 또는 간접으로 사용되는 일련의 지시, 명령으로 표현된 창작물을 말한다. 그러나 다음 사항은 「저작권법」의 적용 대상이 아니다. ① 프로그램을 표현하는 수단으로서 문자, 기호 및 그 체계, 즉 프로그램 언어, ② 특정한 프로그램에서 프로그램 언어의 용법에 관한 특별한 약속, 즉 규약, ③ 프로그램에서 지시, 명령의 조합방법, 즉 해법(저작권법 제101조의2).

(2) 프로그램의 저작재산권의 제한

다음에 해당하는 경우에는 그 목적상 필요한 범위안에서 공표된 프로그램을 복제 또는 배포할 수 있다. 다만, 프로그램의 종류와 용도, 프로그램에서 복제된 부분이 차지하는 비중 및 복제의 부수 등에 비추어 프로그램저작권자의 이익을 부당하게 해하는 경우에는 그러하지 아니하다(저작권법 제101조의3). 프로그램의 복제 또는 배포가 가능한 경우는 다음과 같다. ① 재판 또는 수사를 위하여 필요한 경우, ② 유아교육법, 초·중등교육법, 고등교육법에 의한 학교 및 다른 법률의 규정에 의하여 설립된 교육기관(상급학교 입학을 위한 학력이 인정되거나 학위 수여 교육기관)에서 교육을 담당하는 자가 수업과정에 제공할 목적으로 복제 또는 배포하는 경우, ③ 초·중등교육법에 의한 학교 및 이에 준하는 학교의 교육목적을 위한 교과용 도서에 게재하기 위하여 복제하는 경우, ④ 가정과 같은 한정된 장소에서 개인적인 목적(영리목적은 제외)으로 복제하는 경우, ⑤ 초·중등교육법, 고등교육법에 의한 학교 및 이에 준하는 학교의 입학시험 그 밖의 학식 및 기능에 관한 시험 또는 검정을 목적(영리목적은 제외)으로 복제 또는 배포하는 경우, ⑥ 프로그램의 기초를 이루는 아이디어 및 원리를 확인하기 위하여 프로그램의 기능을 조사·연구·시험목적으로 복제하는 경우(정당한 권원에 의하여 프로그램을 사용하는 자가 당해 프로그램을 사용 중인 때에 한한다).

(3) 프로그램코드 역분석

정당한 권한에 의하여 프로그램을 이용하는 자 또는 그의 허락을 받은 자는 호환에 필요한 정보를 쉽게 얻을 수 없고 그 획득이 불가피한 경우에는 해당 프로그램의 호환에 필요한 부분에 한하여 프로그램의 저작재산권자의 허락을 받지 아니하고 프로그램코드 역분석을 할 수 있다. 그러나 다음의 경우에는 프로그램 코드 역분석에 의하여 얻는 정보를 이용할 수 없다(저작권법 제101조의4). ① 호환 목적 외의 다른 목적을 위하여 이용하거나 제3자에게 제공하는 경우, ② 프로그램코드 역분석의 대상이 되는 프로그램과 표현이 실질적으로 유사한 프로그램을 개발, 제작, 판매하거나 그 밖에 프로그램의 저작권을 침해하는 행위에 이용하는 경우

(4) 정당한 이용자에 의한 보존을 위한 복제

① 프로그램의 복제물을 정당한 권한에 의하여 소지, 이용하는 자는 그 복제물의 멸실, 훼손 또는 변질 등에 대비하기 위하여 필요한 범위에서 해당 복제물을 복제할 수 있다. ② 프로그램의 복제물을 소지, 이용하는 자는 해당 프로그램의 복제물을 소지, 이용할 권리를 상실한 때에는 그 프로그램의 저작재산권자의 특별한 의사표시가 없는 한 복제한 복제물을 폐기해야 한다. 다만, 프로그램의 복제물을 소지, 이용할 권리가 해당 복제물이 멸실됨으로 인해 상실된 경우에는 그러하지 아니하다.

(5) 프로그램 배타적 발행권

① 프로그램의 저작재산권자는 다른 사람에게 그 저작물에 대하여 독점적으로 복제하여 배포 또는 전송할 수 있도록 하는 배타적 권리를 설정할 수 있다. ② 프로그램 배타적발행권의 설정을 받은 자는 그 설정행위로 인한 범위에서 프로그램 배타적 발행권을 행사할 권리를 가진다. ③ 프로그램의 저작재산권자는 그 프로그램의 복제권을 목적으로 하는 질권이 설정되어 있는 경우에는 그 질권자의 동의가 있어야 프로그램배타적 발행권을 설정할 수 있다. ④ 프로그램 배타적 발행권자는 프로그램의 저작재산권자의 동의없이 프로그램 배타적 발행권을 목적으로 하는 질권을 설정하거나 제3자에게 프로그램 배타적 발행권을 양도할 수 없다. ⑤ 프로그램 배타적 발행권은 그 설정행위에 특약이 없는 때에는 설정행위를 한 날부터 3년간 존속한다(저작권법 제101조의6).

8. 프로그램저작권의 이용

(1) 프로그램 저작자의 권리

프로그램 공표권, 성명표시권, 동일성유지권, 프로그램 복제, 개작, 번역, 배포, 발행 및 전송할 권리를 가진다.

(2) 권리의 발생 시기

프로그램저작권은 프로그램이 창작된 때부터 발생하고 어떠한 절차나 형식의 이행을 필요로 하지 아니하며, 프로그램저작권은 그 프로그램이 공표된 다음 연도부터

50년간 존속한다. 다만, 창작 후 50년 이내에 공표되지 아니한 경우에는 창작된 다음 연도부터 50년간 존속한다.

9. 프로그램의 사용허가

(1) 타인에 대한 사용허가

프로그램저작권자는 다른 사람에게 그 프로그램의 사용을 허가할 수 있으며 프로그램 사용 허락을 받은 자는 허락된 사용방법 및 조건의 범위 안에서 당해 프로그램을 사용할 수 있다. 그러나 프로그램저작권자의 동의가 없으면 사용권한을 제3자에게 양도할 수 없다.

(2) 프로그램저작권자의 불명인 프로그램의 사용

프로그램을 사용하고자 하는 자가 상당한 노력을 기울였음에도 프로그램저작권자나 그의 거소를 알 수 없어 그 프로그램저작권자의 사용 허락을 받을 수 없는 경우에는 대통령령이 정하는 바에 따라 문화체육부장관의 승인을 받고, 문화체육부장관이 고시한 보상금을 그 승인을 얻은 날로부터 30일 이내에 프로그램저작권자를 위하여 공탁한 후에 당해 프로그램을 사용할 수 있다(저작권법 제50조).

10. 저작권법상의 침해행위

(1) 권리의 침해죄

① 저작재산권 그 밖에 이 법에 따라 보호되는 재산적 권리(데이터베이스 제작자의 권리는 제외)를 복제, 공연, 공중송신, 전시, 배포, 대여, 2차적 저작물 작성의 방법으로 침해한 자. ② 저작인격권 또는 실연자의 인격권을 침해하여 저작자 또는 실연자의 명예를 훼손한 자, ③ 저작권 등의 등록을 거짓으로 한 자, ④ 데이터베이스 제작자의 권리를 복제, 배포, 방송 또는 전송의 방법으로 침해한 자, ⑤「저작권법」에 따라 보호되는 권리의 침해로 될 물건을 대한민국 내에서 배포할 목적으로 수입하는 행위, 「저작권법」을 침해하는 행위로 만들어진 물건이나 수입물건을 그 사실을 알고 배포할 목적으로 소지하는 행위, 프로그램 저작권을 침해하여 만들어진 프

로그램의 복제물(수입물건 포함)을 그 사실을 알면서 취득한 자가 이를 업무상 이용하는 행위, ⑥ 업으로 또는 영리목적으로 정당한 권리 없이 저작권 그 밖에 이 법에 따라 보호되는 권리의 기술적 보호조치를 제거, 변경, 우회하는 등 무력화하는 것을 주된 목적으로 하는 기술, 서비스, 제품, 장치 또는 그 주요 부품을 제공, 제조, 수입, 양도, 대여 또는 전송하는 행위, ⑦ 업으로 또는 영리를 목적으로 저작권 그 밖에 이 법에 따라 보호되는 권리의 침해를 유발 또는 은닉한다는 사실을 알거나 과실로 알지 못하고 정당한 권리 없이 하는 행위로서 ⓐ 전자적 형태의 권리관리정보를 고의로 제거, 변경 또는 허위부가하는 행위, ⓑ 전자적 형태의 권리관리정보가 제거, 변경되거나 또는 허위로 부가된 사실을 알고 당해 저작물 등의 원본이나 그 복제물을 배포, 공연 또는 공중송신하거나 배포의 목적으로 수입하는 행위, 다만, 과실로 저작권 또는 이 법에 따라 보호되는 권리침해를 유발 또는 은닉한다는 사실을 알지 못한 자는 제외한다(저작권법 제136조).

(2) 부정발행 등의 죄

① 저작자 아닌 자를 저작자로 하여 실명·이명을 표시하여 저작물을 공표한 자. ② 실연자 아닌 자를 실연자로 하여 실명·이명을 표시하여 실연을 공연 또는 공중송신하거나 복제물을 배포한 자, ③ 저작자의 사망 후에 그 저작인격권 침해행위, ④ 저작권위탁관리업의 허가를 받지 않고 저작권신탁관리업을 한 자, ⑤ 저작자의 명예를 훼손하는 방법으로 그 저작물을 이용하는 행위, ⑥ 자신에게 정당한 권리가 없음을 알면서 고의로 온라인서비스 저작물의 복제, 전송의 중단 또는 재개요구를 하여 온라인서비스 제공자의 업무를 방해한 자, ⑦ 「저작권법」의 규정에 따른 등록 업무를 수행하는 자 및 그 직에 있었던 자가 직무상 알게 된 비밀을 다른 사람에게 누설하는 행위(저작권법 제137조).

(3) 출처명시위반 등의 죄

① 위탁에 의한 초상화 또는 이와 유사한 사진저작물의 경우에는 위탁자의 동의가 없는 때에 이를 이용한 행위, ② 출처를 명시하지 아니 한 저작물 이용행위, ③ 특약이 없는 때에 출판권자가 출판물에 복제권자의 표지를 아니 한 경우, ④ 출판권자가 출판권의 목적인 저작물을 다시 출판하고자 하는 경우에 특약이 없는 때에도

미리 저작자에게 그 사실을 알리지 않은 경우, ⑤ 저작신탁업을 하는 자가 문광부장관에게 신고를 하지 아니하고 저작권 대리중개업을 하거나 영업의 폐쇄명령을 받고 계속 그 영업을 한자(저작권법 제138조).

II. 고 소

「저작권법」 위반죄의 기소는 고소가 있어야 한다. 다만, 다음의 경우에는 고소없이 기소가 가능하다. ① 영리를 위하여 상습적으로 저작재산권 그 밖에 이 법에 따라 보호되는 재산적 권리를 복제, 공연, 공중송신, 전시, 배포, 대여, 2차적 저작물 작성방법으로 침해한 자, ② 데이터베이스 제작자의 권리를 복제, 배포, 방송 또는 전송의 방법으로 침해한 자, ③ 저작권 등의 등록을 거짓으로 한 자, ④ 업으로 또는 영리목적으로 정당한 권리 없이 저작권 그 밖에 이 법에 따라 보호되는 권리의 기술적 보호조치를 제거, 변경, 우회하는 등 무력화하는 것을 주된 목적으로 하는 기술, 서비스, 제품, 장치 또는 그 주요 부품을 제공, 제조, 수입, 양도, 대여 또는 전송하는 행위, ⑤ 업으로 또는 영리를 목적으로 저작권 그 밖에 이 법에 따라 보호되는 권리의 침해를 유발 또는 은닉한다는 사실을 알거나 과실로 알지 못하고 정당한 권리 없이 하는 행위로서 ⓐ 전자적 형태의 권리관리정보를 고의로 제거, 변경 또는 허위부가하는 행위, ⓑ 전자적 형태의 권리관리정보가 제거, 변경되거나 또는 허위로 부가된 사실을 알고 당해 저작물 등의 원본이나 그 복제물을 배포, 공연 또는 공중송신하거나 배포의 목적으로 수입하는 행위, ⑥ 저작자 아닌 자를 저작자로 하여 실명, 이명을 표시하여 저작물을 공표한 자. ⑦ 저작권위탁관리업의 허가를 받지 않고 저작권신탁관리업을 한 자, ⑧ 자신에게 정당한 권리가 없음을 알면서 고의로 온라인서비스 저작물의 복제, 전송의 중단 또는 재개요구를 하여 온라인서비스 제공자의 업무를 방해한 자, ⑨ 「저작권법」의 규정에 따른 등록업무를 수행하는 자 및 그 직에 있었던 자가 직무상 알게 된 비밀을 다른 사람에게 누설하는 행위, ⑩ 영리를 목적으로 저작재산권 그 밖에 이 법에 따라 보호되는 재산적 권리를 복제, 공연, 공중송신, 전시, 배포, 대여, 2차적 저작물 작성의 방법으로 침해한 경우, 다만 프로그램의 저작권을 침해하여 만들어진 프로그램의 복제물을 그 사실을 알면서 취득한 자가 이를 업무상 이용하는 경우에는 피해자의 명시적 의사에 반하여 처벌하지 못한다(저작권법 제140조).

제1절 | 환경범죄에 대한 개관

Ⅰ. 개 념

(1) 환 경

환경이란 자연환경과 생활환경을 말한다. 자연환경이란 지하·지표(해양 포함) 및 지상의 모든 생물과 이들을 둘러싸고 있는 비생물적인 것을 포함한 자연의 상태를 말한다. 생활환경이란 대기, 물, 폐기물, 소음, 진동, 악취, 일조 등 사람의 일상생활과 관계되는 환경을 말한다(환경정책기본법 제3조 제2호 및 제3호).

(2) 환경오염

환경보호는 좁은 의미의 환경보호, 즉 환경오염대책을 주로 말한다. 좁은 의미에서의 환경보호정책의 대상인 환경오염은 「환경정책기본법」에서 사업활동 기타 사람의 활동에 따라 발생되는 대기오염, 방사능, 소음, 진동, 악취, 일조방해 등으로서 사람의 건강이나 환경에 피해를 주는 상태로 규정하고 있다.279)

---

279) 환경정책기본법 제3조, 법률 제9037호, 2008.3.28.

2. 환경범죄

(1) 개 념

　환경범죄란 환경오염에 관한 법규를 위반한 사범을 통칭하는 개념이다. 따라서 환경사범은 사람의 건강이나 환경에 피해를 주는 것으로서 ① 대기오염, ② 수질오염, ③ 토양오염, ④ 해양오염, ⑤ 방사능오염, ⑥ 소음, 진동, 악취, ⑦ 일조방해 등의 환경오염행위(환경정책법 제3조 제4호), 야생동·식물의 포획 및 그 서식지의 파괴, ⑨ 생태계 질서의 교란, ⑩ 자연경관의 훼손, ⑪ 표토의 유실 등으로 인하여 자연환경의 본래적 기능에 중대한 손상을 초래하는 환경훼손행위(동법 제3조 제4항 2호)등 환경침해행위로서 법에 의해 처벌되는 행위를 말한다.

　현행 환경관련법률 등은 오염원별로 이를 규제하고 있는 바, 오염사범, 폐기물사범, 소음·진동사범, 유해화학물질사범, 축산폐수 및 오수사범, 해양오염사범 등으로 나눌 수 있다.

(2) 특 성[280]

1) 침해의 인위성

　침해의 인위성이란 환경범죄가 자연적 재해가 아니라 사람의 행위에 의해 야기되는 것을 말한다. 따라서 자연적 재해에 의한 환경침해는 환경범죄가 아니다.

2) 침해의 간접성

　침해의 간접성이란 오염된 환경이라는 간접적인 매개체를 통하여 인간의 생명·신체에 침해를 가하는 특성을 의미한다. 즉, 배출된 유해물질이 직접 인체에 피해를 입히기도 하지만, 유해물질의 배출·폐기로 인한 물이나 공기·토양 등의 오염이 생명·신체에 대해 간접적으로 피해를 발생시킨다.[281] 예를 들자면, 수은이나 카드뮴 등의 유해물질을 사람이 직접 흡입하는 것이 아니라 공장에서 하천 등에 그 유해물질을 배출 또는 폐기함으로써 하천이 오염되고, 그 오염된 하천의 물이나 어류 등을 인간이 먹으면 피해를 입게 되는 것이다. 이로 인하여 환경오염으로 인한 인간피해의 인과관계를 입증하기 어렵다.

---

280) 조종선, 환경범죄 처벌의 문제점과 개선방안, 원광대학교 박사논문, 2006. pp.12-16.
281) 형사정책연구원, 현행 환경범죄 처벌법규의 문제점과 대책, 1993, p.20.

3) 침해의 완만성

침해의 완만성이란 환경오염으로 인한 피해가 당장 발생하는 것이 아니라 장기간에 걸쳐 축적되는 과정에서 결과가 발생하는 것을 말한다. 유해물질에 의해 환경이 오염되고 그 후 상당기간이 지나야 공중의 생명·신체의 위험이 초래된다. 따라서 피해의 발생과 인식시기가 애매하고 그 피해에 대한 원인규명이 어려운 경우가 많다.

4) 침해정도의 불명확성

환경범죄는 광범위한 지역에서 불특정 다수인에게 침해를 가하므로 위험이 언제부터 어떻게, 어느 정도 발생되었는지 여부가 불명확하다.

5) 침해의 상규성

환경범죄는 특별히 범죄행위로서의 태양을 취하기보다는 일상적인 사회활동 속에서 발생하는 것이 특징이다. 특히 기업체 등의 일상활동에 의하여 발생하는 환경범죄는 행위자의 죄의식이 희박하고, 고의·과실의 구분이 어렵다.

6) 침해의 복합성

환경범죄는 그 침해행위가 복합적이고 결과에 이르는 과정이 장기간이거나 누적적이어서 가해행위와 결과 사이의 인과관계 입증이나 공소시효의 기산, 형사책임주체의 파악이 어렵다.

7) 침해의 전파성, 복합성, 경합성

환경재의 특수성으로 인해 하나의 행위에 의해 침해되는 범위가 시·공간적으로 광범위하게 확산 전파된다. 따라서 가해과정에서 다른 간접요인과 복합화되어 어느 것이 주된 원인인지 구분하기 어렵게 된다. 결과적으로 원인간의 경합관계가 발생한다.

8) 규율대상의 과학성과 기술성

환경범죄는 그 대부분이 배출시설이나 방지시설의 비정상적인 운영이나 기타 기술적인 분야와 관련되어 발생한다. 따라서 환경범죄로 인한 피해는 과학·기술적으로 접근해야 그 원인을 정확하게 규명할 수 있다.

9) 피해의 영구성

환경범죄로 인한 피해는 사람의 인체나 자연 모두에 대해 영원히 치유불가능할 정도로 영구적이라는 것이 특징이다. 환경오염으로 인한 공해병 치유는 의학적으로 완치가 거의 불가능하고, 오염된 자연을 원상대로 복원하는 것은 과학적으로 거의 불가능하거나 막대한 비용과 시간이 소요된다.

10) 가해자와 피해자의 특수성

환경범죄는 행위자나 피해자가 다수이고 명확하지 않아 그 특정이 어렵다. 또한 일반적으로 행위자와 피해자가 힘의 불균형, 즉 가해자의 사회적·경제적 지위가 피해자에 비해 강력하고 관계정보, 또는 자료 등을 독점하고 있다.

(3) 환경범죄의 처벌

1) 양벌규정

환경범죄는 일반적으로 행위자와 법인을 함께 처벌하는 양벌규정을 두고 있다. 현행 환경특별형법인 「환경범죄의 특별조치법」 제5조와 「환경영향평가법」 제36조, 「대기환경보전법」 제60조, 「수질환경보전법」 제61조 등 대부분의 환경행정법은 양벌규정을 두고 있다. 그러나 환경범죄에 대한 법인의 형사책임은 자연인의 처벌을 전제로 한 양벌규정의 형식을 취하고 있다.[282]

2) 행위주체

환경범죄의 행위의 주체는 비신분범이다. 따라서 모든 자연인이 행위주체가 된다. 법인은 행위의 주체가 될 수 없고 양벌규정을 통하여 처벌된다.[283] 즉, 환경관련 법규는 배출시설의 설치, 또는 허가를 받은 자를 사업자로 지칭하여 일반적인 행위주체로 인정한다. 학교나 병원 등 비영리단체라도 배출시설을 설치·운영하는 경우에는 관리주체가 되며, 영업자가 배출시설 및 방지시설을 양도한 경우 양수인은 사업자의 권리 의무를 승계한다.

---

282) 조종선, 앞의 논문, pp.82-83.
283) 형사정책연구원, 앞의 책., p.46.

3) 보호법익

환경형법의 보호법익은 환경행정의 원활성 확보와 아울러 사람의 건강과 생명·신체의 보호 그 자체를 목적으로 한다. 우리나라는 환경자체와 사람의 생명·신체에 대한 보호를 환경범죄의 보호법익으로 하고 있다. 일반적으로 환경 그 자체에 대한 침해범과 사람의 생명·신체에 대한 구체적 위험범이 처벌의 대상이다. 즉, 환경오염이 현실적으로 발생했을 경우의 행위자와 오염물질의 불법배출로 인하여 사람의 생명·신체에 대한 위험발생이 충분히 예상될 경우에 행위자는 처벌의 대상이 된다.

「환경범죄의단속에 관한 특별조치법」제1조는 "사람의 생명·신체, 상수원, 또는 자연생태계 등에 유해한 환경오염, 또는 환경훼손을 초래하는 행위를 가중처벌하고 그에 대한 행정처분을 강화함으로써 환경보전에 이바지함을 목적으로 한다"고 규정하여 자연환경 그 자체와 인간의 생명·신체의 보호를 보호법익으로 하고 있다. 동법 제3조는 "오염물질을 불법배출하여 공중의 생명 또는 신체에 위험을 발생시키거나 상수원 오염을 초래하여 공중의 식수사용에 위험을 발생시킨 자는 3년 이상의 유기징역에 처한다, 앞의 죄를 범하되 사람을 사상에 이르게 한 자는 무기 또는 5년 이상의 유기징역에 처한다"[284]고 규정하여 사람에 대한 구체적 위험범을 처벌한다는 점을 명문화하고 있다.

4) 범죄행위

환경형법상의 범죄행위는 각종 환경관계법률에 위반하는 행위이나 크게 보면 환경오염의 배출행위인 각종 환경오염행위가 중심을 이룬다. 환경오염이란 가스, 미립상물질, 분진, 매연, 악취, 폐수, 소음, 진동 등을 여과나 처리없이 방출하여 대기, 수질, 토양 등 환경매체의 자연적 결합상태를 변질시키는 것을 말한다.

5) 인과관계

① 거동범과 결과범의 문제

환경형법이 규정하고 있는 대부분의 환경범죄는 거동범으로 환경오염행위와 그 결과 사이의 인과관계가 문제되지 않는다. 그러나 「환경범죄의 단속에 관한 특별조치법」에 규정된 소정의 오염물질 배출로 인하여 어패류 집단폐사, 사람의 사망·상해 등의 결과를 발생하게 한 결과범의 경우에는 인과관계가 있어야 한다.

---

284) 환경범죄의 단속에 관한 특별조치법 제1조 및 3조, 법률 제10031호, 2010.2.4.

② 인과관계의 추정

환경범죄 수사는 그 특성상 인과관계를 입증하기가 어려운 때가 많다. 그 이유는 가해자가 익명의 다수이고 가해행위가 누적적, 복합적이기 때문이다. 또한 가해자와 피해자간의 인적 관련성이 거의 없고 가해행위와 결과발생까지의 기간이 길다는 점도 그 이유가 된다.

따라서 환경범죄는 법적으로 그 인과관계를 추정할 수 있도록 명문화되어 있다. 「환경범죄의 단속에 관한 특별조치법」 제11조는 "오염물질을 사람의 생명·신체, 상수원, 또는 자연생태계등에 위험이 발생할 수 있을 정도로 불법배출한 사업자가 있는 경우 그 물질의 불법배출에 의하여 위험이 발생할 수 있는 지역안에서 동종의 물질에 의하여 생명·신체등에 위험이 발생하고 그 불법배출과 발생한 위험 사이에 상당한 개연성이 있는 때에는 그 위험은 그 사업자가 불법배출한 물질에 의하여 발생한 것으로 추정한다". 이 추정규정은 유해물질의 배출과 발생한 공중의 생명·신체의 위험과의 인과관계에 관한 것으로서 배출된 물질의 유해성까지 추정하는 것은 아니다.[285]

③ 역학조사에 의한 인과규명

환경침해행위는 신물질의 등장 등으로 인해 인과관계의 존재 자체가 확실하지 않는 경우가 많아 역학조사와 같은 인과관계를 입증하는 새로운 방법이 개발되고 있다. 역학조사란 환경오염에 의해 질병이나 환자가 발생한 경우 그 원인을 규명하기 위해 발병집단을 둘러싼 재조건의 변화를 탐색하고 그 조건과 질병의 상관관계를 통계적 방법을 이용하여 인과관계를 입증하는 방법이다.[286]

6) 고의 및 과실

환경범죄의 성립에는 원칙적으로 고의가 요구되며 확정적 고의뿐만 아니라 미필적 고의로도 족하다. 「환경범죄의 단속에 관한 특별조치법」 제5조는 업무상 과실 또는 중대한 과실로 인하여 환경범죄를 범한 자는 처벌하도록 규정하고 있다. 여기에서 과실이란 부주의로 인하여 범죄 사실을 인식하지 못하고 법률에 규정된 구성

---

285) 형사정책연구원, 앞의 책., pp.88-89.
286) 조종선, 앞의 논문., pp.93-94.

요건을 실현하는 행위를 말한다. 여기서의 주의의무는 결과예견 의무와 결과회피 의무를 말한다.287)

3. 환경관련 법규의 체계와 내용

(1) 오염원별·대상별 개별입법 복수법주의

1963년 「공해방지법」을 제정하였으나 1977년 이를 폐지, 종합적인 공해규제법인 「환경보전법」을 제정하여 시행하다 대기오염, 소음, 진동, 수질, 토양, 배출·방지시설, 분쟁조정 등의 내용을 단일법으로 규정하는 환경보전법 단일체계로는 날로 심각해지는 환경문제와 환경에 관한 행정, 인사, 형사상의 수요 증대에 능동적, 신축적으로 대응하기 곤란하다. 따라서 환경정책의 기본방향과 이념을 정립한 「환경정책 기본법」과 환경관련 법률은 단일의 절충주의 입법방식을 탈피하여 오염원별·대상별 개별입법 복수법주의를 통하여 환경법 체계를 전면 개편했다.

(2) 오염원별 법률 제정 및 환경관련법 정비

1991년 환경보전법을 폐지, 「대기환경보전법」에 의한 대기오염물질, 「수질및수생생태계보전에 관한 법률」에 의한 수질오염물질, 「토양환경보전법」에 의한 토양오염물질, 「유해화학물질관리법」에 의한 유독물질, 「하수도법」에 의한 오수와 분뇨, 「가축분뇨의 관리및 이용에관한 법률」에 의한 가축분뇨, 「폐기물관리법」에 의한 폐기물, 「농약관리법」에 의한 농약 등 오염원별로 법률을 제정했다. 또한 「환경범죄의 단속에 관한 특별조치법」의 제정·시행 그리고 「자연환경보전법」을 제정하여 환경관련법의 정비를 하였다.

(3) 환경정책 기본법

「환경정책기본법」은 헌법상 환경권 보장과 실현을 위하여 국가환경시책의 기본이념과 방향을 제시한 것으로서 개별 환경법의 근거 규정의 역할을 할 뿐 개별적인 환경관련법보다 우월한 효력이 없는 선언적 성격이 강하며 직접 환경오염을 규제하는 것이 아니다.

---

287) 앞의 논문, p.108.

(4) 환경범죄의 단속에 관한 특별조치법

1) 결과적 가중범

오염물질을 불법배출함으로써 공중의 생명 또는 신체에 위험을 발생시키거나 상수원오염을 초래하여 공중의 식수사용에 위험을 발생시킨 자는 3년 이상의 유기징역에 처한다고 규정하여 전형적인 결과적 가중범의 형태를 취하고 있다.288)

2) 누범과 과실범 처벌

누범의 경우 따로 형법을 적용하지 않고 가중처벌하도록 규정하고 과실범의 처벌, 행위자 외에 법인이나 개인을 함께 처벌하는 양벌규정을 두고 있다.289)

3) 인과관계의 추정 인정

인과관계는 원인과 결과의 관계를 객관적인 사실을 증거로 하여 인정되나 환경범죄는 인과관계의 추정이라는 특례를 인정하고 있다.290)

4. 환경특별사법경찰 제도

(1) 환경범죄에 대한 수사기관

우리나라의 환경범죄에 대한 수사기관은 원칙적으로 경찰과 검찰이다. 다만, 환경범죄에 대한 전문성을 확보하기 위하여 1990년대 이후 환경부, 환경관리청 및 각 시·도 환경관계 공무원을 사법경찰관리로 지명하고 있다.

(2) 환경특별사법경찰관리의 지명과 직무범위

1) 지명 특별사법경찰관리

지명 특별사법경찰관리란 환경부, 서울특별시 및 광역시, 시·도 및 군·구에 근무하는 환경관계 단속업무에 종사하는 4급 내지 9급 국가공무원과 6급 내지 9급 지

---

288) 환경범죄의단속에관한특별조치법 제3조, 법률 제10031호, 2010.2.4.
289) 환경범죄의단속에관한특별조치법 제5조 및 8조, 법률 제10031호, 2010.2.4.
290) 환경범죄의단속애관한특별조치법 제11조, 법률 제10031호, 2010.2.4.

방공무원에 대하여 소속 기관장이 관할 지방검찰청 검사장에게 요청하여 검사장이 지명하고 유효기간은 1년이다. 사법경찰관은 7급 이상 국가직 및 지방직 공무원으로 하고 사법경찰리는 8급 이하 국가직·지방직 공무원으로 한다.[291]

2) 직무범위

환경특별사법경찰관은 소속 관서의 관할내에서 발생하는 「대기환경보전법」, 「수질환경보전법」, 「폐기물관리법」, 「소음·진동규제법」, 「유해화학물질관리법」, 「오수·분뇨 및 축산폐수의 처리에 관한 법률」 등에 규정된 환경범죄에 관한 수사를 하며, 환경특별사법경찰리는 특별사법경찰관을 보조한다. 환경특별사법경찰관은 직접 수사권을 행사하고 수사종결된 사건을 검찰에 송치하는 업무를 수행한다.

5. 환경범죄 단속 초점

(1) 고의와 과실의 확인

1) 고의의 확인

환경범죄의 고의는 미필적 고의만으로도 고의가 성립한다. 행위자가 유해물질의 배출을 인식하고 그 배출에 의하여 사람의 생명·신체에 위험을 미치게 하는 것을 알면서 사업활동을 계속할 경우에는 적어도 이 죄의 미필적 고의가 성립한다.

피해발생 위험성의 인식은 위험성이 존재한다는 사실의 인식으로 충분하고, 유해물질이 공중의 신체에 직·간접적으로 영향을 주어 어떠한 결과가 발생하는가는 불분명하지만, 무언가 건강에 유해한 결과가 생길 것이라고 말할 정도의 인식이 요구된다.

2) 과실범의 구성요소

과실범은 주의의무 위반, 결과발생 및 결과에 대한 인과관계를 요한다. 주의의무란 구체적인 행위로부터 발생할 수 있는 보호법익에 대한 위험을 예견하고 구성요건적 결과를 방지하기 위하여 적절한 방어조치를 취하는 것을 말한다. 즉, 주의의무 내용은 환경범죄의 예견의무와 결과회피 의무를 포함한다.

---

291) 사법경찰관리의직무를행할자와그직무범위에관한법률 제5조, 법률 제9313호, 2008.12.31.

① 위험발생의 예견

위험발생의 예견은 단지 생명·신체에 해악을 가하게 된다고 하는 정도이면 족하고, 구체적으로 어떤 과정을 거쳐 사람이 사망 또는 건강상의 손상을 초래하는가에 대한 예견은 필요없다. 따라서 예견가능성은 배출물질에 의해 구체적인 결과가 어떻게 야기되는가에 대한 예견이 아니라 유해물질을 배출하는 경우 그 가운데 공중의 건강에 어떤 해악을 초래할 수 있다고 하는 추상적인 피해의 위험을 예견할 수 있는 경우를 의미한다.

② 결과회피 의무

결과회피 의무는 폐기물 등을 배출할 때에 구조형 환경오염의 경우에는 생산계획, 공장의 설치, 공법선택, 설비공사의 시공 등 각 단계에서 어떠한 위험방지조치를 강구했는가가 중요하고, 사고형 환경오염의 경우에는 조업개시후의 점검, 보안 및 방재시스템의 관리 등이 결과 회피수단이다.

③ 위험발생방지 조치

다음으로 그 유해물질의 배출에 의한 위험발생을 방지하기 위하여 어떠한 수단을 강구하였는가를 조사하여야 한다. 이에는 대체로 배출량의 점검, 기업 안팎의 의혹에 대한 조치, 조사·연구에 기초한 조업의 정지 또는 단축, 공중에 대한 경고 등의 사전조치가 위험의 발생 방지에 적절한 것이었는가에 의해 과실의 성부가 결정된다.

(2) 배출허용기준 불문 처벌

배출되는 오염물질을 방지시설에 유입하지 아니하고 배출하거나 방지시설에 유입하지 아니하고 배출할 수 있는 시설을 설치하는 행위는 비정상운영에 해당되고 「수질 및 수생태계 보전에 관한 법률」에 의해 배출허용기준 내외를 불문하고 처벌된다.[292]

(3) 행위주체판단

환경관련 법규는 배출시설의 설치 또는 허가를 받은 자를 사업자로 지칭하여 일반적인 행위주체로 한다. 학교나 병원 등 비영리단체라도 배출시설을 설치·운영하는 경우에는 관리주체가 사업자이다. 영업자가 배출시설 및 방지시설을 양도한 경우 양수인은 사업자의 권리와 의무를 승계한다.

---

292) 수질및수생태계보전에관한법률 제15조, 법률 제9433호, 2009.2.6.

6. 환경범죄의 처벌

(1) 형법총칙의 적용

환경관련 범죄에 특별한 규정이 없는 한 형법총칙이 적용된다. 따라서 행위시법
주의 등의 원칙은 환경관련범죄에도 적용된다.

(2) 무허가와 허가 배출시설의 처벌 기준 차이

무허가 배출시설의 설치, 변경, 조업행위시에는 배출허용기준을 현실적으로 초과하
였는지 여부와 상관없이 처벌할 수 있으나 허가에 의해 배출시설을 한 경우에는 배출
허용기준에 위반되지 않는 한 설령 비정상운영을 한 경우에도 처벌할 수 없다.[293]

(3) 법률의 착오에 대한 처벌

배출시설의 설치가 허가나 신고대상인 줄 몰랐다 하더라도 이는 법률의 착오로
보아 사업자라면 당연히 배출허가를 요하는지 여부를 확인하여야 함에도 이를 하지
않았다면 처벌이 가능하다.

(4) 수질오염물질 정상운영의무 위반

「수질 및 수생태계 보전에 관한 법률」상 비정상운영 신고를 하였지만, 수질오염
물질에 대한 정상운영이 가능한 경우 정상운영할 의무가 있으므로 「수질 및 수생태
계보전에 관한 법률」로 처벌된다.[294]

(5) 사업자의 신분

「수질 및 수생태계 보전에 관한 법률」제15조 각호의 행위, 즉 ① 공공수역에 특
정유해물질, 지정폐기물, 석유제품(석유가스 제외) 및 원유, 유독물, 농약을 누출·
유출하거나 버리는 행위, ② 공공수역에 분뇨, 축산폐수, 동물사체, 폐기물, 오니 버
리는 행위, ③ 하천이나 호소에서 세차하는 행위, ④ 공공수역에서 다량의 토사를
유출하거나 버려 상수원 또는 하천이나 호소를 현저히 오염되게 하는 행위 등을 한

---

293) 대판 1987.10.26, 87도1869.
294) 대판 1992.12.8, 92도2517.

자는 사업자의 신분을 갖는 자의 행위를 처벌하는 규정이다.295) 따라서 허가·신고 없이 배출시설, 방지시설을 설치 운영하면서 오염물질을 배출한 자는 동법 제15조에 규정한 사업자가 아니다.296)

(6) 명의대여받은 자의 처벌

명의대여를 받은 자가 독립적으로 운영하는지, 실질적인 지점인지 여부, 공범관계를 조사하여 독자적 운영형태라면 무허가 수탁처리업으로 처벌한다. 또한 오염물질 산정기준은 실제 가동하는 배출시설을 기준으로 산정한다.

제2절 수질 및 수생태계 환경사범수사

I. 수질오염물질

수질오염물질이란 수질오염의 요인이 되는 물질로서 유기물질, 부유물질, 중금속 등 「수질및수생태계 보전에 관한법률 시행규칙」에서 정하고 있는 29종의 물질을 말하며, 이 중 유해 정도가 큰 시안화물, 유기인화합물 등 17종은 특정 수질유해물질이다.297)

2. 폐수배출시설

폐수배출시설이란 「수질및 수생태계 보전에관한 법률 시행규칙」에서 정하고 있는 29종의 수질오염물질을 하천, 호수, 항만, 연안해역, 지하수로, 농업용수로, 하수관거, 운하 등에 배출하는 시설물, 기계, 기구 등을 말하며, 설치허가대상과 설치신고대상으로 구분된다.298)

---

295) 수질 및 수생태계 보전에 관한 법률 제15조, 법률 제10152호, 2010.3.22.
296) 대판 1997.5.28, 97도363호.
297) 수질및수생태계보전에관한법률시행규칙 제3조 별표 2, 환경부령 제366호, 2010.4.2.
298) 수질및수생태계보전에관한법률시행규칙 제6조 별표4, 환경부령 제366호, 2010.4.2.

(1) 허가대상 배출시설

① 특정수질유해물질이 발생되는 배출시설, ② 특정대책지역 안에 설치하는 배출시설, ③ 배출시설 설치 제한지역 안에 설치하는 배출시설, ④ 상수원보호구역 또는 그 경계로부터 상류로 유하거리 10km이내에 설치하는 배출시설, ⑤ 상수원보호구역이 지정되지 않은 지역 중 상수원 취수시설로부터 상류로 유하거리 15km 이내에 설치하는 배출시설, ⑥ 설치신고를 한 배출시설에서 새로이 특정수질유해물질이 발생되는 배출시설 등이 해당된다.

(2) 신고대상 배출시설

① 허가대상 외의 배출시설, ② 허가대상에 해당하는 배출시설로서 폐수를 전량 위탁처리하는 배출시설, ③ 허가대상 배출시설 중 ①항을 제외한 배출시설로서 특수수질유해물질이 발생되지 않은 배출시설에서 배출되는 폐수를 폐수종말 처리장시설, 하수종말처리시설에 유입시키는 경우 등이 해당된다.

(3) 배출시설 설치허가사항 단속 초점

① 허가된 업종이외의 배출시설은 무허가 배출시설 설치 조업으로 처벌한다.
② 배출시설의 설치, 허가사항 확인은 지도점검시 제일 마지막에 실시한다.
③ 중요사항 변경은 변경허가를 받아야 하고 사업자는 배출시설, 방지시설을 설치 또는 변경한 후 가동하고자 하는 경우에는 환경부장관에게 미리 가동신고를 해야 한다.

3. 수질오염 방지시설

수질오염 방지시설이란 폐수배출시설로부터 배출되는 수질오염물질을 제거하거나 감소시키는 시설로서 유수분리시설, 소각시설 등 「수질및수생태계보전에관한법률시행규칙」에서 정하고 있는 30개 종류와 환경부장관이 인정하는 처리시설을 말한다.[299]

---

299) 수질및수생태계보전에관한법률시행규칙 제7조 별표5, 환경부령 제366호, 2010.4.2.

4. 수질오염사범의 단속과 수사

(1) 단속대상

수질오염사범은 무허가·미신고로 배출시설을 설치·조업을 하거나 사업장에서 배출되는 특정수질 유해물질·폐수를 배출하거나 과실로 누출이나 유출시켜 공공수역 등의 수질이 오염되게 하는 행위를 할 때 성립한다. 「수질및 수생태계보전에관한법률」 위반사법이 기본범죄이고, 「환경범죄의 단속에 관한 특별조치법」의 가중처벌 조항과 과실범 처벌조항이 적용된다.

1) 무허가·미신고 배출시설 설치·조업

환경오염물질 배출시설의 설치허가 및 변경허가를 받지 아니하거나 거짓으로 허가 또는 변경허가를 받아 배출시설을 설치 또는 변경하거나 그 배출시설을 이용하여 조업한 자가 단속대상이다. 또한 신고를 하지 아니하거나 거짓으로 신고를 하고 배출시설을 설치하거나 그 배출시설을 이용하여 조업한 자도 단속의 대상이다(수질및 수생태계보전에 관한 법률 제75조 제1호, 제33조 제1항 및 제76조제1호, 제33조 제1항).

2) 배출시설 및 방지시설 비정상 운영

① 배출시설에서 배출되는 오염물질을 방지시설에 유입하지 않고 배출하거나 방지시설에 유입하지 아니하고 배출할 수 있는 시설을 설치하는 행위, ② 방지시설에 유입되는 오염물질을 최종 방류구를 거치지 아니하고 배출하거나 최종 방류구를 거치지 아니하고 배출할 수 있는 시설을 설치하는 행위, ③ 배출시설에서 배출되는 수질오염물질에 공정 중에서 배출되지 아니하는 물 또는 공정 중에서 배출되는 오염되지 아니한 물을 섞어 처리하거나 배출허용기준이 초과되는 수질오염물질이 방지시설의 최종방류구를 통과하기 전에 오염도를 낮추기 위하여 물을 섞어 배출하는 행위, ④ 그 밖에 배출시설 및 방지시설을 정당한 사유없이 정상적으로 가동하지 아니하여 배출허용 기준을 초과한 수질오염물질을 배출하는 행위 등이 단속대상이다 (수질 및 수생태계보전에 관한 법률 제76조 제2호, 제38조제1항).

3) 특정수질유해물질 등의 누출, 유출, 투기행위(동 법 제77조, 제15조 제1항)

공공수역에서 특정수질유해물질 등을 누출, 유출하거나 버린 행위는 단속대상이다. 공공수역이란 하천, 호소, 항만 또는 연안해역 그 밖에 공공에 사용되는 수역과 이에 접속하여 공공에 사용되는 환경부령이 정하는 수로를 말한다.

4) 조업정지 등 명령위반

환경부장관의 조업정지나 폐쇄명령을 위반한 자는 처벌된다(동 법 제78조 제13호).「수질 및 수생태계보전에 관한 법률」은 허가나 신고업체에 대하여만 조업정지나 폐쇄명령 등 명령위반죄를 규정하고 있으며, 무허가나 미신고자에 대한 행정명령위반의 처벌은「환경범죄의 단속에 관한 특별조치법」에서 별도로 규정하고 있다.

5) 무등록 폐수처리업

폐수처리업자는 기술능력, 시설 및 장비를 갖추어 등록하여야 하며, 등록한 사항 중 환경부령이 정하는 중요사항을 변경하는 때에도 또한 같다. 따라서 폐수처리업 등록 또는 변경등록을 하지 아니하고 폐수처리업을 한 자는 처벌된다(동 법 제78조제14호, 제62조 제1항).

6) 과실범

업무상 과실 또는 중과실로 인하여 공공수역에서 특정수질유해물질을 누출, 유출시킨 자는 처벌된다(동 법 제78조 제2호).

(2) 처벌법규

주된 처벌법규는「수질및수생태계보전에관한 법률」이나 축산폐수에 대하여는 무허가의 경우에는「가축분뇨의 관리 및 이용에 관한 법률」을 적용한다. 또한「환경범죄의 단속에 관한 특별조치법」이 적용된다.

(3) 단속 · 수사요령

1) 단속시기 선정

주로 해빙기에 폐수방지시설이 동파되거나 기타 사유로 파손된 것을 방치하는 경우가 많고 하절기에는 무단방류하는 사례가 많다. 일제단속을 하는 경우 기간을 너무 길게 잡으면 단속정보의 누출로 인하여 실효를 거두기 어려우므로 기간이 3일이 넘지 않도록 하고 인원을 집중 투입하여 단기간에 실시할 필요가 있다. 이상적인 것은 수시로, 기습적으로 단속하는 것이 효과적이므로 문제업소에 대하여는 이러한 방식을 택하는 것이 좋다.

2) 단속대상업소의 선정

단속대상업소로는 평소에 민원대상이 되는 문제업소, 도금·피혁·염색공장 등의 중금속배출업소 및 기타 가공금속제품 제조공장 등 중금속 배출업소, 제지공장 등 폐수대량배출업소, 주물공장, 행정처분의 전력(前歷)이 다수인 업소를 주로 선정하고 무허가 업소도 규모가 큰 것을 선정하여 명단을 작성하여 참고한다.

3) 단속인원 및 장비

경찰에는 환경전문가가 거의 없어 환경청과 시·군직원의 지원을 받지 않을 수 없으므로 단속시에는 1개조당 경찰 1명, 환경기사 1~2명을 필수요원으로 하고 차량과 시료채취용기, 카메라는 필수적으로 확보한다.

(4) 중점단속 · 수사사항

1) 행위유형

비밀배출구의 설치, 호스 등을 이용한 원폐수 방류행위, 방지시설 미가동, 기계고장의 방치, 처리약품의 미투입 또는 투입량 미달, 방지시설 용량부족으로 인한 과부하, 처리방식의 부적절, 무허가 배출시설, 사전조업, 배출시설 관리인 미선임, 운영일지 미보존, 각종 행정명령 위반 등이다.

2) 범의의 문제

미필적 고의를 밝혀야 하며, 과실범은 특정 수질유해물질을 배출하여 공중의 생명·신체에 위험을 발생시킨 경우에 한하여 처벌 가능하다. 비정상운영유형에 해당하나 감정결과 배출허용기준 내인 경우에도 처벌가능하다.

5. 단속·수사 시 고려사항

(1) 비밀배출구의 설치 및 발견

1) 비밀배출구 설치유형

공장내부에서 별도의 관을 연결하여 폐수처리장과 전혀 관계가 없는 하수도로 직접 배출 또는 공장내의 화장실 정화조에 연결하여 배출하는 유형이 있으며, 공장내부에서 일단 외부로 배출하여 폐수처리장에 집수되는 과정에서 비밀관을 연결하여 일부는 폐수처리장에서 집수되고 일부는 비밀관을 통하여 처리과정 없이 하수구에 바로 배출하는 유형이 있다. 또한 처리장의 집수조에서 작은 관을 몇 개의 최종배출구에 연결하여 배출하거나 고속침전소에서 여과조에 흘러 들어가는 슬러지관(침전물관)을 중간에서 연결하여 최종배출구에 배출하는 유형도 있다.

2) 비밀배출구 발견방법

① 공장에서 사용하고 있는 공장용수 사용량을 수도계량기나 수도요금납부서, 수도사업소 등에서 확인하고 처리장의 최종배출구에서 배출구의 크기, 물의 흐름세 등을 고려하여 1일 총 배출량을 확인 비교하거나 처리시설의 1일 가동시간을 측정기록부 등에 의하여 확인한다. 이를 종합적으로 고려한 결과 이상이 있는 공장은 최종배출구에서 배출되는 물의 양이 공장에서 사용하는 식수, 화장실, 목욕탕 용수 등을 제외한다는 점을 감안하여도 큰 차이가 발생한다.

② 이러한 차이가 발생한 업소에 대해서는 공장의 기계 배치도면, 방지시설의 설계도면을 검토하고 이러한 도면에 없는 파이프라인의 유무를 확인한다.

③ 일단 공장 외부에 나가서 하수구의 유무를 확인하고 그것이 불가능한 경우에는 맨홀의 뚜껑을 열고 들어가서 확인하여 의심이 가는 지역은 땅을 파 보거나 공해방지시설의 가동을 중단시키고 물을 전부 빼낸 후 밑바닥부터 찾아내는 방법도 있다.

(2) 주의사항

시료채취는 최종 방류구로 배출되는 폐수를 채취하여야 하고, 시료채취용기에 시료를 채울 때에는 되도록 공기와 접촉하는 시간을 짧게 해야 한다. 용존가스, 환원성물질, 휘발성 유기물질, 유류 등을 측정하기 위한 시료는 운반 중 공기와 접촉이 없도록 가득 채운다. 또한 현장상황을 명확히 하여야 하므로 무단방류나 무허가시설의 경우는 반드시 사진촬영을 해야 하고 확인서를 징수하여야 한다.

(3) 시료감정 의뢰

① 시료에 대한 감정결과가 공정하지 못하면 사법처리가 불가능하므로 광역시나 또는 보건환경연구원, 지방환경청 소재지에는 환경청 소속 측정분석과, 서울의 경우는 국립환경연구원에서 취급하며, 해양경찰청은 분석·감정담당과에서 감정한다. ② 감정의 공정성을 확보하기 위하여 감정시료를 둘로 나누어 분산 감정의뢰하는 경우와, 일부만 감정 의뢰하고 나머지는 후일에 문제가 생기는 경우에 대비하여 자체보관하는 방법도 있다. ③ 감정기관에 보내는 시료는 어느 업체의 것인가를 숨긴 상태로 감정기관에 보내야 하므로 의뢰자만이 알 수 있는 비밀표시를 해서 보내고, 따로 비밀표시가 어느 업소에 대한 것인가를 표로 작성해 두어야 한다. ④ 감정의뢰시는 감정의뢰서를 시료와 함께 송부하고 추후에 거기에 따른 감정회보서는 증거자료로서 절대적 의미를 갖는다.

6. 수질 및 수생태계 보전에 관한 법률

(1) 제정목적

수질오염으로 인한 국민건강 및 환경상의 위해 방지를 위해 하천·호소 등 공공수역의 수질 및 수생태계를 적정하게 관리·보전함을 목적으로 한다.300)

(2) 오염원의 종류301)

1) 점오염원

점오염원이란 폐수배출시설, 하수시설, 축사 등으로서 관거, 수로 등을 통하여 일정한 지점으로 수질오염물질을 배출하는 배출원을 말한다.

---

300) 수질및수생태계보전에관한법률 제1조, 법률 제10152호, 2010.3.22.
301) 수질및수생태계보전에관한법률 제2조, 법률 제10152호, 2010.3.22.

2) 비점오염원

비점오염원이란 도시, 도로, 농지, 산지, 공사장 등으로서 불특정 장소에서 불특정하게 수질오염물질을 배출하는 배출원을 말한다.

3) 폐 수

폐수란 물에 액체성 또는 고체성의 수질오염물질이 혼입되어 그대로 사용할 수 없는 물을 말한다.

4) 특정수질유해물질

특정수질오염물질이란 사람의 건강, 재산이나 동·식물의 생육에 직접 또는 간접으로 위해를 줄 우려가 있는 수질오염물질로서 환경부령으로 정하는 것을 말한다.

(3) 성 격

배출시설이나 방지시설을 중심으로 규정하고 있으며 주로 사업자를 환경보전의무의 주체로 삼고 있다. 사업자는 업무성을 공통적 특징으로 하며 일종의 신분범적인 성격이 강하다. 그러나 누구든지 정당한 이유 없이 수질오염에 해당하는 행위를 하여서는 아니 된다고 규정하여 일반인도 환경범죄의 주체가 됨을 명시하고 있다.

(4) 배출 등의 금지행위[302)]

① 공공수역에 특정수질유해물질, 「폐기물관리법」에 의한 지정폐기물, 「석유및석유대체연료 사업법」에 의한 석유제품 및 원유(석유가스는 제외), 「유해화학물질 관리법」에 의한 유독물, 「농약관리법」에 의한 농약을 누출·유출하거나 버리는 행위, ② 공공수역에 분뇨, 축산폐수, 동물의 시체, 폐기물 또는 오니를 버리는 행위, ③ 하천, 호소에서 자동차를 세차하는 행위, ④ 공공수역에 다량의 토사를 유출하거나 버려 상수원 또는 하천, 호소를 현저히 오염되게 하는 행위

---

302) 수질및수생태계보전에관한법률 제15조, 법률 제10152호, 2010.3.22.

(5) 가중처벌

「수질 및 수생태계 보전에 관한 법률」 제2조에 규정된 점오염원, 비점오염원, 폐수, 특정수질유해물질 등의 오염물질을 불법배출하여 공중의 생명 또는 신체에 위험을 발생시키거나 상수원 오염을 초래하여 공중의 식수사용에 위험을 발생시킨 경우에는 「환경범죄의 단속에 관한 특별조치법」에 의해 가중처벌된다.[303)]

제3절 | 대기오염사범 수사

I. 의 의

대기오염사범은 무허가, 미신고로 배출시설을 설치·조업을 하거나 배출방지시설을 비정상운영하거나 조업정지명령을 위반하거나 과실로 오염물질을 누출·유출시켜 대기가 오염되게 하는 행위 등을 할 때 성립되는 범죄이다.

2. 개념정의[304)]

(1) 대 기

대기란 공기전체, 즉 지구를 둘러싸고 있는 공기의 층이라고 정의되며 지표에서 800km의 높이까지 이른다고 알려져 있고 지상으로부터 높아질수록 공기층은 희박하다.

(2) 대기오염물질

대기오염물질이란 대기오염의 원인이 되는 가스·입자상의 물질 또는 악취물질로서 환경부령으로 정한 것을 말한다.

---

303) 환경범죄의단속에관한특별조치법 제3조, 법률 제10031호, 2010.2.4.
304) 대기환경보전법 제2조, 법률 제9931호, 2010.1.31.

(3) 가 스

가스란 물질의 연소, 합성, 분해시에 발생하거나 물리적 성질에 의하여 발생하는 기체상 물질을 말한다.

(4) 입자상 물질

입자상 물질이란 물질의 파쇄, 선별, 퇴적 기타 기계적 처리 또는 연소·합성·분리시에 발생하는 고체상이나 액체상의 미세한 물질을 말한다.

(5) 먼지와 매연

먼지는 대기 중에 떠다니거나 흩날려 내려오는 입자상 물질을 말하고, 매연은 연소할 때에 생기는 유리 탄소가 주가 되는 미세한 입자상물질을 말한다.

(6) 검 댕

검댕이란 연소시 발생하는 유리탄소가 응결하여 입자의 지름이 1미크론(1/1000mm) 이상 되는 입자상 물질을 말한다.

(7) 악 취

악취란 황화수소, 메르갑탄류, 아민류 기타 자극성 있는 기체상물질이 사람의 후각을 자극하여 불쾌감과 혐오감을 주는 냄새를 말한다.

(8) 특정 대기유해물질

특정 대기유해물질이란 사람의 건강, 재산이나 동식물의 생육에 직접 또는 간접으로 위해를 줄 우려가 있는 대기오염물질로서 환경부령으로 정하는 것을 말한다.

(9) 휘발성 유기화합물

휘발성 유기화합물이란 탄화수소류 중 석유화학제품, 유기용제 기타 물질로서 환경부장관이 고시한 것을 말한다.

⑽ 기후 · 생태계 변화유발 물질

기후 · 생태계 변화유발 물질이란 지구 온난화 등으로 생태계의 변화를 가져올 수 있는 기체상물질로서 온실가스와 환경부령으로 정한 것을 말한다.

3. 단속대상

(1) 배출허용 기준 위반

「대기환경보전법 시행규칙」제2조(별표Ⅰ)에는 총 61종의 대기오염물질을 규정하고 있으나[305] 이중 가스상 물질 16종, 먼지 등의 입자상 물질, 악취 등에 대해서만 배출허용기준을 정하고 있으므로 실제로는 배출허용기준을 정한 것만 규제의 대상이 된다.

따라서 대기오염사범의 단속대상으로는 자동차 매연, 공장매연, 악취, 비산분진 등이 주로 문제되며 소음 · 진동도 정도가 심하면 단속할 필요가 있다. 대기오염이 문제되는 업종은 대개 철강, 주물, 화학, 비료, 도금, 염료공장 등이며 비산분진은 목재, 가구, 레미콘, 시멘트, 연탄공장 등이 문제가 된다.

(2) 무허가 · 미신고 배출시설 설치 · 조업

배출시설의 설치허가 또는 변경허가를 받지 아니하거나 사위(속임수)로 허가 또는 변경허가를 받아 배출시설을 설치 또는 변경하거나 그 배출시설을 이용하여 조업한 행위(대기환경보전법 제89조 제1호), 또한 배출시설 신고를 하지 아니하거나 허위로 신고를 하고 배출시설을 설치 또는 변경하거나 그 배출시설을 이용하여 조업한 행위(동 법 제90조 제1호)는 처벌된다.

(3) 배출시설 · 방지시설 비정상 운영(동 법 제89조, 90조, 94조, 제31조 제1항)

① 배출시설 가동시 방지시설을 가동하지 아니하거나 오염도를 낮추기 위하여 배출시설에서 배출되는 오염물질에 공기를 섞어 배출하는 행위(제31조 제1항 1호), ② 방지시설을 거치지 아니하고 오염물질을 배출할 수 있는 공기조절장치, 가지배출관을

---

305) 대기환경보전법 시행규칙 제2조 별표1, 환경부령 제358호, 2010.1.6.

설치하는 행위, 다만, 화재나 폭발 등의 사고예방을 위해 다른 법령에서 정한 배출시설 허가받은 경우는 제외(제31조 제1항 2호), ③ 부식이나 마모로 인해 오염물질이 새나가는 배출시설이나 방지시설을 정당한 사유 없이 방치하는 행위, ④ 방지시설에 딸린 기계와 기구류의 고장이나 훼손을 정당한 사유 없이 방치하는 행위, ⑤ 기타 배출시설 및 방지시설을 정당한 사유 없이 정상적으로 가동하지 아니하여 배출허용기준을 초과한 오염물질을 배출하는 행위(제15조 제1항 5호) 등은 처벌된다.

(4) 기 타

조업정지명령을 위반하거나 조치명령을 이행하지 아니한 경우, 비산먼지발생 억제시설의 설치 및 필요한 조치를 하지 아니한 행위자는 처벌된다. 다만, 시멘트, 석탄, 토사 등 가루형태의 물질을 운송한 자는 제외된다(동 법 제92조, 제43조 제1항 및 제2항).

「대기환경보전법」에는 과실범 처벌규정이 없고, 특별법인 「환경범죄의 단속에 관한 특별조치법」의 업무상과실, 중과실로 인한 과실범 처벌규정이 적용된다. 행위자와 법인을 모두 처벌하는 양벌규정이 적용된다(대기환경보전법 제95조, 환경범죄의 단속에 관한 특별조치법 제10조).

(5) 처벌법규

처벌법규는 주로 「대기환경보전법」, 「석유 및 석유대체연료 사업법」, 「소방기본법」, 「수도권대기환경개선에 관한 특별조치법」, 「악취방지법」 등이 있으며 유독가스가 대량으로 누출되어 생명·신체에 위해를 초래한 경우 「환경범죄의 단속에 관한 특별조치법」을 적용한다.

(6) 판 례

1) 과실에 의한 매연배출

자동차에서 배출되는 가스의 경우 과실로 인하여 기준치 이상의 배출여부를 인식하지 못한 경우도 처벌한다.

2) 당연 무효인 개선명령 위반 처벌 불가

「대기환경 보전법」에 의한 개선명령 자체가 당연무효인 경우에는 처벌할 수 없다.

3) 실제 가동하는 배출시설

허가받은 배출시설이 여러 개일지라도 오염물질 산정은 실제 가동한 배출시설을 기준으로 측정해야 한다.

4. 대기오염사범의 수사방법

(1) 배출시설 허가사항과 실제 배출시설 일치여부 확인

배출시설 허가서에 표기된 허가사항과 실제현장에 설치된 배출시설의 일치 여부를 확인한다.

(2) 방지시설의 정상가동여부 확인

공장굴뚝을 통하여 배출되는 대기오염 정도의 측정, 대기오염방지시설의 정상가동 여부, 관리일지상 표기된 약품구입량, 약품재고량, 약품투입 등을 확인하여야 한다. 또한 흡착법의 경우 활성탄 이송처리 또는 폐수위탁 처리 여부, 세정식 집진기의 경우 집진처리과정에서 발생하는 폐세정액의 처리실태를 확인하여 폐수처리장 이송처리 또는 폐수위탁 처리여부를 확인한다.

(3) 비밀배출구의 설치여부 확인

① 비밀배출구 설치여부, ② 대기오염물질의 전량이 방지시설로 보내어지는지 여부, ③ 방지시설을 거치지 아니하고 오염물질을 배출할 목적으로 설치된 공기조절장치, ④ 별도의 가지배출관의 설치유무를 확인한다.

배출구가 여러 개 있는 사업장인 경우 배출구별로 자가측정의 이행 여부를 확인하며 자가측정을 실시하는 경우 자체장비의 확보여부, 시약의 사용실적, 측정회수 등을 점검한다. 또한 환경관리인의 경우 자격증 소유자의 정상근무 여부, 신나, 페인트 등 도장시설의 경우에도 단속의 대상이다.

(4) 악취 측정방법 : 직접관능법

악취의 측정이나 평가방법은 악취물질을 구성하고 있는 각 부분에 대한 화학분석 및 기기분석과 인간의 후각에 의한 관능시험으로 대별할 수 있으나 주로 관능법에 의한다.

1) 측정원리

관능법이란 악취가 발생하는 현장의 부지경계선에서 건강한 후각을 이용하여 악취의 강도를 측정하는 방법이다.

2) 측정방법

악취조사 판정자는 조사대상지역에 거주하지 않는 사람으로서 후각이 정상적이고 건강한 5인 이상으로 구성하며, 조사측정 담당자는 측정 당시의 풍향과 지형을 고려하여 악취의 분포정도를 사전에 충분히 조사하여 악취의 취기강도가 가장 높은 악취발생현장의 부지경계선을 측정장소로 한다. 선정된 측정장소에서 판정자에 의해 감지된 악취강도를 표시하게 하고 판정자의 인적 사항과 함께 기록한다.

3) 배출허용기준

직접관능법에 의해 각 판정자가 감지한 악취강도 중 다수가 판정한 악취도로서 판정이 동수로 갈리는 경우에는 악취도가 높은 것을 선택하여 악취도 2도 이하를 배출허용 기준으로 한다.

4) 악취도 구분

① 무취(0)

후각으로 아무 것도 감지하지 못하는 상태를 말한다.

② 감지취기(1)

무슨 냄새이지는 모르나 냄새를 느낄 수 있는 상태를 말한다.

③ 보통취기 : 2

무슨 냄새인지 알 수 있는 정도이다.

④ 강한 취기 : 3

쉽게 감지할 수 있는 냄새, 즉 병원 특유의 크레졸 냄새를 맡는 정도이다.

⑤ **극심한 취기 : 4**

아주 강한 냄새, 즉 여름철의 재래식 화장실에서 나는 심한 정도의 상태이다.

⑥ **참기 어려운 취기 : 5**

견디기 어려운 강렬한 냄새로 호흡이 정지될 것 같은 정도의 상태이다.

5. 시료채취 방법

(1) 시료채취장소

① 원칙적으로 주위에 건물, 수목 등의 장애물이 없고 그 지역의 오염도를 대표할 수 있는 곳을 선택한다.

② 장애물이 있는 경우 장애물 높이의 2배 이상을 장애물로부터 떨어지거나 장애물의 상단과 채취지점을 연결하는 선의 각도가 30도 이하가 되는 곳을 선택한다.

③ 주위에 건물이 밀집한 경우 바깥벽으로부터 1.5m 이상 떨어진 곳을 선택한다.

④ 공장굴뚝을 통하여 배출되는 대기오염물질의 시료채취는 가스의 흐름이 안정되어 균일한 농도의 시료를 채취할 수 있는 곳을 선택한다.

(2) 시료채취의 높이

시료채취의 높이는 가스상 물질은 1.5m~10m, 인자상 물질은 3.0m~10m사이에서 채취하는 것이 바람직하다.

6. 시료채취시 유의사항

(1) 측정기기 실내설치 원칙

시료를 채취할 때는 측정하려는 가스 또는 입자의 손실을 없도록 한다. 특히 눈, 비로부터 보호하기 위해 측정기기는 원칙적으로 실내에 설치하고 채취기구를 밖으로 연결할 때는 채취관 벽과의 반응, 흡착, 흡수 등에 의한 영향을 최소화할 수 있는 재질과 방법을 선택한다.

(2) 측정하려는 물질성분 측정

수사관은 미리 측정하려는 물질의 성분과 그 외의 성분에 대한 물리적, 화학적 성질을 조사하여 방해성분의 영향을 적게 받도록 한다.

(3) 시료채취기간

시료채취기간은 원칙적으로 오염물질의 영향을 고려하여 결정한다. 예를 들어 악취물질의 채취는 되도록 짧은 시간에 끝내고 입자상 물질중의 금속성분이나 발암성 물질 등은 되도록 장시간에 걸쳐 채취한다. 환경기준이 선정되어 있는 물질의 채취시간은 원칙적으로 법에 정해져 있는 시간을 기준으로 한다.

(4) 시료채취량

시료채취유량은 되도록 많이 채취하는 것을 원칙으로 한다. 또 사용 유량계는 그 성능을 잘 파악하고 채취유량은 반드시 온도와 압력을 기록하고 표준상태로 환산한다.

입자상 물질을 채취할 때에는 채취관 벽에 분진이 부착 또는 퇴적하는 것을 피하고 특히 채취관을 수평방향으로 연결할 경우에는 관의 길이를 짧게 하고 곡률반경을 크게 한다.

제4절 폐기물사범 수사

I. 폐기물

폐기물이란 쓰레기, 연소재, 오니, 폐유, 폐산, 폐알카리 및 동물의 사체 등으로서 사람의 생활이나 사업활동에 필요하지 아니하게 된 물질을 말한다. 또한 사업활동에 필요하지 아니하게 되거나 또는 제품의 제조공정상의 문제나 보관상의 부주의로 인하여 상품가치가 떨어져 저가 또는 무상으로 재활용업체에 매각하는 물건도 폐기물에 해당한다.306)

---

306) 폐기물관리법 제2조, 법률 제9931호, 2010.1.13.

2. 폐기물의 종류[307]

(1) 생활폐기물

생활폐기물이란 사업장폐기물 외의 폐기물을 말한다. 또한 생활폐기물 중 공사장 생활폐기물, 즉 일련의 공사, 작업 등으로 인하여 5톤 미만으로 발생되는 폐기물도 포함된다. 생활폐기물은 시장, 군수, 구청장이 처리책임을 진다.

(2) 사업장 폐기물(폐기물관리법 시행령 제2조)

대통령령으로 정하는 사업장은 ① 지정폐기물을 배출하는 사업장, ② 폐기물을 1일 평균 300킬로그램 이상 배출하는 사업장, ③ 건설공사로 폐기물을 5톤 이상 배출하거나 일련의 공사 또는 작업 등으로 인하여 폐기물을 5톤 이상 배출하는 사업장 등이다. 또한 ① 폐수종말시설을 설치·운영하는 사업장, ② 분뇨처리시설을 설치·운영하는 사업장, ③「가축분뇨의 관리 및 이용에 관한 법률」제24조에 따른 공공시설, ④ 폐기물처리시설을 설치·운영하는 사업장을 포함한다.

(3) 지정폐기물

지정폐기물이란 사업장 폐기물 중 폐유, 폐산 등 주변 환경을 오염시킬 수 있거나 의료폐기물 등 인체에 위해를 줄 수 있는 해로운 물질로서 대통령령으로 정하는 폐기물을 말한다(폐기물관리법 제2조 4호).

(4) 의료폐기물

의료폐기물이란 보건·의료기관, 동물병원, 시험·검사기관 등에서 배출되는 폐기물 중 인체에 감염 등 위해를 줄 우려가 있는 폐기물과 인체조직 등 적출물, 실험동물의 사체 등 보건·환경보호상 특별한 관리가 필요하다고 인정되는 폐기물로서 대통령령으로 정하는 폐기물을 말한다(동 법 제2조5호).

---

307) 폐기물관리법 제2조, 법률 제9931호, 2010.1.13.

1) 일반의료폐기물

혈액, 체액, 분비물, 배설물이 함유된 탈지면, 붕대, 거즈, 일회용 기저귀, 생리대, 일회용 주사기, 수액세트 등이 해당된다.

2) 격리의료폐기물

전염병으로부터 타인 보호위해 격리된 사람에 대한 의료행위에서 발생한 일체의 폐기물이 해당된다.

3) 위해의료폐기물

① 조직물류폐기물 : 인체 또는 동물의 조직, 장기, 기관, 신체의 일부, 동물의 사체, 혈액, 고름 및 혈액생성물, ② 병리폐기물 : 시험·검사 등에 사용된 배양액, 배양용기, 보관균주, 폐 시험관, 슬라이드, 커버글라스, 폐 배지, 폐 장갑, ③ 손상폐기물 : 주사바늘, 봉합바늘, 수술용 칼날, 한방 침, 치과용 침, 파손된 유리재질의 시험기구, ④ 생물·화학 폐기물 : 폐 백신, 폐 항암제, 폐 화학치료제, ⑤ 혈액오염폐기물 : 폐 혈액백, 혈액 투석시 사용된 폐기물, 그 밖에 혈액이 유출될 정도로 포함되어 있어 특별한 관리가 필요한 폐기물 등으로 세분화된다(폐기물관리법 시행규칙 별표2).

3. 폐기물처리업[308]

(1) 시·도지사의 허가

폐기물처리업을 하고자 하는 자는 환경부령이 정하는 기준에 의한 시설·장비 및 기술능력을 갖추어 업종별로 시·도지사의 허가를 받아야 한다. 단, 지정폐기물을 대상으로 하는 폐기물업자는 환경부장관의 허가를 받아야 한다.

(2) 폐기물 처리업의 업종구분

1) 폐기물 수집·운반업

폐기물을 수집하여 처리장소로 운반하는 영업을 말한다.

---

308) 폐기물관리법 제25조, 법률 제9931호, 2010.1.13.

2) 폐기물중간 처리업

폐기물 중간처리시설을 갖추고 폐기물을 소각·중화·파쇄 또는 고형화 등의 방법으로 중간처리하는 영업으로서 생활폐기물을 재활용하는 경우는 제외된다.

3) 폐기물최종처리업

폐기물의 최종처리시설을 갖추고 폐기물을 매립 등의 방법으로 최종처리하는 영업을 말한다.

4) 폐기물종합처리업

폐기물처리시설을 갖추고 폐기물의 중간처리와 최종처리를 함께하는 영업을 말한다.

4. 폐기물관리법의 적용이 배제되는 폐기물[309]

① 「원자력법」에 의한 방사성 물질 및 이로 인하여 오염된 물질, ② 용기에 들어 있지 않은 기체상 물질, ③ 「수질 및 수생태계보전에 관한 법률」에 의한 수질오염방지시설에 유입되거나 공공수역으로 배출되는 폐수, ④ 「하수도법」에 의한 오수·분뇨 및 「가축분뇨의 관리 및 이용에 관한 법률」에 따른 가축분뇨, ⑤ 「하수도법」에 의한 하수 ⑥ 「가축전염예방법」에 따른 가축의 사체, 오염물질, 수입금품물건 및 검열불합격품, ⑦ 「해양오염방지법」 소정의 폐기물 해역배출행위 등이 해당된다.

그러나 「의료법」에 의한 적출물은 「폐기물관리법」의 적용을 받으며, 폐기물 해역배출은 「해양관리법」의 적용을 받는다.

5. 폐기물처리 사범

폐기물처리사범이란 사업장 폐기물을 투기·매립하거나 폐기물처리기준을 위반하여 폐기물을 처리, 운반, 보관하거나 허가를 받지 아니하고 폐기물처리업을 하는 행위를 할 때 성립한다.

---

309) 폐기물관리법 제3조, 법률 제9931호, 2010.1.13.

(1) 사업장폐기물의 투기 · 매립

폐기물의 수집을 위해 마련된 장소 또는 설비, 매립시설 이외의 곳에 사업장폐기물을 버리거나 매립하는 행위(폐기물관리법 제63조의2, 제1항 및 제2항).

(2) 무허가 폐기물처리업

허가를 받지 아니하고 폐기물 처리업을 하는 행위(동법 제64조 제1호)

(3) 폐기물 처리기준 위반

폐기물의 처리기준을 위반하여 폐기물을 매립한 행위, 그러나 수집, 운반, 보관한 행위는 제외된다(동법 제65조 제1호).

(4) 폐기물 보관 등 기준위반

폐기물처리기준을 위반하여 폐기물을 수집, 운반, 보관 또는 처리하여 주변환경을 오염시킨 행위(동 법 제66조 제1호).

(5) 사업장 폐기물 배출자 신고 미이행

사업장폐기물 배출자의 신고 또는 폐기물재활용 신고를 하지 아니한 행위(동법 제66조 제2호). 사업장폐기물배출자는 사업개시일 또는 배출예정일로부터 일정기한 내에 사업장폐기물의 종류, 발생량 등을 시장, 군수, 구청장에게 신고해야 하며, 신고사항 중 일정사항이 변경되는 경우에는 변경신고를 해야 한다(동법 제17조제2항).

(6) 폐기물 불법처리 가중처벌

단체 또는 집단이 불법적으로 폐기물을 투기하거나 매립한 경우에는 「환경범죄의 단속에 관한 특별조치법」 제7조에 의해 가중처벌된다.

(7) 과실범

폐기물처리에 관한 과실범은 「환경범죄의 단속에관한 특별조치법」에 의해 처벌된다. 그러나 「폐기물관리법」에는 과실범 처벌규정이 없다.

(8) 양벌규정

법인의 대표자, 대리인, 사용인 그 밖의 종업원이 그 법인의 업무와 관련 「폐기물관리법」을 위반한 경우에는 행위자와 법인 모두 처벌을 받는다(폐기물관리법 제67조).

6. 폐기물 오염사범의 수사

(1) 사업장·지정폐기물 배출업소

① 사업장·지정폐기물은 생활폐기물과 구분되고 재활용이 가능한 것은 따로 보관하였는지를 확인하고, 폐기물 보관시설이 부식 또는 손괴되어 흩날림·흘림·악취발생 여부를 확인한다.

② 시멘트나 아스팔트 등 물이 스며들지 않는 재료로 포장된 바닥에 폐기물을 보관하는 지 여부를 수사한다.

③ 폐기물의 보관기일 초과 여부 및 보관중인 폐기물의 종류, 양 및 보관기간을 기재한 표지판의 설치상태를 확인한다.

③ 사업장·지정폐기물이 누락되지 않고 신고된 것인지를 확인한다. 또한 폐기물 발생량의 증감량과 대표자, 소재지 등의 변경 등을 확인한다.

④ 폐기물 종류별 발생량, 처리량이 정확히 기재되고 있는지를 확인하고, 폐기물 운반처리 전표상의 종류별 발생사업장·지정폐기물의 중간처리 및 최종처리의 적정성, 운반처리신고 누락 여부 등을 관리대장과 대조한다.

(2) 사업장·지정폐기물 처리업소

1) 행정적 사항 검토

영업대상 폐기물의 적정수탁여부, 허가요건을 충족하고 있는지 여부, 중간처리 후 최종매립여부, 각종 대장을 적정하게 기록유지하고 있는지 여부를 조사한다.

2) 폐기물 처리시설의 적정성 확인

폐기물의 처리기준 및 방법의 준수여부, 처리시설의 설치승인, 사용개시신고, 설치승인시 조건이행 여부, 임의시설 변경 여부, 처리시설의 적정운영 관리실태여부를 확인한다.

(3) 폐기물 배출 사업장 수사초점

① 폐기물배출공정 확인 및 폐기물관리실태 점검, 발생폐기물의 종류, 보관·운반상태 점검, ② 처리시설설치 승인·신고, 사용개시신고 여부, 적정처리 여부 및 운영관리실태 점검, ③ 폐기물을 위탁처리할 경우 적정한 업소 위탁처리 여부, ④ 보관·운반상태 및 운반처리신고 이행여부, 또한 폐기물을 공동으로 수집, 운반, 보관, 처리하는 경우에는 운영기구에 비치된 관련서류 등의 점검을 확행하고 폐기물처리업의 업종별로 허가를 받아야 하므로 업종에 맞는 처리를 하는지 여부 확인, ⑤ 중금속 등 유해물질의 분석·확인후 위탁처리 여부 등이 수사대상이다.

(4) 폐기물처리업자

① 폐기물의 수집·운반·보관·처리의 적정여부, ② 처리시설의 설치·가동 및 관리실태, ④ 허가대상폐기물 적정 수탁여부, 허가시설 이외의 불법시설 설치운영 여부, ⑤ 중간처리 후 발생폐기물의 적정처리여부 등이다.

(5) 재생처리 신고 사업장

폐기물 재생처리시설은 폐기물처리업의 허가로 취급할 수 없으므로 폐기물을 재활용하고자 하는 자는 보관시설 및 재활용시설을 갖추어 별도의 신고를 해야 한다.

중점 단속 대상은 ① 폐기물의 수집·운반·보관·처리의 적정여부, ② 재생처리시설의 설치·가동 및 관리실태, ③ 재생처리대상폐기물 적정 수탁여부, ④ 재생처리후 발생폐기물의 적정처리 여부, ④ 재생처리 대상 폐기물의 적정 수탁여부 등이다.

한편, 수출입폐기물을 재생처리하는 업소의 경우에는 다음 사항을 추가하여 확인해야 한다. 즉, ① 폐기물수출입허가신청서 내용과 동일하게 수출입하였는지의 여부, ② 폐기물의 국가간 이동 및 그 처리에 관한 법률의 규정에 적합하게 수출입 폐기물의 운반, ③ 수출입이동서류에 관한 신고 등을 하였는지의 여부 등이다.[310]

---

310) 폐기물의국가간이동및그처리에 관한 법률 제6조 및 10조, 법률 제88852호, 2008.2.29.

제5절 | 토양오염 사범 수사

I. 개 념

(1) 토양오염

사업활동 기타 사람의 활동에 따라 토양이 오염되어 건강이나 환경에 피해를 주는 상태를 토양오염이라고 하며, 중금속이나 유기화합물 등 오염물질에 의한 것, 토사유출이나 지반침하·침식 등 토양훼손에 의한 것, 산성강우·광산폐기물 및 침출수에 의한 오염 등이 그 원인이다.

(2) 토양오염물질

토양오염의 원인이 되는 물질로 환경부령으로 정하는 물질을 말한다. 즉, ① 카드뮴, 구리, 비소, 수은, 납, 아연, 닉켈, 불소 및 그 화합물, ② 6가 크롬화합물, ③ 유기인화합물 페놀류, ④ 유류(동물성, 식물성 기름은 제외), ④ 폴리크로리네이티드 비페닐, ⑤ 벤젠, 톨루엔, 에틸벤젠, 크실렌, 석유계총탄화수소, 트리클로로에틸렌, 테트라클로로에틸렌, 벤조피렌, ⑥ 기타 위 물질과 유사한 물질로서 토양오염의 방지를 위하여 특별히 관리할 필요가 있다고 인정되어 환경부장관이 정하는 물질 등이다.[311]

(3) 특정토양오염 유발시설

특정토양오염 유발시설이란 토양오염물질을 생산, 운반, 저장, 취급, 가공 또는 처리함으로써 토양을 현저히 오염시킬 우려가 있는 시설, 장치, 건물, 구축물 및 장소 등을 말한다.

(4) 적용의 제외 대상

「토양환경보전법」은 방사성물질에 의한 토양오염 및 그 방지에 관하여는 이를 적용하지 아니한다.[312]

---

311) 토양환경보전법 시행규칙 제1조의2 별표1, 환경부령 제336호, 2009.6.30.

(5) 토양오염 배출원

1) 직접 배출원

오염물질의 직접 배출원은 금속·비금속 광산, 산업시설(공장, 제련소, 매립지), 유류저장시설, 농경지 잔류농약, 폐기물매립지, 생활용품 및 폐기물, 석면의 경우 건축물 등이다.

2) 간접 배출원

간접 배출원은 강우, 산업·생활배기가스에 의한 대기오염원 등이 해당한다.

2. 토양오염사범 단속 초점

(1) 오염된 토양

오염된 토양은 직접 오염된 토양은 물론 간접 오염된 토양도 단속대상이다.

(2) 토양오염물질

토양오염물질이란 환경관련 법령에 규정된 거의 모든 물질이 대상이다. 공기나 물, 폐기물 등 간접적인 매개에 의해 토양을 오염시키는 물질은 1차적으로 「대기환경보전법」, 「수질 및 수생태계 보전에 관한 법률」, 「폐기물관리법」 등에서 관리토록 하고 있다. 직접적인 오염원 중 특히 석유류의 저장시설 등은 토양오염유발시설로 등록하여 관리한다.

3. 토양오염 검사시료 채취

(1) 시료채취 검사의뢰

검사시료 채취는 토양관련 전문기관의 검사원이나 유발시설의 설치자가 직접 시료를 채취하여 검사를 의뢰할 수 있다.

---

312) 토양환경보전법 제3조, 법률 제8469호, 2007.5.17.

(2) 시설별 시료채취

서로 다른 물질을 저장하는 유발시설인 경우에는 저장시설별로 각각 시료를 채취하고 동일한 물질을 여러 저장시설에 분산하여 저장하는 경우에는 단위시설의 용량에 따라 시설별로 채취한다.

(3) 시료채취 위치

시료채취 위치는 저장시설의 끝단으로부터 1m이상 3m이내 떨어진 지점에서 채취공을 뚫어 탱크의 밑바닥 깊이에 저장시설과 채취공간 거리의 1.5배 만큼을 더한 거리에서 채취한다.

(4) 시료채취량

채취기를 이용하여 300그램 정도를 채취하고 특히 유류시험용 시료는 알코올 처리와 냉장고보관을 해야 한다. 시료용기의 의뢰자, 시료명, 채취일시, 채취장소, 토성, 중량 및 채취자 등을 표시한다. 시료를 채취한 채취공은 메우거나 관측공을 설치하여 계속 사용할 수 있다.

제6절 | 해양오염사범 수사

I. 개 념

누구든지 선박으로부터 오염물질을 해양에 배출하거나 육상에서 발생한 폐기물을 해양에 배출함으로써 해양환경의 훼손 또는 해양환경오염을 초래한 경우에 처벌의 대상이 된다.

2. 목 적

해양에 배출되는 기름, 유해액체물질, 포장유해물질 및 폐기물과 선박이나 해양시설로 부터 대기로 배출되는 대기오염물질, 육상에서 폐기물을 해양에 배출하는 행위를 규제하고 해양 오염물질을 제거함으로써 해양환경을 보전하여 국민의 건강과 재산을 보호함을 목적으로 한다.

3. 단속대상

(1) 선박이나 해양시설로부터 오염물질의 배출금지

누구든지 선박으로부터 기름이나 폐기물을 해양에 배출해서는 아니 된다. 즉, 선박에서 폐기물, 기름, 유해액체물질을 배출하여서는 아니 되고, 누구든지 해양시설 또는 해수욕장·하구역 등 해양공간에서 발생하는 오염물질을 해양에 배출하여서는 아니 된다. 다만, ① 선박의 안전확보나 인명구조를 위하여 행하는 부득이한 폐기물의 배출 경우, ② 선박의 손상 기타 부득이한 원인으로 기름이 계속 배출되는 경우, ③ 선박 또는 해양시설 등의 오염사고에 있어 국토해양부령이 정하는 방법에 따라 오염피해를 최소화하는 과정에서 부득이하게 오염물질이 배출되는 경우에 생기는 오염물질 배출은 예외이다.313)

(2) 육상에서 발생한 폐기물의 해양배출금지

누구든지 육상에서 발생한 폐기물을 해양에 배출할 수 없다. 다만, 국토해양부장관은 해양환경의 보전·관리에 영향을 미치지 아니하는 범위 안에서 육상에서 처리가 곤란한 폐기물로서 부령이 정하는 폐기물에 한하여 령이 정하는 해역에서 처리기준 및 방법에 따라 배출하게 할 수 있다(해양환경관리법 제23조).

(3) 선박에서의 해양오염방지

1) 폐기물오염방지 설비의 설치 위반

선박의 소유자나 임차인은 그 선박 안에서 발생하는 국토해양부령이 정하는 폐기물을 저장·처리하기 위한 설비를 기준에 따라 설치하지 않은 경우에 처벌된다. 또한 이 설비가 기준에 적합하게 유지·작동되지 않는 경우에도 처벌된다(해양환경관리법 제25조).

---

313) 해양환경관리법 제22조, 법률 제9872호, 2009.12.29.

2) 기름오염방지설비의 설치위반

선박의 소유자는 선박 안에서 발생하는 기름의 배출을 방지하기 위한 설비를 당해 선박에 설치하지 않거나 폐유저장을 위한 용기를 비치하지 아니 한 경우에 처벌된다. 또한 선박 소유자는 선박의 충돌·좌초 또는 그 밖의 해양사고가 발생하는 경우 기름의 배출을 방지할 수 있는 선체구조 등을 갖추지 아니한 경우에도 처벌된다(해양환경관리법 제26조).

3) 유해액체물질 오염방지 설비의 설치 위반

유해액체물질을 배에 실고 운반하는 선박으로서 령이 정하는 선박의 소유자는 유해액체물질을 그 선박 안에서 저장·처리할 수 있는 설비 또는 유해액체물질에 의한 해양오염을 방지하기 위한 설비를 령이 정하는 기준에 따라 설치하지 않은 경우에는 처벌된다. 또한 유해액체물질을 배에 신고 운반하는 선박으로서 령이 정하는 선박의 소유자는 선박의 충돌·좌초 그 밖의 해양사고가 발생하는 경우 유해액체물질의 배출을 방지하기 위한 그 선박의 화물창을 령이 정하는 기준에 따라 설치·유지하지 않은 경우에는 처벌된다(해양환경관리법 제27조).

4) 선박평형수 및 기름의 적재제한 위반

국토해양부령이 정하는 유조선의 화물창 및 령이 정하는 선박의 유류탱크에는 선박평형수를 적재하거나 그 선박의 선수탱크 및 충돌격벽보다 앞쪽에 설치된 탱크에 기름을 적재한 자는 처벌된다(해양환경관리법 제28조).

5) 포장유해물질의 운송 기준 위반

선박을 이용하여 포장유해물질을 운송하려는 자가 포장, 표시 및 적재방법 등의 요건에 적합하게 이를 운송하지 않은 경우에는 처벌된다(해양환경관리법 제29조).

6) 해양오염방지 검사증서 등을 교부받지 아니한 선박의 항해

선박의 소유자가 ① 해양오염방지 검사증서, ② 임시해양오염방지 검사증서 또는 방오시스템 검사증서를 교부받지 아니한 검사대상 선박을 항해에 사용한 경우, ③ 협약검사증서를 교부받지 아니한 선박을 국제항해에 사용한 경우, ④ 해양오염방지검사증서, 임시해양오염방지 검사증서, 방오시스템검사증서 및 협약검사증서에 기재된 조건에 부합하지 아니한 방법으로 그 선박을 항해에 사용한 경우는 처벌된다(해양환경 관리법 제57조).

7) 방제조치를 아니하거나 조치명령 위반

방제의무자는 배출된 오염물질에 대하여 ① 오염물질의 배출방지, ② 배출된 오염물질의 확산방지 및 제거, ③ 배출된 오염물질의 수거 및 처리 등을 하지 아니하거나 당국으로부터 방제조치 명령을 받은 시한내에 조치명령을 이행하지 않은 경우에는 처벌된다(해양환경관리법 제64조).

또한 선박의 소유자 또는 선장, 해양시설의 소유자는 선박 또는 해양시설의 좌초, 충돌, 침몰, 화재 등의 사고로 인해 오염물질이 배출될 우려가 있는 경우에 배출방지를 위한 조치를 이행하지 않은 경우에는 처벌된다(해양환경관리법 제65조).

또한 선박 또는 해양시설 등에 오염물질의 방제·방지에 사용되는 자재 및 약제를 비치·보관하지 않거나 자재 및 약제의 보관을 위하여 필요한 보관시설을 설치·운영하지 아니한 경우에 처벌된다(해양환경관리법 제66조).

8) 방제선 등의 배치 위반

총톤수 505톤 이상의 유조선, 총톤수 1만톤 이상의 유조선 외의 선박, 신고된 해양시설로서 저장용량 1만 킬로리터 이상의 기름저장시설 등의 소유자는 기름의 해양유출사고에 대비하여 방제선이나 방제장비를 일정한 해역안에 배치 또는 설치하지 아니한 경우에는 처벌된다(해양환경관리법 제67조).

(4) 과실범의 처벌

「해양환경관리법」은 과실로 해양에서 기름, 유해액체물, 포장유해물질. 폐기물을 배출한 자를 처벌한다. 「환경범죄의 단속에 관한 특별조치법」도 업무상 과실 또는 중대한 과실로 바다를 오염시키거나 어패류를 일정 규모 이상 집단폐사에 이르게 한 자를 과실범으로 처벌한다(법 제5조, 제3조 제3항 2호, 3호).

(5) 양벌규정

법인의 대표자 또는 법인이나 개인의 대리인, 사용인 그 밖의 종업원이 그 법인 또는 개인의 업무에 관하여 위반행위를 한 때에는 행위자와 법인을 처벌한다(해양환경관리법 제130조, 환경범죄의 단속에 관한 특별조치법 제10조).

제7절 │ 소음 · 진동사범 수사

I. 개 념

(1) 소음의 개념

소음이란 모든 기계, 기구, 시설, 그 밖의 물체의 사용 또는 환경부령으로 정하는 사람의 활동 등으로부터 발생하는 강한 소리를 말하며, 원치 않는 음, 소망스럽지 않은 음을 의미한다.

(2) 진동의 개념

진동도 소음과 같이 기계, 기구, 시설 기타 물체의 사용으로 인하여 발생하는 강한 흔들림으로 정의되고 있으며, 공해진동이란 사람에게 불쾌감을 주는 진동으로 쾌적한 생활환경을 파괴하고, 사람의 건강과 건물에 피해를 주는 진동을 말한다.314)

(3) 특 징

소음, 진동은 축적성이 없는 감각공해로서 국소적, 다발적으로 발생하며 소음방지 후에는 처리할 물질이 존재하지 않는다.

2. 규제지역과 대상

(1) 규제지역

① 「국토의 계획 및 이용에 관한 법률」에 따른 주거지역, 상업지역 및 녹지지역, ② 「국토의 계획 및 이용에 관한 법률」에 따른 준공업지역, ③ 「국토의 계획 및 이

---

314) 소음 · 진동관리법 제2조, 법률 제9770호, 2009.6.9.

용에 관한 법률」에 따른 취락지구 및 관광, 휴양개발진흥 지구(관리지역으로 한정), ④ 「의료법」 제3조에 따른 종합병원 주변지역, 「도서관법」 제2조에 따른 공공도서관 주변지역 및 「초・중등교육법」 제2조 또는 「고등교육법」 제2조에 따른 학교의 주변지역, ⑤ 그 밖에 환경부장관이 고요하고 편안한 생활환경 조성을 위하여 필요하다고 인정하여 지정, 고시하는 지역 등이다.315)

(2) 규제대상

① 공장의 소음, 진동, ② 생활 소음, 진동, ③ 교통 소음, 진동, ④ 항공기 소음 ⑤ 폭약에 의한 소음・진동 등이다.

3. 생활소음 규제

(1) 규제지역

주민의 평온한 생활환경을 유지하기 위하여 사업장 및 공사장 등에서 발생하는 소음・진동이 규제대상이다(소음 진동관리법 제21조 1항). 또한 이동소음의 원인을 일으키는 기계・기구로 인한 지역을 이동소음규제지역으로 지정하여 이동소음원의 사용을 금지하거나 사용시간 등을 제한할 수 있다. 폭약의 사용으로 인한 소음・진동역시 규제대상이다.

(2) 규제 제외지역

① 「산업입지 및 개발에 관한 법률」 제2조제5호에 따른 산업단지, 다만, 산업단지 중 「국토의 계획 및 이용에 관한 법률」 제36조에 따른 주거지역과 상업지역은 제외한다. ② 「국토의 계획 및 이용에 관한 법률」 시행령 제30조에 따른 전용공업지역, ③ 「자유무역지역의 지정 및 운영에 관한 법률」 제4조에 따라 지정된 자유무역지역, ④ 생활 소음・진동이 발생하는 공장, 사업장 또는 공사장의 부지 경계선으로부터 직선거리 300미터 이내에 있는 주택(사람이 살지 않는 폐가는 제외한다), 운동・휴양시설 등이 없는 지역(소음・진동규제법 시행규칙 제20조1항).

---

315) 소음・진동규제법 시행규칙 별표11, 환경부령 제335호, 2009.6.30.

(3) 규제대상

1) 생활소음 · 진동의 규제대상

① 확성기에 의한 소음(「집회 및 시위에 관한 법률」에 따른 소음과 국가비상훈련 및 공공기관의 대국민 홍보를 목적으로 하는 확성기 사용에 따른 소음의 경우는 제외한다), ② 배출시설이 설치되지 아니한 공장에서 발생하는 소음, 진동, ③ 규제 제외지역 외의 공사장에서 발생하는 소음, 진동, ④ 공장, 공사장을 제외한 사업장에서 발생하는 소음, 진동 등이 규제대상이다(소음진동에 관하 규제법 시행규칙 제20조 제2항).

2) 이동소음의 규제

① 이동하며 영업이나 홍보를 위해 사용하는 확성기, ② 행락객이 사용하는 음향기계 및 기구, ③ 소음방지장치가 비정상적이거나 음향장치를 부착하여 운행하는 이륜자동차, ④ 환경부장관이 지정 · 고시한 기계 및 기구, 즉 굴삭기, 발전기, 공기압축기, 콘크리트 절단기, 천공기, 다짐기계, 로더, 브레이커 등

4. 소음 · 진동 규제에 관한 특징

① 소음 진동의 측정단위는 데시벨이다 ② 대상지역, 소음원, 시간대 별로 소음 진동의 허용기준이 다르다. ③ 공사장의 소음규제는 작업시간에 따라서 규제기준이 달라질 수 있다. ④ 대상지역의 구분은 「국토의 계획 및 이용에 관한법률」에 따른다.

제8절 유해화학물질 오염사범 수사

Ⅰ. 개 념

(1) 화학물질

화학물질이란 원소, 화합물 및 그에 인위적인 반응을 일으켜 얻어진 물질과 자연 상태에서 존재하는 물질을 추출하거나 정제한 것을 말한다.

(2) 유독물

유독물이란 유해성이 있는 화학물질로서 대통령령이 정하는 기준에 따라 환경부장관이 정하여 고시한 것을 말한다. 「유해화학물질관리법 시행령」의 별표1은 유독물 및 관리물질의 기준을 구체적으로 명시하고 있다. 이 기준의 내용을 요약한다면, ① kg당 300mg 이하의 화학물질로서 경구독성 시험에서 시험동물인 설치류의 반을 죽일 수 있는 물질, ② kg당 1,000mg 이하의 량으로서 경피독성 시험에서 시험동물인 설치류의 반을 죽일 수 있는 물질, ③ 흡입독성 시험에서 설치류의 반을 죽일 수 있는 농도 2,500ppm 이하이거나 L당 10mg 이하인 화학물질, ④ 분진이나 미립자로 설치류 흡입독성 시험에서 시험동물의 반을 죽일 수 있는 농도가 L당 1mg 이하인 화학물질, ⑤ 피부에 3분 동안 노출시킨 경우 1시간 이내에 표피에서 진피까지 괴사를 일으키는 화학물질, ⑥ 어류에 대한 독성시험에서 시험어류의 반을 죽일 수 있는 농도가 L당 1.0 mg이하인 화학물질, ⑦ 어류에 대한 생물농축계수가 500 이상인 물질로서 90일 동안 반복 투여하여 독성시험을 한 결과 최대 악영향 무관관찰량이 1일 kg당 10mg 이하이거나 90일 이상의 장기간의 시험에서 간, 신장 등에 특이한 영향을 주는 것으로 확인된 화학물질, ⑧ 유독성 시험 중 동물시험과 박테리아를 이용한 유전자 변이시험 또는 동일한 수준 이상의 시험인 시험관 내 시험에서 양성인 화학물질로서 발암성 시험을 하지 아니한 물질, ⑨ 두 종류 이상의 발암성 시험에서 암을 유발한다는 증거가 있거나 국제암연구센터 등 국제적인 전문기관에서 인체에 암을 유발하는 것으로 분류된 1급 화학물질 및 인체에 암을 유발할 우려가 있는 것으로 판정된 2A급 화학물질, ⑩ 인체와 관련한 증거를 통하여 인체의 생식능력·발생에 악영향을 주는 것으로 알려졌거나 동물실험 및 기전연구에서 생식능력·발생에 악영향을 준다는 충분한 증거가 있어 인체에도 그러한 악영향을 줄 것으로 추정되는 화학물질, ⑪ 위의 ①에서 ⑧까지의 규정에 해당하는 유독물을 1% 이상 함유한 화학물질이나 혼합물, ⑫ 위의 ⑨ 또는 ⑩에 해당하는 유독물을 0.1% 이상 함유한 화합물질이나 혼합물질 등이다.316)

---

316) 유해화학물질관리법 시행령 별표1, 대통령령 제21263호, 2009.1.14.

(3) 관찰물질

관찰물질이란 유해성이 있을 우려가 있는 화학물질로서 대통령령이 정하는 기준에 의해 환경부장관이 정하여 고시한 것을 말한다. 관찰물질의 지정기준은 ① 난분해성 물질로서 옥탄올 물 분배계수가 4부터 7까지의 화합물질, ② 어류에 대한 생물농축계수가 500 이상인 화학물질, ③ 박테리아를 이용한 유전자 변이 시험과 포유류 배양세포를 이용한 염색체 이상 시험 또는 동일 수준 이상의 시험에서 모두 양성이거나 어느 하나의 시험에서 강한 양성인 화학물질, ④ 시험동물을 이용한 시험에서 유전적 손상을 주는 화학물질, ⑤ 한 종류 이상의 시험동물에 대하여 암을 유발한다는 증거가 있거나 국제암연구센터 등 국제적인 전문기관에서 인체에 암을 유발할 가능성이 있다고 판정한 28급 화학물질, ⑥ 인체 또는 동물에 대한 시험에 기초한 자료를 통하여 인체의 생식능력, 발생에 악영향을 준다고 의심되고, 인체에 그러한 영향을 주지 않는다는 증거가 미약한 화학물질, ⑦ 위의 ①에서 ④까지의 관찰물질을 1% 이상 함유한 화학물질이나 혼합물질, ⑧ 위의 ⑤ 또는 ⑥에 해당하는 관찰물질을 0.1% 이상 함유한 화학물질이나 혼합물질 등이다(유해화학물질관리법 시행령 별표1).

(4) 취급제한 · 금지물질

취급제한 · 금지물질이란 특정용도로 사용되는 경우 위해성이 크다고 인정되어 제조, 수입, 판매, 보관, 저장, 운반 또는 사용을 제한하거나 금지하기 위하여 환경부장관이 관계중앙행정기관의 장과 협의하여 고시한 화학물질을 말한다.

(5) 사고대비물질

사고대비물질이란 급성독성, 폭발성 등이 강하여 사고발생의 가능성이 높거나 사고가 발생한 때에 그 피해 규모가 클 것으로 우려되는 화학물질로서 사고 대비 · 대응계획이 필요하다고 인정되어 대통령령이 정하는 것을 말한다. 그 물질은 ① 포름알데히드, ② 메틸하이드라진, ③ 포름산, ④ 메탄올, ⑤ 벤젠, ⑥ 염화에틸, ⑦ 메틸아민, ⑧ 시안화수소, ⑨ 염화비닐, ⑩ 이황화탄소, ⑪ 산화에틸렌, ⑫ 포스겐 등 56종이다.

(6) 유해화학물질

유해화학물질이란 유독물, 관찰물질, 취급제한·금지물질, 사고대비물질 그 밖에 유해성 또는 위해성이 있거나 그러할 우려가 있는 화학물질을 말한다.

(7) 신규화학물질

신규화학물질이란 1991년 2월2일 전에 규정이나 법령에 의해 국내에서 상업용으로 유통된 화학물질로서 환경부장관이 노동부장관과 협의하여 고시한 화학물질이나 1991년 2월 2일 이후 종전의 규정이나 이 법의 규정에 따라 유해성 심사를 받은 화학물질로서 환경부장관이 고시한 화학물질을 제외한 화학물질을 말한다.[317]

2. 적용 제외 대상

다음 각 호의 어느 하나에 해당하는 화학물질은 이 법 상의 유해화학물질에서 제외한다. ① 「원자력법」에 의한 방사성물질, ② 「약사법」의 의약품 및 의약외품, ③ 「마약류관리에 관한 법률」에 의한 마약류, ④ 「화장품법」의 화장품(안전성관련 원료 포함), ⑤ 「농약관리법」의 원제 및 농약, ⑥ 「비료관리법」의 비료, ⑦ 「식품위생법」에 의한 식품 및 식품첨가물, ⑧ 「사료관리법」의 사료, ⑨ 「총포·도검·화약류단속법」의 화약류, ⑩ 「고압가스안전관리법」의 독성가스 등은 제외된다.[318]

3. 단속·수사의 문제점

(1) 유독물 상품 성분확인 곤란

「유해화학물질관리법」은 유독물을 화학물질명으로 기재하고 있으나 실제로 유통되는 유독물은 상품명으로 표기되어 있어 유독물 여부 판별이 어렵고 제조·수입회사는 특정상품의 성분확인을 기피하는 경향이 강하다.

---

317) 유해화학물질관리법 제2조, 법률 제8951호, 2008.3.21.
318) 유해화학물질관리법 제3조, 법률 제8951호, 2008.3.21.

(2) 취급업자들의 영세성과 정보부족

유독물 제조공장이나 취급업자들이 영세하여 농가창고 등에서 은밀하게 제조·취급하고 있으며 화공약품 계통에 의한 정보의 부족으로 불법제조·취급업자의 적발이 어렵다. 전문수사관이 없어 수사가 당사자들의 진술에 의존하는 문제가 있다.

(3) 유독물 관리체계 이원화의 문제

공단지역은 환경부, 기타지역은 시·도에 위임되어 이원화된 체계를 가지고 있다.

(4) 유해화학물질관리법의 적용제한

「유해화학물질관리법」은 일반공업용 화학물질만 규제·관리하고 있으며 기타 화학물질은 「원자력법」, 「약사법」 등의 법령에서 규제하고 있고 소관 행정부처도 다양하여 통합관리가 불가능하다.

제9절   하수·분뇨 및 축산폐수 관련사범 수사

I. 의 의

생활하수 및 분뇨, 축산폐수 불법처리사범은 무허가, 미신고 배출시설을 설치하여 생활 오·폐수를 배출하거나 폐수시설을 비정상 운영함으로써 공공수역 등의 수질이 오염되게 하는 행위를 한 자를 말한다. 양벌규정이 적용된다.

2. 개 념[319]

(1) 하수(하수도법 제2조 1호)

하수란 사람의 생활이나 경제활동으로 인하여 액체성 또는 고체성의 물질이 섞이어 오염된 물(이하 오수)과 건물, 도로 그 밖의 시설물의 부지로부터 하수도로 유입

---

[319] 가축분뇨의관리및이용에관한법률 제2조, 법률 제8957호, 2008.3.21.

되는 빗물이나 지하수를 말한다. 다만, 농작물의 경작으로 인한 것은 제외한다. 따라서 하수는 생활이나 사업활동에 사용할 수 없는 물로서 일상생활과 관련하여 수세식화장실, 목욕탕, 주방 등에서 배출된 물과 빗물 및 지하수를 포함하는 개념이다.320)

(2) 분 뇨

분뇨란 수거식 화장실에서 수거되는 액체성 또는 고체성의 오염물질과 개인 하수처리시설의 청소과정에서 발생하는 찌꺼기를 포함한다(하수도법 제2조2호).

(3) 가축분뇨

가축분뇨란 가축이 배설한 분뇨 및 가축사육과정에서 사용된 물 등이 분·뇨에 섞인 것을 말한다(가축분뇨의 관리 및 이용에 관한법률 제2조 2호).

(4) 배출시설

배출시설이란 가축의 사육으로 인해 가축분뇨가 발생하는 시설 및 장소 등으로서 축사, 운동장 그 밖에 환경부령으로 정하는 것을 말한다(가축분뇨의 관리 및 이용에 관한 법률 제2조 3호).

(5) 정화시설과 처리시설

정화시설은 가축분뇨를 침전·분해 등 환경부령이 정하는 방법에 따라 처리하는 시설을 말하고, 처리시설은 가축분뇨를 자원화 또는 정화하는 자원화 시설 또는 정화시설을 말한다(가축분뇨의 관리 및 이용에 관한 법률 제2조 7호 및 8호).

3. 범죄유형

(1) 무허가, 미신고 가축분뇨 배출시설 설치

허가 또는 변경허가를 받지 아니하거나 거짓 그 밖의 부정한 방법으로 허가 또는

---

320) 하수도법 제2조 1호, 법률 제9432호, 2009.2.6.

변경허가를 받아 가축분뇨배출시설을 설치하거나 신고대상자로서 배출시설을 설치하지 아니하고 배출시설을 사용한 자는 처벌된다(가축 분뇨의 관리 및 이용에 관한 법률 제11조).

(2) 가축분뇨의 공공수역 유입

배출시설을 허가받지 않은 자는 물론이고 허가받은 자도 다음과 같은 행위를 할 경우에 처벌의 대상이 된다. 즉, 가축을 사육하는 자 또는 가축분뇨를 수집, 운반, 처리하는 자는 배출시설에서 배출되는 가축분뇨를 적절하게 처리하지 아니한 상태로 공공수역에 유입한 경우에 처벌대상이다(가축분뇨의 관리 및 이용에 관한 법률 제48조 1호, 제 10조).

(3) 가축분뇨나 하수배출시설의 비정상 운영

방류수질기준을 초과하여 배출하는 행위, 하수를 공공하수처리시설에 유입시키지 아니하고 배출하거나 공공하수처리시설에 유입시키지 아니하고 배출할 수 있는 시설을 설치하는 행위, 공공하수처리시설 또는 분뇨처리시설에 유입된 하수 또는 분뇨를 최종방류구를 거치지 아니하고 배출하거나 최종방류구를 거치지 아니하고 배출할 수 있는 시설을 설치하는 행위, 분뇨에 물을 섞어서 처리하거나 물을 섞어 배출하는 행위는 처벌대상이다(하수도법 제19조2항).

지방자치단체의 장 및 공공처리시설의 관리를 대행하는 시설관리업자는 다음의 어느 하나에 해당하는 행위를 하여서는 아니 된다. ① 공공처리시설로 유입되는 가축분뇨를 자원화하지 아니한 상태나 최종 방류구를 거치지 아니한 상태에서 중간배출하거나 중간배출을 할 수 있는 시설을 설치하는 행위, ② 가축분뇨에 물을 섞어 처리하거나 물을 섞어 배출하는 행위, 다만, 시·도지사가 물을 섞는 행위를 인정한 경우는 제외한다(가축분뇨의 관리 및 이용에 관한 법률 제48조3호).

(4) 공공처리시설의 손괴나 기능장해행위

가축분뇨를 배출하기 위하여 설치된 공공처리시설을 손괴하거나 그 기능에 장해를 주어 가축분뇨를 처리할 수 없게 방해한 자는 처벌된다(가축분뇨의 관리 및 이용에 관한 법률 제48조2호).

누구든지 공공하수도를 손괴하거나 그 기능에 장해를 주어 하수의 흐름을 방해하여서는 아니 되고, 정당한 사유없이 공공하수도를 조작하여 하수의 흐름을 방해하여서는 아니 된다(하수도법 제19조 5항 및 6항).

4. 수사방법

① 오수처리시설 설치의무규정 위반행위 확인, ② 정화조 및 오수정화시설의 관리기준 준수여부 점검, ③ 일정처리용량 이상의 정화조 처리업소는 기술관리인을 선임해야 하므로 그 선임여부 확인, ④ 축산폐수정화시설의 경우 비정상운영 여부 확인 등을 수사한다.

제**22**장

외국인범죄 수사

I. 준거규정

일반 외국인범죄 수사는 외국인관련 범죄 또는 우리나라 국민의 국외범, 대·공사에 관한 범죄, 주한 미군의 범죄, 그 외 외국에 관한 범죄수사에 관하여 조약, 협정 그 밖의 특별한 규정이 있을 때에는 그에 따르고 특별한 규정이 없을 때에는 「범죄수사규칙」의 국제범죄에 관한 특칙에 의하는 외에 일반적인 수사절차를 따른다.321)

2. 피의자 체포

(1) 경찰청장에 대한 보고

경찰관은 국제범죄 중 중요한 범죄에 관하여는 미리 경찰청장에게 보고하여 그 지시를 받아 수사에 착수하여야 한다. 다만, 급속을 요하는 경우에는 필요한 처분을 한 후 신속히 경찰청장의 지시를 받아야 한다.

---

321) 범죄수사규칙 제231조, 경찰청훈령 제526호, 2008.7.22.

(2) 내국인과 거의 동일

일반 외국인 범죄자의 체포절차는 영사기관에 통보하는 것 등을 제외하면 내국인의 경우와 거의 동일하다. 즉, 강제수사일 경우 영장의 제시, 긴급체포나 현행범 체포의 경우에는 그 조건을 준수하고 미란다원칙과 변호인선임권 및 조력을 받을 수 있는 권리 등을 고지하는 등 내국인 체포절차와 동일하다.

(3) 영사기관에의 통보

1) 영사기관 통보 요청 권리 고지[322]

경찰관은 외국인을 체포하거나 구속하였을 때에는 피의자에게 해당 영사기관에 체포 또는 구속되었다는 사실의 통보를 요청할 수 있다는 점과 한국법령에 위반되지 않는 한 해당 영사기관과 접견·교통권을 요청할 수 있다는 사실을 반드시 고지해야 한다.

2) 통보 및 면담을 요청하는 경우

피의자가 영사관에 통보 및 면담을 요청하는 경우에는 지체없이 해당 주한 외국영사관에 통보해야 하며, 통보 및 면담을 원하지 않는 경우에는 해당 공관에 통보할 필요는 없으나 이 같은 사실을 반드시 조서에 기재해 두어야 한다.[323]

3) 통보 및 면담을 원치 않는 경우

피의자가 자국의 영사기관에 통보 및 면담을 원치 않는 경우 통보조치를 할 필요가 없으며 이를 조서에 기록해 두어야 한다.

4) 이중국적자

피의자가 이중국적자인 경우에는 해당 피의자가 원하는 영사관에 통보하거나 해당 영사관 모두에 통보한다.

---

322) 영사관계에관한비엔나협약 제36조, 한국발효 1977.4.6.
323) 경찰실무전서, 경찰청, 2000, pp.1300-1301.

5) 무국적자

피의자가 무국적자인 경우 수사기관은 영사관에 원칙적으로 통보할 의무가 없지만 해당 피의자가 외국정부 발행 여권을 소지하고 있고 본인이 희망하는 경우에는 여권발행국 영사관에 통보한다.

6) 영사관계가 없는 외국인

피의자가「영사관계에 관한 비엔나협약」체약국의 국민이라 하더라도 우리나라와 영사관계가 없는 국가의 국민인 외국인에 대해서는 통보할 필요가 없다.

7) 조약에 의한 의무적 통보

사법경찰관은 별도 외국과의 조약에 의해 피의자의 의사에 관계없이 해당 영사기관에 통보하게 되어 있는 경우에는 반드시 이를 통보하여야 한다.[324]

8) 영사관 통보사항

① 피의자의 국적·성명 및 생년월일, ② 체포일시, ③ 유치 또는 구금장소, ④ 죄명 및 피의사실의 요지, ⑤ 수사관서 및 수사담당자의 직책과 성명 등이다.

9) 외국인사망자 통보

사법경찰관은 외국인 변사사건을 접수한 때에는「영사관계에 관한 비엔나협약」제37조의 규정에 따라 영사기관사망통보서를 작성하여 해당 영사기관에 그 사실을 지체없이 통보하고 이를 사건관련기록에 편철하여야 한다.[325]

3. 피의자 조사

(1) 자기소개

사법경찰관은 피의자 신문에 들어가기 전에 먼저 자신의 소속, 계급, 성명을 밝혀야 한다.

---

324) 범죄수사규칙제241조, 경찰청훈령제526, 2008.7.22
325) 범죄수사규칙제242조, 경찰청훈령제526호, 2008.7.22.

(2) 통역인 소개

　사법경찰관은 경찰 통역센터의 통역인 기타 통역이 가능한 자를 통역인으로 선정하여 피의자 조사를 해야 하며, 통역인에 대한 구체적인 자격규정이나 제한은 없다. 따라서 통역인은 한국인이라도 무방하고 그 국적을 가리지 않으며 피의자와 수사관 사이에 필요한 언어소통이 가능한 사람으로서 중립적인 사람이면 된다. 담당 경찰관이 외국어에 능통하다 하더라도 직접 신문해서는 안 되고 통역인을 거쳐서 신문하고 조서는 반드시 한국어로 기재해야 한다.

(3) 형사절차상의 권리 고지

　피의자 조사시 사전에 통역을 통하여 범죄사실의 요지와 아울러 진술거부권의 고지, 변호인 선임권 고지 등 형사절차상의 피의자 권리를 고지한다.

(4) 인정신문

　피의자 확인을 위해 이름, 생년월일, 국적, 한국에서의 주소, 한국에 온 이유 등을 확인하고 아울러 여권과 비자 등을 확인 후 사본을 복사하고 피의자 체류자격을 확인해야 한다. 또한 90일 이상 한국 체류자인 경우 출입국 사무소나 출장소에 외국인 등록 여부 및 등록증을 확인해야 한다. 아울러 피의자의 건강상태도 질문하여 확인해 두어야 한다.

(5) 조서의 서명

　피의자 신문조서 말미에는 반드시 피의자와 통역인의 서명 및 담당 사법경찰관리의 기명날인이 요구된다.

4. 영사의 접견·교통권

(1) 권 리

　영사는 한국의 법령 내에서 체포·구금된 자국의 피의자를 방문하고 면담하거나 변호인을 알선할 권리가 있다.

(2) 접견권의 제한

영사와 외국인 피의자의 면담시에는 증거인멸 등을 방지하기 위해 접견일시, 장소, 회수 및 시간을 제한하거나 접견장소에 경찰관, 통역인 등을 입회시킬 수 있다.

피의자가 명시적으로 접견을 원치 않을 경우에는 영사는 접견을 삼가야 하므로 영사의 접견신청에 응할 필요가 없다. 이 경우에 피의자의 방어권을 부당히 침해한다는 의혹을 남기지 않기 위해 피의자의 접견희망여부를 명백히 확인해야 하며, 영사와의 접견에 관한 의사확인서를 작성, 기록에 첨부하고 영사가 이를 요구할 때에는 부본을 교부해 주어야 한다.

5. 출입국관리법과의 관계

외국인 피의자가 「형법」이나 특별형법을 위반하고 아울러 「출입국관리법」을 위반한 경우에는 형사절차가 끝난 후에 출입국관리사무소에 통보하여 신병을 처리해야 한다. 특히 수사완료 후 해외로 도피할 우려가 있는 중요범죄 피의자에 대하여는 담당검사를 통해 일정한 기간을 정하여 출국정지 조치를 할 수 있다.326)

제2절   불법체류 외국인 범죄자 수사

l. 불법체류 확인

외국인은 여권과 사증을 휴대하고 관계공무원이 요구할 경우에는 언제든지 제시해야 할 의무가 있으므로 경찰관은 여권과 사증을 조사하여 불법체류 여부를 확인한다. 이 과정에서 불법체류자임이 확인되면 출입국관리공무원에게 통보한다.

2. 불법체류자의 보호조치

출입국관리공무원은 불법체류자에 대하여 사무소장 · 출장소장 · 외국인보호소장

---

326) 출입국관리법 제29조, 법률 제9142호, 2008.12.19.

에게 보호의 필요성을 인정할 수 있는 자료를 첨부·제출하여 보호명령서를 발부받아 그 외국인을 보호할 수 있다.

긴급을 요하여 보호명령서를 받을 여유가 없을 경우에는 긴급보호조치를 할 수 있으며 48시간 이내에 보호명령서를 발부받지 못하면 즉시 보호를 해제해야 한다.[327] 또한 불법체류자를 보호조치한 때에는 국내에 있는 법정대리인, 배우자, 직계친족, 형제자매, 가족, 변호인이나 불법체류자가 지정한 자에게 3일 이내에 보호의 일시, 장소 및 이유를 서면으로 통지해야 한다.[328]

3. 경찰의 공소제기

경찰은 불법체류자에 대한 출입국관리소의 사무소장, 출장소장 또는 외국인보호소장의 고발이 없으면 공소를 제기할 수 없다. 특히 출입국관리공무원 외의 수사기관이 「출입국관리법」을 위반한 출입국사범을 입건한 때에는 지체없이 관할 사무소장, 출장소장 또는 외국인보호사장에게 인계해야 한다. 또한 출입국관리공무원에게 인계를 위해 일시 보호조치를 할 수 있지만 출입국관리공무원이 보호대상이 아니라는 의사를 밝히면 즉시 해제해야 한다.[329]

4. 취업 무자격자 고용 사업자의 경비부담

취업활동을 할 수 있는 자격이 없는 외국인을 고용한 사업자는 그 외국인의 출국에 소요되는 비용의 전부 또는 일부를 부담하게 할 수 있으며, 이를 이행치 않아 국고에서 부담한 경우에는 불법고용주에게 구상권을 행사할 수 있다.[330] 또한 불법체류자라도 범죄피해를 당한 경우에는 그에 상응하는 법적 조치를 취해야 한다.

---

327) 출입국관리법 제51조, 법률 제9142호, 2008.12.19.
328) 출입국관리법 제54조, 법률 제9142호, 2008.12.19.
329) 출입국관리법 제101조, 법률 제9142호, 2008.12.19.
330) 출입국관리법 제90조, 법률 제9142호, 2008.12.19.

제3절 | 외교사절범죄 수사

Ⅰ. 외교관범죄 처리과정

(1) 경찰청장에 대한 보고

경찰관은 외교관 또는 외교관의 가족, 그 밖의 외교특권을 가진 자, 또한 그 사용인을 체포하거나 조사할 필요가 있다고 인정될 때에는 현행범인의 체포 그 밖의 긴급한 경우를 제외하고는 미리 경찰청장에게 보고하여 그 지시를 받아야 한다. 또한 경찰관은 피의자가 외교특권을 가진 자인지 그 여부가 의심스러운 경우에는 신속히 경찰청장에게 보고하여 그 지시를 받아야 한다(범죄수사규칙 제233조 및 234조).

(2) 일반원칙

외교관은 접수국 당국이 불가침권과 면제권 등 특권을 침해하지 않는 한 접수국의 법령을 존중할 의무가 있다. 특권과 면제를 침해하지 않는 한 접수국의 법령을 존중하는 것은 특권 및 면제를 향유하는 모든 자의 의무이다.[331]

(3) 현행범이나 음주운전자에 대한 일시통제

외교관은 모든 형사처벌이 면제되나 현행범의 범죄제지를 위한 일시적 억제, 음주운전 중일 경우에 일시 보호조치가 가능하다.

(4) 형사범에 대한 추방조치와 수사증거 수집

외교관은 어떠한 경우에도 형사재판의 대상이 되지 않지만 살인이나 강도, 강간 등의 강력범죄나 간첩죄 등 중요범죄를 범한 경우에는 추방조치나 강제소환의 대상이 되며 경찰의 범죄수사와 증거수집활동을 금지하는 것은 아니다.

---

331) 외교관계에관한비엔나협약 제41조, 한국발효 1971.1.27.

(5) 외교특권 존중과 보안유지

외교관관련 범죄 수사는 외교특권을 존중하여 실행하고 외교문제로 비화하지 않도록 대외보안에도 최선을 다해야 한다.

2. 외교관 관련범죄 수사초점

(1) 외교관 신분확인

외교관 범죄를 수사할 경우에는 당사자가 소지한 신분증에만 전적으로 의존해서는 안 되고 반드시 외교부에 조회하거나 외교부에서 정기적으로 발행하는 외교관 명단을 확인해야 한다.

(2) 경찰관서 동행요구

외교특권을 소유하고 있는 외교관에 대해서는 강제처분이 불가능하므로 경찰관서에 강제연행할 수 없으나 피의자로서가 아니라 사건관계자로서 사건의 진상을 규명하기 위해 필요하다는 점을 잘 납득시켜 경찰관서에 동행을 요구하는 임의수사 방법에 의한다.

동행거부시 현장의 적당한 장소에서 문답 등의 방법에 의해 사실을 청취한다. 이때 외교관이 진술을 거부하고 퇴거시에 경찰은 강제조치를 할 수 없다. 따라서 목격자, 피해자 등의 진술조서 및 수사보고서를 작성하고 진상을 명백히 규명한 후 필요에 따라 외교부를 통한 외교채널의 협조를 구할 수밖에 없다.

(3) 피의자 신문조사 불가

외교관은 「외교관계에 관한 비엔나 협약」에 의하여 신체의 불가침과 형사재판권의 면제와 같은 특권으로 인해 피의자로 취급되지 않으며 따라서 피의자 신문조사의 대상이 되지 않는다.332) 그러나 처벌의 목적이 아니라 진상조사 차원에서 본인의 동의시 진술청취, 신문조서의 작성, 지문채취도 가능하다. 특히 피해자가 민사상 구제절차를 진행할 경우에는 사건자료가 매우 중요하므로 사건을 송치하지 않는 경우에도 그 처리결과를 명확히 해야 한다.

---

332) 외교관계에관한 비엔나협약 제29조 및 31조, 한국발효 1971.1.27.

(4) 외교부 경유 외국공관의 수사협조의뢰

목격자, 피해자 등의 진술조서 및 수사보고서를 작성하여 진상을 명백하게 규명한 후 필요에 따라 외교부를 통해 해당 외교관이 소속된 외국공관의 수사협조를 요청한다.

(5) 상대국의 재판권 면제 포기와 소추

외교특권을 향유하는 자라 하더라도 신분에 따라 특권과 면제의 범위가 다르고 외교관이 특권을 상실하거나 상대국이 재판권의 면제를 명시적으로 포기하는 경우에는 소추가 가능하며,333) 외교부에서 해당 공관장에게 해당 외교관에 대한 주의촉구 또는 추방요구, 파견국에 대한 소환요구 등의 조치를 취할 수 있다.

(6) 외교관 범죄의 즉보

외교관 관련 범죄 발생시 경찰관은 즉시 관서장에게 인적사항과 범죄개요를 보고하여 지시를 받아야 한다. 그리고 체포한 외국인이 외교특권 향유자일 경우 즉시 석방해야 한다.

3. 외교관의 종류에 따른 특권의 범위

(1) 공관장과 외교직원 그리고 그 가족

공관장과 외교직원 및 그 가족은 외교부장관이 발급하는 외교관 신분증 소지자로서 비엔나협약에 규정된 특권. 즉 불가침권과 면제권을 향유한다. 외교사절 및 영사관원은 비엔나 협약에 의거 신체의 불가침권과 아울러 형사재판권의 면제권을 향유한다. 다만, 수사를 개시하여 종결할 수는 있으며 '공소권없음' 의견으로 검찰에 송치한다. 외교관의 가족은 접수국의 국민이 아닌 경우 역시 동일한 특권이 인정된다.

---

333) 외교관계에관한비엔나협약 제32조, 한국발효 1971.1.27.

(2) 사무 및 기술직원과 그 가족

부기사, 속기사, 비서, 컴퓨터 타이핑라이터 같이 대사관에 근무하는 외교관이 아닌 사무 및 기술담당 직원 및 그 가족은 외교부장관이 발급하는 신분증 소지자일 경우에 형사재판권의 면제와 공무중의 행위에 대하여 민사·행정 재판권의 면제를 받는다. 따라서 공무중의 행위가 아닐 경우에는 민사 및 행정재판권이 면제되지 않는다. 다만, 그들은 접수국의 국민이 아니어야 한다.

(3) 서비스직원 및 개인사용인

업무직원이라고도 하는 이들은 요리사, 운전사, 사환, 청소부 등 단순노무에 종사하는 구성원으로서 우리나라 국민이 아닌 자이며 외교부장관이 발급하는 신분증A 소지자이다. 이들은 공무수행중의 범죄에 대해서는 형사재판권이 면제된다. 사적인 활동 중의 범죄는 처벌받는다. 다만, 이 경우에도 체포하거나 조사할 필요가 있을 시 현행범인의 체포 기타 긴급하고 부득이한 경우를 제외하고는 미리 경찰청장에게 보고하여 그 지시에 의하도록 하고 있다.

공관 외에서의 현행범 체포를 제외하고는 외교사절의 동의없이 체포·억류할 수 없으며 현행범으로 체포하였을 경우에는 인적 사항과 범죄개요 등을 신속히 경찰청장에게 보고하고 당해 공관에 통보한다. 또한 피의자가 외교특권 소유자인지 의심스러운 경우에는 신속하게 경찰청장에게 보고하여 그 지시를 받아야 한다.334)

(4) 국제기구 본부 임명 주한 대표사무소 직원과 그 가족

외교부장관이 발급하는 국제기구 신분증 소지자인 고위직원과 그 가족은 외교관에 준하여 처리한다.

(5) 주한 국제기구 대표사무소 직원과 그 가족

외교부장관이 발급한 신분증 A를 소지한 경우 외교관에 준하여 처리한다.

---

334) 범죄수사규칙 제234조, 법률 제526호, 2008.7.22.

4. 외국군함에의 출입

(1) 경찰관의 출입금지[335]

경찰관의 외국군함 출입은 당해 함장의 청구가 있는 경우에만 가능하다.

(2) 중대범죄자의 함정내에 도주시의 조치

경찰관은 중대한 범죄를 범한 자가 도주하여 대한민국의 영해에 있는 외국군함으로 들어갔을 때에는 신속히 경찰청장에게 보고하여 그 지시를 받아야 한다. 다만, 급속을 요할 때에는 당해 군함의 함장에게 범죄자의 임의의 인도를 요구할 수 있다.[336]

(3) 외국군함 승무원의 범죄

경찰관은 외국군함에 속하는 군인이나 군속이 그 군함을 떠나 대한민국의 영해나 영토 내에서 죄를 범한 경우에는 신속히 경찰청장에게 보고하여 그 지시를 받아야 한다. 다만, 현행범 그 밖의 급속을 요하는 때에는 체포 그 밖의 수사상 필요한 조치를 한 후 신속히 경찰청장에게 보고하여 그 지시를 받아야 한다(범죄수사규칙 제237조).

(4) 외국 선박내의 범죄수사

경찰관은 대한민국의 영해에 있는 외국 선박 내에서 발생한 범죄로서 다음 각호의 어느 하나에 해당하는 경우에는 수사를 하여야 한다. ① 대한민국 육상이나 항내의 안전을 해할 때, ② 승무원 이외의 자나 대한민국의 국민에 관계가 있을 때, ③ 중대한 범죄가 행하여졌을 때 경찰은 수사를 개시하여야 한다(범죄수사규칙 제239조).

---

335) 범죄수사규칙 제236조, 경찰청훈령 제526호, 2008.7.22.
336) 범죄수사규칙 제236조, 경찰청훈령 제526호, 2008.7.22.

5. 영사 등의 범죄에 관한 수사

(1) 경찰청장에 대한 보고

경찰관은 임명국의 국적을 가진 대한민국 주재의 총영사, 영사 또는 부영사에 대한 사건에 관하여 구속 또는 조사할 필요가 있다고 인정될 때에는 미리 경찰청장에게 보고하여 그 지시를 받아야 한다.

(2) 사무소 출입

경찰관은 총영사, 영사 또는 부영사의 사무소를 출입해야 될 경우에는 당해 영사의 청구나 동의가 있어야 한다.

(3) 관사 등에 대한 출입

경찰관은 총영사, 영사 또는 부영사의 사택이나 명예영사의 사무소 혹은 사택에서 수사할 필요가 있다고 인정될 때에는 미리 경찰청장에게 보고하여 그 지시를 받아야 한다.

(4) 압수 · 수색의 금지

경찰관은 총영사, 영사 또는 부영사나 명예영사의 사무소 안에 있는 기록문서에 관하여는 이를 열람하거나 압수하여서는 아니 된다.

제4절　한미행정협정 적용 대상자의 범죄

Ⅰ. 적용대상자

SOFA의 적용대상인 주한미군, 군속 및 그 가족 등에 의한 범죄를 대상으로 한다.

(1) 미군의 구성원

한국의 영역안에 있는 미국의 육군, 해군 또는 공군에 속하는 군인으로서 현역 군인을 말한다. 그러나 다음에 소속된 미군은 외교관에 준하는 특권과 면제를 향유하고 있어서 SOFA적용에서 제외된다.[337] ① 주한 미국대사관에 부속된 무관 ② 주한 미연합 군사고문단 소속 군인은 SOFA 적용 대상이 아니다.

(2) 군 속

미국의 국적을 가진 민간인으로서 주한 미군에 고용되어 있거나 미국과 한국의 국적을 가진 이중국적자로서 주한미군에 고용되어 있는 자 및 그 가족도 포함된다. 또한 제3국인으로서 주한미군에 고용되어 근무하는 자 및 그 동반자도 포함된다.

(3) 가 족

합중국군대의 구성원 또는 군속의 배우자 및 21세 미만의 자, 부모 및 21세 이상의 자녀 또는 기타 친척으로서 그 생계비의 1/2이상을 합중국 군대의 구성원 또는 군속에 의존하는 자를 말한다.[338]

(4) 초청계약자

주한미군 또는 주한미군의 군수지원을 받고 있는 통합사령부하의 기타 군대를 위해 특정한 조건하에 미국정부의 지정에 의한 계약이행만을 위하여 대한민국에 체류하는 자로서 ① 미국의 법률에 따라 조직된 법인, ② 통상적으로 미국에 거주하는 그의 고용원, ③ 위 ①, ②항의 가족으로서 미국정부가 지정한 자 등을 말한다.

---

337) 한미행정협정 제1조
338) 한미행정협정 제1조.

2. SOFA 사건 형사재판권

(1) 전속적 재판권

1) 미군 당국의 전속적 재판권

미국의 안전에 관련된 범죄와 한국법으로 처벌할 수 없는 범죄는 미국의 전속재판권이 인정된다.

2) 한국 당국의 전속적 재판권

한국의 안전에 관련된 범죄와 미국법으로 처벌할 수 없는 미군의 범죄는 한국에 전속적인 재판권이 인정된다.

3) 제1차적 재판권의 행사

재판권이 경합할 경우 미군의 안전이나 재산에 관한 범죄, 부대 내의 범죄, 공무집행중에 발생한 미군 범죄는 미국당국에 제1차적인 재판권이 인정된다. 한편, 미군당국의 1차적 재판권이 없는 모든 범죄는 한국에 1차적 재판권이 인정된다.[339]

4) 미군속 및 가족에 대한 전속재판권

현행 미국법률하에서 미국당국은 평화시에는 미군속 및 가족에 대한 유효한 형사재판권이 없으므로 한국 당국이 전속적 재판권을 행사한다.

(2) 한국당국의 통상적 재판권 행사 범죄

① 대한민국의 안전에 관한 범죄, ② 살인(상해치사, 폭행치사 포함), ③ 강도, 강간, 공무집행방해, 특수폭행, ④ 교통사고 치사상사고 후 도주차량, ⑤ 음주, 약물복용 운전치사상사고, ⑥ 마약류의 밀수출입, 불법판매, 배포, ⑦ 중대한 관세법 위반, ⑧ 죄질이 위에 열거된 범죄에 상응한다고 인정되는 범죄, ⑨ 사회이목 집중범죄로 재판권 행사가 중요하다고 판단되는 범죄 등이다.

---

339) 한미행정협정 제22조

3. SOFA사건 수사

(1) 파출소의 처리

1) 피의자 동행

SOFA사건 현장에 임하여 현행범인 체포 등의 절차에 따라 피의자의 신병을 확보하는 한편 목격자 등 참고인의 인적사항을 파악하고 피의자를 파출소로 동행한 후 피의자에 대한 신분증 제시를 요구하여 신분과 인적사항을 확인한다.

2) 경찰서로 동행

확인결과 SOFA 대상자이고 범죄의 혐의가 있는 경우에는 SOFA 사건 피의자 동행보고서를 작성하여 피의자를 즉시 경찰서로 동행하여 신병을 확보한다. 이 경우 피의자가 공무수행 중에 일어난 사건임을 주장하더라도 이에 대한 판단은 파출소에서 하는 것이 아니라 검찰에서 하는 것이므로 절차에 따라 경찰서로 동행하여야 한다는 점을 잘 설득시켜 경찰서로 동행해야 한다.

3) 피의자가 도주한 경우

피의자가 도주한 경우에는 사건의 정황과 목격자의 진술 등을 종합하여 범죄발생의 유무를 판단하고 SOFA 대상자에 의한 범죄인 것으로 심증이 가는 경우 통상의 범죄발생보고서 양식에 따라 범죄발생보고서를 작성하여 경찰서에 보고한다.

4) 기초사실 조사

경찰서로 동행한 피의자에 대해서 SOFA 대상자인가의 여부를 확인한 후 소속, 계급, 성명, 생년월일, 범죄사실 등 기초사실을 조사한다.

5) 미군당국에 통고

미군당국에 피의자가 체포되어 있음을 통고한다. 통고의 방법은 통상 피의자가 소속된 부대의 헌병대를 통해 전화 또는 팩스로 통보하는 것이 보통이다.340)

---

340) 한미행정협정 제22조 제5항 나호

6) 예비조사

경찰관은 체포후 신병을 미군당국에 인도하기 전에 사건에 대해 공소제기에 필요한 예비수사를 할 수 있다. 예비수사는 피의자의 신분확인 및 증거조사 등 공소제기에 필요한 초동수사를 포함하며 수사상 일정한 제약이 없다. 예비조사는 통상 구두로 행한다. 미군당국에서는 관할부대에 하사관급 이상의 유능한 미군을 대표자로 항상 지정하고 있기 때문에 긴급을 요할 경우 항시 출석이 가능하다.

7) SOFA 사건 발생보고

경찰관은 피의자에 대한 예비조사와 미군당국에 대한 통보가 끝난 후 예비조사 결과를 토대로 사건접수 후 24시간 이내에 관할 지방검찰청에 한미행정협정 사건발생보고를 한다.

8) 신병인도

경찰관은 사건통보를 받은 미군 당국이 피의자의 신병인도를 요청하는 경우에는 책임 장교서명과 신병인수증을 받은 후 피의자의 신병을 인도해야 한다. 다만, 사건이 중대하고 증거인멸 등의 우려가 있을 경우에는 신병을 즉시 인도하지 말고 미국대표를 출석, 입회시킨 가운데 예비조사를 실시한다.[341]

9) 구속대상인 피의자의 경우

통상적으로 다음에 해당하는 범죄의 피의자는 구속대상으로 한다. ① 대한민국의 안전에 관한 범죄(미군당국이 신병인도 요청을 할 수 없음), ② 살인(상해치사, 폭행치사 포함), ③ 강도, 강간, 마약사범, ④ 기타 죄질이 이들 범죄에 상응하다고 인정되는 사건으로서 도주나 증거인멸 또는 재범의 우려가 있는 경우 등이다.

특히 다음과 같은 4가지 조건이 갖추어지면 체포시 계속 구금권이 인정된다. ① 현행범, ② 살인이나 죄질이 나쁜 강간죄를 범하였다고 믿을만한 상당한 이유존재, ③ 증거인멸, 도주의 염려, 피해자나 증인에 대한 피해가능성, ④ 공정한 재판을 받을 피의자의 권리가 침해될 우려가 있다고 믿을만한 사유의 존재 등이다.

---

341) 한미행정협정 제22조 제5항 다호

10) 구속영장 발부받은 후 신병인도

경찰관은 구속대상인 피의자의 경우에도 미군당국의 신병인도 요청이 있으면 일단 신병을 인도한 후 구속영장을 발부받아 이를 피의자 소속 부대의 헌병대장에게 제시하고 신병을 다시 인도받아 구속한다. 이때 미군당국이 신병인도를 거부할 때에는 미군당국으로부터 거절사유를 서면으로 받아 이를 첨부하여 구속영장을 청구하고 일반적으로 SOFA 대상자에 대한 구속은 검찰에서 실시한다.

(2) 피의자 조사

1) 출석요구[342]

경찰관은 가능한 한 서면으로 관할 미 헌병대장에게 필요로 하는 피의자의 성명, 소속, 출석장소, 출석시간 등을 명시한 출석요구서를 발부해야 한다. 피의자가 서명날인을 거부하였더라도 조사관의 서명날인과 미국정부대표의 서명날인이 있는 한 일반적으로 효력에는 영향이 없다. 출석요구서를 발송할 때는 미군당국의 공휴일 및 국경일은 가급적 피하고 적어도 48시간 정도의 시간적 여유를 주도록 한다.

2) 미군당국의 조치

출석요구서를 발부받은 미군헌병대 측은 피의자의 부대장에게 이를 통보하고 피의자의 부대장 등은 부대의 하사관급 이상자 중에서 대표를 지정하며, 지정된 대표는 미군법무감실로부터 미군정부대표 임명장을 수여받은 뒤 대동하고 지정된 날짜에 경찰서로 출석한다.

3) 대표위임장 접수후 신문조서 작성

사법경찰관은 출석한 피의자에 대하여 미국정부대표가 발부한 위임장을 접수한 후 피의자를 신문한다. 피의자 신문조서는 피의자 신문조서는 「범죄수사규칙」의 신문조서 작성규칙에 의하고 미국당국에서 통역을 대동하는 경우가 많으나 그렇지 않은 경우에는 경찰서에서 지정한 통역인 또는 경찰통역센터의 경찰관을 통역인으로 하여 신문을 해야 한다. 담당 경찰관은 영어가 가능해도 직적 신문해서는 안 되고 반드시 통역인을 선정하여 조사를 해야 하고, 조서는 한국어로 기재해야 한다.[343]

---

342) 한미행정협정 제22조 제5항 다호

4) 조서의 서명

사법경찰관은 조서 말미에 반드시 입회한 통역인과 미국 정부대표의 서명을 받아야 하며, 특히 미국 정부대표의 서명이 없는 조서는 유죄의 증거로 채택되지 않는다.

5) 송 치

사법경찰관은 체포 후 7일 이내에 사건을 검찰에 송치하고 한국의 재판권 포기사건도 송치한다. 중요사건을 송치할 때에는 미국헌병대 또는 범죄수사대에서 조사한 진술서(번역문)를 첨부하여 송치하는 것이 좋다.

6) 공무집행증명서 제출시 조치

조서작성 단계에서 미군측이 한국측에 재판권이 없음을 주장하기 위해 공무집행증명서를 제출하는 경우에 재판권의 귀속여부는 검찰에서 판단하는 것임을 설득시키고 일단 피의자 조사를 한 뒤 제출한 공무집행증명서를 기록에 첨부하여 기소의견으로 송치한다.

(3) 미군피의자에 대한 법적 권리보호

① 피의자 또는 피고인이 질병, 부상, 임신 중인 경우 미군 측이 재판 전에 신병인도의 포기나 연기를 요청해 오면 호의적으로 고려한다. ② 기소후 한국 당국의 신문을 받지 아니할 권리를 보장한다. ③ 계속구금권을 행사할 경우 변호인출두시까지 신문제한 및 변호인 부재시 취득한 증거의 증거능력은 제한된다. ④ 현장검증과정에서 피의자의 인권보호와 무죄추정원칙을 존중한다.

(4) 미군 군속의 대물교통사고

피해자가 이의를 제기하지 않는 한 공무수행중이거나 2만 5천불 이상의 보험에 가입한 경우 형사 불입건 조치한다.

---

343) 경찰실무전서, 경찰청, 2000, pp.1316-1317.

제**23**장

생활경제사범 수사

1. 불법행위 유형별 처벌 근거법령

① 농산물 매점매석행위는 「물가안정에 관한 법률」에 의해 처벌된다.

② 농수산물의 규격과 품질인정 위반, 농산물 원산지 허위표시 판매행위는 「농산물품질관리법」에 의해 처벌된다.

③ 담합으로 인한 비정상적 가격조정행위는 「독점규제및공정거래에관한법률」로 처벌된다.

④ 무허가 농산물 중개행위는 「농수산물유통 및 가격안정에관한 법률」에 의해 처벌된다.

⑤ 수출입 물품의 원산지 표시행위는 「대외무역법」에 근거하여 처벌된다.

2. 농산물품질관리법 침해사범

(1) 지리적 표시위반행위

지리적 표시품이 아닌 농산물 또는 그 가공품의 포장, 용기, 선전물 및 관련 서류에 지리적 표시 또는 이와 유사한 표시를 한 경우(농산물품질관리법 제8조의6제1항위반, 동법 제35조1호)

(2) 표준규격품 혼합 판매 또는 판매목적 보관

표준규격품, 우수관리인증농산물, 이력추적관리 농산물 또는 지리적 표시품이 아닌 농산물 또는 그 가공품에 표준규격품, 우수관리인증농산물, 이력추적관리농산물 또는 지리적 표시품을 혼합하여 판매하거나 판매할 목적으로 보관하거나 진열한 자(동법 제8조의6제2항, 제9조제2항 위반, 동법 제35조2호).

(3) 표준규격품 등 표시 위반행위

표준규격품 등이 아닌 농산물에 표준규격품, 우수관리인증농산물, 이력추적관리농산물의 표시를 하거나 이와 비슷한 표시를 한 자(동법 제9조제1항 위반, 동법 제35조제3호)

(4) 원산지 등 허위표시

축산물을 조리하여 판매·제공하는 자 및 쌀·김치류를 조리하여 판매하는 자는 다음 사항을 위반하여서는 아니 된다. ① 원산지 등 표시를 거짓으로 하거나 이를 혼동하게 할 우려가 있는 표시를 한 행위, ② 원산지 등을 위장하여 조리, 판매, 제공 목적으로 축산물, 쌀, 김치류의 원산지 등의 표시를 손상·변경하여 보관·진열하는 행위, ③ 원산지 등을 표시한 축산물, 쌀, 김치류에 다른 축산물, 쌀, 김치류를 혼합하여 조리, 판매, 제공하는 행위(동법 제17조 제2항 위반행위, 동법 제35조 제4호)

(5) 원산지 또는 유전자변형 농산물 허위표시 또는 혼합판매 행위

원산지 표시를 하도록 한 농산물 또는 그 가공품을 판매하거나 가공한 자 또는 유전자 변형농산물의 표시를 하도록 한 농산물 판매자는 ① 원산지 또는 유전자변형 농수산물의 표시를 허위로 표시하거나 이를 혼동하게 할 우려가 있는 표시를 한 행위, ② 원산지를 위장하여 판매하거나 원산지의 표시를 한 농산물 또는 그 가공품에 다른 농수산물 또는 가공품을 혼합하여 판매하거나 판매할 목적으로 보관하거나 진열한 행위, ④ 유전자 변형 농수산물의 표시를 한 농수산물에 다른 농수산물을 혼합하여 판매하거나 판매할 목적으로 보관하거나 진열한 행위, ⑤ 원산지 또는 유전자변형 표시를 혼동시킬 목적으로 그 표시를 손상·변경하는 행위(동법 제17조제1항 위반행위, 동법 제34조의3)

(6) 농산물의 검사나 검정 위반행위

① 부정한 방법으로 검사 또는 검정을 받거나, ② 검사나 검정결과의 표시, 검사증명서나 검정증명서 등을 위조하거나 변조하는 행위(동법 제28조제1호 및 제3호위반, 동법 제35조5호 및 6호), ③ 검사를 받아야 하는 농수산물에 대하여 검사를 받지 아니하거나 검사를 받은 농산물의 포장이나 내용물을 바꾸는 사람

(7) 기 타

① 농산물 이력추적관리하려는 자가 등록하지 않은 경우, ② 농림수산식품부장관의 지리적 표시품에 대한 표시의 기준 또는 규격에 미달 등에 따른 시정명령, 판매의 금지, 표시의 정지 또는 판매 등 거래금지처분에 따르지 아니한 자, ③ 농림수산식품부 장관의 해당 농산물의 폐기, 용도전환, 출하연기 등의 처리, 해당농산물을 생산에 이용, 사용한 농지, 용수, 자재 등의 개량 또는 이용, 사용의 금지 조치에 위반한 자, 이러한 처분을 받았다는 사실에 대한 공표를 하지 아니한 자, ④ 다른 사람에게 농산물 품질관리사의 명의를 사용하게 하거나 그 자격증을 대여한 자(동법 제36조1호~8호)

3. 농수축산물 관련 중점 단속대상

① 국내외 농·수·축산물 허위 원산지 표시 및 위장 판매행위, ② 쌀포대를 위조하거나 불법유출하는 행위, ③ 폭리목적 매점매석행위 및 매점매석으로 인한 가격담합행위. ④ 농수산물의 밀수 및 유통, 판매행위, 청과물 도·소매상 불법영업행위, ⑤ 도매시장 법인의 도매장소 이외의 장소에서 농수산물 판매행위, ⑥ 상표권 및 전용사용권 침해행위

4. 단속초점

① 유관기관과 협조하여 가치있는 첩보수집, ② 매점매석 사범은 유통경로 및 대상품목 저장창고 중심으로 수사, ③ 농산물의 원산지, 규격 등의 표시가 허위임을 과실로 인식하지 못하고 판매시 「농산물품질관리법」에 과실범 처벌규정이 없으므로

단속불가, ④ 불공정거래행위에 해당하는 사실을 적발하였을 경우에는 공정거래위원회의 고발을 받아서 형사입건 조치

제2절　건축비리 관련사범 수사

I. 건축사법

(1) 정 의

「건축사법」이란 건축사의 자격과 그 업무에 관한 사항을 규정한 법률을 말한다. 건축사란 국토해양부에서 시행하는 자격시험에 합격한 자로서 건축물의 설계 또는 공사감리의 업무를 행하는 자를 말한다. 공사감리란 「건축법」이 정하는 바에 의하여 건축물, 건축설비 또는 공작물이 설계도서의 내용대로 시공되는지의 여부를 확인하고 품질관리, 공사관리 및 안전관리등에 대하여 지도·감독하는 행위를 말한다(건축사법 제2조).[344]

(2) 위반행위

① 사위(속임수) 기타 부정한 방법으로 건축사의 자격을 취득하거나 건축사 예비시험에 합격한 자, ② 건축사가 아닌 자, 또는 공사감리자로 지정받지 않은 건축사에 의한 건축물의 설계, 또는 공사감리를 한 자, ③ 타인에게 자기의 성명을 사용하여 동 법률이나 「건축법」에서 정한 업무를 행하게 하거나 자격증을 대여한 자 및 그 상대방, ④ 사위(속임수) 기타 부정한 방법으로 건축사업무신고를 한 자, ⑤ 건축사업무신고를 하지 아니하고 건축사의 업무행위를 한 자, ⑥ 사위(속임수) 기타 부정한 방법으로 건축사업무 신고 등을 하거나 업무범위를 위반하여 업무를 행하거나 년 2회 이상 건축사의 업무정지명령을 받은 경우 그 정지기간이 통산하여 12월 이상이 된 때, 또는 규정에 위반하여 설계 또는 공사감지를 함으로써 공중에 위해를 끼치거나 업무정지명령에 위반한 때, ⑦ 건축사, 또는 건축사보가 업무수행과 관련

---

344) 건축사법, 법률 제9187호, 2009.3.27.

하여 부당한 금품을 수수, 요구한 때, 또는 제3자에게 부당한 금품을 제공하게 하거나 제공을 요구한 때(동법 제39조).

2. 건설산업 기본법

(1) 정 의

「건설산업기본법」이란 건설공사의 조사, 설계, 시공, 감리, 유지관리, 기술관리 등에 관한 기본적인 사항과 건설업의 등록, 건설공사의 도급 등에 관하여 필요한 사항을 규정한 법을 말한다. 건설산업이란 건설업과 건설용역업을 포함하고, 건설업이란 건설공사를 수행하는 업을, 건설용역업이란 건설공사에 관한 조사, 설계, 감리, 사업관리, 유지관리 등 건설공사와 관련된 용역을 수행하는 업을 말한다.

건설공사란 토목공사, 건축공사, 산업설비공사, 조경공사 및 환경시설공사 등 시설물을 설치, 유지, 보수하는 공사, 기계설비 기타 구조물의 설치 및 해체공사 등을 말한다. 그러나 ① 「전기공사업법」에 의한 전기공사. ② 「정보통신공사업법」에 의한 정보통신공사, ③ 「소방시설공사업법」에 의한 소방시설공사, ④ 「문화재보호법」에 의한 문화제수리공사는 제외한다(건설산업기본업 제1조 및 2조).345)

(2) 법 위반행위

1) 하자담보책임기간 내에 공중의 위험발생이나 사람의 사상

건설업자 또는 건설현장에 배치된 건설기술자로서 건설공사의 안전에 관한 법령에 위반하여 건설공사를 시공함으로써 착공후 하자담보책임기간 내에 교량, 터널, 철도 기타 대통령령이 정하는 시설물의 구조상 주요부분에 중대한 손괴를 야기하여 공중의 위험을 발생하게 하거나 사람을 사상에 이르게 한 경우(동 법 제93조) 및 업무상 과실로 위의 죄를 범한 자도 처벌의 대상이다.

2) 건설공사 입찰행위 위반

① 부당한 이익을 취득하거나 공정한 가격결정을 저해할 목적으로 입찰자간에 공

---

345) 건설산업기본업 제1조 및 2조, 법률 제9999호, 2010.2.4.

모하여 미리 조작한 가격으로 입찰한 경우, ② 다른 건설업자의 견적을 제출한 자, ③ 위계 또는 위력 기타의 방법으로 다른 건설업자의 입찰행위를 방해한 자(동법 제95조).

3) 부정한 청탁에 의한 재물 또는 재산상의 이익취득 및 공여 행위

도급계약의 체결 또는 건설공사의 시공과 관련하여 발주자, 수급인, 하수급인, 또는 이해관계인이 부정한 청탁에 의한 재물 또는 재산상의 이익을 취득하거나 공여 행위를 한 경우(동법 제95조의2).

4) 건설업 양도 및 합병 신고위반

건설업 양도나 합병시 신고를 하지 아니 하거나 부정한 방법으로 등록을 하고 건설업을 영위한 경우

5) 건설업등록증 등의 대여 및 알선금지 위반

건설업자가 다른 사람에게 자기의 성명이나 상호를 사용하여 건설공사를 수급 또는 시공하게 하거나 그 건설업 등록증 또는 건설업등록수첩을 대여하는 행위를 한 경우

6) 건설업 하도급 제한위반

건설업자가 도급받은 건설공사의 전부 또는 대통령령이 정하는 주요부분의 대부분을 다른 건설업자에게 하도급 한 경우에는 건설업자 및 그 상대방 모두 처벌된다. 다만, 대통령령이 정하는 바에 의해 계획, 관리 및 조정하는 경우로서 다음과 같은 경우는 제외된다.

① 발주자가 공사의 품질이나 시공상의 능률을 높이기 위해 필요하다고 인정하여 서면으로 승낙한 경우로서 건설공사에 관하 설계를 포함하여 건설공사를 도급받은 건설업자가 하도급하는 경우, ② 대통령령이 정하는 바에 의해 2인 이상에게 분할하여 하도급하는 경우

7) 수급인의 하도급 위반행위

① 수급인이 도급받은 건설공사의 일부를 동일한 업종에 해당하는 건설업자에게 하도급한 경우, 다만, 발주자가 공사의 품질이나 시공상 능률의 제고를 위하여

필요하다고 인정하여 서면으로 승낙한 경우에는 위반행위가 아니다.

② 수급인이 도급받은 건설공사 중 전문공사에 해당하는 건설공사를 그 전문공사
를 시공하는 업종을 등록한 건설업자에게 하도급하지 않은 경우

8) 하수급인의 위반행위

하수급인은 하도급받은 건설공사를 다른 사람에게 다시 하도급한 경우, 다만 다
음의 경우는 위반에 해당되지 않는다.

① 발주자가 품질이나 시공상 능률제고를 위해 서면으로 승낙함으로써 종합공사
를 시공하는 업종을 등록한 건설업자가 하도급받은 건설공사 중 전문공사에
해당하는 건설공사를 그 전문공사를 시공하는 업종을 등록한 건설업자에게 다
시 하도급하는 경우

② 전문공사를 시공하는 업종을 등록한 건설업자가 하도급받은 경우로서 국토해
양부령이 정하는 요건을 충족하고 수급인의 서면승낙을 받은 경우에는 하도급
받은 전문공사의 일부를 그 전문공사를 시공하는 업종을 등록한 건설업자에게
다시 하도급하는 경우(동 법 제96조 제5호)

9) 건설공사 시공행위 위반

다음에 해당하는 건축이나 대수선에 건설업자가 시공하지 아니한 경우 시공자는
처벌된다(건설산업기본법 제41조, 제96조6항).

① 연면적 661제곱미터를 초과하는 주거용 건축물, ② 연면적 661제곱미터 이하
인 주거용 건축물로서 건축법에 따른 공동주택으로서 층수가 3개층 이상인 주택, ③ 연
면적이 495제곱미터를 초과하는 주거용 외의 건축물, ④ 연면적 495제곱미터 이하
인 주거용 외의 건축물로서 다중이 이용하는 건축물 중 대통령령이 정하는 건축물

또한 다중이 이용하는 시설물로서 다음에 해당하는 시설물을 건설업자가 시공하
지 아니한 경우는 처벌된다. ① 「체육시설의 설치·이용에 관한 법률」에 따른 체육
시설 중 대통령령이 정하는 체육시설, ② 「도시공원 및 녹지 등에 관한 법률」에 따
른 도시공원 또는 도시공원 안에 설치되는 공원시설로서 대통령령이 정하는 시설물,
③ 「자연공원법」에 따른 자연공원 안에 설치되는 공원시설 중 대통령령이 정하는
시설물, ④ 「관광진흥법」에 따른 유기시설 중 대통령령이 정하는 시설물

10) 건설업 등록 위반과 표시제한 위반

건설업을 하려는 자가 업종별로 국토해양부에 등록을 하지 아니한 경우, 또한 등록을 하지 아니 한 자가 사업장, 광고물 등에 해당업종이 건설업자임을 표시하거나 해당업종의 건설업자로 오인될 우려가 있는 표시를 한 경우는 처벌된다. 해당 건설공사는 ⓐ 가스시설공사, ⓑ 철강재설치공사, ⓒ 강구조물공사. ⓓ 삭도설치공사, ⓔ 승강기설치공사, ⓕ 철도, 궤도공사, ⓖ 난방공사

11) 기 타

① 정당한 사유 없이 영업정지처분에 위반한 자, ② 건설공사실적, 기술자보유현황, 재무상태를 허위로 제출한 자, ③ 건설사업관리실적, 인력보유현황, 재무상태를 허위로 제출한 자, ④ 건설기술자의 현장배치를 하지 아니한 자

3. 시설물의 안전관리에 관한 특별법

(1) 정 의

「시설물의 안전관리에 관한 특별법」이란 시설물의 안전점검과 적정한 유지관리를 통하여 재해와 재난을 예방하고 시설물의 효용을 증진시킴으로써 공중의 안전을 확보하기위한 법을 말한다. 시설물이란 건설공사를 통하여 만들어진 구조물과 그 부대시설로서 도로, 철도, 항만, 댐, 교량, 터널, 건축물 등의 1종시설물과 1종 시설물 외의 2종 시설물로서 대통령령으로 정한 시설물을 말한다.346)

(2) 위반행위

1) 안전점검 또는 정밀안전진단 위반행위(동 법 제39조제1항1호)

안전점검 또는 정밀안전진단을 실시하지 아니하거나 성실하게 실시하지 아니함으로써 시설물에 중대한 손괴를 야기하여 공중의 위험을 발생하게 한 행위

---

346) 시설물의 안전관리에 관한 특별법, 법률 제8967호, 2008.3.21.

2) 시설물 사용제한 조치 등 위반행위

시설물 사용제한 조치 등 명령을 받고도 이를 이행하지 아니하여 공중의 위험을 발생하게 한 행위(동법 제39조제1항3호)

3) 시설물유지 관리업무 위반행위

시설물 유지관리업무를 성실하게 수행하지 아니함으로써 시설물에 중대한 손괴를 야기하여 공중의 위험을 발생하게 한 행위, 시설물의 보수, 보강 등 필요한 조치를 하지 아니함으로써 시설물에 중대한 손괴를 야기하여 공중의 위험을 발생하게 한 행위(동법 제39조제1항4호)

4) 위반행위로 인한 사람의 사상

위의 위반행위로 인하여 사람을 사상에 이르게 한 행위(동법 제39조제2항)

5) 업무상 과실로 인한 위반행위(동 법 제39조의2)

위의 행위를 업무상과실로 야기한 경우

6) 기 타

① 안전진단전문기관으로 등록하지 아니하고 안전점검이나 정밀안전 진단업무를 수행한 경우, ② 사위(속임수) 기타 부정한 방법으로 안전진단전문기관으로 등록한 행위, ③ 안전전문기관이 타인에게 명의대여 등을 한 경우는 물론이고 안전전문기관으로부터 명의대여를 받은 행위자, ④ 영업정지처분을 받고 그 영업정지기간 중에 새로 안전점검이나 정밀안전진단을 실시한 경우, ⑤ 감리보고서, 시설물관리대장 또는 설계도서 등 관련 서류를 보존하지 아니한 경우, ⑥ 직무상 알게 된 비밀을 누설하거나 도용한 경우(동법 제40조)

4. 수사초점

① 「도로법」, 「건축법」, 「소방기본법」, 「도시계획법」 등 건축관련 법령에 대한 충분한 연구 검토를 한다.
② 시민단체, 언론기관 등과 긴밀히 협조하여 광범위한 홍보를 통한 시민제보를 적극 유도한다.

③ 구청, 소방서에 고발된 내용의 처리 결과 확인, 건설현장 노무자 면담, 건설업체 주변 폭력배의 동향 관찰 등 적극적으로 수사단서를 확보한다.

④ 건축비리 관련 뇌물 등 부정한 대가로 제공되는 금품은 추적을 피하기 위해 주로 현금인 경우가 많고 설사 수표로 제공되는 경우에도 자금세탁 등의 편법으로 수표추적인 곤란한 경우가 많기 때문에 건축업자 또는 불법건축물 소유자와 관계공무원 금품수수 사실관계를 밝히기 위해서는 내부 제공자를 통한 첩보수집, 변칙회계처리 여부의 확인, 비밀장부의 확보 등 다각적인 수사방법을 강구한다.

　금융실명제 이후 뇌물은 현금의 직접 제공, 거액의 대출금 대신 상환, 무기명채권증서의 사체시장 이용한 현금화, 거액의 수표를 제3자를 통한 자금세탁 후 현금화, 실명확인된 예금통장의 제공 등으로 이루어진다.

제3절　아파트 관리 · 운영 비리수사

Ⅰ. 중점단속 대상

(1) 관리비 등 횡령

　전기 · 정화조 시설보수비, 청소 · 소독용역비, 승강기 보수 · 점검비, 오물수거비 등을 대상으로 횡령한다.

(2) 공사입찰관련 금품수수

　아파트 관리소장이 도시가스 배관공사, 건물도색 등과 관련하여 입찰업체에 미리 최저 입찰가를 알려주고 금품을 수수한다.

(3) 보험가입비 관련 비위

　아파트 자치회장 등이 아파트를 특정 보험회사에 주택화재보험 가입계약을 체결하면서 사례비 형태의 금품을 수수하는 행위 등이 대상이다.

2. 수사초점

(1) 첩보수집

① 관리사무소 측과 주민과의 마찰이 심한 아파트, ② 주민들과 입주자 대표간의 갈등이 심한 아파트, ③ 아파트 자치회장이나 동대표 선출비리 의혹 아파트 등을 대상으로 경비원이나 해직 경비원을 대상으로 첩보를 수집한다.

(2) 수사의 단서

1) 피해신고 홍보활동 강화

수사의 단서는 외근경찰의 활동보다는 피해신고 등을 통하여 확보하는 것이 효과적이므로 컴퓨터 통신망이나 시민단체를 통하여 국민을 상대로 피해신고 홍보활동을 강화해야 한다.

2) 내사의 신속진행

내사는 은밀히 하면서도 신속히 진행하여 관련자들끼리 진술을 맞추거나 증거를 인멸할 시간을 주지 않도록 한다.

3) 경리장부 등 확보

단속시에는 관계자로부터 경리장부 등 증거자료를 임의제출을 받는 임의수사 방법을 취하고 임의제출을 거부할 경우에는 압수·수색영장을 발부받아 확보하는 강제수사를 한다.

제4절 | 의료사고 수사

1. 의 의

대한의사협회는 의료사고란 본래의 의료행위가 개시되어 종료되기까지의 과정 가운데 예상외 사고라고 규정하고 있으며, 한국생산성본부는 의료사고를 환자가 의료인으로부터 의료서비스를 제공받음에 있어서 발생된 예상외의 악결과라고 정의하고 있다.

의료사고는 진료행위가 다 끝난 후에 발견되는 것이 많고 심지어 수년이 지난 후에 예상외의 악결과가 발생하기도 한다. 그러므로 대한의사협회의 의료사고에 대한 정의는 타당성이 부족하다. 의료사고는 의사의 태만과 부주의에 의해서만 발생하는 것이 아니다. 의사의 부주의나 태만이 없었음에도 의료사고가 발생할 수 있으며, 또한 그 반대일 수도 있다.

그러므로 의료사고의 개념은 "본래의 의료행위가 개시되어 종료되기까지의 과정이나 그 종료 후 당해 의료행위로 인해 뜻밖에 일어난 원치 않았던 불상사"라고 보다 넓게 정의되어야 한다. 의료사고는 의사 등의 인적요인에 의해 발생하는 의료과오뿐만 아니라 과오없는 결과적인 악결과, 의료용구 등의 물적 요인에 의해 발생하는 손해 등을 포함하는 포괄적인 개념으로 보아야 한다.347)

2. 의료과오와 진료과오

의료과오란 의료에 있어서 일정한 사실을 인식할 수 있었음에도 불구하고 부주의로 인식하지 못한 가운데서 행한 의료행위를 말한다. 한편, 진료행위란 의료과오가 있다는 것이 객관적으로 입증이 되었을 때 비로소 적용되는 용어로서 의료과오행위의 객관적 평가를 의미한다.

의료과오는 의료행위상의 잘못을 총칭하는 것이라고 한다면 진료과오는 의료행위상의 잘못에 대해 법적으로 비난할 수 있는 요소로서 형법상으로는 정상의 주의를 태만함으로 인하여 죄의 성립요소란 사실을 인식하지 못한 것을 의미한다. 의료과오란 의사 등의 의료인에 의해 발생하는 진료상의 주의의무위반 및 설명의무 등의 각종 의무위반을 모두 포함하는 것으로 진료과오보다 넓은 의미의 용어이다.348)

---

347) 이재형, 의료사고의 피해자구제에 관한 연구, 한양대학교 박사논문, 2007, pp.10-11.
348) 앞의 논문, pp.12-13.

3. 의료분쟁

의료사고가 발생했을 때 의료인측의 과오의 결과라는 문제가 제기되면 의료분쟁이 발생한다. 즉, 의료사고를 주 원인으로 한 환자측과 의료인측간의 다툼이 의료분쟁이다. 의료분쟁은 일반적으로 의사의 진료과실이나 설명의무위반 등으로 인해 발생하고 있으나 의료용구 등의 결함에 의해서도 발생할 수 있다.349)

4. 특 징

(1) 재량성과 환자의 동의

의료행위는 그 전문성과 병상의 개별적 특성으로 인해 의료행위의 재량성이 인정된다. 따라서 그러한 재량행위가 합리적인 범위를 벗어난 것이 아닌 한 진료의 결과를 놓고 그 중 어느 하나만이 정당하고 다른 조치는 과실이 있다고 말할 수는 없다.

그러나 의사에게 원칙적으로 진단상의 판단이나 치료방법상의 재량성이 인정된다 하더라도 의사는 진단이나 치료방법의 효과에 대해 환자에게 설명하고 그 승낙 혹은 동의를 받아야 한다. 환자에게 충분한 설명과 동의 없이 이루어진 치료행위는 전단적인 의료행위로서 불법이다.350)

(2) 사건인지 곤란성

의료행위는 수술실과 검사실처럼 공개되지 않은 공간에서 이루어지는 밀실성, 고도의 전문성의 특징을 가진다.351) 따라서 의료사고는 사건탐지가 곤란하며 전문수사요원이 부족하고 의료인 상호간의 동료의식으로 사고원인을 정확하게 파악하기 어렵다.

---

349) 앞의 논문, pp.13-14.
350) 문훈순, 의료행위 개념의 확대경향과 대체의학의 관계, 부산여대 석사논문, 2005, p.9.
351) 앞의 논문, p.10.

(3) 의료사고의 법익 침해의 심각성

의료행위는 신체에 대한 진찰과 검사, 투약, 주사 및 수술 등 생명과 신체에 대한 물리적 침습을 가하는 침습성이 존재한다. 이러한 신체에 대한 침습성은 인간의 생명과 신체를 위험하게 하는 위험성을 초래할 수 있다.[352] 침습의 결과적인 의료사고는 그 법익침해가 환자의 생명·신체에 심각한 위해를 초래할 수 있다.

5. 무면허 의료행위 수사초점

(1) 수사초점

① 무면허 의료행위는 피해자들의 신고나 소문 등에 의한 탐문수사가 불가피하다. 경찰은 그러한 신고나 소문이 있기 전까지는 무면허 의료행위를 인지하기 어렵다. 따라서 수사관은 실제 시술을 받은 사람을 찾아가 시술자, 시술내용과 방법, 비용 등을 확인한다.

② 동내 약국을 상대로 일회용 주사기, 약솜, 거즈 등의 구입사실을 확인한다.

③ 「의료법」의 입법목적이 보건위생상 위해방지이므로 실제 위해나 부작용이 발생하였는지 여부는 범죄성립에 영향이 없고 무면허 의료인의 시술행위 자체가 범죄행위로 처벌된다는 점을 알고 있어야 한다.

(2) 관련 법규

「의료법」 제27조 제1항에서는 위해나 부작용의 발생여부와 상관없이 의료인이 아니면 누구든지 의료행위를 할 수 없으며 의료인도 면허된 것 이외의 의료행위를 할 수 없다고 규정하고 있다.[353] 이러한 무면허 의료행위, 즉 ① 의사 아닌 자, ② 치과의사 아닌 자, ③ 한방의사가 아닌 자가 영리를 목적으로 업을 행하는 경우에는 「보건범죄단속에 관한 특별조치법」이 적용된다.[354]

---

352) 앞의 논문, p.7.
353) 의료법 제27조1항, 2009.1.30.
354) 보건범죄에관한특별조치법 제5조, 2009.2.6.

6. 의료법상 무면허 의료행위

1) 의료인이 아니면 누구든지 의료행위를 할 수 없으며 의료인도 면허된 것 이외의 의료행위를 할 수 없다. 다만, 다음 사항은 보건복지부령으로 정하는 범위에서 의료행위를 할 수 있다.

   ① 외국의 의료인 면허를 가진 자로서 일정기간 국내에 체류하는 사람,

   ② 의과대학, 치과대학, 한의과대학, 의학전문대학원, 치의학전문대학원, 한의학전문대학원, 종합병원, 또는 외국 의료원조기관의 의료봉사, 또는 연구 및 시범사업을 위해 의료행위를 하는 사람,

   ③ 의학, 치과의학, 한방의학, 또는 간호학을 전공하는 학교의 학생

2) 의료인이 아니면 의사, 치과의사, 한의사, 조산사, 또는 간호사 명칭이나 이와 비슷한 명칭을 사용하지 못한다.

3) 누구든지 「국민건강보험법」이나 「의료급여법」에 따른 본인부담금을 면제하거나 할인하는 행위, 금품 등을 제공하거나 불특정 다수인에게 교통편의를 제공하는 행위 등 영리를 목적으로 환자를 의료기관이나 의료인에게 소개, 알선, 유인하는 행위 및 이를 사주하는 행위를 하여서는 아니 된다. 다만, 다음 각 호의 어느 하나에 해당하는 행위는 할 수 있다. ① 환자의 경제사정 등을 이유로 개별적으로 관할 시장, 군수, 구청장의 사전승인을 받아 환자를 유치하는 행위, ② 국민건강보호법 제93조에 따른 가입자나 피부양자가 아닌 외국인(보건복지가족부령으로 국내에 거주하는 외국인은 제외한다)환자를 유치하기 위한 행위. ③ 보험업법 제2조에 따른 보험회사, 상호회사, 보험설계사, 보험대리점 또는 보험중개사는 외국인환자를 유치하기 위한 행위를 하여서는 아닌 된다.[355]

7. 보건범죄단속에 관한 특별조치법

「의료법」제27조를 위반하여 영리를 목적으로 의사가 아닌 자가 의료행위를, 치과의사가 아닌 자가 치과의료행위를, 한의사가 아닌 자가 한방의료행위를 업으로 한 자는 무기 또는 2년 이상의 징역에 처한다. 또한 100만원 이상 1천만원 이하의 벌금이 병과된다.

---

355) 의료법 제27조, 2009.1.30.

제5절   방문판매 관련사범

1. 방문판매 등에 관한 법률 적용대상

「방문판매 등에 관한 법률」 제1조는 ① 방문판매, ② 전화권유 판매, ③ 다단계판매, ④ 계속거래 및 사업권유거래 등에 의한 재화, 또는 용역의 공정한 거래 및 금지행위 등에 관한 규정을 하고 있다.

2. 관련 용어의 정의

(1) 방문판매

방문판매란 재화, 또는 용역의 판매(위탁 및 중계를 포함)를 영업으로 하는 자가 방문의 방법으로 자신의 영업소, 대리점 기타 총리령이 정하는 영업장소 외의 장소에서 소비자에게 권유하여 계약의 청약을 받거나 계약을 체결하여 재화 또는 용역을 판매하는 것을 말한다.

(2) 전화권유판매

전화권유판매란 전화를 이용하여 소비자에게 권유하여 계약의 청약을 받거나 계약을 체결하는 등 총리령이 정하는 방법으로 재화 등을 판매하는 행위를 말한다.

(3) 다단계 판매

다단계 판매란 판매업자가 특정인에게 당해 판매업자가 공급하는 재화 등을 소비자에게 판매하게 하거나 소비자의 전부 또는 일부를 당해 특정인의 하위판매원으로 가입하게 하여 그 하위판매원이 당해 특정인과 같은 재화를 판매하면 소매이익과 후원 수당 등 일정한 이익을 얻을 수 있다고 권유하여 판매원의 가입이 3단계 이상인 경우를 다단계 판매라 한다.

3. 불법피라미드 판매조직

(1) 특 성

① 고소득을 빙자하면서 퇴직실업자, 가정주부 등을 상대로 범행이 이루어진다. ② 효능이 입증되지 않은 사치용 물건 등을 고가로 판다. ③ 교육을 빙자하여 일정기간 집단으로 수용하는 경우가 많다. ④ 다단계 판매조직은 아는 사람이나 친인척 등으로 구성된다.

(2) 다단계판매와 피라미드 판매의 차이

다단계판매는 우수한 중·저가 소비재를 대상으로 하고 피라미드 판매는 품질이 나쁜 고가재품을 대상으로 한다. 또한 다단계는 가입비와 점포가 없고 판매에 의해 수입을 올린다. 그러나 피라미드판매는 가입비 명목으로 금품을 징수하고 사업장과 대리점을 운영하고 판매원 등록시 수익이 발생한다.

4. 방문판매 및 전화권유판매의 금지행위

(1) 소비자에 대한 위력이나 허위·과장행위

방문판매자는 판매를 위한 계약체결을 강요하거나 청약철회, 또는 계약해지를 방해할 목적으로 소비자에 위력을 행사해서는 안 된다. 또한 허위나 과장된 사실을 알리거나 기만적 방법을 사용하여 소비자를 유인하거나 청약철회 또는 계약의 해지를 방해하는 행위, 또는 재화 등의 가격품질 등에 대하여 허위사실을 알리거나 실제의 것보다도 현저히 우량하거나 유리한 것으로 오인시킬 수 있는 행위는 금지된다(방문판매 등에 관한 법률 제23조).

(2) 판매원에 대한 일정수준 이상 비용징수금지(방문판매등에 관한 법률 제23조)

다단계판매원이 되고자 하는 자, 또는 다단계판매원에게 가입비, 판매보조물품, 개인할당판매액, 교육비 등 그 명칭 및 형태여하를 불문하고 10만 원 이하의 범위로서 대통령령이 정하는 수준 이상의 비용 그 밖의 금품을 징수하는 등 의무를 부과하는 행위, 즉 판매원의 가입비 1만원, 판매보조물품 구입비 년간 3만원, 교육비 년간 3만원 이상의 비용이나 기타 금품을 징수할 수 없다. 다단계판매업자는 다단계 판매원이 되려는 자, 또는 다단계판매원에게 등록·자격유지, 또는 유리한 후원수당 의 지급기준을 적용받게 할 조건으로 과다한 재화 등의 구입 등 대통령령이 정하는 5만 원 수준 이상의 부담을 지게 하여서는 아니된다. 다만, 판매·구매실적에 따른 후원수당의 지급기준을 달리하는 것은 부담을 지우는 것이 아니다.

(3) 다른 방문판매원 모집의무 부과

방문판매원 등에게 다른 방문판매원 등을 모집하도록 의무를 부과하거나 청약철 회 등이나 계약의 해지방해를 위해 주소, 전화번호 등을 변경하는 행위는 금지된다. 다단계판매원은 언제든지 다단계판매업자에게 탈퇴의사를 표시하고 탈퇴할 수 있으 며, 다단계판매업자는 다단계판매원의 탈퇴에 조건을 부과하여서는 아니된다. 또한 소비자의 청약이 없는데도 일방적으로 재화 등을 공급하고 재화 등의 대금을 청구 하는 행위 등 상대방에게 재화 등을 강매하거나 하위판매원에게 재화 등을 판매하 는 행위는 금지된다.

(4) 소비자 불만처리 방해행위

분쟁이나 불만처리에 필요한 인력, 또는 설비의 부족을 상당기간 방치하여 소비 자에게 피해를 주거나 소비자가 재화를 구매하거나 용역을 제공받을 의사가 없음을 밝혔는데도 전화, 모사전송, 컴퓨터통신 등을 통해 재화를 구매하거나 용역을 제공 받도록 강요하는 행위는 금지된다.

(5) 소비자 정보 이용행위

본인의 허락을 받지 아니하거나 허락받은 범위를 넘어 소비자에 관한 정보를 이 용하거나 제3자에게 제공하는 행위는 금지된다. 그러나 다음의 경우는 정보이용이 허용된다. ① 재화 등의 배송 등 소비자와의 계약의 이행에 불가피한 경우, ② 도용 방지를 위하여 본인확인에 필요한 경우, ③ 법률의 규정, 또는 법률에 의하여 필요 한 불가피한 사유가 있는 경우

(6) 부당한 이익금 지급행위

다단계 판매원에게 하위 판매원 모집 자체에 대하여 경제적 이익을 지급하거나 정당한 사유없이 후원수당 외의 경제적 이익을 지급하는 행위는 금지된다. 또한 다단계 판매원이 사회적인 신분을 이용하여 자신의 하위판매원으로서의 등록을 강요하거나 다단계판매원이 그 하위판매원에게 재화 등의 구매를 강요하는 행위는 금지된다.

(7) 다단계판매조직이나 판매원의 지위 양도 · 양수

다단계판매조직 및 다단계판매원의 지위는 양도, 양수, 합병의 대상이 아니다. 다만, 다단계판매원의 지위를 상속하는 경우, 또는 사업의 양도, 양수, 합병의 경우에는 그러하지 아니하다.

(8) 재화거래없는 금전거래행위

누구든지 다단계판매조직, 또는 이와 유사하게 단계적으로 가입한 자로 구성된 다단계조직을 이용하여 재화등의 거래 없이 금전거래만을 하거나 재화등의 거래를 가장하여 사실상 금전거래만을 하는 행위는 금지된다.

① 다단계판매업자가 판매원에게 재화취득가격의 10배 이상의 가격으로 재화를 판매하고 후원수당이나 이에 준하는 경제적 이익을 지급하는 행위

② 다단계판매업자가 다단계 판매원에게 판매계약 체결 후 재화를 공급하지 않고 후원수당 지급하는 행위

③ 다단계판매업자가 다단계 판매원에게 상품권을 판매 후에 이를 다시 매입하거나 다른 자가 매입하게 하는 행위

④ 상품권 발행자의 재화공급능력, 재화등 공급실적, 상품권의 발행규모 등에 비추어 볼 때 재화 등의 거래를 위한 것으로 볼 수 없는 행위

(9) 본인의 의사에 반하는 교육 · 합숙

다단계판매원이 되려는 자, 또는 다단계 판매원에게 본인의 의사에 반하여 교육, 합숙 등을 강요하는 행위 및 다단계판매원이 아닌 자를 고용된 자로 오인하게 하거

나 다단계판매원으로 등록하지 아니한 자를 다단계판매원으로 활동하게 하는 행위는 금지된다.

⑽ 기 타

① 청약철회나 계약해지 방해목적의 주소, 전화번호 등 변경행위, ② 하위판매원 모집자체에 대해 경제적 이익 지급하거나 정당한 사유없이 후원수당 외의 경제적 이익지급하는 행위, ③ 분쟁이나 불만처리에 필요한 인력이나 설비부족으로 상당기간 방치하여 상대방에게 피해주는 행위, ④ 상대방에게 재화등을 강매하거나 하위판매원에게 재화등을 판매하는 행위 ⑤ 상대방의 의사에 반하여 재화등을 구매하거나 용역을 제공받도록 강요하는 행위, ⑥ 소비자 피해보상보험 계약등을 체결하지 아니하고 영업하는 행위, ⑦ 본인의 허락없이, 또는 허락의 범위를 넘어 소비자에 관한 정보를 이용하는 행위, ⑧ 부가가치세를 포함하여 130만원 이상의 금액으로 재화를 판매하는 행위는 금지된다(방문판매등에 관한 법률 제23조).

5. 수사방향

(1) 첩보수집

① 시도 지역경제과, 소비자보호원, 각종 소비자단체 등을 대상으로 하고 「방문판매등에관한법률」에 의한 신고 또는 등록여부를 확인하고 소비자보호단체 등에 접수된 각종 피해사례를 수집한다. ② 임대사무실이 많은 빌딩 등 사무실이 밀집된 지역을 중심으로 대학생, 부녀자들이 집단으로 수시 출입하는 지의 여부를 확인하여 판매회사의 위치를 파악한다. ③ 다단계판매업자들은 월세방이 많은 서민거주 주택가, 다세대 주택을 대상으로 일정기간 단체교육을 위한 숙식장소로 월세방을 얻는 경우가 많다.

(2) 수사초점

① 매출대금은 대부분 신용카드로 결재하므로 관할 세무서의 협조를 얻어 필요한 자료를 확보한다. ② 전화, 팩스, PC통신을 이용하여 구매를 강요하는 경우에는 '통신제한조치허가서'를 발부받아 통화내역을 감청하는 등의 증거를 확보한다. ③ 다단

계판매는 판매원 가입이 3단계 이상으로 이루어지므로 각 단계마다 가입자의 진술 확보가 필요하다. ④ 판매원 개인별 면접수사로 하위판매원의 강제모집 할당, 모집 수당 지급여부, 판매원의 가입경위 등을 수사하고 특히 퇴직판매원의 명단을 입수하여 퇴직사유 등에 대한 치밀한 수사로 위법사례를 구증한다. ⑤ 내사단계에서 영업장 내부구조를 상세히 확인하고 영업책임자 및 주요 임원들에 대한 신원확인 등 신병확보 대책을 충분히 수립한다. ⑥ 다단계판매조직 신규가입자로 가장하여 영업장 내 교육장소에 들어가 신규가입자 교육시 사용하는 유인물, 교육내용, 교육책임자의 인적사항 등을 확인, 물적 증거 등을 확보한다. ⑦ 현장에는 다단계 판매 혐의를 입증할 수 있는 최소한의 판매조직원 신병을 확보하여 조사하고 불가시에는 관련 장부 등에 기재된 판매원 인적사항을 확인하여 신속히 소재를 파악하고 신병을 확보한다. ⑧ 1인의 판매원이 수 개소의 다단계 판매업소에 가입하여 활동하는 경우가 많으므로 개인 수첩에 기재된 관련 판매원을 추궁하여 여타 조직을 색출한다.

제**24**장

열차·항공기사고 수사

제1절 열차사고

I. 개 관

(1) 정 의

열차사고란 열차의 운전 중 인적, 물적 손상을 초래하거나 운행을 불가능하게 하는 열차충돌, 열차접촉, 열차탈선 등 열차왕래 방해 및 치·사상죄에 해당하는 사고를 말한다.

「항공·철도사고조사에 관한 법률」 제2조는 철도사고란 도시철도사고를 포함하고 철도차량 또는 열차의 운행 중에 사람의 사상이나 물자의 파손이 발생한 사고로서 ① 열차의 충돌 또는 탈선사고, ② 철도차량 또는 열차에서 화재가 발생하여 운행을 중지시킨 사고, ③ 철도차량 또는 열차의 운행과 관련하여 3명 이상의 사상자가 발생한 사고, ④ 철도차량 또는 열차의 운행과 관련하여 5천만원 이상의 재산피해가 발생한 사고로 규정하고 있다.

(2) 열차사고의 특징

① 사고원인은 운행중 발생하는 신호 불확인, 운전 중 졸음, 조종·조작의 실수, 열차정비를 위해 열차를 대기선로에서 정비선로로 또는 그 반대로 이동시키는 입환작업의 실수, 브레이크 조작의 실수 등과 같은 업무상 과실이 대부분이다. 그러나

보선, 검차, 신호취급 등에 대한 원인도 규명해야 한다. ② 많은 인명과 재산의 손실을 가져오고 사고행위 대상자들의 범위가 넓고 전문적 지식이 요구된다. ③ 신속한 운행복구를 위해 현장검증의 시간적 제약이 따르고 현장복구 후에는 현장 재현이 어렵다.

2. 초동조치

(1) 사건인지와 보고

열차사고를 직접 또는 신고에 의해 인지한 경찰은 살인·강도 등 강력사건을 인지한 경우와 마찬가지로 유·무선을 통하여 종합상황실에 즉보하고 현장에 긴급출동해야 한다. 아울러 신고받은 지구대나 파출소의 소내 근무자 또는 경찰서 각 부서의 내근자는 사건인지 시각과 신고내용을 기록하고 수사과와 119 등 관계기관에 보고 및 통보조치를 한다.

(2) 수사간부의 조치

1) 간부의 판단

열차사고는 다수의 피해자와 재산피해가 발생하는 대형사고이므로 피해자 구호와 사고수습을 위해 많은 인력과 장비를 필요로 한다. 따라서 기동대의 동원 요청, 현장수사지휘본부의 설치 여부, 구급체제의 확립 등에 대한 판단을 해야 한다. 수사간부는 서장에게 즉보하고 지방청의 주무과에 보고하고 즉시 현장수사반을 편성한다.

2) 수사지휘본부와 수사반 편성

① 수사지휘본부

서장 또는 수사과장을 본부장으로 하는 수사지휘본부를 설치하여 현장수사반을 지휘함으로써 사고원인 등 그 진상을 조사한다.

② 부상자 구호반

인명피해가 많은 사고이므로 부상자 구호반을 별도로 편성하여 112순찰차, 119 구급대, 병원 응급차 등을 활용하여 사상자를 구호조치한다.

③ 실황조사반 또는 검증반

실황조사반을 편성하여 사고현장 및 사고차량, 그리고 차량운전자 등을 중심으로 사고의 진상을 조사한다. 강제수사의 필요가 있는 경우에는 검증반을 편성하여 압수 · 수색 · 검증영장을 발부받아 현장검증을 실시한다.

④ 탐문수사반

탐문수사반은 사고현장 주변에서 목격자와 사고차량의 탑승자 등의 참고인을 확보하여 사고원인에 대한 자료를 수집한다.

⑤ 조사반

조사반은 열차사고가 형사입건 사항에 해당될 경우 피의자와 참고인 조사를 통하여 범죄사실을 확인하고 증거를 수집한다.

⑥ 보도대책반

열차사고 같은 대형사고는 사고현장에 많은 보도기자들이 몰려 보도경쟁을 벌이므로 인해 사고처리와 수사에 혼란을 초래할 우려가 있으므로 과장급을 보도대책반장으로 편성하여 보도자료 제공이나 설명 등으로 언론보도의 질서를 확립한다.

3) 열차충돌 등 대형사고에 대한 현장 보도대책

① 홍보담당자의 합동기자회견과 보안 유지

별도의 홍보담당자를 지정, 일정시간 · 장소에서 사고원인과 규모, 처리현황 등에 대하여 합동기자화견을 통하여 설명하고, 수사상 문제사항은 보안을 유지한다.

② 일반시민 소지 사진필름이나 동영상 확보

사건 원인 등 수사상 중요사항을 제외한 사항은 적극적으로 홍보하고 필요시에는 일반시민이 소지하고 있는 사고현장 필름이나 동영상을 보도기관의 협력을 통해 확보한다.

3. 현장활동

(1) 현장보존

열차사고의 현장보존은 일반적인 강력사건 현장보존과 별다른 차이가 없지만, 그 책임자를 경위 이상의 간부로 지정한다는 점에서 차이가 있다. 따라서 현장보존구역은 타 열차의 운행 등을 고려하여 결정하고 운전실과 신호소 등 채증상 중요개소에는 부상자 구호 등 불가피한 경우를 제외하고는 출입을 금지한다. 구호나 복구작업을 위해 현장변경시에는 그 때마다 사진을 촬영하고 증거보존조치를 한다.

(2) 부상자를 대상으로 한 임상조사

열차사고 역시 중상자에 대하여는 녹음기를 휴대하고 병원으로 후송하는 도중이나 병원 도착 즉시 사고경위에 대한 사실 청취를 하고 녹음한다. 경찰은 사고직전의 차량의 운행상태나 차내상태, 사고직전의 정전이나 이상징후, 상해부위, 진술자 이외의 타인의 상태, 승무원의 사고후 행동, 하차후 피해자의 조치, 2차적 병발사고 목격내용, 철도측과의 합의내용, 피해신고와 진단서 등을 조사한다.

(3) 목격자 및 관계자 등 참고인 확보 · 조사

1) 운행업무 관계자의 확보

경찰은 우선 운전자, 차장, 역장, 신호담당자. 역리담당자 등을 조기확보하고 사고의 원인 조작을 막기 위해 철도관계자와 격리하여 조사한다.

2) 목격자 및 참고인 확보

목격자 등 참고인을 가능한 한 많이 확보하여 조기에 사고의 진상파악에 주력하고 동시에 사후수사에 대비하여 그 주소와 성명 등 인적 사항을 확인한다. 현장과 그 주변에 모인 사람들에 대해 시계가 장치된 특수카메라를 활용하여 광범위하게 촬영하여 참고인 확보에 활용한다. 이때 역의 시계를 같이 넣어 촬영한다.

4. 수사활동

(1) 현장수사

1) 수사체제 확립

　수사반의 편성과 함께 임무를 분담하여 수사를 진행하고 열차사고의 진상조사는 전문성이 요구되므로 철도·항공조사위원회 위원 등이나 전문기술자를 확보하여 수사를 진행한다. 또한 철도복구 책임자 등 상급간부와의 협조아래 수사를 진행한다.

2) 열차사고의 검시와 검증

　당사자인 운전자가 사망한 경우에는 검시를 실시하고 열차사고의 전문성을 감안하여 철도관계자를 보조자로 지정하여 검시에 참여시킨다. 운전자 검시는 압수·수색·검증영장을 발부받아 부검을 실시하여 간질, 심장마비, 음주 등 사고원인과 관련되는 사실을 법의학적으로 확인한다.

　검증은 제동관계, 전기관계, 열차 자동정지장치 관계, 선로관계, 신호의 현시관계 등 전문분야별로 구분하여 검증반을 편성하여 실시하고 현장 전복탈선 상황 검증반은 별도로 운영한다. 또한 사고현장 전체를 파악하기 위해서는 항공사진이나 고층빌딩 등의 옥상에서 사진을 촬영하는 것이 가장 바람직하다.

(2) 채증활동

1) 사고발생 시각 확인

　경찰은 과학수사팀과 전문가 등의 참여하에 일차적으로 사고발생 시각을 정확하게 확인한다.

2) 증거물의 채증

① 현장채증

　㉠ 사고열차 전부, ㉡ 현장 선로, 분기기, 침목, ㉢ 탈선후 진행한 흔적, ㉣ 전철기 등이 대상이다.

② 현장 이외 관련 자료

㉠ 선로도, 신호기 위치도 및 검수기록, ㉡ 신호기 연동도표, 계획운전선도, 운행계획표, ㉢ 제동거리표 및 곡선, 사고열차 편성표 및 검사·검수기록, ㉣ 운전자의 신분관계서류 및 적성검사 판정결과, ㉤ 당일 운행표의 지시사항, 검차 등 각 담당업무일지, ㉥ 관계법규, 사고열차 형식도와 그 해설, ㉦ 제동조작, 철도청이 작성한 본건 사고기록에 관한 문서, ㉧ 사고에 의해 생긴 열차영향 및 열차손해조서 등이 대상이다. 또한 변경·소멸되기 쉬운 자료를 우선적으로 확보하고 사고관계자로부터 사고발생 전후의 상황을 청취한다.

(3) 참고인 조사

기관사, 기관조사, 여객전무, 차장, 검수승무원, 역장, 신호담당 등 관계자들을 대상으로 참고인 조사를 실시한다. 철도업무는 전문성과 기술성을 감안하여 업무마다 전문가를 확보하여 업무의 종류, 형태, 당일 작업사항, 사고발생일시와 장소, 사고상황, 사고발생 인지위치, 인지상황, 사고발생후의 조치 등을 조사한다. 철도업무관계자의 수사는 각 조직업무의 전문성과 기술성을 감안하여 업무마다 전종요원을 두어 운용하는 것이 바람직하다.

(4) 피해자수사

피해자 중 중상자에 대하여는 녹음기를 사용하여 사고에 관련된 사실을 확인한다. 피해자를 대상으로 실시해야 될 수사사항은 ① 직업이나 경력 등 인적사항, ② 열차내 상태, ③ 사고직전 정전이나 이상상황, ④ 부상부위, ⑤ 진술자 외의 사람의 상태, ⑥ 승무원의 사고후의 조치행동, ⑦ 하차후 피해자의 행동, ⑧ 2차적 병발사고의 목격상황, ⑨ 철도측과의 합의내용, ⑩ 피해신고와 진단서 등이 해당된다.

제2절 | 항공기사고 수사

I. 항공기사고의 태양

(1) 의 의

항공기 사고란 「항공법」 제2조 제13호에 사람이 항공기에 비행을 목적으로 탑승한 때부터 탑승한 모든 사람이 항공기에 내릴 때까지 항공기의 운항과 관련하여 발생한 다음의 어느 하나에 해당하는 것으로 규정되어 있다. ① 사람의 사망, 중상 또는 행방불명, ② 항공기의 중대한 손상, 파손 또는 구조상의 고장, ③ 항공기의 위치를 확인할 수 없거나 항공기에 접근이 불가능한 경우 등으로 규정되어 있다.[356] 기타 ① 전복, 동체착륙 또는 폭발, ② 비행 중에 발동기, 바퀴다리, 프로펠러 등의 탈락, ③ 엔진고장, 연료결핍, 기체의 결빙이나 기류의 교란 등의 사유로 발생한 항공기 긴급사태, ④ 발동기, 날개끝 또는 동체 끝부분의 지상착륙, ⑤ 수직속도가 기준치를 초과한 상태에서의 착륙이나 활주로 벗어난 착륙, ⑥ 비행중 벼락에 의한 항공기 손상으로 수리요하는 손상, ⑦ 조류충돌 또는 근접비행, ⑧ 기타 유사한 사고 등이 항공기 사고에 해당되지만, 인명손상이 없는 경우에 관련자의 고소 · 고발이 없는 한 형법상의 경찰수사의 대상이 되기는 어렵다.

(2) 항공기

항공기란 ① 비행기, ② 비행선, ③ 활공기, ④ 회전익항공기, ⑤ 국가기관등 항공기, 즉 ㉠ 재난 · 재해 등으로 인한 수색, 구조, ㉡ 산불의 진화 및 예방, ㉢ 응급환자의 후송 등 구조 · 구급활동, ㉣ 그밖에 공공의 안녕과 질서유지를 위하여 필요한 업무를 수행하는 사용되는 항공기를 말한다. 다만, 군용, 경찰용, 세관용 항공기는 제외한다(항공법 제2조1호).

---

356) 항공법제2조13호, 법률제9780호, 2009.6.9.

2. 항공기사고의 특징

(1) 사고장소의 불특정성과 광범성

항공기 사고는 하늘에서 발생하는 사고이므로 대체로 발생장소가 특정되지 않고 사고현장과 사고범위가 광범위하다.

(2) 수사기법의 미비와 증거자료 멸실

항공기사고는 사고의 특이성 및 현장보존과 검증의 한계 등으로 정형화된 수사기법이 없고 항공사고에 대한 수사경험자가 적다. 아울러 항공기 사고는 그 원인이 불명한 경우가 많고 증거의 멸실과 수사의 전문성 결여 등으로 사고의 진상을 규명하기 어렵다.

(3) 행위자의 사망과 다수의 피해

항공기 사고는 대체로 기장이나 승무원 등 사고와 관련된 행위자들이 사망하고 다수의 사상자를 수반하므로 실체적 진실발견이 어렵다.

3. 수사활동

(1) 수사본부 설치

1) 수사본부 설치시 유의사항

① 중요수사항목 전담요원 지정

중요수사 항목은 담당자를 지정하여 수사를 전담하게 하고 항공기에 관한 기초지식을 습득하게 한다.

② 적극적 · 반복적 수사회의 개최

수사본부는 수사인원이 방대하고 수사사항이 세분화되어 있으므로 수사회의를 자주 · 적극적으로 개최하고 어학에 정통한 인원을 확보토록 하여 수사결과를 보고 받고 수사방향을 지휘하고 감독한다.

③ 적극적인 수사자료 확보

수사본부는 승객명부, 항공기 구조도, 비행규정, 운항규정, 비행계획 등의 자료입수를 한다.

2) 수사반 편성

수사본부는 중요수사항목에 따라 임무를 분담하여 수사반을 편성한다. 즉, ① 검증반, ② 검시반, ③ 목격자, 생존자 수사반, ④ 항공기 승무원 수사반, ⑤ 항공관계기관 수사반, ⑥ 항공회사 수사반, ⑦ 고의범죄자 수사반 등으로 분담한다.

(2) 수사방침 수립

경찰은 검찰, 국토해양부 항공국 및 「항공·철도 사고조사에 관한 법률」에 의해 설치된 항공·철도사고조사위원회, 사고항공기 소속회사 등 관계기관과 긴밀히 협조관계를 유지한다. 특히 경찰은 피의자의 특정을 서두르지 말고 사건발생의 초기단계에는 '피의자 불상' 사건으로 수사를 진행한다.

(3) 실황조사

1) 실황조사(검증)의 초점

① 항공사고 조사위원회의 협조

항고사고의 실황조사나 검증은 '철도·항공사고 조사위원회' 등 전문가의 협력을 얻어 실시하고 계기류 특히 비행기록 계기에 대해서는 절대로 이동하거나 손을 대지 말고 위원회에서 취급하도록 한다.

② 항공기 관련 기록장치와 중요계기 정밀조사

공항의 변전소에 있는 보안시설의 작동상황에 관한 자동기록장치를 입수하고, 중요계기의 작동상황을 사진촬영 등으로 증거를 확보한다.

③ 압수대상 물건

압수·수색·검증영장을 발부받아 ㉠ 엔진부분, 계기부분, 연료관계 계기와 서류, ㉡ 항공기 등록증명서, ㉢ 감항증명서, ㉣ 항공일지, ㉤ 운용한계 등 지정서, ㉥ 비행교범, Ⓢ 비행계획, ◎ 점검실시표, Ⓩ 조종사와 항공사 등의 자격증명서, Ⓩ 항공기 승무원 신체검사서 등 탑재용 항공서류를 압수한다.

2) 시체의 검시

항공기 사고로 인한 변사체는 범죄에 기인한 것인지가 명확하지 않기 때문에 사법검시의 대상이다. 일단 사고사가 분명할 경우 사법검시 Ⅰ으로 충분하나 유족들이 부검을 요구할 경우에는 사법검시Ⅱ에 의해 부검을 실시해야 한다. 부검을 실시할 경우에는 반드시 법원으로부터 압수·수색·검증영장을 발부받은 후에 실시해야 한다. 다만, 범죄와 관계없다는 사실이 객관적으로 명백한 경우에는 행정검시도 가능할 것이다.

(4) 중요수사 대상자 수사

1) 기장의 직무권한

① 항공기의 승무원에 대한 지휘·감독권, ② 항공기의 안전과 기내질서유지를 위한 필요조치권, ③ 항공기나 여객 위난발생 또는 발생 우려시 안전에 관한 명령권, ④ 질서유지에 협조하지 않는 자에 대한 구속권

2) 기장의 의무

① 항공기의 운항에 필요한 준비 완료후 항공기 출발의무, ② 비행 중 위난발생시 여객구조의무, ③ 지상 또는 수상에 있는 사람이나 물건에 대한 위난방지에 필요한 수단 마련의무, ④ 여객과 항공기에 있는 다른 사람을 항공기에 나가게 한 후가 아니면 그 항공기를 떠나지 않을 의무, ⑤ 항공기 사고, 항공기준사고 또는 항공안전장애 발생시 국토해양부장관에게 보고의무, ⑥ 다른 항공기사고, 항공기준사고, 또는 항공기안전장애 발생 발견시 국토해양부장관에게 보고의무

3) 기장·부기장

수사관은 기장과 부기장에 대해 ① 당해 노선에 관한 지식, ② 당해 비행장에 관한 지식, ③ 기능, 자격, 신상관계, ④ 비행전의 점검사항, ⑤ 사고당시의 상황, ⑥ 승객의 상황과 승객에 대한 조치, ⑦ 항공교통관제관과의 교신상황, ⑧ 사고에 대한 책임여부 등이 중점수사 사항이다.

4) 승무원

항공기 승무원 조사는 조기에 신속하게 이루어져야 한다. 경찰은 승무원과 관련된 비행규정, 운항규정, 정비규정, 구조도 등 사전자료를 수집하여 조사를 실시해야 한다. 사고의 원인이 판명되는 등의 특별한 경우를 제외하고는 원칙적으로 승무원은 일단 참고인으로 조사를 해야 한다. 그러나 증거에 의해 업무상 과실이 인정되면 피의자로서 조사한다. 승무원 조사는 분리조사를 하여 승무원간의 통모나 증거인멸을 방지한다.

5) 항공기 안전확보를 위한 강제 탑승 조종사와 승무원의 탑승여부

① 무선설비를 설치하여야 하는 항공기에는 전파법에 따른 무선설비를 조작할 수 있는 무선조종사 기술자격증을 가진 통신사를 탑승시켜야 한다.

② 무착륙으로 550km 이상의 구간을 비행하는 항공기에는 조종사와 항공사를 탑승시켜야 한다. 다만, 비행 중 상시 지상표지 또는 항행안전시설을 이용할 수 있다고 인정되는 관성항법장치 또는 정밀 도플러레이더 장치를 갖춘 것을 제외한다.

③ 구조상 조종사만으로 발동기와 기체의 완전한 취급을 할 수 없는 항공기에는 조종사 및 기관사를 탑승시켜야 한다.

④ 비행교범에 따라 항공기 운항을 위하여 2인 이상의 조종사를 요하는 항공기와 여객운송에 사용되는 항공기는 기장과 기장 외 조종사 1명을 탑승시켜야 한다. 위의 각 업무를 다른 항공조종사가 행하여도 그 업무에 지장이 없을 경우, 즉 관광비행에 사용되는 회전익항공기, 최대이륙중량 5천700킬로그램 이하의 항공기, 항공기사용사업에 사용되는 회전익항공기 등에는 항공조종사를 탑승시키지 아니하고 기장이 겸직할 수 있다.

⑤ 객실승무원의 수는 승객의 좌석 수에 따라 결정된다. ㉠ 20석 이상 50석이하는 객실승무원 1명, ㉡ 51석 이상 100석이하는 객실승무원 2명, ㉢ 101석 이상 150석 이하는 객실승무원 3명, ㉣ 101석 이상 200석 이하는 객실승무원 4명, ㉤ 201석 이상은 5명에 좌석 수 50석을 추가할 때마다 1명씩 추가[357)]

---

357) 항공법시행규칙제218조제1항, 국토해양부령 제164호, 2009.9.10.

6) 승객수사

사고전에 탑승경험이 있는 승객을 대상으로 사고원인에 대하여 청취한다. 승객들 중에 사진을 촬영한 자의 발견에 힘쓰고 수사상의 질문은 오해의 소지를 없애기 위해 구체적으로 실시한다.

7) 회사책임자 수사

회사책임자 조사는 가능한 한 관계자 중에서 상급직에 있는 자를 대상으로 하고 업무개선 사항이나 감독청의 명령 준수와 사후조치 사항을 조사한다.

8) 항공기 사고 고의범죄자 수사

① 범죄의 동기

범행의 동기는 살인, 보험금, 자살, 정신이상 등 다양한 방향으로 조사되어야 하고, 범행수단은 폭발물 사용, 무기나 흉기 사용, 지상이나 공중에서의 사격 등에 관하여 면밀히 조사해야 한다.

② 대상자

수사대상자는 승객, 항공기 승무원, 제3자 등 광범위하고 다수인어서 수사대상자를 특정하기가 어려운 특징이 있다.

③ 기체의 검증

폭파 등이라고 인정할 수 있는 누두공, 즉 깔때기 구멍 또는 폭발잔재에 대해 관찰한다.

(5) 항공기 사고시 압수대상 물건

1) 항공국 관계자

비행계호기와 NOTAM (Notices To Airmen)사진 등을 압수한다. 노탐이란 항공기 조종사의 비행 결심에 영향을 줄 수 있는 항공정보를 말한다. 노탐은 컴퓨터 사진으로 저장되어 있으므로 이를 압수해야 한다.

노탐자료는 ① 노탐D라고 하는 공항 또는 주요 활주로 폐쇄와 항법보조시설과 ILS(우발사고 방지하는 안전장치 : Isolation and Locking System) 또는 레이더 서비스 중단 정보, ② 노탐 L이라고 하는 유도로 폐쇄, 활주로 근처 인원 및 장비 또는 횡단 등과 같은 정보, ③ FDC(Flight Data Center)노탐이라고 하는 항로차트의 변경, IFR절차(Instrument Flight Rules : 계기비행정차) 또는 비행제한과 같은 사항의 변경정보 등을 포함한다.

2) 항공보안사무소

① 교신 녹음테이프와 동 재생문서, ② 관제일지, ③ 관제무선업무 일지, ④ 계기비행운행표, ⑤ 관제탑 기기 점검표, ⑥ 텔레타이프 전보와 통신관계 자료, ⑦ 비행계획, ⑧ 등화관계 조작 자동기록지, ⑨ 사고보고서, ⑩ 운항표, ⑪ NOTAM 자료 등이다.

3) 공항사무소와 항무과 및 관제탑

업무일지, 검사기록, 기타 관계기록 등이 압수의 대상이다. 또한 공항의 관제탑과 항공기 기장으로부터 기상원부, 기상관측 원부, 각종 자동기록지, 일기도, 활주로 시거리 등을 압수한다.

4) 회사책임자

회사책임자의 사무실을 압수·수색하여 운항규정, 정비규정, 사업계획, 항공기 등록원부, 비행기력(비행기의 비행경력), 지상비치용 항공일지, 승객명부, 사고보고서 등을 압수해야 한다.

5) 운항관리사

운항관리사란 비행계획을 작성하는 자로서 기장과 함께 작성한 비행계획서, 중량표 기타 서류가 압수대상이다.

6) 정비관계자

정비증, 정비일지, 정비방식, 정비취급설명, 정비점검표, 정비검사기록, 항공경력서 등이다.

제1절 | 불법시위사범 수사

I. 다중범죄의 의의와 특징

(1) 의 의

다중범죄는 최소 2인 이상의 사람들이 집단을 이루어 자신들의 불만을 표출하면서 불법시위, 소요, 폭동 형태의 범죄를 범하는 것을 말한다. 표출되는 불만은 대부분 정치적, 사회적 요인에 관련된 것이다.

(2) 특 징

다중범죄는 일반범죄와 비교하여 다음과 같은 특징을 지닌다.

① 다중범죄는 범죄를 주도하는 특정조직이나 집단이 존재하는 조직성이 강한 범죄이다. ② 정치적·사회적 쟁점을 많은 군중을 동원하여 폭력적인 방법으로 부각시키기 때문에 파급성 또한 강하다. ③ 불법집회나 시위를 하는 범죄자들은 정부의 정책이나 법률 그 자체가 잘못되었다고 믿기 때문에 자신들의 주장이 옳다는 확신범적 성격을 띤다. ④ 다중범죄를 범하는 사람들은 이성적이기보다는 감정적이기 때문에 군중들의 구호나 주장에 무조건 동조하는 등 군중심리의 영향을 크게 받는다.

2. 다중범죄에 관한 특칙

(1) 사회정세와 관련 단체 등에 대한 동향파악

다중범죄 수사는 정치적·사회적 쟁점에 대한 여론동향과 관련 단체나 집단의 실태와 동향을 면밀하게 파악하는 등 사전 정보수집으로 수사를 위한 준비를 철저히 해야 한다(범죄수사규칙 제246조).[358]

(2) 실행자와 주모자 등 모든 관련자 수사

다중범죄수사는 실행행위자만을 대상으로 하지 말고 주모자와 모의참여자 기타 사건의 배후에 있는 공범관계자를 정확하게 파악하여 수사해야 한다(범죄수사규칙 제247조).[359]

(3) 현장지휘관의 통제에 의한 체포

다중범죄자를 현장에서 체포할 때에는 상대편의 세력, 정세의 추이 등을 신중히 고려하여 현장지휘관의 통제하에 체포의 시기와 방법, 범위를 정하여 체포해야 한다(범죄수사규칙 제248조).[360]

(4) 감식활동의 주의

다중범죄 현장은 복잡하고 긴박하며 군중들은 경찰에 대해서도 폭력적으로 대응하므로 범죄자 주변에 대한 접근이 어려운 경우가 대부분이다. 실제로 채증요원들이 불법시위자들에게 납치되어 폭행을 당하거나 채증장비를 탈취당하는 일이 빈번하게 발생한다. 따라서 채증 기술을 적절히 발휘하여 범행실행자와 주모자 등을 중심으로 디지털 카메라와 비디오 등을 활용하여 사진촬영 및 동영상 촬영을 하는 등으로 증거수집에 최선을 다해야 한다(범죄수사규칙 제249조).[361]

---

358) 범죄수사규칙 제246조, 경찰청훈령 제526호, 2008.7.22.
359) 범죄수사규칙 제247조, 경찰청훈령 제526호, 2008.7.22.
360) 범죄수사규칙 제248조, 경찰청훈령 제526호, 2008.7.22.
361) 범죄수사규칙 제249조, 경찰청훈령 제526호, 2008.7.22

(5) 체포시의 주의362)

1) 사후의 조사에 대비

다중범죄 피의자를 체포한 경찰관은 각각 체포한 피의자에 관하여 그 인적 사항과 특징, 범죄사실의 개요, 체포장소와 상황 등을 명백히 기록하여 사후의 조사에 지장이 생기지 않도록 해야 한다. 필요한 때에는 피의자를 체포한 직후에 체포한 경찰관과 함께 촬영해 두는 것도 사후조사를 위해 효과적이다(범죄수사규칙 제 250조 제1항 및 제2항).

2) 피의자와 관련 증거물 함께 촬영

피의자를 체포한 경찰관은 피의자와 관계있는 물건을 압수하였을 때에는 피의자와 압수물의 관계를 명백히 하기 위하여 이들을 함께 촬영해 두는 것이 증거관계 입증에 효과적이다(범죄수사규칙 제250조 제3항).

(6) 피의자 분산 조사

경찰관은 다중범죄 피의자를 동시에 다수를 체포한 경우에는 피의자를 분산하여 조사함으로써 상호 통모 등을 방지해야 한다(범죄수사규칙 제251조). 아울러 피의자를 조사하는 경찰관들은 상호 조사과정상의 정보를 긴밀히 교환하여 사건의 전모를 파악하도록 해야 한다(범죄수사규칙 제252조).

3. 불법집회시위사범 조사전 준비단계

(1) 호 송

호송책임자를 간부급으로 지정하고 호송요원은 2인 이상 지정하되 최소한 연행자 숫자 만큼 확보한다. 피호송자가 5~10명 이내이면 감독관 경사 1명, 피호송자 11인 이상일 때에는 경위 1명을 지정한다. 반드시 무전기, 가스총 등 호신장구를 휴대하고 호송 중에 사전 통모, 집단행동, 자해, 도주, 피습 및 가혹행위, 교통사고 등을 방지해야 한다.363)

---

362) 범죄수사규칙 제20조, 경찰청훈령 제526호, 2008.7.22

(2) 현행범 체포절차의 준수

1) 전·의경 검거시

연행경찰서 또는 중간 집결 경찰서의 현행범 인수 경찰관은 다중범죄 피의자를 검거한 전·의경으로부터 검거보고서와 진술서를 받아야 한다. 또한 피의자에게 미란다원칙을 고지하고 현행범인 인수서를 작성한 후 중간집결 경찰서 또는 조사경찰서로 인계한다.

2) 경찰관 검거시

체포경찰관은 현행범을 대상으로 미란다 원칙을 고지 후 현행범인체포서를 작성하고 연행경찰서 또는 중간집결 장소관할 경찰서, 조사경찰서로 인계한다.

3) 호송간부

조사담당자는 검거보고서 상의 위반사항란 및 격리차원란에 ○표한 연행자에 대해서는 검거보고서와 함께 신병인계를 받는다. 조사담당자는 인계받은 피의자에 대한 시위전력 및 수배여부를 확인하고 객관적인 입증자료(행적조사서)를 첨부한 다음 최단시간 안에 해당 지방경찰청 수사조정반에 보고 후 신병조치한다.[364]

4. 처리시 착안점

(1) 소수인원 단위 분산조사

경찰은 피의자들에 대한 정밀하고 신속한 처리를 위하여 10명 이하의 소수인원을 단위로 하여 분산조사하는 것을 원칙으로 한다. 주동자 및 핵심인물에 대한 범죄입증 및 조사에 필요한 자료를 확보하고 있는 발생지 경찰서는 이들에 대한 신속한 조사를 통하여 여타 경찰서에 전파하는 것이 피의자 조사에 효과적이다.

연행된 피의자는 책임간부를 지정하여 고층 등 옥상이 가까운 곳은 투신 등의 위험이 있으므로 피하고 1층이나 지하층 등 안전한 곳에 분산수용하고 간부급을 지정하여 관리하고 서로 말을 맞추지 못하도록 감시한다.[365]

---

363) 경찰실무전서, 경찰청, 2000, pp.455-456.
364) 경찰실무전서, 경찰청, 2000, p.456.

(2) 연행자 발생지 경찰서의 조치

합법적인 집회·시위도 언제든지 불법으로 변질될 가능성이 있으므로 모든 집회·시위를 대상으로 집회·시위 개최단계부터 정보과의 채증요원과 수사2계 직원이 현장에 나가 합동으로 채증하고 상황파악 및 위법사항을 확인하여 조사요원 및 분산서에 송부한다. 아울러 ① 집회신고서, ② 상황일지, ③ 채증자료, ④ 검거자, ⑤ 피해자와 목격자 진술서, ⑥ 현행범인 체포서 또는 현행범인 인수서, ⑦ 현장요도, ⑧ 피해상황 등을 인계한다.366)

(3) 연행자 인수경찰서의 조치

중간분산 경찰서 및 조사경찰서는 경비경력으로부터 연행자를 인수할 때 현행범인 체포보고서 또는 검거보고서, 검거자 진술조서, 압수증거물 등도 인수한다. 아울러 검거 경찰관 등 부상자에 대한 진단서와 진술서를 확보한다.

(4) 채증활동

채증은 구체적인 사안에 따라 중점 채증대상이 조금씩 달라지나 일반적으로 주최자, 선동자, 상황과 규모, 불법행위 장면, 불순발언 및 구호내용, 현수막 등 선동·선전물, 인적·물적 피해상황 등을 녹음·사진촬영이나 비디오 촬영, 증거물 압수 등으로 증거자료를 확보하고, 특히 불법시위용품 등을 확보해야 한다.

5. 불법집회·시위사범 수사

(1) 수사의 곤란성

사건내용은 간단하지만 채증자료 등 객관적인 증거자료가 부족하여 피의자의 진술에만 의존하는 경우가 많아 범죄입증에 어려움이 발생한다. 또한 피의자들의 묵비권 행사와 시위에 적극 가담하지 않은 자들이 포함되는 경우가 있어 다른 범죄수사보다 어려운 문제가 있다. 또한 조사관의 사소한 언행을 문제삼아 인권시비를 일으키는 사례도 있으므로 주의해야 한다.

---

365) 경찰실무전서, 경찰청, 2000, p.455.
366) 경찰실무전서, 경찰청, 2000, p.455.

(2) 피의자 조사과정

1) 경찰서 전 기능 분담조사

불법집회·시위 피의자는 그 수가 다수여서 피의자 신문은 물론이고 보호감시, 사후신병처리에 이르기 까지 많은 인력을 요구하므로 경찰서의 전 기능이 분담하여 처리해야 한다.

2) 구체적 조사사항

① 참가동기와 목적, 누구의 지시를 받았는지 등의 참가경위, ② 시위모의과정, 시위용품의 제작·비용조달·운반 및 인원동원 방법, ③ 현장실행 및 배후관계, ④ 연행 당시의 상황 및 연행자의 구체적인 행위, ⑤ 과거 집회경력, 폭력행위 가담 여부 등에 대해 구체적으로 조사한다.

(3) 피의자 조사시 유의점

1) 현행범인 체포서 또는 인수서 작성

경찰관이 직접 검거를 한 경우에는 체포경찰관 명의의 현행범인체포서를 작성하지만 전·의경이 검거를 한 경우에는 검거를 한 전·의경으로부터 검거보고서를 받고 현행범인인수서를 작성해야 한다. 조사관은 피연행자가 범행사실을 부인할 경우 피연행자와 검거자의 대질신문을 해야 하므로 검거자의 근무처, 계급, 성명 등을 확인해 두어야 한다.367)

2) 미란다원칙 고지 및 소지품 조사

경찰은 피의자를 조사하기 전에 미란다원칙, 즉 범죄사실의 요지와 진술거부권을 반드시 고지하고 소지품을 조사하여 조사자료를 확보한다. 피의자 처리는 분리조사를 하여 증거를 조작하는 일을 방지하고, 여자피의자에 대해서는 여경을 참여시켜야 한다.

---

367) 경찰실무전서, 경찰청, 2000, p.456.

3) 인적 사항확인 방법

피의자들이 허위 인적 사항을 진술하는 경우가 많으므로 인적 사항을 확인하기 위해서는 피의자가 진술한 주민번호, 본적지 또는 호주 등을 주민조회와 비교하거나 시간간격을 두고 주민번호를 다시 묻고 전 진술과 비교해 보는 방법 등이 있다. 그러나 가장 확실한 방법은 수배여부를 확인하기 위해 십지지문을 채취하여 주민조회상의 지문번호와 피의자의 지문번호를 대조·확인하는 것이다.

4) 묵비권 행사 및 범죄사실 부인시 조사방법

수첩이나 메모지 등 피의자의 소지품을 활용하여 수사의 단서를 찾아야 하고 묵비권 행사과정의 녹취 및 전후 상황을 수사보고서로 작성·첨부하여 자료화한다. 조사관은 피의자의 조사시 조사과정의 민주성과 자백의 임의성 등을 확보하기 위해 형소법상의 진술녹화를 실시하는 것도 효과적이다.

인적사항을 특정하기 어려운 경우 검거자 및 목격자 등의 진술조서에 의복, 신체특징 및 검거당시의 상황 등을 상세히 기록한다. 대학생의 경우에 저학년 학생, 그리고 근로자의 경우에는 초임근로자를 대상으로 집중신문을 한 후 이들의 진술을 활용하거나 대질신문 등을 통하여 묵비권을 향사하는 피의자의 행위를 특정한다.

(4) 피의자 신병처리기준

집회의 성격, 규모, 행위태양, 결과 등에 따라 합리적으로 판단하되 다음과 같은 기준을 적용한다.368)

1) 구속(A급)

① 불법폭력시위 핵심주동자, ② 화염병 투척, 쇠파이프, 각목사용, 투석, 대비경력 폭행, 공공시설 점거 및 기물손괴자, 장시간 도로점거 농성자, ③ 지방원정 주동 인솔책임자 및 수회의 시위경력이 있는 자 등은 구속대상이다.

2) 불구속(B급)

① 불법시위 적극가담자, ② 시위전력이 있는 자로 개전의 정이 없는 자, ③ 학생의 경우에 고학년이나 연결책, ③ 단순가담한 고학년과 연락책 등은 B급이다.

---

368) 경찰실무전서, 경찰청, 2000, pp.457-458.

3) 즉심(C급)

① 불법시위 단순가담자, ② 시위전력이 있으나 개전의 정이 있는 자, ③ 단순가담한 저학년이나 연소자 등은 즉심대상이다.

4) 훈 방

시위전력이 없고 개전의 정이 현저한 자는 훈방대상이다.

(5) 보고단계

1) 1차보고

경찰관은 연행일시, 장소, 인원, 연행경위 등을 지방청과 경찰서에 보고한다.

2) 2차보고

조사관은 연행자, 직업별, 학교, 학년별, 시위전력자 등을 분석하여 지방청과 당해 경찰서에 보고한다.

3) 3차보고

조사관은 수사결과 및 조치의견(A, B, C, D등급 구분) 등을 지방청과 당해 경찰서에 보고한다.

(6) 불법시위사범 수사시 적용법률

일반적으로 「집회 및 시위에 관한 법률」, 「폭력행위 등 처벌에 관한 법률」, 「화염병사용등의 처벌에 관한 법률」, 「도로교통법」, 「형법」상의 일반교통방해죄, 공무집행방해죄, 주거침입죄 등을 적용한다.

제2절 │ 선거사범 수사

I. 선거사범 수사의 초점

(1) 첩보수집 및 채증기법

1) 현장중심 채증

① 선거사범 단속경찰관은 각종 기부행위나 정당활동 및 의정보고활동을 빙자한 불법선거운동, 불법선전활동, 연설회장에서의 폭력행위 등에 대하여 현장에 직접 참여하여 참석자들로부터 직·간접적으로 첩보를 수집한다. ② 정당의 창당, 개편대회, 당연수회, 단합대회 등 정당의 주요집회 장소에 참석할 경우에는 반드시 선관위 직원 등을 대동하고 참석자들과의 대화 등을 통하여 첩보를 수집한다. 첩보수집의 대상은 비당원을 상대로 한 기부행위 및 불법선전활동, 당원 등 참석자들에 대한 금품제공행위, 타 정당·후보자 등에 대한 비방, 흑색선전 등 불법선거운동 등이다. ③ 후보자 연설회장에서의 타 후보비방, 흑색선전, 지역감정 조장 등을 파악한다. ④ 동창회, 향우회, 친목회 등 각종 모임의 행사장, 관광알선업체 및 관광유원지, 홍보전문 업체 등에 대한 첩보망을 구축한다. ⑤ 의정활동 보고회를 빙자하여 선거민들에 대한 지지호소 및 금품제공행위를 하거나 의정활동 보고서를 가두살포, 호별방문 배부행위 등에 대한 첩보를 수집한다.

2) 채증활동의 철저

① 은밀·지능화되어가는 선거사범의 입증을 위해서는 완벽한 채증이 요구되며 수사결과에 따라 당선무효결정이 내려지는 등 이해가 첨예하게 대립되므로 명확한 증거가 요구된다. ② 첩보입수단계로부터 혐의사실에 대한 구증자료를 수집한다. ③ 「선거법」 위반사범은 선관위와 합동으로 단속하고 비디오 및 사진촬영, 녹음 등으로 채증하여 수사자료를 확보한다. ④ 범죄사실의 입증을 위해 입수된 구증자료를 정밀 분석한다.

(2) 선거사범 수사시 유의사항

1) 신속한 수사

선거사범의 공소시효는 선거일 후 6월에 불과하므로 신속히 수사해야 한다.

2) 엄정한 수사 및 적법절차의 준수

선거사범은 정당에 관계없이 적법절차에 따라 엄정하게 수사하여 한다. 정당간 형평성을 고려하여 입건자 수를 조정하는 식의 수사를 하여서는 안 된다.

3) 배후근원지에 대한 수사

선거사범은 개인적인 범법행위라기 보다는 정당기구를 통한 조직적인 범법행위인 경우가 대부분이므로 배후의 궁극적인 책임자에 대한 수사가 요구된다.

4) 정확한 처벌법규의 적용

선거법 특성상 피의자의 선거법상 신분, 범죄의 목적에 따라 하나의 행위에 여러 처벌조항을 적용할 수 있다.

2. 중점단속대상 및 단속요령

(1) 금품살포 및 향응제공 등 기부행위

1) 중점 단속대상

① 후보자와 그 배우자의 국내·외 선심관광 알선, 경비제공 행위, ② 관혼상제에 제한을 초과한 경조금이나 화환 등을 제공했는지 여부, ③ 야간 등 취약시간대에 호별방문에 의한 금품제공, 향우회, 동창회, 친목회 등 각종 모임에서 금품 및 향응제공행위, ④ 선거관련 금품의 요구, 권유, 약속, 알선, 수수 행위(공직선거법 제113조),[369] ⑤ 정당 및 후보자가족 및 제3자의 기부행위, ⑥ 누구든지 기부행위가 제한된 자로부터 기부받거나 권유 또는 요구행위, ⑦ 선거일 후 당선 또는 낙선에 대한 답례금지, 즉 금품 또는 향응제공행위, 방송·신문 또는 잡지 기타 간행물에 광고하는 행

---

369) 공직선거법 제113조, 법률 제10067호, 2010.3.12.

위, 자동차행렬 또는 다수인 행진이나 연달아 소리지르는 행위, 선거구민을 위한 당
선축하회 또는 낙선에 대한 위로회 개최, 선거일 후 13일 동안 읍·면·동마다 1매
의 현수막게시를 제외한 현수막 게시행위

2) 단속요령

① 관내 관광회사 및 대형식당의 예약상황, 그 종업원들을 대상으로 하여 후보자
측근들에 대한 첩보를 수집한다. ② 관혼상제에 제한을 초과한 경조금이나 화환 등
을 제공했는지 여부를 참석한 주민을 상대로 탐문수사한다. ③ 야간 등 취약시간대
에 호별방문에 의한 금품제공 우려지역에 대한 잠복근무 및 검문검색으로 현행범
검거에 주력한다. ④ 선거법 위반 현장에서 VTR, 녹음, 사진촬영 등 채증활동을 철
저히 해야 한다.

(2) 시민단체와 사조직 등의 불법선거운동

1) 중점단속 대상(공직선거법 제87조)

① 시민단체에서 특정후보자에 대한 낙천, 낙선을 목표로 집회를 개최하거나 시
위를 벌이는 행위, ② 시민단체에서 특정후보자에 대한 낙천, 낙선을 목표로 서명운
동을 벌이는 행위, ③ 선거운동기간 개시 전에 낙선운동을 벌이는 행위, ④ 선거기
간 중 선거구민을 대상으로 하거나 선거가 실시되는 지역 안에서 향우회, 종친회 또
는 동창회를 개최하는 행위, ⑤ 선거기간 중 선거에 영향을 미치게 하기 위하여 단
합대회, 야유회 기타의 집회를 개최하는 행위

2) 단속요령

① 시민단체가 집회시위를 하거나 낙천, 낙선을 목적으로 서명운동을 하는 경우
집회시위 현장에 임장하여 주최자 등의 인적사항을 파악하고 철저한 현장채증을 통
하여 구증자료를 우선적으로 확보한다. ② 시민단체의 항의 등에 유연하게 대처함으
로써 인권침해사례 등 물의야기 방지에 철저를 기한다. ③ 피해자 측과 시민단체간
의 현장충돌방지를 위하여 대비경력을 동행하고 단속에 임하는 등 변수방지를 위한
조치를 취한다. ④ 선거기간 동안 선거구민을 대상으로 하거나 선거구 안에서 향우
회, 종친회, 동창회를 개최하거나 선거에 영향을 미칠 목적으로 야유회, 등반대회를
개최하는 자의 사례를 수집한다.

(3) 선거브로커의 금품 요구행위

1) 중점단속대상(공직선거법 제166조)

① 선거출마예정자를 대상으로 산악회, 아파트 부녀회 등 사조직의 활동비 등의 명목으로 금품을 요구하거나 불응시 협박하는 행위, ② 표를 몰아주겠다며 자리보장 요구 및 금품요구 행위

2) 단속요령

① 친목계 대표, 종친회 관계자, 인력공급업자, 향우회 관계자, 지방의원 낙선자 등에 대한 활동사항을 확인하고 동향을 감시한다. ② 선거관계자를 수시로 접촉하여 선거브로커의 금품요구사실 등 첩보를 수집한다.

(4) 흑색선전 및 비방행위

1) 중점단속 대상

① 악의에 찬 각종 흑색선전 유포행위, ② 유언비어 날조 유포행위, ③ 인신공격성 낭설유포 등에 의한 명예훼손 및 후보비방 행위, 사례를 보면, 갑은 자신의 청탁을 들어주지 않는다는 이유로 자신의 지역구 국회의원에 대하여 ○○○ 때문에 가족이 죽어가고 있다는 내용의 피켓을 들고 다닌 경우, 국회의원 ○○○은 지구당 주요 당직자 단합대회에서 타 정당 출마예정자에게 불리한 신문기사를 인터넷에서 복사한 후 당원 및 비당원에게 배포한 경우, ○○리서치는 여론조사를 하면서 출마예정자인 ○○○구청장이 공직자로 사생활이 문란하고 재산이 많이 불어났는데 어떻게 생각하느냐 한 경우, 모 정당 국회의원A는 지방선거시 ○○광역시 후보를 지지하는 유세를 하면서 ○○지역사람이 ○○시장이 되어서 어떻게 하겠다는 말이냐고 발언 한 경우 등이다.

2) 단속요령

① 선거유세, 배포인쇄물, 홈페이지 등을 검색하여 상대후보의 신분, 경력, 사생활을 비방하거나 허위사실을 유포한 사실여부를 수사한다.
② 여론조사를 빙자하여 상대방후보의 사생활 등을 문제 삼는 질문행위가 늘어나고 있음에 착안하여 관내 여론조사기관 등을 집중 감시한다.

(5) 선거관련 지역감정 유발행위

1) 중점 단속대상

① 상대후보 출신지역 비난행위 등 지역감정 유발행위, ② 후보자나 운동원이 아닌 제3자의 지역감정유발행위, ③ 사이버공간에서의 지역감정유발행위

2) 단속요령

① 선거유세현장에서 후보자 또는 지원연설자의 지역감정유발 발언 유무를 확인한다. ② 선거사범전담반, 사이버범죄 수사대, 기동수사대 등을 적극 활용하여 지역감정 유발행위 사례를 적극 수집한다. ③ 선거관계자를 수시로 접촉하여 지역감정유발 사례가 있는지 여부를 확인한다.

(6) 사이버공간에서의 선거사범

1) 중점 단속대상

① PC통신의 게시판, 토론방, 정당, 국회의원, 입후보 예정자 등의 홈페이지 및 정치정보제공 사이트 등 사이버 공간을 이용한 흑색선전 및 후보를 비방하는 글의 게시행위, ② PC통신 및 인터넷을 이용한 후 후보자 및 그 가족에 대한 허위사실 공표 또는 비방행위, ③ 기타 사이버 공간을 이용한 각종 불법선거 운동

사례를 보면, 특정정당이나 후보자가 컴퓨터 상의 특정 정보저장장소에 정당의 정강, 정책, 후보예정자의 성명, 학력, 경력 등을 저장하고 선거구민으로 하여금 그 정보를 열람하게 하는 행위, 갑의 정보가 저장된 장소의 접근방법 안내문을 컴퓨터 통신상의 특정장소에 게시하는 행위 등이 해당된다.

2) 단속요령

① PC 통신의 경우

ⓐ 컴퓨터 통신망의 각종 게시판, 인터넷 홈페이지 등을 검색 및 내용분석으로 증거를 확보한다. ⓑ 게시판에 게시자의 성명, ID, 게시일자 등이 구체적으로 나타나므로 PC통신회사를 통해 게시자의 인적 사항을 파악한다. ⓒ PC통신사 및 전화국과 협조, 접속전화번호를 추적하여 게시자의 소재를 파악한다. ⓓ 타인의 ID를 도용했는지 여부를 확인한 후 수사에 착수한다.

② 인터넷의 경우

ⓐ 정치관련 홈페이지를 검색하여 위법사항 발견시 관련 내용을 프린트하여 증거를 확보한다. ⓑ 증거물 중에 IP주소가 나오지 않을 경우에는 홈페이지에서 시스템 관리자의 연락처 등을 확인하여 글쓴이의 접속 IP를 확인한다. ⓒ 확보된 IP를 인터넷 주소 http ://whois.krnc.net에서 조회하여 어느 기관에서 사용하는 주소인지 확인한다. ⓓ 업체가 확인되면 해당업체에 게시시간대의 IP사용자 관련 정보를 공문으로 요청하여 해당자의 인적사항을 확인한다.

3) 사이버상 선거운동을 할 수 있는 행위

① 특정정당·후보자가 컴퓨터 상의 특정 정보저장장소에 정당의 정강·정책, 후보예정자의 성명, 학력, 경력 등을 저장하고 선거구민으로 하여금 그 정보를 열람하게 하는 행위, ② 특정후보의 정보가 저장된 장소의 접근방법 안내문을 컴퓨터 통신상의 특정장소에 게시하는 행위, ③ 전기통신사업자가 선거운동기간 전에 선거운동에 이르지 아니하는 범위 안에서 입후보 예정자의 성명, 학력, 경력, 사진 등을 게시하여 두는 행위, ④ 보고회 등 집회, 보고서(인쇄물, 녹음·녹화물 및 전산자료 복사본 포함), 인터넷, 문자메시지, 직접전화, 축사·인사말을 통한 의정활동, 그러나 선거일 전 90일부터 선거일까지 인터넷에 의정활동 보고서를 게재하는 외의 방법으로 의정활동을 보고할 수 없다.

(7) 지방자치단체장 및 공무원의 불법선거 관여행위

1) 중점 단속대상

① 지방자치 단체장의 선거기간 개시일전 30일부터 금지행위

ⓐ 소속직원 또는 선거구민에게 금품등 제공행위, ⓑ 소속정당원의 정강, 정책 등 홍보, 선전 및 정치행사 참여행위, ⓒ 소속정당의 선거대책기구, 선거사무소, 선거연락소 방문행위, ⓓ 지방자치단체장의 통·이장 회의 참석행위

② 공무원 등의 선거에 영향을 미치는 행위

ⓐ 소속직원 또는 선거구민에게 교육 기타 명목여하를 불문하고 특정정당이나 입후보 예정자의 업적 홍보, 지지·선전행위, ⓑ 정당 또는 후보자에 대한 선거권자의 지지도를 조사하거나 이를 발표하는 행위

2) 단속요령

① 지방자치단체장이 같은 정당소속 후보자 주최의 의정보고회, 후원회, 등반대회 등에 참석하여 당해 후보자의 찬양발언, 경비지원, 소속공무원 동원 등 사실여부를 집중 탐문한다. ② 선거구민 또는 소속직원을 상대로 금품제공 여부를 탐문수사한다. ③ 자치단체 주관 교양강좌, 체육대회, 민원상담 등의 개최, 후원, 상담시 그 필요성 및 긴급성 여부를 확인한다.

(8) 여론조사 빙자 불법선거운동

1) 중점 단속대상

① 여론조사기관들이 여론조사를 빙자하여 특정인에 대한 지지나 반대를 유도하는 행위, ② ARS전화를 이용 이번 총선에 입후보할 ○○○후보를 아십니까?라는 질문으로 인지도를 높이는 행위, ③ 여자관계가 복잡하고 전과가 있는 ○○○후보를 찍겠습니까? 라는 설문을 통하여 특정후보의 전력을 문제시하는 행위, ④ 공공기관 종사자들이 유권자 정보 등 개인정보를 유출하는 행위

2) 단속요령

① 각종 여론조사기관의 현황 및 선거후보자와의 계약상황 등을 파악한다.
② 후보자, 공공기관, 여론조사기관간의 연계여부를 조사한다.
③ 공무원들에 대한 선거인명부 등의 유출경위에 대하여 첩보를 수집한다.

(9) 불법선거운동단속

1) 중점 단속대상

① 누구든지 선거일 전 180일(보궐선거의 경우 선거실시 사유가 확정된 때)부터 선거일까지 ㉠ 화환·풍선·간판·현수막·애드벌룬·기구류·선전탑, 그 밖의 광고물이나 광고시설을 설치·진열·게시·배부하는 행위, ㉡ 표찰이나 그 밖의 표시물을 착용 또는 배부하는 행위, ㉢ 후보자를 상징하는 인형·마스코트 등 상징물을 제작·판매하는 행위, ② 누구든지 선거기간 중 방송, 신문, 통신 또는 기타 간행물을 불법으로 이용한 선거운동행위(법제90조), ③ 누구든지 선거기간 중 이 법의 규정에 의한 연설· 대담 또는 는 대담·토론회를 제외하고는 정견발표회, 시국강연회, 좌담회, 토론회, 향우회, 동창

회 또는 반상회 기타 집회를 개최하여 하는 선거운동행위(법제101조 및 103조), ④ 누구든지 이 법에 의한 선거사무소 또는 선거연락소 외에는 후보자(후보자가 되고자 하는 자 포함)를 위하여 사조직을 설립하거나 이용하거나 또한 정당이나 후보자가 설립·운영하는 조직이나 시설을 선거일 전 180일부터 선거일까지 선거운동을 위해 어떤 형태로든 선전하는 행위(법 제89조), ⑤ 선거기간 중 입당권유를 위하여 호별방문을 하거나 호별방문하여 선거운동을 하는 행위, 다만, 선거운동을 할 수 있는 자는 관혼상제의 의식거행 장소와 도로, 시장, 점포, 다방, 대합실 기타 다수인이 왕래하는 장소에서 정당 또는 후보자 지지 호소가능하지만, 선거기간 중 공개장소에서의 연설·대담통지를 위한 호별방문은 금지(법제106조), ⑥ 규정에 의한 공개장소에서의 연설·대담장소 또는 대담·토론회장에서 연설·대담·토론하는 경우를 제외하고 확성장치를 사용하거나, 연설·대담장소에서 자동차에 승차하여 선거운동하는 경우를 제외하고 자동차를 사용하여 선거운동하는 행위(법제91조). ⑦ 5명을 초과하여 무리를 지어 거리를 행진하는 행위, 다수의 선거구민에게 인사하는 행위, 연달아 소리지르는 행위(법제105조). ⑧ 선거운동을 위해 선거구민에게 서명·날인받는 행위(법제107조), ⑨ 선거일 전 6일부터 선거일의 투표마감시각까지 정당지지도나 당선인을 예상하게 하는 여론조사의 결과 공포행위(법제108조), ⑩ 누구든지 선거일전 180일부터 선거일까지 이 법에 의하지 아니하고는 정당 또는 후보자를 지지·추천·반대하는 내용이 포함되어 있거나 정당의 명칭 또는 후보자의 성명을 나타내는 광고·인사장·벽보·사진·문서· 도화·인쇄물이나 녹음·녹화테이프 배부·첩부·살포·상여 또는 게시하는 행위(법제93조), ⑪ 연설·대담과 대담·토론회는 오후 11시부터 다음날 오전 6시까지 개최하는 행위(방송시설 이용은 제외, 공개장소에서의 연설·대담은 오후 10시부터 다음날 오전 7시까지 금지, 휴대용 확성장치만을 사용하는 경우 오전 6시부터 오후 11시까지 가능, 오후 9시부터 다음 날 오전 8시까지 녹음기와 녹화기 사용금지)(법제102조), ⑫ 누구든지 선거일 전 90일(선거일 전 90일 후에 실시사유가 확정된 보궐선거 등에 있어서는 그 실시 사유가 확정된 때)부터 선거일까지 후보자(후보자 되려는 자 포함)와 관련된 저서의 출판 기념회 개최행위(법제103조5항).

2) 단속요령

선거법 위반 행위에 관련된 제반사정, 즉 시기, 목적, 내용, 방법, 대상, 범위, 양태, 사회상규 등을 종합적으로 판단하고, 개별사안에 따라 별도의 판단을 요한다.

제**26**장

보험범죄 수사

I. 개 념

　보험범죄란 보험가입자 또는 제3자가 받을 수 없는 보험보호를 거저 얻거나 부당하게 낮은 보험료를 지불하거나 또는 부당하게 높은 보험금액의 지급을 요구할 목적을 가지고 고의적이며 악의적으로 행동하는 것을 의미한다. 말하자면, 어떤 사람이 보험계약을 이용하여 보험회사의 부담으로 자기 또는 제3자에게 보험금의 형식으로 위법적인 이익을 얻게 하는 행위를 보험범죄라 한다.[370]

2. 보험범죄의 특성

(1) 고도의 지능적 범죄

　보험범죄는 복잡하고 이해하기 어려운 보험약관 내용이나 보험법을 비롯한 수많은 법률규정들을 이해하고 이용할 수 있어야 하기 때문에 단순범죄와는 달리 고도의 지능이 요구된다.

---

370) 경찰수사보안연수소, 공공지능범죄수사Ⅱ, 2006, pp.8-9.

(2) 범죄피해의 간접성과 죄의식의 결여

보험범죄자는 보험회사에서 엄청난 돈을 사취해 가는 것이지만 사취당한 보험회사의 보험모집인은 계약고에만 관심을 갖는 관계로 별다른 저항이 없고 더욱이 그 보험회사의 선의의 보험계약자는 다수로서 소액이므로 이를 거의 인식하지 못한다. 또한 보험금사취를 위한 고의적인 살인, 방화 등 범죄행위를 제외하고는 심리적으로 죄의식을 크게 느끼지 못하는 것이 일반적인 현상이다. 사회 역시 보험범죄를 일반적으로 죄악시하거나 비도덕적 행위로 보지 않기 때문에 범죄자의 죄의식을 약화시킨다.

(3) 비도덕적인 이욕범죄

보험범죄는 가족이나 근친을 범죄대상으로 삼고 있다는 점에서 비도덕적이고 범죄의 동기는 결국 돈에 대한 욕망이라는 점에서 이욕범죄이다.

(4) 고액보험에 대한 범행

보험범죄는 과도한 특약이 있는 보험이나 고액의 생명보험 등이 범행대상으로 선정되는 것과 같이 고액보험금이 범행의 대상이 된다.

(5) 공범에 의한 범죄

보험범죄는 보험사고를 위장하는데 전문적인 지식이나 기술이 필요한 경우가 많고 범인 자신이 범죄혐의로부터 벗어나는데 유리하게 하기 위하여 공범에 의한 범죄가 많다. 즉, 범인은 자기 대신 하수인을 구하여 범행을 하게 하고 알리바이를 조작하고, 보험금을 사취하기 위해 위장·촉탁살인을 하는 경우에 주범 자신이 피보험자가 되는 경우가 많다.

(6) 타 범죄의 수반성

보험범죄는 보험계약에 필요한 각종 서류의 위·변조, 보험금을 청구하기 위한 타인 살해, 위장자살, 상해, 방화, 손괴 등과 같은 고의적 범죄를 유발하는 것과 같이 여러 범죄행위가 동시에 발생하게 된다.

(7) 입증의 곤란성

보험사기는 고의에 의한 재산적 이득을 얻었음을 입증하여야 하는데 중대한 과실과 고의를 구분하기가 쉽지 않다. 수사권이 없는 보험회사가 범죄의 고의를 입증하는 것은 현실적으로 불가능하다. 보험회사는 보험범죄 혐의가 있는 사람들에 대한 보험금 지급심사 및 조사를 할 수 있는 능력이 없으며, 보험사고로 인한 민원발생을 회피하고 대외 이미지 훼손 등을 우려하여 범죄초기에 적극적으로 대처하지 않아 증거의 확보 등이 제대로 되지 않아 범죄의 입증이 어렵다. 경찰을 비롯한 수사기관의 보험범죄에 대한 전문성의 결여 역시 범죄의 입증을 어렵게 하는 요인이 되고 있다.371)

3. 보험회사와 수사기관과의 관계

(1) 보험회사와 수사기관의 정보교환

보험범죄 대응은 보험회사와 수사기관의 밀접한 정보교환이 필수적이다. 그러나 우리나라의 경우 수사기관이나 보험회사 모두 수동적이거나 보험회사는 영업상의 이익의 문제로 범죄신고에는 소극적이다.

(2) 보험회사에 대한 수사관계 사항 조회

수사기관은 보험범죄 수사를 위해 보험계약의 체결, 보험금 지급상황에 관하여 보험회사에 조회하고 관련 자료를 받을 필요가 있다. 조회는 보험협회를 통하여 한 번의 조회로 수 개의 또는 모든 보험회사의 관계자료를 일시에 조회할 수 있고, 각 보험회사에 개별적으로 조회하는 방법이 있다. 보험협회를 통한 조회는 시간이 많이 걸린다는 단점이 있다.

그러나 각 보험회사의 컴퓨터에는 각 그 회사에 관한 것만 수록되어 있어 타사의 관계사항을 추출하는 것이 불가능하다. 따라서 보험금액이 일정금액 이상인 상해보험 기타 특이한 보험계약에 대하여는 이를 보험협회에 통보하여 정보를 집중시키고 각 사의 단말기에 의해 정보를 이용할 수 있는 정보집중체제를 구축할 필요가 있다.

---

371) 사법연수원, 신종범죄론, 2008, pp.259-261.

(3) 보험회사의 계약체결 및 보험금 지급 사정시의 점검

보험회사는 보험제도의 구조와 그것이 가지고 있는 약점을 잘 이해하고 있음은 물론 수많은 보험금 지불청구의 사례를 조사, 사정하는 과정에서 얻은 착안점을 축적하고 있다. 수사기관이 이러한 보험회사의 축적된 조사, 사정경험을 검토 분석한다면 실제 보험범죄를 해결하는데 도움이 될 것이다.[372]

제2절 보험범죄의 태양과 수사

Ⅰ. 생명보험에 관한 범죄

(1) 범죄의 태양[373]

1) 타인의 생명보험금을 편취하려는 경우

① 피보험자로 되어 있는 타인을 살해하는 경우

범인은 피보험자를 살해하고 병사로 위장하거나 피보험자 또는 타인의 과실에 기한 사고사로 위장한다. 또는 피보험자의 자살로 위장하거나 제3자의 살해로 위장할 수도 있다.

② 피보험자를 건강한 사람으로 위장하여 보험계약을 체결하는 경우

진찰시 피보험자 대신 타인을 대역으로 진찰받게 하거나 대역을 사용하는 방법 이외의 경우로 나눌 수 있다.

2) 자신의 생명보험금을 편취하는 경우

① 피보험자인 자신이 사망한 것으로 위장하는 경우

피보험자가 타인을 살해하고 자기 사망으로 위장하거나 자기가 실종된 것처럼 위장하는 경우이다.

---

372) 앞의 책., pp.261-263.
373) 앞의 책., pp.283-285.

② 자기의 생명을 끊는 경우

피보험자가 타인에 의뢰하여 자기의 생명을 끊거나 타인의 교사에 의하여 자살하는 경우이다. 어느 누구의 관여도 없이 피보험자가 스스로의 의사에 의해 자살한 경우에는 보험금 수취인이 보험금 청구를 하더라도 하등 범죄가 성립하지 아니하지만, 피보험자가 자살 당시에 이에 도움을 준 자는 촉탁살인 또는 자살방조가 성립하고 자살을 교사한 경우에는 자살교사가 성립한다. 또한 이들 관여자들이 보험금을 수취하는 경우에는 보험금사기 사건이 될 수 있다.

(2) 수사의 단서

보험범죄의 수사단서는 여러 가지로 다양하여 일률적으로 분류할 수는 없으나 대체로 다음과 같다.

① 범죄현장의 상황이 부자연스럽다. ② 보험가입현황이 부자연스러워 범행이 드러나는 경우가 많다. ③ 보험회사 또는 제3자로부터의 정보제공에 따라 수사가 개시된다. ④ 기타 본인의 자수, 풍문, 피해자의 신고 등도 수사의 단서가 된다.

(3) 수사상의 문제점[374]

1) 타인의 생명보험금을 부정취득하는 경우

① 보험사고 위장사실의 입증

수사관은 보험계약체결 직후에 범행이 저질러졌거나 보험금액이 상당히 고액이라는 사실만으로 경솔하게 보험금목적 살인으로 단정하고 피의자로부터 직접 자백을 얻어내려고 하는 것은 금물이다. 피해자, 피의자, 기타 사건관계자의 주변조사를 철저히 하고 생명보험체결의 경위, 보험료의 지급상황, 범죄현장의 상황, 보험금 청구 및 분배상황 등을 충분히 파악한 뒤에 피의자의 진술과 객관적 사실 사이의 모순을 추궁하여 자백을 얻어내도록 해야 한다.

② 고지의무 위반 입증

보험체결 시에 피보험자가 보험에 가입할 수 없는 건강상태 및 그 범위 등을 입

---

374) 앞의 책., pp.287-291.

증해야 한다. 이러한 경우에 사기죄가 성립하려면 ① 피보험자가 생명보험에 가입할 수 없는 건강상태에 있을 것, ② 보험계약자인 피의자가 생명보험계약 체결시 피보험자가 건강불량상태인 것을 알면서도 보험자에게 이 사실을 고지하지 않거나 건강한 것으로 거짓말을 할 것, ③ 보험자가 피보험자의 건강상태가 생명보험의 가입에 지장이 없는 것으로 위장하여 생명보험계약을 체결할 것 등 세 가지 요건이 필요하다.

이를 입증하기 위해서는 보험계약자와 피보험자와의 관계, 보험계약체결에 이르기까지의 경위, 피보험자를 보험에 가입시킬만한 이익, 보험계약자 및 피보험자의 계약체결전후의 언동 등에 관하여 상세히 조사한 후 피의자를 신문해야 한다.

2) 자기의 생명보험금을 부정취득하는 경우의 문제점

① 대역살인의 경위입증

피보험자의 대역을 선정하여 이를 살해하고 보험금을 사취하는 범죄를 수사할 경우에 피살자가 피보험자의 대역이라는 사실을 입증하는 것이 제일 중요하다. 이러한 경우에 사체의 신원을 확인할 때에는 ① 사체의 지문과 피보험자의 지문의 대조, ② 사체의 혈액형과 피보험자의 혈액형의 대조, ③ 사체의 치아에 치료흔적이 있는 경우에는 피보험자를 치료한 의사의 진술을 토대로 객관적인 자료를 수집해야 한다. 또한 유족 등의 부자연스러운 태도를 발견시에는 내사를 해야 한다.

② 피보험자의 생존사실입증

피보험자는 보통 친족이나 종업원과 계속 연락을 취하고 있으며, 편취된 생명보험금중 일부를 실종 후에 흔히 생활자금으로 충당하고 있으므로 친족 등 관계자의 행동, 지급된 생명보험금이 입금된 은행 등에 대한 추적조사 등을 실시해야 한다.

③ 자살교사에 대한 입증

피보험자가 자살교사 의심이 가는 경우에는 정황을 기초로 피의자로부터 자백을 받아 사실을 입증하는 것이 가장 중요하다. 그러나 피의자가 피보험자가 스스로 자살하게 된 것이라고 변명하는 경우가 많으므로 사건이 근접한 시점에는 피보험자가 생에 대한 강한 집착을 보였다는 등의 정황을 증명해야 한다.375)

---

375) 앞의 책., pp.289-291.

2. 화재보험에 관한 범죄

(1) 범죄의 유형

1) 제1유형

제1유형은 보험목적물에 방화하는 등 고의로 보험사고를 일으킨 후 이를 원인불명의 발화 또는 실화 등으로 가장하여 보험금을 청구하는 유형이다.

2) 제2유형

보험사고에 기하여 보험금을 청구할 때에 손해액을 과대 조작하여 실제 손해액보다 다액의 보험금을 취득하려는 유형으로서 보험사고의 발생 자체에는 허위가 없으므로 고의로 보험사고를 발생시킨 제1유형과는 근본적으로 다르다.

(2) 특 징

1) 가연물질이나 발화장치, 화약이나 폭발물에 의한 방화

범인은 방화시에 휘발유, 신나 등의 가연물질, 화약이나 폭발물을 사용하고 시한식 발화장치를 사용한다. 이러한 범행수법은 범인이 알리바이를 조작하여 자기 방화행위를 은폐하기 위한 것이다.

2) 동종범죄의 반복적 범행

동일범인이 동종의 보험금목적 방화를 저지르는 경우가 많다. 어떤 경우에는 1명의 범인이 3개월 동안 7건의 방화를 한 경우도 있어 동일범인이 반복하여 동종범행을 행하는 것이 화재보험목적 방화사범의 특징이다.

3) 공범에 의한 범행

화재보험금 목적방화는 방화를 담당하는 자와 보험계약의 체결 및 보험금청구 등의 보험금 편취행위를 담당하는 자 등으로 역할을 분담하여 행하여지는 것이 특징이다.

4) 동기의 특징

보험금 목적 방화사범은 다액의 부채를 지고 있는 자가 변제자금 또는 새로운 사업자금을 마련하기 위해 보험에 가입하고 범행을 저지른다.[376]

(3) 수사의 단서

① 화재현장에 휘발유, 신나 등의 유류가 발견되거나 냄새가 강한 경우, ② 자연발화 가능성이 없는 장소에서 불이 발생한 경우, ③ 화인에 관한 관계자의 진술내용과 현장상황이 다른 경우, ④ 시한식 발화장치의 잔류물이나 가연물로 사용한 신문지 등이 발견된 경우는 방화의 의심이 가는 화재사건이다.

(4) 수사상 문제점

1) 자백의 신빙성 확보

피의자의 자백에 의해 방화사건으로 확인되었을 경우에는 반드시 착화실험을 하여 자백의 신빙성을 입증할 수 있는 증거를 확보해야 한다. 착화실험 없이 기소하게 되면 공판단계에서 착화실험시 착화되지 않을 경우 자백의 신빙성은 부정된다. 특히 비밀의 폭로를 내용으로 하는 자백의 경우에 오히려 철저한 검증을 하여 자백에 대한 보강증거를 확보해야 한다.

2) 공범간의 역할분담 증거 확보

공범이 역할분담을 한 후 범행을 한 경우에 실행분담영역이 다르므로 공모를 부인하는 경우가 많다. 따라서 수사관은 공범간의 인적관계, 사업관계, 배후관계 등에 관한 자료를 수집하여 공범 증거를 확보해야 한다.

3) 피해 과대조작 부분의 입증

화재로 인한 손해액의 과대조작이 흔히 발생한다. 이러한 경우에 소훼의 정도가 심할수록 손해액을 정확히 파악하지 못한다는 문제점이 발생한다. 이에 대비하기 위해 ① 화재현장의 잔존물 검토, ② 장부·전표류 등의 조사, ④ 상품구입처에 대한

---

376) 앞의 책., pp.298-299.

조사, ⑤ 현장부근에 거주하는 사람들에 대한 탐문수사 등에 의해 증거를 확보해야
한다.377)

3. 자동차보험에 관한 범죄

(1) 범죄의 태양

자동차보험 사고는 ① 고의적인 사고유발, ② 사고가 없음에도 사고가장, ③ 사고
의 결과 과대위장, ④ 다른 원인 사고의 보험사고 위장, ⑤ 피보험차량이나 피보험
자 사고로 위장, ⑥ 계약체결시기 조작 등의 유형으로 나타난다. 또한 자동차보험
사고는 상해보험, 생명보험 등의 청구에 수반하여 일어나는 경우도 많다.

(2) 특 징

1) 사고태양상의 특징

자동차보험사고는 고의에 의한 보험사고로서 차량간의 추돌사고가 대부분이고,
이러한 경우에도 공범자들에 의해서 발생한다.

2) 상해내용상의 특징

자동차보험사고로 인한 상해는 의학적, 타각적 증상이 아니고 피해자의 자각증상
에 의해 의사의 진단을 받아 입원치료를 받는 형태이다. 이러한 경우에도 사고 당
시에는 단순한 대물사고로 처리되었다가 나중에 상해를 입었다고 주장하는 수법으
로 나타난다.

3) 다수 공범자의 반복적 범행

자동차 보험사고는 폭력배, 전과자 등을 중심으로 여러 명이 조직을 구성하여 전
문적으로 자동차사고를 유발하여 보험금을 청구한 후 사취한다. 이러한 공범자들의
자동차 보험사고는 반복적으로 발생하는 것이 특징이다.

---

377) 앞의 책., pp.300-304.

(3) 수사의 단서

현장관찰 등 초동수사를 철저히 하여 교통사고로서의 부자연성, 불합리성을 파악하는 것이 수사단서 확보의 첩경이다. 자동차보험사고는 동일인이나 동일조직이 계속하여 반복적으로 범하는 것이 특징이므로 유사한 보험범죄자료를 검토하면 수사단서 확보가 용이하다. 즉, ① 동일차량이 몇 번이고 가해차량이나 피해차량이 되거나. ② 동일인이 여러 번에 걸쳐 가해자 또는 피해자가 된 경우, ③ 사고발생의 일시 및 장소가 근접하여 있거나, ④ 사고발생의 패턴 또는 차량의 손상부위 등이 유사한 경우, ⑤ 관계자가 터무니없이 많은 액수의 수리 견적액을 제시하면서 협박적인 언동을 한 경우 등은 수사단서를 확보할 수 있는 자료가 될 수 있다.378)

4. 해상보험에 관한 범죄

(1) 범죄의 태양

해상보험 사기범죄의 태양은 고의로 선박을 침몰 또는 파괴하는 등으로 보험사고를 일으킨 다음 해난사고를 가장하여 당해 선박에 관하여 체결되어 있는 각종의 보험금을 편취하는 수법이다.

1) 서류사기

국제적인 무역은 그 과정에 필요한 서류는 상품 그 자체로 취급된다. 따라서 무역관계자가 상품이나 그 구입가격 관계서류를 위조하는 경우가 서류사기에 해당한다. 서류사기의 수법은 ① 화물을 적재하고 있으나 적재하지 않고 있는 것처럼 서류를 위조하는 것, ② 적재화물의 수량부족 및 품질의 저하, ③ 동일화물을 수인에게 판매하는 것, ④ 동일화물에 대한 이중의 선하증권 작성 등으로 나타난다.

2) 용선사기

악의적인 용선자는 용선계약을 체결한 후 최소한의 용선료를 지불한 다음 선박을 이용하여 화주로부터 운임을 취득하고 화물을 선적하고 목적지로 출발한다. 그러나

---

378) 앞의 책., pp.303-305.

용선자는 선박을 목적지에서 선박을 버리고 도주하기 때문에 선주는 용선료를 받을 수 없는 사기를 당하게 된다.

3) 화물도난사기

화물의 도난사고는 보통 항만노동자자 선원에 의해 자행된다. 그러나 1970년대 중반부터 화물도난사고는 선주가 가담한다는 점이다. 그 수법은 항로나 선명의 변경, 때로는 국적을 바꾸어 화물을 적당한 항구에서 판매하는 식으로 범행을 한다.

4) 위장침몰사기

선박의 위장침몰사기는 노후선박을 고의로 침몰시키고 보험금을 수령하는 수법이다. 이러한 범행은 ① 선주가 선장, 어로장, 항해사, 기관사 등과 공모하여 범행, 즉, 침몰 등 해난사고를 일으킬 때 실행행위자를 구조해야 하기 때문에 선주는 선박을 운용하는 선장 등과 공모를 하지 않을 수 없다. ② 선장 등 침몰행위 실행행위자가 사기행위에도 관여하는 수법으로 이루어진다. 선박을 침몰시킨 후 해상보험금 청구 시 선장이 작성한 해난보고서 등의 제출이 필요사항으로 되어 있기 때문에 선장이 보험사기에도 개입하지 않을 수 없다.379)

(2) 수사단서 확보

해상보험 사기에 관한 수사단서는 범죄첩보나 제보를 통하여 수집되어야 한다. 해상보험사기는 선박회사나 선박 내부의 종사자가 아니고는 그 범행에 관하여 외부의 사람들이 인지하기는 거의 불가능하다. 따라서 사법경찰관은 선원들이 많이 모이는 항구 주변이나 선원집결 장소 주변 등에서 범죄첩보를 수집하여야 한다. 또한 보험회사와 긴밀한 협조 아래 범죄가 의심되는 해상사고에 대한 자료를 수집하여 수사단서화해야 한다.

---

379) 앞의 책., p.313.

제**27**장

산업스파이

제1절 개 관

I. 의 의

(1) 산업스파이의 개념

산업스파이란 물품의 제조방법이나 판매방법 기타 영업활동에 유용한 기술이나 경영정보 등 산업체의 업무에 관한 비밀을 부정하게 입수하거나 누설하는 일체의 행위를 의미한다.

(2) 영업비밀

산업스파이 행위의 목적물이 되는 영업비밀이란 노하우와 비슷한 개념으로서 개개의 기업이 사업활동을 통하여 개발·축적한 기술상, 경영상의 정보로서 비밀성을 갖춘 것을 의미한다. 이러한 영업비밀은 개개의 기업에 고유한 경제적 비밀, 비공지성, 비밀유지성을 요소로 한다.

「부정경쟁방지 및 영업비밀보호에 관한 법률」 제2조제2호에 의하면 영업비밀이란 "공연히 알려져 있지 않고 독립된 경제적 가치를 가지는 것으로서 상당한 노력에 의하여 비밀로 유지된 생산방법, 판매방법 기타 영업활동에 유용한 기술상 또는 경영상의 정보"라고 규정하고 있다.380)

따라서 영업비밀은 ① 기술상의 영업비밀, 즉 기계나 제품 또는 공장의 설계방법,

제조공정, 사용방법, 생산설비, 생산계획, 실험데이타, 연구개발계획 등, ② 경영상의
영업비밀, 즉 고객관리방법, 거래처, 판매망 등을 포함한다.

(3) 영업비밀의 요건

1) 비공지성

영업비밀은 공연히 알려져 있지 않은 정보이어야 한다. 이는 불특정 다수인이 그
정보를 알고 있거나 알 수 있는 상태에 있지 아니한 상태를 의미한다. 이를 신규성
이라 한다.

① 현실적으로 타인이 알고 있지 않고 또한 당해 정보가 간행물에 게재되어 있지
않은 경우는 비공지된 정보이다.

② 보유자 이외의 타인이 당해 정보를 알고 있어도 보유자가 그에게 비밀준수의
무를 부과하고 있는 경우 또는 보유자와 무관한 제3자가 독자개발에 의해 동
일한 정보를 공유하고 있어도 그 제3자가 당해 정보를 비밀로서 유지하고 있
는 경우에는 비공지된 것이라고 할 수 있다.

③ 당해 정보가 시판제품에 포함되어 있거나 간행물에 게재되어 있어도 현실로
그곳에서 정보를 취득하는 것이 용이하지 않은 경우로 정보를 취득하는 데에
장기간 및 높은 비용을 필요로 하는 경우에도 비공지라고 할 수 있다.

④ 역설계가 가능하다고 하여도 비밀성이 상실되는 것은 아니다. 판례는 "영업비
밀의 보유자인 회사가 직원들에게 비밀유지의 의무를 부과하는 등 기술정보를
엄격하게 관리하는 이상, 역설계가 가능하고 그에 의해 기술정보의 획득이 가
능하더라도, 그러한 사정만으로 그 기술정보를 영업비밀로 보는 데에 지장이
있다고 볼 수 없다"고 판시하고 있다.

2) 경제적 유용성

경제적 유용성은 정보를 보호하는 것에 의해 일정한 사회적 의의와 필요성이 있
고, 보유자의 영업활동에 도움을 주며, 경제사회의 발전에 보탬이 되는 정보를 말한
다. 따라서 경제적 유용성은 보유자 이외의 제3자에 대해서도 경제적 가치를 가져야

---

380) 부정경쟁방지 및 영업비밀보호에 관한 법률 제2조 2호, 법률 제9895호, 2009.12.30.

하나 여기의 경제적 유용성은 당해 정보 자체가 사업활동에 유용한 것인가의 문제로서 비공지성에 의한 독립된 경제적 가치와는 별개이다. 또한 경제적 유용성은 단순히 사업자의 주관적인 판단에 의해서가 아니라 객관적인 유용성이 인정되어야 한다.

경제적 유용성은 반드시 현재에 존재할 필요는 없고, 장래에 있어서 경제적 가치를 발휘할 수 있는 정도이면 된다. 따라서 탈세방법, 공해물질의 배출방법 등의 반사회적 정보나 실현가능성 없는 정보는 유용성이 인정되지 않으며, 그 내용이 구체적이지 않은 추상적인 정보는 아직 유용성을 인정하기 어렵다.

3) 비밀관리성

비밀관리성이란 당해 정보가 객관적으로 비밀로 관리되고 있는 상태를 말한다. 따라서 비밀관리 의사와 비밀관리 노력을 필요로 한다.

어느 경우에 비밀로 관리되고 있다고 할 수 있는 가에 대해서는 구체적인 상황에 따라 결정하여야 하지만, ① 대략 해당 정보를 취득할 수 있는 인적, 공간적, 물리적 제한이 있거나 정보에 접근할 수 있는 자에게 그것이 비밀이라고 주지시키고 있는 경우, ② 접근자에게 비밀준수의무를 부과하는 경우, ③ 영업비밀관리규정이나 서약서 등에 비밀지정 및 비밀유지의무 등을 규정하고 있는 경우에는 비밀관리성이 인정된다.[381]

2. 산업스파이 행위증가의 배경

(1) 재물보다 지식·정보의 가치 중요성

과거 물질과 에너지가 우선하는 사회로부터 지식·정보의 가치가 더 중요시 되는 사회현상의 변화는 산업스파이 행위의 증가를 초래하고 있다.

(2) 네트워크화된 정보화사회

경제규모의 대형화와 인터넷을 통한 정보의 네트워크화는 산업의 전분야에 걸쳐 시·공간적 거리를 단축시킴으로써 기업의 최고경영자의 의사결정에 막대하고 즉시적인 정보의 제공이 긴요하게 된 현상이 산업스파이를 증가시키는 요인으로 작용한다.

---

381) 한상훈, 산업스파이에 대한 형사법적 대응방안, 2000, pp.57-59.

(3) 국가간의 산업정보경쟁

산업스파이의 주된 목적은 단순히 영리추구라는 경제적 목적이 아니라 국가간의 산업정보경쟁이라는 목적도 개입되어 있다. 과거와 같은 무력에 의한 국가간의 전쟁이 아니라 경제전쟁이나 외교전쟁의 가열은 산업스파이의 증가를 초래한다.

3. 산업스파이의 유형[382)

(1) 절취 · 복사 · 촬영에 의한 방법

가장 전형적인 산업스파이 유형은 필요한 정보를 획득하기 위해 관계자료에 접근하여 이를 절취 또는 복사하거나 사진촬영을 하는 방법이다.

비밀서류의 절취는 문서에 몰래 접근하여 빼내 오거나 상대방 회사의 관계자 매수, 스파이의 상대방 회사에 취업시키는 방법을 사용하기도 한다. 복사나 사진촬영은 범죄의 흔적을 남기지 않는다는 장점이 있다. 최근에는 인공위성이나 개인비행기에 고해상도 카메라를 장착하여 경쟁사의 공장이나 시설을 촬영하거나 고층건물의 옥상에서 망원렌즈가 부착된 VCR을 이용하여 대상시설을 촬영하는 기법도 사용된다.

(2) 도청 및 비밀녹음

위장된 카메라, 소형송신기 등 전기장치나 기계장치를 전화나 실내에 설치하여 도청을 할 수 있으며, 심지어 플라스틱 못에 도청장치가 포함되어 가구나 벽 등에 장착하여 도청을 할 수 있다. 기타 옷소매, 구두뒷축, 보석, 조화, 전등, 벽시계 등에도 도청장치를 설치할 수 있다. 나아가 음성도청뿐 아니라 계산기, 컴퓨터, 프린터 등 전자신호를 내보내는 기계들도 도청될 수 있다.

도청은 레이저를 통하여 아무런 장치를 하지 않고도 원하는 곳의 모든 소리를 감지할 수 있다. 도청을 필요로 하는 곳에 레이저광선을 쏘아 반사되는 파형을 분석하여 대화내용을 알아낼 수 있다.

---

382) 앞의 책., pp.35-43.

(3) 위장침투

스파이 활동에서 시간은 걸리지만 확실하고 많은 정보를 수집할 수 있는 방법이 소위 플랜트(첩자 : plant)에 의한 위장침투의 방법이다. 외부로 잘 노출되지 않는 상대방 기업의 기밀을 입수하기 위하여 경쟁기업체는 흔히 위장침투 수법을 사용하여 정보를 절취한다.

위장침투방법으로는 일반공채를 통하여 신입 또는 경력사원으로 입사하는 수법을 사용한다. 이때 위장침투자는 상대방 기업의 특정부서에 배치될 수 있도록 필요한 서류나 기술, 자격까지도 미리 갖추어져 지원하게 된다. 위장침투자가 노리는 정보는 그 기업의 기밀사항이 보통이지만, 장기간에 걸쳐서 경영의 일상적인 흐름을 파악하여 체계적으로 분석하고 보고하기도 한다.

(4) 기업내부자 매수

상대방 기업의 경비체제가 엄중하여 외부에서 기밀을 입수하기에는 상당한 위험이 따르거나 그 회사의 정보가 1회로는 불충분하고 계속적으로 필요한 경우에 흔히 상대방 기업의 내부인사를 매수하는 수법을 사용한다. 목표로 선정되는 내부자는 윤리적인 결함이나 조직에 대한 불만이 많은 자들이다. 때로는 내부자가 스스로 자기 회사의 정보를 팔아 넘기는 경우도 있다.

(5) 스카우트

스카우트는 상대방회사의 자원 중에서 능력이 있는 사람이나 특수기능의 소유자를 고용하는 변형된 산업스파이 형태이다. 이는 두뇌, 기술, 정보 등의 주체가 되는 인간을 빼가는 수법이므로 상대방기업으로서는 영업비밀의 누출과 함께 사람까지 잃게 되는 치명적인 타격을 입게 된다. 특히 외국기업이 국내에 진출시 이러한 수법으로 국내 인재를 스카우트해 가는 경우가 많다. 이러한 수법은 개별적으로 은밀히 진행되는 외에 경력사원모집이라는 형식으로 공개적으로 진행되기도 한다.

(6) 제3자를 이용하는 방법

산업스파이 행위는 다른 제3의 조직이나 개인에게 특정한 기업의 비밀자료 입수를 의뢰하는 형태로 행해지기도 한다. 시장조사기관이나 기술컨설턴트, 공인회계사, 변호사. 변리사, 기자 등 경쟁기업의 정보에 쉽게 접근할 수 있는 직업을 갖고 있는 사람에게 그 정보의 입수를 의뢰하는 것이다. 산업스파이의 각종 유형은 목표물에 직접적으로 접근하는 방법이지만, 제3자 이용방법은 제3자를 간접적으로 이용하는 방법이다. 이 방법은 제3자의 전문적인 기술이나 기법을 활용할 수 있다는 점과 직접적인 법적 저촉문제를 회피할 수 있다는 점에서 이용되고 있다.

　최근에는 일정분야에 특화된 정보브로커도 활용되고 있다. 이들은 항시적으로 각종 데이터베이스를 검색하고, 기업체 임직원, 정부관료들을 만나면서 정보를 수집하여 돈을 받고 정보를 팔아넘긴다.

(7) 컴퓨터 스파이

　컴퓨터스파이란 컴퓨터프로그램 또는 컴퓨터에 입력되어 있는 자료를 권한 없이 획득하거나 누설, 이용하는 행위를 말한다. 컴퓨터스파이 행위유형은 다음과 같다.

1) 전자적 기록자체에 대한 부정취득 방법

　① 타인의 컴퓨터 데이터를 절취·횡령 등의 방법으로 입수하는 경우, ② 타인의 컴퓨터를 이용하여 타인의 데이터를 타인의 용지로 몰래 인쇄하거나 복사하는 경우, ③ 데이터 통신의 회선으로부터 직접 통신 중에 있는 데이터를 도청하는 경우 등이 해당된다.

2) 전자적 기록의 가치이용 방법

　① 컴퓨터 단말기의 화면에 데이터가 나타나도록 하여 이를 몰래 기록하거나 촬영하는 경우, ② 타인의 컴퓨터를 자신의 단말기에 몰래 연결한 후 정보를 입수하는 경우 등이 해당된다.

제2절 | 산업스파이에 대한 대응

I. 부정경쟁방지 및 영업비밀보호에 관한 법률에 의한 대응

(1) 개 관

영업비밀 중 생산기술에 관한 것을 영업비밀의 보유자와 특수한 관계에 있는 자가 이를 누설하는 형태의 침해행위에 대하여는 형사적 구제수단을 두고 있다. 동법 제18조제2항은 기업의 전현직 임직원이 영업비밀을 누설한 경우에 성립하는 단순영업비밀누설죄를 규정하고 있고, 제1항은 외국과 관련되어 있는 경우 영업비밀의 사용이나 누설을 가중처벌하는 규정을 두고 있다.

(2) 영업비밀누설죄

1) 현직 임직원의 영업비밀누설죄

범행의 주체는 기업의 임원이나 직원으로 제한되어 있으며 범행객체는 그 기업에 유용한 기술상의 영업비밀이다. 따라서 기업의 임직원이면 비밀취급자격의 소지여부, 비밀유지의무의 부담여부에 관계없이 범죄의 주체가 된다. 누설이란 영업비밀을 객관적으로 보아 제3자가 알 수 있는 상태에 두는 것을 말하며, 제3자가 영업비밀의 내용을 직접 인식할 것을 요하지 않는다. 또한 제3자는 당해 영업비밀에 접근할 권한이나 자격이 없는 모든 타인을 의미한다고 할 것이며, 기업체 내부의 직원도 여기에 해당한다. 영업비밀취급자로부터 영업비밀을 우연히 들었다고 하여도 이를 외부의 제3자에게 누설하면 본죄가 성립한다. 또한 영업비밀을 제3자에게 누설한다는 고의가 필요하고, 과실만 존재하는 경우에는 본죄가 성립하지 않는다. 383)

2) 전직 임직원의 영업비밀누설죄

기업의 전직 임직원이었던 자가 기업에 유용한 기술상의 영업비밀을 계약관계 등에 의하여 비밀로 유지하여야 할 의무에 위반하여 제3자에게 누설한 경우에 처벌된다. 이 죄는 퇴직 후 영업비밀을 직접 사용하는 행위는 형사처벌 되지 않고 민사처

---

383) 산업스파이의 영업비밀침해에 대한 법적 대응방안, 국회사무처 법제실, 2002, pp.25-26.

벌의 대상이 되며, 제3자에게 누설하는 행위만을 형사처벌 한다. 특별히 명시적인 비밀유지계약을 체결하지 않은 경우에는 행위자가 영업비밀을 취득함에 있어서 특별히 비난가능한 부정한 방법, 즉 절도, 도청, 기망, 해킹 등을 사용한 경우에만 퇴직 후 당해 영업비밀을 제3자에게 누설시 죄가 성립한다고 보아야 한다.

3) 외국관련 영업비밀사용 · 누설죄

전 · 현직 임직원이 영업비밀을 외국에서 사용하거나 외국에서 사용될 것임을 알고 제3자에게 누설하는 행위는 처벌된다. 외국에서 사용한다는 것은 대한민국 이외의 장소에서 영업비밀을 그 고유의 용도 내지 사용목적에 따라 이용하는 행위를 말한다. 즉, 영업비밀을 상품의 생산, 판매 등의 영업활동에 이용하거나 연구개발사업 등에 활용하는 등 기업활동에 직접 또는 간접적으로 이용하는 것을 말한다. 가중처벌 규정을 두고 있으며 직접 사용하는 행위도 처벌한다.

주관적 요소와 관련하여 외국에서 사용하는 경우에는 영업비밀을 대한민국 이외의 장소에서 그 본래의 목적에 따라 이용한다는 인식과 의사가 있으면 성립하며, 이는 미필적 고의로 족하다. 그러나 외국에서 사용될 것임을 알고 제3자에게 누설하는 경우에는 누설의 고의 이외에 이 영업비밀이 대한민국 이외의 장소에서 사용될 것이라는 점에 대한 인식도 요구된다.384)

2. 형법에 의한 대응

영업비밀침해행위에 대하여는 전통적인 형법범죄도 성립될 수 있다. 그러나 이러한 형법상의 범죄들은 영업비밀 그 자체를 보호한다기 보다는 대부분 영업비밀침해행위에 수반되는 행위유형, 즉 형법상의 절도, 주거침입, 업무방해, 협박, 사기, 횡령, 배임, 뇌물수수 등 형법상 처벌대상이 되는 경우에 그 행위를 처벌함으로써 간접적으로 영업비밀을 보호할 수 있다. 「부정경쟁방지 및 영업비밀보호에 관한 법률」(부방법)상의 영업비밀침해죄의 적용범위가 대단히 제한적이고 또한 형량도 상대적으로 형법범죄에 비하여 중하지 않아 영업비밀침해행위가 있을 경우 「부방법」상의 영업비밀침해죄 이외에 추가적으로 형법상의 다른 범죄가 성립하지 않는지 검토해볼 필요가 있다.

---

384) 산업스파이의 영업비밀침해에 대한 법적 대응방안, 국회사무처 법제실, 2002, p.27.

3. 산업기술의 유출방지 및 보호에 관한 법률에 의한 대응

이 법은 보안의식이 취약하고 연구개발분야가 대부분 국책사업으로 진행되고 있는 국공립연구소, 민간연구소, 공공기관 등의 기술유출을 방지하기 위해 제정된 법이다.

(1) 산업기술

보호대상이 되는 산업기술은 제품 또는 용역의 개발, 생산, 보급 및 사용에 필요한 제반 방법 내지 기술상의 정보 중에서 관계 중앙행정기관의 장이 소관 분야의 산업경쟁력 제고 등을 위하여 법령이 규정한 바에 따라 지정 또는 고시, 공고한 기술을 말한다. 그러한 기술은 ① 국내에서 개발된 독창적인 기술로서 선진국 수준과 동등 또는 우수하고 산업화가 가능한 기술, ② 기존제품의 원가절감이나 성능 또는 품질을 현저하게 개선시킬 수 있는 기술, ③ 기술적, 경제적 파급효과가 커서 국가 기술력 향상과 대외경쟁력 강화에 이바지할 수 있는 기술, ④ 위와 같은 기술을 응용 또는 활용하는 기술 중 어느 하나에 해당하는 것을 말한다(동법 제2조 제1호). ⑤ 이러한 산업기술 중 국내외 시장에서 차지하는 기술적, 경제적 가치가 높거나 관련 산업의 성장잠재력이 높아 해외로 유출될 경우에 국가의 안전보장 및 국민경제의 발전에 중대한 악영향을 줄 우려가 있는 기술을 지식경제부장관이 지정한 국가핵심기술로 규정하고 있다(동법 제2조 제2호).385)

(2) 형사처벌

국가핵심기술을 수출하고자 할 경우 지경부장관의 사전 승인 또는 신고를 하도록 의무를 부과하고 이를 어길 경우 수출중지, 수출금지, 원상회복 등의 조치를 명할 수 있도록 규정하고 위의 승인, 신고의무를 이행하지 않거나 수출금지 명령 등을 이행하지 아니할 경우 형사처벌 대상이 된다.

산업기술에 대하여는 ① 부정취득 행위와 그 유사행위, 즉 절취, 기망, 협박 그 밖에 부정한 방법으로 대상기관의 산업기술을 취득하는 행위 또는 그 취득한 산업기술을 사용하거나 공개하는 행위, ② 부정취득사실을 알거나 중과실로 알지 못하고

---

385) 산업기술의 유출방지 및 보호에 관한 법률 제2조 제1호 및 2호, 법률제9368호, 2009.1.3.

이를 취득·사용·공개하는 행위, ③ 위 산업기술을 취득한 후에 부정취득사실을 알거나 중과실로 알지 못하고 이를 취득·사용·공개하는 행위와 비밀유지위반행위 및 그 유사행위, 즉 법규정 또는 계약에 따라 산업기술에 대한 비밀유지의무 있는 자가 그 산업기술을 절취·기망·협박 그 밖의 부정한 방법으로 유출하는 행위, 또는 그 유출한 산업기술을 사용하거나 공개하거나 제3자가 사용하게 하는 행위, 비밀유지위반사실을 알거나 중과실로 알지 못하고 이를 취득·사용·공개하는 행위, ④ 위 산업기술을 취득한 후에 비밀유지위반사실을 알거나 중과실로 알지 못하고 이를 취득·사용·공개하는 행위에 대하여 형사처벌한다. 또한 중과실을 제외하고는 모두 미수·예비·음모행위도 처벌한다.

4. 기타 법률에 의한 대응

(1) 정보통신망이용촉진 등에 관한 법률에 의한 대응

컴퓨터 해킹을 통한 산업스파이 행위는 우선 형법상의 비밀침해죄가 적용될 수 있다. 그러나 특별법으로서 「정보통신망이용촉진 등에 관한 법률」 제22조는 누구든지 정보통신망에 의하여 처리, 보관 또는 전송되는 타인의 정보를 훼손하거나 타인의 비밀을 침해, 도용 또는 누설한 자는 처벌된다.

(2) 통신비밀보호법

산업스파이가 기업간의 또는 기업 내부의 임직원간의 통신을 도청한 경우에는 「통신비밀보호법」에 의하여 처벌할 수 있다. 「통신비밀보호법」 제3조는 "누구든지 이 법과 형소법 또는 군사법원의 규정에 의하지 아니하고는 우편물의 검열이나 전기통신의 감청을 하거나 공개되지 아니한 타인간의 대화를 녹음 또는 청취하지 못한다"고 규정함으로써 이를 위반한 자는 처벌대상으로 하고 있다.

(3) 전기통신사업법에 의한 대응

누구든지 전기통신사업자가 취급 중에 있는 통신의 비밀을 침해하거나 누설하여서는 아니 된다. 전기통신업무에 종사하는 자 또는 종사하였던 자는 그 재직 중에 통신에 관하여 알게 된 타인의 비밀을 누설하여서는 아니 된다. 이를 위반한 자는 형사처벌 된다.

⑷ 독점규제 및 공정거래에 관한 법률에 의한 대응

시장 지배적 사업자가 다른 사업자의 사업활동을 부당하게 방해하는 행위를 하는 때에는 처벌된다. 부당하게 다른 사업자의 사업을 방해하는 행위에는 부당 스카우트 행위도 포함된다. 다만, 행위의 주체가 시장 지배적 사업자에게 한정되어 진다는 점에서 일정한 한계가 있다.

⑸ 신용정보의 이용 및 보호에 관한 법률에 의한 대응

신용정보업자 등은 국가의 안보 및 기밀에 관한 사항, 기업의 영업비밀 또는 독창적인 연구개발정보, 개인의 정치적 사상, 종교적 신념 기타 신용정보와 무관한 사생활에 관한 정보, 불확실한 개인신용정보를 수집하는 행위를 일체금지한다. 이를 위반한 자는 형사처벌된다.

⑹ 산업기술기반조성에 관한 법률에 의한 대응

기술발전의 기반이 되는 통상, 무역, 상업, 공업, 광업 및 에너지산업 등에 관한 정보를 산업정보로 정의하고 업무상 알게 된 산업정보에 관한 비밀을 누설하거나 이를 도용한 사업시행자의 임직원이나 임직원이었던 자는 형사처벌된다.

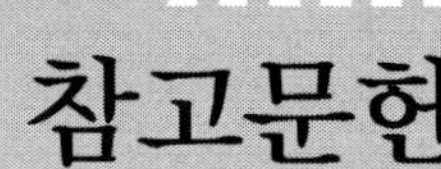

참고문헌

【국내문헌】

강동범, 컴퓨터파괴에 대한 형사법적 규제, 법률행정논집 제5권, 1998, p.4.

경찰수사보안연수소, 마약류 범죄수사, 2006.

경찰수사Ⅰ, 경찰공제회, 2003.

경찰실무전서, 경찰청, 2000.

김세헌, 컴퓨터범죄와 프라이버시 침해, 회성출판, 1989.

김영근, 경찰의 조직폭력 대처방안에 관한 연구, 원광대학교 행정대학원, 석사논문, 2006.

김충남, 경찰수사론, 박영사, 2006.

노종만, 형법상 컴퓨터범죄에 관한 연구, 호남대학교 석사학위 논문, 2002.

도중진, 조직범죄의 유형변화와 대처방안, 한국형사정책연구원, 2004, pp.67-68

박경식, 경찰수사론, 경찰공제회, 2002.

박상식, 정신장애범죄자의 형사책임 능력 판단기준에 관한 연구, 형사정책연구 제18권 제
　　　1호, 2007, p.108.

박윤해, 컴퓨터범죄에 관한 연구, 숭실대 대학원 박사학위논문, 2005.

사법연수원, 과학수사론, 2009.

＿＿＿＿＿＿, 신종범죄론, 2008.

＿＿＿＿＿＿, 특수수사론, 2008.

서범철, 특허발명의 침해와 형사적 구제수단에 관한 연구, 충남대 석사논문, 2007.

송정호, 화재피해 조사업무의 발전방안에 관한 연구, 충남대 행정대학원 석사논문,
　　　2007.2, pp.7-11.

양근원, 컴퓨터 범죄일반, 경찰수사보안연구소, 1997.

양문모, 신용카드범죄의 유형별 실태분석과 대책에 관한 연구, 순천향대학 석사논문, 2005.

윤연휴, 신용카드 부가서비스 요인이 고객만족과 재이용 의사에 미치는 영향, 동국대학교 석사학위 논문, 2006.

이달경, 특허권침해의 판단 및 손해배상에 관한 연구, 배재대 석사논문, 2007.

이윤, 형법상 컴퓨터범죄에 관한 연구, 경희대 석사학위논문, 2001.

이재상, 형법총론, 박영사, 2005.

_____, 형법각론, 박영사, 2005.

_____, 형사소송법, 박영사, 2005.

이재형, 의료사고의 피해자구제에 관한 연구, 한양대학교 박사논문, 2007.

이철, 컴퓨터범죄의 법적 규제에 대한 연구, 경희대학교 박사학위논문, 1991.

이한영 외, 과학수사, 경찰수사보안연수소, 2001.

임양운, 신용카드범죄의 실무상 문제, 저스티스 42호, 1996.12, p.173.

임준태, 법과학과 범죄수사, 21세기사, 2008.

장영민·조영관, 컴퓨터범죄에 관한 연구, 한국형사정책연구원, 1993, p.24.

정영진, 신용카드범죄의 유형과 제재. 재판자료 제64집, 1994.10. p.214.

정완·황태정, 신용카드범죄의 실태와 정책적 대응방향, 형사정책연구원, 2004, pp.30-31.

정진섭, 정보사회와 컴퓨터범죄 동향, 이형국교수 회갑논문집, 1998, p.522.

조종선, 환경범죄 처벌의 문제점과 개선방안, 원광대학교 박사논문, 2006.

조철옥, 현대범죄학, 대영문화사. 2008.

_____, 경찰학개론, 대영문화사, 2008.

_____, 범죄수사학총론, 21세기사, 2009.

진계호, 형사소송법, 형설출판사, 2004.

한상훈, 산업스파이에 대한 형사법적 대응방안, 2000, pp.35-43.

형사정책연구원, 현행 환경범죄 처벌법규의 문제점과 대책, 1993, p.20.

홍성욱·최용석 역, 현장감식과 수사, CSI, 수사연구사, 2006.

【외국문헌】

Bartol, Curt R & Anne M. Bartol, *Criminal Behavior, A psychological approach,* Pearson Education. Inc., 2008.

Battle Brendan, P Battle & Paul B. Weston, *Arson ˸Detection and Investigation*(New York ˸ Arco, 1978).

Brown, J.S. The Psychopathlogy of Serial Sexual Homicide ˸ A Review of the Pssibilities, *American Journal of Forensic Psychiatry,* 12, 13-21, 1991.

Bruno, A, *The Iceman : The True Story of a Cold-Blooded Killer*, New York : Delacourte Press, 1993.

Burgess. Ann W, *Children Traumatized in Sex Ring*(Washington, D.C. : National Center for Missing and Exploited Children, 1989).

Canter. D & L. Allison, *Profiling property crimes*, In D. Canter & L. Allison(Eds.), Profiling Property Crimes, Burlington, VT : Ashgate, 2000.

Dimagio, D. J. and V. J. Dimagio, *Forensic Pathology*, 2nd ed. Boca Raton, FI, : CRC Press, 2001.

Douglas .J. E & C. Munn, *Violent crime scene analysis*, FBI Law Enforcement Bulletin, 1992c.

Douglas. J. E & C. Munn, *Modus operandi and the signature aspects of violent crime*, In J. E. Douglas, A., W. Burgess, & R. K. Ressler(Eds.), Crime classification manual, New York : Lexington Books, 1992b.

Egger, S.A, (ed.), *Serial Murder : An Elusive Phenomenon*, New York : Praeger, 1990.

Finkelhorn, David et al, Missing, *Abducted, Runaway, and Thrownaway Children in America*(Washington, D.C. : U.S. Department of Justice, 1990).

Fisher, B.A.J, A.Svensson, and O. Wendel, *Techniques of Crime Scene Investigation*, 7th ed, Boca Raton, F.L, : CRC Press, 2004.

Gardner, R. M, *Practical Crime Scene Processing and Investigation*, Boca Raton, FI, : CRC Press, 2005.

Geberth, Vernon J, *Practical Homicide Investigation*, 4th ed., Taylor & Francis, 2006.

_______, The Staged Crime Scene, *Law and Order Magagine, 44(2)* February, 1996.

_______, Investigation a Suicide, *Law and Order Magazine, 36(12)*, December, 1988.

Gilbert, James J, *Criminal Investigation*, 7th ed., Upper Saddle River, 2007, p.238.

Groth, A. N, *Men who rape : The psychology of the offender*, New york : Plenum, 1979.

Guerette, R. T, *Geographical profiling*, In D. Levingson(Ed.), Encyclopedia of crime and punishment, Thousand Oaks, CA : Sage, 2002.

Hazewood, Robert R and Ann W. Burgess, *Practical Aspects of Rape Investigation* (New York : Elsevier, 1987).

Hazelwood, Robert R and Janet Warren, The Criminal Behavior of the Serial Rapist, *FBI Law Enforcement Bulletin, 59, no.2,* 1990.2, p.15.

Holmes, R. M, *Sex crimes*, Newbury Park, CA : Sage, 1991.

Knight, R .A & R. A. Prentky, The developmental antecedents and adult adaptations of rapist subtypes, *Criminal Justice and Behavior, 14,* pp.403-426.

James, S. H, P. E, Kish, and T. P. Sutton, *Principles of Bloodstain Pattern Analysis : Theory and Practice,* Boca Raton, F.L, : CRC Press, 2005.

Keppel, R.D.and W.J.Birns, *The Psychology of Serial Killer Investigations : The Girsly Business Unit,* New York : Academic Press, 2003.

Lanning, Kenneth V, *Child Molesters : A Behavioral Annalysis*(Washington, D.C, : National Center for Missing and Exploited Children, 1987).

Mercer, Jimmy W, Baited Vehicle Details, *FBI Law Enforcement Bulletin,50, no.3,* May 1991, pp.24-250.

Moore Elizabeth and Michael Mills, "The Neglected Victims and Unexamined Costs of White-Collar Crime," *Crime and Delinquency 36,* 1990, pp. 408-418.

O'Hara, C.E, *Fundamentals of Criminal Investigation,* 5th ed. Springfield, IL. : Charles C, Thomas, 1980.

Overton, W. C, Child Sexual Abuse Investigation, *Law and Order, 42, no.7*(July 1994), p.97.

Passas, Nikos, "Structural Sources of International Crime : Policy Lessons from the BCCI Affair," Crime, *Law and Social Change 19,* 1994.

Qunny, Richard "Occupational Structure and Criminal Behavior : Prescription Violation of Retail Pharmacists," *Social Problems 11,* 1963, pp. 179-185.

Schrager Laura and James Short, "Toward a Sociology of Organizational Crime," *Social Problems 25,* 1978.

Siegel, Larry J. *Criminology,* Thompson, Wadth, 2003.

Spitz, W. U, and R. S. Fisher, *Medicolegal Investigation of Death,* Springfield, II, : Charles C Thomas, 1973.

Taylor, K. T, *Forensic ART and Illustration,* Boca Raton, FI : CRC, Press, 2004.

Weisburd, David and Kip Schlegel, *"Returning to the Mainstream,"* in *White-Collar Crime Reconsidered,* eds. Kip Schlegel and David Weisburd(Boston : Northeastern University, 1992).

Weston, Paul B and Charles A., Lushbaugh, *Criminal Investigation, 10th ed.,* Prentice Hall, 2006.

Weston Paul B & Kenneth M, Wells, *Criminal Investigation, 7th ed.,* Prentice Hall, 1997.

Wright, Donald K, *Too Late for Tears, The Detective,* Summer/Fall, 1989.

Zugibe, F. T, *Personal interview,* March 15, 1995, April 8, 1995 and March, 2005.

Zugibe, F.T, and J. T. Costello, The Iceman Murder : One of a Series of Contract Murders, *Journal of Forensic Sciences, 38(6),* November, 1993.

찾아보기

ㅅ

조철옥(曺鐵玉)

■ 학 력
- 1972 부산수산대학교 어업학과 졸업
- 1985 고려대학교 대학원 행정학과 석사과정 졸업(석사)
- 1990 고려대학교 대학원 행정학과 박사과정 졸업(박사)

■ 경 력
- 1985-1991 경찰대학 경찰학과 교관
- 1987-1988 고려대학교 경상대학 행정학과 강사
- 1990-1991 한양대학교 행정대학원 강사
- 합천 · 부산남부 · 거제 · 서울은평 · 김포경찰서장
- 경찰청 외사수사과장 · 경찰종합학교 교무과장
- 제주특별자치도 자치경찰채용시험 출제위원(수사1, 경찰학개론)
- 한국경찰이론과 실무학회 부회장 · 편집위원장
- 현: 탐라대학교 경찰행정학과 교수
      탐라대학교 기획처장

■ 저 · 역서
- 조직행동론(공역, 대영문화사, 1990), 정책형성과정론(공역, 대영문화사, 1991)
- 경찰행정학(대영문화사, 2000), 경찰윤리학(대영문화사, 2005)
- 경찰학개론(대영문화사, 2007), 현대범죄학(대영문화사, 2008)

■ 논 문
- 상벌체계와 원인귀인에 관한 연구(석사)
- 정부의 규제정책과 해운조직의 생존에 관한 연구(박사)
- 치안지수개발에 관한 연구(경찰대학 치안논총, 1987)
- 포스트모더니즘 범죄이론에 의한 동성애 합법화 연구(공안행정학회, 2007)
- 제주자치경찰 시스템의 실태와 발전모델에 관한 연구(경호경비학회 2007)
- 패러다임전환의 관점에서 본 경찰의 범죄피해자 보호에 관한 연구(경찰이론과 실무학회, 2007)
- 악순환모형에 의한 검 · 경 수사권조정에 관한 연구(경찰이론과 실무학회, 2008)
- 정신장애 범죄자의 정신이상 항변에 관한 연구(경찰이론과 실무학회, 2008)
- 증오범죄와 사이코패스에 관한 연구(경찰이론과 실무학회, 2009)

범죄수사학 각론

1판 1쇄 발행 2010년 05월 31일
1판 3쇄 발행 2023년 03월 10일
저　　자 조철옥
발 행 인 이범만
발 행 처 **21세기사** (제406-00015호)
　　　　　경기도 파주시 산남로 72-16 (10882)
　　　　　Tel. 031-942-7861　　　Fax. 031-942-7864
　　　　　E-mail : 21cbook@naver.com
　　　　　ISBN 978-89-8468-352-5

정가 32,000원